KB170284

사주명리 한방처방학 Ⅰ
(四柱命理韓方處方學)

지평(智平) 서승환(徐昇煥) 著

관음출판사

내가 일찍이 학문(學問)에 뜻이 있어 경제학(經濟學)·법학(法學)·역사학(歷史學)·한의학(韓醫學)·철학(哲學) 서적(書籍) 등에 접하던 중,……

우연히, 사주음양오행학(四柱陰陽五行學)의 오묘(奧妙)한 이치(理致)에 빠져들게 되어,……

사주명리학(四柱命理學) 관련 서적들을 거의 섭렵(涉獵)하다시피 하게 되었다. 그런 이후에, 이들 이론에 바탕을 두고 수많은 사람들을 감정(鑑定)하던 중, 놀라 우리만큼 정확히 인간의 미래(未來), 건강(健康)과 질병(疾病)의 여부(與否), 장부(臟腑)의 허실(虛實) 등이 맞아들고 있음을 알 수 있었다. 이에 이들을 상호 결합시켜 마음속으로나마 이론(理論)으로 정립(定立)해 놓게 되었다.

그러나 이 금과옥조(金科玉條) 같은 이론들을 나의 상상(想像)의 영역(領域)에서 만 가지고 있을 수만은 없었다.

한동안 고민하다.

이 귀중한 이론적 보물들로 인간의 건강을 증진(增進)하고 인간의 질병을 치료(治療)·예방(豫防)케 하는 게 가장 가치 있고 보람 있는 일이라 생각하였다.

그래서 전통적한의학이론(傳統的韓醫學理論)을 더욱더 깊이 연구(研究)하게 되었고, 이들과 음양오행학 이론(陰陽五行學 理論)을 통합(統合)시키고 체계화(體系化)하는 작업에 착수하기에 이르렀다.

대부분의 한의학자(韓醫學者)들은 전통적 한의학 이론(傳統的 韓醫學 理論)을 습득(習得)하고 그것에 바탕 두고 환자(患者)를 돌보는 등 생업(生業)에 거의 몰두하다시피 한다.

사주명리학자(四柱命理學者)들은 그들대로 운세 감정(運勢鑑定)을 하며 자기들의 생업에 종사한다. 그리고 전통한의학 이론에 대해서는 문외한(門外漢)이기가 일쑤이다.

그렇다면, 누가 이 불가분의 관계에 있는 음양오행학(陰陽五行學)과 한의학(韓醫學)의 세계(世界)를 융합(融合)시킨단 말인가?

이를 안타깝게 여겨 개인적 작은 행복을 접어두고 한의학과 음양오행학(陰陽五行學)·사주명리학(四柱命理學)을 접목(接木)시켜 신규의 의학이론(醫學理論)을 창시(創始)하기에 이르렀다.

본서에서는 전통한의학(傳統韓醫學)에서 거의 묻어 두다시피하는 음양오행학을 다시 일으켜 세웠다. 한의학이 음양오행학(陰陽五行學)에 기초를 둔 학문임을 재삼 인식(認識)케 하였다.

그리고 음양오행(陰陽五行)을 토대로 한의학(韓醫學)의 이론세계(理論世界)를 체계화(體系化)시켜 입문자(入門者)·전문가(專門家)들에게 혼란을 주지 않게 하였다.

전통한의학(傳統韓醫學)의 세계(世界)에는 명저(名著)들이 많다. 이들 각자의 서적들은 그런데로 가치가 있다.

이들 중 한의학(韓醫學)의 명저라 할 수 있는 동의보감(東醫寶鑑)·방약합편(方藥合編) 등을 보면, 각 방제(方劑)들이 마치 모든 사람의 병(病)을 치유(治癒)케 할 것 같이 표현되어 있다. 어떤 방제(方劑)가 더욱더 좋은 지 알 수 없게 하고 있다. 수 많은 처방방제들을 모두 복용(服用)하여 자기에게 맞는 약(藥)을 찾아야 하는가?

이 방제를 보면 이것이 병을 고치게 해 줄 것 같고 저 처방방제를 보면 저것이 더 나을 것 같다. 하여튼 초보자에게는 그러한 느낌을 갖게 한다.

운 좋게 자기 몸에 맞는 방제(方劑)를 고르면 병을 고치게 된다는 식이다.

어떤 약이 좋은지 모르면 아무 약이나 먹어야 하는가?

이러한 허점을 보완(補完)하기 위해 정립(定立)된 이론(理論)이 사상·팔상 체질론(四象·八象 體質論)이다.

이 체질론(體質論)은 체질(體質)에 따라 알맞은 약(藥)을 선택하도록 유도한다. 그러나 이 사상·팔상 체질론(四象·八象 體質論) 또한 인간(人間)을 4가지 또는 8가지로 나누어 편협한 사고(思考) 만을 고집하게 한다. 잘못 분별하면 정반대의 약(藥)을 선택하게할 수 있다.

즉 위 모든 전통한의학 이론들은 의자(醫者)들과 환자(患者)들을 혼란의 소용돌이 속에 집어 넣게 한다.

이러한 전통한의학 이론들의 그 빛나는 업적(業績)들을 송두리째 비난해서는 안되겠지만 그 허점들은 지적하여 보완(補完)하지 않을 수 없는 것이다.

이러한 허점(虛點)을 보완(補完)한게 바로 본서(本書)의 이론(理論)이다.

본서(本書)는 전통한의학 이론의 허점을 보완하는 데 그치지 않는다.

전통한의학(傳統韓醫學)과 음양오행학(陰陽五行學)을 연결시켜 한의학 이론(韓醫學 理論)을 체계화(體系化)하고 체계화한 이들 이론(理論)을 사주명리학(四柱命理學)과 접목(接木)시켜 신규의 의학이론(醫學理論)을 창시(創始)하기까지 하였다.

그리고 기본적(基本的)으로 상용가능(常用可能)한 500方의 방제(方劑)를 구체적으로 명시(明示)하여 아무리 초보자라도 실제적으로 임상처방시(臨床處方時)에 활용(活用)할 수 있게 하였다.

그러므로 본서(本書)를 읽으면 다음과 같은 혜택(惠澤)이 있을 것이다.

이 분야의 종사자(從事者)는 한의학(韓醫學)을 체계화하고 탄력성있게 이들을 활용하여 환자(患者)들을 보다 빨리 치료(治療)할 수 있을 것이다.

한의학 입문자(韓醫學 入門者)는 한의학의 세계가 어떤 것인가를 알 수 있을 것이다.

전통의학 전문가(傳統醫學 專門家)는 전통한의학의 허점을 보완할 수 있어 명의(名醫)가 되는 '왕도(王道)'를 찾는 데 도움을 받을 것이다.

한의학 이론(韓醫學 理論)의 專門家는 전통한의학(傳統韓醫學)에서 생각하지 못한 것을 알아내 연구(硏究)의 영역(領域)을 보다 확대시킬 것이다.

한의학(韓醫學)도 발전의 원동력을 찾게 될 것이다.

이 분야 연구에 몰두하고 있는 사람들이어! 전통적 이론세계에 흠뻑 빠져들어 우물안의 개구리가 되지 말라! 시각을 달리하여 보기도 하라!

본서가 귀하를 도와 줄 것이다.

학자든, 의자(醫者)든, 일반인이든, 그 누구든지, 전통의서(傳統醫書)들의 몇줄기 문장만을 보고 그것이 진짜인양 맹신하지 말라.

그 몇줄기의 문장은 광범위한 이론 세계를 설명하는 과정에서 발생한 잎사귀의 하나에 불과하다.

어디까지나 한의학의 뿌리와 기둥은 음양오행학(陰陽五行學)이다.

왜냐하면 만물(萬物)이 음양오행(陰陽五行)으로 구성되어 있기 때문이다.

그 모든 것들은 음양오행의 변화법칙대로 운행(運行)되고 전개되고 있기 때문이다.

이러한 음양오행(陰陽五行)의 이치(理致)를 설명하고 응용한게 바로 본서(本書)이다.

本書는 陰陽五行의 원리(原理, 法則)를 기초로 韓醫學의 世界를 들여다 보고 理論을 체계화(體系化)하였다. 그리고 인간(人間)을 탐구(探究)하고 인간의 건강과 질병여부를 알고, 이들의 미래(未來)를 예측(豫測)하고 대처(對處)하는 방법을 기술하였다.

그러므로 本書를 읽는 독자들은 한의학 세계뿐만아니라 세상을 보는 혜안(慧眼)을 얻을 것이다. 한의학 이론을 체계화하여 활용하는 데 그치지 않고 자기자신의 미래(未來)도 알아내 적절히 이에 대응하며 순탄히 살아가게 될 것이다.

보아라!

명심하라!

독자들이어! 의자(醫者)들이어!

학자들이어!

귀하가 지금 이 책의 서문을 읽고 있다면 그것은 내겐 귀중한 인연이다. 당신이 이 서문을 모두 읽은 후 이도서를 선택하여 끝까지 읽거나 하는 것은 당신의 자유이거나 운명일 수도 있다. 당신이 이 지혜(智慧)의 문(門)을 지금 이 순간 두드리지 않을 수도 있다. 그러나 나는 당신에게 자신있게 말 할 수 있다.

당신의 운명은 이 순간에도 형성되고 있다는 것을... 그것이 순탄한 것이든 격동적인 것이든… 그런데 더욱더 중요한 사실은 이러한 일들을 결정토록 강한 영향을 주는 게 바로 천지간(天地間)에 지금 이순간에도 끊임없이 운행(運行)되고 있는 음양오행(陰陽五行)의 기(氣)라는 것을....

2003년 3월 5일

智平 徐 昇 煥

본서를 세상에 알리면서

참으로 세월 빠르게도 흐른다. 본서 원고의 1권을 완성(2003년 3월 5일)한 지도 어언(……) 4년이 다 되어가고 있다. 그 동안 2·3권을 집필하느라 세월을 보냈으나, 3권을 완성(2004년 4월 5일)하였으니(……) 이제 세상에 알려야겠다.

3권은 2권에 넣어서 총 2권으로 했다. 원고 분량이 많아서인지, 책으로 만드는 데에는 상당한 기간이 필요했다.

본서는 보시다시피 분량이 많고 내용이 방대하다. 그렇지만, 본서 전체의 주요 내용과 체계를 아는 데에는 그리 많은 시간을 필요로 하지 않는다.

다음의 독서방법을 따르면 보다 빨리 본서를 이해할 수 있을 것이다.

본서를 처음 읽는 사람은 서문과 목차를 먼저 본다.(서문·목차를 보면 본서 전체구조를 대략 알 수 있다.) 그리고 대·중·소제목과 도표와 문장을 중심으로 읽으면서(일부 나열 식 개별사항들은 대표적인 것 하나·둘 정도만 읽고 건너뛴다.) 본서의 전체구조와 내용을 파악한다. 두 번째로 읽을 때에는 처음부터 끝까지 빠짐없이 보면서 중요·요점부분에 밑줄을 긋거나 표시를 해둔다. 그리고 필요할 때마다 찾아보면 된다. 그 이후는 독자들의 노력여하에 달려 있다.

본서가 세상에 나오기까지 음으로 양으로 협조해 주신 분들께 감사드리며 독자 여러분의 아낌없는 조언과 충고가 있기를 바란다.
그리고 본서가 한의학의 발전에 큰 도움이 되기를 기대한다.

2006년 12월 20일

대한민국(大韓民國) 서울
智平命理東醫學研究院에서
지평(智平) 서승환(徐昇煥)

차 례

제1편 음양오행(陰陽五行)과 한의학(韓醫學)

[차 례]

제2편 음양오행(陰陽五行)과 약물(藥物)

[차 례]

〔 차 례 〕

제3편 오행장부(五行臟腑)와 약물(藥物)

[차 례]

제5편 방제음양오행(方劑陰陽五行), 방제음양오행구분도표(方劑陰陽五行區分圖表)와 방제(方劑)

〔 차 례 〕

차 례

차 례

제10편 사주(四柱)·인체(人体) 음양오행과 치법(治法)

제11편 한방처방(韓方處方) 방제음양오행(方劑陰陽五行), 常用方劑500方

제 **1** 편

음양오행(陰陽五行)과
한의학(韓醫學)

음양오행구분도표(陰陽五行區分圖表)

작은 황토길 양쪽에는 풀(잎)의 새싹들이 파릇파릇 돋아 나고 가로수의 잔가지들은 초록빛으로 변해가고 있었다. 그 길을 따라 한참을 걷자 과일나무가 무척 많은 과수원 마을이 나타났다. 그 과수원 마을에는 사람이 그리 많이 살지 않는 듯 7~8채의 집 만이 있었다. 그곳의 사람들은 외로운 생활을 하고 있는 것 같았다.

그러나 그들은 다음과 같이 말하였다. "우리는 늘 바쁩니다. 봄과 여름에는 하루가 다르게 자라나는 과일나무의 잎과 가지와 열매와 뿌리를 가꾸어야 합니다. 가을에는 빨갛고 노랗게 잘 익은 먹음직스런 과일을 맛보기 위해 도시에서 수 많은 사람들이 차를 타고 몰려들기 때문에 바쁩니다. 우리는 외로울 틈이 없습니다."

이글을 보면 당신은 무엇이 떠오르는가? 이 글을 통해 당신은 무엇을 하게 되는가? 당신은 아마 과수원이 있는 시골마을을 머릿속에 그리게 될 것이다. 왜냐하면 그렇게 해야 보다더 이글을 빨리 이해할 수 있게 되기 때문이다.

이때 당신의 상상속에서 그려지는 그림이 중요하다. 그 그림은 추상적인 문자로 표시된 글들의 내용을 구체화시켜 체계적으로 이해하게 하고 오래도록 기억하게 한다.

머릿속에 그림으로 그리면서 어떤 것을 읽거나 보면 그 내용을 보다 더 빨리 이해하고 오래도록 기억할 수 있다. 이것은 구체적인 것 뿐만 아니라 추상적인 것에도 적용된다. 아무리 추상적이고 복잡한 이론 일지라도 그림으로 만들어 가면서 접근하면 그 내용을 체계적으로 이해하고 오래도록 저장할 수 있으며 필요할 때에는 활용까지 할 수 있다.

본서에서는 추상적인 것인 음양오행의 변화이치를 (이분야 연구자들로 하여금) 보다 빨리 이해할 수 있게 하기 위해 이를 그림화·도표화 하였다.(이를 음양오행구분도표라 하였다) 그리고 이 도표를 통해 한의학의 이론을 체계화하고 여기에 사주명리학을 접목시켰다. 그러므로 이 도표를 자세히 살펴보고 그 구조를 알아두면 본서내용의 체계와 한의학의 이론과 사주명리학의 이론등을 보다 빨리 이해하여 활용할 수 있을 것이다.

음양오행구분도표(陰陽五行區分圖表)란 음양과 木火土金水 五行을 각각 나누어 도표화 한 것을 말한다. 이 음양오행구분도표는 음양오행의 성질과 음양오행의 상호관계를 나타낸다. 이 음양오행구분도표는 음양오행(陰陽五行)의 원리(原理, 法則)와 만물변화(萬物變化)의 과정(過程)을 설명한다.

아래의 도표처럼 음(陰)과 양(陽)은 구분되고 木火土金水인 五行은 각자의 위치에 자리한다. 이들 음양오행은 상생상극(相生相剋)의 연결관계(連結關係)를 형성하며 끊임없이 변화를 추구한다. 그러한 과정에서 이들은 크고 작은 수 많은 구체적(具體的)이고 추상적(抽象的)인 것들을 만들어 내는 데 관여한다.

이 도표를 "지평(智平)의 음양오행구분도표(陰陽五行區分圖表)라 이름을 붙였다."

음양오행구분도표(陰陽五行區分圖表)
지평(智平)의 음양오행구분도표(陰陽五行區分圖表)

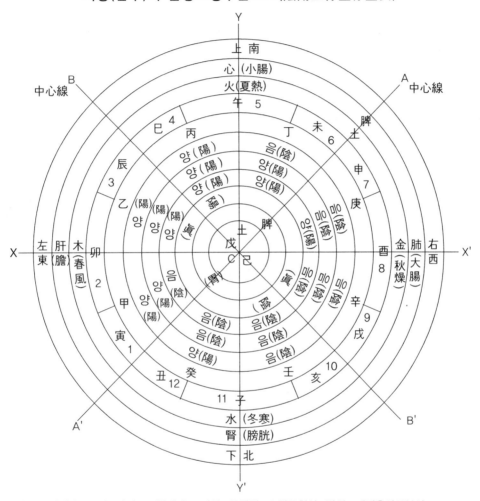

AA' : 음양오행세력구분선, 방위·오행세력 교차선, 중심선, 오행균형선, 방위·계절음양구분선
BB' : 중심선, 방위·오행세력교차선, 방위계절구분선, 오행세력구분선
XX'(卯酉) : 상하음양구분선(上下陰陽區分線)
YY'(午子) : 좌우·일년음양구분선(左右·一年陰陽區分線)
         C=Center(中心)

음양오행구분도표(陰陽五行區分圖表)와 한의학(韓醫學)

이 음양오행구분도표에 있는 묘유선(卯酉線)은 상하(上下)를 구분하는 경계선이다. 이것을 상하음양구분선(上下陰陽區分線)이라 하였다.

上에는 天이 있고 下에는 地가 있다. 상천(上天)은 陽이고 하지(下地)는 陰이다.

도(표)에 있는 상하음양구분선의 下에는 水·北·10·11·12月·신(腎)·동(冬)이 그 반대인 上에는 火·南·4·5·6月·하(夏)가 있는 것을 볼 수 있다.

上下陰陽區分線의 아래에 존재하는 게 陰이고 이 선의 위에 있는 것이 陽이다. 이 상하음양구분선을 기준으로 하여 구분하면 水·北·10·11·12月·腎·冬은 陰이고 火·南·4·5·6月·심(心)·하(夏)는 陽이다. 좌(左)우(右)로 陰陽을 구분하는 선은 子午선이다. 이 子午선의 左는 陽이고 右는 陰이다. 左에 있는 12月·東木·1·2·3月·春·4月은 陽이고 우(右)에 있는 10월·西·金·7·8·9월·秋·6월은 陰에 해당한다.

AA′선은 중심선(中心線)이고 방위교차선(方位交叉線)이다. 그와 동시에 이 선은 음양오행세력균형선(陰陽五行勢力均衡線)이고, 계절·방위·음양구분선(季節·方位·陰陽區分線)이다.

AA′의 좌상(左上)은 양(陽)이고 우하(右下)는 음(陰)이다. 이 AA′의 음양구분선을 기초로 하면 東·木·1·2·3月·春·4·5·6月·夏·火·南은 陽이고, 西·金·7·8·9月·秋·10·11·12月·冬·水·北은 陰이 된다.

AA′은 음음양(陰陰陽)에서 음양양(陰陽陽)으로 양양음에서 양음음으로 넘어가는 경계선이다. 이것은 陰과 陽의 세력교차선이고 음과양의 구분선이기도 하다.

이 도표를 기초로하면 인체(人体)의 음(陰)과 양(陽)을 구분하여 인체의 생리(生理)도 설명할 수 있다. 인체의 장기(臟器)중 간목(肝木)과 심화(心火)는 陽이고 폐금(肺金)과 신수(腎水)는 음(陰)이다. 비위토(脾胃土)는 오행의 이치상 중앙(中央)에 위치하여 陰과 陽 모두에 해당한다.

간(肝)의 木氣는 동방·좌·목(東方·左·木)에 거(居)하여 승발(升發)을 주(主)로 하고 폐(肺)의 금기(金氣)는 서방·우·금(西方·右·金)에 위치하여 숙강(肅降)을 주(主)로 한다. 심(心)의 火氣는 남방·상·화(南方·上·火)에 거(居)하여 주부(主浮)하고 신(腎)의 水氣는 북방·하·수(北方·下·水)에 위치하여 주침(主沈)한다. 비위(脾胃)의 土氣는 A A′선을 중심으로 하여 升과 降을 추구하며 인체의 음양조절에 관여한다.

도표에 표시된 BB′선은 東木北水와 火南金西의 중앙을 통과한다. 즉, 이들의 중심선(中心線)이다. 이 중심선 BB′는 오행세력의 변화선으로서 병증(病證)과 약물(藥物)을 대응시킬때 아주 유용하게 쓰이는 중요한 선이다.

음양을 실제적으로 구분(區分)케 하는 선은 上下·左右·方位·季節·陰陽區分線이다. 음양오행구분도표에 이들이 표현되어 있다. 음양오행구분도표를 잘 관찰하면 보다 더 음양의 구분을 잘 할 수 있을 것이다.

음양오행구분도표에 있는 바와 같이 陰과 陽은 음음음(陰陰陰), 음음양(陰陰陽), 음양양(陰陽陽), 양양양(陽陽陽), 양양음(陽陽陰), 양음음(陽陰陰), 음음음(陰陰陰)등 여섯가지로 구분된다. 여기에서 양이 셋인 것을 진양(眞陽)이라 하고 음이 셋인 것을 진음(眞陰)이라 하였다. 여기서 대각선 방향 즉 대칭면에 있는 양자(兩者)는 상대적(相對的) 특성을 지닌다.

이음(二陰)에 일양(一陽)이 합(合)해진 게 陰陰陽이다. 이 음음양은 음중(陰中)에서 일양(一陽)이 생(生)한 것, 陰中에서 陽을 구(救)하는 것과 관련이 있다.

음음양에서 변화된 게 음양양이다. 이 陰陽陽은 陰陽에 一陽이 더해져 생긴 것으로서 보양(補陽)의 의미를 지닌다. 陽이 극(極)에 달하여 一陰이 生해지면 양양음(陽陽陰)이 된다. 여기에서는 양(陽)의 기운이 기울고 음(陰)의 기운이 일어난다.

陰의 기운이 陽의 기운을 눌러 승리하면 양음음(陽陰陰)이 된다. 각각의 음과 양이 일방적으로 득세하면 진음(眞陰)과 진양(眞陽)이 된다. 〈眞陰과 眞陽의 영역은 허(虛)와 실(實)을 구분가능케 하는 중요한 의미를 지닌다〉

양극음(陽極陰)이고 음극양(陰極陽)이라!, 양(陽)이 극성(極盛)하면 음(陰)이 발생(發生)한다. 양양양은 양양음으로 된다.(陽中의 陰), 음(陰)이 극성하면 양(陽)이 나타난다. 음음음은 음음양으로 변한다(陰中의 陽).

상극하(上極下)이고 하극상(下極上)이라! 오름(上)이 극(極)에 달하면 내림(下)이 발생하고 내림(下)이 극에 달하면 오름(上)이 발생한다. 이것이 음양변화의 이치이다.

상(上)의 양(陽)이 극(極)에 달하여 내려오면 하(下)의 음(陰)이 양(陽)을 얻게 되므로 음음양(陰陰陽)이 된다(陰中의 陽). 하(下)의 음(陰)이 극에 달하여 올라오면 上의 陽이 陰을 얻게되므로 陽陽陰이 된다(陽中의 陰)

상(上)의 火가 극성(極盛)해지면 下의 水로 향하고 하(下)의 水가 극에 달하면 上의 火로 향하므로 水火가 상교(相交)한다.〔수화기제(水火旣濟)〕 인체에서는 심화(心火)와 신수(腎水)가 상교(相交)한다.(心腎相交)

상(上)의 午火가 극(極)에 달하여 하(下)의 水로 향하면 신수(腎水)는 심화(心火)의 양(陽)을 얻는다.(陰中 陽) 하(下)의 子水가 극(極)에 달하여 오름(上)이 발생하면 심화(心火)는 신수(腎水)의 음(陰)을 얻는다.(陽中陰) 이러한 이치는 모두 음양오행구분도표상에 표현되어 있다. 음양오행구분도표를 자세히 살펴보아라.

이 음양오행구분도표(陰陽五行區分圖表)는 생리(生理)뿐만 아니라 병리(病理), 약리(藥理), 허(虛)와 실(實) 등 보다 광범위한 영역을 파악하는 데 활용된다. 아주 중요한 것이다. 잘 이해(理解)해 두면 앞으로 큰 도움을 얻을 것이다.

이 도표는 인체에 있어서는 肝木, 心火, 脾土, 肺金, 腎水등의 장(부)와 관련이 있다. 약물에 있어서는 補氣藥, 補陽藥, 補血藥, 瀉實藥 등과 유관하다. 병증에 있어서는 虛와 實을 판단하는 근거가 된다. 그러므로 이 도표를 기초로 하여 병증(病證)을 진단하고 약물을 선택하고 처방(處方)하면 제증(諸證)을 보다 잘 다스릴 수 있다.

달을 지지로 표현하면

1·2·3月은 寅·卯·辰月이다. 4·5·6月은 巳·午·未月이고, 7·8·9月은 申·酉·戌月이다. 10·11·12月은 亥·子·丑月이 된다. 地支를 五行과 연결시키면 寅卯는 木, 巳午는 火, 辰戌丑未는 土, 申酉는 金이 된다.

달을 음양과 연결시키면 11·12月은 陰陰陽, 1·2月은 음양양, 2·3·4·5月은 양양양, 5·6月은 양양음, 7·8月은 양음음, 8·9·10·11月은 음음음이 된다.

여기서 戌辰丑未는 土오행이므로 중앙과 관련한다. 중앙이란 위치상의 중앙일 뿐만아니라 오행의 가운데를 말한다.

도표에서 午C子선은 좌우음양구분선임과 동시에 일년음양구분선(一年陰陽區分線)이다. 이 일년음양구분선중 子지점이 음력 11月, 子月, 冬至(밤의 길이가 가장길다)이다. 이 동지(子점)에서 陰이 極에 달한다. 이 冬至이후에 一陽이 生한다. 子점인 冬至이후부터 정중(靜中)에 動이 시작되고 밤이 짧아지고 낮이 길어지기 시작한다.〈그러므로 이 子점을 음양구분점(陰陽區分點)이라 말할 수 있는 것이다.〉

子의 반대 점은 午점이다. 이 午점이 음력 5月, 午月, 夏至(낮의 길이가 가장 길다)이다. 午점이후부터 陽이 極盛하다가 陰이 生한다. 예컨대 動中에 靜이 시작되고 낮이 짧아지고 밤이 길어지기 시작한다. 이들 子점과 午점을 연결한 선이 좌우음양구분선이다. (子와 午는 하루로 보면 子時와 午時이다)

이 음양오행 구분도표에서 南火가 위(上)에 있고 북(北)水가 아래(下)에 있는 것은 음양오행의 특성에 의한다. 물인 水는 위에서 아래로 흘러 낮은 곳에 머무르려 한다. 불인 火는 위로 솟아 올라간다.

水는 火와 相交하면 온기를 得하여 위로 솟아오른다. 즉, 子에서 丑등으로 가면 갈수록 水는 특성을 변화시키며 위로(上으로) 향한다. 子月의 태양火는 얼어붙은 물에 온기(溫氣)를 준다. 온기인 陽氣를 得한 水는 木의 뿌리와 줄기를 타고 위로 올라간다. 寅卯辰月의 나무들은 강력한 흡입력으로서 물과 양분을 흡수하여 가지와 잎을 만들어낸다.

4·5·6月(巳午未)月에는 화기(火氣)가 온 천하를 뜨겁게 달군다. 나무들은 지엽을 무성히 한다. 水는 火氣와 상극하여 요동친다. 음과 양 水와 火가 충돌하는 과정에서는 천둥과 번개, 우뢰가 빈번하게 일어난다. 이러한 변화무쌍한 날씨에는 생명체들이 생장소멸등 변화를 거듭한다. 중심선 AA´의 아래에는 7·8月인 申酉의 金陰氣가 있다. 이 申酉金陰氣는 그 뜨겁던 火陽氣를 제압하며 천지를 서늘한 곳으로 변화시킨다. 만물은 金陰氣의 영향을 받아 분산되고 수렴한다. 생명체들은 기세가 하강된다. 초목의 지엽은 마르고 열매들은 딱딱해진다. 陽氣는 地下나 뿌리로 내려가고 陰氣가 천지에 가득찬다. 종자들은 두꺼운 껍질로서 자기를 보존하려 한다.

이와 같이 음양오행구분도표는 음양오행의 성질과 이들의 변화과정들을 설명해준다. 우주만물이 음양오행의 변화법칙대로 생장소멸(生長消滅)을 거듭하고 있음도 알려주고 있다. 그러므로 우리는 인체(人体)·장부(臟腑)·생리(生理)·병리(病理)·약물(藥物)등을 분석(分析)할 때, 인간의 건강과 질병의 여부를 파악하려 할때, 병증(病證)을 진단하고 치료할 때, 인간의 미래를 예측하거나 학문의 세계에 들어갈 때, 크고 작은 구체적이고 추상적인 것들을 알려할 때 이 음양오행구분도표를 기초로 해야 하는 것이다.

제3장 음양오행(陰陽五行)과 치법(治法)

물은 온도에 따라 기체·액체·고체로 변화한다. 우주 만물은 기체·액체·고체로 되어 있다. 그러므로 물인 水가 우주만물의 本體를 대변한다 할 수 있다.

水는 만물의 시원(始原)이고 생명체의 근원이다. 만물은 水로부터 탄생하고 水에 의해 보존된다. 그러므로 생명체에게 있어서 種子·精子 등은 水五行에 배속된다.

물은 위에서 아래로 흘러 낮은 곳에 머무른다. 그러면서 만물을 저장한다. 寅卯辰月의 水는 春氣가 만든 따뜻한 기후의 영향을 받아 변화하며 위로 상승한다. 春季의 木은 뿌리로 흙속의 수분과 양분을 흡수하며 水氣를 위로 끌어올린다. 巳午未月의 水는 夏季의 火熱을 받아 氣化하며 위로 상승한다. 長夏의 火燥土는 솟아오른 水를 저지한다. 秋季의 싸늘한 金氣는 뜨겁게 솟아오른 水氣를 식히고 水를 무겁게 한다. 그 水는 冬季의 寒氣를 받아 더욱 차가워지며 아래로 흘러 낮은 곳에 머무른다. 이런식으로 음양오행구분도표에 표시된 바와같이 水로부터 시작된 陽氣는 오행상 水→木→火→土→金→水등의 (生의) 방향으로 승강(升降)을 거듭한다.

水는 계절에 따라 다르게 動하여 陰氣와 陽氣의 변화를 대변하고 있다. 만물의 근원이고 생명체의 근본이고 음양의 근원이 水오행이기 때문이다. 그러므로 水를 기준으로 변화의 과정들을 이해하면 보다더 빨리 생리와 병리, 약리와 치법등을 알아낼 수 있다. 이를 근거로 음양오행의 도표, 장부의 기능, 음양오행의 변화, 만물의 변화, 생명체의 변화, 병리의 변화, 약물의 특성, 병증과 그에 대한 처방법등을 완성해낼 수 있다.

음양오행 구분도표에서 水木火土金의 영역에 위치한 약물들은 각 水木火土金의 성질을 지닌다. 陰의 위치에 있는 약물은 陰性을 띤 약물이 되고 陽의 위치에 있는 약물은 陽性을 띤 약물이 된다. 水木火土金 冬春夏秋 위치에 있는 약물들은 계절오행의 특성과 유사한 성질을 지닌다할 수 있다.

1. 병인(病因)과 치법(治法)

화(火)는 水를 데워 기화(氣化)시킨다. 온기를 득(得)한 水는 水生木으로서 木을 生한다. 木은 뿌리로 물과 영양분을 흡수하여 지엽을 만들고 지엽은 火의 지원을 받아 엽록소 동화작용을 하며 위로 성장한다. 이렇듯이 木은 위로 솟아오르는 성질을 지닌다. 그러므로 木의 오행은 만물의 발생·발전·신장을 주관한다할 수 있다. 약물에서 補氣·補陽藥은 木五行과 유사한 특성을 지닌다.

春夏의 木은 사람으로 보면 청·장년의 시기와 같다. 그러므로 이때에는 물과 영양물질이 있는 음식이 인체에 유익한 약이 된다.

春月의 木은 따뜻한 열기를 받아 수분과 영양분을 끌어올린다. 夏月의 木은 천지에 가득한 火氣와 相生하며 보다 많은 수분과 영양분을 흡수한다. 그러면서 지엽을 무성히 번성시키고 꽃을 만들어낸다.

秋月의 木은 차가운 金氣의 영향을 받아 딱딱한 열매를 만들고 지엽을 아래로 떨어뜨리고 木기운을 뿌리로 내려보낸다.

冬月의 木은 천지에 가득차 있는 한수음기(寒水陰氣)의 힘에 눌려 기운을 땅속에 집어넣으면서 삶을 지탱해낸다. 가능한한 몸을 움츠리며 한기를 피하려 한다. 木이 땅속으로 향하는 것은 土氣가 冬水를 制水해주기 때문이다.

水가 多하면 木이 부(浮)한다. 이러한 경우에 인체에 있어서 질병의 원인은 寒水가 된다.

음양오행의 이치상 하늘은 갑목(甲木)이고 땅은 土이다. 인간은 하늘인 甲木과 땅인 土에 의지하며 살아가는 나무에 해당한다. 즉 하늘인 甲木보다 키 작은 하늘 닮은 나무인 을목(乙木)이라 할 수 있다.(키작은 나무는 간지(干支)상으로 乙에 해당하고 乙은 오행상으로 木의 오행에 배속된다). 그러므로 우리는 인간 乙木의 건강과 질병, 생리·특성·미래등 등을 알려면 木오행의 특성과 변화과정들을 먼저 이해해야 하는 것이다.

水多寒이 원인인 병증에는 火氣와 土氣를 필요로 한다. 火氣가 寒氣를 제거하고 土氣가 制水해 줄 것이기 때문이다. 水가 多하면 독(毒)이 生한다. 그러므로 항독·항균의 효능이 있는 약물을 필요로 한다. 水多면 土로 制水해야 하고 음한증(陰寒證)이면 補

陽, 거한(祛寒)할 수 있는 溫熱藥이 요구된다.

木은 土에 뿌리를 두고 성장한다. 즉 木은 土를 剋하며 뿌리와 지엽을 확대시킨다. 土는 木의 剋을 받고 자기가 지닌 수분과 영양분을 제공해 주며 木을 길러낸다. 인체에 있어서 木장부(臟腑)는 脾胃土를 剋하며 의지한다. 脾胃土는 수곡(水穀)의 정기(精氣)를 肝膽木에 제공하여 이들을 길러낸다.

脾胃土氣가 태과(太過)하면 肝木은 土의 역극(逆剋)을 받거나 土에게 묻힌다. 이때에는 木氣와 水氣가 필요하다. 木氣가 土氣를 억제하고 水氣가 肝木을 生해주어 인체음양오행의 불균형을 해소시켜 줄 것이기 때문이다.

2. 음양오행(陰陽五行)과 인체(人体)·생리(生理)·병인(病因)·약물(藥物)·치법(治法)

1) 木의 오행(五行)

◎ 春月과 木

春月의 木은 氣血이 왕성(旺盛)하다. 그러므로 사람에게 있어서 질병은 대부분 수분과 영양물질과 관련한다. 이때에는 대개 실증(實證)인 경우가 많다. 허증(虛證)인 경우에는 보(補)를 藥으로 하면 대개 정상을 회복한다. 이러한 계절에 있어서 질병의 원인은 바람(風)에 의한게 많다. 부위는 간담(肝膽)에 관한 것이다. 이때에는 火氣로 따뜻하게 하고 水氣로 生木하면 된다. 火氣가 있는 약물로 寒氣를 없애고 水氣가 있는 약물로 生木하면 제증이 사라진다. 土氣가 있는 약물로는 적당히 제수(制水)하여 木이 제대로 뿌리를 통해 자양분(滋養分)을 흡수하게 한다.

◎ 夏月과 木

火氣가 강성하여 지표에 도달하면 木이 불탈 수 있다. 火가 강하면 물로서 제화(制火)한다. 그러므로 여름철의 질병에는 수음한성(水陰寒性)을 띤 약물을 사용한다. 水로서 制火하고 肺金을 補하여 生水케 한다. 火가 약하여 발생한 경우에는 따뜻한 약과 찬 약을 동시에 사용한다.

◎ 秋月과 木

木은 가을에 서늘한 金氣의 영향을 받아 지엽의 기세를 하강시키고 딱딱한 열매인 결실을 만들어 낸다. 과육이 아닌 진짜의 씨앗인 열매가 딱딱한 것은 金氣의 자극을 받아서이다. 木에 열린 金性을 지닌 열매는 서늘하고 맑은 가을의 정기를 흡수하고 태양빛인 火의 剋을 받으며 보다더 알찬 것으로 여문다. 이러한 열매들은 하나같이 잔가지를 아래로 내려 보내며 木의 기세를 더욱 하강시키려 한다. 가을의 金氣가 강화되면 될 수록 木의 잔가지들중 일부는 말라 떨어진다. 木은 다음인 冬季에 존재 가능한 지엽만을 남기고 生氣를 땅속의 뿌리에 저장한다.

◎ 冬月과 木

冬이란 水旺·陰寒한 계절이다. 冬季의 水는 차가워 木을 生하지 못한다. 그러므로 木은 火를 필요로 한다. 木은 火 없이는 生을 지속하지 못한다. 木이 土에 뿌리를 두며 寒氣를 피하려 하는 것은 土가 剋水寒해주기 때문이다. 冬에는 水氣가 多하여 木이 부(浮)한다. 그러므로 冬季의 질병원인은 水多에서 오는 경우가 대부분이 된다. 水多는-水가 陰이어서-陰盛과도 통한다. 陰盛이란 寒盛과 상통된다. 이 모두 오행상 水多로 표현될 수 있다. 그러므로 간단히 水多하면 木이 浮한다 말할 수 있고 木이 浮하면 질병이 出한다 할 수 있다. 이러한 상태에서 인간 乙木은 제대로 뿌리내리지 못한다.

水多로 인한 병증의 치료는 원인이 水多이므로 制水로서 한다. 水를 제방에 가두어 저지할 수 있는 것이 土이므로 補土해야 한다.

水가 多하면 陰이 盛하고 寒이 강왕(强旺)해진다. 이때에는 陽火熱氣가 있는 온열거한약(溫熱祛寒藥)을 쓴다. 補陽·補氣·溫熱藥 등 補脾胃藥등도 이에 해당한다.

◎ 辰戌丑未戊己土月과 木

木은 土에 뿌리를 내려 흙속에 있는 수분과 자양분을 흡수하며 성장한다. 즉, 木은 흙을 바탕삼으며 생(生)을 영위한다. 나무라 할 수 있는 을목(乙木)인 인간은 脾胃土라는 장부(臟腑)가 수곡(水穀)의 정기(精氣)와 정미물질(精微物質)을 공급해주어 이를 후천적 본(本)으로 하며 성장한다.

나무가 생명체의 근원인 水의 生을 받아 성장·발전하듯이 인간은 인체의 本이고 근원이고 선천(先天)의 本인 精水의 생(生)을 받아 성장하고 精水를 기초로 하여 자손을 번성시킨다.

土가 태과(太過)하면 木이 土의 도움을 받지 못하고 오히려 土의 역극(逆剋)을 받는다. 土는 木의 가지와 뿌리를 묻으며 木을 썩게 한다. 이것은 木이 土를 剋하여 土속에 든 滋養分을 흡수하는게 아니라 오히려 土가 木을 공격하는 형국이다. 이로인해 질병이 出한다.

土가 지나치게 적으면 木은 흙에 뿌리를 내릴 수 없어 흙속의 자양분을 得하지 못한다.

이렇듯이 五行은 많아도 적어도 안되고 적당히 존재해야 한다. 그래야만이 인체는 보다 잘 生命活動을 유지할 수 있고 성장·발전할 수 있는 것이다.

2) 火의 오행

◎ 春月과 火

火는 음양으로 구분하면 陽에 해당한다. 이 火氣는 만물에 빛과 열기를 주고 만물을 성장케 한다. 빛나는 태양, 熱氣, 에너지 등은 모두 火五行에 속한다. 火는 春에는 天地에 따뜻한 빛과 기운을 제공한다. 春木의 氣가 木生火로서 生해주기 때문이다.

◎ 夏月과 火

五·六月의 火는 하계(夏季)의 火氣와 만나 폭염(暴炎)으로 변화한다. 그 열기는 만물을 불태울 만한 기세가 있는 火이다. 그러므로 이때에는 생명체들에게는 水氣가 요구된다.

水는 剋火하여 熱氣를 어느정도 제지해준다. 그러므로 夏季의 病因은 火氣라 할 수 있다. 이에 대한 처방은 水氣가 강한 약물이거나 火氣를 억제할 수 있는 것으로 한다. 신금기(辛金氣)는 火氣를 분산시킨다. 음한성(陰寒性)을 띤 약은 열기를 저지하는 힘이 있다. 신량해표(辛凉解表)·청열약(淸熱藥) 등이 이에 해당한다.

◎ 秋月과 火

서늘한 金氣를 만나게 되어 火는 그 세력을 약화시키지 않을 수 없게 된다. 인체에 있어서 火五行에 해당하는 것은 心과 小腸 등이다.

◎ 冬月과 火

동월(冬月)을 만나면 인체(人体)는 한수(寒水)의 극(剋)을 크게 받는다. 인체의 火가 허(虛)해지고 한기(寒氣)가 승리할 경우에는 土로 제수(制水)하고 火로 거한(祛寒)한다. 양화(陽火)의 氣가 극도로 약해지면 보화(補火)의 藥으로 대응한다. 火氣가 약화되어 양허(陽虛)가 되고 寒과 陰이 성(盛)하여 제증(諸證)(水多가 원인이 되어)이 출(出)할 때에는 온열약(溫熱藥)과 보양기약(補陽氣藥)을 위주로 하여 치료한다.

이와같이 질병의 원인·과정·결과, 이에 대한 약물과 치법(治法) 등을 음양오행의 이치로서 알아낼 수 있다.

건강한 경우에 인체 음양오행은 상호균형의 관계를 형성한다. 그러나 기후 등 외적(外的)인 음양오행은 거의 한쪽으로 치우쳐져 있다. 즉, 편향적(偏向的)이다. 이 편향적인 음양오행은 편향적으로 인체음양오행에 자극을 가한다. 외적 음양오행세력이 강력하면 강력할수록 인체음양오행은 더욱더 크게 영향을 받는다. 그러므로 우리는 기후등 外的인 것이 어떤 음양오행에 편중적인가 그 정도를 알아내야 한다. 그래야 이에 빨리 대처할 수 있다. 외적 음양오행 세력의 자극을 피하면서 인체 음양오행을 보호할 수 있다. 外的 陰陽五行 세력의 침입을 받아 질병에 걸렸을 경우에도 빨리 음양오행을 조절하여 인체를 정상화시킬 수 있다. 그런데 이러한 외적인 음양오행과 인체의 음양오행, 약물의 음양오행 등 크고 작은 것들의 변화 과정을 자세히 알려 주는게 바로 陰陽五行區分圖表라는 사실이다. 그러므로 우리는 음양오행구분도표를 자세히 관찰하고 연구하여 이를 활용해야 한다.

3) 土의 오행(五行)

◎ 土五行과 기타오행

土는 오행상으로 중앙에 위치하여 타오행을 조절하고 조화시킨다. 陽土(戊辰戌)와 陰

土(己丑未)의 氣는 만물이 자전과 공전을 하듯이 자전과 공전의 운동을 한다. 이들 중 陽土인 辰戌은 寅卯木과 巳午火, 申酉金과 亥子水의 중간에서 각 오행관계를 조화시킨다. 陰土인 己丑未土는 음양구분선 가까이에 위치하여 인체의 음양교류에 관여하며 亥子水와 寅卯木, 巳午火와 申酉金 사이에서 각오행을 매개한다. 이와같이 土는 각 음양오행과의 관계를 조화롭게 하고 각 음양오행 세력을 조절하며 陰陽五行으로 하여금 조화적(調和的) 생극관계(生剋關係)를 형성케 한다.

토기(土氣)처럼 비위토기(脾胃土氣)는 자전과 공전 운동을 하며 인체의 음양을 조절한다. 그리고 수곡(水穀)의 정기(精氣)를 목화토금수 장부(木火土金水臟腑)에 제공하여 각 장부기능을 정상화시키고 장부로 하여금 조화적 관계를 형성하게 한다.

◐ 春月과 土

이것은 생명체의 모태인 土가 木의 극(剋)을 받는 경우이다. 木이 土에 뿌리내려 성장·발전하고 있느 것과 같다

춘목(春木)의 氣는 비위토(脾胃土)를 목극토(木剋土)의 이치로서 剋한다. 간목(肝木)은 인체의 모태인 脾土에 바탕두고 제기능을 수행한다. 봄철의 木氣는 인체의 氣를 상승시키고 인체의 기능을 활성화시켜 준다. 그러나 봄철에 있어서 脾胃土는 春木氣의 剋을 받아 다소 부담을 갖게 된다.

◐ 夏月과 土

하계(夏季)의 火는 강성한 염(炎)이고 열기이다. 강렬한 火는 土를 生하지 못하고 뜨겁게 하여 土의 기능을 비정상화시킨다. 인체에 있어서도 마찬가지이다. 하절(夏節)의 화열(火熱)은 인체 비위토(脾胃土)의 기능을 약화시킨다. 火熱이 인체의 기능을 약하게 하는 주범이므로 인체를 정상화시키려면 火熱을 식히면 된다.

대개 火熱은 물(水)로서 제압한다. 물(水)은 火熱을 누그러뜨려 人体로 하여금 정상적으로 기능을 하게 한다. 그러나 지나친 찬물(冷水)은 土氣를 역극(逆剋)하고 화기(火氣)를 剋하여 인체음양오행을 불균형케 할 수 있다. 주의를 요한다.

⊙ 秋月과 土

秋의 금기(金氣)는 영양가 많은 오곡백과등 음식물들을 만든다. 비위토(脾胃土)는 음식물들을 얻어 수곡(水穀)의 정기(精氣)를 인체 각 조직에 공급한다. 즉 脾胃土氣는 추금(秋金)과 상생(相生)하여 肺金의 氣를 生하고 肺金의 氣는 腎水氣를 生한다.

이러한 과정을 겪으며 木火土金水 장부들의 기능이 성숙되고 기육(肌肉)이 풍만해진다. (음식물을 과다섭취하는 경우에는 土生金으로 土氣가 설기(泄氣)되어 脾胃가 약화된다)

⊙ 冬月과 土

외계(外界)인 동계(冬季)의 한음(寒陰)은 강력한 냉기(冷氣)여서 土를 능히 얼어 붙게 할 수 있다. 그러므로 土는 이에 대응하지 않으면 안된다. 土는 한(寒)을 제거해 줄 火木金오행을 필요로 한다. 火는 나무가 있어야 세력을 강화할 수 있다. 나무는 광석인 金이 있어야 땔감으로 변화될 수 있다.(여기서 木은 火를 生하여 土를 따뜻하게 한다)

脾胃土 질병은 한음(寒陰)에 기인한다. 그러므로 冬月에는 항상 따뜻한 火氣가 있는 것을 가까이 해야 한다. 즉 비위토가 정상적으로 기능하게 하려면 보온(補溫)을 유지해야 하고 따뜻한 음식물등을 먹어야 한다. 한마디로 冬季의 脾胃土가 필요로 하는 것은 목화금성(木火金性)을 지닌 것이라 할 수 있다.

4) 金의 五行

金氣는 대개 燥重하다. 燥重의 기운은 위로 솟아오르는 기세를 수축·하강시킨다. 金氣는 수축·하강·수렴의 힘으로 생명체의 성장을 억제하고 만물을 金化시키고 만물로 하여금 딱딱한 결실의 열매를 맺게 한다.

⊙ 春月과 金

肺金이 春木을 만난 경우이다. 몸이 차가운 경우에는 金이 金生水로 寒水의 泄氣를 당하므로 肺金의 기세가 약해진다. 이때에는 補火하여 生土하고 補土하여 生金한다. 補陽·補氣로서 脾胃土를 生해주고 補脾胃土하여 肺金을 生한다. 土氣가 多하면 補肝木

하여 疏土시킨다. 火氣가 多하면 水와 土로서 火氣를 식힌다.

夏月과 金

夏月의 강렬한 火炎이 金을 강력히 剋하는 형국이라 肺金의 기세가 약화된다. 이때에는 水藥으로서 火氣를 저지하여 金을 구한다.(淸熱瀉火, 補陰, 補血) 그리고 補肺金하여 金의 기세를 강화한다. 이것은 여름철에는 시원하고 물이 많은 음식이 肺金에 좋다는 의미가 있다.

辰戌丑未月과 金

金이 土를 만난 형국이라 金은 土生金의 이치에 의해 보호받게 된다. 未土는 하기(夏期)의 土이어서 추계(秋季)의 金과 상생(相生)의 관계로서 연결된다. 이 土는 가장 金을 잘 生할 수 있고 보호할 수 있는 힘을 가지고 있다. 그러므로 肺金은 위의 土중 未土를 가장 선호한다. (未月이후부터 인체에 있어서는 肺기능이 활성화 되고 중요시 된다)

秋月과 金

금(金)이 金을 만난 형국이라 숨소리가 요란하여진다. 肺金이 秋金을 만나게 되어 肺金의 기능이 한 단계 상승한다. 금기(金氣)가 태왕(太旺)해져 장부음양오행(臟腑陰陽五行)이 불균형해진 경우에는 金氣를 剋하는 火와 金氣를 설기(泄氣)시키는 수(水)를 약(藥)으로 한다.

어느 경우이든 장부음양오행이 불균형해지면 상대적으로 태과(太過)한 오행을 제압하면 된다.

인체음양오행을 정상화시킬 수 있는 오행(음식·약물·기타등등)을 약으로 하면 된다. 인체음양오행의 불균형 정도가 그리 크지 않으면 운동·음식물등으로 하고 불균형 정도가 심하면 약물·침 등 기타 강도 높은 방법으로 한다.

冬月과 金

冬季에는 水가 寒冷하다. 마땅히 火로서 祛寒하고 土로서 制水해야 한다. 火는 生土하며 土를 돕는다. 水가 적당하면 金은 水의 淸氣에 의해 윤택해진다. 그러나 水가 과다

하면 金은 물 아래로 가라앉는다.

冬季에는 寒冷陰水가 盛하다. 肺金은 火木을 필요로 한다. 制水해야할 경우 肺金은 土를 藥으로 한다(土가 制水뿐 아니라 生金해주기 때문이다)

冬季의 陰寒冷水는 인체의 음양오행구조를 불균형화시키는 요소로 작용한다. 이때에는 火氣로서 寒冷을 祛하고 陽을 求한다. 土로서 制水하고 生金하며 인체음양오행을 정상화시킨다.

5) 水의 五行

물인 水는 온도에 따라 변화하여 기체·액체·고체로 된다. 그러므로 기체·액체·고체로 된 만물(萬物)의 본체(本体)를 대변한다할 수 있다.

물은 만물의 근본이고 생명체의 근원이다. 생명체들은 水에서 시작하여 성장·발전한다. 人体도 水에서 시작하여 변화한다. 인체는 水로된 정수(精水)를 근본으로 한다. 정수(精水)는 신수(腎水)와 통한다. 水가 만물의 근원이고 水로 된 精水가 인체의 근본이고 精水가 腎水와 통하므로 腎水는 인체음양오행의 근원이 된다. 그러므로 인체의 음양오행은 腎水로부터 시작되고 腎水의 음양(陰陽)은 인체음양의 근원이 되고 腎精은 先天의 本이라말 할 수 있다.

물은 높은 곳에서 낮은 데로 흘러 가장 낮은곳에서 머무르려는 특성이 있다. 낮은 곳은 음양구분상(陰陽區分上)으로 陰이어서 水자체는 陰을 내포하게 된다. 그리고 물이 아래로 흐르려면 차가워야 하므로 水는 또한 한냉(寒冷)의 의미를 가지게 된다.

음양오행은 고르게 분포해야 한다. 木火土金水五行이 상호균형관계를 형성해야 생명체들은 생명체로서의 제기능을 수행한다. 水가 태과(太過)하면 土로서 제방을 쌓아서 물의 범람을 막는다. 火多면 水가 고갈되고 土多면 水가 막힌다. 이때에는 부족한 오행에 힘을 주고 太過한 오행의 세력을 저지한다. 그러면 음양오행이 상호균형관계를 형성하여 생명체들은 제기능을 수행하게 되고 인체는 질병을 극복하여 정상적이 된다.

😊 春月과 水

상승의 기세를 가진 春木의 氣는 水氣를 위로 빨아들인다. 水는 솟아오를 수 있는 氣

를 得하여 활수(活水)로 변화한다. 春月의 생명체들은 이 活水를 흡수하며 생기(生氣)를 얻는다.

春季의 木氣는 태양(太陽)의 화기(火氣)와 조화하며 아래로 흐르는 물을 위로 끌어올린다. 물은 나무의 뿌리와 줄기를 타고 활력을 찾는다. 즉 살아있는 물로 변화한다. 인체의 水도 마찬가지이다. 水장(부)인 腎水도 春木氣의 영향을 받아 변화를 추구한다.

신정(腎精)은 春木의 氣를 받아 위로 상승하여 -水가 木을 生하듯이- 肝木을 자양(滋養)한다. 신정기(腎精氣)로부터 시작된 기운은 생극관계에 있는 인체의 음양오행, 인체의 각 조직·기관에 활력을 불어 넣어 준다. 그 결과로 인체는 보다 더 혈기있는 생명활동을 전개하게 된다.

◎ 夏月과 水

夏月의 火氣가 너무 강렬하여 水는 증발되거나 고갈된다. 인체의 水가 궁지에 몰려있으면 金으로서 生水하고 水로서 火氣를 누그러 뜨린다. 그러면 인체음양오행의 불균형이 해소된다. 水가 적절한 火를 만나도록 조절하라. 그래야 水火가 相交하여 보다더 인체가 생기(生氣)를 찾을 수 있다. 예컨대 수분의 공급을 잘하여 火氣를 제압한다. 腎水를 보(補)해주는 음식을 자주 먹는다. 腎의 음양을 補하여 人体의 精을 축적한다. 腎水의 음양에 신경을 쓰면서 인체의 음양을 조절한다.

◎ 秋月과 水

추계(秋季)의 金氣가 水를 生하는 형국이다. 水氣가 太過한 경우에는 土로서 制水한다. 秋金이 金을 지원해주므로 肺金은 秋季의 청기(淸氣)를 보다 잘 흡수하여 腎水에 내려보낼 수 있다.(金生水의 이치에 의한다) 秋季의 金氣가 生水해주므로 腎水는 청기(淸氣)의 지원을 받아 보다더 精을 잘 배양하고 저장할 수 있다. 秋金에 의해 金氣가 太過하여 인체음양오행이 불균형해진 경우에는 火氣있는 약물로 剋金한다. 木으로는 脾土를 剋하여 土로 하여금 金을 生하지 않게 한다. 제반의 약물들은 인체음양오행구조의 균형화와 정상화를 위한 것들이다. 인체가 정상을 되찾으면 곧바로 약물을 중단한다. 가급적이면 약을 먹지 않고 음식이나 운동으로 인체음양오행을 조절하면 좋다. 꼭 약이 필요하다면 적고 짧게 사용해야 한다.

◑ 冬月과 水

腎水가 冬季의 水陰寒冷을 만난 형국이다. 水가 太過하게 된다. 腎水는 寒氣 때문에 제기능을 하지 못한다. 이때에는 火로서 祛寒한 후 土로서 制水한다. 木으로는 火를 生하고 水를 흡수하며 인체를 따뜻하게 한다

이렇듯이 병인(病因)은 인체음양오행의 균형을 파괴하는 것들이다. 병에 대한 治法은 盛한 음양오행을 제압하고 쇠한 음양오행을 지원하여 인체음양오행을 정상화·균형화 시키는 것이다.

◑ 辰戌丑未月과 水

水가 多하면 土로서 저지하고 土가 강하면 水를 補하여 오행의 균형을 유지케 한다.

6) 木火土金水 五行

寅은 火, 申은 水, 巳는 金, 亥는 木을 발생시키는 뿌리가 된다.

子午卯酉는 春夏秋冬 중 한 가운데의 달이다. 이들은 방위상으로 동서남북중 正方에 위치한다. 이들은 强力하고도 날카로운 木火金水의 기운을 가지고 있다.

辰戌丑未月은 계절의 마지막 달이다. 이들은 상생관계에 있는 오행사이사이에 존재하여 각 五行을 매개하고 조화시킨다. 이들 子丑寅卯辰巳午未申酉戌亥의 地支五行은 자전과 공전운동을 하며 생명체들의 음양오행구조에 영향을 준다. 인체의 음양오행의 氣도 이들 오행처럼 자전과 공전운동을 하며 인체에 변화를 준다. 즉 인체의 생로병사에 관여한다. 이들 地支五行은 우주의 음양오행과 상호조화의 관계를 형성하며 변화를 추구한다.

갑목(甲木)의 나무는 봄철에 두꺼운 껍질을 뚫고 새싹을 만들어 낸다. 그 새싹은 위로 솟아오른다. 그러므로 용출·확장·성장 등은 木五行에 배속된다.

寅月인 春에는 陽氣가 東方木에 있는 태양빛의 영향을 받아 地下에서 나와 地表위로 솟아오른다. 卯月의 만물은 땅위로 향하고 초목들은 줄기와 잎을 성장시킨다. 활활타오르는 태양(丙火)은 만물을 밝게하고 뜨겁게 한다. 태양의 열기를 받은 만물은 보다더 성장을 확대한다.

巳月 火의 熱氣는 地上과 地表에 접근한다. 天地는 陽氣로 가득찬다.

午月에는 태양광선이 火氣를 확대시킨다. 극(極)에 도달한 陽은 陰을 生한다(陽極 陰이다)

土는 만물의 모태이다. 만물은 土에 기초를 두고 성장한다. 戊土는 下降하려는 水의 기운과 상승하려는 火의 기운을 억제하고 조절한다. 즉 오행을 매개하고 오행을 조화시키는 역할을 하고 있다.

己土는 만물로 하여금 성장을 완성케하고 각 오행관계를 和合시킨다.

丑月의 土는 土氣로 制水하여 寒氣를 굴복시키고 水性을 지닌 種子를 감싸준다.

辰月의 土는 만물의 모태가 되어 만물로 하여금 발전과 변화를 하게 한다. 이것은 水와 火가 기제(旣濟)하도록 火와 水의 중간에서 이들의 기세를 조절한다.(水火旣濟를 가능케 한다.)

未土는 火生土하여 火氣를 억제하고 制水하여 水氣를 하강시킨다. 生金하여 木의 지엽을 마르게 하고 딱딱한 결실의 열매를 만들어 내게 한다.

戌月의 土는 陽氣를 흡수하여 보존하며 만물로 하여금 生을 영위하게 한다.

庚金은 金氣로 만물을 고체화시킨다. 이것은 만물의 성장과 상승을 억제하고 확산과 분열을 막으며 만물을 수축시키고 완성시킨다. 만물로 하여금 열매를 맺게 하거나 결실을 이끌어내게 한다.

水는 만물의 始原이고 생명체의 근원이고 음양의 근원이다. 그러므로 水의 위치에서 음양이 교차하게 된다.

일년중 가장 陰이 긴 子月冬至에 陰이 極에 달하고 陽이 始生한다.(陰極陽). 즉 子水에서 음과 양이 바뀌고 새로운 세계가 시작된다.

癸水는 陰中에서 陽의 기세가 점점 확대되는 시기와 관련한 오행이다. 子水는 오행상 水인 腎과 관련한다. 腎水는 精水를 生한다. 精水는 생명을 창조한다. 亥水는 생명체의 씨앗을 수장하는 의미를 지닌 水의 五行이다.

방위상 북쪽이고 한냉한 겨울인 亥子丑月에는 水가 旺盛하다. 寒水는 만물을 얼리고 저장한다. 방위상 동쪽이고 온난(溫暖)한 봄인 寅卯辰月에는 木氣가 旺盛하다. 따뜻한 木氣는 만물을 始生한다.

방위상 남쪽이고 뜨거운 여름인 巳午未月에는 火氣가 旺盛하다. 뜨거운 火氣는 만물을 변화시킨다.

방위상 서쪽이고 서늘한 가을인 申酉戌月에는 金氣가 왕성하다. 서늘한 金氣는 만물을 결실케 한다.

辰土는 溫土이다. 이 온토는 수화기제(水火旣濟)에 매개적 역할을 한다. 따뜻한 물을 공급하여 木의 뿌리를 확장시키며 木의 성장을 돕는다.

未土는 燥土이다. 이 조토는 制水하여 水生木 관계에 있는 木으로 하여금 水의 生을 받지 못하게 한다. 그리고 土生金하여 土의 성장을 억제하고 木으로하여금 결실의 열매를 맺게 돕는다. 戌土는 溫土이다. 이 온토는 결실된 열매의 종핵(種核)을 보존한다. 丑은 겉이 차고 속이 따뜻한 土이다. 이 丑土는 陽氣를 生하여 씨앗에 溫氣를 불어넣어 준다.

제4장 음양오행구분도표와 병증(病證)·약물(藥物)

　도표에서와 같이 증세와 약물은 반대적 특성을 지니고 상대의 영역에 위치한다. 그래야 인체음양오행의 불균형이 해소되고 인체가 정상화될 수 있기 때문이다. 양증(陽證)에는 음약(陰藥)을, 열증(熱證)에는 한량약(寒涼藥)·청열약(淸熱藥)을 쓴다(도표1)

한증(寒證)·음증(陰證)에는 온열약(溫熱藥)을 써서 회양(回陽)하고 산한(散寒)한다.(도표1), 그러면 인체음양오행의 불균형이 해소되고 인체음양오행이 균형적 상생상극관계를 형성하며 인체의 기능이 정상화된다.

　다음의 각 도표들은 음양오행구분도표에 바탕을 두고 만들어진 것이다. 음양오행구분도표와 상호연결하여 생각하면 그 의미를 보다 더 잘 알수 있을 것이다.

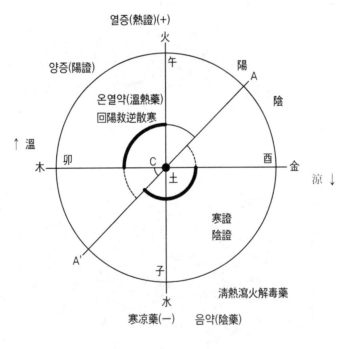

〈도표 1〉

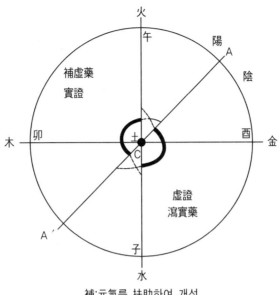

補:元氣를 扶助하여 개선

〈도표 2〉

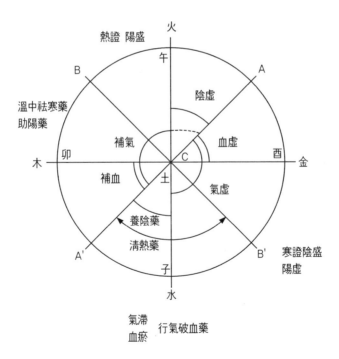

〈도표 3〉

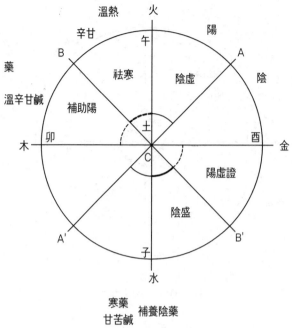

〈도표 4〉

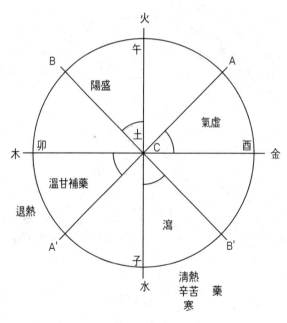

〈도표 5〉

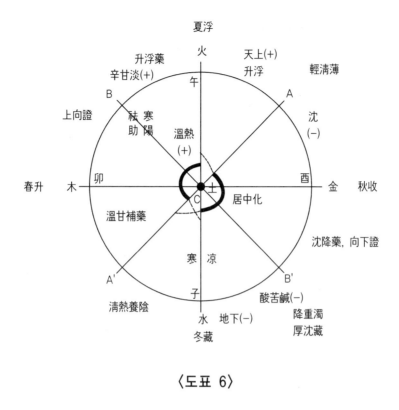

〈도표 6〉

　허증(虛證)에는 보허약(補虛藥), 실증(實證)에는 사실약(瀉實藥)을 쓴다. 실증(實證)과 허증(虛證)의 영역은 子午선의 좌측과 우측이다(도표2). 보다 미시적으로(좁은 범위로) 표현하면 午CA′선의 좌측이 實證이고 AC子선의 우측이 虛證이 된다(도표2) 이것은 허측보(虛則補)하고 실측사(實則瀉)하라는 법칙을 전부 포괄한다. 이 도표에는 제증(諸證)과 그에 대한 치료약물의 범위가 요약되어 있다. 예컨대, 음성(陰盛)하고 양허(陽虛)면 온중거한(溫中祛寒)과 조양(助陽)의 효능이 있는 약물을 쓴다(도표 3). 반대로 양(陽)이 성(盛)하고 열증(熱證)이면 양음약(養陰藥)과 청열약(淸熱藥)을 쓴다(도표 3)

　이 도표에는 증세에 대한 약물선택의 범위가 일목요연(一目瞭然)하게 표시되어 있다. 도표에 있는 병증(病證) 상대영역의 것을 선택하여 처방하라. 복잡한 계산을 하지않아도 된다. 증세에 맞는 약을 찾을 수 있다. 그러므로 이 도표에 기초를 두고 각 개개약물의 성질을 감안하며 처방한다면 백발백중 치료가 가능할 것이다.

인체(人体)에 미치는 어떠한 증세라도 이(약물) 음양오행구분도표에 대입하라. 그러면 곧바로 그에 대한 치료(治療)의 약물을 찾아낼 수 있다. 이 도표는 증세와 치료약물을 찾아 방제에 활용할 수 있게 한다.

이 도표에 바탕두고 제반약물의 특성을 보아가며 복합 가감하면 만병을 치유할 수 있는 열쇠를 찾을 수 있을 것이다.

이 음양오행구분도표는 약물의 음양(陰陽)·한열(寒熱)·효능, 약물과 장부와의 관계 등 복잡다양한 것들까지도 내포하고 있다. 잘 활용하면 변증시치(辨證施治)의 골격을 만들어 낼 수 있다. 약물상호간의 음양오행구성조직을 조합시킬 수 있고 인체의 음양오행과 개별약물을 연결시킬 수 있다.

이 도표에 표시된 陰陽木火土金水는 木火土金水의 장부조직과 사주음양오행구조(四柱陰陽五行構造)와 상호연결 가능한 것이다. 이 도표는 사주음양오행구조와 결합시켜 그에 맞는 약물을 찾을 수 있게 한다.

음허증(陰虛證)에는 補陰藥을 쓴다. 음허증치료의 약물은 그와 상대의 영역에 있다. (補陰藥), 여기에서 보음약은 보혈약과 연결되고 보양약과 관련한다.(도표3) 이 약은 도표와 같이 陰藥이고 寒性藥이다(도표6)

이렇듯이 이 도표는 하나를 보고 열을 이끌어 내 대응할 수 있게 한다. 가장 큰 골격을 만들어 낸 후 약물상호간의 음양오행 특성을 고려하여 복합적이고도 다양한 효능이 있는 약물을 뽑아내라. 환자의 사주음양오행구조와 현재의 상태등을 고려하여 환자개개인에게 맞는 방제를 만들어내 활용하라.

제5장 음양오행(陰陽五行)과 인체(人体)·장부(臟腑)·병증(病證)·약물(藥物)·치법(治法)

우주만물(宇宙萬物)은 각각 음양의 속성과 음(陰)과 양(陽)이라는 양면적(兩面的) 특성을 갖는다. 〔陰과 陽이 끊임없이 상호의존(相互依存)하고 상호제약(相互制約)하고 상호전화(相互轉化)하며 우주만물을 창조하고 변화시키고 있기 때문이다.〕

모든 사물은 음과 양이라는 두가지 속성을 가지는 동시에 내부적(內部的)으로 또다시 대립되는 陰陽으로 구분되어진다. (즉 이루 헤아릴 수 없으리 만큼 많게 음양으로 계속 구분된다)

이 음양은 상대적(相對的)이며 통일적(統一的) 속성을 지닌다. 즉 현상은 둘이나 본질(本質)은 하나인 존재이다.

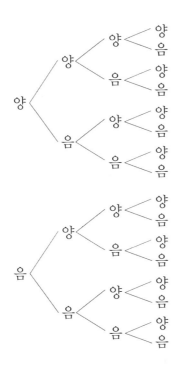

1. 음(陰)과 양(陽)

1) 음양호근(陰陽互根)

음은 양에 양은 음에 의존한다. 즉 음과 양은 상대방을 자기존재의 근거로 삼으며 상호자생(相互資生)한다.

인체구성의 기본적 요소는 기(氣)와 혈(血)이다. 氣는 血의 사(師)로서 생혈(生血)·행혈(行血)하고 섭혈(攝血)한다. 血은 氣에 영양을 공급해주며 氣를 유양(濡養)한다. 이러한 氣와 血은 또한 음양의 속성을 지닌다(만물이 음과 양에 의해 창조되어졌기 때문이다).

氣는 陽의 속성을 가지고 있고 血은 陰의 속성을 지닌다. 이들은 도표에서와 같이 상호의존관계를 형성하고 있다. 〔그러므로 기허(氣虛) 또는 혈허(血虛)일때에는 보기(補氣)와 보혈(補血)을 동시에 해야 하는 것이다.(氣血雙補)〕

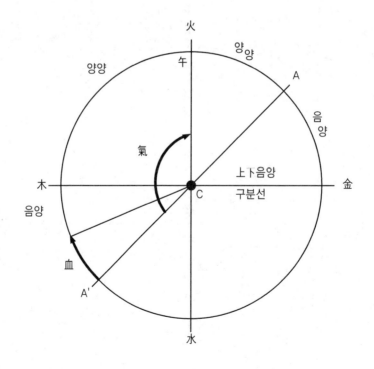

음은 양에 양은 음에 뿌리를 둔다. 음은 양에 근원을 두고 생화(生化)한다. 양은 음을 의지하면서 생화한다. 즉, 음과 양은 상호의존(相互依存)하며 생장(生長)변화를 하는 등 불가분의 관계를 형성하고 있다. 〔그러므로 양허(陽虛·陽氣不足)가 진전되면 음허(陰虛·陰液不足)가 발생한다. 음허가 진전되면 양허가 나타난다.〕

2) 음양상호제약(陰陽相互制約)

음과 양은 불가분의 관계를 형성하여 정상(正常)상태에서는 상호제약과 협조를 한다. 즉 상대적 평형상태를 유지한다. 그러나 음과 양중 어느 한쪽이 편성(偏盛)해지면 상대적 평형이 깨어져 비정상적 상태가 된다.(인체음양오행이 불균형적인 경우에는 질병이 발생한다. 인체에서의 음양도 상호제약 관계를 형성하고 있기 때문이다.)

음(陰)이 성(盛)하면 양이 쇠하고 양이 쇠하면 음이 盛한다.(인체에서는 인체음양의 상대적 불균형을 의미하고 있다.)

질병이란 인체음양이 상대적으로 불균형해져 인체가 비정상적인 경우에 발생하는 것을 말한다.

예를 들어 간음(肝陰)이 부족(不足)하면 간양(肝陽)이 상항(上亢)한다. 상항한 양사(陽邪)는 陰을 쇠하게 하고 열증(熱證)을 일으킨다. (熱은 한(寒)으로 치료해야 인체음양오행이 균형화할 수 있으므로 이때에는 한량약(寒凉藥)·음약(陰藥)을 사용한다)

음(陰)이 편성(偏盛)하면 음사(陰邪)가 일어난다. 陰邪는 그와 상대적 특성을 지닌 陽을 쇠하게 한다. 그 결과로 한증(寒證)이 출현된다.(寒은 熱로 치료해야 인체음양오행이 균형화될 수 있으므로 이때에는 온열약(溫熱藥)·양약(陽藥)을 쓴다)

음허(陰虛)이면 양(陽)이 승리하여 양항(陽亢)한다. 陽亢하면 허열(虛熱)이 出한다)

이와 같이 陰이 병이 될 때에는 보음(補陰)·자음강화(滋陰降火)·육음잠양(育陰潛陽)의 藥으로 치료한다.

양허(陽虛)이면 음한내성(陰寒內盛)하며 음(陰)이 승리한다. 이와같이 陽이 병이 될 경우에는 보양(補陽)·보기(補氣)하여 치료한다.

건강(健康)이란 인체의 음양오행이 끊임없이 상호의존(相互依存)·상호자생(相互資

生)하고 상대적평형관계를 유지하는 것을 말한다. (인체의 음양은 상호균형관계를 형성할 때 정상적으로 양소음장(陽消陰長)과 음소양장(陰消陽長)을 계속한다)

질병이란 인체의 음양(오행)중 어느 한쪽이 편성(偏盛)하거나 편쇠(偏衰)하는 즉 음양의 상대적 불균형 상태가 일어나고 있을 때 발생한다.(예컨대 질병은 일정기간 계속 음양이 실조(失調)되거나 음양(오행)이 불균형해지는 경우에 발생한다)

건강한 경우와 질병이 있을 때의 인체음양오행의 상태가 위와 같으므로 우리는 어떻게 하면 질병을 치료하여 건강을 되찾을 수 있고 인체를 보다 강력하게 할 수 있는 방법을 알아낼 수 있는 것이다.

3) 음양상호전화(陰陽相互轉化)

음양은 상호의존하고 상호자생하며 변화를 추구한다. 음이 극(極)에 달하면 양(陽)이 되고 양이 극에 달하면 음이 된다. 이것을 다른 말로 음극양(陰極陽)이요 양극음이라 한다. 음극양(陰極陽)이요 양극음(陽極陰)이란 음은 양으로 양은 음으로 전화(轉化)할 수 있음을 의미한다. 이것은 인체에 있어서도 유사한 관계를 형성하고 있음을 알려주고 있다. 인체에 있어서 음증(陰證)은 양증(陽證)으로 한증(寒證)은 열증(熱證)으로 허증(虛證)은 실증(實證)으로 전화할 수 있다.

양증(陽證)은 전화하여 음증(陰證)으로 된다. 〔실증(實證)이 허증(虛證)으로 열증(熱證)이 한증(寒證)으로 전화(轉化)한다.〕 寒證에서 熱證으로 열증에서 한증으로 허증에서 실증으로 실증에서 허증으로의 전화는 인체의 음양구조와 밀접한 관계가 있다.

그런데 이 인체의 음양구조는 탄생의 시기에 의해 형성되는 사주음양구조(四柱陰陽構造)와 연관된다. 사주의 음양조직의 상대적 평형상태 유지여부는 인체의 항병능력과 내외부(內外部)에 대한 저항력과 관계가 있다.

사주의 음양이 평형상태를 유지하고 있으면 내외적저항을 받아도 빠르게 음양을 조절하여 질병에 걸리지 않는다.

만물이 음양으로 되어 있고 음양의 속성을 지니듯이 인체는 음양으로 되어 있고 인체의 조직구조는 음양의 속성을 지닌다. 그러므로 인체의 생리기능은 음양의 변화과정 그 자체라 말 할 수 있고 음양의 변화법칙에 따라 전개된다 할 수 있다. 〔인체의 상부(上

部)·체표(体表)는 陽이고 하부(下部)·체내(体內)는 陰이다. 육부(六腑)는 陽이고 오장(五臟)은 음이다. 양(陽)인 육부(六腑)는 또다시 음양으로 구분된다. 오장은 음과 양의 속성을 지닌 것으로 분류할 수 있다.]

인체(人体)의 양(陽)은 승출(升出)을 담당하고 인체의 陰은 강입(降入)을 담당한다. 즉 人体는 升降出入의 형식으로 생리활동을 전개한다.(음양의 이치상 升出은 陽이고 降入은 陰이기 때문이다)

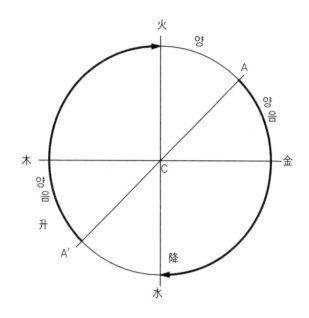

체내의 모든 것들(五臟六腑·氣血 등)은 음양의 원리대로 상호관계를 형성하며 변화를 추구하고 있다.

체내의 청양(淸陽)의 기(氣)는 상승(上升) 외출(外出)하며 기육(肌肉)과 사지를 충실하게 하고, 중탁(重濁)한 음(陰)의 기(氣)는 정미한 영양물질을 오장(五臟)에 유포시키며 전신을 자양(滋養)하게 하고 찌거기를 체외(体外)로 배출케 한다.

앞에서 설명한 바와 같이 질병이란 인체음양의 상대적 평형상태가 파괴된 것(陰陽失調)을 말한다. 인체의 음양중 양기(陽氣)가 허(虛)하면 음기(陰氣)가 승(勝)하여 허한증(虛寒證)이 발생한다. 인체의 음양중 음기(陰氣)가 허하면 양기(陽氣)가 승(勝)하여 허열증(虛熱證)이 일어난다. 음사(陰邪)는 음(陰)을 편승(偏勝)케 한다.(陰寒證), 양사

(陽邪)는 양(陽)을 편승(偏勝)케 한다(實熱證)

이와같이 질병발생의 근본원인은 음과 양의 상대적 불균형 상태인 음양실조이다. 그러므로 음양의 변화법칙에 기초를 두면 질병의 원인·발전·변화를 예측할 수 있고 그에 대한 처방을 할 수 있는 것이다.

이처럼 질병의 원인이 인체음양의 편성 또는 편쇠, 즉 인체음양의 상대적 불균형 상태〔음양실조(陰陽失調)〕인 것이므로, 질병을 치료하려면 음양의 불균형을 없애는 약물을 쓰면된다 할 수 있는 것이다.

4) 병증·약물 음양오행과 치법(治法)

우주만물은 모두 음과 양으로 되어 있다. 이것은 인체뿐만 아니라 질병, 질병을 치료하는 약물(藥物)조차도 음과 양으로 되어있다는 의미를 지닌다.

아래와 같이 약물은 음양으로 구분된다.(약물음양구분도표를 참고하라)

온열약(溫熱藥)·조열약(燥熱藥)·신감(辛甘)한 약은 양(陽)이고, 한량약(寒凉藥)·자윤약(滋潤藥)·함고산섭(鹹苦酸攝)한 약은 음(陰)이다. 담박(淡薄)한 약, 승발작용(升發作用)이 있는 약은 양(陽)이다. 농후(濃厚)한약·수렴작용(收斂作用)이 있는 약은 음(陰)이다.

- 질병을 치료하는 방법은 다음과 같다. 음양의 변화법칙을 기초로 인체의 구조, 질병의 원인을 찾는다. 인체음양의 불균형 상태, 즉 음양중 어느 것이 편성(偏盛)·편쇠(偏衰)한가를 찾는다.
- 인체음양의 불균형을 조정할 수 있는 약물을 찾는다. 구체적으로 표현하면 다음과 같다.
- 인체음양이 음양편승(陰陽偏勝)인가 음양편쇠(陰陽偏衰)인가를 본다.
- 병증이 음양편승인가 음양편쇠인가를 찾아낸다.
- 약물의 음양편승편쇠를 알아낸다.

병증이 실증(實證)이고 편쇠(偏衰)하면 허증(虛證)이 된다.

아래도표와 같이 실증(實證)과 허증(虛證), 그리고 약물(藥物)의 특성을 표시할 수 있다. 이것을 활용하면 보다 더 빨리 약물을 찾아내 처방을 할 수 있을 것이다.

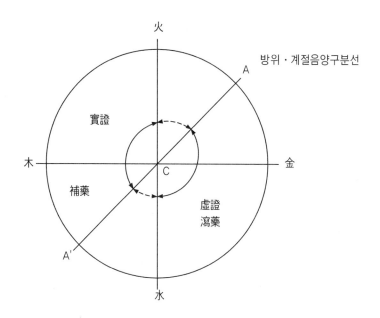

위 도표와 같이 실증과 허증을 구분가능케 하는(추가적인) 선(線)은 방위계절 음양구분선이다. 방위음양구분선 아래는 허증(虛證)을 나타내고 위는 실증(實證)을 나타낸다. 여기서 실선의 범위는 보다 강한 허실(虛實)의 구분선이다. 증세의 대각선 방향은 그를 치료하는 약물의 범위이다.

그러므로 위 도표에서와 같이 실증(實證)에는 사(瀉)하는 약(藥)을 허증(虛證)에는 보(補)하는 약을 쓰게되는 것이다. 증세의 대칭범위가 그에 대한 치료약물이라 생각하고 처방하면 된다. 실(實)은 사(瀉) 해야하고 허(虛)는 보(補)해야 인체가 음양균형을 얻을 수 있으므로, 이에 대한 약물도 음양균형을 이루게 하는 것으로 해야함은 당연한 귀결이다.

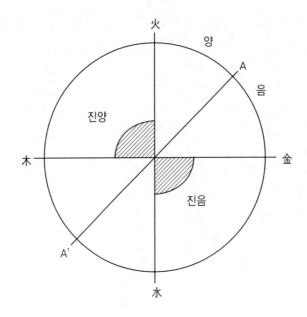

편승(偏勝)중 음편승(陰偏勝)이면 양약(陽藥), 신온산한약(辛溫散寒藥)을 쓴다. 양편승(陽偏勝)이면 음약(陰藥), 고한설열약(苦寒泄熱藥)을 쓴다.

도표에 있어서 음편승은 진음(眞陰)이고 양편승은 진양(眞陽)이다. 그러므로 진음에는 진양약(眞陽藥)을 써야 마땅하고 진양에는 진음약(眞陰藥)을 써야 할 것이다.

편쇠중 음편쇠(陰偏衰)하면 음(陰)을 보(補)하는 음약(陰藥)을 쓴다. 음혈(陰血)과 진액(津液)을 보(補)하는 양성자윤약(凉性滋潤藥)을 쓴다. 도표에서와 같이 (거의 보약(補藥)과 사약(瀉藥)의 구분선이 좌우음양구분선이므로) 좌측에 있게 된다. 그러므로 음편쇠하면 보음약(補陰藥)을 쓰면 된다 할 것이다.

양편쇠(陽偏衰)하면 양(陽)을 보(補)하는 양약(陽藥)을 쓴다. 양기(陽氣)를 보(補)하는 온열성약물(溫熱性藥物)을 쓴다. 도표에서는 빗금친 부분이 주(主)가 된다.

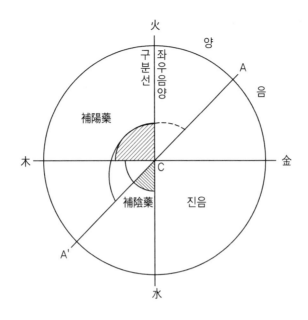

2. 음양오행과 인체·장부·병증·약물·치법(治法)

우주만물과 모든 현상은 음양으로 구분되며 그 음양의 법칙에 따라 변화한다. 그와 동시에 우주만물과 모든 현상은 오행(五行)으로 구분되며 그 오행의 법칙에 따라 운행된다.

오행(五行)이란 우주간에 존재하는 원소(元素)인 木, 火, 土, 金, 水 오(五)가지를 말한다.(이것은 구체적, 추상적인 유형, 무형의 것 그 모두를 지칭한다)

오행은 상생상극(相生相剋)하며 변화를 계속 추구한다(五行의 변화법칙). 이와같은 특성을 지니므로 우주만물과 모든현상은 오행 상생상극의 변화법칙에 따라 존재하고 사라지는 즉 생장소멸을 계속한다 말 할수 있는 것이다.

오행이 이와같은 특성을 지니므로 우리는 음양오행에 기초를 두고 인체의 조직구조, 생리·병리, 인체와 외계환경과의 관계를 설명하며 질병의 진단과 치료에 활용할 수 있다.

1) 오행(五行)의 상생(相生)

五行은 상생관계를 형성한다.

木生火→火生土→土生金→金生水

木→火→土→金→水

여기서의 生은 자생(資生) 또는 조장(助長)의 의미를 지닌다.

오행의 특성에 기초를 두면 장부(臟腑)의 생리적 특성을 해석할 수 있다. 인체의 장부는 만물과 현상이 오행의 속성을 지니듯이 오행의 속성을가진다. 오장(五臟)중의 하나인 간(肝)은 나무(木)가 자랄 때 사방으로 퍼져 통하듯이 조달(條達)하기를 좋아한다(생리적 특징). 간은 나무가 뿌리로 땅을 소토시키듯이 소설을 주재하고 있다. 그러므로 간(肝)은 목(木)에 배속된다. 간단히 간목(肝木)이라 칭할 수 있다.

심(心)은 화(火)가 상염(上炎)하며 온세계를 따뜻하게 하듯이 온몸을 따뜻하게 데우는 작용을 한다. 그러므로 심(心)은 火에 배속된다.(心火)

비(脾)는 土가 만물을 양육(養育)하고 변화시키듯이 수곡(水穀)의 기(氣)와 정미(精微)를 제공하여 인체를 양육한다. 즉, 후천적 변화의 근본이 되어준다. 그러므로 비(脾)는 토(土)에 배속된다. (비토 脾土)

폐(肺)는 金이 깨끗하고 맑으며 수렴성(收斂性)을 지니듯이 기(氣)를 맑게 하고 아래로 보내는 숙강(肅降)을 주재하는 작용력을 지닌다. 그러므로 金에 배속된다(肺金)

신(腎)은 수(水)가 윤활(潤活)한 특성을 지니듯이 윤활한 수기(水氣)와 정기(精氣)를 주재하고 간직한다. 그러므로 신(腎)은 水에 배속된다.(腎水)

앞에서 설명한 바와 같이 오행은 木→火→土→金→水로 상생관계를 형성한다. 이러한 오행의 속성을 지닌 인체의 오장(五臟)은 肝木→心火→脾土→肺金→腎水 등으로 상생관계를 형성하고 있다.

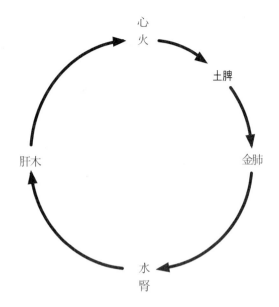

   이와같이 오행의 속성을 지닌 오장(五臟)은 오행이 상생관계를 형성하듯이 상생의 관계를 형성하며 상호영향을 주고 받는 등 변화를 추구한다. 그러므로 오행의 변화법칙(變化法則)에 기초를 두면 오장간의 생리(生理)와 운동과 변화의 법칙을 알아낼 수 있고, 진단(診斷)과 치료시(治療時)에 활용할 수 있다.

   인체의 생리(生理)와 병리(病理)뿐만 아니라 적절한 약물을 알아 치료시에 활용할 수 있다.

2) 오행(五行)의 상극(相剋)

   오행은 상극관계(相剋關係)를 형성한다. 여기서 상극은 상호제약의 의미를 갖는다. 오행은 木剋土, 土剋水, 水剋火, 火剋金, 金剋木 등으로 상극관계를 형성한다. 이러한 오행의 속성을 지닌 인체의 오장은 肝木→脾土→腎水→心火→肺金→肝木 등으로 상극관계를 형성하고 있다.

   이것을 도표로 나타내면 다음과 같다.

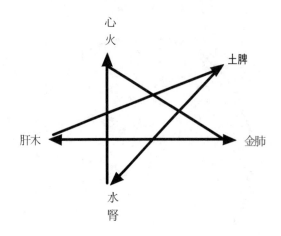

이것은 오행의 속성을 지닌 우주의 사물과 모든 현상이 상호자생(相互資生)·상호제약(相互制約)의 관계를 형성하며 변화하고 있음을 의미한다.

이와 같이 오행의 속성을 지닌 오장은 오행(五行)이 상극관계를 형성하듯이 상극관계를 만들어 내며 상호영향을 주고 받는 등 변화를 추구한다.

오행의 속성을 지닌 오장(五臟)도 오행처럼 상생상극관계를 형성하며 변화를 추구한다. 그러므로 오행상생상극의 변화법칙에 기초를 두면 오장간의 관계와 운동, 인체의 생리와 변화의 법칙을 알아낼 수 있고 진단과 치료시 활용할 수 있다.

3) 오행의 상승(相乘)

오행은 상승(相乘)관계를 형성한다. 상승(相乘)이란 오행중 강한 일행(一行)이 약한 일행을 강하게 극(剋)하는 것을 말한다.(비정상적인 상극현상을 말한다.) 여기서 승(乘)은 허(虛)한 것에 공격을 가한다는 의미가 있다. 오행의 상승은 극(剋)하는 오행이 태과(太過)하여 극(剋)받는 오행이 지나친 제약을 받을 때 발생한다. 목극토(木剋土)인 경우 多木剋 虛土이면 木乘土가 된다.

다토극허수(多土剋虛水)면 토승수(土乘水)요.

다금극허목(多金剋虛木)이면 금승목(金乘木)이다.

다수극허화(多水剋虛火)면 수승화(水乘火)이고

다화극허금(多火剋虛金)이면 화승금(火乘金)이다.

4) 오행(五行)의 상모(相侮)

오행은 상모(相侮)관계를 형성한다. 상모란 오행중 태과(太過)한 일행(一行)이 극(剋)하는 일행(一行)을 제약하는 것을 말한다. 이것은 비정상적 상극관계로 오행이 역극(逆剋)의 관계를 형성하는 것을 말한다.

상모(相侮)는 극(剋)하는 오행의 세력이 약하여 극받는 오행이 오히려 역극할 때 발생한다. 금극목(金剋木)이 순리이나 강목(强木)하면 木剋金한다. 토극수(土剋水)가 순리이나 강수(强水) 水多하면 水剋土가 된다. 즉 오행의 상승상모관계는 오행상극관계의 변형이고 한 부류라 할 수 있다.

우주의 만물과 모든 현상이 오행의 속성을 지니듯이 인체의 내장기관·조직구조·생리, 병리·약물 등도 오행의 속성을 지닌다. 그러므로 우리는 오행 상생상극(相生相剋)의 변화이치로서 인체의 생리활동과 병리변화를 알아낼 수 있고 치료의 방법을 강구할 수가 있다.

5) 오행과 장부(臟腑)

우주만물과 현상을 오행에 귀속시켜 변화의 이치를 알아낼 수 있듯이 자연계의 현상인 계절과 기후 또한 오행에 귀속시킬 수 있다. 계절 중 봄(春)에는 초목이 싹트고 생발(生發)한다. 그러므로 춘(春)은 木에 속한다. 간(肝)은 조달하기 좋아하고 주승주동(主升主動)하는 생리적 특징을 가진다. 그러므로 간(肝)은 木에 속한다. (앞에서 설명한 肝木에 관한 것을 참고 할 것)

하(夏)에는 기후가 상염(上炎)하고 만물이 온기를 받아 생장(生長)한다. 그러므로 하(夏)는 화(火)의 오행에 배속된다. 심(心)은 인체의 기(氣)와 혈(血)을 추동하고 전신을 온양하는 생리적 특징을 지닌다. 그러므로 心은 火의 오행에 속한다.

장하(長夏)의 만물은 조습(燥濕)한 기후의 영향을 받으며 번성한다(변화한다). 토(土)가 만물을 양육하고 변화시키듯이 장하(長夏)는 이와 유사한 현상을 만들어 낸다. 그러므로 長夏는 오행중 土에 속하게 된다.

비(脾)는 수곡(水穀)의 氣와 정미(精微)를 운화(運化)하여 인체를 양육한다. 그러므로 土에 속하게 된다.

추계(秋季)의 만물은 청숙(淸肅)한 기후의 영향을 받아 수렴(收斂)한다. 金이 수렴성(收斂性)과 청숙성(淸肅性)을 지니듯이 추계(秋季)는 이와 유사한 현상을 일으킨다. 그러므로 가을(秋)은 金에 속한다.

폐(肺)는 청숙(淸肅)을 좋아하고 숙강(肅降)을 주재한다. 그러므로 폐(肺)는 金의 오행에 배속된다.

동계(冬季)의 만물은 수한빙냉(水寒氷冷)한 기후의 영향을 받아 수장(收藏)된다.

수(水)가 윤활(潤活)하고 장(藏)하는 성질을 띠듯이 동계(冬季)도 이와 유사한 특성을 지니고 이와 유사한 현상을 만들어 낸다. 그러므로 동계(冬季)는 수(水)의 오행에 속하게 된다. 신(腎)은 윤활(潤活)한 수기(水氣)와 정기(精氣)를 주재한다.

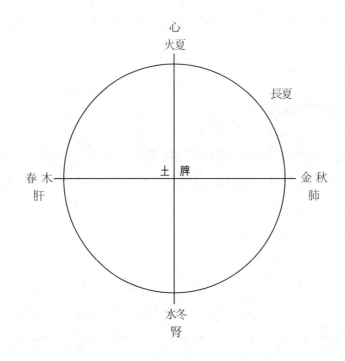

그러므로 오행중 수(水)에 속한다.

이것을 도표에 나타내면 春肝木, 夏心火, 長夏土脾, 秋肺金, 冬腎水가 된다. 이것을 질병의 성질(虛實, 寒熱, 燥濕등)과 약물의 특성(補陽, 補陰, 補氣, 實瀉, 寒熱溫 등)을

연결시켜 적용하면 진단과 처방시에 곧바로 사용할 수 있다.

6) 장부오행(臟腑五行) 상생상극(相生相剋)과 치법(治法)

오행의 속성을 지닌 각 장부(臟腑)는 오행이 상생상극의 관계를 형성하며 변화를 추구하듯이 상생상극하며 영향을 주고 받는다. 상생시에는 肝木→心火→脾土→肺金→腎水→肝木등으로 상생(相生)하며 균형적 관계를 형성한다. 상극시에는 肝木→脾土→腎水→心火→肺金→肝木하며 각 장부는 상호제약하며 균형관계를 만들어 낸다. 이들 각자는 상호자생(相互資生)하고 상호견제(相互牽制)하며 자기의 역할을 충실히 한다.〔이들은 인체조직을 배양(培養)하고 운행하며 변화시킨다.〕

그렇지만 이러한 균형관계가 깨지면 각장부는 다른 장부에 영향을 준다(질병이 발생하게 된다). 가령 신음(腎陰)이 부족하다면 腎水가 肝木을 生할 수 없고 心火가 제자리를 벗어난다. 그로 인해 그와 생극(生剋)의 관계에 있는 다른 장부에 영향을 준다. 이것은 인체조직기능전체에 파급된다. 그 결과 나타나는 현상이 병증(病證)이고 병리적 상태이다.

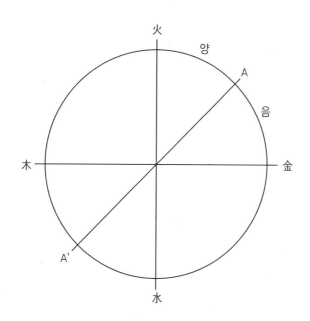

질병을 치료하려면 다음과 같이 해야한다. 우선 원인이 무엇인가를 알아낸다. 병의 원인을 찾아내면 음양오행의 불균형 정도를 살핀다. 그 음양오행의 불균형을 개선 가능케하는 약물을 찾아낸다. 음양오행의 균형유지에 중점을 두며 병정과 환자의 상태에 따라 약물을 가감하며 처방한다.

7) 사주음양오행과 인체(人体)·병인(病因)·치법(治法)

인체(人体)가 건강(健康)하다는 것은 인체의 음양오행구조가 균형적으로 상생상극의 관계를 형성하고 있다는 의미를 지닌다. 질병이란 이러한 인체·조직·구조·기능 음양오행구조의 균형적 관계가 깨어진 상태를 말한다. 그러면 어째서 이 균형적 관계가 깨어진단 말인가?

원인은 외적·내적·심리적인 것 등 다양한 것에 의한다. 건강한 사람은 인체조직기능의 음양오행균형관계가 비정상적으로 된다하여도 자연적으로 다시 균형적 상태로 이행하여 질병으로 전화(轉化)하지는 않는다. 일시적으로 건강상태가 안 좋다가도 빠른 시일 내에 정상화된다. 그러므로 이것을 질병이라고는 하지 않는다.

인체생리조직의 음양오행관계의 불균형 상태가 지속되는 것은 질병의 범주에 속하는 것이다. 건강한 사람이 질병에 걸리는 것은 外的인 것보다는 운기(運氣)에 의해 좌우된다. 운기가 선천적으로 가진 음양오행장부조직 구조에 불리하게 작용하면 자그만한 외적 원인에도 질병으로 전화한다. 그러므로 질병을 치료하려면 다음과 같이 해야 한다.

출생년월일시의 음양오행구조(사주음양오행구조)를 찾아내 어느 장부조직오행의 氣가 부족하고 어느 장부기능이 깅하고 약힌가의 여부를 먼지 피악한다.

  · 태세(太歲)의 음양오행 구조를 찾는다.
  · 병인과 병의 진전, 환자의 특성 등을 사진(四診)의 방법으로 파악한다.
  · 사주음양오행구조, 태세음양오행구조, 사진(四診)에 의한 자료등을 상호연결시켜 약물을 선택하여 치료하면 된다. 이때에는 음양오행구조의 균형에 역점을 둔다.

운동도 음양오행의 氣를 변화시키므로 환자의 상태를 보아가며 병행실시해야 할 것이다.

그래야 만이 명확한 진단과 치료를 할 수 있을 것이다.

이와같이 음양오행의 이치는 한의학 이론의 뿌리와 기둥의 역할을 한다. 그럼에도, 대부분의 전통한의학자들은 음양오행학을 애매모호한 상대적 개념나열의 학문이라 치부하려 한다. 한의학의 서적에서는 조그만 지문속에 그것도 일부에 나타내, 그 의미를 축소시키고 있다. 이를 안타깝게 여기다, 음양오행학을 다시 일으켜 세우게 된 것이다.

본서는 음양오행의 이치에 기초를 두고 음양오행과 인체의 조직·구조·생리, 병리, 약물등을 상호결합시켜 설명하는 데 그치지 않는다. 건강한 사람은 언제 질병이 오고 환자는 언제 질병의 고통에서 벗어날 것인가? 하는 것등.. 질병의 예방과 치료에도 관심을 둔다.

인간의 미래, 인간의 건강과 질병 등 크고 작은 것들이 음양오행의 법칙에 의해 형성되고 변화하고 있음도 설명하였다. 그러므로 본서에 바탕을 두고 환자를 진찰하고 처방하면 보다더 정확한 의도적인 결과를 얻어낼 수 있을 것이다.

제 2 편

음양오행(陰陽五行)과 약물(藥物)

약물음양오행구분도표(藥物陰陽五行區分圖表)와 한약(韓藥)

약물음양오행 구분도표란 약물(藥物)을 음양오행으로 구분하고 약물(음양오행)을 음양오행 구분도표 상에 나타낸 것을 말한다.

이 약물음양오행 구분도표는 분석(分析)의 초점을 약물에 둔 음양오행 구분도표의 일종이다.

이 약물음양오행 구분도표에는 치료약물의 영역(領域)이 표시되어 있고 그 반대편에는 병증(病證)의 영역(領域)이 존재한다. 그러므로 음양오행 구분도표를 잘 관찰하면 저절로 약물의 특성과 병증을 알 수 있게 된다.

만물이 음양오행으로 되어 있드시 약물도 음양오행으로 되어있다. 아니. 약물자체를 음양오행이라 말할 수 있다.

약물음양오행은 개별적 약물의 성질을 나타낸다. 약물음양오행 도표는 약물의 음양오행과 이들의 변화이치(變化理致)를 집약시켜 표현한 것이다.

다음과 같은 식으로 약물음양오행 구분도표를 활용하면 도움이 된다.
① 개별약물들을 음양오행으로 분류하여 약물음양오행구분도표상에 표시한다.
② 약물음양오행 구분도표와 음양오행 구분도표를 상호연결하여 거시적(巨視的)으로 제반 약물들의 음양오행을 파악한다.
③ 개별약물들의 특성과 복합적 효능을 자세히 살핀다.
④ 약물 영역의 반대 영역에서 병증을 찾아내 그에 대한 방제(方劑)를 구성한다.

그러면 의도하는 치료의 목적을 보다 빨리 달성할 수 있다.

약물음양오행구분도표(藥物陰陽五行區分圖表)

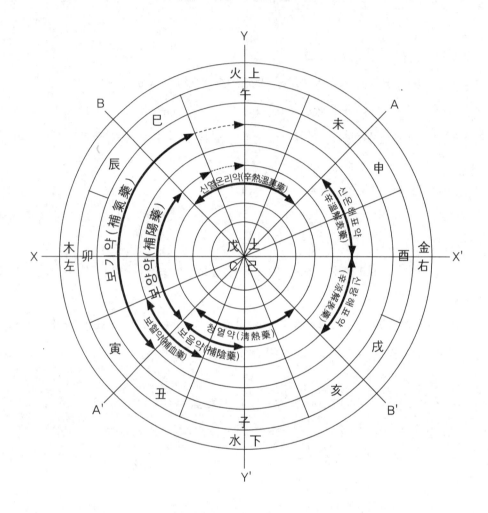

이 도표를 "智平의 藥物陰陽五行區分圖表" 라 이름을 붙였다.

제1장 보익약(補益藥, 補養藥)

보익약이란 인체의 음양(陰陽)과 기혈(氣血)의 부족을 자보(滋補)하거나 신체의 허약증후(虛弱證候)를 해소시키는 약물을 말한다. 즉, 인체의 음허(陰虛)·양허(陽虛)·기허(氣虛)·혈허(血虛) 등의 허증(虛證)을 치료한다.

인체의 음양과 기혈은 상호의존적 관계에 있다. 음은 양에 양은 음에 의지하기 때문이다. 그러므로 기허(氣虛)면 양허(陽虛)가 되고 양허면 기허가 된다.

기허와 양허란 인체의 기화부족(氣化不足)·형부족(形不足), 인체활동능력의 감퇴를 말한다.

음양오행상 血은 水이고 陰에 해당한다. 그러므로 혈허(血虛)면 음허(陰虛)가 된다. (음허면 혈허가 된다.)

음허와 혈허란 체내의 정부족(精不足), 즉 정혈(精血)과 진액(津液)의 부족을 말한다. 음양오행상 血·精·津液이 陰과 水에 속하기 때문이다.

그러므로 기허·양허자(氣虛·陽虛者)에게는 보기·보양약(補氣·補陽藥)이 필요하다.(甘溫助陽·溫補藥)

음허·혈허자(陰虛·血虛者)에게는 보혈·보음약(補血·補陰藥)이 요구된다.

보익약의 특성과 사용상 주의

- 인체의 음허·양허·기허·혈허 등의 허증(虛證)을 치료하는 데 쓴다.
- 실증(實證)에는 쓰지 않는다.
- 수렴(收斂)·지한(止汗·)·지사(止瀉) 항이뇨성(抗利尿性)이 있다.
  (독소제거약은 대개 배변(排便)·배뇨(排尿)·발한(發汗)작용이 있다.)
- 허약자에게는 소화흡수가 잘 안되므로 주의가 필요하다.

증상에 따라 보익약과 사기제거약(邪氣除去藥)을 배합하여 사용한다.

거사약(袪邪藥)을 主로 하고 보익약을 보조로 쓴다. 기혈허·양음양허하면 기혈음양쌍보약(陰陽雙補藥)을 쓴다.

補益藥과 약물음양오행구분도표

아래에 있는 도표에서와 같이 보익약은 좌우음양 구분선(子午선) 좌측에 표시된다. 대부분의 보익약은 子卯午의 영역에 위치한다.

이 약물을 음양으로 구분하면 음음양(陰陰陽), 음양양, 양양양이다.(음양오행구분도표를 참고하라) 子→卯→午로 이동함에 따라 陽氣가 강해지고 補陽의 강도가 높아진다.

음음양은 陰中의 陽으로서 補陰藥에 해당한다.(약물음양오행 구분도표를 참고하라)

음양양은 보양(補陽)의 의미를 강하게 지닌다.

보양약과 보기약은 음양구분상 음양양(陰陽陽) 양양양에 해당한다.

대부분의 약물들은 복합적 효능이 있어 상호겹치는 부문이 있게 된다.

보양약은 보기약이, 보기약은 보양약이 될 수 있다. 보음약은 보양약과, 보양약은 보음약과 부분적으로 겹칠 수 있다.

보혈약이란 오행상 水인 血과 관련한다. 血은 진액(津液)·정수(精水)등과 관련하고, 水는 음양상으로 陰이다. 그러므로 보음약은 보혈약이 될 수 있다. 보혈약은 보음약과 일부 겹치게 된다. 보혈약은 水生木하여 肝木을 자양(滋養)할 수 있다. 이것은 木五行과 연결된다.

이것을 도표에 나타내면 다음과 같다.

補益藥과 약물음양오행구분도표

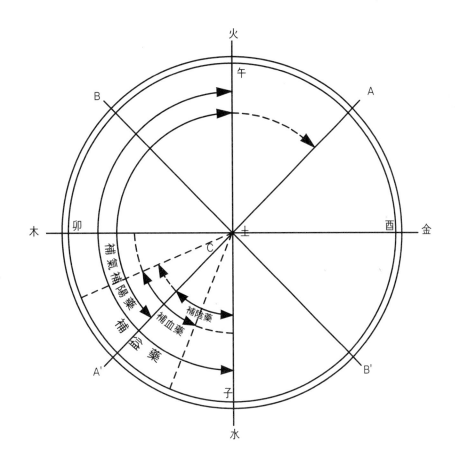

이와같이 도표에 약물의 성질을 분류표시할 수 있다.

대개의 약물들은 다양한 성질과 효능(効能)을 가지고 있다. 약물은 분량에 따라 다르게 효과가 나타난다. 그러므로 이 보다 더 확대된 경계선을 만들어 낼 수 있다. 대체적으로는 이 도표와 같이 표시된다.

이 도표를 기초로 하여 약물의 구성·범위·특성 그리고 효능을 이해하면, 복잡한 것에서 탈피하여 체계적인 방제(方劑)를 할 수 있을 것이다.

이 도표는 약물의 특성뿐만 아니라 병증(病證)에 대한 처방(處方) 그리고 복잡 다양한 한의학 이론을 체계화 시킬 수 있게 한다.

도표에 있는 바와 같이 보익약(補益藥)은 인체의 음양과 氣血不足을 補한다. 인체의

氣血과 陰陽을 補하는데 쓰는 약이다.

도표에서 子午선은 補와 瀉, 虛와 實을 구분하는 선이다. 子午선의 좌측이 補藥이면 子午선의 우측은 瀉藥이다. 補와 瀉는 반대의 의미를 지닌 것이기 때문이다.

午子선의 좌측이 實證이면 우측은 虛證이 된다.

그러므로 實證에는 瀉藥을 虛證에는 補藥을 써야 한다.

이렇듯이 이 도표에 기초를 두고 이해하고 해석하면, 生理·病理·藥理·治法 등 한의학 전반에 걸친 것들을 빨리 이해하고 해석하고 활용할 수 있다.

그 뿐 아니라 천지간에 존재하는 만물변화의 이치도 알아낼 수 있다.

다만, 본서에서는 범위를 한의학에 국한하여 적용한다.

1. 보기약(補氣藥)

사람에게 있어서의 기(氣)란 인체 각 기관의 생리적 기능을 말한다. 음양오행구분상으로 氣는 陽에 속한다. 血은 陰이고 水이다. 그러므로 陰인 혈(血)은 陽인 기(氣)에 의해 통솔되고 생성(生成)·운행(運行) 된다할 수 있다.

氣와 血이 상호의존적 관계에 있는 음과 양이기 때문이다.

기허(氣虛)란 인체각기관의 생리적 기능부족상태를 말한다.

기허(氣虛)에는 목화토금수기허(木火土金水氣虛)가 있으나, 보기약(補氣藥)은 주로 토금기허증(土金氣虛證)을 치료하여 기타 장부조직기관, 생리적 기능을 개선하려 한다.

왜냐하면 호흡을 통해 인체의 氣를 주관하는 것이 금폐(金肺)이고 음식등 영양물질을 통해 생화(生化)의 근원이 되어주는 것이 토비(土脾)이기 때문이다.

보기약(補氣藥)은 이러한 기허에 주로 쓰고 氣虛와 관계있는 혈허(血虛)에 보조적으로 사용한다(이것은 보기약이 대개 陽性을 가지고 있음을 의미한다).

한마디로 보기약이란 인체 각 기관의 생리적 기능을 개선하고 체력을 증진시키며 기허증(氣虛證)을 치료하는 약이라 말할 수 있다.

1) 보기약의 주치(主治)

(氣虛의 症狀)

① 폐기허(肺氣虛) : 소기(少氣), 단기(短氣), 면색담백(面色淡白), 음성무력(音聲無力), 자한(自汗), 언어미약(言語微弱), 활동시 숨이차다. 다담(多痰), 해수(咳嗽), 호흡기능 저하

② 비기허(脾氣虛) : 전신권태감(全身倦怠感), 복명복창(腹鳴腹脹), 흉복창만(胸腹脹滿), 식욕부진(食慾不振), 설사(泄瀉), 이상변(泥狀便), 사지무력감(四肢無力感), 중기하함(中氣下陷), 탈장(脫腸), 탈항(脫肛), 자궁탈(子宮脫), 하복부하수감(下腹部下垂感), 소화기계 기능저하, 小食

③ 심기허(心氣虛)

현훈(眩暈),불안(不安), 동계(動悸), 신경기능저하(神經機能低下)

④ 기타

설질담백(舌質淡白), 안색창백(顔色蒼白), 맥약(脈弱), 무력감(無力感) 숨이 차다.
이러한 氣虛證을 치료하는 데 쓰는 약이 補氣藥이다.

2) 補氣藥과 도표

CA´선은 중심선중 음양의 변화선이다.

CA´의 좌측인 음양양에서는 陽氣가 승리하고 水氣가 상승하고 木氣가 動한다.
寅卯辰巳午 방향으로 갈수록 陽氣는 상승한다.(음양오행구분도표와 연결시켜 파악한다.)

木氣는 春季가 만든 따뜻한 기후의 영향을 받아 水氣를 끌어올린다.
水氣는 春季의 온기를 得하여 위로 상승한다. 이렇듯이 氣는 A´→寅→卯→辰→巳→午 방향으로 갈수록 상승을 계속한다. 그러므로 이 영역에 속하는 약물을 補氣藥이라할 수 있는 것이다.(그와 동시에 陽에 해당하여 補陽藥이 된다.)

補氣藥의 영역은 도표에서와 같이 음양양 · 양양양의 부문인 A´午C가 된다.

氣는 血에 의해 生해지고 血은 氣에 의지한다. 陽은 陰에 도움을 주고 陰은 陽을 자양(滋養)한다. 陽은 氣와 관련한다. 氣血陰陽등이 이와 같으므로 補血을 하려면 氣를

補해야 하고 補陰을 하려면 補氣(補陽)을 해야한다. 그 때문에 보혈약, 보음약, 보양약, 보기약의 영역중에 겹치는 부분이 있게 된다.

이들중 보기약의 범위가 가장 크다.

3) 보기제(補氣劑) 〔익기제(益氣劑)〕

보기제란 익기제라고도 칭하는 것으로서 기허(氣虛)를 개선하는 데 목적을 두는 방제(方劑)를 말한다.

구체적인 의미에 있어서의 氣虛란 인체에 있는 기작용(氣作用)의 부족상태를 말한다. 氣는 다음과 같은 작용을 한다.

① 생리적 기능과 신진대사를 촉진한다.(추동작용(推動作用) 인체가 생장·발육하도록 힘을 준다. 각 장부조직과 경락(經絡)의 생리적 기능을 촉진한다. 혈액순환에 도움을 주고 진액(津液)을 운반하고 散布하는데 추진력을 준다.

② 대사와 순환을 촉진하는 에너지가 되고 인체가 체온을 정상적으로 유지하도록 따뜻하게 하여 준다(溫照作用).

③ 음식물을 영양물질로 그 영양물질을 인체구성부분에 나르고, 인체구성부분을 변화시킨다. 인체내의 미세물질을 땀, 오줌, 소화액 등으로 바꾸는 힘으로 작용한다.(기화작용 氣化作用) 즉 물질을 전화(轉化)시킨다. 기·혈·정·진액(氣·血·精·津液)과 상호화생(相互化生)관계를 형성하고 장부인체생리조직과 관련하며 변화를 주관한다.

④ 인체의 면역능력(免疫能力)을 증강시킨다. 피부를 보호하고 외사(外邪)의 침입을 저지한다. 침입한 병사(病邪)에 대해 항거한다.〔방어작용(防禦作用)〕.

⑤ 체강내에 있는 체액의 흐름을 조절하고 일탈하지 않게 한다. 땀·소변을 통제한다. 땀·뇨(尿)·정액의 배출을 조절한다.(고섭작용(固攝作用))

이렇듯이 氣는 인체에 있어서 중요한 작용을 한다. 기허(氣虛)가 되면 이러한 氣의 작용력이 약화되어 인체의 각 조직기관등은 지대한 영향을 받는다. 보기약은 이러한 기허를 개선하는 약이다.

요컨대 氣는 인체에 있어서 밧데리와 같은 것으로서 생리조직기능, 생명체의 유지·발전·변화에 있어서 중요한 것이다. 이와 같은 역할을 하는 氣의 보충·생성·유지에 도움을 주는 것이 보기약제(補氣藥劑)이다.

그러므로 환자를 치료할 때에는 항상 氣의 허실(虛實) 여부를 보아가며 처방해야 한다.

사주명리학(四柱命理學)과 한의학(韓醫學)

증세, 맥박, 신체의 유형등 사진(四診)(망望, 문聞, 문問, 절切 등을 이용하는 진찰방법이다.)에 의한 방법 등으로 사람의 氣의 허실(虛實)을 파악하는 것은 그리 쉽지 않다.(많은 경험이 필요하다)

주관적인 잣대로 객관성을 잃은 상태로 환자를 진단할 위험이 있다. 특히, 만성적 질환일 경우엔 그 질병의 원인이 무엇일까? 하며 혼란에 빠질 우려가 있다.

그러므로 우리는 새롭고도 구체적 기준에 근거를 두고 있는 학문을 도입하지 않으면 안된다. 그 학문이 다름아닌 사주명리학(四柱命理學)이다.

사주명리학은 음양오행학에 기초를 둔 인간학이다. 한의학 또한 음양오행학에 뿌리를 두었다 할 수 있는 학문이다. 그러므로 우리는 한의학과 사주명리학을 접목(接木)시켜 보다 유익하게 활용할 수 있다. 한의학과 사주명리학을 상호결합시키면 진단학의 새로운 기초를 만들어낼 수 있을 뿐만 아니라 애매모호한 진단의 한계를 벗어날 수 있게 된다.

만물은 음양오행의 지배를 받는다. 아니, 만물 자체는 모두 음양오행으로 구성되어 있다해도 지나치지 않다.

만물이 음양오행으로 구성되어 있다함은 만물은 음양오행의 변화법칙대로 변화한다는 의미를 지닌다.

그러므로 우리는 이 음양오행의 변화법칙만 알아내면 인체의 변화, 질병 등 크고 작은 것들의 진행을 알아내어, 질병을 예방할 뿐만 아니라 질병에의 고통에서 헤매는 사람들을 치료할 수 있다.

아무리 인간이 음양오행으로 구성되어 있다하여도, 어떤 근거도 없이 그냥 음양오행으로 구성되어 있다고만 하며 대충 겉만 보고 氣虛니 血虛니 양기부족(陽氣不足)이니 어떤장부조직의 허약(虛弱)이라 말할 수는 없는 것이다.

흔히 인간을 만물의 영장이라 하기도 하나 인간은 출생년월일시의 시간과 공간의 영향을 받는 존재 그것이다.

즉, 인간은 시간과 공간에 의해 형성되는 陰陽五行의 氣를 흡수하여 삶을 유지하고 성장·발전하며 변화를 추구한다. 즉 인간은 음양오행의 변화법칙대로 살아가고 있다. 그러므로 우리는 출생년월일시의 음양오행구조를 중시하지 않으면 안된다.

이 출생년월일시의 음양오행구조가 다름 아닌 사주음양오행구조이다. 이 사주음양오행구조는 인체장부의 음양오행 氣와 관련하고 유전자 조직과도 무관하지 않는 존재이다. 그러므로 사주음양오행학인 사주명리학에 바탕두고 한의학 이론과 연결시키면 우리는 장부(臟腑)의 허실(虛實), 건강의 여부, 인체의 미래등을 알아내 보다 정확한 진단과 치료와 예방을 할 수 있는 것이다.

2. 보양약(補陽藥, 助陽藥)

보양약(補陽藥)은 장양(壯陽)·부양(扶陽)·온신(溫腎)·보신(補腎)약이라고도 한다.

이 약은 水·火·土 장부의 陽虛등으로 인한 양허증(陽虛證)을 치료한다.

陽虛란 기허(氣虛)로 온조작용(溫照作用)이 약화되어 양기부족(陽氣不足) 상태에 있는 것을 말한다.

수신양(水腎陽)은 장부조직의 원양(元陽)이다. 水腎陽은 인체에 있어서 陽氣의 근원으로 각 장부에 온기를 준다. 수신(水腎)은 水가 만물의 근원이듯이 인체의 선천지본(先天之本)이고 기지근(氣之根)이 된다.

그러므로 腎陽을 보(補)하면 자연스럽게 다른 장부(臟腑)도 陽을 득(得)하게 된다. 그러므로 補陽藥은 대부분 腎陽을 補하는데 중점을 두게 된다.(온보신양(溫補腎陽)

이와같이 신양(腎陽)은 양기(陽氣)의 기초가 된다. 그러므로 陽虛에서도 신양허(腎陽

虛)를 중심으로 하여 陽虛證을 치료해야 한다.

신(腎)은 오행의 이치상 水로 하(下)에 있는 음성(陰性)을 띤 것이다. 수신양(水腎陽)은 따뜻한 水와 유사하다. 그러므로 水腎陽을 補하려면 음성을 띤 水腎陰을 또한 생각해야 한다.

왜냐하면 陽이 지나치면 水가 증발하는 정도로 뜨거워져 수신(水腎) 자체를 위협할 것이기 때문이다. 그러므로 補腎陽할 때에는 반드시 신음(腎陰)을 살펴야 한다. 즉 水腎陰中에서 水腎陽을 補해야 보양(補陽)의 의미가 있다.

양허증(陽虛證)에 있어서 한증(寒證) 까지 있으면 양허한성(陽虛寒盛) 또는 양허음성(陽虛陰盛)이라 한다. 寒에는 虛寒과 실한(實寒)이 있다. 보양약(補陽藥)은 그 중에서 주로 허한(虛寒)을 대상으로 한다.

양허(陽虛)이면 한랭(寒冷)을 싫어하고 추워하고 사지가 차는 등의 증후가 발생한다.

그러나 이때에도 사주음양오행구조의 결합상태에 의해 좌우된다는 사실을 잊지 말아야 한다. 특히 그 원인이 陽虛에 의한 것인가 다른 것에 의한 것인가 하는 등 모호한 경우에는 사주음양오행구조에 기준을 두고 판단하고 처방하지 않으면 안된다.

1) 보양약(補陽藥)의 효능(效能)과 특성(特性)

보양약은 다음과 같은 작용을 한다.
· 인체의 저항력을 증대시킨다.
· 부신피질기능을 조절한다.
· 조양(助陽)하여 에너지대사를 조정한다.
· 당대사(糖代謝)와 합성(合成)을 강화한다.
· 성선기능(性腺機能)을 촉진하고 생장·발육을 돕는다.
· 저항력을 증강시킨다.
· 부양(扶陽)하며 신장기능을 조정하고 정상화시킨다.
· 정수(精髓)를 보(補)하고 근골(筋骨)을 강하게 한다.

2) 보양약의 주치(主治)

〔양허(陽虛)의 증상(症狀)〕

① 신양허(腎陽虛)

전신기능 저하(全身機能低下), 사지불온(四肢不溫), 신권외한(神卷畏寒)〈한냉(寒冷)을 싫어한다〉〈사지가 차다〉, 설질담백(舌質淡白), 요슬산연(腰膝痠軟), 맥침약(脈沈弱), 냉통(冷痛), 활정(滑精), 양위(陽痿), 빈뇨(頻尿), 야뇨(夜尿).

② 비양허(脾陽虛)

복부팽만(腹部膨滿), 소화기능저하, 식욕부진(食慾不振)

③ 폐양허(肺陽虛) : 호흡기능 저하

④ 心陽虛 : 循環系機能異常

이러한 陽虛證을 치료하는데 쓰는 약물이 補陽藥이다.

3) 보양약과 도표

음음양, 음양양에서와 같이 腎水陽은 元陽이 된다. 그러므로 腎陽을 補하면서 기타 장부의 陽을 補해야 하고 腎陽을 補하려면 腎陰 또한 생각해야 한다. 이 때문에 補陽藥은 대개 補陰藥과 교차하는 부문이 있게 된다.

A´는 腎水와 肝木五行 세력이 균형을 이루는 지점이다. 음과 양의 교차지점이기도하다. 이것은 腎陽 이 기타 장부 음양의 근원이 됨을 말한다.

3. 보혈약(補血藥)

火心, 木肝, 土脾, 金肺는 혈액의 생화(生化)에 지대한 영향을 준다.

음식물을 통한 토비(土脾)에 흡수된 영양물질은 영기(營氣)와 진액(津液)으로 화(化)한다. 그 영기와 진액은 금폐기(金肺氣)와 화심기(火心氣)의 도움을 받아 혈액으로 화생(化生)된다.

목간(木肝)은 나무의 뿌리가 수(水)를 흡수하여 나무의 진(津)을 만들고 물질을 저장하듯이, 혈액을 만들고 저장하는데 관여한다.

금(金)이 水를 生하고 변화시키듯이 폐금기(肺金氣)는 온조성(溫照性)을 지닌 심화(心火)의 도움을 받아 혈액의 화생(化生)과 순행(順行)에 관여한다.

이렇듯이 혈액이 土·火·水·金臟機의 영향을 받아 만들어지므로 土·火·水·金·木의 장기가 변화하면 혈액의 화생과 운행은 지장을 받게 된다.

보혈약제(補血藥劑)란 혈허(血虛)를 개선하거나 혈허증을 치료하는 데 쓰는 약물과 방제를 말한다.

혈허란 혈(血)이 지닌 물질적 기초·영양·자윤성(滋潤性)의 부족상태를 의미한다. (영양불량으로 인한 기능이상, 자율신경실조, 내분비기능이상, 순환불량등이다.)

앞에서 설명했듯이 혈액은 心·肝·脾·肺·腎과 밀접한 영향을 받으며 생성된다. 그러므로 혈허증(血虛證)을 치료하려면 火木土金水臟機의 기능을 정상화시키고 혈액 생성에 도움을 주는 영양물질을 공급하면 된다.

보혈약은 조혈(造血)을 할 뿐만아니라 장부기능(臟腑機能)을 정상화시켜 혈액을 생성하게 한다.

1) 보혈약(補血藥)의 효능과 특성

보혈약은 다음과 같은 작용을 한다.
- 血을 만드는 기관을 자극하여 조혈기능을 정상화시키려 한다.
- 장부중 특히 간장을 보호한다.
- 자양강장(滋養强壯)의 작용도 한다.
- 신경계기능을 조정하고 인체의 영양상태를 개선한다.
  보혈약은 다음과 같은 특성이 있다.

- 수성(水性)을 지닌 혈(血)은 음성(陰性)을 띤다. 그러므로 보혈약은 보음약(補陰藥)이 될 수 있고 보음약은 보혈약이 될 수도 있다.
- 血이 氣와 밀접하므로 보혈약은 보기약(補氣藥)과 상호관련성을 갖는다.
- 血이 수성(水性)을 지니므로 보혈약은 자윤성(滋潤性)을 지닌다.
  수다(水多)면 역극토(逆剋土) 하듯이 보혈약이 비토(脾土)를 역극하여 소화불량증을 발생시킬 수 있다.(장기복용삼가, 과다복용삼가)
- 血이 수성(水性)을 지니므로 수신정(水腎精)은 血을 化生시킬 수 있다. 그러므로 補血하려면 腎을 또한 補해야 할 것이다.
- 氣와 血이 밀접하여 血虛면 氣虛이기도 하므로 보혈제에 補氣藥을 첨가해야 한다.
- 혈허면 음허(陰虛)가 되기 쉬우므로 보음약(補陰藥)도 필요하다.

2) 보혈약(補血藥)의 주치(主治)

〔혈허(血虛)의 증상(症狀)〕

안색위황(顏色萎黃), 현훈(眩暈), 동계(動悸), 설질담백(舌質淡白), 구순담백(口脣淡白), 이명(耳鳴), 피부건조(皮膚乾燥), 月經不調, 시력저하(視力低下), 건망(健忘), 쉬피로감(疲勞感), 맥세(脈細).

① 심혈허(心血虛)

불안(不安), 다몽(多夢), 실면(失眠), 두훈(頭暈), 심계(心悸)

② 간혈허(肝血虛)

시력감퇴(視力減退), 불안초조감(不安焦燥感), 失眠, 근육경련, 月經不調
이러한 血虛證을 치료하는데 주로 쓰는 약이 보혈약(補血藥)이다.

3) 보혈약(補血藥)과 도표

血이란 精과 津液이 化生된 것이다.

精과 津液은 음양오행상 水陰이다. 血은 水陰인 정과 진액이 火氣와 相交하여 만들어진다. 火氣는 음양오행으로 표현하면 火陽氣이다.

그러므로 血이란 水陰氣와 火陽氣가 상생상극하여 탄생된 것이라 할 수 있다. 이 때문에 補血이란 보음·보양·보기와 겹치는 부문이 있게 된다.

보음약중 어떤 것은 보혈에 도움을 준다. 보양약중 어떤 것은 補陽과 補血을 동시에 한다. 補氣藥中 어떤 것은 補氣뿐만아니라 補血에도 관여한다.

요컨대 보혈이란 補陰·補陽·補氣 등 복합적인 것이다. 그러므로 보혈을 하려면 보음과 보양, 보기등을 아울러 고려하여 처방을 해야한다.

요컨대 보혈약에는 보음·보기·보양의 효력이 있고 보음약·보기약·보양약 중에는 보혈의 효능이 있다할 수 있다.

4. 보음약(補陰藥)

자음·양음약(滋陰·養陰藥)이라고도 부르는 보음약은 음허(陰虛)를 개선하거나 치료하는데 쓴다.

음허란 현저한 음액·진액부족상태(陰液·津液不足狀態)를 말한다.

음허증은 자율신경계이상, 허열(虛熱), 음허양항(陰虛陽亢), 상진(傷津), 상음(傷陰) 상태에서 일어나는 증상이다.

보음약(補陰藥)은 금폐음(金肺陰)·목간음(木肝陰)·수신음(水腎陰)을 자보(滋補)한다.

이 약은 인체상으로 선천음(先天陰)·후천음(後天陰)이라 할 수 있는 水腎陰·土胃陰을 보양(保養)하는 데 중점을 둔다.

水가 木을 生하듯이 水腎陰은 목간음(木肝陰)을 자양한다.

신음허(腎陰虛)이면 간음허(肝陰虛)가 될 수 있다. 수생목(水生木)하므로 보신음(補腎陰)하면 보간혈(補肝血)이 된다.

土가 金을 生하듯이 토위음(土胃陰)은 금폐음(金肺陰)을 자양한다. 위음허(胃陰虛)이면 폐음허(肺陰虛)가 된다. 토생금(土生金)하므로 補胃陰하면 補肺陰이 된다.

보음약은 水腎陰·土胃陰·수목토음(水木土陰)을 주로 자보(滋補)하며 기타 장부조직(臟腑組織)을 補養하려 한다.

금폐(金肺)에서는 생진윤폐(生津潤肺)하고 토위(土胃)에서는 胃의 진액을 보충하고 청열생진(淸熱生津)한다. 목간(木肝)에서는 육음잠양(育陰潛陽)·보간혈(補肝血)하고 인체조직의 음부족(陰不足)을 치료한다.

1) 보음약의 효능과 특성

보음약은 인체내에서 다음과 같이 작용한다.

- 인체내의 진액(津液)을 조절한다.
- 이뇨(利尿)에 관여하며 윤조(潤燥)·생진(生津)·해갈(解渴)한다.
- 증액·통변(增液·通便)하고 보혈(補血)·지혈(止血)하며 자양강장한다.
- 진정(鎭靜)·안심(安心)에도 도움을 준다.

장부(臟腑)의 음허(陰虛)는 대개 폐위음허(肺胃陰虛), 폐신음허(肺腎陰虛), 간신음허(肝腎陰虛), 심신음허(心腎陰虛) 등으로 복합적 양상을 띠며 발생한다.

이 중에서 수신음허(水腎陰虛)는 음허의 기본이 된다. 왜냐하면 음액(陰液) 그 자체가 수성(水性)을 지닌 물질이기 때문이다.

이와같이 음양오행의 변화이치대로 상호 연결시키며 적용하면 된다.

이것은 장부(臟腑)의 음양오행 상호관계와 병증의 상태, 제반약물 음양오행의 성질을 상호연결시켜가며 진단과 치료를 해야한다는 것을 의미한다.

2) 보음약(補陰藥)의 주치(主治)

〔음허(陰虛)의 증상〕

① 신음허(腎陰虛)

두훈(頭暈), 소변단적(小便短赤), 요슬산연(腰膝痠軟), 설홍소진(舌紅少津), 이명(耳

鳴), 열감(熱感), 미열(微熱), 맥세무력(脈細無力)

② 간음허(肝陰虛)

두훈(頭暈), 이명(耳鳴), 시력저하(視力低下), 설질담(舌質淡), 조열(爪裂), 맥삭(脈數), 구조(口燥), 설질홍(舌質紅), 인조(咽燥)

③ 위음허(胃陰虛)

식욕부진(食慾不振), 구설건조(口舌乾燥), 심열번갈(心熱煩渴), 변비(便秘), 오심(惡心), 구갈(口渴), 건구(乾嘔), 상복부 불쾌(上服不快), 소화기능저하

④ 폐음허(肺陰虛)

건해(乾咳), 인건(咽乾), 구갈(口渴), 하성(嗄聲), 피부건조(皮膚乾燥), 농성객담(膿性喀痰), 기관지염(氣管支炎)

장부의 음양오행은 상생상극관계를 형성하며 상호연결고리를 이루고 있다. 그러므로 一臟의 음허(陰虛)는 다른 臟의 陰虛로 전화(轉化)할 수 있다. 여기서 腎陰虛, 肝陰虛, 胃陰虛, 肺陰虛 등으로 구분하여 설명했으나, 이들은 상호관련성을 가지며 제증을 出한다.

대개 보음약은 腎陰과 胃陰을 補하면서 다른 부문의 陰을 補하려 한다.

왜냐하면 인체음양의 근원이 水土陰이기 때문이다. 水는 腎과 土는 胃와 관계가 있다.

3) 補陰藥과 도표

보음약은 上下左右陰陽區分線중 子卯C근처영역에 있는 약물이다.

이 약은 글자 그대로 陰을 補한다.이 약은 부분적으로 보혈약·보양약·보기약과 겹친다.

보혈약·보양약·보기약중의 일부는 보혈·보양·보기의 효과뿐만아니라 補陰의 효과도 아울러 가지고 있다.

陰은 陽없이는 존재할 수 없다. 陽은 그와 상대적인 陰을 필요로 한다. 양은 음에 도

움을 주고 음은 양을 자양(滋養)한다.

음은 양, 양은 음과 상호영향을 주고 받으며, 공생하며 변화를 추구한다. 이 음양의 이치는 약물에도 적용된다.

腎은 음양오행상 陰이고 水이다. 水는 인체의 근본이고 인체음양의 근원이다.

胃는 음양오행상 陰土이다. 이 陰土는 인체의 모태이고 후천의 근원적 역할을 한다.

그러므로 水土장부의 음양이 인체 음양의 근본이라할 수 있고, 기타 장부의 음양을 조절하는 역할을 한다할 수 있다. 그러므로 補陰을 하려면 腎陰과 胃陰을 먼저 補해야 한다. 보음약이 腎陰과 胃陰의 補에 중점을 두는 이유가 여기에 있다.

제**2**장　해표약(解表藥)

　해표약(解表藥)이란 표사(表邪)의 영향을 받아 인체에 나타난 표증(表證)을 없애는 약을 말한다.

　이 약은 대개 땀을 나게하여(發汗시켜) 표사(表邪)를 발산(發散)시켜 제증(諸證)을 제거한다.(發表·發汗시켜 表證을 해소시킨다)

　표사(表邪)란 인체외적(人體外的)인 것인 풍한습열서(風寒濕熱暑) 등의 발병성인자를 뜻한다.

　표증(表證)이란 위의 표사(表邪)로 말미암아 발생한 증세이다.(오한, 발열, 두통, 신체통등...)

　한마디로 요약하면 해표약이란 신(辛)의 발산력(發散力)으로 발한(發汗)시켜 표사(表邪)를 해소시키는 즉 인체에 나타난 외감(外感)의 초기적 증상(발열, 오한, 두통, 신체통등)인 표증(表證)을 제거하는 藥이라 말할 수 있다.

1. 해표약의 효능과 특성

- 휘발성이 있다.
- 정유성분(精由成分)이 있다.
- 신산발표(辛散發表)한다.
- 발한해기작용(發汗解肌作用)이 있다.
- 발한 즉 한출(汗出)로 표증(表證)을 제거(除去)한다.
- 發汗으로 병사(病邪)를 發散시킨다.(발한·해표·해열)
- 깊은 곳에 있는 表證(邪入肌肉)을 제거하기도 한다.(解肌)
　해표약중 어떤 것은 다음과 같은 특성도 있다.

- 반진(斑疹)의 투발(透發)

- 지해평천(止咳平喘), 선폐기(宣肺氣)

- 동통완화(疼痛緩和), 발한소종(發汗消腫)

- 행수작용(行水作用)

해표제(解表制)란 위와 같은 특성을 지닌 해표약을 위주로 하고 병정등을 고려하여 다른 약을 배합하여 만든 처방(處方)을 말한다.

즉 해표약을 주로하고 증상에 따라 보기약(補氣藥)·보혈약(補血藥)·보음약(補陰藥)·보양약(補陽藥) 등을 배합하여 만든 처방을 말한다.

2. 신온해표약(辛溫解表藥)

- 풍한표증(風寒表證)(表寒證)을 치료하는데 사용하는 약을 말한다.

- 성미(性味)가 신온(辛溫)하다.

- 풍한발산(風寒發散) 작용을 한다.

- 외감발열(外感發熱)이 가볍고 오한(惡寒)이 심할 때 쓴다.

- 발한작용(發汗作用)이 강하므로 외감풍한(外感風寒)의 표실증(表實證)에 주로 쓴다.

- 오풍(惡風)·자한(自汗)등 신체의 반응정도가 약한 표허증(表虛證)에는 이 약을 적게 쓴다.

신온해표제(辛溫解表劑)란 위와 같은 특성을 지닌 신온해표약을 위주로 하여 다른약을 배합하여 만든 발열·오한·두통·신체통등의 표한증(表寒證)을 치료하는 처방을 말한다.

3. 신량해표약(辛凉解表藥)제(劑)

신량해표약이란 풍열표증·표열증(風熱表證·表熱證)을 치료(治療)하는 데 쓰는 약을 말한다.

신량해표약의 특징(特徵)

- 성미가 신량(辛凉)하다.

- 풍열발산(風熱發散) 작용을 한다.

- 惡寒이 가볍고 외감풍열(外感風熱)이 심할 때 쓴다.

- 발산풍열(發散風熱) 한다.

- 발한작용(發汗作用)이 완만하다.

- 외감풍열(外感風熱)의 표증(表證)에 쓴다.

신량해표제란 신량해표약을 위주로 하여 병정(病情)에 따라 다른약을 배합하여 만든 처방을 말한다.(해표약을 쓸때에는 가벼운 발한작용을 가진 것을 쓴다.)

간단히 말하여 신량해표제는 열감(熱感)·가벼운 두통·고열·오한 등 열증(熱證), 즉 표열(表熱)을 치료하는데 목적을 두는 복합제제(複合製劑)라 할 수 있다.

解　表　藥

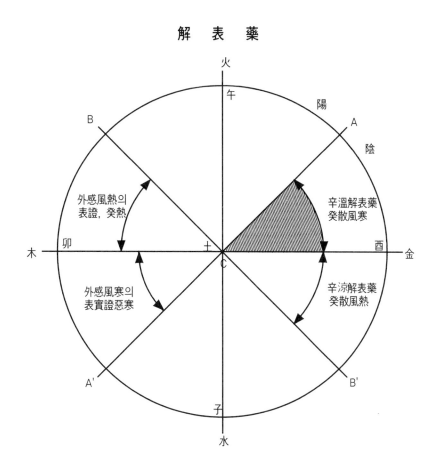

4. 解表藥과 도표

해표약은 AB´C(ACB´) 영역에 해당하는 약물이다. C酉선을 경계로 辛溫解表藥과 辛凉解表藥으로 구분된다.

이 약은 子午左右陰陽區分線의 우측에 존재하는 약으로 瀉藥이다.

음양구분상 양음음·음음음 약에 해당한다. 陰性을 띤 것으로 氣를 下降케 하는 약이기도 하다.

C酉선은 상하음양구분선으로서 辛溫藥과 辛凉藥을 구분케 한다.

이 약은 辛金의 발산력으로 發汗시켜 表邪를 해소시키려 한다.

風寒表證이면 溫性이 있는 신온해표약으로 發散 風寒시켜 치료하고 風熱表證이면 凉性이 있는 신량해표약으로 發散風熱시켜 치료한다.

병증과 약물은 반대적인 특성을 지닌다. 그래야 인체 음양의 불균형을 해소시킬 수 있다.

表證이란 風寒濕熱暑(풍한습열서) 등에 의해 인체의 음양이 불균형화 된 것을 말한다. 그러므로 인체의 음양을 정상화 시킬 수 있는 약물을 쓰면 된다.

表邪에 의해 부조화(不調和) 된 인체의 음양을 정상화시키는 약물이 해표약이다.

이 약은 음양의 정도에 따라 신온해표약과 신량해표약으로 구분되고, 인체음양의 불균형 상태에 따라 그에 맞게 약을 사용하면 된다.

제3장 온열약(溫熱藥)

온열약이란 이한증(裏寒證)을 치료하는 약을 말한다.

온리약(溫裏藥)·거한약(祛寒藥) 신열온리약(辛熱溫裏藥)이라고도 칭하는 이것은 신미(辛味)로 산(散)하고 온열(溫熱)로 한(寒)을 없애는, 즉 신산온통력(辛散溫通力)으로 거한(祛寒)한다.

이한증(裏寒證)에는 장한증(臟寒證)과 음한증(陰寒證)이 있다.

장한증(臟寒證)은 한사(寒邪)가 장부(臟腑 : 주로 脾)에 침입하여 발생한 병증(病證)을 말한다.(위장기능 이상증을 나타낸다)

음한증(陰寒證)은 내부에서 발생한 음한중 뚜렷한 한상(寒象)을 띤 것을 말한다. 그의 정도에 따라 양허증상(陽虛症狀) 또는 망양증(亡陽證)을 나타내기도 한다.

장한증과 음한증의 구체적 증상은 다음과 같다.

장한증 : 흉복냉통(胸腹冷痛), 구토(嘔吐), 설사이질(泄瀉痢疾), 식욕부진(食慾不振), 애역(呃逆)

음한증 : 오한(惡寒), 사지궐냉(四肢厥冷), 외한(畏寒), 호기냉(呼氣冷), 대한망양(大汗亡陽), 안면창백(顔面蒼白), 요량과다(尿量過多), 자한(自汗), 설태박백(舌苔薄白), 구불갈(口不渴), 니상변(泥狀便), 희열음(喜熱飮)

1. 온열약의 효능과 특성

온열약의 특성은 온성(溫性)과 열성(熱性)을 띠고 대부분 신미(辛味)를 갖는다. 온성과 열성은 음양구분상 陽에 해당하고 辛味는 오행상 辛金으로 散하는 특성을 지닌다. 그러므로 온열약은 온중산한(溫中散寒)·온신회양(溫腎回陽)·회양구역(回陽求逆)·온경산한(溫經散寒)의 작용력을 지니게 된다. 이것은 온열약이 장한증·음한증등 이한증(裏寒證)을 치료할 수 있다는 의미를 갖는다.

구체적으로 온리거한약(溫裏祛寒藥)은 다음과 같은 작용을 한다.

- 거한(祛寒)하여 심화(心火)를 돕는다.(강심작용(强心作用))
- 온열의 화기(火氣)로 수혈(水血)에 온기를 주고 힘을 준다.
- 혈관운동중추를 자극하고 흥분시킨다.
- 혈액순환을 촉진시킨다.
- 온경산한(溫經散寒)하며 냉동통(冷疼痛)을 치료한다.〈진통작용(鎭痛作用)〉
- 온중산한(溫中散寒)하여 소화흡수기능(위장기능)을 강화한다.
- 신산온통(辛散溫通)하여 에너지대사에 도움을 주고 항균작용을 한다.

온리거한제(溫裏祛寒劑)란 위와 같은 특징과 효능을 지닌 온리거한약을 위주로 하고 다른약(補益藥·理氣藥 등)을 적절히 배합하여 만든 처방을 말한다.

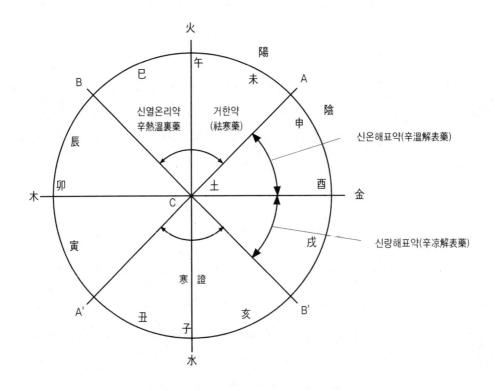

이한증(裏寒證)(臟寒證) ex 脾 胃虛寒 음한증(陰寒證)정기부족증(正氣不足證) : 온열약(溫熱藥)으로 치료

2. 溫熱藥과 도표

온열약의 영역은 BAC(BCA)이다.

이 약물은 補氣藥과도 일부 겹친다. 이 약물은 음양구분상으로는 양양양(陽陽陽) 양양음이다. 즉 강한 陽性인 溫性과 熱性을 띤다.

子午線 우측의 약물들은 金氣와 통하여 辛散의 성질을 지니고 瀉氣力을 갖는다. 午C선 좌측의 약물등은 補溫의 성질이 있다.(祛寒과 回陽할 때 쓴다.)

이 온열약중의 일부는 신온해표약과 겹친다. 약의 분량과 특성에 따라 온열약의 범위는 축소·확대될 수 있다.

약물영역의 반대부분은 이에 대한 병증(病證)이다. 병증의 반대는 치료약물(治療藥物)이다. 약물과 병증은 대칭관계를 이루고 있다.

온열약은 溫性과 熱性을 지녀 반대영역에 위치한 裏寒證을 치료할 수 있다.

이렇듯이 음양오행구분도표는 제증과 치료약물을 간편하게 대응시켜 처방에 활용할 수 있게 한다.

이 음양오행구분도표는 병증과 치료약물 뿐만 아니라 인체·생리·병리·치법등 한의학 전반을 포괄하고 있다. 잘 활용하면 크게 도움이 될 것이다.

제4장 **청열약(淸熱藥)**

청열약이란 이열증(裏熱證)을 치료하는데 쓰는 약물을 말한다.

열(熱)은 대개 체온이 상승하는 발열(發熱)과 체온상승과 무관한 열상(熱象＝熱證)으로 구분된다. 열상은 또다시 실열(實熱)과 허열(虛熱)로 나누어 진다.

실열(實熱＝邪熱)이란 감염성 인자인 외사(外邪)의 영향을 받아 뚜렷하게 열상(熱象)으로 나타나는 것을 말한다.〈다른 말로 급성열성반응(急性熱性反應)이라 한다.〉

열상중에서 허열(虛熱)은 체내의 구성성분 또는 조직액〔음액(陰液)〕이 부족할 때에 나타난다.〔이것을 다른 말로는 음허내열(陰虛內熱)·음허화왕(陰虛火旺), 음허양항(陰虛陽亢)이라 한다.〕

열을 또 다른 기준에 따라 구분하면 다음과 같이 할 수 있다.

· 발병부위가 표층(表層)인 경우에는 표열(表熱·表證)이라 한다.

· 발병부위가 내부인경우에는 이열(裏熱·裏證)이라 한다.

청열약은 이중 특히 이열증을 치료하는 데 쓴다.(이열증이란 온열병·화농증·습열·하리·염증 등이다.)

1. 청열약의 주치(主治)

열증(熱證) 〔열상(熱象)〕

염증(炎證), 구건인조(口乾咽燥), 면색홍조(面色紅潮),자율신경계흥분, 충혈(充血), 열감(熱感), 구갈(口渴), 소변황적(小便黃赤), 대변비결(大便秘結), 골증조열(骨蒸潮熱), 설홍태황(舌紅苔黃), 오심번열(五心煩熱),맥삭(脈數)

① 실열(實熱) : 급성열성반응(急性熱性反應), 열상이 뚜렷하다. 면적(面赤), 안적(眼赤), 번조(煩躁), 발열(發熱), 설질심홍(舌質深紅), 구고(口苦), 구취(口臭),

구갈(口渴), 맥삭(脈數)(또는 홍대(洪大), 희냉음(喜冷陰), 소변황적(小便黃赤),
변비(便秘), 원인은 外邪의 침습에 의한다.

② 허열(虛熱) : 음허내열(陰虛內熱), 음허화왕(陰虛火旺), 음허양항(陰虛陽亢), 구갈
(口渴), 인건(咽乾), 골증조열(骨蒸潮熱), 오심번열(五心煩熱), 맥세삭(脈細數),
도한(盜汗), 설홍무태(舌紅無苔)(또는 열문(裂紋)

청열약은 주로 이열(裏熱)을 청설(淸泄), 청해이열(淸解裏熱)한다.

2. 청열약의 효능과 특성

- 청열약은 대개 한량(寒涼)한 성질을 가진다.
- 맛이 고(苦)하다.
- 소염(消炎), 항균(抗菌), 진정(鎭靜), 항바이러스 효과가 있다.
  청열약은 다음과 같은 식으로 구분할 수도 있다.
- 청열사화약(淸熱瀉火藥), ·청열양혈약(淸熱凉血藥)
- 청열명목약(淸熱明目藥), ·청열이습약(淸熱利濕藥)
- 청열해독약(淸熱解毒藥), ·청열해서약(淸熱解暑藥)
- 청허열약(淸虛熱藥)

3. 청열약(淸熱藥)과 도표

청열약의 범위는 신열온리약 영역의 대칭부분인 B´A´C(A´C B´)이다.

이 약은 補陰藥, 補血藥과 겹치기도 한다.

보음·보혈을 겸한 약물은 虛證인 경우에 사용한다. C子선 좌측이 補藥이고 그 우측
이 瀉藥에 해당하기 때문이다.

병증이란 도표상으로 보면 치료약물의 반대영역을 말한다. 이 약물의 반대는 溫熱性

이다.

　　그러므로 이 약물은 熱證을 치료하게 된다. 實證에는 瀉藥을 쓰고 虛證에는 補藥을 써야 인체음양불균형을 해소시키고 인체를 정상화시킬 수 있다. 그러므로 實熱에는 亥子 C 영역의 약을 쓰고 虛熱에는 子丑C영역의 약을 사용한다.

청열약과 도표

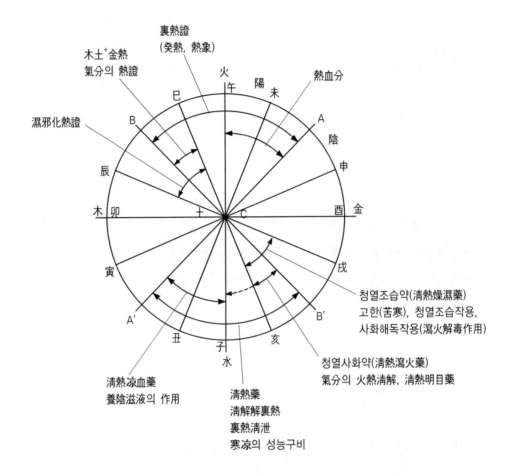

　　청열제란 이와같은 특성을 지닌 청열약을 위주로 하고 병정에 따라 다른약을 적절히 배합하여 만든 처방을 말한다.

4. 청열사화약(淸熱瀉火藥)

청열사화약이란 온열병증(溫熱病證) (土胃・木肝・金肺熱證)을 치료하는 약을 말한다.

청열사화약의 특성

- 기분증(氣分證)의 실열(實熱)을 제거한다.
- 한량(寒凉)의 성분으로 사화(瀉火)한다.
- 항균(抗菌)・소염(消炎)・해열(解熱)・진정(鎭靜)의 효능이 있다.
- 청목간열(淸木肝熱)

두통(頭痛), 안적(眼赤), 면홍(面紅), 번조(煩躁), 역노(易怒), 구고(口苦), 구건(口乾)을 치료한다.

- 청토위열(淸土胃熱)

상복부통(上腹部痛), 위염(胃炎), 嘔氣, 구취(口臭), 구고(口苦), 구갈(口渴), 구토(嘔吐), 치은염(齒齦炎)을 없앤다.

- 청금폐열(淸金肺熱)

해수(咳嗽), 호흡조(呼吸粗), 인후통(咽喉痛), 점담(粘痰), 황담(黃痰)을 치료한다.

- 풍열제거(風熱除去)

5. 淸熱瀉火藥과 도표

청열사화약의 영역은 B´A´C(A´CB´)이다.

이 약물은 B巳C영역에 있는 기분의 실증을 치료하는 데 쓴다.

이 약물은 구성상으로 B´亥C에 밀집되어 있다. 이 약물은 寒凉의 성분으로 瀉火하여 제증을 치료하려 한다. 대개의 약물들은 복합적인 효능을 가진다. 사화약중의 일부는 凉血의 기능과 항균・진정 작용을 가진다. 그러므로 이 사화약의 영역도 보다 더 확대시킬 수 있다.

청열사화제(淸熱瀉火劑)란 위와 같은 특성을 지닌 청열사화약을 위주로 하고 다른약을 배합하여 肝火·胃熱·心火·肺熱·氣分熱盛 등 온열병증을 치료하는 복합방제를 말한다.

6. 청열양혈약(淸熱凉血藥)

청열양혈약의 특징

- 혈분증(血分證)의 실열(實熱)을 제거한다.
- 혈열증(血熱證)을 청해(淸解)한다.
- 혈열망행(血熱妄行)(급성출혈)을 막는다.
- 淸熱凉血하고 止血한다.
- 영분증(營分證), 음허내열증(陰虛內熱證)을 치료한다.
- 소염(消炎)·진정(鎭靜)의 효과가 있다.(영분증이란 발열성의 후기에 있는 열증이다. 혈분증이란 열로 인한 출혈·중독증이다. 혈열망행이란 열증과 출혈증이다.)

청열양혈제란 위와 같은 특성을 가진 청열양혈약을 위주로 하고 다른 약인 지혈약(止血藥)·자음약(滋陰藥) 등을 배합한 방제(方劑)를 말한다.

7. 淸熱凉血藥과 도표

청열양혈약은 血熱證을 치료(治療)하는 데 쓴다. 청열양혈약의 영역은 도표와 같이 子A´C이다. 이 약물은 補陰·補血藥과도 겹쳐 養陰·滋液의 작용력을 갖는다.

약물효능의 반대영역은 증세이다. 병증의 반대영역은 약물이다. 음양오행구분도표에 잘 나타나 있다. 음양오행구분 도표를 보고 병증의 陰陽·溫熱정도를 짐작하고 약물의 특성을 살펴 가감처방(加減處方)하면 제증(諸證)을 보다 빨리 치료(治療)할 수 있을 것이다.

8. 청열조습약(제)(淸熱燥濕藥)(劑)

청열조습약의 특징

- 열사(熱邪)와 습사(濕邪)의 혼합증인 습열증(濕熱證 : 하리, 설사, 복통)을 주로 치료한다.
- 청열이습약(淸熱利濕藥)·청리습열약(淸利濕熱藥)이라고도 한다.
- 대개 고·한·조(苦寒燥)한 약물이다.
- 고미(苦味)로 조습(燥濕)하고 한성(寒性)으로 청열(淸熱)한다.
- 내옹(內癰)한 습열(濕熱) 또는 습사화열(濕邪化熱)을 제거한다.
- 이중 어떤약은 사화해독(瀉火解毒)하는 힘도 있다.
- 해열(解熱)·항균(抗菌) 이담(利膽)·소염(消炎)·이뇨(利尿) 작용력도 있다.

청열조습제란 위와같은 특성을 지닌 청열조습약을 위주로 하고 방향조습약(芳香燥濕藥) 등 다른 약물들을 병정에 따라 적절히 배합하여 만든 처방을 말한다.

9. 淸熱燥濕藥과 도표

청열조습약은 濕熱證을 치료하는 약이다. 습열증의 영역은 濕과 熱에 해당하는 辰巳C이다. 辰巳C의 반대방향에 있는 戌亥C는 이 병증에 대한 치료약물이다. 이 약물이 청열조습약이다.

이 약물은 CB′ 중심선 근처에 위치하여 인체 음양오행의 불균형을 해소시킨다. 이 약물의 특성중 亥水는 巳火를 剋하여 熱을 淸解한다. 戌土는 辰土를 剋하여 濕을 제거하는데 협력한다. 이들 중 항균·소염·이담(利痰)의 효능을 지닌 약물은 습열로 인한 증세를 치료한다.

10. 청열해독약(淸熱解毒藥),

청열해독약의 특징
- 청열약 중 해독작용을 가진 약이다.
- 화열(火熱)로 인한 활동성 감염증인 熱毒·火毒證을 치료한다.
- 해독(解毒)·소염(消炎)·항화농(抗化膿) 항바이러스 효과가 있다.
- 청열사(淸熱邪)하고 항간염(抗肝炎)·항균·소염(消炎)·이뇨(利尿) 작용을 한다.

청열해독제란 이와같은 효능을 가진 청열해독약을 위주로 하여 다른약(청열사화약 등)을 적절히 배합하여 만든 처방을 말한다.

11. 청허열약(제)(淸虛熱藥)(劑)

청허열약의 특성
- 음허화왕열증(陰虛火旺熱證)을 치료한다.
- 한량(寒凉)하여 양혈(凉血)한다.
- 청허열(淸虛熱)한다.
- 음허발열(陰虛發熱)·골증조열(骨蒸潮熱)·야열조량증(夜熱朝凉證)을 치료한다.
- 해열(解熱)·진정(鎭靜)의 효과가 있다.

청허열제란 위와같은 특성을 지닌 청허열약을 위주로 하고 적절히 다른약(자음청열약 등)을 배합하여 만든 방제를 말한다.

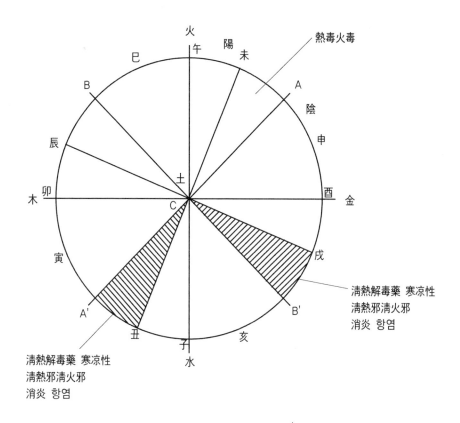

12. 淸熱解毒藥과 도표

　청열해독약이란 청열약중 해독작용을 가진 약을 말한다. 해독이란 독을 없애는 것이다. 이것은 中和와 관련한다.

　中和는 균형화와 관련한다. 균형이란 중심을 잡아야 형성된다. 중심은 중심선과 관련한다. AA´와 BB´선은 음양오행의 균형선이고 중심선이다. 이 중심선은 地支陰陽五行 사이에 있는 辰戌丑未와 관계가 있다. 그러므로 중심선과 관련이 있고 辰戌丑未와 관계한 丑A´C(A´C丑)과 戌B´C(B´C戌)의 영역에 청열해독의 약물이 존재하게 된다.

　이 청열해독약물은 상대의 영역에 있는 병증을 치료한다.

　이렇듯이 제반의 병증·약물·치법 등은 음양오행의 규율과 법칙에 따라 형성되고 변화한다.

13. 清熱解暑藥과 도표

　夏季의 巳午火熱(暑熱)은 균형관계에 있는 인체음양오행에 자극을 가한다. 인체의 음양오행이 불균형해지면 巳午火熱의 병증이 出한다. 巳午火熱의 병증에 대한 치료약물은 그 반대에 있는 亥子C이다. 이 약물이 청열해서약이다.

　이 약물은 도표에 표시된 바와같이 寒涼性을 지닌 청열약이고 瀉火藥이다. 도표를 자세히 살펴보면 약물의 특성과 효능을 잘 알아낼 수 있을 것이다.

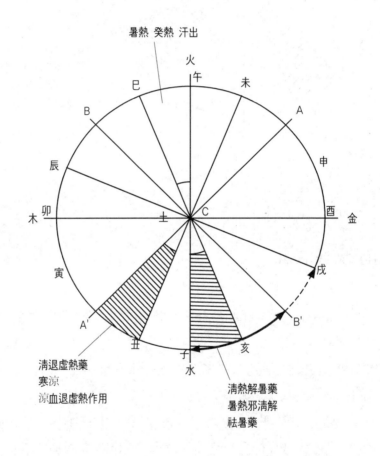

14. 淸(退)虛熱藥과 도표

청퇴허열약은 陰虛火旺熱證을 치료하는 약이다. 음허화왕열증은 未AC이다. 이 병증에 대한 약물은 이의 반대 영역에 있는 丑A′C이다. 이것이 청퇴허열약이다. 이 도표에 기초를 두고보면 寒凉의 성질을 지니고 있다. 補陰·補陽·補血의 효능을 가지고 있다. (보음·보양·보혈약과 일부 겹친다)

그러므로 凉血退虛熱하여 제증을 치료할 수 있다.

제5장 이기약(理氣藥)

이기약이란 기체(氣滯 :기분의 실증)로 인한 병변(病變)을 치료하는 데 쓰는 약을 말한다.

인체에서의 氣란 각 기관의 생리기능(生理機能)이다. 기체(氣滯)란 氣의 유통이 방해된 상태(기능정체)를 말한다.

기체증(氣滯證)은 이 기체로 인한 증상〔흉복부만민(胸腹部滿悶) · 창만동통(脹滿疼痛) 등〕을 말한다.

理氣藥은 木肝 · 土脾 · 金肺經과 관계하며 理氣行氣로서 이 氣滯病證을 치료한다.

1. 이기약의 효능과 특성

이기약은 다음과 같은 특징이 있다.

- 氣의 유통(流通)을 촉진시켜 정체를 없앤다.
- 주로 진경(鎭痙) · 구풍(驅風) · 지구(止嘔)작용을 한다.
- 흉복창통(胸腹脹痛)을 없앤다.
- 순기관흉(順氣寬胸) · 소간해울(疏肝解鬱) · 파기산결(破氣散結) · 건위소화(健胃消化) · 강기지구(降氣止嘔) 등의 효능이 있다.

이기약제란 이와같은 특징이 있는 이기약을 위주로 하고 다른약 이기화습약 · 이수약(利水藥) · 소도약(消導藥) · 사하약(瀉下藥) 등을 배합하여 기체증을 치료하기 위해 만든 처방을 말한다.

2. 이기약의 주치(主治) : 기체증

1) 기체의 원인

- 정지억울(情志抑鬱) · 한온실조(寒溫失調)
- 우사과도(憂思過度) · 기포실상(飢飽失常)
- 음식부절(飮食不節) · 숙식(宿食) · 담음(痰飮) · 담습(痰濕) · 식체(食滯) · 혈허(血虛)

2) 기체의 증상

- 비위기실조(脾胃氣失調), 간기실소(肝氣失疏), 폐기옹체(肺氣壅滯), 흉복만민(胸腹滿悶)〈창만(脹痛)〉, 평활근경련, 복부팽만감(膨滿感), 창통(脹痛), 산통(疝痛), 유주성(遊走性)의 동통, 기역(氣逆), 장내가스정체

3) 기체의 구체적 증상과 치료

토비위기체증(土脾胃氣滯證)

- 土氣의 유통이 방해되어 나타난다. 비위(脾胃) 즉 소화기계 기능이상을 말한다.
- 완복창민(脘腹脹悶), 위완복통(胃脘腹痛), 동통(疼痛), 음식부진(飮食不振), 오심구토(惡心嘔吐), 애기탄산(噯氣呑酸), 변비설사(便秘泄瀉) 등의 증상이 나타난다.

이때에는 건위(健胃) · 진경(鎭痙) · 진통작용(鎭痛作用)을 지닌 약을 위주로 하여 행기도체(行氣導滯)하면 된다.

목간울기체증(木肝鬱氣滯證) : 木氣의 유통이 방해되어 발생한다.

간기울결(肝氣鬱結) · 간기울체(肝氣鬱滯)라고도 한다.

- 협통(脇痛) · 흉민(胸悶) · 산기동통(疝氣疼痛) · 식욕부진(食慾不振) · 구토(嘔吐) · 번민불안(煩悶不安) · 월경부조(月經不調) · 정서억울(情緖抑鬱), 유방창통

(乳房脹痛)등의 증상이 나타난다.

이때에는 소간해울(疏肝解鬱)·행기(行氣)의 약(藥)을 위주로 하여 치료한다. 즉 간목(肝木)이 火土金水臟腑에 영향을 주어 병증이 발생하면 원인인 肝木을 위주로 하며 기타 장부의 병증을 치료한다.

건강한 사람에게 있어서 木火土金水의 각 장부(臟腑)는 상생상극(相生相剋)하며 상호견제와 균형의 관계를 형성한다. 그러므로 이들중 한 장부가 변화하면 타장부가 영향을 받게 된다.

목기(木氣)가 약하면 木의 장부(臟腑)는 정상적으로 火氣를 生하지 못한다. 木氣가 태왕(太旺)하면 木장부가 金氣를 역극(逆剋)하고 土氣를 약화시키고 火氣를 억제하여 다른 장부는 지대한 영향을 받는다.(그러므로 우리는 하나를 보는데 그치지 말고 주위를 잘 살피며 질병의 행로를 인식하고 처방을 해야 한다.)

인간은 그 자체가 음양오행이고 음양오행의 구조이다. 장부 기능, 생리기능, 약물 기능, 질병의 행로등도 음양오행으로 구성되어 있다.

이들은 음양오행 상생상극의 변화법칙을 벗어나지 못한다. 즉 음양오행의 변화법칙대로 이끌려 변화할 수 밖에 없다. 그러므로 음양오행의 변화이치를 터득하면 인간의 건강·질병을 알아낼 수 있다. 질병의 치료뿐만 아니라 예방도 할 수 있다.

인간의 미래 행로와 가장 밀접한 관련이 있는 것은 무엇인가? 특히 인간 자체의 구성과도 밀접하고 각 개개인 간의 차이를 구분 가능케 하는 가장 합리적 기준은 어떤 것인가?

인간은 누구나 다 음양오행 구조로 되어 있다. 그와 동시에 인간은 각 개개인마다 다른 음양오행 구조를 가진다. 그리므로 각 게개인은 서로다른 건강과 질병, 미래를 갖게 된다.

개개인들은 각기 다른 탄생시간과 공간의 음양오행구조를 갖는다. 이 음양오행 구조는 각 개개인마다 다른 특성을 갖게 한다. 이 음양오행 구조는 각 개개인의 행로를 만들고 그에 맞는 대처 방법을 찾아낼 수 있게 한다.

개개인 마다 다른 탄생의 시간과 공간중 시간은 중요한 의미를 지닌다. 탄생시간에 의해 형성되는 陰陽五行의 氣는 각기 다른 개인을 만들어 낸다. 이것이 다름아닌 출생년월일시(出生年月日時)이고 여기에서 만들어진 사주음양오행구조(四柱陰陽五行構造) 그

것이다. 이 사주 음양오행은 각기 차이나는 개개인의 건강상태, 질병원인을 알아낼 수 있게하고 그에 맞는 대처를 할 수 있게 한다.

4) 금폐기옹체증(金肺氣壅滯證)

금기(金氣)의 유통이 정체되어 발생한다.(肺氣의 肅降力이상)
- 흉민기색(胸悶氣塞)·呼吸困難·해수(咳嗽)등의 증상이 나타난다.

이때에는 강기관흉(降氣寬胸), 강기정천(降氣定喘) 등 金氣의 소통을 원활케 하는 理氣藥을 위주로 하여 치료하면 된다.

5) 기체증치료시 주의 사항

이기약은 대개 신산력(辛散力)으로 氣의 정체를 없애려 한다. 그러한 과정에서 氣를 모손(耗損)시키고 음(陰)을 상하게 한다. 그러므로 기허·음허자(氣虛·陰虛者)등 허약자에게 처방할때에는 주의를 요한다.

기체증은 대개 복합적인 증상으로 나타난다. 그러므로 이기약을 위주로하긴하되 병정과 환자의 상태에 따라 다른 약물을 배합해야 한다. 용량도 또한 가감하여 적절히 해야 할 것이다.

- 습열(濕熱)에는 청열이습약(淸熱利濕藥)
- 한습(寒濕)에는 온중조습약(溫中燥濕藥)
- 비위(脾胃)가 약할때에는 보기건비약(補氣健脾藥)

음식정체(飮食停滯)에는 소식도체약(消食導滯藥), 간기울체(肝氣鬱滯)에는 유간(柔肝)·지통(止痛)·건비(健脾)·양간(養肝)·활혈조경약(活血調經藥), 폐기옹체(肺氣壅滯)에는 담음(痰飮)·거담약(祛痰藥) 등을 적절히 배합하여 사용한다.

3. 파기약(破氣藥)

파기약이란 강한 행기작용(行氣作用)과 파어(破瘀)·소적(逍積)작용이 있는 약물을 의미한다.

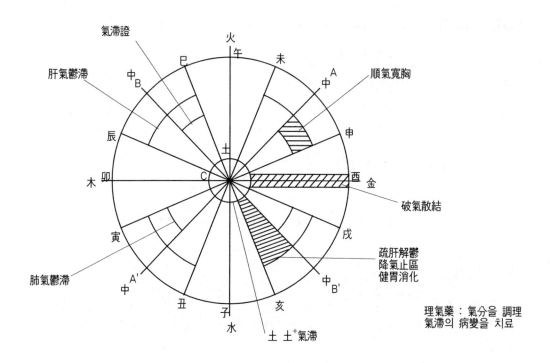

4. 이기약(理氣藥)과 도표

이기약이란 기체증을 치료하는 데 쓰는 약이다.

기체증은 장부 음양오행이 비정상적으로 교체될 때 발생한다.

음양오행이 선순환(善循環)하면 氣는 체하지 않고 인체에서 정상적으로 운행된다. 그러나 내·외적인 자극을 받으면 음양오행은 상호간에 세력투쟁을 한다. 그 결과로 음양오행이 불균형해져 기체의 병증이 발생한다.

도표에 나타난 바와같이 음양오행세력구분선 AA′와 중심선 BB′ 근처에서 음양오행세력이 바뀐다.

水는 木으로 木은 火로 火는 土로 土는 金으로 金은 水로 변화한다. 이러한 과정에서 음양오행세력이 투쟁하여 음양오행의 불균형이 일어나고 기의 순환이 정체된다.

丑土는 寅木과 辰土는 巳火, 未土는 申金, 戌土는 亥水와 세력투쟁을 한다. 여기서 木火土金水는 木火土金水장부의 기능과 관련하고 木火土金水의 성질을 지닌 약물과 관련한다.

이런식으로 氣는 AA′과 BB′선을 중심으로 선순환하거나 정체된다. 그러므로 기체증을 치료하는 약물은 도표에 표시된 바와같이 土(C)와 AA′선과 BB′선의 영역에 있게 된다. 土(C)와 AA′, BB′가 중심을 의미하는 선이기 때문이다. 이 약물이 理氣藥이다.

卯酉선은 상하음양구분선이다. 이 선을 기준으로 上下의 음양이 교차한다. 인체의 음과 양이 상호균형관계를 이루면 인체의 氣는 정상적으로 운행된다. 하지만 내·외적인 자극에 의해 음과 양의 세력이 불균형해지면 음과 양은 상호충돌한다. 이로 인해 기가 체하고 기체의 병증이 出한다. 이 기체증에 대한 약물이 理氣藥이다. 이 이기약물은 卯酉선 영역에 위치하게 된다.

도표를 보고 깊이 연구하면 보다 많은 약물을 찾아낼 수 있을 것이다.

이 음양오행 도표는 계절오행, 음양오행, 약물의 음양오행, 약물의 성질과 효능, 병증의 음양오행, 치료의 영역등을 포괄하고 있다.

그러므로 음양오행도표의 가치는 무한에 가깝다할 수 있는 것이다.

제6장 이혈약(理血藥)

혈열(血熱)·어혈(瘀血)·출혈(出血)·혈허(血虛) 등 혈분(血分)의 질병을 치료하는 약물을 말한다.

1. 이혈약의 효능과 특징

이혈약은 다음과 같은 특징이 있다.

- 어혈(瘀血)을 소산(消散)시킨다.(活血祛瘀)
- 출혈(出血)을 막는다.(止血)
- 혈허(血虛)를 개선한다.〔보혈(補血)〕
- 혈열(血熱)을 제거한다.(凉血)

2. 지혈약(止血藥)

지혈약이란 글자그대로 각종 출혈을 제지하는 약을 말한다.

지혈약은 다음과 같은 특징이 있다.

- 혈액의 모손(耗損)을 막는다.
- 출혈시간과 혈액의 응고시간을 단축시킨다. 출혈로 인한 병증을 치료한다.

지혈제(止血劑)란 위와같은 특성을 지닌 지혈약을 위주로 하고 병정에 따라 다른약〔청열양혈약(淸熱凉血藥), 양음잠양약(養陰潛陽藥), 행혈약(行血藥), 보기약(補氣藥), 활혈약(活血藥) 등〕을 배합하여 만든 방제를 말한다.

지혈제 사용시 주의사항

- 한증(寒證 · 氣虛陽虛)에는 온약(溫藥)을 사용한다.
- 열증(熱證 · 血熱)에는 한량약(寒凉藥)을 쓴다. 虛와 實을 구분하는등, 병의 상태에 따라 적절한 약을 선택한다.

요컨대 지혈약을 위주로 하여 처방하되 출혈의 원인(血虛혈허 · 血熱혈열 · 氣虛기허 · 陽虛양허 등)과 병정을 고려하여 적절히 다른 약물을 배합하여 쓴다.

3. 활혈거어약(活血祛瘀藥)

혈어(血瘀 · 瘀血)란 혈류정체와 그로 인한 증후(울혈 鬱血상태)를 말한다. 활혈거어약은 이 혈어의 증상을 치료하는데 쓰는 약을 말한다.

◎ 혈어의 증상
혈액정체에 의한 냉통(冷痛) · 월경통(月經痛) · 울혈성동통(鬱血性疼痛) · 하복부동통(下腹部疼痛) · 협심증(狹心症) · 심근경색증(心筋梗塞症) · 진심통(鎭心痛) · 내장통(內腸痛) · 사지신체통(四肢身體痛) · 울혈(鬱血) · 궤양(潰瘍) · 징가(癥瘕)

◎ 혈허의 원인
- 외상(外傷), 출산(出産), 염증(炎證), 월경이상(月經異常), 한냉(寒冷) 등 내외적 원인에 의해 일어난다.

◎ 혈어치료법(활혈법 活血法)

◎ 화혈법(和血法)
전신기능조절로 혈액순환을 촉진시킨다.(양혈 凉血 · 온경 溫經 · 보기 補氣 · 보혈 補血) 완만한 방법으로 혈어를 개선하는 치료법이다.

◎ 행혈법(行血法)
혈관을 확장시켜 울혈(鬱血)을 치료한다.

◎ 파혈법(破血法)

딱딱한 어혈(瘀血)을 소산(消散)시킨다. 약물의 성분은 맹렬한 것이 대부분이다.

활혈약의 효능과 특징

활혈약은 다음과 같은 특징이 있다.

- 통혈맥(通血脈)하고 어혈(瘀血)을 소산(消散)시킨다.
- 혈행장애(血行障碍)의 병증을 치료한다.(抗瘀血)
- 혈액의 정체를 제거하여 지통(止痛)시킨다.
- 혈관을 확장하여 울혈을 개선하고 혈액순환을 촉진시킨다.
- 혈액공급을 원활하게 한다.
- 진통(鎭痛)·소염(消炎)·항균(抗菌)작용이 있다.

4. 파징소적약(破癥消積藥)

활혈거어약에 포함되는 것으로서 징가(癥瘕)를 파(破)하고 적취(積聚)를 소산(消散)시킨다.

- 활혈거어(活血祛瘀)하고 연견산결(軟堅散結)하며 준하축수(峻下逐水)한다.

활혈거어제(活血祛瘀劑)란 위와같은 특성을 지닌 활혈거어약을 위주로 하여 병정에 따라 다른약(理氣藥·補血藥·祛寒藥·淸熱藥·補氣藥)등을 배합하여 만든 처방을 말한다.

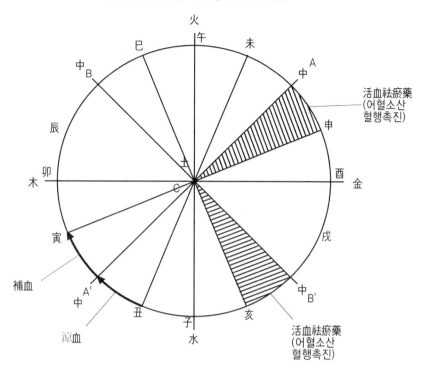

理血藥(補血, 凉血, 活血祛瘀)

5. 理血藥과 도표

이혈약은 血熱・瘀血・出血・血虛 등 혈분증을 치료할 때(血이 비정상적일때) 쓰는 약을 말한다.(혈분증은 인체의 음양오행이 변화하는 과정에서 발생한다)

氣는 血에 動力을 주어 血行을 돕는다. 血은 氣에 滋養分을 제공하여 氣를 기른다. 이들은 相互資生關係를 형성하며 영향을 주고받는다.

理氣藥과 理血藥은 약물의 특성상 겹치는 부문이 있다. 血熱은 血에 陽火가 태과(太過)하여 일어난 음양오행의 부조화이다. 瘀血은 血行이 비정상적일때 일어난다. 즉 이것은 氣와 血의 세력이 불균형하여 발생한다. 한마디로, 혈분의 질병은 인체의 음양오행이 교차되는 영역하에서 발생하는 음양오행 부조화의 산물이라 할 수 있다.

그러므로 이 理血藥은 도표에서와 같이 중심선 AA´와 BB´ 근처의 약물이 되게된다. 그래야만이 음양오행부조화를 제거할 수 있다.

제7장 소도약(消導藥)

음식물의 소화(消食)를 촉진시키고 소화불량증을 개선하는 약물을 말한다.

1. 소도약의 특징

소도약은 다음과 같은 특징이 있다.

- 위장의 유동을 좋게하고 위액분비를 촉진시킨다.
- 음식적체(飮食積滯), 복부팽만(腹部膨滿), 소화불량(消化不良), 오심구토(惡心嘔吐), 애기탄산(噯氣呑酸), 대변실상(大便失常) 등 소화불량증을 치료한다.

소도제(消導劑)란 소도약을 위주로 하여 병정에 따라 다른 약물(건비약 建脾藥·방향화습약 芳香化濕藥·理氣藥·통변약 通便藥·淸熱藥·補氣藥 등)을 배합하여 만든 방제를 말한다.

2. 소도약 사용방법

- 기체(氣滯) 또는 기허(氣虛)로 인한 식체(食滯)에는 이기약(理氣藥) 또는 보기약(補氣藥)을 첨가한다.
- 식체중 한체(寒滯)에는 보양약(補陽藥)·보비약(補脾藥)·화위약(和胃藥) 등 온성약(溫性藥)을 첨가한다.
- 열체(熱滯)에는 청열약(淸熱藥)을 배합하여 쓴다.

소도화적제(消導化積劑)란 소식도체(消食導滯)·화적소징(化積消癥)하는 작용력으로 식적비괴(食積痞塊)·징가적취(癥瘕積聚) 등을 제거하는 방제를 말한다.

소식도체제(消食導滯劑)는 식적(食積), 애부탄산(噯腐吞酸), 흉완비민(胸脘痞悶), 오식구역(惡食嘔逆), 복통설사(腹痛泄瀉) 등을 치료하는데 쓰는 방제이다.

이 방제들은 소도제에 다른 방제를 결합하여 만든 복합방제라 할 수 있다.

3. 消導藥과 도표

소도약은 음식물의 소화를 촉진시키고 소화불량증을 개선하는데 쓰는 약이다. 소화불량증은 氣의 정체와 관련한다. 물론 음식물의 過多섭취가 원인이다. 음식물을 과다 섭취하면 장부의 음양오행과 음식물의 음양오행이 상호충돌한다. 그 결과로 소화불량증이 발생한다. 음식물의 음양오행은 균형관계에 있는 장부음양오행에 자극을 준다. 음식물과 장부음양오행이 충돌하면 인체음양오행이 일시적으로 불균형화되어 식체가 되고 적체(積滯)가 된다.

하지만 장부(臟腑)의 음양오행이 生氣를 얻어 상호균형관계를 강력히 형성하고 있으면 웬만한 양의 음식을 먹어도 탈이나지 않고 정상을 되찾는다. 하지만 장부음양오행이 균형관계이고 정상이라할지라도 장부기능의 생기(生氣)가 약하면 인체는 음식물 음양오행으로부터 큰 자극을 받는다. 이러한 경우에는 조금만 음식을 먹어도 소화불량증과 적체증이 발생한다.

이렇듯이 음식물의 소화에 있어서도 음양오행의 氣는 큰 영향력을 행사한다. 寒熱등도 음양오행의 일종으로서 인체음양오행에 자극을 준다. 즉 음양오행의 불균형을 조성케하는 역할을 한다.

이렇듯이 소화불량증은 내·외적인 음양오행이 인체음양오행을 불균형화시킬때 일어난다. 그러므로 인체의 음양오행을 불균형화시키는 원인을 제거하면 소화불량증이 사라지게 된다할 수 있다.

인체 음양오행의 불균형은 음양오행의 세력이 교차할 때 일어난다. 음양오행세력의 교

차지점은 중심선, 상하·좌우 음양구분선 음양오행세력 균형선인 AA´, BB´, 卯酉선
이다. 이같은 선들의 근처에 위치하는 약물이 소화불량증 치료약물이다. 이 약물이 다름
아닌 消導藥이다.

消 導 藥

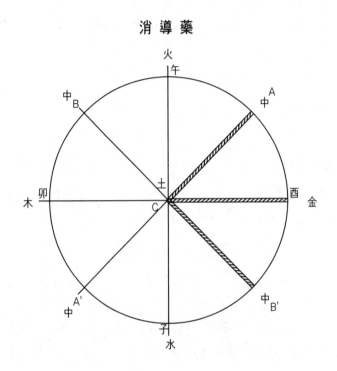

제8장 방향화습약(芳香化濕藥)

방향화습약이란 신온향조(辛溫香燥)한 성미로 중초(中焦)의 습사(濕邪)를 제거하는 방향화탁약물(芳香化濁藥物)을 말한다.

이 약은 대개 비위(脾胃)의 濕을 없애 소화기기관을 치료한다.

1. 방향화습약의 주치(主治)

이 약은 다음과 같은 병증에 사용한다.

- 습사(濕邪)로 인한 것(脾濕·습담옹체 濕痰壅滯) : 흉복비만(胸腹痞滿), 음식부진(飮食不振), 오심구토(惡心嘔吐), 애기탄산(噯氣吞酸), 구토설사(嘔吐泄瀉), 대변당설(大便溏泄), 식소체권(食少体倦), 두통(頭痛), 곽란(霍亂) 등에 사용한다.

  ※ 기허(氣虛)·음허(陰虛)·혈조자(血燥者)·허약자인 경우는 신중히 사용한다.

2. 芳香化濕藥과 도표

방향화습약은 습사(濕邪)를 제거하는 약물이다. 습(濕)이란 오행상 水로서 土의 제지를 받는다. 습사란 土가 水를 제지하지 못할 때 일어난다. 인체내에서 土음양오행이 비정상적이어서 발생한다.

습사를 제거하려면 불균형관계에 있는 土음양을 균형화시켜야 한다. 이 土음양오행을 정상화시키는데 관여하는 게 방향화습 약물이다.

도표에서 AA′음양오행세력 균형선 근처의 未土는 濕을 흡수하여 水土의 음양오행을 균형화시킨다. 도표와 같이 빗금친 부문의 약물이 방향화습약이 된다.

이 영역에 해당하는 각 약물들이 지닌 크고 작은 효능을 활용하면 보다 적절히 증상을 구분하여 제증을 치료할 수 있다.

약물을 음양오행 구분도표에 집어넣고 제증과 연결시켜라. 그리고 개개의 약물을 보다 미시적(微視的)으로 분석하고 체계화시켜라. 그러면 수만가지의 방제도 만들어낼 수 있다.

위와 같은식으로 약물을 분류하면 된다. 대부분의 약물들은 복합적이고도 다양한 효능을 가진다. 辛熱溫裏藥中의 일부는 補氣의 효능이 있다. 淸熱藥中의 일부는 補陰의 효과가 있다. 補氣藥은 온열약으로 補陰藥은 淸熱藥으로 사용할 수 있다.

대개의 약물들은 中心線 AA′·BB′와 아주 중요한 관계를 가진다. 질병이란 인체 음양오행의 불균형에 기인한다.

약물이란 인체의 음양오행을 균형화시키면서 질병을 치료하는 음양오행의 한 부류이다. 중심선이란 음양오행의 세력이 균형관계를 형성하는 곳이다. 그러므로 대부분의 약물들은 중심선 근처에 밀집하여 있게 된다.

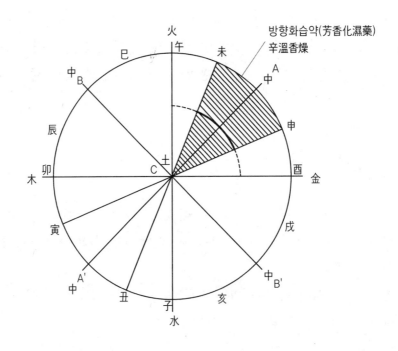

제9장 안신약(安神藥)

안신약이란 정신불안정·불면(不眠), 번조(煩燥)를 치유시키는데 쓰는 약물을 말한다.

1. 안신약의 특징과 주치(主治)

이약물은 다음과 같은 특징이 있다.
- 정신을 안정시킨다.
- 진정작용(鎭靜作用)을 한다.
- 心肝經과 관계한다.
- 약의 작용력에 따라 양심안신약(養心安神藥)과 중진안신약(重鎭安神藥)으로 구분할 수 있다.

심신불안의 원인

- 心火·脾土·肝木·腎水臟腑의 음혈부족(陰血不足)
- 간목기울체(肝木氣鬱滯), 食滯
- 木,火,土,金,水장부의 상호불균형등 다양하다.

정지억울 情志抑鬱, 심비양허 心脾兩虛, 간실조달 肝失條達, 허화상염(虛火上炎), 신정휴모 腎精虧耗, 胃氣不和, 神不守金, 心腎不交, 간울화화(肝鬱化火), 신체허약(身体虛弱), 심음휴허(心陰虧虛), 담열내요(痰熱內擾), 내요신명(內擾神明), 음식부절(飮食不節), 담탁(痰濁), 심신불녕(心神不寧)

2. 중진안신약(重鎭安神藥)

진심안신약(鎭心安神藥)이라고도 하는 것으로 약의 성질이 무겁다(重).

- 주로 실증(實證)을 치료하는데 쓴다.
- 광물류·패각류(貝殼類)가 많다.
- 중추신경계의 흥분을 억제시키는 작용력이 있다.(뇌의 흥분을 억제시킨다.)
- 진정(鎭靜)의 효과가 크다.
- 진간잠양(鎭肝潛陽)하고 진심영신(鎭心寧神)한다.
- 鎭肺斂氣作用도 있다. 진위강역(鎭胃降逆)하여 胃氣를 안정시킨다.

氣를 침강시켜 진정시키려 하고 약성이 무거우므로 氣虛者·脾胃虛弱者에게는 부작용이 있을 수 있다. 그 누구를 막론하고 장기복용은 피해야 한다.

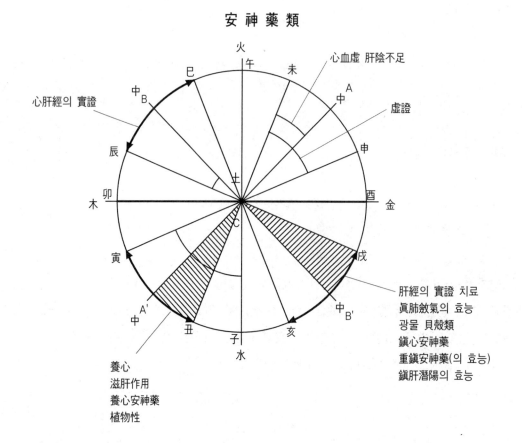

安 神 藥 類

3. 양심안신약(養心安神藥)

- 약성(藥性)이 온화(穩和)하다.
- 식물류가 많다.
- 진정작용이 있다.
- 간음허(肝陰虛)·심혈허(心血虛) 등 허증(虛證)을 치료한다.
- 자양강장(滋養强壯) 작용을 한다.

안신제(安神劑)란 위와 같은 특성을 지닌 안신약(중진안신약, 양심안신약)을 위주로 하고 병정에 따라 다른약(청열사화약 淸熱瀉火藥, 평간잠양약 平肝潛陽藥, 보혈약 補血藥 등)을 배합하여 만든 방제를 말한다.

虛證에는 양심안신약(養心安神藥)을, 실증(實證)에는 중진안신약(重鎭安神藥)을 위주로 하고 환자의 상태에 따라 다른 약을 배합하여 사용한다.

4. 安神藥과 도표

안신약은 진정(鎭靜)의 작용력으로 정신을 안정시키는 藥이다. 정신 火의 불안이란 인체의 음양오행중 火음양이 부조화하여 생긴다.(火음양의 부조화는 인체 전체 음양오행을 비정상화시키는데 관여한다.) 이 음양오행을 정상화시키는 藥이 安神藥이다.

음양오행구분도표에서 안신약은 중심선 AA′와 BB′근처에 주로 존재하게 된다. 證과 藥은 상대적인 것이다. 이들은 대각선 방향에 위치하고 있다. 도표를 참고하면 보다 간편하게 證과 藥을 구분할 수 있다.

심혈허(心血虛), 간음부족(肝陰不足) 등 虛證(未申)인 경우에는 養心·滋肝作用이 있는 養心安神藥(丑寅C)을 쓴다. 간경(肝經)의 실증〔實證(辰巳C)〕인 경우에는 폐염기 肺斂氣·진간잠양 鎭肝潛陽의 효능이 있는 鎭心安神藥(戌亥C)을 사용한다.

이와같이 음양오행구분도표는 어떤 증세이든 어떤 치료약물이든 함께 표시하여 활용할 수 있는 장점을 가지고 있다.

제10장 방향개규약(芳香開竅藥)

폐증(閉症)을 치료하는 데 쓰는 약물을 말한다.

폐증의 증상

의식장애 意識障碍, 양수악권 兩手握拳, 아관긴급 牙關緊急, 기색유신 氣色有神, 맥박유력 脈搏有力

열폐증 熱閉證 : 섬어 譫語, 번조 煩躁, 신열증 腎熱證, 안면홍조 顔面紅潮, 태황 苔黃, 근육경련 筋肉痙攣, 호흡조 呼吸粗, 맥홍삭 脈洪數

한폐증 寒閉證 : 신냉 身冷, 안면창백 顔面蒼白, 설태백 舌苔白, 맥지 脈遲

치법 : 열폐 熱閉는 한량성약(寒凉性藥)으로 한폐 寒閉는 溫性藥으로 개규 開竅시킨다.

음양의 이치상 熱은 寒으로 寒은 溫으로 다스려야 인체음양이 균형화할 수 있기 때문이다.

1. 방향개규약의 특징

이 약은 다음과 같은 특징이 있다.

- 기미(氣味)가 신향(辛香)하여 발산(發散)시키는 힘을 가진다.
- 중추신경계(中樞神經系)를 자극하여 의식을 회복케 한다.
- 진정제번(鎭靜除煩)하고 경궐(驚厥)을 억제한다.
- 통폐개규(通閉開竅)하고 소성신식(蘇醒神識)하여 통비규(通鼻竅)한다.

개규제(開竅劑)란 위와 같은 특징이 있는 개규약과 안신약(安神藥)을 위주로 하고 병증 정도에 따라 다른약(淸熱解毒藥·溫裏祛寒藥·화담약 化痰藥 등)을 배합하여 만든 처방을 말한다.

예컨대, 열폐증(熱閉證)에는 청열해독약(淸熱解毒藥)을 첨가하고 한폐증(寒閉證)에는 신온행기약(辛溫行氣藥)을 배합하는 것등이다.

芳 香 開 竅 藥

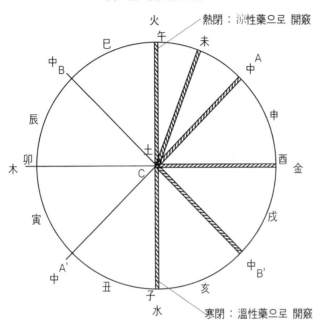

2. 芳香開竅藥과 도표

방향개규약은 閉症(구멍이 막혀 일어난 것)을 치료한다.

폐증(閉症)이란 인체음양오행 生氣의 순환이 막힌 것을 말한다. 그러므로 통폐개규 (通閉開竅) 해야 한다.

음양오행의 순환은 음양오행 변화지점인 중심선과 관계한다. 음양오행세력 변화지점은 도표에 표시된 바와같이 亥子丑‧寅卯辰‧巳午未‧申酉戌과 중심선이다.

방향개규약은 도표에서와 같이 이들을 연결한 선 근처에 존재한다. 마치 구멍이 막힌 경우 막대기로 구멍에 자극을 가하여 뚫는 것과 같이 도표에 표시된 약물은 인체에 있어서 이와 유사한 역할을 한다.

복잡하고도 세밀한 인체조직에 자극을 가하면 신경조직이 혼란스러워진다. 그러므로 이 약은 진정(鎭靜)의 효과뿐만 아니라 방향성(芳香性)을 갖게 된다. 막힌 구멍을 뚫을 때 구멍내외 벽에 자극을 주고 조직을 손상시킬 수 있드시 막대기 역할을 하는 이 약은 인체에 흐르는 氣를 손상시키거나 모손시킬수 있다.

그러므로 이 약물은 적고도 단기적으로 사용해야 한다. 음양오행구분도표에서와 같이 이 약물은 補와 瀉로 구분하면 瀉藥에 해당한다.

도표에서와 같이 午子 · 未C · AC · 酉C · B´C 등에 존재한다.

만물은 음양오행으로 구성되어 있다. 약물에도 음양이 있다. 병증에도 음양이 있다. 그러므로 폐증에도 음양이 있게 된다. 陽性을 띤 것이 熱閉이고 陰性을 띤 것이 寒閉이다.

병증이 음이면 양(陽)의 약물로 치료한다. 병증이 양이면 음의 약물로 치료한다. 熱閉에는 凉性藥으로 開竅한다. 寒閉에는 溫性藥으로 開竅한다.

음양오행 구분도표의 방식에 따라 제증에 대처하면 설령 위 도표에 개별적으로 표시하지 않은 약물이라도 잘 생각하여 집어넣으면 잘 활용할 수 있다.

제11장 평간식풍지경약(제)(平肝熄風止痙藥)(劑)

간단히 식풍약제(熄風藥劑)라 하기도 한다. 평간식풍지경약이란 내풍(內風)을 가라앉히는데 쓰는 약물을 말한다.

1. 평간식풍지경약의 특징

이 약의 특징

평간식풍(平肝熄風)하고 식풍진경(熄風鎭痙)한다. 잠양(潛陽)하고 진정(鎭靜)시킨다.

- 간풍내동(肝風內動)을 식풍(熄風)시킨다.
- 혈허생풍(血虛生風)과 열극생풍(熱極生風)을 제거한다.
- 간음허(肝陰虛)를 완화시키고 간화(肝火)를 청설(淸泄)하고 청간명목(淸肝明目)한다.(平肝潛陽藥)

2. 내풍(內風)을 제거하는 방법

1) 간풍내동(肝風內動) 제거법

간풍내동은 주로 간양상항(肝陽上亢) 또는 간신음허(肝腎陰虛)로 발생하므로 치료 또한 이것을 기준으로 하면된다. 증상이 복잡하므로 여러약을 배합한다.

· 진정작용(鎭靜作用)과 혈압강하(血壓降下) 작용이 있는약, 간신자양약(肝腎滋養藥), 평간식풍약(平肝熄風藥), 진경식풍약(鎭痙熄風藥), 항경련약(抗痙攣藥), 통락화담약(通

絡化痰藥) 등을 병정에 따라 가감하여 쓴다.

2) 혈허생풍(血虛生風) 제거법

식풍약(熄風藥)과 양혈약(凉血藥)을 가하여 쓴다.

3) 열극생풍(熱極生風) 제거법

청열식풍약(淸熱熄風藥)과 해열약(解熱藥), 항경련성약(抗痙攣性藥) 등을 적절히 배합하여 쓴다.

식풍제(熄風劑·熄風鎭痙劑·潛陽熄風劑)란 위와 같은 특징이 있는 식풍약을 위주로 하여 병정에 따라 다른약(청열사화약 淸熱瀉火藥, 보혈양간약 補血養肝藥, 자음약 滋陰藥, 청열약 淸熱藥, 자신양음약 滋腎養陰藥 등)을 배합하여 만든 구체적 처방을 말한다.

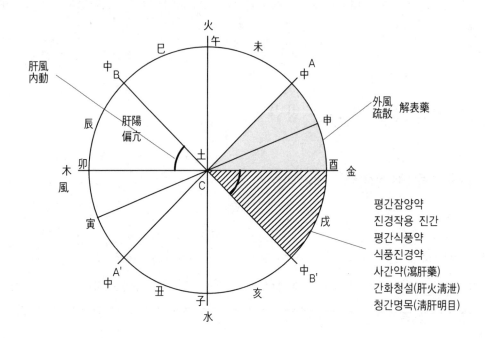

3. 平肝熄風止痙藥과 도표

이 약은 내풍(內風)을 가라앉히는 약물이다. 내풍이란 肝木이 動
하여 발생한다. 肝風內動이라 하기도 한다. 風이란 오행상 木이다. 그러므로 風이 일면
肝木이 動한다.

肝木의 음양은 風木으로부터 강한 자극을 받을때 불균형해진다.(肝陽偏亢)

증세의 범위는 도표에서와 같이 卯BC가 된다. 증세의 반대영역은 치료약물로서 酉B′
C이다. 酉B′C 영역에 해당하는 약물이 平肝熄風止痙藥이 된다. 이 약은 평간잠양(平肝
潛陽)과 진경(鎭痙)의 작용력이 있다. 肝木을 瀉하고 肝火를 淸泄한다. 淸肝明目의 효
능을 지니기도 한다.

도표중에서 A′卯C의 부문은 外風에 해당한다. A酉C영역은 外風을 치료하는 약물이
다. 解表藥에 해당한다.

제12장 이수약(利水藥)

利水藥이란 수도(水道)를 통리(通利)시켜 인체의 수습(水濕)을 제거하는데 쓰는 약물을 말한다.

1. 이수약의 특징

- 이뇨(利尿), 이수삼습(利水滲濕), 이수통림(利水通淋), 이수소종(利水消腫), 이청열(利淸熱), 이습퇴황(利濕退黃) 한다.
- 이수삼습약, 이수소종약, 이습퇴황약, 이수통림약, 이수청열약으로 분류하기도 한다.

이수삼습약(利水滲濕藥)

이뇨(利尿)하여 수습(水濕)과 열독(熱毒)을 제거한다.

- 수습(水濕)을 삼설(滲泄)시키는 작용력으로 수습정체(水濕停滯)의 병증을 다스리고 습증(濕證)을 치료한다.

치료하는 병증 : 임병 淋病, 소변불리 小便不利, 담음 痰飮, 수종 水腫

- 담음(痰飮)을 제거하고 습열증(濕熱證)을 치료한다.

치료 : 습비 濕痺, 습열 濕熱, 습창 濕瘡, 황달 黃疸, 백대하 白帶下

이수소종약(利水消腫藥)

- 수습옹성(水濕壅盛)의 병증(수종 水腫, 창만(脹滿)을 치료한다.
- 비폐신(脾肺腎)의 기능이상으로 발생된 수종(水腫・浮腫)을 이뇨(利尿)하여 제거한다.

🌑 이습퇴황약(利濕退黃藥)

- 청열이습(淸熱利濕)이나 이담(利膽)의 작용력으로 습열(濕熱)로 인한 병증(황달 黃疸, 담결석 膽結石)을 치료한다.

🌓 이수통림약(利水通淋藥)

- 임증(淋證)을 치료한다.

🌗 이수청열약(利水淸熱藥)

실증(實證)·열증(熱證)〔淋澁排尿困難, 소변불리 小便不利〕을 치료한다. 利小便을 청열(淸熱)시킨다.

이수제(利水劑)란 이수약(利水藥)을 위주로 하고 병정에 따라 다른약(理氣藥, 화담약 化痰藥, 補陽祛寒藥, 선폐이수약 宣肺利水藥 등)을 배합하여 만든 처방이다.

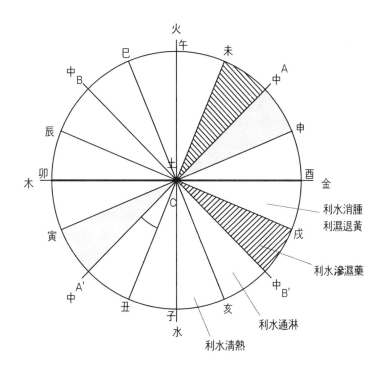

2. 利水藥과 도표

이수약이란 음양오행 불균형 결과로 인해 발생한 水濕을 제거하는데 사용하는 약물을 말한다.

이 약물은 중심선 AA´와 BB´ 근처 빗금친 부문에 주로 위치한다. 卯酉선상 약물도 일부 포함시킬 수 있다.

수습 水濕이란 음양오행상 水이다. 중심선 근처에 있는 戌과 未는 土剋水하여 水濕을 제거할 수 있다. 증세와 치료 약물은 상호반대의 영역에 존재한다.

丑寅C가 증세이면 未申C가 이에 대한 치료약물이 된다. 증세가 辰巳C이면 이에 대한 치료약물은 戌亥C가 된다.

중심선은 음양오행세력의 변화지점이다. 인체음양오행이 불균형해져 水濕이 발생하면 利水藥物(未戌土)로서 制水한다. 인체음양오행을 조절할 때에는 중심선 가까이에 위치한 약물을 활용한다. 중심선이 음양오행 세력의 변화지점이고, 중심선 가까이에 있는 약물이 음양오행을 조절하는 효능을 가지고 있기 때문이다.

제13장 거풍습약(祛風濕藥)

거풍습지비약(祛風濕止痺藥) 이라고도한다.

1. 거풍습약의 효능과 특징

- 근육(筋肉)·관절·경락(經絡)·기육·근골의 풍한습사(風寒濕邪)와 풍한습사로 인한 비통증(痺痛證)을 제거한다.
- 보간신(補肝腎), 강근골(强筋骨), 서근활락(舒筋活絡), 지통(止痛), 통경락(通經絡)하는 효능이 있다.
- 소염, 진통, 해열하고 혈액순환을 촉진시킨다.
- 거풍습(祛風濕)하고, 간신부족(肝腎不足)으로 인한 병증을 치료한다.

거풍습제란 위와같은 특성이 있는 (소염, 진통, 이뇨, 혈액순환촉진 등의 효능이 있는) 거풍습약(祛風濕藥)을 위주로 하여 만든 처방을 말한다. 병사의 부위 또는 정도에 따라 해표약(解表藥), 거습약(祛濕藥), 온경산한약(溫經散寒藥), 청열약(淸熱藥) 등을 배합하여 쓴다.

2. 비통증(痺痛證)과 그 치료방법

① 행비(行痺·風痺) : 통처(痛處)가 유주(游走)한다. 이동성의 동통이다.(류마티성 질환이다), 풍사(風邪)로 인해 발생한다. 그러므로 거풍습약(祛風濕藥)을 첨가해야 한다.

② 통비(痛痺・寒痺) :극렬한 동통이다. 고정성을 띤 동통이다. 한사(寒邪) 때문에 발생한다. 이때에는 온경통락약(溫經通絡藥)을 위주로 하고 다른약을 배합한다.

③ 착비(着痺・濕痺)

습사(濕邪)로 인한 관절통이다. 이때에는 습사를 제거해야 하므로 이습약(利濕藥)이 필요하다.

④ 열비(熱痺) : 열사(熱邪)로 인해 발생한다. 원인인 열사를 제거해야 하므로 청열약(淸熱藥)을 첨가하지 않을 수 없다.

요컨대 비증(痺證)을 치료할때에는 거풍습약(祛風濕藥)을 위주로 하되, 한열허실(寒熱虛實)등 증후의 성질, 풍한습사(風寒濕邪)의 정도, 병증의 성질, 동통부위, 연령, 체질을 보고 다른약물을 첨가하며 처방한다.

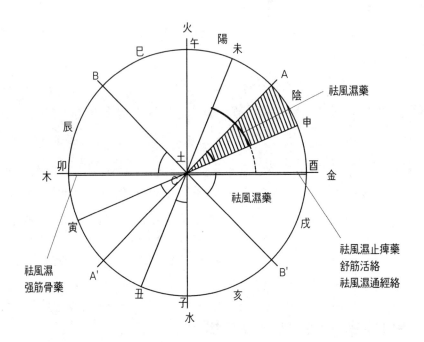

3. 祛風濕藥과 도표

風이란 오행상 木이다. 濕이란 오행상 水이다. 그러므로 풍과 습은 木과 水가 된다.

풍습의 영역은 丑寅C이다. 肝木은 丑土에 뿌리를 내려 자양분(滋養分)을 얻으려 한다. 그러나 바람(風)이 動하고 습기가 일어나 음양오행이 불균형해지면 肝木은 제대로 성장하지 못한다. 여기서 바람은 風이고 습기는 濕이다.

風濕에 대한 약물은 반대 영역에 있는 未申C이다. 이 영역에 존재하는 약물이 바로 祛風濕藥이 된다. 증세와 약물의 특성에 따라 보다 더 영역을 확대, 축소시킬 수 있다. 卯酉선에 있는 약물중에는 祛風濕, 强筋骨, 止痺, 舒筋活絡, 通經絡의 효능을 지닌 것이 있다.

증세의 성질과 개별약물의 효능에 따라 복합적으로 처방하면 음양오행의 불균형을 해소시킴과 동시에 제증을 치료할 수 있다.

제14장 화담지해평천약(化痰止咳平喘藥)

청화열담약(淸化熱痰藥), 온화한담약(溫化寒痰藥), 지해평천약(止咳平喘藥)으로 분류하기도 한다.

담(痰)이란 병적원인으로 호흡기, 소화기관, 근육, 피부 등에 발생하는 탁한 액체(진액이 병적으로 생긴 것)이다.

화담지해평천약은 위와 같은 담(痰)을 화담(化痰) 또는 거담(祛痰)하고 담연(痰涎)의 병증을 치료한다.

● 해수(咳嗽), 천식(喘息)을 완화 또는 제지하는 효능이 있다.

화담지해평천제란 화담지해평천약을 위주로 하고 해표약(解表藥), 청열윤조약(淸熱潤燥藥), 보허자양약(補虛滋養藥), 평간식풍약(平肝熄風藥), 안신약(安神藥), 이기약(理氣藥) 등 다른 약물을 배합하여 만든 방제를 말한다. 이때에는 한열(寒熱), 허실(虛實), 표리(表裏)·표본완급(標本緩急) 등 병정을 고려하는 주의가 필요하다.

1. 담(痰)의 증상(症狀)

해수 咳嗽, 흉민 胸悶, 기관지염 氣管支炎, 폐염 肺炎, 협통 脇痛 등(金肺의 痰症인 경우)

上腹部不快感, 구토 嘔吐, 오심 惡心, 식욕부진 食慾不振, 만성위염 慢性胃炎, 위장신경증 胃腸神經症 등(胃腸의 痰症인 경우)

해수 咳嗽, 발열 發熱, 오한 惡寒(風痰인 경우)

황색점조담 黃色粘稠痰, 발열 發熱, 인건 咽乾, 구건 口乾, 맥활삭 脈滑數, 한출 汗出(熱痰, 燥痰인 경우)

해수 咳嗽, 지냉 肢冷, 외한 畏寒, 호흡촉박 呼吸促迫, 묽은 多痰등(寒痰, 濕痰 인 경우)

2. 담증 痰症의 치료

① 금폐(金肺)의 담증(痰症)

거담진해(祛痰鎭咳)의 효력이 있는 약물(藥物)로 개폐화담(開肺化痰)한다.

② 위장(胃腸)의 담증(痰症)

제토(制吐)·건위(健胃)의 효능이 있는 藥으로 화위화담(和胃化淡)케 한다.

③ 근육피부(筋肉皮膚)의 담증

소염(消炎)작용이 있는 약물로 연견소담(軟堅消痰)한다.

④ 기타 : 풍담(風痰)은 풍사가 원인이다. 그러므로 이때에는 소산풍사(疏散風邪)·
선폐화담(宣肺化痰)의 효능이 있는 약물을 쓴다.

• 열담(熱痰) : 조담(燥痰)은 열사(熱邪)로 인한 것이다. 이때에는 한성(寒性)을 띤
화담약(化痰藥)으로 청화열담(淸化熱痰)·윤조화담(潤燥化痰)한다.

• 한담(寒痰)과 습담(濕痰)은 한습사(寒濕邪)로 인한 생체의 기능이상과 관계한다.
그러므로 건비익신(健脾益腎) 가능한 약물과 온성(溫性)을 띤 화담약(化痰藥)으로
온화한담(溫化寒痰)하고 조습화담(燥濕化痰)한다. 생체(生体)의 기능을 조절하고
소화기능을 증진시켜 진액(津液)의 생성과 역할을 정상화시킨다.

3. 청화열담약(淸化熱痰藥)

담열(痰熱)을 제거한다. 거담(祛痰), 소염(消炎), 진해(鎭咳), 항균(抗菌), 진정(鎭
靜), 진경(鎭痙)작용을 한다.

• 한량성(寒凉性)으 띤다.

• 청화열담(淸化熱痰)의 효능으로 담열(痰熱)의 병증을 치료한다. 조담(燥痰)으로
인한 병증을 치료한다.

4. 온화한담약(溫化寒痰藥)

성미가 온(溫)하여 주로 한담(寒痰), 습담(濕痰)에 사용한다. 온화한담(溫化寒痰), 온폐거한(溫肺祛寒), 조습화담(燥濕化痰)한다.

5. 지해평천약(止咳平喘藥)

해수(咳嗽)와 천식(喘息)에 사용한다.
- 거담(祛痰), 진해(鎭咳), 항균(抗菌), 통변(通便), 이뇨(利尿) 등의 작용력으로 지해평천(止咳平喘), 윤폐지해(潤肺止咳), 선폐거담(宣肺祛痰), 하기평천(下氣平喘)한다.

지해평천제(止咳平喘劑)란 지해평천화담약(止咳平喘化痰藥)을 위주로 하고 외감(外感), 내상(內傷), 한열(寒熱), 조습(燥濕), 허실(虛實), 표본(標本), 병정(病情) 등을 고려하여 다른약물(解表藥 해표약, 보양약, 신온거한약 辛溫祛寒藥, 자음윤조약 滋陰潤燥藥, 보익약 補益藥, 청열약 淸熱藥, 화습약 化濕藥, 산한약 散寒藥, 윤조약 潤燥藥 등)을 배합하여 만든 처방이다.

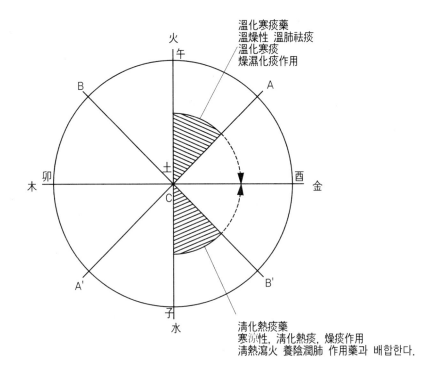

火
午

B ─────────── A

溫化寒痰藥
溫燥性　溫肺祛痰
溫化寒痰
燥濕化痰作用

卯　　　　　　　　　　　　　酉
木　　　　　　土　　　　　金
　　　　　　　C

A'　　　　　　　　　　B'

子
水

清化熱痰藥
寒涼性, 清化熱痰, 燥痰作用
清熱瀉火　養陰潤肺　作用藥과 배합한다.

6. 化痰止咳平喘藥과 도표

　도표의 빗금친 부분처럼 이 약물도 陰陽으로 구분할 수 있다. 아래에 있는 것이 淸化熱痰藥이고, 위에 있는 것이 溫化寒痰藥이다.

　증세와 치료약물은 상대적 특성을 지닌다. 도표를 보면 간단히 이들의 상호관계를 알아낼 수 있다.

　淸化熱痰藥은 痰熱을 제거하는데 쓴다. 溫化寒痰藥은 寒痰과 濕痰을 제거한다. 이 약은 午子선의 (좌)우측영역에 위치한다.(이 우측 영역은 肺金과 관련이 있다.)

　도표에서 午子선의 좌측은 補藥이고 우측은 瀉藥에 해당한다. 그리고 午子선의 좌측은 實證이고 우측은 虛證이 된다. 그러므로 이 약을 실증에 사용하는 瀉藥이라 말할 수 있다.

　上下陰陽區分線은 卯酉이다. 卯酉선은 화담지해평천약의 陰陽을 구분케 한다. C酉선의 上에는 溫性을 띤 약이 위치한다. 下에는 寒凉性을 띤 약이 존재한다. 온성을 띤 약은 袪寒에 쓰이고 寒凉性을 띤 약은 熱痰을 清化하는데 쓴다.

　이 약물들은 인체음양오행 불균형으로 인한 제증의 출현을 해소시키고 인체음양오행을 정상화시키는데 협력한다. 이 약물 음양오행은 인체음양오행을 균형화시킨다.

　개별 약물의 효능은 인체음양오행불균형 결과로 발생된 제증을 제거한다. 특히 C酉선 가까이에 있는 약물은 강한 金氣와 沖의 기세가 있어 살균·살충·항균·항염의 효능을 가진다.

　도표에 기초를 두고 개개 병증의 상태, 음양불균형의 정도 등을 고려하며 약물을 선택하라. 도표에 표시된 바와 같이 화담지해평천약은 瀉藥에 해당한다. 그리고 降下力이 있다. 인체의 氣를 모손시키거나 인체의 生氣를 약화시킬 수 있는 약물이다. 그러므로 제증이 사라지고 인체가 어느정도 정상을 되찾으면 이 약물의 사용을 중단하고 補藥을 써서 인체의 氣를 보강시켜주어야 한다. 그래야 보다더 빨리 인체의 기능을 정상화시킬 수 있는 것이다.

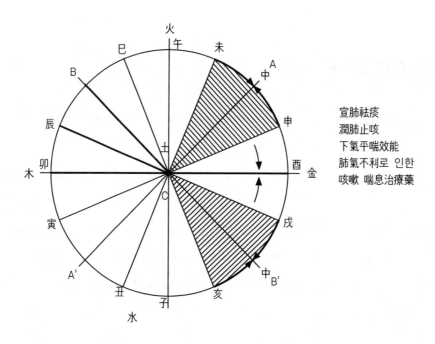

宣肺袪痰
潤肺止咳
下氣平喘效能
肺氣不利로 인한
咳嗽 喘息治療藥

지해평천의 효능이 있는 약물을 따로 표시하면 위 도표와 같다.(앞 도표를 참고하라.) 지해평천약이란 해수(咳嗽)를 그치게 하고 천식(喘息)을 가라 앉히는 약이다. 이 약은 AC선과 B′C선 근처에 집중적으로 위치한다.

해수와 천식은 외적·내적인 음양오행과 인체음양오행이 상호충돌하여 일어난다.(즉 인체 음양오행의 불균형에 의해 발생한다.)

그러므로 음양오행을 균형화시키면 자연히 지해평천할 수 있게 된다.

중심선 AA′와 BB′선은 음양오행의 불균형을 균형화시키는데 중요한 역할을 한다. 이 중심선을 기준으로 하여 음양오행세력이 전환된다. 그러므로 지해평천약은 AC선과 B′C선 근처에 위치하게 된다.

제15장 사하약(瀉下藥)

사하약(瀉下藥)이란 장관(腸管)을 자극하거나 윤활(潤滑)하므로써 대변배출을 촉진시켜 이실증(裏實證)을 치료하는 데 쓰는 약물을 말한다.

1. 사하약의 효능과 특징

사하약은 다음과 같은 작용을 한다.
① 열적성변비(熱積性便秘)를 치료한다.
  장내(腸內)의 숙식적체(宿食積滯)를 사하(瀉下)시키고 유독물(有毒物)을 청제(清除)하고 배출한다. 항균(抗菌) 항감염증작용(抗感染證作用)도 한다.
  • 실열(實熱)의 병증을 제거한다.(清熱瀉火)
② 한적성 변비(寒積性 便秘)를 제거한다. 한냉으로 인한 음한결긴(陰寒結緊)을 치료한다.
③ 정음(停飲 흉수 胸水·복수 腹水)을 제거한다. 수사(水邪)를 배출시키고 수종(水腫)을 제거한다.(축수퇴종 逐水退腫)
④ 습관성 변비와 염증도 치료한다.
  사하약은 작용력의 차이에 따라 윤하약(潤下藥), 공하약(攻下藥), 준하축수약(峻下逐水藥)으로 분류된다.

2. 윤하약(潤下藥)

약성(藥性)이 온순하고 유지성분(油脂性分)이 있고 질(質)이 윤(潤)하다. 사하력(瀉

下力)이 완만하다. 진액(津液)을 보충하고 혈허(血虛)를 개선해준다. 대장을 윤활(潤滑)시킨다. 허약자의 변비, 노인성 변비, 혈허가 원인인 변비에 쓴다.

사하제(瀉下劑)란 공하약(攻下藥)을 위주로 하여 병정에 따라 다른약물을 배합하여 처방한다.(다른약물이란 청열약, 온리거한약, 보양약, 윤하약, 보익약, 이기약, 해표약 등을 말한다.)

3. 사하법(瀉下法)

① 청열사하(淸熱瀉下, 한하 寒下) : 열결(熱結)의 증후를 사하할 때 청열약(淸熱藥)을 첨가한다.
② 온리사하(溫裏瀉下, 온하 溫下) : 한적(寒積)의 증후, 양허(陽虛)로 인한 변비를 치료할때에는 보양약(補陽藥), 온리거한약(溫裏祛寒藥)을 사용한다.
③ 윤장·윤하·사하(潤腸·潤下·瀉下) : 영양불량, 탈수(脫水)로 인한 장조(腸燥)의 변비를 치료할 때에는 潤下藥을 쓴다.
④ 축수(逐水) : 흉수(胸水), 복수(腹水), 수종(水腫)을 제거할때에는 이기약(理氣藥)을 사용한다.

4. 공하약(攻下藥)

• 약성(藥性)이 맹렬하다.
  성미(性味)가 고한(苦寒)하고 사하력(瀉下力)이 강하다. 청열사하(淸熱瀉下)의 효능이 있어 열적변비(熱積便秘)와 적체증(積滯證) 치료에 좋다.
• 설강청열(泄降淸熱), 사하설열(瀉下泄熱), 청열사화(淸熱瀉火)한다. 숙식정체(宿食停滯), 열결변비(熱結便秘), 대변불통(大便不通)과 그로 인한 이실증(裏實證)을 치료한다.

5. 준하축수약(峻下逐水藥)

약성(藥性)이 준열(峻烈)하다. 고한유독(苦寒有毒)하다.

- 흉수(胸水), 복수(腹水)를 없애는데 쓴다. 이뇨작용(利尿作用)도 있다.
- 약성(藥性)이 준열하고 독성(毒性)이 있어 正氣를 손상시킬 수 있으니 신중히 사용한다.

6. 사하제 사용시 주의사항

- 약성이 강하므로 효과를 얻으면 즉시 사용을 중지한다. 독성이 있어 유산가능성이 있으므로 임부(妊婦)는 금한다. 병정에 따라 선표후리(先表後裏), 표리쌍해(表裏雙解)한다.
- 허증(虛證)이 있으면 공보겸시(公補兼施)한다.

7. 瀉下藥과 도표

사하약이란 글자그대로 瀉藥이고 下藥이다. 下란 위치상으로 아래이고 효능상으로 下降力과 관련한다.

도표에 표시된 바와같이 午子선의 우측이 瀉藥이고 AA′선의 下가 음의 영역이다. 한마디로 사하약의 영역은 AA′ 아래라 할 수 있다.

특히 C酉子의 영역은 攻下・峻下作用力이 강한 약물에 해당한다. C子A′에 해당하는 약물은 潤下作用이 있고 補陰의 효과를 일부 가진다.

도표를 기준으로 약물의 특성과 그와 반대영역에 있는 증세들을 연결시키면 거의 정확한 치료약물을 찾을 수 있다. 예컨대, 증세가 寒積性이면 溫性을 띤 瀉下藥으로 한다. 증세가 熱積性이면 寒凉性을 띤 사하약을 쓴다.

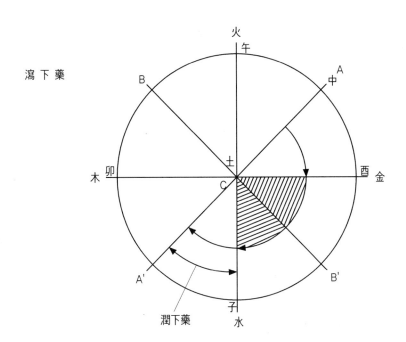

8. 潤下藥과 도표

윤하약은 도표에 표시된 바와 같이 子A´C영역에 있는 약물이다. 이중 丑A´C의 약물이 가장 많이 쓰인다. 이 약은 補陰藥의 영역과 일부 겹친다. 보음의 효능이 있는 약은 진액(津液)을 보충하고 혈허(血虛)를 개선하여 인체를 정상화 시키는데 협력한다.(허증을 치료하는데 쓴다. 노인·허약자에게 좋다.) 특히 이 약은 AA´선 근처에 있으면서 인체음양오행 조절에 깊은 관여를 하고 있다.

보다 빠른 瀉下효과를 얻고자 할 때에는 C酉·CB´선에 있는 약물과 혼합한다.

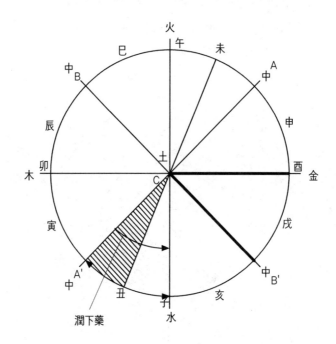

潤下藥

9. 攻下藥과 도표

공하약은 도표에 표시된 바와같이 B′子C 영역에 위치한다. 그리고 일부는 子A′C와 未申C 영역에 존재한다.

빗금친 영역의 약물은 寒涼性을 띠고 瀉下 攻積의 효능을 가진다. B′子C 약물의 영역과 반대부문인 증세영역은 B午C이다.(裏實證) 丑寅C 증세이면 未申C 영역의 약물을 사용한다.

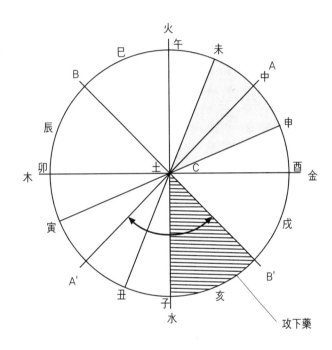

攻下藥

10. 峻下逐水藥과 도표

이 약은 도표상으로 戊子C영역에 있는 약물이다. 도표에서 戊土는 土剋水로서 利尿作用을 한다. 亥水는 巳火를 剋하여 熱을 제거한다. 戊土는 辰土와 相沖하여 복사작용(腹瀉作用)을 하고 B´는 B에 있는 불균형을 해소시킨다. 즉 이 약은 CB´선을 중심으로 戊亥C영역에 존재하여 제증을 해소시키고 인체음양오행을 조절한다.

이 약물은 도표에서 와같이 寒凉性이 있고 인체의 기를 약화시킬 수 있다. 그러므로 가급적 적고 짧게 사용해야 한다.

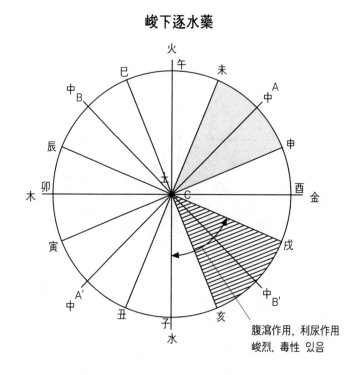

峻下逐水藥

腹瀉作用, 利尿作用
峻烈, 毒性 있음

제 16장 기타 약류

1. 지사약(止瀉藥)

지사약이란 설사(泄瀉)를 그치게 하는 약물을 말한다.

설사의 원인은 비위허약(脾胃虛弱), 중한(中寒), 비허습인(脾虛濕因), 하원허냉(下元虛冷) 등이다.

지사약은 보중익기(補中益氣), 난신(暖腎), 건비이습(健脾利濕), 수렴(收斂), 이수도(利水道)하여 설사의 원인을 제거하면서 지사(止瀉)시킨다.

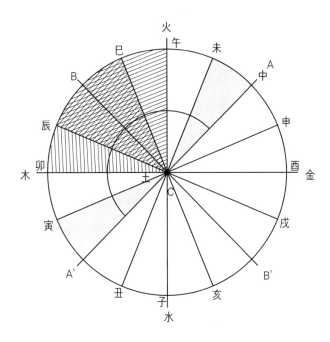

2. 止瀉藥과 도표

설사의 원인은 특별한 경우를 제외하고는 장부의 음양오행 불균형에 기인한다. 특히 土 장부의 음양이 비정상적일때 발생한다. 土 오행은 오행의 중심에 있으면서 타 오행을 연결한다. 그러므로 지사의 약물은 BB´선과 AA´선 근처에 위치하게 된다. AA´와 BB´선은 중요한 의미가 있는 중심선이다.

이 중심선은 인체의 음양오행이든 병증의 음양오행이든 약물의 음양오행이든 음양오행세력 변화의 중요지점이다. 그러므로 인체 음양오행 불균형으로 인해 발생되는 병리적 현상을 알고 인체음양을 균형화시킬 수 있는 치료약물을 찾으려면 도표에 표시된 것들을 자세히 관찰하고 연구해야 한다.

지사약은 BC선을 중심으로 辰巳C의 영역에 자리를 한다. 약물의 복합적 효능까지 고려한다면 이 지사약의 영역은 AA´선 윗부분까지 확대될 수 있다.

脾土를 補하면 土는 정상적으로 水를 剋할 수 있는 능력을 갖는다. 氣를 補하고 腎을 暖하게 하면 인체는 온기를 得한다. 溫氣는 陽火로서 生脾土하며 인체의 음양오행을 조절한다. 이런식으로 인체음양오행을 정상화시키는 약물이 AA´선 위에 위치한 지사약물이다.

3. 지구약과 지갈약

1) 지구약(止嘔藥)

구토(嘔吐), 구역(嘔逆), 오심(惡心)을 치료한다. 위한(胃寒) 구토, 위열(胃熱) 구토, 풍한구토, 임신구토 등 병정에 따라 다른약물을 배합하여 쓴다.

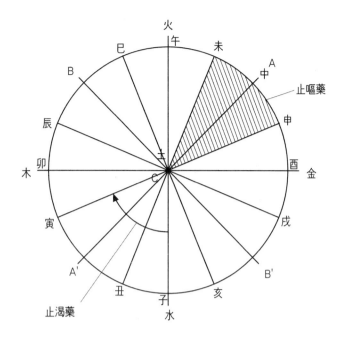

2) 지갈약(止渴藥)

보음(補陰)·양음(養陰)·청열(淸熱)의 효능으로 진액(津液)을 生하며 갈증을 없앤다.

갈증의 원인은 여러 가지이므로 병정의 정도 환자의 상태 등 여러상황을 고려하여 다른약물을 배합하여 쓴다.

4. 지구약(止嘔藥), 지갈약(止渴藥)과 도표

이들 약물들도 유사한 방식으로 구분하면 된다. 여기서는 간단히 도표에 표시한다. 지구약과 지갈약은 상대의 영역에 위치한다.

5. 수렴약과 지한약

◎ 수렴약(收斂藥)

수렴약이란 수렴·고삽(收斂·固澁)의 작용력(作用力)으로 활탈증(滑脫證)을 치료하는 약물을 말한다.

이 약은 다음과 같은 특징이 있다.

- 지사(止瀉)·지수(止嗽)·염한(斂汗)·고정(固精)·축소변(縮小便)·지혈(止血)·지대(止帶) 등의 효능이 있다.
- 수렴작용뿐만 아니라 항균(抗菌)·진해(鎭咳)·강장작용(强壯作用)이 있는 것도 있다.

〔대개 증상에 따라 그에 알맞은 약물을 배합하여 쓴다. 표본·병정등 여러상태를 고려하여 다른약물(보기약, 보음약, 난신보양약 暖腎補陽藥 등)을 배합하여 쓴다.〕 대개 신체허약으로 인해 발생하는 경우가 많으므로 환자의 상태를 고려하여 그에 맞는 약물을 가감하여 사용해야 한다.

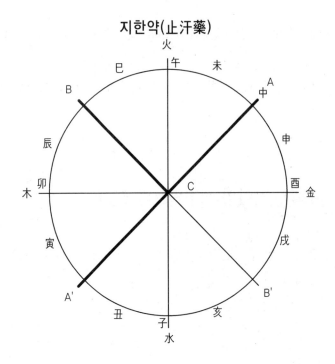

지한약(止汗藥)

止汗藥과 收斂藥도 도표에 나타낼 수 있다. 참고로 하라.

수렴약(收斂藥)

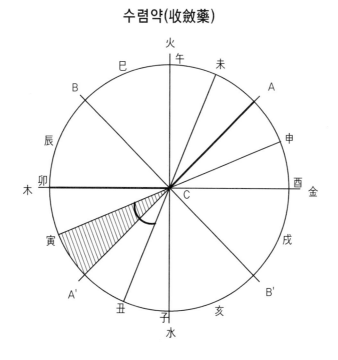

6. 살충약과 도표

살충약이란 相沖의 선에서 결정되는 약물을 말한다. 이것은 補가 아닌 瀉에 치우친 약이다. 왜냐하면 補하여 살충하려 한다면 오히려 벌레가 더욱더 잘 자라게 될 것이기 때문이다.

각각의 地支는 子-午, 卯-酉, 寅-申, 巳-亥, 辰-戌, 丑-未에서 충 沖의 관계를(이것을 상충의 선이라 하였다.)가진다. 이 중에서 午未申酉戌亥子와 C를 연결한 선 근처에 해당하는 약물이 살충의 약물이다.

지지충(地支沖)의 선에 있는 약물은 맹렬한 약성(藥性)을 지니고 있다. 지지의 음양오행이 충돌하여 약물의 성질도 살성을 지니게 된 것이다.

어떠한 약물도 이 음양오행의 법칙을 벗어나지 못한다. 왜냐하면 만물이 음양오행으로 되어 있고 만물은 또한 음양오행의 법칙에 따라 운행되고 변화를 추구하기 때문이다.

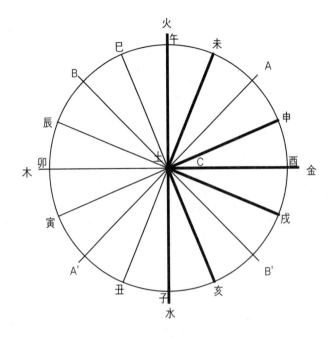

오행장부(五行臟腑)와
약물(藥物)

제1장 장부(臟腑)와 약물귀경(藥物歸經)

약물은 특정 장부·경락(經絡)에 귀(歸)하며 특정장부의 증상(症狀)을 제거(除去)하고,병변(病變)을 치료하는 특성을 지닌다.(약물의 귀경)

즉 약물은 특정 범위내에서 주로 효능을 발휘한다.

이러한 약물의 특성은 약물 음양오행구분도표내에 존재하는 미시적(微視的)이고도 개별적(個別的)인 약물의 효능이고 기능이다.

여기서 약물들 중 목장부·경락(木臟腑·經絡)에 귀(歸)하는 藥은 목경약(木經藥)이라 이름 붙였다.

火장부·土장부·金장부·水장부의 경락에 귀하는 약은 火經藥·土經藥·金經藥·水經藥이라 하였다. 왜냐하면 이들 오행장부는 인체의 木火土金水 오행부위와 상호 밀접한 연결관계를 가지고 있기 때문이다.

木經藥중 간경(肝經)에 귀하는 약은 肝經藥, 담경(膽經)에 귀하는 약은 膽經藥이라 하였다.

火經藥중 心經에 귀하는 약은 心經藥

小腸經에 귀하는 약은 小腸經藥

心包經에 귀하는 약은 心包經藥

三焦經에 귀하는 약은 三焦經藥

土經藥중 脾經에 귀하는 약은 脾經藥, 胃經에 귀하는 약은 胃經藥

金經藥중 肺經에 귀하는 약은 肺經藥

大腸經에 귀하는 약은 大腸經藥

水經藥중 腎經에 귀하는 약은 腎經藥, 膀胱經에 귀하는 약은 膀胱經藥이라 하였다.

이런식으로 약물을 분류하면 다음과 같이 나타낼 수 있다.

1. 보익약(補益藥)

※ 본서를 처음 읽는 사람은 보음약과 귀경까지를 본 뒤 다음 장으로 건너가도 되나, 두 번째 읽을 때에는 빠짐없이 자세히 보아야 한다

1) 보기약(補氣藥)과 귀경(歸經)

◯ 木經藥

肝經藥 : 자하거(紫河車), 영지(靈芝)

◯ 火經藥

心經藥 : 서양삼(西洋蔘), 진름미(陳廩米)〔진창미(陳倉米)〕, 태자삼(太子蔘), 영지(靈芝)

◯ 土經藥

脾經藥 : 인삼(人蔘), 당삼(黨蔘), 만삼(蔓蔘), 감초(甘草), 금작근(金雀根), 대조(大棗), 백출(白朮), 창출(蒼朮), 봉밀(蜂蜜), 산약(山藥), 운모(雲母), 이당(飴糖), 진름미(陳廩米), 황기(黃芪), 황정(黃精), 영지(靈芝), 태자삼(太子蔘)

胃經藥 : 감초(甘草), 대조(大棗), 백출(白朮), 창출(蒼朮), 이당(飴糖), 진름미(陳廩米), 옥죽(玉竹)

◯ 金經藥

肺經藥 : 인삼 人蔘, 당삼 黨蔘, 만삼 蔓蔘, 감초 甘草, 금작근 金雀根, 봉밀 蜂蜜, 산약 山藥, 운모 雲母, 이당 飴糖, 서양삼 西洋蔘, 자하거 紫河車, 태자삼 太子蔘, 황기 黃芪, 황정 黃精, 옥죽 玉竹, 영지 靈芝

大腸經藥 : 봉밀 蜂蜜

○ 水經藥

　　腎經藥 : 산약 山藥, 서양삼 西洋蔘, 자하거 紫河車, 황정 黃精, 영지 靈芝

　　膀胱經藥 : 운모 雲母

2) 보양약(補陽藥)과 귀경(歸經)

○ 木經藥

　　肝經藥 : 골쇄보 骨碎補, 구채자 韭菜子, 구채 韭菜, 금모구척 金毛狗脊, 녹용 鹿茸, 녹각 鹿角, 녹각교 鹿角膠, 두중 杜仲, 면화자 棉花子, 복분자 覆盆子, 사원자 沙苑子, 선모 仙茅, 속단 續斷, 쇄양 鎖陽, 음양곽 淫羊藿, 저실 楮實, 토사자 菟絲子, 파극천 巴戟天, 해구신 海狗腎, 해마 海馬, 호로파 胡蘆巴, 자하거 紫河車

○ 火經藥

　　心經藥 : 해삼(海蔘)

○ 土經藥

　　脾經藥 : 보골지(補骨脂), 사상자 蛇床子, 익지인 益智仁, 저실 楮實

　　胃經藥 : 구채 韭菜, 면화자 棉花子, 종유석 鐘乳石

○ 金經藥

　　肺經藥 : 동충하초 冬蟲夏草, 합개 蛤蚧, 호도인 胡桃仁, 자하거 紫河車, 종유석 鐘乳石

　　大腸經藥 : 쇄양 鎖陽, 육종용 肉蓯蓉, 호도인 胡桃仁, 유황 硫黃(石硫黃)

○ 水經藥

　　腎經藥 : 골쇄보 骨碎補, 구채자 韭菜子, 구채 韭菜, 금모구척 金毛狗脊, 녹용 鹿茸, 녹각 鹿角, 녹각교 鹿角膠, 동충하초 冬蟲夏草, 두중 杜仲, 면화자

棉花子, 보골지 補骨脂, 복분자 覆盆子, 사상자 蛇床子, 사원자 沙苑子, 선모 仙茅, 속단 續斷, 쇄양 鎖陽, 양기석 陽起石, 육종용 肉蓯蓉, 음양곽 淫羊藿, 익지인 益智仁, 저실 楮實, 토사자 菟絲子, 파극천 巴戟天, 합개 蛤蚧, 해구신 海狗腎, 해마 海馬, 해삼 海蔘, 호도인 胡桃仁, 호로파 胡蘆巴, 황구신 黃狗腎, 유황 硫黃, 자하거 紫河車, 종유석 鐘乳石

3) 보혈약(補血藥)과 귀경(歸經)

◎ 木經藥

肝經藥 : 당귀 當歸, 백작약 白芍藥, 상심자 桑椹子, 숙지황 熟地黃, 생·건지황 生·乾地黃, 하수오 何首烏, 백하수오 白何首烏, 야교등 夜交藤, 녹각교 鹿角膠, 녹반 綠礬, 상기생 桑奇生, 아교 阿膠, 영지 靈芝, 자하거 紫河車

◎ 火經藥

心經藥 : 당귀 當歸, 상심자 桑椹子, 생·건지황 生·乾地黃, 용안육 龍眼肉, 야교등 夜交藤, 영지 靈芝, 해삼 海蔘

◎ 土經藥

脾經藥 : 당귀 當歸, 백작약 白芍藥, 용안육 龍眼肉, 녹반 綠礬, 영지 靈芝

◎ 金經藥

肺經藥 : 아교 阿膠, 영지 靈芝, 자하거 紫河車

◎ 水經藥

腎經藥 : 상심자 桑椹子, 숙지황 熟地黃, 생·건지황 生·乾地黃, 하수오 何首烏, 백하수오 白何首烏, 녹각교 鹿角膠, 상기생 桑寄生, 아교 阿膠, 영지 靈芝, 자하거 紫河車, 해삼 海蔘

4) 보음약(補陰藥)과 귀경(歸經)

◯ 木經藥

肝經藥 : 구기자 拘杞子, 귀판 龜板, 별갑 鱉甲, 양유 羊乳, 산수유 山茱萸, 상기생 桑寄生, 여정자 女貞子, 한련초 旱蓮草, 호마인 胡麻仁, 흑대두 黑大豆, 건지황 乾地黃, 녹함초 鹿銜草, 백작약 白芍藥, 상심자 桑椹子, 숙지황 熟地黃, 아교 阿膠

◯ 火經藥

心經藥 : 귀판龜板, 맥문동 麥門冬, 백합 百合, 오미자 五味子, 건지황 乾地黃, 상심자 桑椹子

◯ 土經藥

脾經藥 : 백작약 白芍藥, 황정 黃精

胃經藥 : 맥문동 麥門冬, 사삼 沙蔘(南沙蔘), 북사삼 北沙蔘, 석곡 石斛, 옥죽 玉竹, 지모 知母

◯ 金經藥

肺經藥 : 구기자 拘杞子, 지골피 地骨皮, 맥문동 麥門冬, 백합 百合, 사삼 沙蔘, 북사삼 北沙蔘, 양유 羊乳, 오미자 五味子, 천문동 天門冬, 현삼 玄蔘, 녹함초 鹿銜草, 아교 阿膠, 옥죽 玉竹, 지모 知母, 황정 黃精

大腸經藥 : 양유 羊乳

水經藥 : 구기자 拘杞子, 지골피 地骨皮, 귀판 龜板, 산수유 山茱萸, 상기생 桑寄生, 석곡 石斛, 여정자 女貞子, 오미자 五味子, 천문동 天門冬, 한련초 旱蓮草, 현삼 玄蔘, 호마인 胡麻仁, 흑대두 黑大豆, 건지황 乾地黃, 상심자 桑椹子, 숙지황 熟地黃, 아교 阿膠, 지모 知母, 황정 黃精

2. 온열약(溫熱藥)

溫熱藥과 歸經

◎ 木經藥

肝經藥 : 천오두 川烏頭, 초오두 草烏頭, 소회향 小茴香, 오수유 吳茱萸, 육계 肉桂

◎ 火經藥

心經藥 : 건강 乾薑, 부자 附子, 천오두 川烏頭, 초오두 草烏頭, 육계 肉桂, 계지 桂枝

◎ 土經藥

脾經藥 : 건강 乾薑, 생강 生薑, 고량강 高良薑, 부자 附子, 천오두 川烏頭, 초오두 草烏頭, 소회향 小茴香, 오수유 吳茱萸, 육계 肉桂, 천초 川椒, 필징가 蓽澄茄, 정향 丁香

胃經藥 : 건강 乾薑, 생강 生薑, 고량강 高良薑, 소회향 小茴香, 오수유 吳茱萸, 천초 川椒, 필발 蓽撥, 필징가 蓽澄茄, 호초 胡椒, 삼내자 三乃子, 정향 丁香

◎ 金經藥

肺經藥 : 건강 乾薑, 생강 生薑, 계지 桂枝

大腸經藥 : 필발 蓽撥, 호초 胡椒, 유황 硫黃

◎ 水經藥

腎經藥 : 부자 附子, 소회향 小茴香, 육계 肉桂, 천초 川椒, 필징가 蓽澄茄, 유황 硫黃, 정향 丁香

膀胱經藥 : 계지 桂枝, 필징가 蓽澄茄

3. 해표약(解表藥)

1) 신온해표약(辛溫解表藥)과 귀경(歸經)

木經藥

肝經藥 : 독활 獨活, 방풍 防風, 창이자 蒼耳子, 형개 荊芥

火經藥

心經藥 : 세신 細辛, 정류 檉柳(서하유 西河柳), 계지 桂枝

脾經藥 : 방풍 防風, 소엽 蘇葉, 백지 白芷, 생강 生薑

胃經藥 : 신이 辛荑, 정류 檉柳, 총백 葱白, 호유 胡荽, 백지 白芷, 생강 生薑, 향유 香薷

金經藥

肺經藥 : 마황 麻黃, 세신 細辛, 소엽 蘇葉, 신이 辛荑, 정류 檉柳, 창이자 蒼耳子, 총백 葱白, 형개 荊芥, 호유 胡荽, 계지 桂枝, 백지 白芷, 생강 生薑, 향유 香薷

水經藥

腎經藥 : 강활 羌活, 독활 獨活, 세신 細辛,

膀胱經藥 : 강활 羌活, 독활 獨活, 마황 麻黃, 방풍 防風, 계지 桂枝, 고본 藁本

2) 신량해표약(辛凉解表藥)과 歸經

木經藥

肝經藥 : 감국 甘菊, 만형자 蔓荊子, 목적 木賊, 박하 薄荷, 선태 蟬蛻, 시호 柴胡, 은시호 銀柴胡

膽經藥 : 목적 木賊, 시호 柴胡

○ 土經藥

脾經藥 : 갈근 葛根, 승마 升麻, 대두황권 大豆黃卷

胃經藥 : 갈근 葛根, 만형자 蔓荊子, 승마 升麻, 은시호 銀柴胡, 우방자 牛蒡子, 대두황권 大豆黃卷, 두시 豆豉

○ 金經藥

肺經藥 : 감국 甘菊, 목적 木賊, 박하 薄荷, 부평 浮萍, 선태 蟬蛻, 승마 升麻, 우방자 牛蒡子, 전호 前胡, 두시 豆豉

大腸經藥 : 승마 升麻

○ 水經藥

膀胱經藥 : 만형자 蔓荊子, 부평 浮萍

4. 청열약(淸熱藥)

1) 淸熱瀉火藥과 歸經

○ 木經藥

肝經藥 : 대황 大黃, 서각 犀角, 용담초 龍膽草, 황련 黃連

膽經藥 : 용담초 龍膽草, 황금 黃芩

○ 火經藥

心經藥 : 치자 梔子, 다엽 茶葉, 대황 大黃, 서각 犀角, 죽엽 竹葉, 황련 黃連

三焦經藥 : 치자 梔子

○ 土經藥

脾經藥 : 대황 大黃

胃經藥 : 노근 蘆根, 석고 石膏, 지모 知母, 천화분 天花分, 과루인 瓜蔞仁, 치자 梔子, 다엽 茶葉, 대황 大黃, 죽엽 竹葉, 황금 黃芩, 황련 黃連

金經藥

肺經藥 : 노근 蘆根, 석고 石膏, 지모 知母, 천화분 天花分, 과루실 瓜蔞實(瓜蔞仁), 치자 梔子, 다엽 茶葉, 죽엽 竹葉, 황금 黃芩

大腸經藥 : 瓜蔞實(瓜蔞仁), 대황 大黃, 황금 黃芩, 황련 黃連, 황백 黃柏

水經藥

腎經藥 : 지모 知母, 황백 黃柏

膀胱經藥 : 황백 黃柏

2) 청열명목약(淸熱明目藥)과 歸經

木經藥

肝經藥 : 결명자 決明子, 곡정초 穀精草, 밀몽화 密蒙花, 석결명 石決明, 야명사 夜明砂, 저담즙 猪膽汁, 양담 羊膽, 우담 牛膽, 청상자 靑葙子, 계관화 鷄冠花, 하고초 夏枯草, 감국 甘菊, 괴각 槐角, 목적 木賊, 사태 蛇蛻, 상엽 桑葉, 진주 珍珠, 진피 秦皮, 차전자 車前子, 충울자 茺蔚子

膽經藥 : 저담즙 猪膽汁, 양담 羊膽, 우담 牛膽, 하고초 夏枯草, 목적 木賊, 진피 秦皮

火經藥

心經藥 : 진주 珍珠

心包經藥 : 충울자 茺蔚子

脾經藥 : 사태 蛇蛻

胃經藥 : 곡정초 穀精草, 양담 羊膽, 발제 荸薺

◎ 金經藥

肺經藥 : 저담즙 猪膽汁, 우담 牛膽, 감국 甘菊, 목적 木賊, 발제 荸薺, 상엽 桑
葉, 차전자 車前子

大腸經藥 : 결명자 決明子, 저담즙 猪膽汁, 계관화 鷄冠花, 괴각 槐角, 발제 荸
薺, 진피 秦皮

◎ 水經藥

腎經藥 : 차전자 車前子

3) 청열양혈약(淸熱凉血藥)과 歸經

◎ 木經藥

肝經藥 : 목단피 牧丹皮, 백미 白薇, 서각 犀角, 자초 紫草, 제채 薺菜, 관중 貫
衆, 권삼 拳蔘, 대청엽 大靑葉, 대황 大黃, 목부용 木芙蓉, 사매 蛇莓,
생지황 生地黃, 적작약 赤芍藥, 지유 地楡, 철현채 鐵莧菜, 청대 靑黛,
청호 菁蒿, 측백엽 側柏葉

◎ 火經藥

心經藥 : 목단피 牧丹皮, 서각 犀角, 대청엽 大靑葉, 대황 大黃, 생지황 生地黃,
철현채 鐵莧菜, 판남근 板藍根

心包經藥 : 자초 紫草

◎ 土經藥

脾經藥 : 제채 薺菜, 관중 貫衆, 대황 大黃, 적작약 赤芍藥

胃經藥 : 백미 白薇, 권삼 拳蔘, 금은화 金銀花, 대청엽 大靑葉, 대황 大黃, 사매
蛇莓, 지유 地楡, 청대 靑黛, 청호 菁蒿, 판남근 板藍根

◎ 金經藥

肺經藥 : 금은화 金銀花, 목부용 木芙蓉, 사매 蛇莓, 지골피 地骨皮, 철현채 鐵莧

菜, 청대 靑黛, 측백엽 側柏葉, 현삼 玄蔘, 호이초 虎耳草

　　大腸經藥 : 백두옹 白頭翁, 권삼 拳蔘, 금은화 金銀花, 대황 大黃, 위릉채 萎陵

菜, 지유 地楡, 철현채 鐵莧菜, 측백엽 側柏葉

　🌙 **水經藥**

　　腎經藥 : 목단피 牧丹皮, 생지황 生地黃, 지골피 地骨皮, 현삼 玄蔘, 호이초 虎耳草

4) 청열조습약(淸熱燥濕藥)과 歸經

　🌙 **木經藥**

　　肝經藥 : 고삼 苦蔘, 용담초 龍膽草, 진피 秦皮, 황련 黃連, 동과자 冬瓜子, 백반
　　　　　　白礬, 와송 瓦松, 음행초 陰行草, 자화지정 紫花地丁, 저근백피 樗根白
　　　　　　皮, 토복령 土茯苓, 합맹 合萌, 호장근 虎杖根

　　膽經藥 : 용담초 龍膽草, 진피 秦皮, 황금 黃芩, 호장근 虎杖根

　🌙 **火經藥**

　　心經藥 : 고삼 苦蔘, 황련 黃連, 자화지정 紫花地丁

　🌙 **土經藥**

　　脾經藥 : 백선피 白蘚皮, 백반 白礬, 음행초 陰行草

　　胃經藥 : 고삼 苦蔘, 백선피 白蘚皮, 화피 樺皮, 황금 黃芩, 황련 黃連, 백반 白
　　　　　　礬, 저근백피 樗根白皮, 토복령 土茯苓

　🌙 **金經藥**

　　肺經藥 : 황금 黃芩, 백반 白礬, 와송 瓦松, 음행초 陰行草, 호장근 虎杖根

　　大腸經藥 : 고삼 苦蔘, 진피 秦皮, 황금 黃芩, 황련 黃連, 백반 白礬, 저근백피
　　　　　　　樗根白皮

◎ 水經藥

腎經藥 :황백 黃柏, 음행초 陰行草, 합맹 合萌

膀胱經藥 : 고삼 苦蔘, 황백 黃柏, 음행초 陰行草, 합맹 合萌

5) 청열해독약(清熱解毒藥)과 歸經

◎ 木經藥

肝經藥 :강판귀 扛板歸, 권삼 拳蔘, 귀침초 鬼針草, 대모 玳瑁, 마치현 馬齒莧, 목부용 木芙蓉, 백렴 白薇, 감국 甘菊, 철현채 鐵莧菜, 번백초 翻白草, 사과락 絲瓜絡, 수분초 垂盆草, 아담자 鴉膽子, 우황 牛黃, 웅담 熊膽, 자화지정 紫花地丁, 관중 貫衆, 토복령 土茯苓, 대청엽 大青葉, 청대 青黛, 포공영 蒲公英, 합맹 合萌, 금전초 金錢草, 노관초 老鸛草, 등리근 藤梨根, 마편초 馬鞭草, 반지련 半枝蓮, 백영 白英, 백반 白礬, 사매 蛇莓, 산자고 山慈姑, 삼백초 三白草, 서각 犀角, 양유 羊乳, 영양각 羚羊角, 와송 瓦松, 율초 葎草, 자초 紫草, 저담즙 猪膽汁, 저마근 苧麻根, 조휴 蚤休, 천규자 天葵子, 패장 敗醬, 하고초 夏枯草, 한 채 蔊菜, 호장근 虎杖根, 희렴 豨薟

膽經藥 : 수분초 垂盆草,, 연교 連翹, 웅담 熊膽, 금전초 金錢草, 백영 白英, 저담즙 猪膽汁, 하고초 夏枯草, 호장근 虎杖根

◎ 火經藥

心經藥 : 강판귀 扛板歸, 녹두(피) 綠豆(皮), 대모 玳瑁, 서각 犀角, 영양각 羚羊角, 저마근 苧麻根, 적소두 赤小豆, 반변련 半邊蓮, 백렴 白薇, 산장실 酸漿實, 연교 連翹, 우황 牛黃, 웅담 熊膽, 자화지정 紫花地丁, 철현채 鐵莧菜, 판남근 板藍根, 대청엽 大青葉

小腸經藥 : 반변련 半邊蓮, 수분초 垂盆草, 백화사설초 白花蛇舌草, 적소두 赤小豆, 초장초 酢醬草

心包絡經藥 : 자초 紫草

土經藥

脾經藥 : 번백초 翻白草, 감초 甘草, 관중 貫衆, 농길리 農吉利, 마편초 馬鞭草, 백반 白礬, 천규자 天葵子, 백선피 白蘚皮. 승마 升麻

胃經藥 : 권삼 拳蔘, 금은화 金銀花, 녹두(피) 綠豆(皮), 누로 漏蘆, 무화과 無花果, 백렴 白蘝, 사과락 絲瓜絡, 대청엽 大靑葉, 청대 靑黛, 토복령 土茯笭,판남근 板藍根, 감초 甘草, 등리근藤梨根,, 포공영 蒲公英, 반지련 半枝蓮, 백반 白礬, 백선피 白蘚皮. 백화사설초 白花蛇舌草, 번행초 番杏草, 사매 蛇莓, 산자고 山慈姑, 승마 升麻, 압척초 鴨跖草, 우방자 牛蒡子, 패장 敗醬, 화피 樺皮

金經藥

肺經藥 : 강판귀 扛板歸, 금은화 金銀花, 마발 馬勃, 목부용 木芙蓉, 무화과 無花果, 반변련 半邊蓮, 사간 射干, 사과락 絲瓜絡, 산두근 山豆根, 산장실 酸漿實, 연교 連翹, 철현채 鐵莧菜, 청대 靑黛, 호이초 虎耳草, 감국 甘菊, 농길리 農吉利, 반지련 半枝蓮, 백반 白礬, 사매 蛇莓, 승마 升麻, 압척초 鴨跖草, 양유 羊乳, 어성초 魚腥草, 와송 瓦松, 용규 龍葵, 우방자 牛蒡子. 율초 葎草, 저담즙 猪膽汁, 한 채 蔊菜, 호장근 虎杖根

大腸經藥 : 권삼 拳蔘, 귀침초 鬼針草, 금은화 金銀花, 누로 漏蘆, 마치현 馬齒見, 무화과 無花果, 번백초 翻白草, 아담자 鴉膽子, 철현채 鐵莧菜, 노관초 老鸛草, 백두옹 白頭翁, 백반 白礬, 백화사설초 白花蛇舌草, 升麻, 양유 羊乳, 위릉채 萎陵菜, 율초 葎草, 저담즙 猪膽汁, 초장초 酢醬草, 패장 敗醬

水經藥

腎經藥 : 강판귀 扛板歸, 합맹 合萌, 호이초 虎耳草, 금전초 金錢草, 삼백초 三白草, 희렴 豨薟

膀胱經藥 : 산장실 散漿實, 합맹 合萌, 금전초 金錢草, 등리근 藤梨根, 천규자 天
葵子, 압척초 鴨跖草, 용규 龍葵

6) 청퇴허열약(淸退虛熱藥)과 歸經

◯ 木經藥

肝經藥 : 율초 葎草, 청호 菁蒿, 호황련 胡黃蓮, 백미 白薇, 은시호 銀柴胡, 진교
秦艽

膽經藥 : 청호 靑蒿, 진교 秦艽

◯ 火經藥

心經藥 : 호황련 胡黃連

◯ 土經藥

胃經藥 : 청호 靑蒿, 호황련 胡黃連, 백미 白薇, 은시호 銀柴胡, 진교 秦艽

◯ 金經藥

肺經藥 : 율초 葎草, 지골피 地骨皮

大腸經藥 : 율초 葎草, 호황련 胡黃連

◯ 水經藥

腎經藥 : 지골피 地骨皮

7) 청열해서약(淸熱解暑藥)과 歸經

◯ 木經藥

肝經藥 : 청호 靑蒿, 하엽 荷葉

火經藥

心經藥 : 서과 西瓜, 녹두 綠豆, 하엽 荷葉

土經藥

脾經藥 : 백편두 白扁豆, 패란 佩蘭, 하엽 荷葉

胃經藥 : 서과 西瓜, 향유 香薷, 녹두 綠豆, 백편두 白扁豆, 청호 靑蒿, 패란 佩蘭

金經藥

肺經藥 : 향유 香薷, 패란 佩蘭

水經藥

膀胱經藥 : 서과 西瓜

5. 이혈약(理血藥)

1) 지혈약(止血藥)과 귀경(歸經)

木經藥

肝經藥 : 강진향 降眞香, 괴화 槐花, 괴각 槐角, 권백 卷柏, 대계 大薊, 소계 小薊, 백급 白芨, 삼칠근 三七根, 선학초 仙鶴草, 아교 阿膠, 애엽 艾葉, 양제 羊蹄, 연근 蓮根, 연방 蓮房, 하엽 荷葉, 저마근 苧麻根, 종려피 棕櫚皮, 지유 地楡, 천초근 茜草根, 포황 蒲黃, 혈여탄 血餘炭, 계관화 鷄冠花, 관중 貫衆, 권삼 拳蔘, 대청엽 大靑葉, 면화자 棉花子, 목부용 木芙蓉, 목적 木賊, 방풍 防風, 백반 白礬, 번백초 翻白草, 산수유 山茱萸, 서각 犀角, 속단 續斷, 송지 松脂, 오매 烏梅, 오적골 烏賊骨, 와송 瓦松, 저근백피 樗根白皮, 제채 薺菜, 철현채 鐵莧菜, 한련초 旱蓮草, 측백엽 側柏葉, 혈갈 血竭, 형개 荊芥, 황약자 黃藥子

膽經藥 : 목적 木賊, 황금 黃芩

◎ **火經藥**

心經藥 : 강진향 降眞香, 권백 卷柏, 대계 大薊, 소계 小薊, 양제 羊蹄, 연자심 蓮子心, 하엽 荷葉, 저마근 苧麻根, 건강 乾薑, 대청엽 大靑葉, 서각 犀角, 철현채 鐵莧菜, 치자 梔子, 혈갈 血竭

心包經 : 포황 蒲黃

三焦經藥 : 치자 梔子

◎ **土經藥**

脾經藥 : 강진향 降眞香, 복룡간 伏龍肝, 선학초 仙鶴草, 애엽 艾葉, 하엽 荷葉, 건강 乾薑, 관중 貫衆, 방풍 防風, 백반 白礬, 번백초 翻白草, 송지 松脂, 오매 烏梅, 운모 雲母, 제채 薺菜

胃經藥 : 백급 白芨, 백모근 白茅根, 백초상 百草霜, 복룡간 伏龍肝, 삼칠근 三七根, 연근 蓮根, 지유 地楡, 혈여탄 血餘炭, 건강 乾薑, 권삼 拳蔘, 대청엽 大靑葉, 면화자 棉花子, 백반 白礬, 석류피 石榴皮, 저근백피 樗根白皮, 적석지 赤石脂, 치자 梔子, 황금 黃芩

◎ **金經藥**

肺經藥 : 백급 白芨, 백모근 白茅根, 백초상 百草霜, 선학초 仙鶴草, 아교 阿膠, 연근 蓮根, 연자심 蓮子芯, 종려피 棕櫚皮, 건강 乾薑, 마발 馬勃, 목부용 木芙蓉, 목적 木賊, 백반 白礬, 오매 烏梅, 오배자 五倍子, 와송 瓦松, 운모 雲母, 철현채 鐵莧菜, 측백엽 側柏葉, 치자 梔子, 형개 荊芥, 황금 黃芩, 황약자 黃藥子

大腸經藥 : 괴화 槐花, 괴각 槐角, 백초상 百草霜, 양제 羊蹄, 위릉채 萎陵菜, 종려피 棕櫚皮, 지유 地楡, 계관화 鷄冠花, 권삼 拳蔘, 백반 白礬, 번백초 翻白草, 석류피 石榴皮, 오매 烏梅, 오배자 五倍子, 저근백피 樗根白皮, 적석지 赤石脂, 철현채 鐵莧菜, 측백엽 側柏葉, 황금 黃芩

◎ 水經藥

腎經藥 : 아교 阿膠, 애엽 艾葉, 연자심 蓮子芯, 면화자 棉花子, 산수유 山茱萸,
속단 續斷, 오배자 五倍子, 오적골 烏賊骨, 한련초 旱蓮草

膀胱經藥 : 백모근 白茅根, 방풍 防風, 운모 雲母,

2) 활혈거어약(活血祛瘀藥)과 귀경(歸經)

◎ 木經藥

肝經藥 : 강황 薑黃, 계혈등 鷄血藤, 단삼 丹蔘, 마편초 馬鞭草, 소목 蘇木, 왕불
유행 王不留行, 우슬 牛膝, 월계화 月季花, 익모초 益母草, 충울자 茺
蔚子, 자연동 自然銅, 천궁 川芎, 택란 澤蘭, 홍화 紅花, 강진향 降眞
香, 건칠 乾漆, 권백 卷柏, 귀전우 鬼箭羽, 능소화 凌霄花, 대황 大黃,
도인 桃仁, 매괴화 玫瑰花, 맹충 蝱蟲, 목단피 牧丹皮, 몰약 沒藥, 봉출
蓬朮, 삼릉 三棱, 삼칠근 三七根, 속수자 續隨子, 수질 水蛭, 오령지 五
靈脂, 운대자 蕓薹子, 울금 鬱金, 유향 乳香, 음행초 陰行草, 자충 蟅
蟲, 적작약 赤芍藥, 접골목 接骨木, 제조 蠐螬, 천산갑 穿山甲, 천초근
茜草根, 포황 蒲黃, 합환피 合歡皮, 현호색 玄胡索, 호박 琥珀, 호장근
虎杖根

◎ 火經藥

心經藥 : 단삼 丹蔘, 소목 蘇木, 익모초 益母草, 홍화 紅花, 강진향 降眞香, 권백
卷柏, 대황 大黃, 도인 桃仁, 목단피 牧丹皮, 몰약 沒藥, 울금 鬱金, 유
기노 劉寄奴, 유향 乳香, 합환피 合歡皮, 현호색 玄胡索, 호박 琥珀

心包經藥 : 단삼 丹蔘, 충울자 茺蔚子, 천궁 川芎, 능소화 凌霄花, 포황 蒲黃

◎ 土經藥

脾經藥 : 강황 薑黃, 마편초 馬鞭草, 소목 蘇木, 택란 澤蘭, 강진향 降眞香, 대황
大黃, 매괴화 玫瑰花, 몰약 沒藥, 봉출 蓬朮, 삼릉 三棱, 유기노 劉寄

奴, 유향 乳香, 음행초 陰行草, 적작약 赤芍藥, 현호색 玄胡索

胃經藥 : 왕불류행 王不留行, 건칠 乾漆, 대황 大黃, 삼칠근 三七根, 천산갑 穿山甲

金經藥

肺經藥 : 도인 桃仁, 음행초 陰行草, 호장근 虎杖根

大腸經藥 : 대황 大黃, 도인 桃仁, 속수자 續隨子

水經藥

腎經藥 : 계혈등 鷄血藤, 우슬 牛膝, 목단피 牧丹皮, 속수자 續隨子, 음행초 陰行草, 접골목 接骨木

膀胱經藥 : 익모초 益母草, 호박 琥珀

6. 이기약(理氣藥)

理氣藥과 歸經

木經藥

肝經藥 : 매괴화 玫瑰花, 울금 鬱金, 청피 靑皮, 천련자 川楝子, 고련근피 苦楝根皮, 향부자 香附子, 강진향 降眞香, 薑黃, 목통실 木通實, 소회향 小茴香, 시호 柴胡, 천궁 川芎, 현호색 玄胡索

膽經藥 : 목향 木香, 울금 鬱金, 청피 靑皮, 시호 柴胡, 천궁 川芎

火經藥

心經藥 : 울금 鬱金, 강진향 降眞香, 현호색 玄胡索

小腸經藥 : 대복피 大腹皮, 천련자 川楝子

三焦經藥 : 향부자 香附子

心包經藥 : 천궁 川芎

◎ 土經藥

脾經藥 : 감송향 甘松香, 단향 檀香, 대복피 大腹皮, 빈랑 檳榔, 매괴화 玫瑰花, 침향 沈香, 목향 木香, 강진향 降眞香, 강황 薑黃, 사인 砂仁, 소경 蘇梗, 소엽 蘇葉, 백두구 白豆蔲, 소회향 小茴香, 육두구 肉豆蔲, 현호색 玄胡索, 후박 厚朴, 오약 烏藥, 진피 陳皮, 고련근피 苦楝根皮

胃經藥 : 감송향 甘松香, 단향 檀香, 대복피 大腹皮, 빈랑 檳榔, 목향 木香, 시체 枾蔕, 청피 靑皮, 천련자 川楝子, 고련근피 苦楝根皮, 침향 沈香, 해백 薤白, 목통실 木通實, 백두구 白豆蔲, 사인 砂仁, 소경 蘇梗, 소회향 小茴香, 육두구 肉豆蔲, 후박 厚朴

◎ 金經藥

肺經藥 : 단향 檀香, 오약 烏藥, 진피 陳皮, 해백 薤白, 백두구 白豆蔲, 소경 蘇梗, 소엽 蘇葉, 후박 厚朴

大腸經藥 : 대복피 大腹皮, 빈랑 檳榔, 목향 木香, 해백 薤白, 육두구 肉豆蔲, 후박 厚朴

◎ 水經藥

腎經藥 : 오약 烏藥, 침향 沈香, 사인 砂仁, 소회향 小茴香

膀胱經藥 : 오약 烏藥

7. 파기약(破氣藥)

破氣藥과 歸經

◎ 木經藥

肝經藥 : 봉출 蓬朮, 삼릉 三棱, 목통실 木通實, 청피 靑皮

膽經藥 : 청피 靑皮

◎ 土經藥

脾經藥 : 봉출 蓬朮, 삼릉 三 棱, 지실 枳實, 지각 枳殼

胃經藥 : 지실 枳實, 지각 枳殼, 목통실 木通實, 청피 靑皮

◎ 金經藥

大腸經藥 : 지실 枳實, 지각 枳殼

8. 방향화습약(芳香化濕藥)

방향화습약(芳香化濕藥)과 귀경(歸經)

◎ 土經藥

脾經藥 : 곽향 藿香, 백두구 白豆蔲, 사인 砂仁, 초과 草果, 초두구 草豆蔲, 패란 佩蘭, 후박 厚朴, 창출 蒼朮

胃經藥 : 곽향 藿香, 백두구 白豆蔲, 사인 砂仁, 초과 草果, 초두구 草豆蔲, 패란 佩蘭, 후박 厚朴, 창출 蒼朮

◎ 金經藥

肺經藥 : 곽향 藿香, 백두구 白豆蔲, 패란 佩蘭, 후박 厚朴

大腸經藥 : 후박 厚朴

◎ 水經藥

腎經藥 : 사인 砂仁

9. 개규약(開竅藥)

개규약(開竅藥)과 귀경(歸經)

木經藥

肝經藥 : 사향 麝香, 우황 牛黃

火經藥

心經藥 : 사향 麝香, 석창포 石菖蒲, 소합향 蘇合香 안식향 安息香, 용뇌 龍腦,
장뇌 樟腦, 우황 牛黃

土經藥

脾經藥 : 사향 麝香, 소합향 蘇合香, 안식향 安息香, 용뇌 龍腦, 장뇌 樟腦

胃經藥 : 석창포 石菖蒲

金經藥

肺經藥 : 용뇌 龍腦, 조협 皂莢

大腸經藥 : 조협 皂莢

10. 평간식풍지경약(平肝熄風止痙藥)

1) 평간잠양약 平肝潛陽藥과 귀경(歸經)

木經藥

肝經藥 : 근채 芹菜, 대자석 代赭石, 모려 牡蠣, 백질려 白蒺藜, 자석 磁石, 감국
甘菊, 결명자 決明子, 백작약 白芍藥, 석결명 石決明, 영양각 羚羊角,
용골 龍骨, 제채 薺菜, 천마 天麻, 해주상산 海州常山

◎ 火經藥

心經藥 : 대자석 代赭石, 자석 磁石, 영양각 羚羊角, 용골 龍骨

◎ 土經藥

脾經藥 : 백작약 白芍藥, 제채 薺菜

胃經藥 : 근채 芹菜

◎ 金經藥

肺經藥 : 감국 甘菊

大腸經藥 : 결명자 決明子

◎ 水經藥

腎經藥 : 모려 牡蠣, 자석 磁石

2) 熄風止痙藥과 歸經

◎ 木經藥

肝經藥 : 백강잠 白殭蠶, 잠사 蠶沙, 영양각 羚羊角, 오공 蜈蚣, 전갈 全蠍, 조구
등 釣鉤藤, 조휴 蚤休, 천마 天麻, 구인 蚯蚓, 대모 玳瑁, 방풍 防風,
백화사 白花蛇, 선태 蟬蛻, 우황 牛黃

◎ 火經藥

心經藥 : 영양각 羚羊角, 대모 玳瑁, 우황 牛黃

心包經藥 : 조구등 釣鉤藤

◎ 土經藥

脾經藥 : 잠사 蠶沙, 구인 蚯蚓, 방풍 防風

胃經藥 : 잠사 蠶沙

肺經藥 : 백강잠 白殭蠶, 선태 蟬蛻

⊕ 水經藥

膀胱經藥 : 구인 蚯蚓, 방풍 防風

11. 안신약(安神藥)

1) 진심안신약 鎭心安神藥과 귀경(歸經)

⊕ 木經藥

肝經藥 : 금박 金箔, 용골 龍骨, 자석영 紫石英, 진주 珍珠, 호박 琥珀, 자석 磁
石, 모려 牡蠣

⊕ 火經藥

心經藥 : 금박 金箔, 용골 龍骨, 자석영 紫石英, 주사 朱砂, 영사 靈砂, 진주 珍
珠, 호박 琥珀, 자석 磁石

⊕ 土經藥

胃經藥 : 영사 靈砂

⊕ 金經藥

肺經藥 : 자석영 紫石英, 영사 靈砂

⊕ 水經藥

腎經藥 : 자석영 紫石英, 모려 牡蠣, 자석 磁石
膀胱經藥 : 호박 琥珀

2) 養心安神藥과 歸經

◯ 木經藥

肝經藥 : 산조인 酸棗仁, 영지 靈芝, 합환피 合歡皮, 단삼 丹蔘, 야교등 夜交藤

膽經藥 : 산조인 酸棗仁

◯ 火經藥

心經藥 : 백자인 柏子仁, 산조인 酸棗仁, 영지 靈芝, 원지 遠志, 합환피 合歡皮,
단삼 丹蔘, 백복령 白茯苓, 백합 百合, 야교등 夜交藤, 연자육 蓮子肉,
석창포 石菖蒲, 용안육 龍眼肉

心包經藥 : 단삼 丹蔘

◯ 土經藥

脾經藥 : 산조인 酸棗仁, 영지 靈芝, 대조 大棗, 백복령 白茯苓, 연자육 蓮子肉,
용안육 龍眼肉, 인삼 人蔘

胃經藥 : 대조 大棗, 석창포 石菖蒲

◯ 金經藥

肺經藥 : 영지 靈芝, 원지 遠志, 백합 百合, 인삼 人蔘

大腸經藥 : 백자인 柏子仁

◯ 水經藥

腎經藥 : 백자인 柏子仁, 영지 靈芝, 백복령 白茯苓, 연자육 蓮子肉

12. 이수약(利水藥)

1) 이수삼습약(利水滲濕藥)과 귀경(歸經)

◯ 木經藥

肝經藥 : 비해 草薢, 인진 茵陳

膽經藥 : 인진 茵陳

◯ 火經藥

心經藥 : 백복령 白茯苓, 적복령 赤茯苓

◯ 土經藥

脾經藥 : 백복령 白茯苓, 적복령 赤茯苓, 의이인 薏苡仁, 금작근 金雀根, 인진 茵陳

胃經藥 : 비해 草薢, 의이인 薏苡仁, 백출 白朮, 인진 茵陳

◯ 金經藥

肺經藥 : 의이인 薏苡仁, 금작근 金雀根

◯ 水經藥

腎經藥 : 백복령 白茯苓, 저령 猪苓, 택사 澤瀉

膀胱經藥: 적복령 赤茯苓, 비해 草薢, 택사 澤瀉

2) 利水消腫藥과 歸經

◯ 木經藥

肝經藥 : 강판귀 扛板歸, 마편초 馬鞭草, 곤포 昆布, 서장경 徐長卿, 저실 楮實,
접골목 接骨木, 흑대두 黑大豆, 택란 澤蘭, 압척초 鴨跖草

◯ 火經藥

心經藥 : 적소두 赤小豆, 강판귀 扛板歸, 반변련 半邊蓮, 압척초 鴨跖草

小腸經藥 : 赤小豆, 택칠 澤漆, 반변련 半邊蓮, 대복피 大腹皮, 동과피 冬瓜皮, 욱리인 郁李仁, 압척초 鴨跖草

◯ 土經藥

脾經藥 : 방기 防己, 대복피 大腹皮, 마편초 馬鞭草, 생강피 生薑皮, 빈랑 檳榔, 저실 楮實, 욱리인 郁李仁, 초목 椒目, 황기 黃芪, 택란 澤蘭, 압척초 鴨跖草

胃經藥 : 대복피 大腹皮, 동과피 冬瓜皮, 곤포 昆布, 빈랑 檳榔, 향유 香薷, 해합 각 海蛤殼

◯ 金經藥

肺經藥 : 택칠 澤漆, 마황 麻黃, 강판귀 扛板歸, 반변련 半邊蓮, 동과피 冬瓜皮, 상백피 桑白皮, 생강피 生薑皮, 부평 浮萍, 정력자 葶藶子, 황기 黃芪, 향유 香薷, 해합각 海蛤殼

大腸經藥 : 택칠 澤漆, 대복피 大腹皮, 동과피 冬瓜皮, 빈랑 檳榔, 욱리인 郁李 仁, 鴨跖草

◯ 水經藥

腎經藥 : 防己, 옥촉수 玉蜀鬚, 강판귀 扛板歸, 곤포 昆布, 서장경 徐長卿, 저실 楮實, 접골목 接骨木, 흑대두 黑大豆, 압척초 鴨跖草

膀胱經藥: 방기 防己, 옥촉수 玉蜀鬚, 마황 麻黃, 부평 浮萍, 초목 椒目, 정력자 葶藶子

기타 : 복령피 茯笭皮

3) 利水通淋藥과 歸經

◯ 木經藥

肝經藥 : 차전자 車前子, 금전초 金錢草, 백미 白薇, 우슬 牛膝, 율초 葎草, 호박 琥珀, 호장근 虎杖根

膽經藥 : 금전초 金錢草, 호장근 虎杖根

◯ 火經藥

心經藥 : 호박 琥珀

小腸經藥 : 동규자 冬葵子, 유백피 楡白皮, 해금사 海金砂

◯ 土經藥

胃經藥 : 유백피 楡白皮, 활석 滑石, 백미 白薇

◯ 金經藥

肺經藥 : 석위 石葦, 차전자 車前子, 율초 葎草, 호장근 虎杖根, 해부석 海浮石

大腸經藥 : 동규자 冬葵子, 율초 葎草

◯ 水經藥

腎經藥 : 차전자 車前子, 금전초 金錢草, 우슬 牛膝, 옥촉수 玉蜀鬚

膀胱經藥 : 동규자 冬葵子, 석위 石葦, 유백피 楡白皮, 금전초 金錢草, 해금사 海金砂, 활석 滑石, 옥촉수 玉蜀鬚, 율초 葎草, 호박 琥珀

4) 利水淸熱藥과 歸經

◯ 木經藥

肝經藥 : 목통실 木通實, 고삼 苦蔘, 구인 蚯蚓, 등리근 藤梨根, 율초 葎草, 저마근 苧麻根, 합맹 合萌, 호장근 虎杖根

膽經藥 : 호장근 虎杖根

◎ 火經藥

脾經藥 : 구맥 瞿麥, 다엽 茶葉, 등심 燈心, 목통 木通, 고삼 苦蔘, 맥문동 麥門
冬, 반변련 半邊蓮, 산장실 酸漿實, 서과 西瓜, 저마근 苧麻根, 적소두
赤小豆, 죽엽 竹葉

小腸經藥 : 구맥 瞿麥, 등심 燈心, 목통 木通, 초장초 酢醬草, 동과피 冬瓜皮, 반
변련 半邊蓮, 적소두 赤小豆, 해금사 海金砂

◎ 土經藥

脾經藥 : 구인 蚯蚓

胃經藥 : 다엽 茶葉, 목통실 木通實, 통초 通草, 수근 水芹, 고삼 苦蔘, 동과피
冬瓜皮, 등리근 藤梨根, 맥문동 麥門冬, 서과 西瓜, 백모근 白茅根, 죽
엽 竹葉

◎ 金經藥

肺經藥 : 다엽 茶葉, 등심초 燈芯草, 호장근 虎杖根, 통초 通草, 수근 水芹, 견우
자 牽牛子, 동과피 冬瓜皮, 맥문동 麥門冬, 반변련 半邊蓮, 부평 浮萍,
산장실 酸漿實, 백모근 白茅根, 석위 石葦, 율초 葎草, 어성초 魚腥草,
용규 龍葵, 죽엽 竹葉

大腸經藥 :초장초 酢醬草, 견우자 牽牛子, 동과피 冬瓜皮, 율초 葎草

◎ 水經藥

腎經藥 : 지부자 地膚子, 견우자 牽牛子, 옥촉수 玉蜀鬚, 합맹 合萌

膀胱經藥 : 구맥 瞿麥, 누고 螻蛄, 목통 木通, 지부자 地膚子, 편축 萹蓄, 구인
蚯蚓, 등리근 藤梨根, 부평 浮萍, 산장실 酸漿實, 서과 西瓜, 백모근
白茅根, 석위 石葦, 율초 葎草, 용규 龍葵, 옥촉수 玉蜀鬚, 합맹 合
萌, 해금사 海金砂

5) 利濕退黃藥과 歸經

◉ 木經藥

　肝經藥 : 금전초 金錢草, 음행초 陰行草, 인진 茵陳, 호장근 虎杖根, 수분초 萹盆
　　　　草, 울금 鬱金, 백반 白礬, 백영 白英, 삼백초 三白草, 진교 秦艽, 한
　　　　채 蘚菜

　膽經藥 : 금전초 金錢草, 인진 茵陳, 호장근 虎杖根, 수분초 萹盆草, 울금 鬱金,
　　　　백영 白英, 진교 秦艽

◉ 火經藥

　心經藥 : 울금 鬱金

　小腸經藥 : 수분초 萹盆草

◉ 土經藥

　脾經藥 : 음행초 陰行草, 인진 茵陳, 백반 白礬

　胃經藥 : 인진 茵陳, 백반 白礬, 진교 秦艽

◉ 金經藥

　肺經藥 : 음행초 陰行草, 호장근 虎杖根, 백반 白礬, 한 채 蘚菜

　大腸經藥 : 백반 白礬

◉ 水經藥

　腎經藥 : 금전초 金錢草, 음행초 陰行草, 삼백초 三白草

　膀胱經藥 : 금전초 金錢草, 음행초 陰行草

13. 거풍습약(祛風濕藥

1) 止痺藥과 歸經

◉ 木經藥

肝經藥 : 송절 松節, 송지 松脂, 해주상산 海州常山, 독활 獨活, 등리근 藤梨根,
방풍 防風, 비해 萆薢, 백영 白英, 오가피 五加皮, 음양곽 淫羊藿, 천오
두 川烏頭, 초오두 草烏頭, 창이자 蒼耳子, 잠사 蠶沙, 천마 天麻, 측백
엽 側柏葉, 호장근 虎杖根

膽經藥 : 진교 秦艽, 백영 白英, 호장근 虎杖根

◉ 火經藥

心經藥 : 송엽 松葉, 부자 附子, 세신 細辛, 양금화 羊金花, 천오두 川烏頭, 초오
두 草烏頭

◉ 土經藥

脾經藥 : 송엽 松葉, 송지 松脂, 백출 白朮, 부자 附子, 양금화 羊金花, 蒼朮, 금
작근 金雀根, 방풍 防風, 천오두 川烏頭, 초오두 草烏頭, 잠사 蠶砂

胃經藥 : 백출 白朮, 등리근 藤梨根, 비해 萆薢, 창출 蒼朮, 잠사 蠶沙

◉ 金經藥

肺經藥 : 금작근 金雀根, 세신 細辛, 마황 麻黃, 양금화 羊金花, 창이자 蒼耳子,
측백엽 側柏葉, 호장근 虎杖根

大腸經藥 : 위릉채 萎陵荣, 측백엽 側柏葉

◉ 水經藥

腎經藥 : 부자 附子, 세신 細辛, 강활 羌活, 독활 獨活, 오가피 五加皮, 음양곽
淫羊藿

膀胱經藥 : 위령선 威靈仙, 강활 羌活, 독활 獨活, 마황 麻黃, 등리근 藤梨根, 방
　　　　　풍 防風, 비해 萆薢, 고본 藁本

기타 : 창이초 蒼耳草

2) 祛風濕 通經絡藥과 歸經

◯ 木經藥

肝經藥 : 구인 蚯蚓, 낙석등 絡石藤, 노관초 老鸛草, 마전자 馬錢子, 모과 木瓜,
　　　　백화사 白花蛇, 오초사 烏梢蛇, 사태 蛇蛻, 서장경 徐長卿, 접골목 接
　　　　骨木, 진교 秦艽, 해동피 海桐皮, 희렴 豨薟, 계혈등 鷄血藤, 사과락 絲
　　　　瓜絡, 상지 桑枝, 천선등 天仙藤,

◯ 火經藥

心經藥 : 낙석등 絡石藤

◯ 土經藥

脾經藥 : 구인 蚯蚓, 마전자 馬錢子, 모과 木瓜, 사태 蛇蛻, 해동피 海桐皮, 방기
　　　　防己, 천선등 天仙藤

胃經藥 : 진교 秦艽, 사과락 絲瓜絡

◯ 金經藥

肺經藥 : 사과락 絲瓜絡

大腸經藥 : 노관초 老鸛草

◯ 水經藥

腎經藥 : 서장경 徐長卿, 접골목 接骨木, 희렴 豨薟, 계혈등 鷄血藤, 방기 防己,
　　　　천선등 天仙藤

膀胱經藥 : 방기 防己, 구인 蚯蚓, 위령선 威靈仙

3) 强筋骨藥과 歸經

◎ 木經藥

　肝經藥 : 녹함초 鹿銜草, 오가피 五加皮, 호골 虎骨, 상기생 桑寄生

◎ 金經藥

　肺經藥 : 녹함초 鹿銜草

◎ 水經藥

　腎經藥 : 녹함초 鹿銜草, 오가피 五加皮, 호골 虎骨, 상기생 桑寄生

14. 지통약(止痛藥)

지통약(止痛藥)과 귀경(歸經)

◎ 木經藥

　肝經藥 : 몰약 沒藥, 오령지 五靈脂, 유향 乳香, 현호색 玄胡索, 강황 薑黃, 독활
　　　　　 獨活, 면화자 棉花子, 노봉방 露蜂房, 마전자 馬錢子, 백작약 白芍藥,
　　　　　 송절 松節, 서장경 徐長卿, 오가피 五加皮, 울금 鬱金, 우슬 牛膝, 천오
　　　　　 두 川烏頭, 초오두 草烏頭, 천련자 川楝子, 천궁 川芎, 포황 蒲黃, 전갈
　　　　　 全蠍, 조휴 蚤休, 천마 天麻, 진교 秦艽, 혈갈 血竭
　膽經藥 : 울금 鬱金, 진교 秦艽

◎ 火經藥

　心經藥 : 몰약 沒藥, 유향 乳香, 현호색 玄胡索, 세신 細辛, 섬수 蟾酥, 용안육
　　　　　 龍眼肉, 울금 鬱金, 천오두 川烏頭, 초오두 草烏頭
　心包經藥 : 천궁 川芎, 포황 蒲黃

小腸經藥 : 천련자 川楝子

◑ 土經藥

脾經藥 : 몰약 沒藥, 백지 白芷, 유향 乳香, 현호색 玄胡索, 감초 甘草, 감송향
甘松香, 강황 薑黃, 마전자 馬錢子, 방기 防己, 백작약 白芍藥, 용안육
龍眼肉, 오약 烏藥, 천오두 川烏頭, 초오두 草烏頭, 천초 川椒

胃經藥 : 백굴채 白屈菜, 백지 白芷, 보두 寶豆, 감초 甘草, 감송향 甘松香, 면화
자 棉花子, 노봉방 露蜂房, 삼내자 三乃子, 옥죽 玉竹, 천초 川椒, 천련
자 川楝子, 진교 秦艽

◑ 金經藥

肺經藥 : 백굴채 白屈菜, 백지 白芷, 앵속각 罌粟殼, 감초 甘草, 세신 細辛, 옥죽
玉竹, 오약 烏藥

大腸經藥 : 백굴채 白屈菜, 앵속각 罌粟殼

◑ 水經藥

腎經藥 : 앵속각 罌粟殼, 강활 羌活, 독활 獨活, 면화자 棉花子, 방기 防己, 세신
細辛, 서장경 徐長卿, 오가피 五加皮, 오약 烏藥, 우슬 牛膝

膀胱經藥 : 고본 藁本, 강활 羌活, 독활 獨活, 방기 防己, 오약 烏藥, 위령선 威靈仙

15. 화담지해평천약(化痰止咳平喘藥)

1) 온화한담약(溫化寒痰藥)과 귀경(歸經)

◑ 木經藥

肝經藥 : 천남성 天南星

火經藥

心經藥 : 건강 乾薑, 세신 細辛, 안식향 安息香, 원지 遠志

土經藥

脾經藥 : 백부자 白附子, 천남성 天南星, 건강 乾薑, 반하 半夏, 안식향 安息香

胃經藥 : 백부자 白附子, 건강 乾薑, 반하 半夏

金經藥

肺經藥 : 관동화 款冬花, 백개자 白芥子, 백부근 百部根, 백전 白前, 자완 紫菀, 천남성 天南星, 건강 乾薑, 동충하초 冬蟲夏草, 반하 半夏, 세신 細辛, 원지 遠志, 조협 皂莢

大腸經藥 : 조협 皂莢

水經藥

腎經藥 : 동충하초 冬蟲夏草, 세신 細辛

2) 청화열담약(淸化熱痰藥)과 귀경(歸經)

木經藥

肝經藥 : 곤포 昆布, 천선등 天仙藤, 몽석 礞石, 천죽황 天竹黃, 천장각 天漿殼, 한 채 蕹菜, 해조 海藻, 동과자 冬瓜子, 사과락 絲瓜絡, 사매 蛇莓, 차전자 車前子

膽經藥 : 죽여 竹茹, 천죽황 天竹黃

火經藥

心經藥 : 죽엽 竹葉, 죽력 竹瀝, 천죽황 天竹黃, 패모 貝母, 川貝母

小腸經藥 : 택칠 澤漆

土經藥

脾經藥 : 천선등 天仙藤

胃經藥 : 곤포 昆布, 발제 荸薺, 비파엽 枇杷葉, 죽여 竹茹, 죽력 竹瀝, 죽엽 竹葉, 해조 海藻, 해합각 海合殼, 과루실 瓜蔞實, 과루인 瓜蔞仁, 붕사 崩砂, 사과락 絲瓜絡, 사매 蛇苺, 천화분 天花粉, 화피 樺皮

金經藥

肺經藥 : 길경 桔梗, 마두령 馬兜鈴, 몽석 礞石, 반대해 半大海, 발제 荸薺, 비파엽 枇杷葉, 죽여 竹茹, 죽엽 竹葉, 죽력 竹瀝, 천장각 天漿殼, 패모 貝母, 한 채 蔊菜, 해부석 海浮石, 해합각 海蛤殼, 과루실 瓜蔞實, 과루인 瓜蔞仁, 붕사 崩砂, 사과락 絲瓜絡, 전호 前胡, 사매 蛇苺, 차전자 車前子, 천화분 天花粉, 택칠 澤漆

大腸經藥 : 마두령 馬兜鈴, 반대해 胖大海, 발제 荸薺, 과루실 瓜蔞實, 과루인 瓜蔞仁, 택칠 澤漆

水經藥

腎經藥 : 곤포 昆布, 천선등 天仙藤, 해조 海藻, 차전자 車前子

3) 지해평천약(止咳平喘藥)과 歸經

木經藥

肝經藥 : 구인 蚯蚓, 저담즙 猪膽汁, 비석 砒石, 자석영 紫石英, 영지 靈芝, 천장각 天漿殼, 황약자 黃藥子

膽經藥 : 저담즙 猪膽汁

火經藥

心經藥 : 양금화 羊金花, 자석영 紫石英, 영지 靈芝

○ 土經藥

脾經藥 : 선복화 旋覆花, 양금화 羊金花, 래복자 萊菔子, 구인 蚯蚓, 영지 靈芝

胃經藥 : 선복화 旋覆花, 종유석 鐘乳石, 래복자 萊菔子, 비파엽 枇杷葉

○ 金經藥

肺經藥 : 백과 白果(＝은행 銀杏), 선복화 旋覆花, 양금화 羊金花, 정력자 葶藶

子, 종유석 鐘乳石, 행인 杏仁, 마황 麻黃, 래복자 萊菔子, 관동화 款冬

花, 마두령 馬兜鈴, 상백피 桑白皮, 백전 白前, 비파엽 枇杷葉, 비석 砒

石, 소자 蘇子, 저담즙 猪膽汁, 자석영 紫石英, 영지 靈芝, 오배자 五倍

子, 천장각 天漿殼, 황약자 黃藥子

大腸經藥 : 선복화 旋覆花, 행인 杏仁, 마두령 馬兜鈴, 소자 蘇子, 저담즙 猪膽

汁, 오배자 五倍子

○ 水經藥

腎經藥 : 종유석 鐘乳石, 자석영 紫石英, 영지 靈芝, 오배자 五倍子

膀胱經藥 : 정력자 葶藶子, 마황 麻黃, 구인 蚯蚓

16. 사하약(瀉下藥)

1) 윤하약(潤下藥)과 귀경(歸經)

○ 木經藥

肝經藥 : 당귀 當歸, 결명자 決明子, 쇄양 鎖陽, 도인 桃仁, 하수오 何首烏, 자초

紫草, 호도인 胡桃仁

○ 火經藥

心經藥 : 당귀 當歸, 맥문동 麥門冬, 도인 桃仁, 백자인 柏子仁

小腸經藥 : 욱리인 郁李仁, 동규자 冬葵子

心包經藥 : 자초 紫草

土經藥

脾經藥 : 大麻仁(火麻仁), 욱리인 郁李仁, 당귀 當歸, 빈랑 檳榔, 봉밀 蜂密

胃經藥 : 대마인 大麻仁, 과루인 瓜蔞仁, 과루실 瓜蔞實, 맥문동 麥門冬, 빈랑 檳榔

金經藥

肺經藥 : 과루인 瓜蔞仁, 과루실 瓜蔞實, 맥문동 麥門冬, 봉밀 蜂蜜, 천문동 天門冬, 호도인 胡桃仁, 행인 杏仁

大腸經藥 : 대마인 大麻仁, 욱리인 郁李仁, 과루인 瓜蔞仁, 과루실 瓜蔞實, 결명자 決明子, 쇄양 鎖陽, 봉밀 蜂蜜, 소자 蘇子, 빈랑 檳榔, 도인 桃仁, 동규자 冬葵子, 백자인 柏子仁, 비자 榧子, 육종용 肉蓯蓉, 호도인 胡桃仁, 행인 杏仁

水經藥

腎經藥 : 쇄양 鎖陽, 백자인 柏子仁, 육종용 肉蓯蓉, 하수오 何首烏, 천문동 天門冬, 호도인 胡桃仁, 호마인 胡麻仁

膀胱經藥 : 동규자 冬葵子

2) 공하약(攻下藥)과 귀경(歸經)

木經藥

肝經藥 : 노회 蘆薈, 대황 大黃

火經藥

心經藥 : 대황 大黃, 화소 火消

◎ 土經藥

　脾經藥 : 대황 大黃, 화소 火消

　胃經藥 : 대황 大黃, 망초 芒硝, 현명분 玄明粉

◎ 金經藥

　肺經藥 : 망초 芒硝, 현명분 玄明粉

　大腸經藥 : 노회 蘆薈, 대황 大黃, 망초 芒硝, 현명분 玄明粉

3) 준하축수약(峻下逐水藥)과 귀경(歸經)

◎ 木經藥

　肝經藥 : 속수자 續隨子

◎ 土經藥

　脾經藥 : 대극 大戟

　胃經藥 : 파두 巴豆

◎ 金經藥

　肺經藥 : 감수 甘遂, 견우자 牽牛子, 상륙 商陸, 원화 芫花, 피마자 蓖麻子

　大腸經藥 : 감수 甘遂, 견우자 牽牛子, 대극 大戟, 상륙 商陸, 속수자 續隨子(=
　　　　　　 천금자 千金子), 원화 芫花, 파두 巴豆, 피마자 蓖麻子

◎ 水經藥

　腎經藥 : 감수 甘遂, 견우자 牽牛子,대극 大戟, 상륙 商陸, 속수자 續隨子, 원화
　　　　　 芫花

17. 기타약(止瀉藥, 涌吐藥, 止嘔藥, 止渴藥, 止汗藥, 收斂藥, 驅虫
·殺蟲藥, 破癥痕消積聚藥, 消瘡癧疽藥, 排膿·消腫藥,
抗癌抗腫瘤藥, 消導藥

1) 지사약(止瀉藥)과 歸經

木經藥

肝經藥 : 백반 白礬, 저근백피 樗根白皮, 방풍 防風, 계관화 鷄冠花, 오매 烏梅, 차전자 車前子

火經藥

心經藥 : 연자육 蓮子肉, 오미자 五味子

土經藥

脾經藥 : 검실 芡實, 백반 白礬, 백편두 白扁豆, 육두구 肉豆蔲, 사인 砂仁, 연자육 蓮子肉, 오매 烏梅, 익지인 益智仁, 의이인 薏苡仁, 갈근 葛根, 방풍 防風, 백출 白朮, 보골지 補骨脂

胃經藥 : 백반 白礬, 백편두 白扁豆, 육두구 肉豆蔲, 저근백피 樗根白皮, 적석지 赤石脂, 갈근 葛根, 백출 白朮, 사인 砂仁, 석류피 石榴皮, 의이인 薏苡仁

金經藥

肺經藥 : 가자육 訶子肉, 백반 白礬, 앵속각 罌粟殼, 오미자 五味子, 오배자 五倍子, 오매 烏梅, 의이인 薏苡仁, 차전자 車前子

大腸經藥 : 가자육 訶子肉, 백반 白礬, 계관화 鷄冠花, 금앵자 金櫻子, 육두구 肉豆蔲, 저근백피 樗根白皮, 적석지 赤石脂, 앵속각 罌粟殼, 석류피 石榴皮, 오배자 五倍子, 오매 烏梅

◎ 水經藥

腎經藥 : 검실 芡實, 금앵자 金櫻子, 보골지 補骨脂, 사인 砂仁, 연자육 蓮子肉,
앵속각 罌粟殼, 오미자 五味子, 오배자 五倍子, 익지인 益智仁, 차전자
車前子

膀胱經藥 : 방풍 防風, 금앵자 金櫻子

2) 용토약(涌吐藥)과 귀경(歸經)

◎ 木經藥

肝經藥 : 담반 膽礬, 상산 常山, 여로 藜蘆
膽經藥 : 담반 膽礬

◎ 火經藥

心經藥 : 상산 常山
小腸經藥 : 식염 食鹽

◎ 土經藥

脾經藥 : 래복자 萊菔子, 인삼 人蔘,
胃經藥 : 식염 食鹽, 여로 藜蘆, 첨과체 甛瓜蒂, 래복자 萊菔子

◎ 金經藥

肺經藥 : 상산 常山, 여로 藜蘆, 래복자 萊菔子, 인삼 人蔘,
大腸經藥 : 식염 食鹽

◎ 水經藥

腎經藥 : 식염 食鹽

3) 지구약(止嘔藥)과 귀경(歸經)

木經藥

肝經藥 : 강진향 降眞香, 근채 芹菜, 오수유 吳茱萸

膽經藥 : 죽여 竹茹

火經藥

心經藥 : 강진향 降眞香

土經藥

脾經藥 : 반하 半夏, 정향 丁香, 곽향 藿香, 오수유 吳茱萸, 소경 蘇梗, 생강 生薑, 백두구 白豆蔲, 진피 陳皮

胃經藥 : 반하 半夏, 정향 丁香, 곽향 藿香, 근채 芹菜, 오수유 吳茱萸, 죽여 竹茹, 소경 蘇梗, 비파엽 枇杷葉, 필발 蓽撥, 생강 生薑, 백두구 白豆蔲

金經藥

肺經藥 : 반하 半夏, 곽향 藿香, 소경 蘇梗, 생강 生薑, 백두구 白豆蔲, 비파엽 枇杷葉, 진피 陳皮, 죽여 竹茹

大腸經藥 : 필발 蓽撥

水經藥

腎經藥 : 정향 丁香

4) 지갈약(止渴藥)과 귀경(歸經)

木經藥

肝經藥 : 오매 烏梅, 생지황 生地黃

○ 火經藥

心經藥 : 서양삼 西洋蔘, 생지황 生地黃, 맥문동 麥門冬, 사과 西瓜, 태자삼 太子
蔘, 오미자 五味子

○ 土經藥

脾經藥 : 오매 烏梅, 만삼 蔓蔘, 갈근 葛根, 태자삼 太子蔘, 인삼 人蔘

胃經藥 : 석곡 石斛, 맥문동 麥門冬, 갈근 葛根, 석고 石膏, 발제 荸薺, 서과 西
瓜, 옥죽 玉竹, 지모 知母, 천화분 天花粉

○ 金經藥

肺經藥 : 오매 烏梅, 서양삼 西洋蔘, 만삼 蔓蔘, 맥문동 麥門冬, 석고 石膏, 발제
荸薺, 태자삼 太子蔘, 옥죽 玉竹, 인삼 人蔘, 현삼 玄蔘, 오미자 五味
子, 지모 知母, 천문동 天門冬, 천화분 天花粉

大腸經藥 : 발제 荸薺, 오매 烏梅

○ 水經藥

腎經藥 : 서양삼 西洋蔘, 생지황 生地黃, 석곡 石斛, 현삼 玄蔘, 오미자 五味子,
지모 知母, 천문동 天門冬

膀胱經藥 : 서과 西瓜

5) 지한약(止汗藥)과 귀경(歸經)

○ 木經藥

肝經藥 : 산수유 山茱萸, 산조인 酸棗仁

膽經藥 : 산조인 酸棗仁

○ 火經藥

心經藥 : 부소맥 浮小麥, 오미자 五味子, 산조인 酸棗仁

◍ 土經藥

脾經藥 : 백출 白朮, 산조인 酸棗仁

胃經藥 : 백출 白朮

◍ 金經藥

肺經藥 : 오배자 五倍子, 마황근 麻黃根, 오미자 五味子

大腸經藥 : 오배자 五倍子

◍ 水經藥

腎經藥 : 오배자 五倍子, 산수유 山茱萸, 오미자 五味子

6) 수렴약(收斂藥)과 귀경(歸經)

◍ 木經藥

肝經藥 : 상표초 桑螵蛸, 지유 地楡, 저근백피 樗根白皮, 측백엽 側柏葉, 오적골
烏賊骨, 계관화 鷄冠花, 복분자 覆盆子, 산수유 山茱萸, 종려피 棕櫚皮,
백급 白芨, 노감석 爐甘石, 산조인 酸棗仁, 연근 蓮根, 오매 烏梅

◍ 火經藥

心經藥 : 부소맥 浮小麥, 산조인 酸棗仁, 오미자 五味子, 연자육 蓮子肉

◍ 土經藥

脾經藥 : 검실 芡實, 노감석 爐甘石, 산조인 酸棗仁, 연자육 蓮子肉, 오매 烏梅,
육두구 肉豆蔻

胃經藥 : 백급 白芨, 연근 蓮根, 석류피 石榴皮, 지유 地楡, 육두구 肉豆蔻, 저근
백피 樗根白皮, 적석지 赤石脂

◎ 金經藥

肺經藥 : 가자육 訶子肉, 마황근 麻黃根, 백급 白芨, 종려피 棕櫚皮, 측백엽 側柏
葉, 노감석 爐甘石, 백과 白果, 오미자 五味子, 연근 蓮根, 오배자 五倍
子, 오매 烏梅, 앵속각 罌粟殼

大腸經藥 : 금앵자 金櫻子, 계관화 鷄冠花, 가자육 訶子肉, 오배자 五倍子, 육두
구 肉豆蔻, 저근백피 樗根白皮, 측백엽 側柏葉, 앵속각 罌粟殼, 석류
피 石榴皮, 오매 烏梅, 종려피 棕櫚皮, 지유 地楡

◎ 水經藥

腎經藥 : 금앵자 金櫻子, 상표초 桑螵蛸, 오적골 烏賊骨, 검실 芡實, 복분자 覆盆
子, 산수유 山茱萸, 오미자 五味子, 연자육 蓮子肉, 오배자 五倍子, 앵
속각 罌粟殼

膀胱經藥 : 금앵자 金櫻子

7) 구충·살충약(驅虫·殺蟲藥)과 귀경(歸經)

◎ 木經藥

肝經藥 : 관중 貫衆, 천명정 天名精, 아위 阿魏, 천련자 川楝子, 고삼 苦蔘, 고련
근피 苦楝根皮, 건칠 乾漆, 경분 輕粉, 녹반 綠礬, 대풍자 大楓子, 목근
피 木槿皮, 사태 蛇蛻, 아담자 鴉膽子, 양제 羊蹄, 조각자 皂角刺, 여로
藜蘆, 송지 松脂, 수은 水銀, 웅황 雄黃, 해동피 海桐皮

◎ 火經藥

心經藥 : 고삼 苦蔘, 양제 羊蹄, 영사 靈砂, 장뇌 樟腦, 수은 水銀, 웅황 雄黃

◎ 土經藥

脾經藥 : 관중 貫衆, 대산 大蒜, 무이 蕪荑(느릅나무), 학슬 鶴虱, 고련근피 苦楝
根皮, 사태 蛇蛻, 천초 川椒, 빈랑 檳榔, 사상자 蛇床子, 아위 阿魏, 녹

반 綠礬, 대풍자 大楓子, 목근피 木槿皮, 사군자 使君子, 장뇌 樟腦, 송
지 松脂, 해동피 海桐皮

胃經藥 : 남과인 南瓜仁(호박씨), 대산 大蒜, 무이 蕪荑, 사군자 使君子, 석류피
石榴皮, 학슬 鶴虱, 고삼 苦蔘, 고련근피 苦楝根皮, 건칠 乾漆, 빈랑 檳
榔, 천초 川椒, 아위 阿魏, 천련자 川楝子, 조각자 皂角刺, 영사 靈砂,
여로 藜蘆

金經藥

肺經藥 : 대산 大蒜, 비자 榧子, 천명정 天名精, 견우자 牽牛子, 영사 靈砂, 여로
藜蘆, 원화 芫花

大腸經藥 : 남과인 南瓜仁, 비자 榧子, 석류피 石榴皮, 고삼 苦蔘, 견우자 牽牛
子, 경분 輕粉, 목근피 木槿皮, 빈랑 檳榔, 아담자 鴉膽子, 양제 羊
蹄, 원화 芫花, 유황 硫黃

水經藥

腎經藥 : 견우자 牽牛子, 경분 輕粉, 대풍자 大楓子, 사상자 蛇床子, 천초 川椒,
수은 水銀, 웅황 雄黃, 원화 芫花, 유황 硫黃(石硫黃)

膀胱經藥 : 고삼 苦蔘, 편축 萹蓄

기타 : 창이초 蒼耳草

8) 파징가소적취약(破癥瘕消積聚藥)과 귀경(歸經)

木經藥

肝經藥 : 건칠 乾漆, 귀전우 鬼箭羽 화살나무, 도인 桃仁, 맹충 蝱蟲, 반모 斑蝥,
수질 水蛭, 아위 阿魏, 운대자 蕓薹子, 자충 䗪蟲, 제조 蠐螬, 경분 輕
粉, 대황 大黃, 별갑 鱉甲, 삼릉 三棱, 봉출 蓬朮, 노사 硇砂, 적작약 赤
芍藥, 홍화 紅花

膽經藥 : 녹반 綠礬, 능소화 凌霄花

◎ 火經藥

心經藥 : 도인 桃仁, 유기노 劉寄奴, 화소 火消, 대황 大黃, 홍화 紅花

心包經藥 : 능소화 凌霄花

◎ 土經藥

脾經藥 : 녹반 綠礬, 아위 阿魏, 유기노 劉寄奴, 화소 火消, 대황 大黃, 봉출 蓬朮, 삼릉 三棱, 노사 硇砂, 적작약 赤芍藥

胃經藥 : 건칠 乾漆, 아위 阿魏, 대황 大黃, 노사 硇砂, 파두 巴豆

◎ 金經藥

肺經藥 : 도인 桃仁, 견우자 牽牛子

大腸經藥 : 도인 桃仁, 반모 斑蝥, 견우자 牽牛子, 경분 輕粉, 대황 大黃, 파두 巴豆

◎ 水經藥

腎經藥 : 반모 斑蝥, 견우자 牽牛子, 경분 輕粉

9) 소창옹저약(消瘡癰疽藥)과 귀경(歸經)

◎ 木經藥

肝經藥 : 노봉방 露蜂房, 목별자 木鼈子, 낙석등 絡石藤, 섬여 蟾蜍, 동과자 冬瓜子, 마전자 馬錢子, 마치현 馬齒莧, 목부용 木芙蓉, 몰약 沒藥, 반지련 半枝蓮, 사매 蛇苺, 사태 蛇蛻, 와송 瓦松, 왕불류행 王不留行, 노사 硇砂, 운대자 蕓薹子, 웅황 雄黃, 유향 乳香, 자초 紫草, 제조 蠐螬, 조각자 皂角刺, 천산갑 穿山甲, 패장 敗醬, 천규자 天葵子, 조휴 蚤休, 천오두 川烏頭, 초오두 草烏頭, 하고초 夏枯草, 포공영 蒲公英, 해동피 海桐皮

膽經藥 : 하고초 夏枯草

火經藥

心經藥 : 섬수 蟾酥, 섬여 蟾蜍, 낙석등 絡石藤, 몰약 沒藥, 웅황 雄黃, 유향 乳香, 천오두 川烏頭, 초오두 草烏頭

心包經藥 : 자초 紫草

小腸經藥 : 백화사설초 白花蛇舌草

土經藥

脾經藥 : 목별자 木鼈子, 섬여 蟾蜍, 대극 大戟, 마전자 馬錢子, 몰약 沒藥, 백선피 白鮮皮, 백지 白芷, 사태 蛇蛻, 노사 硇砂, 유향 乳香, 천규자 天葵子, 천오두 川烏頭, 초오두 草烏頭, 해동피 海桐皮

胃經藥 : 노봉방 露蜂房, 목별자 木鼈子, 과루실 瓜蔞實, 과루인 瓜蔞仁, 금은화 金銀花, 망초 芒硝, 반지련 半枝蓮, 백굴채 白屈菜, 백선피 白鮮皮, 백지 白芷, 백화사설초 白花蛇舌草, 붕사 硼砂, 사매 蛇苺, 왕불류행 王不留行, 노사 硇砂, 조각자 皂角刺, 천산갑 穿山甲, 포공영 蒲公英

金經藥

肺經藥 : 섬여 蟾蜍, 과루실 瓜蔞實, 과루인 瓜蔞仁, 금은화 金銀花, 망초 芒硝, 목부용 木芙蓉, 반지련 半枝蓮, 백굴채 白屈菜, 백지 白芷, 붕사 硼砂, 사매 蛇苺, 와송 瓦松, 조협 皂莢, 피마자 蓖麻子

大腸經藥 : 과루실 瓜蔞實, 과루인 瓜蔞仁, 금은화 金銀花, 대극 大戟, 마치현 馬齒莧, 망초 芒硝, 백굴채 白屈菜, 백화사설초 白花蛇舌草, 조협 皂莢, 패장 敗醬, 피마자 蓖麻子

水經藥

腎經藥 : 대극 大戟, 웅황 雄黃

膀胱經藥 : 천규자 天葵子

10) 배농 · 소종약(排膿 · 消腫藥)과 귀경(歸經)

◎ 木經藥

肝經藥 : 동과자 冬瓜子, 조각자 皂角刺, 천산갑 穿山甲, 패장 敗醬, 목부용 木芙蓉, 양유 羊乳, 송지 松脂

◎ 火經藥

心經藥 : 적소두 赤小豆

小腸經藥 : 동과피 冬瓜皮, 적소두 赤小豆

◎ 土經藥

脾經藥 : 백지 白芷, 의이인 薏苡仁, 송지 松脂, 황기 黃芪

胃經藥 : 동과피 冬瓜皮, 조각자 皂角刺, 천산갑 穿山甲, 패장 敗醬, 백지 白芷, 의이인 薏苡仁, 천화분 天花粉

◎ 金經藥

肺經藥 : 동과피 冬瓜皮, 조협 皂莢, 길경 桔梗, 목부용 木芙蓉, 백지 白芷, 양유 羊乳, 의이인 薏苡仁, 천화분 天花紛, 피마자 蓖麻子, 황기 黃芪

大腸經藥 : 동과피 冬瓜皮, 조협 皂莢, 패장 敗醬, 양유 羊乳, 피마자 蓖麻子

11) 항암항종유약(抗癌抗腫瘤藥)과 귀경(歸經)

◎ 木經藥

肝經藥 : 등리근 藤梨根, 반지련 半枝蓮, 백영 白英, 사매 蛇苺, 산자고 山慈姑, 삼백초 三白草, 와송 瓦松, 천규자 天葵子, 황약자 黃藥子, 귀전우 鬼箭羽, 노봉방 露蜂房, 마전자 馬錢子, 섬여 蟾蜍, 연명초 延命草

膽經藥 : 백영 白英(백모등 白毛藤)

㉡ 火經藥

心經藥 : 반변련 半邊蓮, 섬여 蟾蜍, 연명초 延命草, 화소 火消

小腸經藥 : 반변련 半邊蓮

㉢ 土經藥

脾經藥 : 농길리 農吉利, 섬여 蟾蜍, 천규자 天葵子, 마전자 馬錢子, 연명초 延命草, 화소 火消

胃經藥 : 농길리 農吉利, 등리근 藤梨根, 반지련 半枝蓮, 번행초 番杏草, 사매 蛇莓, 산자고 山慈姑, 노봉방 露蜂房, 백굴채 白屈菜

㉣ 金經藥

肺經藥 : 농길리 農吉利, 반지련 半枝蓮, 사매 蛇莓, 어성초 魚腥草, 와송 瓦松, 용규 龍葵, 황약자 黃藥子, 반변련 半邊蓮, 백굴채 白屈菜, 산두근 山豆根, 섬여 蟾蜍

大腸經藥 : 백굴채 白屈菜,

㉤ 水經藥

腎經藥 : 삼백초 三白草

膀胱經藥 : 등리근 藤梨根, 용규 龍葵, 천규자 天葵子

12) 소도약(消導藥)과 귀경(歸經)

㉠ 木經藥

肝經藥 : 맥아 麥芽, 산사 山楂, 연명초 延命草, 녹반 綠礬

膽經藥 :

㉡ 火經藥

心經藥 : 연명초 延命草

小腸經藥 : 계내금 鷄內金

◎ 土經藥

脾經藥 : 계내금 鷄內金, 곡아 穀芽, 내복자 萊菔子, 맥아 麥芽, 산사 山楂, 신국 神麴, 연명초 延命草, 녹반 綠礬

胃經藥 : 계내금 鷄內金, 곡아 穀芽, 내복자 萊菔子, 삼내자 山乃子(산내 山柰), 맥아 麥芽, 산사 山楂, 신국 神麴, 백굴채 白屈菜, 호유 胡荽

◎ 金經藥

肺經藥 : 내복자 萊菔子, 백굴채 白屈菜, 호유 胡荽

大腸經藥 : 백굴채 白屈菜

◎ 水經藥

腎經藥 :

膀胱經藥 : 계내금 鷄內金

제2장 오행장부용약(五行臟腑用藥)

1. 木臟腑藥

1) 肝藥

보허약 補虛藥

애엽 艾葉, 천초 川椒, 오수유 吳茱萸, 소회향 小茴香, 하수오 何首烏, 여정자 女貞子, 아교 阿膠, 모과 木瓜, 귤핵 橘核, 오매 烏梅, 천련자 川楝子, 당귀 當歸, 산조인 酸棗仁, 구기자 枸杞子, 토사자 菟絲子, 녹각교 鹿角膠, 숙지황 熟地黃, 귀판 龜板

사실약 瀉實藥

대청엽 大靑葉, 노회 蘆薈, 용담초 龍膽草, 청대 靑黛, 황금 黃芩, 국화 菊花, 치자 梔子, 하고초 夏枯草, 야명사 夜明砂, 지유 地楡, 적작약 赤芍藥, 은시호 銀柴胡, 향부자 香附子, 청피 靑皮, 시호 柴胡, 울금 鬱金, 백강잠 白殭蠶, 오초사 烏梢蛇, 전갈 全蝎, 백부자 白附子, 자충 蟅蟲, 충울자 茺蔚子, 수질 水蛭, 별갑 鱉甲, 백작약 白芍藥, 석결명 石決明, 모려 牡蠣, 영양각 羚羊角, 죽엽 竹葉, 황련 黃連, 목단피 牧丹皮, 서각 犀角

2) 膽藥

울금 鬱金, 인진 茵陳, 치자 梔子, 금전초 金錢草, 지실 枳實, 지각 枳殼, 고삼 苦蔘은 이담 利膽에 쓰고 청호 靑蒿, 시호 柴胡, 황금 黃芩, 치자 梔子, 울금 鬱金, 용담초 龍膽草는 담열 膽熱을 淸케 하는데 쓴다.

2. 火臟腑藥

1) 心藥

◎ 補虛藥

용안육 龍眼肉, 원지 遠志, 맥문동 麥門冬, 자감초 炙甘草, 당귀 當歸, 계혈등 鷄血藤, 단삼 丹蔘, 숙지황 熟地黃, 백자인 栢子仁, 산조인 酸棗仁, 호박 琥珀, 복신 茯神, 인삼 人蔘, 부자 附子, 육계 肉桂, 자석영 紫石英, 목통 木通, 활석 滑石, 저령 猪苓, 소회향 小茴香, 천련자 川楝子, 현호색 玄胡索, 계심 桂心, 오미자 五味子, 산수유 山茱萸, 오매 烏梅, 백작약 白芍藥

◎ 瀉實藥

우황 牛黃, 서각 犀角, 황련 黃連, 죽력 竹瀝, 주사 朱砂, 자석 磁石, 용골 龍骨, 철분 鐵粉, 사향 麝香, 소합향 蘇合香, 빙편 氷片, 석창포 石菖蒲, 적작약 赤芍藥, 생지황 生地黃, 목단피 牧丹皮, 자초 紫草, 포황 蒲黃, 소계 小薊, 삼칠근 三七根, 혈여탄 血餘炭, 홍화 紅花, 우슬 牛膝, 도인 桃仁, 천궁 川芎, 자충 蟅蟲, 수질 水蛭, 오령지 五靈脂, 맹충 虻虫, 봉출 蓬朮, 천산갑 穿山甲, 삼릉 三棱, 별갑 鱉甲, 황련 黃連, 대황 大黃

2) 小腸藥

구맥 瞿麥, 해금사 海金砂, 목통 木通, 등심초 燈芯草, 적복령 赤茯苓, 차전자 車前子는 청소장 淸小腸하는데 쓰고 木香, 육계 肉桂, 소회향 小茴香, 오약 烏藥은 온소장 溫小腸하는데 쓴다.

3. 土臟腑藥

1) 脾藥

◎ 補虛藥

황정 黃精, 나도근 糯稻根(쌀벼 뿌리), 백편두 白扁豆, 산약 山藥, 사인 砂仁, 창출 蒼朮, 백출 白朮, 백두구 白豆蔲, 시호 柴胡, 길경 桔梗, 승마 升麻, 갈근 葛根, 황기 黃芪, 인삼 人蔘, 당삼 當蔘, 자감초 炙甘草, 대조 大棗, 맥문동 麥門冬, 천화분 天花紛, 현삼 玄蔘, 석곡 石斛, 오수유 吳茱萸, 건강 乾薑, 고량강 高良薑, 천초 川椒, 정향 丁香, 생강 生薑, 시체 枾蔕, 비파엽 枇杷葉, 당귀 當歸, 계심 桂心, 녹용 鹿茸, 부자 附子

◎ 瀉實藥

서과 西瓜, 노근 蘆根, 지모 知母, 석고 石膏, 맥아 麥芽, 신국 神麴, 아위 阿魏, 산사 山楂, 초과 草果, 창출 蒼朮, 후박 厚朴, 진피 陳皮, 목향 木香, 사인 砂仁, 빈랑 檳榔, 두권 豆卷(大豆黃卷), 의이인 薏苡仁, 검실 芡實, 복령 茯苓, 활석 滑石, 목통 木通, 차전자 車前子, 택사 澤瀉, 감수 甘遂, 상륙 商陸, 원화 莞花, 대극 大戟, 여로 藜蘆, 과체 瓜蔕, 초염 炒鹽, 상산 常山, 망사 芒砂, 대황 大黃, 몽석 礞石, 상백피 桑白皮, 가자 訶子, 방풍 防風, 정력자 葶藶子

2) 胃藥

지모 知母, 석고 石膏, 황금 黃芩, 황련 黃連, 대청엽 大靑葉, 노근 蘆根, 죽여 竹茹, 대황 大黃은 청위화 淸胃火하는데 쓰고 건강 乾薑, 오수유 吳茱萸, 고량강 高良薑, 생강 生薑, 육계 肉桂, 정향 丁香, 소회향 小茴香, 백두구 白豆蔲, 천초 川椒, 사인 砂仁, 초과 草果, 육두구 肉豆蔲, 초두구 草豆蔲 등은 위한 (胃寒)을 온(溫)케 한다.
옥죽 玉竹, 석곡 石斛, 북사삼 北沙蔘, 천화분 天花紛, 노근 蘆根, 맥문동 麥門冬, 생지황 生地黃은 양위음 養胃陰하는데 쓴다.

맥아 麥芽, 산사 山楂, 신국 神麴, 곡아 穀芽, 내복자 萊菔子, 봉출 蓬朮, 계내금 鷄內金, 지실 枳實은 위적 胃積을 제거하는데 쓴다.

4. 金臟腑藥

1) 肺藥

◎ 補虛藥

사삼 沙蔘, 아교 阿膠, 합개 蛤蚧, 천화분 天花紛, 맥문동 麥門冬, 현삼 玄蔘, 백합 百合, 승마 升麻, 길경 桔梗, 오미자 五味子, 가자 訶子, 앵속각 罌粟殼, 오매 烏梅, 도인 桃仁, 욱리인 郁李仁, 과루인 瓜蔞仁, 마자인 麻子仁, 인삼 人蔘, 백출 白朮, 감초 甘草, 황기 黃芪

◎ 瀉實藥

지모 知母, 석고 石膏, 위근 葦根(＝노근 蘆根＝갈대), 황금 黃芩, 대황 大黃, 황백 黃柏, 반대해 胖大海, 고삼 苦蔘, 소엽 蘇葉, 마황 麻黃, 박하 薄荷, 형개 荊芥, 관동화 款冬花, 백부근 白部根, 마두령 馬兜鈴, 자완 紫菀, 행인 杏仁, 소자 蘇子, 선복화 旋覆花, 비파엽 枇杷葉, 진피 陳皮, 반하 半夏, 과루 瓜蔞, 패모 貝母, 정력자 葶藶子, 택사 澤瀉, 해동피 海桐皮, 상백피 桑白皮

2) 大腸藥

부자 附子, 건강 乾薑, 유황 硫黃, 육두구 肉豆蔲 등은 온장한 溫腸寒하고 가자 訶子, 육두구 肉豆蔲, 적석지 赤石脂, 오매 烏梅, 오배자 五倍子, 우여량 禹餘糧, 오미자 五味子, 토사자 菟絲子, 앵속각 罌粟殼, 춘근피 椿根皮(저근백피 樗根白皮) 등은 삽장조 澁

腸燥하고 망초 芒硝, 대황 大黃은 통장폐 通腸閉하고 욱리인 郁李仁, 화마인 火麻仁, 육종용 肉蓯蓉, 당귀 當歸, 봉밀 蜂蜜, 행인 杏仁, 유황 硫黃, 생수오 生首烏, 桃仁은 윤장조 潤腸燥 한다.

5. 水臟腑藥

1) 腎藥

補虛藥

녹용 鹿茸, 부자 附子, 토사자 菟絲子, 파극천 巴戟天, 귀판 龜板, 지황 地黃, 저실 楮實, 여정자 女貞子, 어표 魚鰾, 자하거 紫河車, 저뇌수 猪腦髓, 귀판교 龜板膠, 오미자 五味子, 침향 沈香, 산수유 山茱萸, 익지인 益智仁, 상표초 桑螵蛸, 복분자 覆盆子, 사삼 沙蔘, 현삼 玄蔘, 합개 蛤蚧, 맥문동 麥門冬

瀉實藥

황백 黃柏, 지모 知母, 한련초 旱蓮草, 지골피 地骨皮, 한수석 寒水石, 동변 童便, 육계 肉桂, 소회향 小茴香, 오약 烏藥, 귤핵 橘核, 택사 澤瀉, 저령 猪苓, 활석 滑石, 목통 木通, 용담초 龍膽草, 황금 黃芩, 국화 菊花, 시호 柴胡

2) 膀胱藥

택사 澤瀉, 복령 茯苓, 차전자 車前子, 저령 猪苓, 통초 通草, 의이인 薏苡仁, 백모근 白茅根, 방기 防己, 적소두 赤小豆, 동과피 冬瓜皮, 감초 甘草, 활석 滑石, 해금사 海金砂, 구맥 瞿麥, 금전초 金錢草, 석위 石葦, 호박 琥珀, 비해 萆薢, 편축 萹蓄은 이수통림 利水通淋에 사용한다.

약물(藥物)·방제(方劑)와
음양오행(陰陽五行)

제1장 방제(方劑)의 기본원칙(基本原則)

1. 배합(配合)의 원칙(原則)

방제(方劑)란 복잡다양한 병증(病證)을 보다 효과적으로 치료하기 위하여 다수의 약물(藥物)을 主와 次로 분별(分別)하여 배합하는 것을 말한다.

대개의 方劑는 군(君), 신(臣), 좌(佐), 사(使)의 법칙에 기초를 둔다. 이 법칙은 약물배합(藥物配合)의 기본원칙으로서 인체(人体)와 약물(藥物)의 음양오행 법칙에 근거한다.

인체와 약물의 음양오행법칙이란 약물로서 병증을 제거하고 불균형화된 인체음양오행을 정상화·균형화시키는 것을 말한다. 예컨대 병증이 양편성(陽偏盛)이면 음편성(陰偏盛)의 약물로서 병증(病證)을 제거하고 병증이 음편성(陰偏盛)이면 양편성(陽偏盛) 약물로서 병증을 제거하여 인체음양 오행을 정상화시킨다.

약물들중 주된 병인(病因)과 병증(病證)을 제거하면서 인체음양오행을 정상화시키는 약을 군약(君藥)이라 한다. 이 君藥을 도와 병증을 보다 효과적으로 제거할 수 있게 하는 약을 신약(臣藥)이라 한다.

인체가 병증을 치료하는 약물을 잘 받아들이고 주된 약물이 보다 병증을 잘 치료할 수 있게 하는 약물을 좌·사약(佐·使藥)이라 한다.

2. 방제(方劑)와 치법(治法)과 음양오행(陰陽五行)

방제(方劑)란 음양오행 변화법칙(변증입법 辨證立法)의 기초위에서 적합한 약물을 선택하여 처방(處方)을 만들어 내는 것을 말한다. (辨證立法도 음양오행 변화법칙내에 존재한다.)

치법(治法)이란 병증(病證)을 알아내어 병인(病因)과 병기(病機)를 규명한 후 그에 합당한 치료방법을 선택하는 것을 말한다.

방제(方劑)는 藥으로 이뤄지는 치법(治法)의 수단중 하나이다. 방제는 治法에서 나온다.

치법은 병증(病證)에 의해 결정된다. 그러므로 方劑와 治法은 상호 밀접한 관계를 갖게 된다. 이들 방제·치법·병증·약물 등은 음양오행으로 구성된다. 즉 음양오행의 한 부류이다. 그러므로 이들은 모두 음양오행의 변화법칙에 따라 운행(運行)되고 변화를 추구하지 않을 수 없게 된다. 그렇기 때문에 한의학 전반에 걸친 크고 작은 것들은 음양오행에 기초를 두어야 한다. (이러한 것들을 음양오행 변화법칙으로 설명할 수 있다.)

음양오행 법칙에 기초를 두면 인체(人体)의 생리(生理), 병리(病理), 약물특성(藥物特性)등을 알 수 있어 보다 효과적으로 대응할 수 있다.

3. 방제구성(方劑構成)의 기본원칙(基本原則)

방제구성은 반드시 인체(人体)의 음양오행(陰陽五行)과 병증(病證)음양오행(陰陽五行)에 근거를 두고 음양오행 변화법칙의 기초(변증입법 辨證立法의 기초) 위에서 적합한 약물을 선택해야 한다.

질병은 내·외적 원인에 의해 인체음양오행(人体陰陽五行)이 불균형해져 발생한다. 이러한 질병은 또한 음양오행으로 구성된다. 이 질병을 치료하는 약물도 음양오행으로 구성되어 있다. 그러므로 음양오행의 이치대로 처방한 방제(方劑)속의 약물들은 보다 효과적으로 병증을 제거하여 인체음양오행을 정상화시킬 수 있는 힘을 가지게 된다.

이들 방제속의 약물들을 배합구성면(配合構成面) 즉 미시적 측면(微視的側面)으로 분석하면, 군약(君藥), 신약(臣藥), 좌약(佐藥), 사약(使藥)으로 분류할 수 있다.

여기서 군약(君藥)이란 주병증(主病證)에 대한 주된 치료작용을 하는 약물을 말한다. 즉 주치(主治)하는 약이다. 방제구성(方劑構成)에서는 필요불가결한 중요한 藥이다.

신약(臣藥)이란 군약(君藥)을 도와 주병증(主病證)의 치료를 강화하는 약물을 말한다. 주증(主證)과 겸증(兼證)을 치료하는 역할을 하기도한다.(즉 보치 輔治하는 약이다.)

좌약(佐藥)이란 군약과 신약을 보조하는 약물을 말한다. 군약과 신약의 치료효과를 강화하고 부차적(副次的)인 증상을 제거하는 역할을 한다. 君藥·臣藥의 준열성(峻烈性)과 독성(毒性)을 제어하기도 한다.(君藥과 상반 相反·상조 相助하는 약물이다.)

사약(使藥)이란 제약(諸藥)을 병소(病所)에 도달하게 하는 약을 말한다. 이것은 인경(引經)의 역할을 한다. 제약(諸藥)을 조화시켜 치료의 효과를 강화시키기도 한다.

약량(藥量)으로 보면 君藥이 중량(重量)이고 臣藥이 경량(輕量)이다. 佐藥과 使藥은 소량(小量)으로 한다. 이들 방제속의 군약·신약·좌약·사약은 모두 각기 복잡다양한 역할과 기능을 한다.

이를 종합하여 보면, "방제속 약물에서의 君臣佐使란 병증의 大小, 약효의 정도, 약물작용의 主와 次, 약량의 多少에 의해 위치가 결정된다"라 말할 수 있다.

방제속에 있는 君藥, 臣藥, 佐藥, 使藥들의 관계란 약물음양오행(藥物陰陽五行)의 관계를 말한다. 음양오행구분도표를 보면 보다 빨리 이해할 수 있다.

음양오행 구분도표를 통해 볼때 군약(君藥)이란 병증음양오행의 가장 반대영역에 있는 주된 약물을 말한다. 신약(臣藥)은 효능상으로 君藥과 상생관계(相生關係)에 있는 약물이다. 좌약(佐藥)은 君藥·臣藥과 상생(相生) 또는 상극(相剋)하면서 병증(病證)을 보다 효과적으로 치료케 하는 약이다. 사약(使藥)은 제약물(諸藥物)과 상생상극(相生相剋) 관계를 형성하면서 약물들로 하여금 보다더 능률적으로 병증을 제거하게 한다. 이 君·臣·佐·使는 약성간(藥性間)의 상생상극(相生相剋)이고 약물효능간의 상생상극이다.

방제속의 제반약물들은 상생상극하며 각자 특정의 병변을 제거하거나 인체음양오행을 정상화시키는데 관여한다.

君藥이 양성(陽性)을 띠어 한증(寒證)을 제거하는데 臣藥이 한량약(寒凉藥)이면 안된다. 왜냐하면 신하가 도리어 군주에 반역을 행함과 같기 때문이다. 이때에는 君藥은 신하의 도움으로 적병인 병증을 무찌를 수 없다. 하지만 한량성(寒凉性)을 띤 신하가 양성(陽性)을 띤 君에게 저항한다해도 그 정도가 미미한 경우에는 君을 각성시킬 수 있어 도움을 줄 수 있게 된다.

급격하고 과격하고 성급하게 출병하려는 君藥의 기세를 저지하고 억제시키는 藥이 바로 좌약(佐藥)이다.

사약(使藥)은 병사들인 제반약물들을 조화시키고 이끌면서 적병(병증)을 보다 효과적으로 무찌르게 한다.

이러한 것들은 모두 음양오행 변화법칙 범주내에 존재한다. 그러니 어찌 이 음양오행 변화의 법칙을 논외(論外)로 하고 방제를 구성하고 병증을 치료할 수 있겠는가?

본서에서 음양오행의 이치에 기초를 두며 기존 한의학 이론들을 개조시키려 하기도 하였다. 그러나 무성한 세력을 형성하고 있는 수 많은 이론들을 혁명적으로 변화시킬 수는 없어 기존의 이론들을 설명하면서 기술한다.

제2장 배합(配合)의 기술(技術)

치병(治病)을 할때에는 먼저 음식과 운동으로 한다.(急하지 않은 경우임) 그 다음에는 단미약(單味藥)으로 한다. 병정(病情)이 복잡하면 약물의 음양오행과 효능에 기초를 두고 다양한 약물을 선택·배합하여 치료 목적을 달성한다.

한약의 배합이란 질병 치료시에 두가지 이상의 약물을 함께 사용하는 것을 말한다. 이때에는 병정(病情)의 상태를 잘 파악하고 그에 맞는 약물을 법도(法道)에 따라 사용해야 한다. 그래야 경제적이고 효과적으로 치료목적을 달성할 수 있다.

약물을 배합하려면 개별약물의 성질과 음양오행을 살펴야 하고 약물의 복합적 효능을 알아야 한다. 왜냐하면 약물들은 상생상극(相生相剋) 관계를 형성하고 있기 때문이다.

약물은 배합하면 약성(藥性)과 효능(效能)이 증가되거나 저하되거나 파괴되기도 한다. 어떤약은 배합하면 효력(效力)이 증가한다. 어떤 약은 독성(毒性)이 일고 부작용이 발생한다. 어떤 약은 독성이 감소되고 오히려 치료 효과가 높아진다.

배합을 하려면 인체를 안전하게 하고 병증을 가장 효과적으로 제거할 수 있게 해야한다. 병증과 개별약물의 성능과의 관계, 약물과 약물상호간의 상생상극관계를 면밀히 살펴야 한다.

대부분의 약물은 상호간에 복잡다양한 관계를 형성한다. 상수 相須, 상사 相使, 상외 相畏, 상쇄 相殺, 상오 相惡, 상반 相反 등의 관계로 나누어 설명할 수 있다. 이러한 관계의 약물들은 다음과 같은 특징이 있고 변화적인 것들을 발생시킨다.

① 단행약물(單行藥物)

글자그대로 병증치료시에 한가지 종류의 약물만으로 한다.

② 상수관계(相須關係)의 약물

효능이 서로 유사하다.

배합하면 원래의 치료효능이 증가한다.

③ 상사관계(相使關係)의 약물

효능이 서로 다르다.

주약(主藥)과 보약(輔藥)의 관계이다.

배합하면 주약(主藥, 君藥)의 치료 효능이 강화된다.

④ 상외관계(相畏關係)의 약물

배합하면 독성반응(毒性反應)이나 부작용(不作用)이 억제된다.

약효가 감소된다.

⑤ 상쇄관계(相殺關係)의 약물

배합하면 상대방 약물의 독성(毒性)이 감소되거나 부작용이 제거된다.

⑥ 상오관계(相惡關係)의 약물

배합하면 약물본래의 효능과 성질이 저하되거나 파괴된다.

⑦ 상반관계(相反關係)의 약물

배합하면 독성반응이 일어나거나 부작용이 발생한다.

상오(相惡)와 상반(相反)관계의 약물은 소수의 특수약 이외에는 배합금기(配合禁忌)로 한다.

상수(相須)와 상사(相使)는 가장 보편적이고 일반적인 배합 방법이다.

상외(相畏)와 상쇄(相殺)는 독성(毒性)·극성(極性)약을 활용할 때 사용하는 배합 방법이다. 이같은 관계에 있는 약물은 사용시에 반드시 주의해야 한다.

이들 상수 相須, 상사 相使, 상외 相畏, 상쇄 相殺, 상오 相惡, 상반 相反 등의 관계에 있는 약물들을 다른말로 표현하면 음양오행 상생상극 관계에 있는 약물이라 말 할 수 있다.

상수 相須, 상사 相使, 상외 相畏, 상쇄 相殺, 상오 相惡, 상반 相反 등은 약물상호간의 음양오행 관계일 뿐만아니라 약물성능간의 음양오행 상생상극 관계를 가진 것들이라 말할 수 있다. 그러므로 이들은 음양오행의 법칙에 따라 변화를 한다.

약물 음양오행 구분도표에 나타난 약물의 영역을 보면 相須, 相使, 기타의 관계에 있는 약물을 훤히 들여다 볼 수 있다. 이 도표에 바탕두고 응용하면 수 많은 처방을 만들어 낼 수 있다. 그 이외에 특이한 관계에 있는 약물등(상외 相畏, 상쇄 相殺, 상오 相惡, 상반 相反관계의 약물)은 본서에 기재하여 보다 간편히 병증에 대한 약물을 선택할 수 있게 하였다.

치료의 약물중 신중히 사용해야 할 약물, 금기(禁忌)해야 할 약물은 그리 많지 않아 여기에 기술한다. 처방시에 활용하라.

일반적인 의미에 있어서의 금기약물(禁忌藥物)이란 인체에 유해를 주거나 인체의 음양오행을 불균형케 하거나 인체의 음양오행을 정상화시키는데 反하는 약을 말한다. 방제 구성시 일반적으로 적용된다.

이러한 의미가 있는 금기약물(禁忌藥物)은 다음과 같이 예를 들 수 있다.

온열증(溫熱證)에 온열약(溫熱藥), 한증(寒證)에 한량약(寒凉藥), 실증(實證)에 보약(補藥), 허증(虛證)에 사약(瀉藥), 허약자에 맹렬한 약을 금(禁)한다. (약물음양오행 구분도표에 나타나 있다.)

이러한 금기약물(禁忌藥物)들은 병증의 음양오행세력을 강성케하거나 인체음양오행을 불균형화시킨다. 한마디로 금기약물들은 인체음양오행, 약물음양오행과 병증음양오행의 상호관계, 약물음양오행 상호간의 관계에 의해 결정된다할 수 있다.

개별적인 의미에 있어서 금기약물이란 약물음양오행이 상생상극하여 인체에 유해를 가하거나 치료효과를 감소시키는 것을 말한다. 이 약물을 배합금기(配合禁忌)약물이라 말하기도 한다.

음양오행구분도표에서와 같이 방제의 처방시에는 약물의 음양오행과 병증의 음양오행은 상대적 특성을 지녀야 한다. 그래야 병증을 효과적으로 치료할 수 있다. 방제의 처방에서 군신좌사(君臣佐使)의 배용(配用)은 방제의 기본원칙이다. 이러한 원칙은 인체와 약물과 병증의 음양오행관계를 기초로 하여 형성된다.

방제자체가 음양오행의 법칙내에 존재하는 변형된 표현의 하나이기 때문이다. 그러므로 君臣佐使를 논(論)할 필요도 없이 음양오행의 변화이치에 기초를 두고 처방하면 복잡한 생각을 하지 않아도 치료목적을 달성할 수 있다.

이 치료목적을 손쉽게 달성케 도와주는게 바로 음양오행 구분도표이다. 그리고 여기에서 파생된 약물음양오행 구분도표, 방제음양오행 구분도표이다.

이와같이 음양오행에 기초를 두고 구체적인 약물을 선택하고 배용(配用)하면 병증과 방약(方藥)을 정확히 합치(合致)시킬 수 있다. 그리고 체질, 연령, 기후, 병증을 고려하여 약량과 제형(劑型), 복용방법 등을 정한다.

1. 약물(藥物)간의 배합(配合)

1) 상외관계(相畏關係)의 약물(藥物)

약 물	상외약물(相畏藥物)
건칠(乾漆)	해(蟹 게)
견우자(牽牛子)	파두(巴豆)
과루인(瓜蔞仁)	우슬(牛膝)
남성(南星)	생강(生薑)
낭독(狼毒)	밀타승(密陀僧)
대마인(大麻仁)	모려(牡蠣), 백미(白薇)
만삼〈당삼(黨蔘)〉	오령지(五靈脂)
모려(牡蠣)	대마인(大麻仁)
밀타승(密陀僧)	낭독(狼毒)
박초(朴硝)	유황(硫黃)
반하(半夏)	생강(生薑)
백미(白薇)	대마인(大麻仁)
비상(砒霜)	수은(水銀)
삼릉(三棱)	아초(牙硝)
생강(生薑)	반하(半夏), 남성(南星)
서각(犀角)	천오두(川烏頭), 초오두(草烏頭)
석결명(石決明)	선복화(旋覆花)
석지(石脂)	육계(肉桂)
선복화(旋覆花)	석결명(石決明)
수은(水銀)	비상(砒霜)
아초(牙硝)	삼릉(三棱), 천오두(川烏頭)

약 물	상외약물(相畏藥物)
여로(藜蘆)	전호(前胡)
오령지(五靈脂)	인삼(人蔘) 만삼(蔓蔘)
우슬(牛膝)	과루인(瓜蔞仁)
울금(鬱金)	정향(丁香)
육계(肉桂)	석지(石脂)
유황(硫黃)	박초(朴硝)
인삼(人蔘)	오령지(五靈脂)
전호(前胡)	여로(藜蘆)
정향(丁香)	울금(鬱金)
천오두(川烏頭)	서각(犀角), 아초(牙硝)
초오두(草烏頭)	서각(犀角)
파두(巴豆)	견우자(牽牛子)
해(蟹 게)	건칠(乾漆)

2) 상오관계(相惡關係)의 약물

약 물	상오약물(相惡藥物)
건강(乾薑)	과루인(瓜蔞仁)
과루인(瓜蔞仁)	건강(乾薑)
내복(萊菔)	인삼(人蔘)
뇌환(雷丸)	속단(續斷)
대마인(大麻仁)	복령(茯苓)
마황(麻黃)	모려(牡蠣)
모려(牡蠣)	마황(麻黃), 산수유(山茱萸), 신이(辛荑)
복령(茯苓)	대마인(大麻仁)
부자(附子)	제조(蠐螬)

약 물	상오약물(相惡藥物)
산수유(山茱萸)	모려(牡蠣)
산약(山藥)	택칠(澤漆)
생강(生薑)	황금(黃芩)
속단(續斷)	뇌환(雷丸)
신이(辛荑)	모려(牡蠣)
인삼(人蔘)	내복(萊菔)
전호(前胡)	조협(皂莢)
제조(蠐螬)	부자(附子)
조협(皂莢)	전호(前胡)
택칠(澤漆)	산약(山藥)
황금(黃芩)	생강(生薑)

3) 상쇄관계(相殺關係)의 약물(藥物)

약 물	상쇄약물(相殺藥物)
생강(生薑)	생반하(生半夏) 생남성(生南星)

4) 상반관계(相反關係)의 약물(藥物)

약 물	상반약물(相反藥物)
감수(甘遂)	감초(甘草)
감초(甘草)	감수(甘遂), 원화(芫花), 대극(大戟), 〔해조(海藻)〕
고삼(苦蔘)	여로(藜蘆)
과루(瓜蔞)	천오두(川烏頭), 초오두(草烏頭)
귀갑(龜甲)	황기(黃芪)

약 물	상반약물(相反藥物)
단삼(丹蔘)	여로(藜蘆)
대극(大戟)	감초(甘草)
반하(半夏)	천오두(川烏頭), 초오두(草烏頭)
백급(白芨)	천오두(川烏頭), 초오두(草烏頭)
백렴(白斂)	천오두(川烏頭), 초오두(草烏頭)
백선피(白蘚皮)	황기(黃芪)
사삼(沙蔘)	여로(藜蘆)
삼(蔘)	여로(藜蘆)
서양삼(西洋蔘)	여로(藜蘆)
석결명(石決明)	운모(雲母)
세신(細辛)	여로(藜蘆)
여로(藜蘆)	서양삼(西洋蔘) 인삼(人蔘), 현삼(玄蔘), 사삼(沙蔘), 단삼(丹蔘), 고삼(苦蔘), 작약(芍藥), 세신(細辛)
운모(雲母)	석결명(石決明)
원화(芫花)	감초(甘草)
인삼(人蔘)	여로(藜蘆)
작약(芍藥)	여로(藜蘆)
천오두(川烏頭), 초오두(草烏頭)	반하(半夏), 과루(瓜蔞), 패모(貝母), 백급(白芨), 백렴(白斂)
패모(貝母)	천오두(川烏頭), 초오두(草烏頭)
해조(海藻)	감초(甘草)
현삼(玄蔘)	여로(藜蘆)
황기(黃芪)	귀갑(龜甲), 백선피(白蘚皮)

5) 기타 배합금기(配合禁忌)

약물	약물(藥物)
숙지황(熟地黃) 하수오(何首烏)	내복(萊菔)

2. 藥物과 禁忌飮食

약물	금기음식(禁忌飮食)
감초(甘草)	저육(豬肉 : 돼지고기) 해채(海菜 : 미역) 숭채(松菜 : 배추)
경분(輕粉)	혈(血)
공청(空靑)	혈(血), 토사자(菟絲子)
길경(桔梗)	저육(豬肉)
노사(硇砂)	양혈(羊血)
녹반(綠礬)	다(茶 : 차)
단사(丹砂), 주사(朱砂)	혈(血), 이어(鯉魚)
단삼(丹蔘)	산(酸), 식초(食醋)
당귀(當歸)	온면(溫麵 : 따뜻한 국수)
밀(蜜)	생총(生葱 생파), 상추(와거 萵苣), 게장(해황 蟹黃), 부추나물(구 韭), 서미(黍米)
맥문동(麥門冬)	즉어(鯽魚 붕어)
목단(牧丹)	호유(胡荽 : 고수나물) 산(蒜 : 마늘)
박하(薄荷)	별라(자라) 자라고기(鱉肉)
반하(半夏)	양육(羊肉), 양혈(羊血), 이당(飴糖 검은엿, 갱엿)
백미(白薇)	양육(羊肉 양고기)

약물	금기음식(禁忌飮食)
백출(白朮)	청어(靑魚), 작육(雀肉 참새고기) 도리(桃李 복숭아오얏) 숭채(菘菜 배추)
별갑(鱉甲) 자라등껍질	현채(莧菜 비름나물)
보골지(補骨脂)	운대(蕓薹), 저혈(豬血)
복령(茯苓), 복신(茯神)	산(酸), 식초(食醋)
부자(附子)	직미(稷米 피쌀) 시즙(豉汁, 메주)
사군자(使君子)	다(茶 차)
상륙(商陸)	견육(犬肉 개고기)
상산(常山)	생채(生菜), 생총(生葱 생파)
선모(仙茅)	우유(牛乳), 우육(牛肉)
세신(細辛)	생채(生菜)리육(狸肉 살쾡이, 너구리고기)
양기석(陽起石)	양혈(羊血)
여로(藜蘆)	생채(生菜), 리육(狸肉)
여석(礜石)	양혈(羊血)
오두(烏頭)(천오두, 초오두)	직미(稷米 :피쌀)
오매(烏梅)	저육(豬肉 돼지고기)
오수유(吳茱萸)	저육(豬肉), 저심(豬心)
용골(龍骨)	이어(鯉魚 잉어)
우슬(牛膝)	우육(牛肉 쇠고기)
운모(雲母)	양혈(羊血)
위령선(威靈仙)	다면탕(茶麵湯 차와국수탕)
지황(地黃)	총(葱 파), 산(蒜 마늘) 내복(萊菔 무우) 혈(血)
자소(紫蘇)(소엽 蘇葉)	이어(鯉魚 잉어)

약물	금기음식(禁忌飮食)
종유석(鐘乳石)	양혈(羊血)
창이(蒼耳)	미감(米泔 쌀뜨물) 저육(豬肉 돼지고기) 마육(馬肉 말고기)
창출(蒼朮)	청어(靑魚), 작육(雀肉 참새고기) 도리(桃李 복숭아, 오얏) 숭채(菘菜 배추)
창포(菖蒲)	양육(羊肉), 양혈(羊血) 이당(飴糖 검은엿, 갱엿)
천문동(天門冬)	이어(鯉魚 잉어)
천웅(天雄)	시즙(豉汁), 직미(稷米 피쌀)
토복령(土茯苓)	다면탕(茶麵湯 차와 국수탕) 다(茶 차)
파두(巴豆)	고순(菰筍 죽풀 죽순) 로순(蘆笋 갈대죽순) 장시(醬豉) 야저육(野豬肉 멧돼지고기) 냉수(冷水)
피마(萆麻)	초두(炒豆)
하수오(何首烏)	총(蔥 파), 산(蒜 마늘) 내복(萊菔 무우) 혈(血)
형개(荊芥)	하돈(河豚 복어) 무린어(無鱗魚 비늘없는고기) 해(蟹 게) 여육(驢肉 나귀고기)
호황련(胡黃連) 황련(黃連)	저육(豬肉 돼지고기 냉수(冷水)
후박(厚朴)	초두(炒豆)

복약중(服藥中)에는 藥의 소화·흡수를 방해하거나 약물음양오행에 변화를 줄 만한 음식은 피하는 게 좋다.(기름진것, 냄새가 강한것, 오래된 것, 생냉(生冷)한 것등...)

3. 음식(飮食)과 금기음식(禁忌飮食)·금기약물(禁忌藥物)

음식 1	금기음식(禁忌飮食)·금기약물(禁忌藥物) 1
개말(芥末 : 겨자분말)	계육(鷄肉), 별(鱉 자라) 즉어(鯽魚 붕어) 토육(兎肉 토기고기)
갱미(粳米 멥쌀)	마육(馬肉)
건순(乾笋 마른죽순)	양심간(羊心肝), 심어(鱘魚), 사탕(砂糖)
건시(乾柿 곶감)	동물간(動物肝)
견육(犬肉)	우장(牛腸), 릉각(菱角) 선어(鱓魚 : 누렁허리), 우육(牛肉) 이어(鯉魚 잉어), 산(蒜 마늘) 계육(鷄肉), 생총(生葱)
계육(鷄肉 닭고기)	어즙(魚汁), 견육(犬肉) 토육(兎肉), 별육(鱉肉 자라고기) 이어(鯉魚 잉어), 즉어(鯽魚 붕어) 달육(獺肉 : 수달고기), 하자(鰕子 새우알) 야계(野鷄 꿩), 호산(胡蒜 : 마늘) 생총(生葱 생파), 이자(李子 오얏열매) 개말(芥末 겨자, 갓가루), 미녹(麋鹿 고라니사슴) 나미(糯米 찹쌀), 백구혈(白狗血)
계자(鷄子 달걀)	동계(同鷄) 별육(鱉肉 자라고기)
교맥(蕎麥, 메밀)	치육(雉肉 꿩고기), 저육(豬肉) 양육(羊肉), 황어(黃魚)
귤(橘)	방해(蚄蟹)
구해(韭薤 부추)	밀(蜜), 우육(牛肉)
나미(糯米 찹쌀)	계육(鷄肉)
노어(鱸魚 농어)	유락(乳酪 젖찌꺼기, 치즈)
녹육(鹿肉 사슴고기)	마육(馬肉 말고기), 점어(鮎魚 메기) 토육(兎肉), 치육(雉肉)

음식 1	금기음식(禁忌飲食)·금기약물(禁忌藥物) 1
녹두(綠豆)	비자(榧子) 자(鮓 물고기식혜, 젖, 해파리) 이어(鯉魚 잉어)
도(桃 복숭아)	별육(鱉肉 자라고기) 장어(長魚), 출(朮)
동물간(動物肝)	건시(乾柿 곶감)
달육(獺肉)	계육(鷄肉), 등귤(橙橘), 토육(兎肉)
등귤(橙橘) (등자와귤)	달육(獺肉 수달고기) 빈랑(檳榔)
릉각(菱角)	견육(犬肉)
마육(馬肉 말고기)	저육(豬肉), 녹육(鹿肉 사슴고기) 생강(生薑) 창미(倉米 곳집에 넣어둔 곡물) 갱미(粳米 멥쌀) 창이(蒼耳 도꼬마리)
매자(梅子)	양육(羊肉), 저육(豬肉) 장육(獐肉 노루고기)
맥(麥 보리)	어자(魚鮓 젓), 황어(黃魚)
목이(木耳) 목이버섯, 나무버섯	암순(鵪鶉 메추리, 메추라기) 치육(雉肉 꿩고기) 야압(野鴨 들오리)
미녹(麋鹿 고라니 사슴)	계(鷄), 하(蝦 새우) 치(雉 꿩), 포어(鮑魚 절인고기) 생채(生菜 날로만든 나물), 저육(豬肉) 고포(菰蒲 죽풀과 부들풀)
밀(蜜) 꿀	와거(萵苣 상추), 총(蔥 파), 서미(黍米) 해황(蟹黃 게장), 구(韭 부추나물)
박하(薄荷)	별육(鱉肉 자라고기)
방해(螃蟹)	시(柿 감), 연조(軟棗 연한대추) 형개(荊芥), 귤(橘)
백구혈(白狗血)	계(鷄), 양(羊)
백화채(白花菜)	저심폐(豬心肺)

음식 1	금기음식(禁忌飮食)·금기약물(禁忌藥物) 1
뱀장어(鰻鱺魚 만리어)	은행(銀杏)
별육(鼈肉)	저육(豬肉), 계자(鷄子)(계육 鷄肉) 토육(兎肉), 압육(鴨肉 오리고기, 오리알) 개채(芥菜 겨자, 갓) 현채(莧菜 비름), 도자(挑子), 도(桃) 박하(薄荷)
비자(榧子)	녹두(綠豆)
부자(鳧茈)(물오리 올매)	여육(驢肉 나귀고기)
비파(枇杷)	열면(熱麵 뜨거운 국수)
사탕(砂糖)	건순(乾筍 마른죽순), 규채(葵菜 아욱) 즉어(鯽魚 붕어)
생강(生薑)	우육(牛肉), 저육(豬肉), 토육(兎肉), 마육(馬肉)
산물(酸物)	우유(牛乳)
산(蒜 마늘) 胡蒜	견육(犬肉), 어자(魚鮓 젓), 어회(魚膾 생선회), 계육(鷄肉), 즉어(鯽魚 붕어)
생어(生魚)	산물(酸物), 우유(牛乳)
생채(生菜)	미녹(麋鹿), 장육(獐肉 노루고기)
생총(生葱 생파)	견육(犬肉), 조(棗 대추), 양매(楊梅), 계(鷄), 밀(蜜 꿀)
서미(黍米 기장쌀)	우육(牛肉), 밀(蜜), 규채(葵菜 아욱)
선어(鱔魚 누렁허리)	견육(犬肉)
심어(鱘魚)	건순(乾筍 마른죽순)
시리(柿梨 감과 배)	해(蟹 게)
시(柿 감)	방해(螃蟹), 주(酒)
암순(鵪鶉 메추리)	목이(木耳 나무버섯, 목이버섯) 균자(菌子), 저간(豬肝), 저육(豬肉)
압자(鴨子 오리알)	별육(鼈肉 자라고기), 이자(李子 오얏열매)
압육(鴨肉)	별육(鼈肉), 이(李 오얏)
야계(野鷄)	계육(鷄肉), 회어(鮰魚 민어)

음식 1	금기음식(禁忌飮食)·금기약물(禁忌藥物) 1
야압(野鴨 들오리)	목이(木耳), 호도(胡桃)
야저(野豬 멧돼지)	점어(鮎魚 메기), 회어(鮰魚 민어)
양매(楊梅)	생총(生葱 생파)
양심간(羊心肝)	매(梅 매화), 고순(苦筍 씀바귀(쓴나물) 죽순), 생초(生椒 산초나무, 후추) 소두(小豆 팥), 건순(乾筍 마른죽순)
양(羊)	백구혈(白狗血)
양육(羊肉)	저육(豬肉), 어회(魚膾), 소두(小豆), 두장(豆醬), 매자(梅子), 교맥(蕎麥 메밀), 락(酪 치이즈), 초(醋) 자(鮓 젓, 물고기 식혜)
여육(驢肉 나귀고기)	저육(豬肉), 형개(荊芥), 다(茶 차), 부자(鳧茈)
연조(軟棗 연한대추)	방해(螃蟹)
어자(魚鮓 젓)	녹두(綠豆), 두(豆 콩), 맥(麥 보리), 산(蒜 마늘), 곽(藿 콩잎), 장(醬 간장, 장류)
어즙(魚汁)	계육(鷄肉_
우간(牛肝)	점어(鮎魚 메기)
우유(牛乳)	산물(酸物), 생어(生魚), 선모(仙茅)
우육(牛肉) 쇠고기	생강(生薑), 견육(犬肉 개고기) 저육(豬肉 돼지고기) 율자(栗子 밤) 구해(韭薤 부추) 서미(黍米 기장쌀), 선모(仙茅)
우장(牛腸)	견육(犬肉)
율자(栗子 밤)	우육(牛肉)
유(油 기름)	제과(諸瓜 오이)
은행(銀杏)	만리어(鰻鱺魚 뱀장어)
이(飴 엿)	저심폐(豬心肺)

음식 1	금기음식(禁忌飮食)·금기약물(禁忌藥物) 1
이(李) 오얏	계육(鷄肉 닭고기) 작육(雀肉 참새고기) 장육(獐肉 노루고기) 압육(鴨肉 오리고기) 밀장수(蜜漿水 꿀과 오래끓인 좁쌀미음)
이어(鯉魚 잉어)	견육(犬肉 개고기), 녹두(綠豆) 저간(豬肝 돼지간) 계육(鷄肉), 규채(葵菜 아욱)
이자(李子 오얏열매)	계육(鷄肉), 압자(鴨子 오리알)
자고(慈姑)	수유(茱萸)
자(鮓)	녹두(綠豆)
작육(雀肉 참새고기)	생간(生肝), 장(醬 장류) 이자(李子 오얏열매)
장육(獐肉 노루고기)	합하(鴿蝦 비둘기, 새우) 이(李 오얏), 매(梅 매화), 매자(梅子) 생채(生菜 상추, 곡육(鵠肉 고니고기)
장어(長魚)	도(桃 복숭아)
저간(豬肝 돼지간)	암순(鵪鶉 메추리), 치육(雉肉 꿩고기) 어회(魚鱠 생선회) 이어(鯉魚 잉어), 즉어(鯽魚 붕어) 장자(腸子)
저심폐(豬心肺)	오수유(吳茱萸), 이(飴 엿) 백화채(白花菜)
저육(豬肉 돼지고기)	우육(牛肉), 마육(馬肉), 양육(羊肉) 양간(羊肝), 여육(驢肉 나귀고기) 귀별(龜鼈 남생이 자라) 미록(麋鹿 고라니 사슴)
저육(豬肉 돼지고기)	암순(鵪鶉 메추리) 생강(生薑), 규채(葵菜 아욱) 매자(梅子), 호유(胡荽 고수) 초두(炒豆), 교맥(蕎麥 메밀), 하자(鰕子 새우알)

음식 1	금기음식(禁忌飮食)·금기약물(禁忌藥物) 1
점어(鮎魚 메기)	야저(野豬 멧돼지) 녹육(鹿肉 사슴고기) 우간(牛肝 쇠간) 치육(雉肉 꿩고기)
제과(諸瓜 오이)	유(油 기름) 병(餠 떡)
조(棗)	어총(魚葱), 생총(生葱)
주(酒 술)	호도(胡桃), 홍시(紅柿)
즉어(鯽魚 붕어)	저간(豬肝), 치(雉 꿩) 후육(猴肉 원숭이고기), 사탕(砂糖) 계(鷄), 록(鹿 사슴) 당(餹), 개말(芥末 겨자가루) 맥문동(麥門冬), 산(蒜 마늘)
청어(靑魚)	곽(藿 콩잎), 두(豆 콩)
창미(倉米)	마육(馬肉)
초두(炒豆)	저육(豬肉 돼지고기)
창이(蒼耳 도꼬마리)	마육(馬肉)
추선(鰍鱓 미꾸라지 누렁허리)	상시자(桑柴煮) 견육(犬肉)
치육(雉肉 꿩고기)	목이(木耳 목이버섯, 나무버섯) 호도인(胡桃仁) 저간(豬肝), 녹육(鹿肉), 미녹(麋鹿) 교맥(蕎麥 메밀) 자고(茨菰 납가새와죽풀) 즉어(鯽魚 붕어) 점어(鮎魚 메기)
치이즈(유락 乳酪)	노어(鱸魚 농어), 양육(羊肉)
토육(兎肉)	달육(獺肉 수달고기) 녹육(鹿肉), 계육(鷄肉), 별육(鼈肉) 귤피(橘皮), 생강(生薑) 개말(芥末 겨자가루)

음식 1	금기음식(禁忌飮食)·금기약물(禁忌藥物) 1
포어(鮑魚 절인고기)	미녹(麋鹿 고라니사슴)
하자(鰕子 새우알)	계육(鷄肉), 저육(豬肉)
해황(蟹黃 게장)	밀(蜜 꿀)
현채(莧菜 비름)	별(鱉 자라), 궐(蕨 고사리)
형개(荊芥)	방해(螃蟹), 여육(驢肉 나귀고기), 황상어(자가사리)
호도(胡桃)	주(酒), 치(雉 꿩) 야압(野鴨 들오리)
호산(胡蒜 마늘)	견육(犬肉) 즉어(鯽魚) 어자(魚鮓 젓), 어회(魚鱠 생선회) 계육(鷄肉 닭고기)
호유(胡荽 고수)	저육(豬肉 돼지고기)
황상어(黃顙魚 자가사리)	형개(荊芥)
황어(黃魚)	맥(麥 보리), 교(蕎 메밀)
회어(鮰魚 종어)	야계(野鷄 꿩) 야저(野豬 멧돼지)
홍시(紅柿)	주(酒 술) 해(蟹 게)
후추(생초(生椒 산초나무)	양심간(羊心肝)
후육(猴肉 원숭이고기)	즉어(鯽魚 붕어)

음식 2	금기음식(禁忌飮食)·금기약물(禁忌藥物) 2
고순(苦笋) 씀바귀(쓴나물) 죽순	양심간(羊心肝)
고포(菰蒲 죽풀과 부들풀)	미녹(麋鹿 고라니 사슴)
규채(葵菜 아욱)	서미(黍米 기장쌀), 사탕(砂糖) 이어(鯉魚 잉어), 저육(豬肉 돼지고기)
균자(菌子)	암순(鵪鶉 메추리)
귤피(橘皮)	토육(兎肉 토끼고기)
곽(藿 콩잎)	어자(魚鮓 젓), 청어(靑魚)

음식 2	금기음식(禁忌飲食)·금기약물(禁忌藥物) 2
궐(蕨 고사리)	현채(莧菜 비름)
녹(鹿 사슴)	즉어(鯽魚 붕어)
다(茶 차)	여육(驢肉 나귀고기)
당(餹 엿)	즉어(鯽魚 붕어)
두(豆 콩)	어자(魚鮓 젓), 청어(靑魚)
두장(豆醬)	양육(羊肉)
만리어(鰻鱺魚 뱀장어)	은행(銀杏)
매(梅 매화)	양심간(羊心肝)
맥문동(麥門冬)	즉어(鯽魚 붕어)
밀장수(蜜漿水 꿀과 오래끓인 좁쌀미음)	이(李 오얏 PLUM)
빈랑(檳榔)	등귤(橙橘)
병(餠 떡)	제과(諸瓜 오이)
산물(酸物)	생어(生魚)
상시자(桑柴煮)	추선(鰍鱓 미꾸라지 누렁허리)
생간(生肝)	작육(雀肉 참새고기)
소두(小豆 팥)	양심간(羊心肝), 양육(羊肉)
수유(茱萸)	자고(慈姑)
어회(魚膾 생선회)	양육(羊肉), 호산(胡蒜 마늘), 저간(豬肝 돼지간)
열면(熱麵 뜨거운 국수)	비파(枇杷)
오수유(吳茱萸)	저심폐(豬心肺)
와거(萵苣 상추)	밀(蜜 꿀)
자(鮓 젓 물고기식혜)	양육(羊肉)

음식 2	금기음식(禁忌飲食)·금기약물(禁忌藥物) 2
장(醬 간장, 장류)	어자(魚鮓 젓) 작육(雀肉 참새고기)
자고(茨菰 납가새와 죽풀)	치육(雉肉 꿩고기)
장자(腸子)	저간(豬肝 돼지간)
초(醋)	양육(羊肉)
총(葱)	밀(蜜 꿀)
하(蝦 새우)	미녹(麋鹿 고라니사슴)
합·하(鴿蝦 비둘기·새우)	장육(獐肉 노루고기)

4. 약물(藥物)과 상반(相反)하는 금속기타

약물	상반금속기타
육두구(肉豆蔲)	동(銅)
시호(柴胡) 지황(地黃) 하수오(何首烏) 현삼(玄蔘)	동(銅), 철(鐵)
골쇄보(骨碎補) 두충(杜冲) 모과(木瓜) 목단피(牧丹皮) 백마경(白馬莖) 상기생(桑寄生) 상백피(桑白皮) 상지(桑枝) 석창포(石菖蒲) 용담(龍膽) 익모초(益母草)	철(鐵)

약물	상반금속기타
인동초(忍冬草) 저령(猪苓) 지골피(地骨皮) 지모(知母) 천문동(天門冬) 천초근(茜草根 꼭두서니 뿌리) 향부자(香附子) 황백(黃柏)	
각(角)의 藥物	염(鹽 소금)
방향성약(芳香性藥) 빈랑(檳榔) 상기생(桑寄生) 인진(茵陳)	뜨거운 火를 피한다.

기타 금기식품(禁忌食品)

고등어 회

잉어 회

민물고기 회

산란기의 굴과 조개

5. 독성(毒性)이 있는 약물(藥物)(用量에 신중을 기한다)

1) 대독(大毒)의 약(藥)

　감수(甘遂), 견우자(牽牛子), 경분(輕粉), 고련근피(苦楝根皮), 노사(磠砂), 대극(大戟), 마전자(馬錢子), 밀타승(密陀僧), 반모(斑蝥), 보두(寶豆), 부자(附子), 비석(砒石), 아담자(鴉膽子), 양금화(羊金花), 앵속각(罌粟殼), 여로(藜蘆), 연단(鉛丹), 영사(靈砂), 오공(蜈蚣), 웅황(雄黃), 주사(朱砂), 천련자(川楝子), 천오두(川烏頭), 초오두

(草烏頭), 택칠(澤漆), 파두(巴豆)

2) 중독(中毒)의 약(藥)

반하(半夏), 백부자(白附子), 상륙(商陸), 속수자(續隨子), 수은(水銀), 유황(硫黃), 원화(芫花), 창이자(蒼耳子), 천남성(天南星)

3) 소독(小毒)의 약(藥)

건칠(乾漆), 구약(蒟蒻), 관중(貫衆), 권삼(拳蔘), 노봉방(露蜂房), 농길리(農吉利), 뇌환(雷丸), 담반(膽礬), 대풍자(大楓子), 맹충(蝱蟲), 면화자(棉花子), 목별자(木鼈子), 백과(白果 은행), 백굴채(白屈菜), 백반(白礬), 백화사(白花蛇), 사간(射干), 산자고(山慈姑), 상산(常山), 선모(仙茅), 섬수(蟾酥), 섬여(蟾蜍), 세신(細辛), 수질(水蛭), 양제(羊蹄), 오수유(吳茱萸), 우황(牛黃), 자충(蟅蟲), 장뇌(樟腦), 전갈(全蝎), 조협(皂莢), 조휴(蚤休), 창이초(蒼耳草), 천초(川椒), 첨과체(甛瓜蒂), 초목(椒目), 피마자(蓖麻子), 합개(蛤蚧), 학슬(鶴蝨), 행인(杏仁 살구씨), 호이초(虎耳草), 화소(火消)

6. 임신(姙娠)중 금기약(禁忌藥)

독성(毒性)이 강한 것, 맹렬성 약(猛烈性藥)은 사용을 금(禁)한다(禁用).

기타 거어(祛瘀)·준사(峻瀉)·열성(熱性)藥, 방향개규약(芳香開竅藥) 사용시에는 신중을 기한다.(愼用)

파기(破氣), 침강(沈降), 파혈(破血), 조열(燥熱)등의 작용력이 있는 藥은 신용(愼用)한다.

1) 금용(禁用)의 약(藥)

　감수(甘遂), 건강(乾薑), 건칠(乾漆), 견우자(牽牛子) 경분(輕粉), 구맥(瞿麥), 귀전우(鬼箭羽), 권백(卷柏), 관중(貫衆), 귀침초(鬼針草), 노사(硇砂), 노회(蘆薈), 누고(螻蛄), 누로(漏蘆), 능소화(凌霄花), 대극(大戟), 도인(桃仁), 마전자(馬錢子), 망초(芒硝), 맹충(虻蟲), 목단피(牧丹皮), 목별자(木鱉子), 몰약(沒藥), 몽석(礞石), 반모(斑蝥), 보두(寶豆), 봉출(蓬朮), 부자(附子), 비석(砒石), 사간(射干), 사태(蛇蛻), 사향(麝香), 산장실(酸漿實), 삼릉(三棱), 삼칠근(三七根), 상륙(商陸), 선태(蟬蛻), 섬수(蟾酥), 소목(蘇木), 속수자(續隨子), 수은(水銀), 수질(水蛭), 아담자(鴉膽子), 아위(阿魏), 여로(藜蘆), 영사(靈砂), 오공(蜈蚣), 우슬(牛膝), 웅황(雄黃), 유기노(劉寄奴), 육계(肉桂), 유황(硫黃), 유향(乳香), 왕불류행(王不留行), 월계화(月季花), 원화(芫花), 자충(蟅蟲), 장뇌(樟腦), 접골목(接骨木), 조각자(皂角刺), 조협(皂莢), 조휴(蚤休), 천남성(天南星), 천련자(川楝子), 천오두(川烏頭), 철현채(鐵莧菜), 초오두(草烏頭), 충울자(茺蔚子), 택칠(澤漆), 파두(巴豆), 포황(蒲黃), 피마자(蓖麻子), 현호색(玄胡索), 혈갈(血竭), 호장근(虎杖根), 홍화(紅花), 황금(黃芩), 화소(火消)

2) 신용(愼用)의 약(藥)

　건강(乾薑), 견우자(牽牛子), 계지(桂枝), 괴화(槐花), 뇌환(雷丸), 대자석(代赭石), 대황(大黃), 도인(桃仁), 동규자(冬葵子), 마편초(馬鞭草), 목통실(木通實), 반지련(半枝蓮), 반하(半夏), 방기(防己), 백질려(白蒺藜), 백화사설초(白花蛇舌草), 별갑(鱉甲), 부자(附子), 서각(犀角), 야명사(夜明砂), 오령지(五靈脂), 오수유(吳茱萸), 우황(牛黃), 욱리인(郁李仁), 울금(鬱金), 육계(肉桂), 의이인(薏苡仁), 적석지(赤石脂), 지각(枳殼), 지실(枳實), 천초(川椒), 통초(通草), 홍화(紅花), 후박(厚朴), 활석(滑石)

제 **5** 편

방제음양오행(方劑陰陽五行) 방제음양오행구분도표(方劑陰陽五行區分圖表)와 방제(方劑)

음양오행구분도표(陰陽五行區分圖表)는 분석(分析)의 초점을 어디에 두느냐에 따라 수많은 음양오행구분도표를 탄생시킨다.(음양오행이 상대적 특성을 지니고 있기 때문이다.)

약물에 분석의 초점을 두면 약물음양오행구분도표가, 방제에 기준을 두면 방제음양오행구분도표가 만들어진다.

약물음양오행구분도표에는 치료약물의 영역이 존재하고 병증의 영역이 숨어있다.

치료방제의 영역과 병증의 영역은 방제음양오행구분도표에 표시되어 있고 숨어 존재한다.

방제음양오행 구분도표는 치료방제와 병증과의 관계를 연결시켜 준다.

이 도표는 방제의 효능, 병증의 정도까지 알아낼 수 있게 한다.

병증음양오행은 방제음양오행의 상대영역에 위치한다. 방제음양오행은 병증음양오행을 견제하고 병증을 제거하면서 인체음양오행을 균형화시키는 작용력을 가진다.

약물음양오행은 개별적 약물의 특성과 관계가 있다. 방제음양오행은 개별약물을 복합적으로 배합하여 구성한 결과적 성질과 연관된다.

방제란 군약(君藥)과 신약(臣藥)을 위주로 하고 병정에 따라 다른 약물을 배합하여 구성한 것이다.

도표에 표시된 바와같이, 방제음양오행구분도표는 약물음양오행 구분도표와 유사한 특성을 지니고 있다.(방제의 음양오행이 주로 군약(君藥)과 신약(臣藥)의 음양오행을 기초로 하고 있기 때문이다.)

분석의 초점을 개별약물 음양오행으로하고 이를 기준으로하여 도표화하면 약물음양오행 구분도표가 된다.

개별방제음양오행을 기준으로 하며 도표화시키면 방제음양오행 구분도표가 된다.

개별 방제들은 다음과 같은 식으로 방제음양오행 구분도표상에 표시될 수 있다. 약물음양오행 구분도표에 있는 藥을 劑로 바꾸면 쉽게 이해할 수 있다.

예컨대, 청열약은 청열제, 보음약은 보음제, 보혈약은 보혈제, 보기약은 보기제, 보양약은 보양제, 신열온리약은 신열온리제, 신온해표약은 신온해표제, 신량해표약은 신량해표제 등으로 바꾸어 생각하면 된다.

이들 방제의 상대영역에는 병증의 영역이 존재한다.

방제음양오행 구분도표는 방제음양오행과 병증음양오행의 상태와 개별방제의 효능을 알려준다. 그러므로 방제음양오행 구분도표에 바탕두면 인체의 음양오행을 정상화시킬 수 있는 방제를 다양하게 만들어낼 수 있어 치료목적을 보다 빨리 달성할 수 있다.

방제음양오행구분도표(方劑陰陽五行區分圖表)

이 도표를 "智平의 方劑陰陽五行區分圖表"라 이름을 붙였다.

제1장 해표제(解表劑)

해표제란 해표약물을 위주(爲主)로 하고 병정(病情)에 따라 다른 약물을 배합하여 구성한 방제(方劑)를 말한다.

해표제는 주로 발한(發汗), 해기(解肌), 투진(透疹) 등의 작용력(作用力)으로 표증(表證)을 치료한다.

표증(表證)이란 주로 인체(人體)의 기표(肌表)에 발생하는 병증(病證)을 말한다. 표증의 원인은 육음외감(六淫外感)의 사기(邪氣)이다.

이 병사(病邪)는 특성상 가볍다. 표증의 치료는 땀을 내어 병사(病邪)를 발산(發散)시켜 한다.

> ## 해표제로 치료할 수 있는 표증(表證)의 주요 증상 :
> ## 발열(發熱), 오한(惡寒), 신동(身疼), 두통(頭痛), 황(黃)

해표제는 외사(外邪)의 한열(寒熱), 인체(人體)의 허실(虛實), 병증(病證)의 정도에 따라 신온해표제(辛溫解表劑), 신량해표제(辛涼解表劑), 부정해표제(扶正解表劑)로 나눌 수 있다.

가볍고 잘 날아가는 성질이 있어 해표제는 신산(辛散)하고, 약탕제시에는 약성(藥性)이 쉽게 모산(耗散)될 수 있다. 그러므로 짧게 달여서 사용한다.

해표제를 복용한 후에는 몸을 덥게하여 땀을 빼고(미한출 微汗出), 풍한(風寒)을 피하는게 좋다.

1. 신온해표제(辛溫解表劑)

신온해표제란 신온해표약을 위주로 하고 병정에 따라 기타약물을 배합하여 구성한 방제를 말한다.

이 방제는 주로 외감풍한(外感風寒)의 표증(表證)을 치료하는데 쓴다.

1) 신온해표제가 치료하는 주요 증상

오한(惡寒), 발열(發熱), 두통(頭痛), 산동(疝疼)

2) 신온해표제 구성시 상용약물(常用藥物)

마황(麻黃), 형개(荊芥), 소엽(蘇葉), 계지(桂枝), 방풍(防風), 강활(羌活), 백지(白芷), 생강(生薑), 고본(藁本), 세신(細辛), 향유(香薷), 총백(葱白)

3) 辛溫解表劑의 방제 예

마황탕(麻黃湯), 대청룡탕(大靑龍湯), 삼요탕(三拗湯), 화개산(華蓋散), 마황가출탕(麻黃加朮湯), 마황온경탕(麻黃溫經湯), 마행의감탕(麻杏薏甘湯), 마황행인의이감초탕(麻黃杏仁薏苡甘草湯), 마행이감탕(麻杏苡甘湯), 총시탕(葱豉湯), 계지탕(桂枝湯), 계지작약지모탕(桂枝芍藥知母湯), 계지가용골모려탕(桂枝加龍骨牡蠣湯), 계지가갈근탕(桂枝加葛根湯), 계지가후박행자탕(桂枝加厚朴杏子湯), 구미강활탕(九味羌活湯), 대강활탕(大羌活湯), 향소산(香蘇散), 가미향소산(加味香蘇散), 향소총시탕(香蘇葱豉湯), 소청룡탕(小靑龍湯), 사간마황탕(射干麻黃湯), 소청룡가석고탕(小靑龍加石膏湯), 형방패독산(荊防敗毒散), 강활승습탕(羌活勝濕湯), 재조산(再造散), 마황부자세신탕(麻黃附子細辛湯＝마황세신부자탕(麻黃細辛附子湯), 천궁다조산(川芎茶調散), 입효산(立效散), 청상견통탕(淸上蠲痛湯), 대청룡탕(大靑龍湯), 속명탕(續命湯), 마황석고탕(麻黃石膏湯)

2. 신량해표제(辛凉解表劑)

신량해표제란 신량해표약을 위주로 하고 병정(病情)에 따라 기타약물을 배합하여 구성한 방제(方劑)를 말한다.

이 방제는 풍열소산(風熱疏散)의 효능으로 외감풍열증(外感風熱證)을 치료한다.

1) 주치(主治)

外感風熱證의 주요증상

발열(發熱), 두통(頭痛), 유한(有汗), 오풍한(惡風寒), 해수(咳嗽), 인통(咽痛), 구갈(口渴), 미황(微黃)

2) 신량해표제 구성 상용약물

우방자(牛蒡子), 박하(薄荷), 갈근(葛根), 국화(菊花), 상엽(桑葉), 만형자(蔓荊子), 담두시(淡豆豉), 부평(浮萍), 시호(柴胡), 선태(蟬蛻), 승마(升麻)

기타 : 형개(荊芥), 방풍(防風)

3) 신량해표제의 방제 예(方劑例)

상국음(桑菊飮), 은교산(銀翹散), 천진감모편(天津感冒片), 은교탕(銀翹湯), 마행감석탕(麻杏甘石湯, 마황행인감초석고탕(麻黃杏仁甘草石膏湯)), 월비탕(越婢湯), 가감

마행감석탕(加減麻杏甘石湯), 시갈해기탕(柴葛解肌湯), 갈근탕(葛根湯), 총시길경탕(葱豉桔梗湯), 활인총시탕(活人葱豉湯), 총시탕(葱豉湯), 승마갈근탕(升麻葛根湯), 죽엽유방탕(竹葉柳蒡湯), 선독발표탕(宣毒發表湯), 가감위유탕(加減葳蕤湯), 가감옥죽탕(加減玉竹湯), 총백칠미음(葱白七味飮), 상행탕(桑杏湯), 행소산(杏蘇散), 향유음(香薷飮), 신가향유음(新加香薷飮)

3. 부정해표제(扶正解表劑)

부정해표제란 체허(體虛)를 보(補)하여 풍한습사(風寒濕邪)의 표증(表證)을 치료하는 방제를 말한다.

이 방제는 주로 보익약(補益藥)과 해표약(解表藥)으로 구성된다.

1) 부정해표제가 치료하는 주요증상

감모(感冒)

2) 부정해표제의 방제 예

패독산(敗毒散), 〔인삼패독산(人蔘敗毒散)〕, 형방패독산(荊防敗毒散), 삼소음(蔘蘇飮), 창름산(倉廩散), 재조산(再造散), 마황부자감초탕(麻黃附子甘草湯), 마황부자세신탕(麻黃附子細辛湯), 위유탕(葳蕤湯), 가감위유탕(加減葳蕤湯), 총백칠미음(葱白七味飮)

보익제(補益劑)

보익제란 보익약을 위주로 하고 병정(病情)에 따라 기타약물을 배합하여 구성한 방제(方劑)를 말한다.

이 방제는 보익·자양(補益·滋養)의 효능으로 인체(人體)의 기혈·음양부족(氣血·陰陽不足)으로 인해 발생한 병증(病證)인 각종 허증(虛症)을 치료한다. 더욱더는 체질을 개선하고 항병능력(抗病能力)을 증강시킨다.

이 보익제는 보기제(補氣劑), 보양제(補陽劑), 보혈제(補血劑), 보음제(補陰劑) 등으로 나눌수 있다.

기허(氣虛)면 보기제(補氣劑)로 치료한다. 혈허(血虛)면 보혈제(補血劑)를 쓴다. 기혈허(氣血虛)면 기혈쌍보제(氣血雙補劑)로 치료한다.

기(氣)와 혈(血)은 상호밀접한 관계가 있어 보기(補氣)하면 보혈(補血)이 되고 보혈(補血)하면 보기(補氣)가 된다.(補氣劑와 補血劑는 밀접한 관계가 있다.)

양허(陽虛)이면 보양(補陽)하고 음허(陰虛)면 보음(補陰)한다. 음양허(陰陽虛)면 음양쌍보(陰陽雙補)한다.

음과 양은 상호의존관계가 있어 보음(補陰)하려면 보양(補陽)을 생각해야 하고 보양(補陽)하려면 보음(補陰)을 염두에 두어야 한다. 이러한 이치는 음양오행 구분도표에 잘 나타나 있다.

1. 보기제(補氣劑)

보기제란 보기약(補氣藥)을 위주로 하고 병정(病情)에 따라 다른 약물을 배합하여 만든 방제를 말한다.

보기제는 익기(益氣)의 효능으로 폐비기허(肺脾氣虛) 등 각종 기허(氣虛)의 병증(病

證)을 치료한다.

1) 주치(主治)

氣虛의 주요증상

권태무력(倦怠無力), 면색위백(面色萎白), 설담태백(舌淡苔白), 호흡단기(呼吸短氣), 식욕부진(食慾不振), 탈항(脫肛), 허열자한(虛熱自汗), 자궁탈수(子宮脫垂), 식소변당(食少便溏), 어언저미(語言低微), 맥허약(脈虛弱)

2) 보기제 구성시 상용약물(常用藥物)

주요약물

인삼(人蔘), 황기(黃芪), 산약(山藥), 백출(白朮), 당삼(黨蔘), 자감초(炙甘草), 합개(蛤蚧)

기타약물

의이인(薏苡仁), 복령(茯苓), 곽향(藿香), 반하(半夏), 진피(陳皮), 신국(神麴), 산사(山査), 맥아(麥芽), 계내금(鷄內金), 건강(乾薑), 오수유(吳茱萸), 황금(黃芩), 황련(黃連), 시호(柴胡), 승마(升麻), 백작약(白芍藥), 당귀(當歸), 오미자(五味子), 맥문동(麥門冬)

3) 補氣劑의 방제예(方劑例)

사군자탕(四君子湯), 이공산(異功散), 육군자탕(六君子湯), 보원탕(保元湯), 향사육군자탕(香砂六君子湯), 귀작육군자탕(歸芍六君子湯), 시작육군자탕(柴芍六君子湯), 보중익기탕(補中益氣湯), 승함탕(升陷湯), 승양익위탕(升陽益胃湯), 조중익기탕(調中益氣湯), 거원전(탕)〔擧元煎(湯)〕, 익기총명탕(益氣聰明湯), 삼령백출산(蔘苓白朮散), 칠미백출산(七味白朮散), 자생탕(資生湯)〔자생건비환(資生 健脾丸)〕, 계비탕(啓脾湯), 생맥산(生脈散)〔생맥음(生脈飮)〕, 인삼합개산(人蔘蛤蚧散), 인삼호도탕(人蔘胡桃湯), 옥병풍산(玉屛風散), 모려산(牡蠣散), 독삼탕(獨蔘湯), 승압탕(昇壓湯)

2. 보혈제(補血劑)

보혈제란 보혈·양혈약물(補血·養血藥物)을 위주로 하고 병정(病情)에 따라 기타약물을 배합하여 구성한 방제(方劑)를 말한다.

이 방제는 영혈보양(營血補養)의 효능으로 혈허증(血虛證)을 치료한다.

1) 주치(主治)

◎ 보혈제가 치료할 수 있는 혈허의 주요증상

두훈(頭暈), 면색광백무택(面色光白無澤), 안화(眼花), 이명이농(耳鳴耳聾), 심계(心悸), 대변건조(大便乾燥), 순색담(脣色淡), 실면(失眠), 조갑고함(爪甲枯陷), 설질담홍(舌質淡紅), 활소진태(滑少津苔), 경수부조(經水不調)〔부녀(婦女)〕, 맥세삭(脈細數), 심번(心煩), 다몽(多夢)

◎ 부위별 혈허증상

심혈허증(心血虛證) : 심번(心煩), 심계(心悸), 다몽(多夢), 실면(失眠), 두훈(頭暈), 건망(健忘), 면색창백(面色蒼白), 맥세약(脈細弱) 등 고차신경계(高次神經系)의 기능이상증

간혈허증(肝血虛證)

허번실면(虛煩失眠), 시력감퇴(視力減退), 면색위황(面色萎黃), 부녀월경부조(婦女月經不調), 맥세약(脈細弱) 등

자율신경(自律神經), 순환계(循環系), 내분비계(內分泌系)의 부조증상(不調症狀)

2) 보혈제 구성 상용약물

☺ 주요약물

당귀(當歸), 숙지황(熟地黃), 아교(阿膠), 작약(芍藥), 하수오(何首烏), 용안육(龍眼肉), 구기자(拘杞子), 단삼(丹蔘), 계혈등(鷄血藤), 상심(桑椹), 한련초(旱蓮草), 산조인(酸棗仁), 야교등(夜交藤), 원지(遠志), 백자인(栢子仁), 백합(百合)

☺ 기타약물

황기(黃芪), 인삼(人蔘), 홍화(紅花), 천궁(川芎), 오약(烏藥), 향부자(香附子), 지골피(地骨皮), 목단피(牧丹皮), 황련(黃連), 황금(黃芩), 애엽(艾葉), 오수유(吳茱萸), 육계(肉桂), 부자(附子), 백복신(白茯神), 원지(遠志), 산조인(酸棗仁), 석창포(石菖蒲)

3) 보혈제의 방제예(方劑例)

사물탕(四物湯), 도홍사물탕(桃紅四物湯), 성유탕(聖愈湯), 보간탕(補肝湯), 당귀보혈탕(當歸補血湯), 당귀음자(當歸飮子), 자조양영탕(滋燥養營湯), 귀비탕(歸脾湯), 자감초탕(炙甘草湯)〔복맥탕(復脈湯)〕, 가감복맥탕(加減復脈湯)

3. 기혈쌍보제(氣血雙補劑)

기혈쌍보제란 보기약과 보혈약을 위주로 하고 병정(病情)에 따라 기타약물을 배합하여 구성한 방제를 말한다.

이 방제는 보기·보혈(補氣·補血)의 효능으로 기혈양허증(氣血兩虛證)을 치료한다.

※ 여기서 보기약과 보혈약의 용량은 氣와 血의 부족정도(편중과 편차)에 따라 결정

한다.

기타약물은 기타의 병정에 따라 선택한다.

1) 주치(主治)

◎ 氣血兩虛의 주요증상

심계정충(心悸怔冲), 기단나언(氣短懶言), 두훈목현(頭暈目眩), 면색무화(面色
無華), 식소체권(食少體倦), 설담(舌淡), 태박백(苔薄白), 허세맥(虛細脈)

2) 氣血雙補劑의 방제예(方劑例)

당귀보혈탕(當歸補血湯), 팔진탕(八珍湯), 십전대보탕(十全大補湯), 인삼양영탕(人蔘
養營湯), 태산반석산(泰山磐石散), 성유탕(聖愈湯), 귀비탕(歸脾湯), 흑귀비탕(黑歸脾
湯), 가미귀비탕(加味歸脾湯), 양심탕(養心湯), 자감초탕(炙甘草湯), 〔가감복맥탕(加減
復脈湯)〕

4. 보음제(補陰劑)

보음제란 보음약을 위주로 하고 병정에 따라 기타약물을 배합하여 구성한 방제를 말한
다.

이 방제는 보음·자보(補陰·滋補)의 효능으로 음허증(陰虛證)을 치료한다.

1) 주치(主治)

◎ 음허(陰虛)의 증상

허번불면(虛煩不眠), 면용초췌(面容憔悴), 골증도한(骨蒸盜汗), 소변단황(小便

短黃), 지체이수(肢體羸瘦), 구조인건(口燥咽乾), 대변건조(大便乾燥), 관부발홍(觀部發紅), 요산배통(腰痠背痛), 설홍소태(舌紅少苔), 창해무담(嗆海無痰), 몽정활정(夢精滑精), 침세삭맥(沈細數脈), 소진(少津)

2) 보음제 구성 상용약물

◯ 보음약물(補陰藥物)

천문동(天門冬), 지황(地黃), 맥문동(麥門冬), 지모(知母), 귀판(龜板), 현삼(玄蔘), 사삼(沙蔘), 서양삼(西洋蔘), 천화분(天花粉), 백합(百合), 석곡(石斛), 여정자(女貞子), 하수오(何首烏), 한련초(旱蓮草), 구기자(枸杞子), 귀갑(龜甲), 호마인(胡麻仁), 아교(阿膠), 백작약(白芍藥), 옥죽(玉竹)

◯ 기타약물

천련자(川楝子), 황백(黃柏), 목단피(牧丹皮), 황기(黃芪), 인삼(人蔘), 육계(肉桂), 백부(百部), 행인(杏仁), 반하(半夏), 죽여(竹茹), 귤피(橘皮), 서양삼(西洋蔘), 인삼(人蔘), 목단피(牧丹皮), 연교(連翹)

3) 보음제의 방제 예

육미지황환(六味地黃丸)〔육미환(六味丸)〕, 기국지황환(杞菊地黃丸), 맥미지황환(麥味地黃丸), 도기환(都氣丸), 지백지황환(知柏地黃丸), 이룡좌자환(耳龍左滋丸), 증액탕(增液湯), 대보음환(大補陰丸＝대보환(大補丸)), 자음강화탕(滋陰降火湯), 좌귀환(左歸丸), 좌귀음(左歸飮), 하차대조환(河車大造丸), 호잠환(虎潛丸), 일관전(一貫煎), 이지환(二至丸), 주경환(駐景丸), 상마환(桑麻丸)〈부상환(扶桑丸), 석곡야광환(石斛夜光丸), 구록이선교(龜鹿二仙膠), 칠보미염단(七寶美髥丹), 보폐아교탕(補肺阿膠湯), 아교산(阿膠散＝보폐산(補肺散)), 월화환(月華丸), 사삼맥문동탕(沙蔘麥門冬湯), 익위탕(益胃湯), 양위탕(養胃湯)

5. 기음쌍보제(氣陰雙補劑)

기음쌍보제란 보기약(補氣藥)과 보음약(補陰藥)을 위주로 하고 병정(病情)에 따라 기타약물을 배합하여 구성한 방제를 말한다.

보기약(補氣藥)과 보음약(補陰藥)의 용량은 氣虛와 陰虛의 경중(輕重)에 따라 결정하고 기타약물을 기타 병정에 따라 선택한다.

이 방제는 補氣 · 補陰의 효능으로 기음양허(氣陰兩虛)의 병증을 치료한다.

기음쌍보제의 방제예

생맥산(生脈散), 황기탕(黃芪湯), 고본환(固本丸), 자감초탕(炙甘草湯), 맥문동탕(麥門冬湯), 청서익기탕(淸暑益氣湯), 청심연자음(淸心蓮子飮)

6. 보양제(補陽劑)

보양제란 신양온보(腎陽溫補)의 효능이 있는 보양약(補陽藥)을 위주로 하고 병정(病情)에 따라 기타약물을 배합하여 구성한 방제를 말한다.

이 방제는 보양(補陽)의 효능으로 신양허증(腎陽虛證) 등 양허(陽虛)의 병증을 치료한다.

1) 주치(主治)

腎陽虛의 증상

소복구급냉통(少腹拘急冷痛), 사지불온(四肢不溫), 소변빈삭(小便頻數), 지체수약(肢體瘦弱), 침세맥(沈細脈), 요슬산통(腰膝酸痛), 산연무력(痠軟無力), 소변불리(小便不利), 양위조설(陽萎早泄), 소갈(消渴), 척맥침복(尺脈沈伏)

2) 보양제 구성시 상용약물

⊙ 주요약물

두중(杜仲), 보골지(補骨脂)〔파고지(破故紙)〕, 육계(肉桂), 부자(附子), 음양
곽(淫羊藿), 복분자(覆盆子), 골쇄보(骨碎補), 파극천(巴戟天), 구척(狗脊), 호로
파(胡蘆巴), 구자(韭子)〔구채자(韭菜子)〕, 양기석(陽起石), 해구신(海狗腎),
선모(仙茅), 동충하초(冬虫夏草), 합개(蛤蚧), 아관석(鵝管石), 익지인(益智仁),
육종용(肉蓯蓉)

⊙ 기타약물

녹용(鹿茸), 호도육(胡桃肉), 쇄양(鎖陽), 토사자(菟絲子), 구기자(枸杞子), 속단
(續斷), 자하거(紫河車), 동질려(潼蒺藜), 산수유(山茱萸), 정향(丁香)
숙지황(熟地黃), 산약(山藥), 택사(澤瀉), 차전자(車前子), 우슬(牛膝), 당귀(當
歸), 서각교(犀角膠), 오미자(五味子), 상표초(桑螵蛸), 사상자(蛇床子)

3) 보양제의 방제예

신기환(腎氣丸)〔팔미환(八味丸), 금궤신기환(金匱腎氣丸), 팔미지황환(八味地黃
丸)〕, 십보환(十補丸), 우차신기환(牛車腎氣丸)〔제생신기환(濟生腎氣丸), 가미신기환
(加味腎氣丸), 우차팔미환(牛車八味丸)〕, 우귀음(右歸飲), 우귀환(右歸丸), 보원탕(保
元湯), 사신환(四神丸), 삼개산(蔘蚧散), 인삼합개산(人蔘蛤蚧散), 인삼호도탕(人蔘胡
桃湯), 이선탕(二仙湯), 진인양장탕(眞人養臟湯)〔양장탕(養臟湯)〕

제3장 청열제(淸熱劑)

청열제란 청열약(淸熱藥)을 위주로 하고 병정(病情)에 따라 기타약물을 배합하여 구성한 방제를 말한다.

이 방제는 청열사화(淸熱瀉火), 청열해독(淸熱解毒), 청열양혈(淸熱凉血), 자음투열(滋陰透熱) 등의 효능으로 이열증(裏熱證)을 치료한다.

열증(熱證)은 한약(寒藥)으로 온증(溫證)은 청약(淸藥)으로 치료해야 불균형화된 음양오행을 정상화시킬 수 있다. 그러므로 온열증(溫熱證)에는 청한(淸寒)한 약(藥)이 치료의 약이 된다.

이 淸寒한 藥을 위주로 하여 구성한 방제가 바로 청열제이다.

◯ 청열제 사용시 주의 사항

① 열증(熱證)이 진(眞)인지 가(假)인지 구별하고 진음(眞陰)이 부족(不足)한가 본다.

② 열증의 허(虛)와 실(實)을 알아낸다. 열증의 부위가 장(臟)인가 부(腑)인가 살핀다.

③ 비위(脾胃)의 상태와 병정(病情)의 정도에 따라 약물의 용량을 줄여간다. 가급적이면 사용기간을 짧게 한다.

1. 청기분열제(淸氣分熱劑)

청기분열제란 청열사화약(淸熱瀉火藥)을 위주로 하고 병정에 따라 다른 약물을 배합하여 구성한 방제를 말한다.

이 방제는 청열생진지갈(淸熱生津止渴)과 청열제번(淸熱除煩)의 효능으로 기분(氣

分)의 열증(熱證), 기음양상(氣陰兩傷)의 證을 치료한다.

1) 주치(主治)

◑ 청기분열제가 치료하는 주요증상

오열(惡熱), 대한(大汗), 장열번갈(壯熱煩渴), 홍대맥(洪大脈), 심흉번민(心胸煩悶), 신열다한(身熱多汗), 구건설홍(口乾舌紅)

2) 청기분열제 구성시 상용약물

◑ 청열사화약물(淸熱瀉火藥物)

지모(知母), 석고(石膏), 치자(梔子)

◑ 기타약물

맥문동(麥門冬), 대황(大黃), 망초(芒硝), 죽여(竹茹), 반하(半夏), 연교(連翹), 박하(薄荷), 금은화(金銀花), 국화(菊花), 천마(天麻), 영양각(羚羊角), 조구등(釣鉤藤)

3) 청기분열제 방제예

백호탕(白虎湯) 〔석고지모탕(石膏知母湯)〕, 백호창출탕(白虎蒼朮湯), 백호가계지탕(白虎加桂枝湯), 백호가인삼탕(白虎加人蔘湯)(＝석고지모가인삼탕(石膏知母加人蔘湯)), 시호백호탕(柴胡白虎湯), 진역백호탕(鎭逆白虎湯), 가감은교백호탕(加減銀翹白虎湯), 죽엽석고탕(竹葉石膏湯)

2. 청영양혈제(淸營凉血劑)

청영양혈제란 청열양혈약(淸熱凉血藥)을 위주로 하고 병정(病情)에 따라 다른 약물을 배합하여 구성한 방제를 말한다.

이 방제는 양혈구음(凉血求陰), 청영해독(淸營解毒)의 효능으로 영혈분(營血分)의 열증(熱證)을 치료한다.

1) 주치(主治)

◯ 이 방제가 주로 치료하는 증상

◯ 營分의 熱證

신번소침(神煩少寢), 설강이건(舌絳而乾), 신열액심(身熱液甚), 섬어(譫語), 반진은은(斑疹隱隱), 맥세삭(脈細數)

◯ 血分의 熱證

여광(如狂), 출혈(出血), 발반(發斑), 하혈(下血), 설강기자(舌降起刺), 번조불안(煩躁不安), 토혈(吐血), 경축(驚搐)

2) 청영양혈제 구성시 상용약물

◯ 淸營凉血藥物

생지황(生地黃), 서각(犀角), 현삼(玄蔘)

◯ 맥문동(麥門冬), 황련(黃連), 연교(連翹), 금은화(金銀花), 울금(鬱金), 석창포(石菖蒲), 지보단(至寶丹), 자설단(紫雪丹), 단삼(丹蔘), 소계(小薊), 백모근(白茅根), 작약(芍藥), 목단피(牧丹皮), 자초(紫草), 청대(靑黛), 대황(大黃), 치자

(梔子)

3) 청영양혈제의 방제예

청영탕(淸營湯)

서각지황탕(犀角地黃湯)

청위산(淸胃散), 감로음(甘露飮), 옥녀전(玉女煎)〔양음청위전(養陰淸胃煎), 석고숙지전(石膏熟地煎), 청온패독산(淸瘟貝毒散)

3. 청열사화제(淸熱瀉火劑)

청열사화제란 해열(解熱), 소염(消炎), 항균(抗菌), 진정(鎭靜) 등의 효능을 가진 청열사화약을 위주로 하고 병정(病情)에 따라 기타 약물을 배합하여 구성한 방제를 말한다.

이 방제는 淸熱瀉火의 작용력으로 肝·心·胃·肺의 火熱과 氣分의 열증(熱證)을 치료한다.

1) 주치(主治)

氣分의 熱證 : 급성발열, 염증(炎症), 탈수(脫水)

肝火, 心火 : 자율신경계의 지나친 흥분, 두면열증(頭面熱證)

위열(胃熱) : 소화관·구강염증(口腔炎症)

폐열(肺熱) : 기관지 염증(氣管支炎症)

2) 청열사화제 구성시 상용약물

○ 청열사화약물(淸熱瀉火藥物)

황련(黃連), 대황(大黃), 황금(黃芩), 담죽엽(淡竹葉), 지모(知母), 석고(石膏), 하고초(夏枯草), 연심(蓮心), 용담초(龍膽草), 웅담(熊膽), 노근(蘆根), 결명자(決明子)

○ 생진약(生津藥)

석곡(石斛), 옥죽(玉竹), 갱미(粳米), 맥문동(麥門冬), 대조(大棗), 천화분(天花粉)

3) 청열사화제 방제예

백호탕(白虎湯), 석고지모탕(石膏知母湯), 죽엽석고탕(竹葉石膏湯), 백호가인삼탕(白虎加人蔘湯) = 석고지모가인삼탕(石膏知母加人蔘湯)), 치자시탕(梔子豉湯), 도적산(導赤散) = 도열산(導熱散), 사심도적탕(瀉心導赤湯), 용담사간탕(龍膽瀉肝湯), 당귀용회환(當歸龍薈丸), 우금환(右金丸)

4. 청열해독제(淸熱解毒劑)

청열해독제란 청열사화해독(淸熱瀉火解毒)의 藥을 위주로 하고 병정(病情)에 따라 다른 약물을 배합하여 구성한 방제를 말한다.

이 방제는 청열사화해독(淸熱瀉火解毒)의 효능으로 실열화독열성(實熱火毒熱盛)의 병증(病證)을 치료한다. 淸熱解毒의 藥중 소염(消炎), 항균(抗菌), 항화농(抗化膿), 항바이러스의 효능을 강하게 지닌 약물은 이 방제의 효능을 보다 강화시켜 준다.

1) 주치(主治)

◎ 청열해독제가 치료하는 주요증상

풍열역독(風熱疫毒), 두면홍종(頭面紅腫), 흉격열취(胸膈熱聚), 신열면적(身熱面赤), 구설생창(口舌生瘡), 흉격번열(胸膈煩熱), 변비수적(便秘溲赤)

火毒熱性의 주증 : 번열(煩熱), 토뉵(吐衄), 착어(錯語), 발반(發斑), 옹저정독(癰疽疔毒)

2) 청열해독제 구성시 상용약물

◎ 清熱解毒藥

연교(連翹), 판남근(板藍根), 승마(升麻), 황금(黃芩), 황련(黃連), 금은화(金銀花), 대청엽(大靑葉), 포공영(蒲公英), 자화지정(紫花地丁), 백두옹(白頭翁), 토복령(土茯苓), 산치자(山梔子), 대모(玳瑁), 패장초(敗醬草), 백선피(白蘚皮), 우황(牛黃), 서각(犀角), 영양각(羚羊角), 석고(石膏), 우방자(牛蒡子), 생감초(生甘草), 백화사설초(白花蛇舌草), 권삼(拳蔘), 현삼(玄蔘)

◎ 기타약물

대황(大黃), 치자(梔子), 박하(薄荷), 망초(芒硝), 마발(馬勃), 현삼(玄蔘), 길경(桔梗), 백강잠(白殭蠶), 목단피(牧丹皮), 생지황(生地黃), 활석(滑石), 인진호(茵陳蒿)

3) 청열해독제 방제예

황련해독탕(黃連解毒湯), 사심탕(瀉心湯)＝삼황사심탕(三黃瀉心湯), 보제소독음(普濟消毒飲), 보제소독음자(普濟消毒飲子), 양격산(涼膈散), 온청음(溫淸飲), 시호청간탕(柴胡淸肝湯), 용담사간탕(龍膽瀉肝湯), 형개연교탕(荊芥連翹湯), 신이청폐탕(辛夷淸肺湯), 신이산(辛夷散), 창이산(蒼耳散), 길경탕(桔梗湯), 배농탕(排膿湯), 위경탕(葦莖

湯), 방풍통성산(防風通聖散), 청상방풍탕(淸上防風湯)

5. 기혈양청제(氣血兩淸劑)

기혈양청제란 청열사화약(淸熱瀉火藥), 청열양혈약(淸熱凉血藥) 등과 청열해독약(淸熱解毒藥)을 위주로 하고 병정(病情)에 따라 기타약물을 배합하여 구성한 방제를 말한다.

이 방제는 淸熱瀉火·解毒, 청기양혈(淸氣凉血)의 효능으로 기분(氣分)의 열증(熱證)인 기혈양번증(氣血兩煩證)을 치료한다.

1) 주치(主治)

◔ 氣血兩煩證

기분열성증상(氣分熱盛症狀) : 번갈(煩渴), 고열두통(高熱頭痛), 한출(汗出)

혈분열성증상(血分熱盛症狀) : 발반(發斑), 토뉵(吐衄)

열극동풍증상(熱極動風症狀) : 열함심포(熱陷心胞), 〔경궐추축(痙厥抽搐), 신혼섬어(神昏譫語)〕

2) 기혈양청제 구성시 상용약물

◔ 주요약물

지모(知母), 석고(石膏), 황련(黃連), 황금(黃芩), 연교(連翹), 금은화(金銀花), 판남근(板藍根), 현삼(玄蔘), 서각(犀角), 생지황(生地黃)

◔ 기타약물

백모근(白茅根), 석곡(石斛), 맥문동(麥門冬), 구인(蚯蚓), 영양각(羚羊角), 전갈

(全蠍), 담남성(膽南星), 천죽황(天竹黃), 패모(貝母), 자설단(紫雪丹)

3) 기혈양청제 방제예

청온패독음(淸瘟敗毒飮), 화반탕(化班湯), 신서단(神犀丹)

6. 청장부열제(淸臟腑熱劑)

청장부열제란 열사(熱邪)의 위협을 받는 장부(臟腑)에 관한 치료의 약물을 위주로 하고 병정(病情)에 따라 기타 약물을 배합하여 구성한 방제를 말한다. 주로 臟腑의 열증(熱證)을 개선한다.

청장부열제는 장부의 사열(邪熱)을 청설(淸泄)시키고 경락(經絡)의 사열(邪熱)을 청해(淸解)하여 그와 관련한 화열증후(火熱證候)를 치료하는 효능을 가진다.

이 방제는 각 장부(臟腑)마다 다르게 청열(淸熱)의 방약(方藥)을 사용한다.

예컨대 사화청간(瀉火淸肝), 사화청심(瀉火淸心), 청위양혈(淸胃凉血), 청위자음(淸胃滋陰), 청장(淸腸), 청폐설열(淸肺泄熱)하는 등으로 각 장부의 熱毒을 다르게 청해(淸解)한다.

1) 청장부열제 구성시 상용약물

◎ 주요약물

목통(木通), 황련(黃連), 치자(梔子), 연자심(蓮子芯), 황금(黃芩), 상백피(桑白皮), 지모(知母), 청대(靑黛), 용담초(龍膽草), 죽여(竹茹), 석고(石膏), 백두옹(白頭翁), 마치현(馬齒莧)

◎ 아교(阿膠), 생지황(生地黃), 맥문동(麥門冬), 사삼(沙蔘), 석곡(石斛), 목단피(牧丹皮), 백작약(白芍藥), 당귀(當歸)

2) 청장부열제 방제예

도적산(導赤散), 청심연자음(淸心蓮子飮), 좌금환(左金丸), 향연환(香連丸)〔대향연
환(大香連丸)〕, 무기환(戊己丸), 용담사간탕(龍膽瀉肝湯), 당귀용회환(當歸龍薈丸),
사청환(瀉靑丸), 사백산(瀉白散), 정력대조사폐탕(葶藶大棗瀉肺湯)

사황산(瀉黃散)

청위산(淸胃散)

작약탕(芍藥湯), 황금탕(黃芩湯)

옥녀전(玉女煎)

백두옹탕(白頭翁湯), 백두옹가감초아교탕(白頭翁加甘草阿膠湯)

7. 청허열제(淸虛熱劑)

청허열제란 청퇴허열약(淸退虛熱藥), 자음약(滋陰藥)을 위주로 하고 병정(病情)에
따라 기타약물을 배합하여 구성한 방제를 말한다.
이 방제는 주로 청열제증(淸熱除蒸), 양음투열(養陰透熱), 진정(鎭靜)의 효능으로 허
열증(虛熱證)(陰虛火旺의 熱證)을 치료한다.

1) 주치(主治)

🌀 虛熱의 症狀

熱病에 의한 음액모상(陰液耗傷), 모열조량(暮熱朝涼), 간신음허(肝腎陰虛)로
인한 골증조열(骨蒸潮熱)

2) 청허열제 구성시 상용약물

◎ 청허열약(淸虛熱藥)

은시호(銀柴胡), 호황련(胡黃連), 백미(白薇), 지골피(地骨皮), 진교(秦艽), 지모(知母), 청호(菁蒿), 황백(黃柏)

◎ 자음약(滋陰藥), 청열약(淸熱藥) : 맥문동(麥門冬), 생지황(生地黃), 사삼(沙蔘), 별갑(鼈甲), 현삼(玄蔘), 천화분(天花粉), 귀판(龜板)

◎ 기타약물

시호(柴胡), 숙지황(熟地黃), 당귀(當歸), 산약(山藥), 인삼(人蔘), 황기(黃芪), 길경(桔梗), 자완(紫菀), 상백피(桑白皮), 오미자(五味子), 산수유(山茱萸), 하모려(煅牡蠣), 하용골(煅龍骨)
맥아(麥芽), 계내금(鷄內金), 산사(山楂)

3) 청허열제 방제예

청호별갑탕(靑蒿鼈甲湯), 삼물황금탕(三物黃芩湯), 청골산(淸骨散), 진교별갑산(秦艽鼈甲散), 당귀육황탕(當歸六黃湯)

8. 청열이습제(淸熱利濕劑)

청열이습제란 해열(解熱), 소염(消炎), 이담(利膽), 이뇨(利尿)의 효능을 지닌 청열조습약(淸熱燥濕藥)을 위주로 하고 병정에 따라 담삼이수약(淡滲利水藥), 이기화습약(理氣化濕藥), 방향화습약(芳香化濕藥)을 배합하여 구성한 방제를 말한다.

이 방제는 습열(濕熱)의 병증을 치료한다.

1) 주치(主治)

습열증(濕熱證)

염증수종(炎證水腫), 부종(浮腫), 大腸濕熱, 脾胃濕熱, 肝膽濕熱, 膀胱濕熱

2) 청열이습제 구성시 상용약물

🌀 청열조습약(清熱燥濕藥)

황금(黃芩), 황련(黃連), 황백(黃柏), 고삼(苦蔘), 토복령(土茯苓), 진피(秦皮), 백두옹(白頭翁), 용담초(龍膽草)

🌀 담삼이수약(淡滲利水藥)

택사(澤瀉), 활석(滑石), 통초(通草), 저령(猪苓), 인진호(茵陳蒿), 목통(木桶), 복령(茯苓), 지부자(地膚子), 석위(石葦), 금전초(金錢草), 익모초(益母草), 적소두(赤小豆), 방기(防己), 구맥(瞿麥), 의이인(薏苡仁), 편축(萹蓄), 옥미수(玉米鬚) = 옥촉수(玉蜀鬚)

🌀 방향화습약(芳香化濕藥)

백두구(白豆蔻), 곽향(藿香), 창출(蒼朮), 패란(佩蘭)

🌀 이기화습약(理氣化濕藥)

진피(陳皮), 대복피(大腹皮), 반하(半夏), 후박(厚朴)

3) 청열이습제 방제예

육일산(六一散), 벽옥산(碧玉散), 익원산(益元散), 계소산(鷄蘇散), 삼선탕(三仙湯), 감로소독단(甘露消毒丹), 곽박하령탕(藿朴夏苓湯), 복간이호방(復肝二號方), 인진호탕(茵陳蒿湯, 치자백피탕(梔子白皮湯), 인진오령산(茵陳五苓散), 인진사역탕(茵陳四逆

湯), 팔정산(八正散), 오림산(五淋散), 가미시령탕(加味柴苓湯), 담도배석탕(膽道排石湯), 비뇨계결석기본방(泌尿系結石基本方), 신석방(腎石方), 배석탕(排石湯), 수뇨관결석방(輸尿管結石方), 삼금배석탕(三金排石湯), 백두옹탕(白頭翁湯), 백두옹가감초아교탕(白頭翁加甘草阿膠湯), 유미뇨탕(乳糜尿湯), 비해분청음(萆薢分淸飮), 정씨비해분청음(程氏萆薢分淸飮), 작약탕(芍藥湯), 향연환(香連丸), 황금탕(黃芩湯), 삼묘산(三妙散), 사묘산(四妙散), 이묘산(二妙散), 위증방(痿證方), 갈근황금황련탕(葛根黃芩黃連湯), 을자탕(乙字湯), 소풍산(消風散), 십미패독탕(十味敗毒湯), 치두창일방(治頭瘡一方)

제4장 거서제(祛暑劑)

거세제란 거서약(祛暑藥)과 이수약(利水藥)을 위주로하고 병정에 따라 다른 약물을 배합하여 구성한 방제를 말한다.

이 방제는 거서(祛暑), 청열(淸熱), 이습(利濕)의 효능으로 서사(暑邪)를 제거하고 서병(暑病)을 치료한다.

서(暑)란 여름(夏)에 발생하는 온열(溫熱) 또는 화열(火熱)의 사기(邪氣)이다.

暑病은 대개 여름에 열병(熱病)과 관련하여 발생한다. 서기(暑氣)는 오행상 火이어서 오행상으로 火인 心과 통(通)한다.

서기(暑氣)가 득세하면 火熱邪가 일어 氣가 모상(耗傷)하고 心五行이 불균형해져 진기양상증(津氣兩傷證)이 발생한다.

서병(暑病)에는 하월(夏月)기후의 조습(潮濕)으로 인하여 습증(濕症)을 많이 수반한다. 그러므로 거서(祛暑)하려면 거습(祛濕)도 해야한다.

거습제에는 온조성(溫燥性)이 있어 진액(津液)을 조작(燥灼)할 수 있다. 그러므로 사용시에는 주의를 요한다.

거서제(祛暑劑)는 暑病에 따라 거서이습제(祛暑利濕劑), 거서익기제(祛暑益氣劑), 거서해표제(祛暑解表劑), 거서청열제(祛暑淸熱劑)로 나눌수 있다.

1. 거서청열제(祛暑淸熱劑)

거서청열제란 청열해서약(淸熱解暑藥), 신량방향화습약(辛凉芳香化濕藥)을 위주로 하고 병정(病情)에 따라 기타약물을 배합하여 구성한 방제를 말한다.

이 방제는 주로 거서청열(祛暑淸熱)의 효능으로 하월(夏月)의 서열증(暑熱證)을 치료한다.

1) 주치(主治)

서열증(暑熱證)

한다구갈(汗多口渴), 신열심번(身熱心煩)

2) 거서청열제 구성시 상용약물

◎ 청열약(清熱藥)

지모(知母), 석고(石膏), 죽엽(竹葉)

◎ 해서약물(解暑藥物)

선하엽(鮮荷葉), 서과(西瓜), 선노근(鮮蘆根), 선편두화(鮮扁豆花)

◎ 기타

감초(甘草), 갱미(粳米), 등심(燈心), 죽엽(竹葉), 사삼(沙蔘), 길경(桔梗), 행인(杏仁)

2. 거서해표제(祛暑解表劑)

거서해표제란 거서해표(祛暑解表)·청열화습(清熱化濕)의 효능이 있는 거서해표약(祛暑解表藥)을 위주로 하고 병정(病情)에 따라 기타약물을 배합하여 구성한 방제를 말한다.

이 방제는 서기내복(暑氣內伏)과 외감풍한(外感風寒)으로 인한 병증〈서겸풍한증(暑兼風寒證)〉을 치료한다.

1) 주치(主治)

◎ 이 방제가 치료하는 주요증상

무한두통(無汗頭痛), 오한발열(惡寒發熱), 화번구갈증(火煩口渴證), 구갈면적
(口渴面赤), 맥부이삭(脈浮而數), 태백니(苔白膩)

2) 거서해표제 구성시 상용약물

◎ 해서약(解暑藥)

금은화(金銀花), 선편두화(鮮扁豆花)

◎ 신온해표약(辛溫解表藥)

강활(羌活), 향유(香薷)

◎ 化濕藥

백두구(白豆蔲), 후박(厚朴), 곽향(藿香)

◎ 기타

백편두(白扁豆), 연교(連翹), 황련(黃連), 복령(茯苓)

3) 거서해표제 방제예

신가향유음(新加香薷飮), 향유산(香薷散)

3. 거서이습제(祛暑利濕劑)

거서이습제란 청서열(淸暑熱)의 효능이 있는 거서약(祛暑藥)과 이수거습(利水祛濕)

의 작용력이 있는 이수약(利水藥)을 위주로 하고 병정(病情)에 따라 다른 약물을 배합하여 구성한 방제를 말한다.

이 방제는 서습사(暑濕邪)로 인한 감모(感冒) 등의 병증을 청서열이변(淸暑熱利便), 청심이소변(淸心利小便)하여 치료한다.

1) 주치(主治)

⬡ 이 방제가 치료하는 주요증상

흉완비민(胸脘痞悶), 신열번갈(身熱煩渴), 소변불리(小便不利)

2) 거서이습제 구성시 상용약물

⬡ 거서습약(祛暑濕藥)

곽향(藿香), 감초(甘草), 죽엽(竹葉), 활석(滑石)

⬡ 기타

석고(石膏), 택사(澤瀉), 한수석(寒水石), 복령(茯苓), 등심초(燈芯草), 청대(靑黛), 박하엽(薄荷葉), 갈근(葛根), 백출(白朮)

3) 거서이습제 방제예

육일산(六一散)

익원산(益元散)

계소산(鷄蘇散)

벽옥산(碧玉散)

계령감로음(桂苓甘露飮)

4. 청서익기제(淸署益氣劑)

청서익기제란 청서열(淸署熱)·보기음(補氣陰)의 효능이 있는 청열(淸熱)·양음(養陰)·익기(益氣)의 약물(藥物)을 위주로 하고 병정에 따라 기타약물을 배합하여 구성한 방제를 말한다.

이 방제는 서열(署熱)로 인한 진액수작(津液受灼), 기음모상(氣陰耗傷), 신열번갈(身熱煩渴), 한다맥허(汗多脈虛), 권태소기(倦怠小氣)의 증(證)을 치료한다.

1) 청서익기제 구성시 상용약물

청서열약(淸署熱藥)

서과(西瓜), 하경(荷梗), 석고(石膏)

양음익기약(養陰益氣藥)

오미자(五味子), 맥문동(麥門冬), 석곡(石斛), 서양삼(西洋蔘), 인삼(人蔘)

기타약

황기(黃芪), 창출(蒼朮), 백출(白朮)

2) 청서익기제 방제예

청서익기탕(淸署益氣湯)

제5장 온리제(溫裏劑)

온리제란 온열약(溫熱藥)을 위주로하고 병정(病情)에 따라 기타약물을 배합하여 구성한 방제를 말한다.

이 방제는 온리거한조양(溫裏祛寒助陽), 산한통맥(散寒通脈)하여 장부(臟腑)와 경락(經絡) 등 이(裏)에 있는 음한증(陰寒證)〔이한증(裏寒證)〕을 치료한다.

이한증(裏寒證)의 병인(病因)은 양허(陽虛)로 인한 중초(中焦)의 한(寒), 외한(外寒)으로 인한 장부(臟腑)속의 음한(陰寒)이다.

음양오행의 이치상, 陰寒證에는 양열약(陽熱藥)으로 양열증(陽熱證)에는 음한약(陰寒藥)으로 다스려야 불균형화된 음양오행을 정상화시킬 수 있다.

이한증(裏寒證)치료는 부위와 경중(輕重)에 따라 온중거한(溫中祛寒), 회양구역(回陽救逆), 온경산한(溫經散寒)의 효능이 있는 방제로서 한다.

방제의 예 : 오적산(五積散), 온경탕(溫經湯), 애부난궁환(艾附暖宮丸), 안중산(安中散), 인삼탕(人蔘湯), 계지인삼탕(桂枝人蔘湯), 천태오약산(天台烏藥散), 도기탕(道氣湯), 난간전(暖肝煎), 양부환(良附丸), 오수유탕(吳茱萸湯), 정향시체탕(丁香柿蔕湯)

1. 온중거한제(溫中祛寒劑)

온중거한제란 중초(中焦)의 허한증(虛寒證)을 치료하는 溫中祛寒藥을 위주로하고 병정(病情)과 부위에 따라 다른 약물을 배합하여 구성한 방제를 말한다.

이 방제는 온중거한(溫中祛寒)하되 비위토(脾胃土)의 기능을 개선하는데 중점을 둔다.(중초에 脾胃土가 위치하고 있기 때문이다.)

증상에 따라 보기(補氣), 온비신(溫脾腎), 온중화영(溫中和營), 온중이기(溫中理氣), 조습화담(燥濕化痰)시켜 치료한다.

1) 주치(主治)

中焦의 虛寒證

완복창통(脘腹脹痛), 오심구토(惡心嘔吐), 탄산토연(呑酸吐涎), 구담불갈(口淡
不渴), 복통불리(腹痛不利), 지체권태(肢體倦怠), 수족불온(手足不溫), 침세맥
(沈細脈), 설태백활(舌苔白滑)

2) 온중거한제 구성시 상용약물

고량강(高良薑), 건강(乾薑), 생강(生薑), 천초(川椒), 필징가(蓽澄茄), 오수유
(吳茱萸), 정향(丁香), 필발(蓽撥)

황기(黃芪), 인삼(人蔘), 자감초(炙甘草), 당삼(黨蔘), 백출(白朮), 육계(肉桂),
부자(附子), 이당(飴糖), 당귀(當歸), 백작약(白芍藥), 자감초(炙甘草), 후박(厚
朴), 향부자(香附子), 초두구(草豆蔲), 반하(半夏), 진피(陳皮), 복령(茯苓)

3) 온중거한제 방제예

이중환(理中丸)〔=이중탕(理中湯), 인삼탕(人蔘湯)〕, 이중화담환(理中化痰丸), 부
자이중환(附子理中丸), 계지인삼탕(桂枝人蔘湯), 소건중탕(小建中湯), 당귀건중탕(當歸
建中湯), 황기건중탕(黃芪建中湯), 계지가작약탕(桂枝加芍藥湯), 귀기건중탕(歸芪建中
湯), 오수유탕(吳茱萸湯), 대건중탕(大建中湯)

2. 회양구역제(回陽救逆劑)

회양구역제란 회양구역의 효능을 지닌 약물을 위주로 하고 병정(病情)에 따라 다른

약물을 배합하여 구성한 방제를 말한다.

이 방제는 대신대열(大辛大熱)의 효능으로 파음축한(破陰逐寒)하고 회양구역(回陽救逆)의 효능으로 음성양쇠증(陰盛陽衰證)을 치료한다.

1) 주치(主治)(회양구역제가 치료하는 주요증상)

오한권와(惡寒蜷臥), 하리청곡(下痢淸穀), 맥침세여무(脈沈細如無), 구토복통(嘔吐腹痛), 정신위미(精神萎靡), 사지궐역(四肢厥逆), 내외구한(內外俱寒)

2) 회양구역제 구성시 상용약물

ⓐ 부자(附子), 육계(肉桂), 건강(乾薑), 유황(硫黃)

ⓑ 인삼(人蔘), 자감초(炙甘草), 저담즙(猪膽汁), 산수유(山茱萸), 오미자(五味子), 모려(牡蠣), 용골(龍骨), 복령(茯苓), 반하(半夏), 진피(陳皮), 천궁(川芎), 홍화(紅花), 소회향(小茴香), 목향(木香), 보골지(補骨脂), 양기석(陽起石)

3) 회양구역제 방제예

사역탕(四逆湯), 통맥사역탕(通脈四逆湯), 사역가인삼탕(四逆加人蔘湯), 백통탕(白通湯), 삼부탕(蔘附湯), 통맥사역가저담즙탕(通脈四逆加猪膽汁湯), 기부탕(芪附湯), 삼부용모탕(蔘附龍牡湯), 출부탕(朮附湯), 흑석단(黑錫丹), 회양구급탕(回陽救急湯)

3. 온경산한제(溫經散寒劑)

온경산한제란 신산온통약(辛散溫通藥)과 양혈활혈약(涼血活血藥)을 위주로 하고 병정에 따라 기타약물을 배합하여 구성한 방제를 말한다.

이 방제는 양기부족(陽氣不足)으로 인한 음혈허(陰血虛), 외한(外寒)으로 인한 경락손상(經絡損傷), 혈맥불리(血脈不利)로 인한 제증을 온통산한(溫通散寒), 양혈통맥(養血通脈)시켜 치료한다.

1) 주치(主治)

◎ 온경산한제가 치료하는 주요증상

　　지체비통(肢體痺痛), 수족궐한(手足厥寒), 동창(凍瘡), 탈저(脫疽)

2) 온경산한제 구성시 상용약물

◎ 신산온통약(辛散溫通藥)

　　마황(麻黃), 계지(桂枝), 세신(細辛), 양혈활혈약(涼血活血藥) : 백작약(白芍藥), 당귀(當歸)

◎ 부자(附子), 황기(黃芪), 통초(通草), 목통(木通), 구인(蚯蚓), 생강(生薑), 오수유(吳茱萸)

3) 온경산한제 방제예

　당귀사역탕(當歸四逆湯), 당구사역가오수유생강탕(當歸四逆加吳茱萸生薑湯), 황기계지오물탕(黃芪桂枝五物湯)

제6장 표리쌍해제(表裏雙解劑)

표리쌍해제란 해표약(解表藥)과 치리약(治裏藥)을 위주로 하고 병정에 따라 기타약물을 배합하여 구성한 방제를 말한다.

이 방제는 표리동병(表裏同病)을 치료한다. 표(表)와 리(裏)를 동시에 치료한다 하여 표리쌍해제(表裏雙解劑)라 하였다.

이 방제를 사용할 때에는 다음과 같은 주의가 필요하다.

① 반드시 표증(表症)이 있고 이증(裏證)이 있을 때에만 사용한다.

② 표증과 이증의 음양한열허실(陰陽寒熱虛實)을 구별하고 병정(病情)을 고려한 이후에 그에 맞는 약물을 선택한다.

③ 表症과 裏證 중 어느 것이 重한가 經한가 그 정도를 보고 그에 맞는 약물〔표약(表藥)과 이약(裏藥)〕을 사용한다.

예컨대 이편중(裏偏重)이면 이약(裏藥)을 위주로하고 표편중(表偏重)이면 해표약(解表藥)을 위주로 하면서 表藥과 裏藥을 적절히 배합하여 사용한다.

즉, 표증(表證)과 이증(裏證)의 주차(主次)와 경중(輕重)을 구분하여 약물을 사용한다.

【참고】 表裏同病의 종류

표허이실(表虛裏實), 표실이허(表實裏虛)

표열이한(表熱裏寒), 표한이열(表寒裏熱)

표리구한(表裏俱寒), 표리구열(表裏俱熱)

표리구실(表裏俱實), 표리구허(表裏俱虛)

1. 해표공리제(解表攻裏劑)

　해표공리제란 해표약(解表藥)과 사하약(瀉下藥)을 위주로 하고 병정(病情)에 따라 다른 약물을 배합하여 구성한 방제를 말한다.

　이 방제는 해표공리(解表攻裏)의 효능으로 이실증(裏實證)을 치료한다.

1) 주치(主治)

◎ 해표공리제가 치료하는 주요증상

　　복통변비(腹痛便秘), 한열두통(寒熱頭痛)

2) 해표공리제 구성시 상용약물

◎ 해표약(解表藥) : 마황(麻黃), 형개(荊芥), 시호(柴胡), 방풍(防風), 박하(薄荷), 계지(桂枝)/사하약(瀉下藥) : 망초(芒硝), 대황(大黃)

◎ 생강(生薑), 연교(連翹), 지실(枳實), 후박(厚朴), 목향(木香), 연호색(延胡索), 석고(石膏), 치자(梔子), 황금(黃芩), 숙지황(熟地黃), 인삼(人蔘)

3) 해표공리제 방제예

　대시호탕(大柴胡湯), 후박칠물탕(厚朴七物湯), 방풍통성산(防風通聖散)

2. 해표청리제(解表淸裏劑)

　해표청리제란 해표약(解表藥)과 청리약(淸裏藥)·청열약(淸熱藥)을 위주로하고 병정

(病情)에 따라 다른약물을 배합하여 구성한 방제를 말한다.

이 방제는 解表淸裏의 효능으로 풀리지 않는 표증(表症, 表寒熱證)과 치성(熾盛)한 이열증(裏熱證)을 치료한다.

1) 해표청리제 구성시 상용약물

◯ 解表藥

마황(麻黃), 갈근(葛根), 담두시(淡豆豉), 연교(連翹), 박하(薄荷)

◯ 淸熱藥

석고(石膏), 황련(黃連), 황금(黃芩), 황백(黃柏)

◯ 소자(蘇子), 반하(半夏)

2) 해표청리제 방제예

갈근황금황련탕(葛根黃芩黃連湯)
석고탕(石膏湯)

3. 해표온리제(解表溫裏劑)

해표온리제란 解表藥과 온리약(溫裏藥)을 위주로하고 병정(病情)에 따라 기타약물을 배합하여 구성한 방제를 말한다.

이 방제는 해표(解表)·온리거한(溫裏祛寒)의 효능으로 표증(表證)〔=표한(表寒)〕과 이한증(裏寒證)을 치료한다.

1) 주치(主治)

🌑 이 방제가 치료하는 주요증상

표한증(表寒證) : 두통(頭痛), 한열(寒熱), 무한(＝無汗)

이한증(裏寒證) : 태백맥침지(苔白脈沈遲), 심복냉통(心腹冷痛)

2) 해표온리제 구성시 상용약물

🌑 해표약(解表藥), 온리거한약溫裏祛寒藥

🌑 육계(肉桂), 건강(乾薑)(溫裏藥),/백지(白芷), 마황(麻黃), (解表藥)

3) 해표온리제 방제예

오적산(五積散)

시호계지건강탕(柴胡桂枝乾薑湯)

제7장 사하제(瀉下劑)

사하제란 사하약(瀉下藥)을 위주로하고 병정에 따라 기타약물을 배합하여 구성한 방제를 말한다.

이 방제는 대변(大便)을 통도(通導)시키고 위장(胃腸)의 적체(積滯)를 없애고 체내(體內)의 수음(水飮)과 한적(寒積)을 제거하는 등 각종 이실증(裏實證)을 치료한다.

여기서의 裏實證은 한결열(寒結熱), 조수결(燥水結), 인체의 허실(虛實)에 의해 발생한다.

이실증의 주요증상

대변비결(大便秘結), 동통거안(疼痛拒按), 완복창만(脘腹脹滿)

이실증(裏實證)을 치료하려면 병증의 음양과 반대의 성질을 지닌 약물을 이용한다.

예컨대, 한결(寒結)이면 온하약(溫下藥), 열결(熱結)이면 寒下藥, 燥結이면 윤하약(潤下藥), 이수성실(裏水成實)이면 준하축수약(浚下逐水藥). 체허변비(体虛便秘)이면 공보겸시약(攻補兼施藥)을 사용한다.

그래야 불균형화된 음양을 균형화시킬수 있어 인체를 정상화할 수 있다.

瀉下劑는 작용범위에 따라 한하제(寒下劑), 온하제(溫下劑), 윤하제(潤下劑), 축수제(逐水劑), 공보겸시제(攻補兼施劑)로 나눌 수 있다.

사하제 사용시 주의

임부(姙婦), 노인(老人), 허약자(虛弱子)에게는 신중을 기한다.

정기(正氣)를 상하게 할 수 있으므로 적절한 용량을 사용하고 가급적 짧은기간 사용한다.

사하제의 예

대황감초탕(大黃甘草湯), 대황목단피탕(大黃牧丹皮湯), 난미청해탕(闌尾淸解湯), 과

자인탕(瓜子仁湯), 장옹탕(腸癰湯)

1. 한하제(寒下劑)

한하제란 실열(實熱)을 없애고 적체(積滯)를 내려보내는 〔공하(功下)의〕 효능이 있는 한하약(寒下藥)을 위주로 하고 병정(病情)에 따라 기타약물을 배합하여 구성한 방제를 말한다.

이 방제는 주로 열결이실증(熱結裏實證), 이열적체실증(裏熱積滯實證)을 치료한다.

1) 주치(主治)

　◌ 한하제가 치료하는 주요증상

　　황태(黃苔), 조열실맥(潮熱實脈)

2) 한하제 구성시 상용약물

　◌ 망초(芒硝), 대황(大黃)

　◌ 후박(厚朴), 지실(枳實), 내복자(萊菔子), 목향(木香), 홍화(紅花), 도인(桃仁), 적작약(赤芍藥), 감수(甘遂)

3) 한하제 방제예

대승기탕(大承氣湯), 조위승기탕(調胃承氣湯), 소승기탕(少承氣湯), 복방대승기탕(復方大承氣湯), 대함흉탕(大陷胸湯), 감수통결탕(甘遂通結湯), 대함흉환(大陷胸丸)

2. 온하제(溫下劑)

온하제란 온리거한약(溫裏祛寒藥)과 사하약(瀉下藥)을 위주로하고 병정에 따라 (輕重 緩急에 따라) 기타약물을 배합하여 구성한 방제를 말한다.

이 방제는 공축냉적(攻逐冷積)의 효능으로 한냉적체(寒冷積滯)의 이실증(裏實證)을 치료한다.

1) 이 방제가 치료하는 주요증상

대변비결(大便秘結), 완복냉통(脘腹冷痛), 수족불온(手足不溫), 완복창만(脘腹脹滿), 복통희온(腹痛喜溫), 침긴맥(沈緊脈), 궐냉(厥冷)

2) 온하제 구성시 상용약물

파두(巴豆), 대황(大黃), 건강(乾薑), 부자(附子)

3) 온하제 방제예

온비탕(溫脾湯)
대황부자탕(大黃附子湯)
반유환(半硫丸)
삼물비급환(三物備急丸), 백산(白散)

3. 윤하제(潤下劑)

윤하제란 윤하약(潤下藥)(補虛藥과 潤腸藥)을 위주로 하고 병정에 따라 다른 약물을 배합하여 만든 방제를 말한다.

이 방제는 윤조활장(潤燥滑腸), 윤장통변(潤腸通便), 대변완하(大便緩下)의 효능으로
장조변비증(腸燥便秘證)을 치료한다.

1) 주치(主治)

◎ 윤하제가 치료하는 주요증상

열사상진(熱邪傷津)으로 인한 장조변비(腸燥便秘), 신체화성(身體火盛)으로 인
한 장위건조(腸胃乾燥), 진액부족(津液不足)에 의한 대변조비(大便燥秘), 연노
신허(年老腎虛)로 인한 장조변비(腸燥便秘)

2) 윤하제 구성 상용약물

◎ 행인(杏仁), 마인(麻仁), 대황(大黃), 당귀(當歸), 육종용(肉蓯蓉)

◎ 진피(陳皮), 후박(厚朴)

◎ 인삼(人蔘), 승마(升麻)

3) 윤하제 방제예

마자인환(麻子仁丸)
오인환(五仁丸)
윤장환(潤腸丸)
윤장탕(潤腸湯)
제천전(濟川煎)

4. 축수제(逐水劑)

축수제란 준사축수약(峻瀉逐水藥)을 위주로하고 병정(病情)에 따라 다른약을 배합하여 구성한 방제를 말한다.

이 방제는 공축수음(攻逐水飮)의 효능으로 수음옹성(水陰壅盛)의 이실증(裏實證)을 치료한다.

이 방제는 毒性이 있어 부작용이 있을 수 있고 축수력(逐水力)이 맹렬(猛烈)하여 정기(正氣)를 耗損시킬 수 있으므로 가급적 적고 짧은 기간 복용해야 한다.

◎ 축수제 구성 상용약물

① 감수(甘遂), 원화(芫花), 견우자(牽牛子), 대극(大戟), 상륙(商陸)

② 大黃, 택사(澤瀉), 목통(木桶), 초목(椒目), 복령피(茯苓皮), 대조(大棗)

◎ 축수제 방제예

십조탕(十棗湯)

공연단(控涎丹)

주차환(舟車丸)

소착음자(疏鑿飮子)

기초력황환(己椒藶黃丸)

5. 공보겸시제(攻補兼施劑)

공보겸시제란 사하약(瀉下藥)과 보익약(補益藥)을 위주로하고 병정(病情)에 따라 기타약물을 배합하여 만든 방제를 말한다.

이 방제는 보익기(補益氣)와 이실공하(裏實攻下)의 효능으로 이실정허(裏實正虛)와 대변비결(大便秘結)을 동시에 치료한다. 즉 사실사(瀉實邪)와 보정기(補正氣) 등 공보

(攻補)를 겸시(兼施)한다.

1) 주치(主治)

◎ 공보겸시제가 치료하는 주요증상

이실변비(裏實便秘), 정기부족증(正氣不足證), 기혈양허(氣血兩虛), 음액부족증
(陰液不足證)

2) 공보겸시제 구성 상용약물

◎ 사하약(瀉下藥), 보익약(補益藥)

◎ 망초(芒硝), 대황(大黃), 건강(乾薑), 부자(附子)

◎ 황기(黃芪), 인삼(人蔘), 당귀(當歸)

◎ 맥문동(麥門冬), 현삼(玄蔘), 생지황(生地黃)

◎ 건강(乾薑), 부자(附子), 후박(厚朴), 지실(枳實), 사인(砂仁), 반하(半夏)

3) 공보겸시제 방제예

신가황룡탕(新加黃龍湯), 황룡탕(黃龍湯), 증액승기탕(增液承氣湯), 승기양영탕(承氣
養營湯), 온비탕(溫脾湯)

제**8**장 화해제(和解劑)

화해제란 화해(和解)와 조화(調和)의 효능이 있는 약물을 위주로하고 병정에 따라 적당한 약물을 배합하여 구성한 방제를 말한다.

이 방제는 화해(和解), 조화(調和)의 효능으로 다음과 같은 영향력을 행사한다.

① 목화토금수장부(木火土金水臟腑)의 상생상극(相生相剋) 관계를 조화롭게 한다.

간(肝)과 비(脾), 비(脾)와 위(胃), 기(氣)와 혈(血), 영(營)과 위(衛), 표(表)와 리(裏), 인체조직의 관계 등을 화해시키고 조화시킨다.

소양반표반리(少陽半表半裏)의 사(邪)를 제거하고 장부기능을 조화시키고 한열(寒熱)의 호결(互結)을 해제하고 기기승강(氣機升降)을 조절한다.

즉 병증을 제거하고 인체음양오행을 조절하여 정상화시킨다.

이 방제는 음양오행의 조화 등 다양한 것들과 관련을 가지나 주로 소양(少陽)을 화해(和解)시키고 간비(肝脾), 장위(腸胃) 등 장부(臟腑)를 조화시킨다.

◑ 화해제의 예

작약감초탕(芍藥甘草湯), 작약감초부자탕(芍藥甘草附子湯), 감초탕(甘草湯), 대시호탕(大柴胡湯), 청이탕(淸胰湯), 절학칠보음(截瘧七寶飮), 상산음(常山飮), 통사요방(痛瀉要方), 소요산(逍遙散)

1. 화해소양제(和解少陽劑)

화해소양제란 소양경(少陽經)의 한열(寒熱)을 소해(疏解), 청설(淸泄)하는 약물을 위주로 하고 병정에 따라 기타약물을 적절히 배합하여 만든 방제를 말한다.

이 방제는 소양불화증(少陽不和證)으로 인한 흉협고만(胸脇苦滿), 심번희구(心煩喜

嘔), 인건(咽乾), 구고(口苦) 등을 치료한다. 〔즉 반표반리(半表半裏)의 사(邪)를 제거한다.〕

1) 화해소양제 구성 상용약물

- 시호(柴胡), 황금(黃芩), 청호(靑蒿)
- 생강(生薑), 반하(半夏), 인삼(人蔘), 감초(甘草), 죽여(竹茹), 청대(靑黛), 활석(滑石), 진피(陳皮), 백복령(白茯苓), 지각(枳殼), 길경(桔梗)
- 목단피(牧丹皮), 생지황(生地黃), 홍화(紅花), 당귀미(當歸尾)
- 후박(厚朴), 빈랑(檳榔), 초과(草果), 상산(常山), 치자(梔子), 인진호(茵蔯蒿)

2) 화해소양제 방제예

시호탕(柴胡湯), 시호지길탕(柴胡枳桔湯), 시호계지탕(柴胡桂枝湯), 시호계지건강탕(柴胡桂枝乾薑湯), 시박탕(柴朴湯), 시함탕(柴陷湯), 시령탕(柴苓湯), 시평탕(柴平湯), 호금청담탕(蒿芩淸膽湯), 시호달원음(柴胡達原飮), 청비음(淸脾飮), 달원음(達原飮)

2. 비위(脾胃) 〔장위(腸胃)〕 조화제(調和劑)

비위조화제란 신온산한(辛溫散寒), 고한설열(苦寒泄熱)의 효능이 있는 약을 위주로하고 병정에 따라 기타약물을 배합하여 구성한 방제를 말한다.

이 방제는 주로 비위(脾胃), 장위(腸胃)에 있는 한열사(寒熱邪)를 평조(平調)하여 비정상적인 脾胃·腸胃 기능을 정상화 시키는데 쓴다.

◎ 脾胃不調和로 인한 주요증상

오심구토(惡心嘔吐), 심하비만(心下痞滿), 완복창통(脘腹脹痛), 장명하리증(腸鳴下痢證) 등 이러한 증상을 치료하는데 비위조화제를 쓴다.

◎ 비위조화제 구성 상용약물

① 반하(半夏), 건강(乾薑), 황련(黃連), 황금(黃芩)

② 계지(桂枝), 금은화(金銀花)

③ 감초(甘草), 자감초(炙甘草), 인삼(人蔘), 대조(大棗), 생강(生薑), 통초(通草), 활석(滑石), 신국(神麴), 산사(山楂), 후박(厚朴), 목향(木香), 백작약(白芍藥)

3. 간비조화제(肝脾調和劑)

간비조화제란 유간(柔肝), 소간(疏肝), 건비보토(健脾補土)의 효능이 있는 약물을 위주로하고 병정에 따라 다른약을 배합하여 구성한 방제를 말한다.

이 방제는 간비(肝脾)의 기능을 조화시켜 간비불화증(肝脾不和證)을 치료한다.

◎ 肝脾不和證

간기울결(肝氣鬱結), 흉민협통(胸悶脇痛), 비위횡범(脾胃橫犯), 완복창통(脘腹脹痛), 한열왕래(寒熱往來), 월경부조(月經不調), 대변설사(大便泄瀉)

1) 간비조화제 구성시 상용약물

◎ 백작약(白芍藥), 시호(柴胡), 지각(枳殼), 당귀(當歸), 향부자(香附子), 진피(陳皮), 백출(白朮), 복령(茯苓), 감초(甘草)

ⓒ 울금(鬱金), 청피(靑皮), 단삼(丹蔘), 천궁(川芎), 숙지황(熟地黃), 목단피(牧丹皮), 치자(梔子), 인삼(人蔘), 황기(黃芪), 당삼(黨蔘), 창출(蒼朮), 유향(藭香), 후박(厚朴)

2) 간비조화제 방제예

사역산(四逆散), 지실작약산(枳實芍藥散), 시호소간산(柴胡疏肝散), 자음지보탕(滋陰至寶湯), 흑소요산(黑逍遙散), 소요산(逍遙散), 단치소요산(丹梔逍遙散) 〔＝가미소요산(加未逍遙散)〕, 백출작약산(白朮芍藥散)

제9장 안신제(安神劑)

안신제란 자양(慈養)·안신약(安神藥)이나 중진안신약(重鎭安神藥)을 위주로하고 병정에 따라 기타약물을 배합하여 구성한 방제를 말한다.

이 방제는 안신(安神)의 효능으로 정신불안증질환을 치료한다. 정신불안증의 원인은 외부적 두려움 간울(肝鬱)의 火로 인한 공포·초조·불안·희노(喜怒) 등 실증(實證)과 지나친 근심에 의한 심간혈허(心肝血虛), 심간혈허로 인한 심음양부족(心陰陽不足), 허화내요(虛火內擾)로 인한 건망(健忘)·경계(驚悸)·허번불침(虛煩不寢) 등 허증(虛證)으로 분류할 수 있다.

실증(實證)에는 진심안신약(鎭心安神藥)과 청열약(淸熱藥)을 위주로하여 구성한 방제를 쓴다.

이 방제는 진심안신하고 청열제번(淸熱除煩)하여 정신을 안정시킨다.

허증(虛證)에는 자음·양혈·안신약(滋陰·養血·安神藥)을 위주로하여 구성한 방제를 쓴다.

사용상 주의

① 장기복용 삼가
② 비위(脾胃)의 기능을 고려하여 보비화위약(補脾和胃藥)을 함께 쓴다.

방제의 예

시호가용골모려탕(柴胡加龍骨牡蠣湯), 시작용모탕(柴芍龍牡湯), 계지가용골모려탕(桂枝加龍骨牡蠣湯)

1. 중진안신제(重鎭安神劑)

중진안신제란 중진안신약(重鎭安神藥)과 자음안신약(滋陰安神藥)을 위주로하고 병정에 따라 기타약물을 배합하여 구성한 방제를 말한다.

이 방제는 정충(怔忡), 경계(驚悸), 번난(煩亂), 실면(失眠) 등 심간양편항증(心肝陽偏亢證)을 치료한다.

🌙 중진안신제 구성시 상용약물

① 자석(磁石), 주사(朱砂), 진주모(眞珠母), 용치(龍齒)
② 당귀(當歸), 생지황(生地黃), 숙지황(熟地黃), 산조인(酸棗仁), 황련(黃連), 치자(梔子), 신국(神麴), 맥아(麥芽), 백복신(白茯神), 인삼(人蔘)

🌙 중진안신제 방제예

주사안신환(朱砂安神丸), 생철락음(生鐵落飮), 진주모환(珍珠母丸)〔=진주환(珍珠丸)〕, 자주환(磁朱丸)〔=신국환(神麴丸)〕

2. 자양안신제(滋養安神劑)

자양안신제란 자음양혈약(滋陰養血藥)과 양심안신약(養心安神藥)을 위주로하고 병정(病情)에 따라 기타약물을 배합하여 구성한 방제를 말한다.

이 방제는 자양안신(滋養安神)의 효능으로 심계도한(心悸盜汗), 허번소침(虛煩少寢), 몽유건망(夢遺健忘), 설홍태소(舌紅苔少) 등 허양편항증(虛陽偏亢證)을 치료한다.

🌙 자양안신제 구성시 상용약물

① 산조인(酸棗人), 오미자(五味子), 백자인(栢子仁), 소맥(小麥), 생지황(生地黃), 지모(知母), 단삼(丹蔘), 맥문동(麥門冬), 당귀(當歸), 백복령(白茯苓), 백복신(白茯神), 인삼(人蔘), 원지(遠志), 석창포(石菖蒲), 현삼(玄蔘), 천문

동(天門冬)

② 감초(甘草), 대조(大棗), 황련(黃連), 치자(梔子), 주사(朱砂)

자양안신제 방제예

산조인탕(酸棗仁湯), 황련아교탕(黃連阿膠湯), 교태환(交泰丸), 정지환(定志丸)
감맥대조탕(甘麥大棗湯), 백합지황탕(百合地黃湯), 천왕보심단(天王補心丹), 침
중단(枕中丹)〔＝공성침중단(孔聖枕中丹)〕, 백자양심환(柏子養心丸)

제10장 개규제(開竅劑)

개규제란 방향개규약(芳香開竅藥)을 위주로하고 병정(病情)에 따라 기타약물을 배합하여 구성한 방제를 말한다.

이 방제는 개규성신(開竅醒神)의 효능으로 신혼규폐증(神昏竅閉證)을 치료한다.

신혼규폐증은 허증(虛證)과 실증(實證)으로 나누어진다.

이 중 實證을 閉證이라 한다. 폐증에는 한폐(寒閉)와 열폐(熱閉)가 있다.

한폐(寒閉)는 한사(寒邪)와 기울(氣鬱)·담탁(淡濁)에 의해, 열폐(熱閉)는 온사(溫邪)와 열독(熱毒)에 의해 발생한다.

폐증(閉證)이란 한폐(寒閉)와 열폐(熱閉) 등 사기(邪氣)에 의해 심규(心竅)가 막혀 생기는 증세를 말한다.

閉證 중 寒閉는 온통약(溫通藥)·온산한약(溫散寒藥)을 위주로 하여 구성한 방제로 온개(溫開)하고, 熱閉는 진심안신약(鎭心安神藥)과 청열약(淸熱藥)을 위주로하여 구성한 방제로 양개(涼開)한다. 기타 병정에 따라 평간식풍약(平肝熄風藥), 거담약(祛痰藥)을 사용한다.

개규제 복용시 주의

원기(元氣)가 모손(耗損)되기 쉬우므로 구급(求急)시에 사용하고 장복하지 않는다. 휘발성이 있으므로 열을 가하지 않는다.

방제의 예

척담탕(滌痰湯), 도담탕(導痰湯)

1. 양개제(涼開劑)

양개제란 방향개규약(芳香開竅藥)과 청열해독약(淸熱解毒藥)을 위주로 하고 병정에 따라 기타약물을 배합하여 구성한 방제를 말한다.

이 방제는 청열해독개규(淸熱解毒開竅)와 진심안신(鎭心安神)의 효능으로 온사(溫邪)와 열독(熱毒)으로 인한 열폐증(熱閉證)을 치료한다.

양개제가 치료하는 주요증상

정신혼미, 고열(高熱), 헛소리, 경궐(痙厥)

1) 양개제 구성시 상용약물

◎ 방향개규약(芳香開竅藥)

안식향(安息香), 사향(麝香), 빙편(氷片), 울금(鬱金)

◎ 청열해독약(淸熱解毒藥)

황금(黃芩), 황련(黃連), 대황(大黃), 석고(石膏), 서각(犀角), 치자(梔子), 우황(牛黃)

◎ 석(磁石), 주사(朱砂), 진주(珍珠), 천축황(天竺黃), 담남성(膽南星), 패모(貝母), 조구등(釣鉤藤), 천마(天麻), 백강잠(白殭蠶), 전갈(全蠍)

2) 양개제 방제예

안궁우황환(安宮牛黃丸), 우황청심환(牛黃淸心丸)

지보단(至寶丹)

자설단(紫雪丹)

소아회춘단(小兒回春丹)

행군산(行軍散)

자금정(紫金錠〔＝옥추단(玉樞丹)〕)

2. 온개제(溫開劑)

온개제란 방향개규약(芳香開竅藥)과 신온행기약(辛溫行氣藥)을 위주로 하고 병정(病情)에 따라 다른 약물을 배합하여 구성한 방제를 말한다.

이 방제는 개규해울(開竅解鬱)과 온통기기(溫通氣機)의 효능으로 중한(中寒), 중풍(中風), 담궐(痰厥) 등 한폐증(寒閉證)을 치료한다.

◎ 寒閉證의 증상(症狀)

아관긴폐(牙關緊閉), 돌연혼도(突然昏倒), 백태지맥(白苔遲脈), 곽란토사(霍亂吐瀉)

◎ 온개제 구성시 상용약물

① 방향개규약(芳香開竅藥)

소합향(蘇合香), 안식향(安息香), 사향(麝香), 빙편(氷片)

② 신온행기약(辛溫行氣藥)

침향(沈香), 정향(丁香), 단향(檀香)

③ 세신(細辛), 필발(蓽撥), 단삼(丹蔘)

유향(乳香), 목향(木香), 향부자(香附子), 아조협(牙皂莢), 가자(訶子)

◎ 온개제 방제예

소합향환(蘇合香丸), 관심소합환(冠心蘇合丸), 통관산(通關散), 자금정(紫金錠)

〈옥추단(玉樞丹)〉

제11장 고삽제(固澁劑)

고삽제란 수렴고삽약(收斂固澁藥)을 위주로 하고 병정(病情)에 따라 다른 약물을 배합하여 구성한 방제를 말한다.

이 방제는 고삽수렴(固澁收斂)의 효능으로 정기손상(正氣損傷)으로 인한 기혈정진(氣血精津)의 모산활탈증(耗散滑脫證)을 치료한다.

고삽제는 자한(自汗), 도한(盜汗), 구사불리(久瀉不痢), 소변실금(小便失禁), 유정활설(遺精滑泄), 붕루대하(崩漏帶下)의 증상을 치료하고 인체기능을 정상화시킨다.

고삽제는 고표지한제(固表止汗劑), 삽장고탈제(澁腸固脫劑), 삽정지유제(澁精止遺劑), 고붕지대제(固崩止帶劑), 염폐지해제(斂肺止咳劑)로 나눌 수 있다. 그리고 병증의 정도 주차(主次)와 경중(輕重), 표본(標本)과 완급(緩急)에 따라 주요약물과 기타약물을 배합하여 다양하게 구성할 수 있다.

1. 고표지한제(固表止汗劑)

고표지한제란 익기(益氣)·고표(固表)·양음(養陰)·청열(淸熱)·수렴지한약(收斂止汗藥)을 위주로 하고 병정에 따라 기타약물을 배합하여 구성한 방제를 말한다.

이 방제는 허한제지(虛汗制止)의 효능으로 위기불고(衛氣不固)로 인한 자한(自汗)과 음허유열(陰虛有熱)에 의한 도한(盜汗)의 병증을 치료한다.

◎ 자한증(自汗證)

면색황백(面色晄白), 자한(自汗), 설담(舌淡), 심계단기(心悸短氣), 맥허약(脈虛弱), 도한증(盜汗證) : 장기저열불퇴(長期低熱不退), 골증조열(骨蒸潮熱), 설홍소태(舌紅少苔), 맥세삭(脈細數)

◍ 고표지한제 구성시 상용약물

① 익기고표약(益氣固表藥) : 황기(黃芪), 익음염한약(益陰斂汗藥) : 모려(牡蠣)

② 마황근(麻黃根), 백출(白朮), 부소맥(浮小麥), 백작약(白芍藥), 생지황(生地黃), 부자(附子), 육계(肉桂), 숙지황(熟地黃), 당귀(當歸), 지모(知母), 석곡(石斛), 황백(黃柏), 오미자(五味子), 인삼(人蔘), 황기(黃芪)

◍ 고표지한제 방제예

모려산(牡蠣散)

옥병풍산(玉屛風散)

2. 삽장고탈제(澁腸固脫劑)

삽장고탈제란 삽장지사약(澁腸止瀉藥)을 위주로 하고 병정에 따라 기타약물을 배합하여 구성한 방제를 말한다.

이 방제는 삽장고탈(澁腸固脫)의 효능으로 비신허한(脾腎虛寒)으로 인한 사리불금(瀉痢不禁), 정기휴허(正氣虧虛)로 인한 활탈불고(滑脫不固)의 병증을 치료한다.

◍ 삽장고탈제 구성시 상용약물

① 삽장지사약(澁腸止瀉藥)

우여량(禹餘粮), 육두구(肉豆蔻), 적석지(赤石脂), 가자(訶子), 오매(烏梅), 오배자(五倍子)

② 인삼(人蔘), 백출(白朮), 건강(乾薑), 오수유(吳茱萸), 보골지(補骨脂), 육계(肉桂), 백작약(白芍藥), 당귀(當歸), 아교(阿膠), 시호(柴胡), 승마(升麻), 갈근(葛根), 목향(木香), 정향(丁香), 진피(陳皮)

◎ 삽장고탈제 방제예

　　진인양장탕(眞人養臟湯)

　　도화탕(桃花湯)

　　적석지우려량탕(赤石脂禹餘糧湯)

　　사신환(四神丸)

　　오미자산(五味子散)

　　삼신환(三神丸)

　　담료사신환(澹療四神丸)

3. 삽정지유제(澁精止遺劑)

　삽정지유제란 수삽고정약(收澁固精藥)을 위주로하고 병정(病情)에 따라 기타약물을 배합하여 구성한 방제를 말한다.

　이 방제는 고섭(固攝)의 효능으로 신허실장(腎虛失藏)으로 인한 신기불섭(腎氣不攝), 정관불고(精關不固)로 인한 유정활설(遺精滑泄), 방광실약(膀胱失約)으로 인한 소변실금(小便失禁)의 병증을 치료한다.

◎ 삽정지유제 구성 상용약물

　　① 수삽고정약(收澁固精藥)

　　　연수(蓮須), 사원질려(沙苑蒺藜), 검실(芡實)

　　② 모려(牡蠣), 용골(龍骨)

　　③ 익지인(益智仁), 상표초(桑螵蛸), 천문동(天門冬), 생지황(生地黃), 두중(杜仲), 육계(肉桂), 토사자(菟絲子), 산수유(山茱萸), 호마인(胡麻仁), 파극천(巴戟天), 인삼(人蔘), 산약(山藥), 황기(黃芪), 백출(白朮), 구기자(枸杞子), 제하수오(製何首烏), 숙지황(熟地黃), 석창포(石菖蒲), 원지(遠志), 백복신(白茯神), 산조인(酸棗仁)

4. 고붕지대제(固崩止帶劑)

고붕지대제란 지혈고삽약(止血固澁藥) 또는 고삽지대약(固澁止帶藥)을 위주로 하고 병정(病情)에 따라 기타약물을 배합하여 구성한 방제를 말한다.

이 방제는 고붕지대(固崩止帶)의 효능으로 대하(帶下), 붕루(崩漏), 임리(淋漓)의 병증을 치료한다.

붕루증(崩漏證)

면색창백(面色蒼白), 색담질희(色淡質稀), 설담(舌淡), 맥세약(脈細弱)

대하증(帶下證)

대하(帶下), 면색창백(面色蒼白), 요산핍력(腰痠乏力), 심계(心悸), 기단기(氣短氣), 설담(舌淡), 맥세약(脈細弱)

고붕지대제 구성 상용약물

① 지혈고삽약(止血固澁藥)

선학초(仙鶴草), 천초근(茜草根), 종려탄(棕櫚炭), 아교(阿膠)

고삽지대약 : 연수(蓮鬚), 검실(芡實), 오적골(烏賊骨), 백과(白果)

② 인삼(人蔘), 백출(白朮), 황기(黃芪), 백작약(白芍藥), 당귀(當歸), 생지황(生地黃), 목단피(牧丹皮), 귀판(龜板), 포황(蒲黃), 오령지(五靈脂), 삼칠근(三七根), 애엽(艾葉), 포건강(炮乾薑), 산약(山藥), 토사자(菟絲子), 녹용(鹿茸), 육계(肉桂), 부자(附子)

고붕지대제 방제예

고경환(固經丸), 고충탕(固沖湯), 완대탕(完帶湯), 이황탕(易黃湯), 청대탕(清帶湯), 진영단(震靈丹)

5. 염폐지해제(斂肺止咳劑)

염폐지해제란 斂肺止咳 · 익기양음(益氣養陰)의 효능이 있는 약물을 위주로하고 병정(病情)에 따라 기타약물을 배합하여 구성한 방제를 말한다.

이 방제는 斂肺止咳 · 益氣養陰의 효능으로 기음모상(氣陰耗傷), 구해폐허(久咳肺虛), 폐허기약(肺虛氣弱)으로 인한 기천자한(氣喘自汗)과 맥허삭(脈虛數)의 병증을 치료한다.

🌀 염폐지해제 구성시 상용약물

① 염폐지해약(斂肺止咳藥)

오미자(五味子), 오매(烏梅), 앵속각(罌粟殼)./익기양음약(益氣養陰藥) : 아교(阿膠), 인삼(人蔘)

② 관동화(款冬花)

상백피(桑白皮), 길경(桔梗), 패모(貝母)

🌀 염폐지해제 방제예

구선산(九仙散)

제**12**장 이기제(理氣劑)

이기제란 행기(行氣)와 강기(降氣), 보기(補氣)의 효능이 있는 이기약(理氣藥)을 위주로 하고 병정(病情)에 따라 기타약물을 배합하여 구성한 방제를 말한다.

이 방제는 기기조리(氣機調理)의 효능으로 기체증(氣滯證), 기기울결증(氣機鬱結證), 기역상충증(氣逆上冲證)을 치료한다.

이 병증은 과로(過勞), 정지실조(情志失調), 한온부적(寒溫不適), 음식실절(飮食失節), 노권과도(勞倦過度)로 인해 발생한다.

기기울결(氣機鬱結)은 해울산결(解鬱散結)로 기역상충(氣逆上冲)은 강역평충(降逆平冲)하여 치료한다.

병(病)의 허실(虛實)·한열(寒熱), 병정의 정도에 따라 기타약물을 배합하여 방제를 구성한다.

이 방제는 성질이 방향신조(芳香辛燥)하여 진기(津氣)를 상모(傷耗)시킬 수 있다. 그러므로 기간을 짧게 사용해야 하고 임산부(姙産婦), 노약자는 사용을 신중히 한다.

1. 행기제(行氣劑)

행기제란 행기약(行氣藥)을 위주로 하고 병정에 따라 기타 약물을 배합하여 구성한 방제를 말한다.

이 방제는 기기소창(氣機疏暢)의 작용력으로 기기울체(氣機鬱滯)의 병증을 치료한다.

〈이 방제는 주로 간(肝)·비(脾)·위(胃)·폐(肺)의 기기울체증(氣機鬱滯證)을 치료한다.〉

1) 주치(主治)

⚪ 이 방제가 치료하는 주요증상

비위기체(脾胃氣滯)로 인한 완복창만(脘腹脹滿), 구오식소(嘔噁食少), 애기탄산(噯氣呑酸), 대변실상(大便失常)

간기울체(肝機鬱滯)로 인한 통경(痛經), 흉협창통(胸脇脹痛), 산기통(疝氣痛), 월경불순(月經不順), 〔행기제는 행기통체(行氣通滯), 소간해울(疏肝解鬱)하여 치료한다.〕

2) 행기제 구성시 상용약물

⚪ 행기약(行氣藥)

지실(枳實), 목향(木香), 진피(陳皮), 사인(砂仁), 후박(厚朴), 향부자(香附子), 청피(靑皮), 소회향(小茴香), 천태오약(天台烏藥), 천련자(川楝子), 귤핵(橘核)

⚪ 반하(半夏), 백복령(白茯苓), 과루인(瓜蔞仁), 창출(蒼朮), 적작약(赤芍藥), 천궁(川芎), 도인(桃仁), 계지(桂枝), 육계(肉桂), 오수유(吳茱萸), 고량강(高良薑), 황금(黃芩), 치자(梔子), 당귀(當歸), 구기자(枸杞子), 유향(乳香), 몰약(沒藥), 현호색(玄胡索)

3) 행기제 방제예

월국환(越鞠丸)

반하후박탕(半夏厚朴湯)

금령자산(金鈴子散), 연호색산(延胡索散)

지실해백계지탕(枳實薤白桂枝湯), 과루해백반하탕(瓜蔞薤白半夏湯), 과루해백백주탕(瓜蔞薤白白酒湯), 천태오약산(天台烏藥散), 도기탕(導氣湯), 삼층회향환(三層茴香丸), 귤핵환(橘核丸), 난간전(暖肝煎), 후박온중탕(厚朴溫中湯), 양부환(良附丸)

2. 강기제(降氣劑)

강기제란 강기약(降氣藥)을 위주로하고 병정에 따라 기타약물을 배합하여 구성한 방제를 말한다.

이 방제는 강기(降氣)의 효능으로 기역상역(氣逆上逆)의 병증을 치료한다.

폐기상역(肺氣上逆), 해천(咳喘)이면 강기거담약(降氣祛痰藥)과 지해평천약(止咳平喘藥)을 위주로 한다.

1) 주치(主治)

◌ 이 방제가 주로 치료하는 증상

폐기상역(肺氣上逆)으로 인한 구토(嘔吐), 해천(咳喘), 애기(噯氣), 구역(嘔逆)의 병증

2) 강기제 구성시 상용약물

◌ 강기거담지해평천약(降氣祛痰止咳平喘藥), 행인(杏仁), 소자(蘇子), 침향(沈香)

◌ 후박(厚朴), 자원(紫苑), 길경(桔梗), 전호(前胡), 관동화(款冬花), 세신(細辛), 반하(半夏), 건강(乾薑), 육계(肉桂), 석고(石膏), 황금(黃芩), 상백피(桑白皮), 마황(麻黃), 대자석(代赭石), 반하(半夏), 선복화(旋覆花), 시체(柿蒂), 인삼(人蔘), 대조(大棗), 감초(甘草), 황련(黃連), 비파엽(枇杷葉), 죽여(竹茹), 생강(生薑), 정향(丁香), 오수유(吳茱萸)

3) 강기제 방제예

소자강기탕(蘇子降氣湯), 사마탕(四磨湯), 오마음자(五磨飮子), 정천탕(定喘湯), 귤

피죽여탕(橘皮竹筎湯), 신제귤피죽여탕(新制橘皮竹筎湯), 제생귤피죽여탕(濟生橘皮竹筎湯)

선복대자탕(旋覆代赭湯), 소반하탕(小半夏湯), 건강인삼반하환(乾薑人蔘半夏丸), 정향시체탕(丁香柹蔕湯), 시체탕(柹蔕湯)

제13장 이혈제(理血劑)

이혈제란 理血藥을 위주로하고 병정에 따라 기타약물을 배합하여 구성한 방제를 말한다.

이 방제는 조혈(調血), 활혈(活血), 지혈(止血)의 작용력으로 혈어(血瘀)와 출혈(出血)의 병증을 치료한다.

혈어증(血瘀證)과 혈일증(血溢證)을 치료(活血, 祛瘀, 止血)할 때에는 병증의 음양(陰陽), 한열허실(寒熱虛實), 경중완급(輕重緩急), 표본(標本)을 고려하여 구성한 방제로서 한다.

1. 활혈거어제(活血祛瘀劑)

활혈거어제란 활혈거어약(活血祛瘀藥)을 위주로하고 병정에 따라 다른약물을 배합하여 구성한 방제를 말한다.

이 방제는 혈행촉진(血行促進), 어혈소산(瘀血消散)의 효능으로 어혈(瘀血)과 축혈(蓄血)의 병증을 치료한다.

1) 주치(主治)

◯ 이 방제가 치료하는 주요증상

혈행불창(血行不暢)과 어혈조체(瘀血阻滯)로 인한 통경(痛經), 경폐(經閉), 징가(癥瘕), 건혈노(乾血癆), 외상어통증(外傷瘀痛證), 어적종통(瘀積腫痛), 흉복제통(胸腹諸痛), 외상어종(外傷瘀腫)

2) 활혈거어제 구성시 상용약물

ⓐ 화혈거어약(活血祛瘀藥)

도인(桃仁), 천궁(川芎), 홍화(紅花), 단삼(丹蔘), 적작약(赤芍藥), 익모초(益母草), 현호색(玄胡索), 유향(乳香), 삼릉(三棱)

ⓐ

목향(木香), 향부자(香附子), 지각(枳殼), 오약(烏藥), 건강(乾薑), 오수유(吳茱萸), 육계(肉桂), 목단피(牧丹皮), 치자(梔子), 황금(黃芩), 망초(芒硝), 대황(大黃), 백복령(白茯苓), 백모근(白茅根), 택사(澤瀉), 구맥(瞿麥), 황기(黃芪), 인삼(人蔘), 백작약(白芍藥), 당귀(當歸), 아교(阿膠)

3) 활혈거어제 방제예

도핵승기탕(桃核承氣湯), 저당탕(抵當湯), 계지복령환(桂枝茯苓丸), 하어혈탕(下瘀血湯), 복원활탕(復元活湯), 혈부축어탕(血府逐瘀湯), 격하축어탕(膈下逐瘀湯), 통규활혈탕(通竅活血湯), 신통축어탕(身痛逐瘀湯), 소복축어탕(少腹逐瘀湯), 보양환오탕(補陽還五湯), 실소산(失笑散), 관심2호방(冠心二號方), 칠리산(七厘散), 온경탕(溫經湯), 애부난궁환(艾附暖宮丸), 통어전(通瘀煎), 단삼음(丹蔘飮), 활락효령단(活絡效靈丹), 궁외잉방(宮外孕方), 생화탕(生化湯), 계지복령탕(桂枝茯苓湯), 대황자충환(大黃蟅虫丸)

2. 지혈제(止血劑)

지혈제란 지혈약(止血藥)을 위주로 하고 병정에 따라 상응하는 약물을 배합하여 구성한 방제를 말한다.

이 방제는 출혈제지(出血制止)의 효능으로 혈액망행(血液妄行)으로 인한 토혈(吐血), 해혈(咳血), 육혈(衄血), 붕루(崩漏) 등 출혈증(出血證)을 치료한다.

◎ 지혈제 구성시 상용약물

① 지혈약(止血藥)

소계(小薊), 측백엽(側柏葉), 천초(茜草), 지유(地楡), 애엽(艾葉), 포건강(炮乾薑), 종려피(棕櫚皮), 포황(蒲黃), 삼칠근(三七根)

② 치자(梔子), 황금(黃芩), 대황(大黃), 생지황(生地黃), 서각(犀角), 목단피(牧丹皮), 백작약(白芍藥), 황백(黃白), 귀판(龜板), 지모(知母), 육계(肉桂), 부자(附子), 인삼(人蔘), 천궁(川芎), 단삼(丹蔘), 대자석(代赭石), 우슬(牛膝)

◎ 지혈제 방제예

양혈지혈(凉血止血)에 사생환(四生丸), 십회산(十灰散)/청열지혈(淸熱止血) 소풍하기(疏風下氣)·청장지혈(淸腸止血)에 괴화산(槐花散), 괴각환(槐角丸)/ 청화화담(淸火化痰), 사간청화(瀉肝淸火), 염폐지해(斂肺止咳)에 해혈방(咳血方)/양혈지혈(養血止血)·온양건비(溫陽健脾)에 황토탕(黃土湯)/양혈지혈(凉血止血)과 이수통림(利水通淋)에 소계음자(小薊飮子)/보혈지혈(補血止血)과 조경안태(調經安胎)에 교애탕(膠艾湯)

제14장 치풍제(治風劑)

치풍제란 신산거풍약(辛散祛風藥), 평간잠양약(平肝潛陽藥), 식풍지경약(熄風止痙藥)을 위주로 하고 병정에 따라 다른 약물을 배합하여 구성한 방제를 말한다.

이 방제는 소산외풍(疏散外風)과 평식내풍(平熄內風)의 효능으로 외풍사(外風邪)로 인한 외풍증(外風證)과 간기능실조(肝機能失調)로 인한 내풍증(內風證)을 치료한다.

외풍(外風)은 풍사(風邪)가 기표(肌表), 근육(筋肉), 경락(經絡), 골절(骨節)에 머무를때 발생한다.

내풍(內風)은 내장병(內臟病)이 원인이다. 外風은 신산거풍약(辛散祛風藥)으로 소산(疏散)시키고 內風은 평간식풍약(平肝熄風藥)으로 한다.

질병의 부위와 음양과 한열허실(寒熱虛實)을 구별하고 사기(邪氣)의 선후(先後)와 주차(主次)를 분별하여 그에 알맞은 약물을 배합하여 구성한 방제로서 치료한다.

1. 소산외풍제(疏散外風劑)

소산외풍제란 신산거풍약(辛散祛風藥)을 위주로 하고 병정(病情)에 따라 기타약물을 배합하여 구성한 방제를 말한다.

이 방제는 소풍산사(疏風散邪), 산풍진통(散風鎭痛)의 효능으로 외감풍사(外感風邪)로 인한 병증을 치료한다.

外風의 증상

현훈(眩暈), 두통(頭痛), 구안와사(口眼喎斜), 풍진(風疹), 관절산통(關節痠痛), 언어건삽(言語蹇澁), 굴신불리(屈伸不利), 마목불인(馬木不仁), 각궁반장(角弓反張), 수족구급(手足拘急)

◑ 소산외풍제 구성시 상용약물

① 신산거풍약(辛散祛風藥)

독활(獨活), 강활(羌活), 형개(荊芥), 백지(白芷), 천궁(川芎), 백부자(白附子), 방풍(防風)

② 진교(秦艽), 창출(蒼朮), 고삼(苦蔘), 세신(細辛), 전갈(全蠍), 백강잠(白殭蠶), 천남성(天南星)

③ 구인(蚯蚓), 몰약(沒藥), 유향(乳香), 황기(黃芪), 인삼(人蔘), 당귀(當歸), 생숙지황(生熟地黃), 당삼(黨蔘)

◑ 소산외풍제 방제예

소풍산(消風散)

대진교탕(大秦艽湯)

견정산(牽正散), 지경산(止痙散)

천궁다조산(川芎茶調散), 창이자산(蒼耳子散), 국화다조산(菊花茶調散)

소활락단(小活絡丹)〔=활락단(活絡丹)〕, 대활락단(大活絡丹)

옥진산(玉眞散), 오호추풍산(五虎追風散), 촬풍산(撮風散)

병사(病邪)의 경중(輕重)과 겸협(兼夾),

체질의 강약 등을 고려하여 약물을 배합하고 방제를 구성하여 치료한다.

2. 평식내풍제(平熄內風劑)

평식내풍제란 평간식풍약(平肝熄風藥), 자양식풍약(滋養熄風藥)을 위주로하고 병정(病情)에 따라 기타약물을 배합하여 구성한 방제를 말한다.

이 방제는 평간식풍지경(平肝熄風止痙)의 효능으로 내풍병증(內風病證)을 치료한다.

◎ 內風의 증상

간양편항(肝陽偏亢) : 간풍내동(肝風內動)으로 인한 두부열통(頭部熱痛), 현훈(眩暈), 면색여취(面色如醉), 구각와사(口角喎斜), 졸연혼도(猝然昏到), 열극생풍(熱極生風)으로 인한 고열(高熱), 사지추축(四肢抽搐)

◎ 평식내풍제 구성시 상용약물

① 평간식풍약(平肝熄風藥)

석결명(石決明), 조구등(釣鉤藤), 영양각(羚羊角), 국화(菊花), 천마(天麻), 백질려(白蒺藜), 모려(牡蠣), 백작약(白芍藥), 용골(龍骨)

② 자양약(滋養藥)

지황(地黃), 계자황(鷄子黃), 아교(阿膠), 육종용(肉蓯蓉), 파극천(巴戟天), 귀판(龜板)

③ 대자석(代赭石), 산수유(山茱萸), 육계(肉桂), 부자(附子), 황금(黃芩), 산치자(山梔子), 별갑(鱉甲)

◎ 평식내풍제 방제예

영각구등탕(羚角鉤藤湯), 구등음(鉤藤飮), 천마조등음(天麻釣藤飮)

진간식풍탕(鎭肝熄風湯), 건령탕(建瓴湯)

대정풍주(大定風珠), 삼갑복맥탕(三甲復脈湯), 소정풍주(小定風珠)

아교계자황탕(阿膠鷄子黃湯)

지황음자(地黃飮子)

제15장 치조제(治燥劑)

치조제란 자음윤조약물(滋陰潤燥藥物)을 위주로 하고 병정에 따라 기타약물을 배합하여 구성한 방제를 말한다.

이 방제는 자음윤조(滋陰潤燥)·경선조사(輕宣燥邪)의 작용력으로 조증(燥證)을 치료한다.

燥證 중 외조(外燥)는 외감(外感)으로 인한 조사(燥邪)에 의해 발생한다.

外燥는 기후에 따라 온조(溫燥)와 량조(涼燥)로 나누어진다. 內燥는 장부정휴액모(臟腑精虧液耗)에 의해 발생한다.

外燥는 경선(輕宣)으로 치료한다.〈온조(溫燥)이면 청선(淸宣)케 하고 양조(涼燥)이면 온선(溫宣)케 한다.〉

內燥는 자윤(滋潤)으로 치료한다. 인체내외(人體內外)와 장부음양오행(臟腑陰陽五行)의 상생상극관계(相生相剋關係)를 보고 그에 맞게 치료방법을 선택한다.

1. 경선윤조제(輕宣潤燥劑)

경선윤조제란 경선윤조약(輕宣潤燥藥)을 위주로하고 병정에 따라 기타약물을 배합하여 구성한 방제를 말한다.

이 방제는 경선온윤(輕宣溫潤)의 효능으로 외감양조증(外感涼燥證) 또는 온조증(溫燥證)을 치료한다.

◯ 증상과 치료

양조범폐(涼燥犯肺), 폐기불선(肺氣不宣)으로 인한 오한두통(惡寒頭痛), 인건구조(咽乾口燥), 해수비색(咳嗽鼻塞)의 병증에는 경선윤조(輕宣潤燥)한다.

온조상폐(溫燥傷肺)로 인한 신열두통(身熱頭痛), 기역천급(氣逆喘急), 건해소담(乾咳少痰), 심번구갈(心煩口渴)에는 청선윤폐(淸宣潤肺)한다.

병증의 양온(涼溫), 경중(輕重), 주차(主次)를 구별하여 약물을 선택하고 방제를 구성한다.

병증이 양조(涼燥)이면 신온해표(辛溫解表), 선폐지해(宣肺止咳)의 효능이 있는 약물을 위주로하여 구성한 방제로 치료한다.

◎ 경선윤조제 구성 상용약물

① 경선윤조약(輕宣潤燥藥)

길경(桔梗), 소엽(小葉), 행인(杏仁), 전호(前胡), 사삼(沙蔘), 상엽(桑葉), 맥문동(麥門冬), 두시(豆豉), 소엽(蘇葉), 연교(連翹)

② 박하(薄荷), 과루(瓜蔞), 이피(梨皮)

천패모(川貝母), 노근(蘆根), 천화분(天花粉), 황정(黃精), 옥죽(玉竹), 석곡(石斛), 석고(石膏), 산치자(山梔子), 지모(知母), 반하(半夏), 백복령(白茯苓), 지각(枳殼), 진피(陳皮)

◎ 경선윤조제 방제예

상행탕(桑杏湯), 교하탕(翹荷湯)

행소산(杏蘇散)

청조구폐탕(淸燥救肺湯)

사삼맥문동탕(沙蔘麥門冬湯)

2. 자음윤조제(滋陰潤燥劑)

자음윤조제란 자음윤조약(滋陰潤燥藥)을 위주로하고 병정에 따라 기타약물을 배합하여 구성한 방제를 말한다.

이 방제는 자음윤조(滋陰潤燥)의 효능으로 내조증(內燥證)을 치료한다.

내조증(內燥證)은 장부진액부족(臟腑津液不足)으로 인해 발생한다.

內燥證은 폐조(肺燥), 위조(胃燥), 장조(腸燥), 신조(腎燥證)과 하조증(下燥證)으로 분류할 수 있다.

폐조음상(肺燥陰傷)하면 건해소담(乾咳少痰), 담중대혈(痰中帶血), 인후건조증(咽喉乾燥症)이 出한다.

위조음상(胃燥陰傷)하면 구역불식(嘔逆不食), 구건구갈증(口乾口渴症)이 발생한다.

하조(下燥)하면 대변조결(大便燥結), 면적번조(面赤煩燥), 인건소갈증(咽乾消渴證)이 出한다.

이러한 병증을 치료하는 방제가 자음윤조제(滋陰潤燥劑)이다. 이 방제는 병(病)의 부위와 경중(輕重)과 상태에 따라 기타약물을 배합하여 다양하게 구성될 수 있다.

◎ 자음윤조제 구성시 상용약물

① 자음윤조약(滋陰潤燥藥)

맥문동(麥門冬), 사삼(沙蔘), 현삼(玄蔘), 생지황(生地黃), 황정(黃精), 백합(百合), 옥죽(玉竹), 석고(石膏), 호마인(胡麻仁)

② 박하(薄荷), 백작약(白芍藥), 목단피(牧丹皮), 석곡(石斛), 빙당(氷糖), 반하(半夏), 감초(甘草), 인삼(人蔘), 육종용(肉蓗蓉), 당귀(當歸), 화마인(火麻仁), 욱리인(郁李仁), 오미자(五味子), 당삼(黨蔘)

◎ 자음윤조제 방제예

양음청폐탕(養陰淸肺湯)

맥문동탕(麥門冬湯), 백합고금탕(百合固金湯)

옥액탕(玉液湯)

경옥고(瓊玉膏)

증액탕(增液湯)

제16장 거습제(祛濕劑)

거습제란 거습약물(祛濕藥物)을 위주로 하고 병정에 따라 기타약물을 배합하여 구성한 방제를 말한다.

이 방제는 화습(化濕)·이수(利水)·거풍승습(祛風勝濕)·통림설탁(通淋泄濁)의 효능으로 임탁수종담음풍한습증(淋濁水腫痰飮風寒濕證) 등 수습증(水濕證)을 치료한다.

병증의 부위, 체질의 강약에 따라 그에 알맞은 약물을 선택한다.

습(濕)은 음사(陰邪)이다.

이 습음사(濕陰邪)는 한풍서열(寒風暑熱), 인체(人體)의 허실강약(虛實强弱)과 관계하며 外와 內, 상하표리(上下表裏)에서 발생한다.

외습(外襲)으로 인한 습사(濕邪)는 인체의 기표경락(肌表經絡)을 손상시킨다.

이때에는 두창신중(頭脹身重), 오한발열(惡寒發熱), 지절번동(肢節煩疼) 등의 병증이 일어난다.

내생(內生)의 습사(濕邪)는 비기(脾氣)를 곤상(困傷)케 한다.

이때에는 흉완비민(胸脘痞悶), 황달임탁(黃疸淋濁), 구오설리(嘔惡泄痢)의 병증이 나타난다.

표습(表濕)은 內인 장부(臟腑)로 향하고 이습(裏濕)은 外인 기부(肌膚)로 일(溢)한다.

즉, 외습(外濕)과 내습(內濕)은 상호관계를 형성하며 영향을 주고 받는다.

습사(濕邪)가 내하(內下)에 있으면 방향고조(芳香苦燥)의 약물로, 上外에 있으면 표산미한(表散微汗)의 약물로 치료한다.

습사(濕邪)가 열화(熱化)이면 청열거습(淸熱祛濕)하고 한화(寒化)이면 온양화습(溫陽化濕)한다.

체허(體虛)이고 습성(濕盛)하면 거습(祛濕)과 부정(扶正)을 동시에 한다.

습(濕)은 오행상 水이다.

비토(脾土)는 水를 제지(制止)하고 폐금(肺金은 水를 生한다〈조수(調水)한다.〉.

삼초화(三焦火)는 水를 증화(烝化)시키고 신수(腎水)와 방광수(膀胱水)는 水의 청탁(淸濁)을 분리한다.

이와같이 비폐신(脾肺腎), 방광(膀胱), 삼초(三焦)는 水와 관계를 가지며 水에 영향을 주고 있다.

그러므로 이들 장부기능(臟腑機能)의 음양오행을 정상화·균형화시키면 수습(水濕)이 제거된다 할 수 있다.

거습제(祛濕劑)는 신향온조(辛香溫燥)하고 감담삼리(甘淡滲利)한 특성이 있어 음진(陰津)을 모상(耗傷)시킬 수 있다. 그러므로 음허진휴(陰虛津虧)한 자, 허약자, 임산부는 신중히 사용해야 한다.

1. 방향화습제(芳香化濕劑)

〔조습화위제(燥濕和胃劑)〕

방향화음제란 방향고온(芳香苦溫)한 약과 화습성비(化濕醒脾)한 약을 위주로 하고 병정에 따라 기타약물을 배합하여 구성한 방제를 말한다.

이 방제는 습탁화제(濕濁化除), 조습건비(燥濕健脾), 성비화위(醒脾和胃)의 효능으로 습탁조체(濕濁阻滯), 비위실화(脾胃失和)로 인한 애기탄산(曖氣呑酸), 완복비만(脘腹痞滿), 구토설사(嘔吐泄瀉), 식소체권(食少體倦) 등의 병증을 치료한다.

🔵 방향화습제 구성시 상용약물

① 고온조습(苦溫燥濕)·방향화탁약(芳香化濁藥)

곽향(藿香), 창출(蒼朮), 진피(陳皮), 백두구(白豆蔲), 패란(佩蘭), 초과(草果)

② 목향(木香), 후박(厚朴), 사인(砂仁), 백출(白朮), 인삼(人蔘), 황기(黃芪), 신국(神麯), 맥아(麥芽), 산사(山楂), 내복자(萊菔子), 황련(黃連), 황금(黃芩), 인진호(茵陳蒿), 백지(白芷), 자소엽(紫蘇葉)

◎ 방향화습제 방제예

평위산(平胃散), 시평탕(柴平湯)

불환금정기산(不換金正氣散)

곽향정기산(藿香正氣散), 육화탕(六和湯)

2. 청열거습제(清熱祛濕劑)

청열거습제란 청열거습약(清熱祛濕藥)을 위주로하고 병정(病情)에 따라 기타약물을 배합하여 구성한 방제를 말한다.

이 방제는 청열제습화탁(清熱除濕化濁)의 효능으로 습열외감(濕熱外感), 습열내감(濕熱內感), 습열하주(濕熱下注)가 원인이 되어 발생한 습온(濕溫), 서습(暑濕), 열림(熱淋), 황달(黃疸), 위비(痿痺) 등의 병증을 치료한다.

◎ 이 방제가 치료하는 주요증상

흉비(胸痞), 구오(嘔惡), 식욕부진(食慾不振), 신열불창(身熱不暢), 두혼중(頭昏重), 한출불해(汗出不解), 지체산통(肢體酸痛), 면색담황(面色淡黃), 소변단삽(小便短澁)

◎ 청열거습제 구성 상용약물

① 청열약(清熱藥)

황금(黃芩), 황백(黃柏), 산치자(山梔子),/祛濕藥 : 활석(滑石), 저령(猪苓), 패란(佩蘭), 곽향(藿香), 반하(半夏), 창출(蒼朮)

② 황기(黃芪), 백출(白朮), 인삼(人蔘), 울금(鬱金), 목향(木香), 호박(琥珀), 석위(石葦), 금전초(金錢草)

◎ 청열거습제 방제예

인진호탕(茵陳蒿湯), 인진사역탕(茵陳四逆湯), 치자백피탕(梔子白皮湯)

감로소독단(甘露消毒丹) = 普濟解毒丹

삼인탕(三仁湯)

황금활석탕(黃芩滑石湯)

곽박하령탕(藿朴夏苓湯)

잠시탕(蠶矢湯)

이묘산(二妙散), 삼묘산(三妙散), 사묘산(四妙散)

팔정산(八正散), 오림산(五淋散)

선비탕(宣痺湯)

3. 이수삼습제(利水滲濕劑)

이수삼습제란 삼리수습(滲利水濕)의 효능이 있는 약물을 위주로 하고 병정에 따라 기타약물을 배합하여 구성한 방제를 말한다.

이 방제는 이수삼습(利水滲濕), 이수통림(利水通淋), 이수소종(利水消腫)의 효능으로 수습옹성(水濕壅盛)의 병증〈임탁(淋濁), 수종(水腫), 설사(泄瀉) 등〉을 치료한다.

◎ 이수삼습제 구성 상용약물

① 이수삼습약(利水滲濕藥)

택사(澤瀉), 복령(茯苓), 저령(猪苓), 동과피(冬瓜皮), 적소두(赤小豆), 의이인(薏苡仁)

② 방기(防己), 연교(連翹), 대복피(大腹皮), 진피(陳皮), 목향(木香), 빈랑(檳榔), 백출(白朮), 황기(黃芪), 인삼(人蔘), 계지(桂枝), 활석(滑石), 황금(黃芩), 맥문동(麥門冬), 아교(阿膠)

◎ 이수삼습제 방제예

오령산(五苓散), 인진오령산(茵陳五苓散), 사령산(四苓山), 위령탕(胃苓湯)

방기황기탕(防己黃芪湯)〔=방기복령탕(防己茯苓湯)〕

저령탕(猪苓湯)

오피산(五皮散)

4. 온화수습제(溫化水濕劑)

온화수습제란 온열약(溫熱藥), 이습약(利濕藥)을 위주로 하고 병정에 따라 기타약물을 배합하여 구성한 방제를 말한다.

이 방제는 온양거한(溫陽祛寒), 삼습이수(滲濕利水)의 효능으로 수습증(水濕證)을 치료한다.

◎ 이 방제가 치료하는 주요증상

습종한화(濕從寒化), 한화화양(寒化和陽), 비신양허(脾腎兩虛), 수불화(水不化)로 인한 수습증 : 담음(痰飮), 비증(痺證), 수종(水腫), 한습각기(寒濕脚氣)

◎ 온화수습제 구성시 상용약물

① 온열양약(溫熱陽藥)

이습약(利濕藥) : 부자(附子), 계지(桂枝), 백출(白朮), 복령(茯苓), 건강(乾薑), 저령(猪苓), 오수유(吳茱萸), 비해(萆薢), 오약(烏藥), 택사(澤瀉)

② 육계(肉桂), 인삼(人蔘), 자감초(炙甘草), 후박(厚朴), 목향(木香), 진피(陳皮), 빈랑(檳榔), 익지인(益智仁)

◎ 온화수습제 방제예

실비산(實脾散)

영계출감탕(苓桂朮甘湯)〔=복령계지백출감초탕(茯苓桂枝白朮甘草湯)〕

감초건강복령백출탕(甘草乾薑茯苓白朮湯)〔=신착탕(腎着湯)=腎著湯 영강출감탕(苓薑朮甘湯)〕

진무탕(眞武湯), 부자탕(附子湯)

비해분청음(萆薢分淸飮)

계명산(鷄鳴散)

5. 거풍승습제(祛風勝濕劑)

거풍승습제란 거풍승습(祛風勝濕)의 약을 위주로 하고 병정에 따라 기타약물을 배합하여 구성한 방제를 말한다.

이 방제는 거풍승습(祛風勝濕), 제비지통(除痺止痛)의 효능으로 풍한습사(風寒濕邪)로 인한 신통(身痛), 두통(頭痛), 요슬완마비통(腰膝頑麻痺痛) 등의 병증을 치료한다.

거풍승습제 구성 상용약물

① 거풍습약(祛風濕藥)

독활(獨活), 강활(羌活), 진교(秦艽), 방풍(防風), 천궁(川芎), 백지(白芷), 만형자(蔓荊子), 방기(防己), 우슬(牛膝), 고본(藁本), 세신(細辛), 계지(桂枝), 부자(附子), 창출(蒼朮), 천오(川烏), 의이인(薏苡仁), 모과(木瓜)

② 석고(石膏), 황백(黃柏), 해풍등(海風藤), 상지(桑枝), 희렴초(豨薟草)

③ 오사(烏蛇), 당귀(當歸), 홍화(紅花), 지룡(地龍), 곽향(藿香), 몰약(沒藥), 오령지(五靈脂), 현호색(玄胡索)

④ 인삼(人蔘), 당삼(黨蔘), 황기(黃芪), 백출(白朮), 숙지황(熟地黃), 백작약(白芍藥), 금모구척(金毛狗脊), 속단(續斷), 오가피(五加皮)

⑤ 상기생(桑寄生), 파극(巴戟), 선모(仙茅), 골쇄보(骨碎補)

◯ 거풍승습제 방제예

강활승습탕(羌活勝濕湯)

견비탕(蠲痺湯)

계명산(鷄鳴散)

독활기생탕(獨活寄生湯)

삼비탕(三痺湯)

제**17**장 거담제(祛痰劑)

거담제란 거담약(祛痰藥)과 이기약(理氣藥)을 위주로하고 병정에 따라 기타약물을 배합하여 구성한 방제를 말한다.

이 방제는 담연거제(痰涎祛除), 담음소제(痰飮消除)의 효능으로 담병(痰病)을 치료한다.

담(痰)이 발병(發病)하면 해수천촉(咳嗽喘促), 담핵라역(痰核瘰癧), 현훈구토(眩暈嘔吐) 등이 일어난다.

비습(脾濕)으로 인한 痰이면 조습건비화담(燥濕健脾化痰)의 효능이 있는 방제로 치료한다.

폐조음허(肺燥陰虛), 허화작진(虛火灼津)으로 인한 痰이면 윤폐화담(潤肺化痰)한다.

화열내울(火熱內鬱)로 인한 담병(痰病)이면 청열화담(淸熱化痰)의 효능이 있는 약물을 위주로 구성한 방제로 치료한다.

폐(肺) 기능 이상으로 痰이 되면 선폐화담(宣肺化痰)시킨다.

비신양허(脾腎兩虛), 한음내정(寒陰內停), 폐한유음(肺寒留飮)으로 인한 痰이면 온양화담(溫陽化痰)한다. 간풍내동(肝風內動), 협담상요(挾痰上擾)에 의한 痰이면 식풍화담(熄風化痰)의 효능이 있는 방제로 치료한다.

1. 조습화담제(燥濕化痰劑)

조습화담제란 조습화담(燥濕化痰)의 효능이 있는 약물을 위주로하고 병정에 따라 기타약물을 배합하여 구성한 방제를 말한다.

이 방제는 조습제거(燥濕除去), 습담제거(濕痰除去)의 효능으로 습담증(濕痰證)을 치료한다.

◎ 이 방제가 치료하는 주요증상

흉완비민(胸脘痞悶), 담다이각(痰多易咯), 지체곤권(肢體困倦), 구오현훈(嘔惡眩暈), 니설태(膩舌苔), 백활(白滑), 현활(弦滑)

◎ 조습화담제 구성 상용약물

① 조습화담약

반하(半夏), 진피(陳皮), 남성(南星), 복령(茯苓), 귤홍(橘紅)

② 창출(蒼朮), 백출(白朮), 숙지황(熟地黃), 당귀(當歸), 지실(枳實), 석창포(石菖蒲), 죽여(竹茹), 인삼(人蔘), 산조인(酸棗仁), 원지(遠志)

◎ 조습화담제 방제예

이진탕(二陳湯), 척담탕(滌痰湯), 도담탕(導痰湯), 온담탕(溫膽湯), 십미온담탕(十味溫膽湯), 복령환(茯苓丸)

2. 청열화담제(淸熱化痰劑)

청열화담제란 청열화담(淸熱化痰)의 효능이 있는 약물을 위주로 하고 병정에 따라 기타약물을 배합하여 구성한 방제를 말한다. 이 방제는 청열화담(淸熱化痰)의 효능으로 열담증(熱痰證)을 치료한다.

◎ 이 방제가 치료하는 주요증상

해수담황(咳嗽淡黃), 설홍태황니(舌紅苔黃膩), 점조난각(粘稠難咯), 활삭맥(滑數脈)

◎ 청화열담제 구성 상용약물

① 淸化熱痰藥

남성(南星), 과루인(瓜蔞仁), 패모(貝母), 청몽석(靑礞石), 죽력(竹瀝)

② 황련(黃連), 황금(黃芩), 행인(杏仁), 진피(陳皮), 침향(沈香), 지실(枳實), 반하(半夏), 대황(大黃)

◯ 청화열담제 방제예

청기화담환(淸氣化痰丸)

곤담환(滾痰丸)

소함흉탕(小陷胸湯), 시호함흉탕(柴胡陷胸湯)

소라환(消癳丸)

3. 윤조화담제(潤燥化痰劑)

윤조화담제란 청화열담약(淸化熱痰藥)과 양음청폐약(養陰淸肺藥)을 위주로 하고 병정에 따라 기타약물을 배합하여 구성한 방제를 말한다.

이 방제는 윤조화담(潤燥化痰)의 효능으로 조담증(燥痰證)을 치료한다.

◯ 이 방제가 치료하는 주요증상

인후건조(咽喉乾燥), 창해(嗆咳), 담조점(痰稠粘)

◯ 윤조화담제 상용약물

① 청열화담약(淸熱化痰藥)

과루인(瓜蔞仁), 패모(貝母), 죽력(竹瀝)

② 양음청폐약(養陰淸肺藥)

천화분(天花粉), 사삼(沙蔘), 천문동(天門冬), 맥문동(麥門冬)

③ 비파엽(枇杷葉), 행인(杏仁), 자완(紫菀), 지모(知母), 황백(黃柏), 진피(陳皮)

◎ 윤조화담제 방제예

　　패모과루산(貝母瓜蔞散)

　　윤폐탕(潤肺湯)

4. 온화한담제(溫化寒痰劑)

　　온화화담제란 온폐화담약(溫肺化痰藥), 온리거한약(溫裏祛寒藥)을 위주로 하고 병정
에 따라 기타약물을 배합하여 구성한 방제를 말한다.

　　이 방제는 온화한담(溫化寒痰)의 효능으로 寒痰證을 치료한다.

◎ 이 방제가 치료하는 주요증상

　　해담청희백색(咳痰淸稀白色), 해수(咳嗽), 외한(畏寒), 설담태백활(舌淡苔白滑),
수족결온(手足缺溫)

◎ 온화한담제 구성시 상용약물

　　① 溫化寒痰藥
　　　반하(半夏), 세신(細辛), 건강(乾薑), 백부자(白附子), 백개자(白芥子)
　　② 온리거한약(溫裏祛寒藥)
　　　부자(附子), 천초(川椒), 육계(肉桂)
　　③ 백복령(白茯苓), 라복자(蘿葍子)
　　　마황(麻黃), 소자(蘇子), 자완(紫菀), 행인(杏仁), 백부근(百部根), 관동화(款
冬花)

5. 치풍화담제(治風化痰劑)

치풍화담제란 화담약(化痰藥), 식풍약(熄風藥), 소풍약(疏風藥)을 위주로 하고 병정에 따라 기타약물을 배합하여 구성한 방제를 말한다.

이 방제는 치풍화담(治風化痰)의 효능으로 풍담증(風痰證)을 치료한다.

외감풍사(外感風邪)로 인해 폐기불선(肺氣不宣), 담탁내생(痰濁內生)이면 해수담다(咳嗽痰多), 오풍발열(惡風發熱)의 證이 발생한다.

이때에는 선산풍사약(宣散風邪藥)과 화담약(化痰藥)을 위주로 하여 구성한 방제로 소풍화담(疏風化痰)하여 치료한다.

담탁(痰濁)으로 인한 간풍내동(肝風內動), 협담상요(挾痰上擾)로 인한 현훈두통전간(眩暈頭痛癲癇)이면 평간식풍약(平肝熄風藥)과 화담약(化痰藥)을 위주로 하여 구성한 방제로 식풍화담(熄風化痰)한다.

◯ 치풍화담제 구성 상용약물

① 化痰藥

패모(貝母), 반하(半夏), 백전(白前), 우담(牛膽), 남성(南星), 길경(桔梗), 전호(前胡)

② 熄風藥

백강잠(白殭蠶), 천마(天麻), 전갈(全蠍)

③ 疏風藥

방풍(防風), 형개(荊芥)

④ 백부근(百部根), 행인(杏仁), 자완(紫菀), 진피(陳皮), 백복령(白茯苓), 백출(白朮), 울금(鬱金), 석창포(石菖蒲), 원지(遠志), 호박(琥珀), 주사(朱砂)

◯ 치풍화담제 방제예

반하백출천마탕(半夏白朮天麻湯)

지수산(止嗽散)

정간환(定癎丸)

제18장 소도화적제(消導化積劑)

소도화적제란 소도화적약(消導化積藥)을 위주로 하고 병정에 따라 기타약물을 배합하여 구성한 방제를 말한다.

이 방제는 소식화적(消食化積), 화적소징(化積消癥)의 효능으로 식적비괴(食積痞塊)와 징가적취(癥瘕積聚)를 치료한다.

1. 소식도체제(消食導滯劑)

소식도체제란 소식약(消食藥)을 위주로 하고 병정에 따라 기타약물을 배합하여 구성한 방제를 말한다. 이 방제는 식적(食積)을 치료한다.

◯ 이 방제가 치료하는 주요증상

애부탄산(噯腐吞酸), 흉완비민(胸脘痞悶), 오식구역(惡食嘔逆), 복통설사(腹痛泄瀉)

◯ 소식도체제 구성 상용약물

① 소도약(消導藥)

라복자(蘿蔔子), 산사(山楂), 견우자(牽牛子), 대황(大黃)

② 맥아(麥芽), 반하(半夏), 진피(陳皮), 백출(白朮), 산약(山藥), 인삼(人蔘), 당삼(黨蔘), 빈랑(檳榔), 황백(黃柏), 황련(黃連), 백복령(白茯苓), 택사(澤瀉), 목향(木香), 지실(枳實), 향부자(香附子)

◎ 소식도체제 방제예

보화환(保和丸), 대안환(大安丸)

지실도체환(枳實導滯丸)

목향빈랑환(木香檳榔丸)

건비환(健脾丸), 자생환(資生丸)

지출환(枳朮丸), 귤반지출환(橘半枳朮丸), 국맥지출환(麴麥枳朮丸), 향사지출환
(香砂枳朮丸)

2. 소비화적제(消痞化積劑)

소비화적제란 행기(行氣), 활혈(活血), 화습(化濕), 소담(消痰), 연견산결(軟堅散結)
의 효능이 있는 약물을 위주로 하고 병정에 따라 기타약물을 배합하여 구성한 방제를 말
한다.

이 방제는 징적비괴증(癥積痞塊證), 한열담식(寒熱痰食), 기혈상박(氣血相搏)으로 인
한 적취증(積聚證)을 치료한다.

◎ 이 방제가 치료하는 주요증상

완복징결(脘腹癥結), 양협벽적(兩脇癖積), 음식소진(飮食少進), 기육소수(肌肉
消瘦)

◎ 소비화적제 구성 상용약물

① 지실(枳實), 반하(半夏), 후박(厚朴), 황금(黃芩), 황련(黃連), 백출(白朮),
당삼(黨蔘), 인삼(人蔘), 신국(神麴), 맥아(麥芽)

② 향부자(香附子), 청피(靑皮), 봉출(蓬朮), 홍화(紅花), 대황(大黃), 단삼(丹
蔘), 자충(蟅虫), 삼릉(三棱), 울금(鬱金), 도인(桃仁), 모려(牡蠣), 해조(海
藻), 곤포(昆布), 별갑(鱉甲), 정력자(葶藶子), 백복령(白茯苓), 사간(射干),

당귀(當歸), 아교(阿膠)

◎ 소비화적제 방제예

지실소비환(枳實消痞丸)

별갑전환(鱉甲煎丸)

제19장 용토제(涌吐劑)

   용토제란 용토약(涌吐藥)을 위주로 하고 병정에 따라 기타약물을 배합하여 구성한 방제를 말한다.

   이 방제는 용토(涌吐)의 작용력(作用力)으로 숙식(宿食), 담연(痰涎), 독물(毒物)을 용토(涌吐)시켜 치료한다.

용토제 구성 상용약물

   ① 과체(瓜蔕), 적소두(赤小豆), 저아(猪牙), 백반(白礬), 식염(食鹽), 방풍(防風), 조협(皁莢)

용토제 방제예

   과체산(瓜蔕散), 삼성산(三聖散)

   구급희연산(救急稀涎散)

   염탕탐토방(鹽湯探吐方)

제20장 구충제(驅蟲劑)

　구충제란 구충약을 위주로하고 병정에 따라 기타약물을 배합하여 구성한 방제를 말한다.

　이 방제는 구충(驅蟲), 지통(止痛), 소적(消積)의 효능으로 인체의 기생충병(寄生蟲病)을 치료한다.

　이 방제는 회충(蛔蟲), 요충(蟯虫), 촌충(寸虫)〔(絛虫)〕, 구충(鉤虫)을 없애는데 쓴다.

◎ 구충제 구성 상용약물

　① 구충약(驅蟲藥) : 오매(烏梅), 사군자(使君子), 고련근피(苦練根皮), 빈랑(檳榔), 남과자(南瓜子), 비자(榧子), 백부근(百部根), 뇌환(雷丸)

　② 부자(附子), 천초(川椒), 건강(乾薑), 황련(黃連), 황백(黃柏), 대황(大黃), 백출(白朮), 인삼(人蔘), 지각(枳殼), 목향(木香)

◎ 구충제 방제예

　오매환(烏梅丸), 연매안회탕(連梅安蛔湯), 이중안회탕(理中安蛔湯)

　화충환(化虫丸), 구조탕(驅條湯), 구회탕(驅蛔湯), 비아환(肥兒丸)

　벌목환(伐木丸)〔＝출반환(朮礬丸)〕

　포대환(布袋丸)

제 6 편

사주음양오행(四柱陰陽五行)과
한의학(韓醫學)

제1장 사주·약물음양오행구분도표(Ⅰ)

사주·약물음양오행구분도표(四柱·藥物陰陽五行區分圖表)Ⅰ

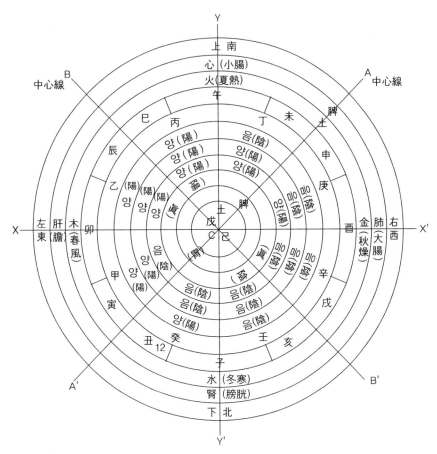

이 도표를 "智平의 四柱·藥物陰陽五行區分圖表 Ⅰ"라 이름을 붙였다.

사주음양오행 구분도표(四柱陰陽五行 區分圖表)란 사주음양오행에 분석(分析)의 초점을 두고 만든 음양오행구분도표를 말한다. 이 도표는 사주의 천간과 지지의 음양오행으로 이루어진다.

사주음양오행 구분도표상에 표시된 갑을병정무기경신임계(甲乙丙丁戊己庚辛壬癸)는 사주(四柱)의 천간(天干)이고 자축인묘진사오미신유술해(子丑寅卯辰巳午未申酉戌亥)는 사주의 지지(地支)이다.

사주(四柱)란 생년월일시(生年月日時)의 천간(天干)과 지지(地支) 네 기둥을 말한다. 예컨대, 생년월일시의 천간과 지지가 갑자(甲子), 정축(丁丑), 병인(丙寅), 신묘(辛卯)이면 이 사람의 사주(四柱)는 甲子, 丁丑, 丙寅, 辛卯가 된다.

四柱의 天干과 地支는 그 자체가 음양오행(陰陽五行)이다. 사주의 천간 중 갑(甲)은 양목(陽木), 乙은 陰木, 丙은 陽火, 丁은 陰火, 戊는 陽土, 己는 陰土, 庚은 陽金, 辛은 陰金, 壬은 陽水, 癸는 陰水이다.

사주의 地支중 子는 十水, 丑은 一土, 寅은 十木, 卯는 一木, 辰은 十土, 巳는 一火, 午는 十火, 未는 一土, 申은 十金, 酉는 一金, 戌은 十土, 亥는 一水이다. 이들 천간(天干)과 지지(地支)를 도표화(圖表化)시킨것(음양오행 구분도표와 연결한 것)이 사주음양오행 구분도표이다. 이 도표에서 사주를 빼면 간지음양오행구분도표(干支陰陽五行區分圖表)가 되고 간지를 생략하면 음양오행 구분도표가 된다. 결국 그 뿌리는 음양오행 구분도표(陰陽五行 區分圖表)라 말할 수 있다.

이 사주음양오행 구분도표는 사주음양오행의 상태와 영역을 알려준다. 이 사주음양오행 구분도표와 약물(藥物)·병증(病證)·방제(方劑)의 음양오행 구분도표들은 상호연결시켜 활용할 수 있는 것들이다.

다음과 같은 식으로 하면 보다 효과적으로 사주음양오행 도표를 활용할 수 있다. 먼저 개개인의 생년월일시를 알아내고 이를 기초로 사주간지(四柱干支)(음양오행)을 조직한다. 이 사주간지(음양오행)를 사주음양오행 구분도표에 표시하여 약물·병증·방제의 음양오행 구분도표와 연결한다. 그러면 이 사람의 체질, 건강상태, 인체음양오행의 기(氣) 등을 알아낼 수 있다. 그뿐아니라 사주음양오행을 균형화시키거나 사주음양오행에 도움을 주거나 인체음양오행을 정상화시킬 수 있는 약물 또는 방제를 찾아낼 수 있다.

요컨대, 사주음양오행 구분도표에 사주(四柱)의 간지(天干과 地支)를 넣는다. 사주음양오행 구분도표를 약물·병증·방제의 음양오행 구분도표와 연결시킨다. 이들의 관계를 면밀히 분석·검토하여 인체음양오행(人體陰陽五行)의 기(氣), 신강신약(身强身弱), 장부(臟腑)의 허실(虛實) 병증(病證)의 정도를 알아낸다. 그러면 보다더 개개인에게 맞는 진단(診斷)과 처방(處方)을 할 수 있을 것이다.

만물(萬物)은 그 자체가 음양오행(陰陽五行)이다. 이것은 작은 것에서 큰것, 구체적인 것에서 추상적인 것들 그 모두가 음양오행으로 되어 있음을 의미한다. 그러므로 만물은 음양오행의 이치(理致)대로 운행되고 음양오행의 변화법칙에 따라 변화를 추구하지 않을 수 없게 된다. 이 음양오행의 이치와 변화법칙(變化法則) 등 크고 작은 것들을 집약시켜 도표화한 것이 다름아닌 음양오행 구분도표이다.

그러므로 이 도표를 기초로하여 분석의 초점을 어디에 두느냐에 따라 수많은 도표들을 탄생케할 수 있는 것이다.

예컨대, 분석의 초점이 약물(藥物)이면 약물음양오행 구분도표, 생리·병리·방제이면 생리·병리·방제 음양오행 구분도표를 만들어낼 수 있다. 그러므로 어떤 부문에서 종사하는 사람이든 이 도표를 활용하여 새롭고도 오묘한 이치를 터득하면, 자기분야 또는 자기연구영역을 발전시켜 나갈 수 있을 것이다.

사주음양오행 구분도표 활용법(活用法)

① 일간(日干)의 위치를 본다. 〔무기(戊己)이면 중앙에 위치한다.〕

② 전체 사주의 음양오행 영역을 본다.

③ 일간을 기준으로 사주간지 음양오행과의 관계를 본다. 이들 중에서 日干을 돕지 않는 사주음양오행의 영역을 뽑아낸다.

④ 일간(日干)을 돕지 않는 음양오행 영역의 반대영역에 치료약물이 존재한다.(약물음양오행 구분도표를 보라.)

⑤ 이 약물을 주약(主藥=君藥)으로 한다. 주약(主藥)은 일간(日干)에게 가장 유리한 藥이다.

⑥ 사주(四柱)를 분석하여 신강(身强), 신약(身弱), 허실(虛實)을 본다. 신강이고 실증(實證)이면 사약(瀉藥)을 선택한다. 신약(身弱)이고 허증(虛證)이면 보약(補藥)을 선택한다.

⑦ 기타 병정(病情)에 따라 기타약물을 선택한다. 이들을 종합하여 방제를 구성한다.

⑧ 일간(日干)과 타사주오행과의 관계를 보아 지나치게 한쪽으로 치우치면 즉 편성(偏盛)·편쇠(偏衰)된 사주이면 기세(氣勢)에 순응하는 것을 藥으로 한다. 예컨대 강한 음성(陰盛)이면 음성(陰性) 또는 음양성(陰陽性)의 약이 좋다.(강한 陽盛약은 쓰지 않는다.)

사주가 강한 양편성(陽偏盛)이면 양성약(陽性藥), 양음약(陽陰藥)으로 한다.

⑨ 병증이 표증(表證)인 경우에는 약물음양오행 구분도표와 병증음양오행 구분도표만 활용해도 쉽게 치료가 가능하다. 병증이 이실증(裏實證)이고 오래되고 원인을 파악하기 쉽지 않을 경우에는 사주음양오행 구분도표와 약물음양오행 구분도표 병증음양오행 구분도표 등을 상호결합시켜 처방시(處方時) 활용(活用)해야 한다.

사주음양오행체질 구분도표
(四柱陰陽五行體質 區分圖表)

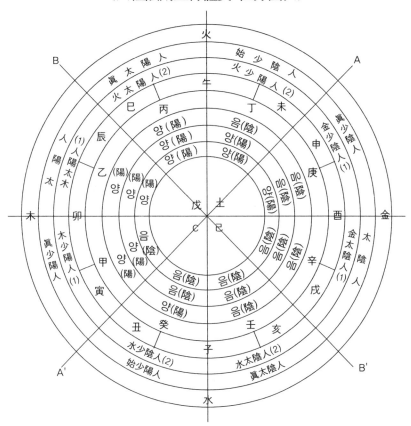

이 도표를 "智平의 四柱陰陽五行體質區分圖表"라 이름을 붙였다.

제2장

음양오행 구분도표(陰陽五行 區分圖表)와
사상체질(四象體質)

음양오행 구분도표는 분석(分析)의 초점을 어디에 두느냐에 따라 수많은 것들을 설명
가능하게 한다.

여기서는 四象體質에 분석의 초점을 두려했다. 도표에서와 같이 四象 또는 八象 체질
(體質)을 표시할 수 있다. 이것에 바탕을 두면 사상의학(四象醫學)과 팔상의학(八象醫
學)을 분석할 수 있을 뿐만아니라 이들의 허점을 보완할 수 있다.

음양오행 구분도표에 있는 陽陽陽 영역(領域)은 오행상으로 木火지역(卯午)이고 음
양상으로는 진양(眞陽)의 영역이다. 세 개가 모두 陽이어서 태양(太陽)이라 하였다. 사
상의학에서의 太陽人과 관련이 있다.

1. 태양인(太陽人) 2

사상의학에서 말하는 태양인(2)의 특성을 음양오행(陰陽五行)의 이치(理致)로 풀어
설명하면 다음과 같다.

양기(陽氣)인 삼양(三陽)의 기(氣)는 火를 生한다. 火는 土를 만들고 土는 金을 生
한다. 강금(强金)은 木을 剋하여 木氣를 약화시킨다. 强金의 氣는 금폐대장(金肺大腸)
을 실(實)하게 하고 약한 목기(木氣)는 목간담(木肝膽)을 허(虛)하게 한다.

즉, 기능상(機能上)으로 金장부(肺·大腸)가 大하고 木장부(肝膽)가 小하게 된다. 이
것이 음양오행의 이치로 풀어본 태양인의 체질이다.

2. 태음인(太陰人) (2)

태음인(2)은 태양인(2)의 반대영역에 위치한다. 음양오행구분도표상의 음음음은 金水 영역이고 酉B´子이고 진음(眞陰)의 영역에 해당한다. 3개 모두 음(陰)이어서 太陰이라 하였다. 위 영역의 체질을 가진 사람들이 태음인(太陰人)이다.

세 개의 음기(陰氣)는 水를 生하고 水氣는 木氣를 生한다. 木氣는 木장부의 기능을 강화한다.〈간담목실(肝膽木實)〉

삼음(三陰)의 氣는 水氣를 강화하고 水氣는 金氣를 설기(泄氣)시킨다. 木은 水의 지원을 받아 세력을 확대하여 강목(强木)이 된다. 강목(强木)은 금기(金氣)를 역극하여 金의 기세를 저지한다. 이로인해 金장부인 肺·大腸의 기능이 약해진다.〈금폐대장허(金肺大腸虛)〉

3. 소양인(少陽人) 2

소양인(少陽人)은 陰이 하나이고 陽이 둘인 음양양과 양양음의 양쪽 영역(領域)에 위치한다. 도표상에서는 A´卯와 午A 영역이다.

二陽은 火로 변화하거나 生火하고 火는 土를 생(生)한다.〔토실(土實)〕 水는 土의 剋을 받아 약해진다.(水虛) 實해진 토기(土氣)는 土장부인 비위토(脾胃土)를 강화하고 토극수(土剋水)하여 水장부인 신·방광(腎·膀胱)의 기능을 약화시킨다.〔비위실(脾胃實), 신방광허(腎·膀胱虛)〕

4. 소음인(少陰人)

소음인의 영역(領域)은 양음음, 음음양으로서 A酉와 子A´이다. 陰이 둘이고 陽이 하나인 곳이다.

二陰은 음기(陰氣)여서 水를 生하고 강화시킨다. 水氣는 水장부인 腎·膀胱을 實하게 하고 역극토(逆剋土)하여 土의 기세를 약화시킨다. 약해진 土氣는 土장부인 비위토(脾胃土)를 허(虛)하게 한다.

이와같은 식으로 太陽人의 폐·대장실(肺·大腸實)·간담허(肝膽虛), 태음인(太陰人)의 폐·대장허(肺·大腸虛) 간담실(肝膽實)

少陽人의 토비위실(土脾胃實)·수신방광허(水腎膀胱虛)

少陰人의 토비위허(土脾胃虛)·수신방광실(水腎膀胱實)을 설명할 수 있다.

이와같이 음양오행 구분도표를 기초로 하면 四象體質 또는 八象體質 모두를 설명할 수 있는 것이다.

사주음양오행(四柱陰陽五行)을 기초로한 체질판단법(體質判斷法)과 치법(治法)

사상 · 팔상 체질론에서는 陰陽을 기초로 하여 체질을 네가지 8가지로 분류하고 있다. 五行의 氣를 간과(看過)하거나 무시한 단편적(斷編的) 체질 분석법이라 할 수 있다. 그러므로 복잡 · 다양한 체질을 가진 수많은 사람들을 객관적인 방법으로 치료할 수 없게 한다. 이것이 四象 · 八象醫學의 허점이다.

복잡한 것까지 분석하려면 음양(陰陽) 뿐만아니라 五行도 고려해야 한다. 이러한 모든 것을 고려한게 음양오행 구분도표에 기초를 두고 분석하는 체질 판단법이다. 이 체질 분석법은 복잡하지 않으나 복잡다양한 개개인의 체질을 쉽게 알게 한다.

사주음양오행 구조를 음양오행 구분도표 또는 사주음양오행 구분도표에 넣고 연결시켜라. 그러면 곧바로 개개인 마다 다른 체질이 나올 것이다.

이 음양오행 구분도표는 사상 · 팔상의 체질구분 뿐만아니라 수많은 체질 분석을 가능하게 한다. 그리고 개개인에게는 각자에 맞는 다양한 약물과 음식을 선택할 수 있게 한다.

우선 四象八象醫學에서 생각하지 않은 것을 도표를 통하여 알아보기로 한다. 도표와 같이 태양인은 두가지로 분류할 수 있다. 少陽人도 1,2로 少陰人도 1,2로 나눌 수 있다.

이 태양인 · 태음인 · 소양인 · 소음인 1,2는 사상 또는 팔상의학의 체질 분류법과는 차이가 있다.

사상의학과 팔상의학에서는 陰陽을 기초로하여 장부기능(臟腑機能)의 허실(虛實)을 論 한다. 그리고 그에 대한 치료방법을 기술하고 있다.

본서에서는 陰陽 뿐만아니라 五行, 음양오행(陰陽五行)의 변화이치를 토대로 하여 이들의 상호관계를 설명하였다. 이것은 四分法도 아니다. 八分法도 아닌 입체적인 분석법이다.(우선 편의상 8가지로 분류하여 음양오행과 이들의 관계를 설명한다.)

체질을 분류하고 병증(病證)을 진단(診斷)하고 치료방법(治療方法)을 선택할 때에는,

8가지로 분류하여 설명한 것에 개의치말고 음양오행의 이치로서 풀어나가면 된다.

개개인의 체질은 복잡다양하다. 어떤이는 少陽人的 측면이 있다. 어떤 이는 소양인적인 것과 소음인적 측면을 동시에 가진다. 어떤이는 이도저도 아닌 체질이다. 태음인도 태양인도 소양인도 아니다. 어떤이는 10%는 태양인, 10%는 소양인, 20%는 소음인, 60%는 태음인이다. 거의 대부분의 사람들은 여러 복합적 성질을 지닌 체질을 가진다.

이러한데 어찌 사분법이니 팔분법이니 하여 사람을 한쪽으로 몰아부쳐 진단하고 처방하고 치료할 수 있단 말인가. 어쩌다 맞아 치료된다면 그것은 우연이다. 만능의 열쇠인듯 목소리 높여 말하지 말라. 나중에는 주관적인 것이란 것을 깨달을 것이다.

우리는 객관적 기준이 있고 체계적으로 설명 가능한 방법을 선택해야 한다. 그것이 음양오행 구분도표와 사주음양오행 구분도표를 기초로한 판단방법인 것이다.

이들 도표들은 앞에서 보아왔듯이 진단과 처방약물등 복잡다양한 것들과 해결의 열쇠를 알려주었다. 그리고 아주 객관성이 있고 논리가 있고 원인과 결과를 훤히 들여다 볼 수 있게 하고 있었음을 기억하라.

1. 木太陽人 (1)

太陽人(1)은 도표 卯B인 木의 영역에 위치한다. 그래서 木太陽人이라 하였다. 木은 三陽을 얻어 지엽(枝葉)을 무성하게 한다. 그러나 음양의 이치상 陰이 없는 관계로 木은 일부의 마른 지엽을 갖는다.(밤낮으로 빛만있는 형국이니 어찌 木이 제대로 지엽을 확대시키고 뿌리를 내릴수 있겠는가?) 그 결과로 肝木이 上亢한다〈간실증(肝實證)〉.

마른가지들이 三陽을 지원하고 三陽이 生火하여 신(身)에 熱을 만든다. 火가(生土하여) 土를 實하게 하고 熱을 만들므로 水를 필요로 한다.

三陽의 氣가 升하므로 하강하는 陰土가 요구된다.

肝木의 기세가 세다. 마른 가지들이 많다.(이때에는 木을 다듬기 위한 金을 필요로 한다.)

身體에 열기가 많다. 氣가 위로 솟아오른다. 만약 이것이 원인이 되어 병증이 발생하

거든 酉B´의 성질을 지닌 약과 음식을 기본으로 하라. 그리고 병정에 따라 타 영역의 약
물을 가감(加減)하라.

음토(陰土)의 약물은 火生土로서 火陽氣를 진정시키고, 酉B´의 약물중 음성(陰性)이
있는 것은 인체의 음양을 균형화시키고, 금성(金性)이 있는 약물은 木의 기세를 다듬어
인체음양오행을 균형화시키는데 도움을 준다.

2. 화태양인(火太陽人) : 태양인(太陽人) 2

三陽이 巳午火 영역에 거(居)하여 화태양인(火太陽人)이라 하였다. 陽이 셋이어서
진양(眞陽)이고 태양(太陽)이라 말할 수 있다. 三陽의 氣와 火氣가 강렬하여 木이 불탄
다.(木이 虛해진다.)

화기(火氣)가(土를 生해줘) 脾胃土를 實하게 하나 土는 열기속에 존재하게 된다. 土
氣가(生金하여) 金肺·大腸을 實하게 하나 金은 火의 열기를 받아 뜨거워지고 예리해
진다. 예리한 金의 칼날은 불타는 나무(木)를 내리쳐 베어낸다. 그 결과로 간담목(肝膽
木)이 虛해진다.

水는 火의 역극(逆剋)과 土의 剋을 받는다. 뜨거워진 金으로 부터도 生을 받지 못한
다.(腎水 膀胱이 약해진다.)

火太陽人의 병인(病因)은 火三陽이다. 그러므로 三陰으로서 陽의 기세를 저지하고 水
로서 火氣를 剋해 주어야 한다. 즉, 三陰이 있고 水가 있는 水陰의 성질을 지닌 것(도표
B´亥子)을 藥으로 해야 인체음양오행을 균형화시킬 수 있다.

B´亥子 영역의 약을 기본으로 하고 병정(病情)에 따라 다른 영역의 약을 가감(加減)
하면 보다더 빨리 치료할 수 있을 것이다.

병의 근원은 金實이 아니고 火·三陽이다. 火陽이 장부음양오행에 가장 영향을 많이
준다. 金實은 이러한 과정에서 일어난 제2차적인 것이다.

B´亥子 약물의 三陰은 음양을 균형화시키고 水를 만든다. B´亥子 약물의 水는(水剋
火하여) 火氣를 억제하고 金을 설기(泄氣)시키고(水生木하여) 肝膽木을 生해준다.(제

증을 사라지게 할 수 있다.)

火열기의 억제가 제증의 根을 뽑을 수 있는 핵심이다. 폐금(肺金)의 기세를 제압하기 위해 火를 쓰면 火氣가 오히려 升한다.

强木을 쓰면 木生火로 火氣가 솟아난다. 火열기의 억제가 제증치료의 핵심이므로 음수(陰水)를 약으로 해야 한다. 이 陰水는 腎水를 지원해줄 뿐만아니라(腎水의 열기를 식힌다.) 인체음양오행을 정상화시켜주는데 협력한다. 그러므로 B´亥子영역(領域)의 약물과 음식을 기초로 하지 않으면 안된다. 타 영역의 약물을 불가피하게 써야하는 경우에는 그들중에서 가장 B´亥子의 성질을 지닌 것으로 해야할 것이다.

3. 목소양인(木少陽人) : 소양인 1

음양양 즉 一陰二陽이 木의 영역에 위치하고 있어 木少陽人이라 하였다. 二陽의 따뜻한 기운이 木을 도와 木은 지엽을 무성하게 한다. 그러므로 肝膽木이 實해진다. 二陽이 火氣로서 生土하여 脾胃土가 實해진다.

양중심선 가까이에 거(居)하여 대체로 인체가 건강하다. 그러나 木이 水를 흡수하고 土가 水剋하여 水가 虛해진다.(腎·膀胱水의 기능이 小해진다.)(그러므로 水虛를 치료하지 않으면 안된다.)

수(水)가 허(虛)하고 화기(火氣)가 성(盛)해 음양(陰陽)이 부조화(不調和)한다. 음양양(陰陽陽) 즉 양(陽)이 음(陰)보다 많아 陰을 필요로 한다.

상대적으로 木土가 강하고 水가 약하다. 그러므로 木과 土의 기세를 누그려 뜨리고 水氣를 강화해야 한다.

A酉영역에 있는 약물의 양음음은 음양양으로된 인체음양을 조절한다. 약물의 金은 木의 기세를 전지(剪枝)하고 土의 기세를 설기(泄氣)시킨다. 즉 A酉약물은 인체의 음양과 오행을 균형화 시키는데 아주 중요한 역할을 한다. 그러므로 木少陽人 체질에 해당하는 사람에게 병증이 발생하면 A酉영역에 해당하는 약물을 기본으로 하여야 한다. 그런 이후에 다른 영역에 있는 약물중 A酉성질을 지닌 약을 병정(病情)에 따라 가감(加減)

해야 한다. 그래야 제증(諸證)을 보다 빨리 치료하고 인체를 정상화시킬 수 있다.

요컨대, 木少陽人의 건강과 질병은 木과 二陽에 의해 결정된다. 약물은 木少陽人 영역의 반대에 있다. 木의 반대는 金이고 少陽의 반대는 少陰이다. 그러므로 金少陰人의 성질을 가진 약물을 기초로 해야 한다. 그런 이후에 복잡다양한 효능이 있는 타 영역의 약물을 첨가해야 한다.(이 때에는 약물상호간의 상생상극관계를 고려한다.)

인간은 정온동물(定溫動物)이다. 기본적으로 陽을 필요로 한다. 대부분 金水영역의 약물들은 氣를 하강케 한다. 그러므로 이들을 장기적으로 사용하면 인체의 뿌리이고 생명체의 에너지인 기(氣)가 모손(耗損)될 수 있다. 인체전체의 氣를 하강케할 수 있다. 그러므로 가급적 짧게 사용해야 한다. 다른 체질의 사람에게도 해당한다. 주의하라.

인체 음양오행을 균형화시킨다 하여 少陽人이 少陰人的 성질을 지닌 약물을 집중적으로 복용하면 그는 자기가 지닌 근본적 기질을 빼앗길 위험에 직면한다. 약물로서 체질의 근본적 뿌리를 바꾸려하지는 말아야 한다.

너무 선천적 체질 음양오행의 氣에 反하는 藥을 많이 쓰지 말아야 한다. 인체의 기세에 역행하는 요인이 많으면 많을수록 인체는 부담을 갖게 된다. 그러므로 藥을 써서 건강을 되찾게 되면 곧바로 중단하고 인체의 음양오행, 인체의 기세가 무엇인지 점검해야 한다. 건강을 되찾았으면 일반적인 의미로 통하는 보음·보기·보양약으로서 인체의 정기(精氣)를 끌어올리는게 순리이다. 체질적으로 인체음양오행이 다소 불균형하다 하더라도 기세에 순응하면 크게 무리가 되지 않는다. 기세에 부합하는 음식과 약물 등을 먹고 건강하게 삶을 꾸려갈 수가 있다. 藥으로서 인체의 근본적 체질을 바꾸려하지 말아야 할 것이다.

체질분류의 가장 큰 이유는 체질로 인해 병이 발생할 때 체질을 근거로 병인(病因)을 찾고 그에 대한 치료방법을 효과적으로 찾는데 있다. 체질을 분류하고 그에 대한 치법을 강구하기까지에는 여러 가지 복잡 미묘한 것들이 존재하게 된다.

그런데 이러한 복잡한 점까지 아울러 고려한게 바로 사주음양오행 체질 판단법이다. 이 판단법은 사주음양오행구조와 음양오행구분도표를 연결시켜 체질을 알아내 처방하는 방법이다. 그래서 "사주음양오행 체질판단법"이라 하였다.

이 판단법은 개개인의 특성뿐만 아니라 개개인에게 가장 적절한 음식과 약물을 찾을 수 있게 한다. 이 점이 사주음양오행 체질 판단법의 우수성이다.

四象 · 八象理論에 기초를 둔 사람의 체질 판단법은 수많은 각기 다른 사람들을 네가지 또는 8가지로 분류해 놓고 묶어서 한다. 그러므로 주역(周易)에 있는 8괘(八卦)만으로서 인간세상을 論하라고 하는 것과 같은 아주 체질판단의 초보이론이라 말할 수 있다.

사주음양오행 체질판단법은 사주음양오행과 음양오행구분도표를 기초로하고 음양오행의 이치로서 인간 개개인의 특성을 알려준다. 수많은 복잡다양한 각기 다른 개인의 특성뿐만아니라 이들의 과거 · 현재 · 미래까지 고려하며 개개인에게 적절한 치료방법을 제시한다. 개개인마다 다르게 전개되는 인생행로(人生行路)에 맞추어 그에 대한 답을 제공해주고 있으니 이 얼마나 유익한 것인가? 다만 본서를 통해 터득한 사람들만이 그 가치를 알 수 있을 것이다. 본서에 있는 이론들이 현재든 미래든 어느 시기에 가서든 수많은 학자들의 입에 오르내리고 전하여지고 발전될 것임을 확신하며, 두뇌가 좋고 다양한 식견이 있는 사람들이 본서의 숨은 의미를 확대 해석 · 발전시켜 주기를 바라는 바이다.

4. 화소양인(火少陽人) : 소양인 2

소양인(2)란 양양음으로서 午A영역의 체질을 가진 사람을 말한다. 여기에 있는 양양음중에서 陰은 陽이 극(極)에 달한 이후(陽極陰하여)에 시생(始生)되어 형성된 것이다. 그래서 이 소양인2를 시소음인(始少陰人)이라 하기도 하였다.

陽陽陰은 陽이 둘이고 陰이 하나이어서 소양인 1과 유사한 면이 있다.(그러나 상당한 차이를 갖는다.)

소양인1은 木의 위치에 있어 木오행과 아주 밀접한 관계를 갖는다. 陰陽陽中 두개의 陽은 중심선 A′C좌측에 있어서 더욱더 솟아오르는 기세를 가진다.

소양인2는 午火와 未土의 위치에 있어 火土五行과 관계한다. 陽陽陰中 두개의 陽은 子午선 우측에 있어 기울어가는 陽으로서 의미를 지닌다. 여기서 一陰二陽, 二陽一陰 영역의 것을 소양인이라 한 것은 陽이 陰보다 많기 때문이다.

위 도표에 있는 바와같이 소양인 2는 양양음과 오행火土영역에 위치한다. 陽陽陰中 二陽은 뜨거운 빛이 火를 生하듯 火의 기세를 강화한다. 그리고 세력을 확대한 火氣는

未土와 중앙의 土를 生한다. 힘을 얻은 土氣는 土장부인 脾胃土를 실(實)하게 한다. 〔비위토실(脾胃土實)〕

비위토는 土氣로서 水氣를 剋하여 腎·膀胱水를 虛하게 한다.(腎·膀胱虛)

二陽과 火氣와 土氣는 타장부에게도 영향을 준다. 土氣는 木의 기세를 설기(泄氣)시키고 生金하여 金을 實하게 한다. 二陽과 火氣는 木을 불태우고 强金은 木을 베어 넘긴다. 이로 인하여 금폐대장(金肺大腸)이 실(實)해지고 목간담(木肝膽)이 허(虛)해진다. 心火는 二陽과 火의 지원을 받아 실(實)해진다. 그렇지만 實해진 土脾胃·金肺大腸·心火의 장부는 水가 없어 조(燥)해지고 음(陰)이 부족하여 비정상적이 된다. 한마디로 二陽과 火土氣가 장부음양오행을 불균형케 한다 할 수 있다.

二陽과 火의 열기가 병(病)의 근(根)이므로 병을 치료하려면 음수(陰水)를 藥으로 해야 한다. 陰水中 陰은, 二陽一陰인 少陽人2의 陰陽을 조절하고, 水는 剋火하여 火의 기세를 저지한다. 즉 음양오행을 균형화 시키는 기초적 힘으로 작용한다.

음수(陰水)의 藥을 찾아라. 도표에서의 음수(陰水)의 藥이란 水陰陰陽영역을 말한다. 이 약은 소양인 2인 火·양양음을 균형화·정상화 하는데 관여한다. 도표의 子A′, 즉 水소음인2 영역 약물 음음양水 중 음음양은 양양음과 상호균형적 조화의 관계를 형성한다. 이들중 水의 氣는 剋火하여 火의 기세를 정상화시킨다. 정상을 찾은 이들 음양과 火오행의 氣는 다른 음양오행인 土金水木과 균형적 상생상극 관계를 갖는다. 이로 인하여 인체음양오행의 기가 균형화 한다. 인체음양오행의 기가 균형적이 되면 장부음양오행이 균형적 상생상극 관계를 형성하게 되고 오장육부(五臟六腑)의 기능이 정상화된다. 이러한 관계가 지속되면 될 수록 인체는 보다더 건강을 得하게 된다.

5. 금소음인(金少陰人) : 소음인 1

소음인이란 도표상에서 양음음·음음양 영역에 있는 陽하나와 陰둘의 체질을 가진 사람을 말한다. 이 소음인은 도표와 같이 1과 2로 나누어진다.

소음인중 金의 영역에 있는 것은 金少陰人이라 하였고 水의 영역에 자리한 것은 水少

陰人이라 하였다. 金소음인과 水소음인은 둘다 의미상으로 다른 二陰一陽을 가진다.

金소음인의 一陽은 기우는 陽이고 二陰은 깊어가는 陰이다. 水소음인의 二陰은 사라져가는 陰이고 一陽은 솟아오르는 陽이다. 金소음인1의 양은 저무는 해와 같고 二陰은 깊어가는 어두움과 같다. 水소음인2의 二陰一陽은 극(極)에 달한 어둠뒤의 빛과 같다.

소음인1은 金의 위치에 거(居)하고 소음인2는 水의 영역과 관계한다. 그 때문에 소음인1과 2는 체질상으로 다르게 된다. 이러한 이치는 다른 체질인 태양인·소양인·태음인에게도 적용된다. 음양오행 구분도표를 보고 숨어있는 의미를 확대해석하면 보다더 잘 알 수 있을 것이다.

본서에서 그 수많은 것들을 모두 하나하나 말로서 설명할 수는 없다. 어떻게 무한한 의미가 있는 것을 文字로서 모두 표현할 수 있겠는가?

본서는 음양오행 구분도표에 바탕을 두고 한의학의 세계를 설명하는데 그치지는 않는다. 무궁무진하게 있는 그 이상의 세계를 풀어내 재해석할 수 있도록 안내해 주려한다. 편협한 생각에서 벗어나 보다 범위를 확대시켜라. 해결 못할 일이 없을 만큼, 이 음양오행 구분도표는 무한한 의미를 함축하고 있다.

한의학뿐만 아니라 인간세상(개인·국가·세계 등) 그 이상의 것 등 거의 모든 것을 이 음양오행 구분도표는 알 수 있게 한다.

이 음양오행 구분도표로 세계를 보면 세계가 보인다. 국가를 보면 국가가, 사회를 보면 사회가, 철학을 보면 철학이 보인다. 인류를 보면 인류가 보일 것이다. 인체를 보면 인체가, 병증을 보면 병증이, 약물을 보면 약물이 보였듯이 한의학을 보면 한의학의 세계를 볼 수 있다. 실로 어마어마한 의미를 지닌 것이라 감히 말한다해도 지나치지 않으리 만큼 이 음양오행 구분도표는 크고 작은 수많은 것들을 내포하고 있고 이들을 분석판단하는 기준(좌표)이 되어준다.

금소음인(金少陰人)(2)의 양음음·金중에서 음음은 陰氣이고 金은 金氣라 말할 수 있다. 陰氣는 오행중 陰에 해당하는 水氣에 힘을 제공한다. 金氣는 金生水의 이치로서 水氣를 生하여준다. 즉 金陰氣는 水氣의 힘을 확대시킨다.

水氣는 수장부(水臟腑)인 신(腎)과 방광(膀胱)을 실(實)하게 한다. 腎과 膀胱水는 비위토(脾胃土)를 逆剋한다. 陰氣와 金氣도 脾胃土를 차겁게 하거나 설기(泄氣)시킨다. 이로인해 비위토(脾胃土)가 허(虛)해진다.

비위토는 火를 통하여 힘을 확대하려 한다. 그러나 火氣가 적어 火의 지원을 받지 못한다. 火氣는 一陽을 통하여 힘을 확대하려 한다. 그러나 一陽이 기우는 해이어서 지원을 얻지 못한다. 오히려 火는 水氣의 剋을 받고 金氣의 逆剋을 받는다. 이로인해 火장부인 心·小腸이 虛해진다.

金少陰人2의 질병의 근은 二陰·金水이다. 그러므로 二陽으로서 陰을 견제하여 음양을 조화시키고, 木으로서 逆剋하여 金氣를 제압하고 水生木하여 水氣를 약화시켜야 한다.

二陽과 木이 있는 곳이 金少陰人의 藥이다. 金少陰人의 藥은 二陽一陰인 火少陽人 영역이 아닌 木少陽人 영역에 있다.

五行은 水→木→火→土→金→水 순서로 相生관계를 형성한다. 陰陽五行의 氣는 시계방향인 水木火土金水 순서로 순행한다. 그러므로 金少陰人이 火少陽人 영역에서 약을 찾는 것은 기세에 역행하는 것이라 말할 수 있다.

金少陰人이 火少陽人특성의 약물을 얻으면 음양의 관계가 陽陽, 陰陽, 陰陰으로 된다. 火소양인 영역의 午火는 生土한다. 土는 生金하여 金의 기세를 강화한다. 적당히 열을 받은 金은 水를 크게 生한다. 상생관계일 경우 五行의 氣가 火에서 土로, 土에서 金으로 金에서 水로 흐르기 때문이다. 金少陰人(2)가 木少陽人1을 藥으로 하는 것은 기우는 二陰이 솟아나는 二陽을 잡는 것과 같다.

金소음인인 金·양음음이 木과 음양양의 약을 얻으면 음양오행이 氣를 得하고 조화의 관계를 형성하게 된다.(하강하는 기세를 가진 金소음인이 상승하는 음양오행을 얻게되기 때문이다.)

중요한 기본약물은 음양오행상으로 기세에 순응하는 것이어야 한다. 그래야 급격한 인체음양오행의 충돌과 부작용을 막을 수 있다. 하지만 대부분의 약물들은 복합적 효능이 있어 다소기세에 역행한다. 전체적인 기세에 反하지 않는 경우에는 약으로 해야 할때가 많다. 이것은 火소양인 영역 약물 중 火陽氣의 기세가 강력하고 분(忿)하는 성질이 있는 것이라해도 개별 약물의 효능과 특성을 보고 용량을 가감하며 필요에 따라서는 이들을 약으로 사용해야 함을 의미한다.

A′卯木소양인 음양양 약물중 一陰二陽은 金少陰人의 陰陽조절에 관여한다. 이들중 二陽은 火生土하여 土를 實하게 한다. 이로 인하여 脾胃土가 정상화된다.

土는 水氣를 견제하여 인체의 水와 음양을 조절한다. 木은 陰水와 二陽을 얻어 강성해져 金을 견제한다. 二陽과 木은 生火하여 心火를 지원한다. 心火는 腎水를 견제한다.

이런식으로 음양오행의 氣는 균형적 상생상극 관계를 형성하여 인체를 정상화시킨다.

一陰二陽 木소양인 영역에 있는 약물은 金소음인의 인체음양오행을 균형화시키는데 중요한 역할을 한다. 그 때문에 金소음인에게 병증이 발생하면 木소양인 영역의 약물을 기본으로 하여 치료해야 하는 것이다.

6. 水少陰人 : 소음인2 〈＝시소양인(始少陽人)〉

水소음인이란 음음양인 子A´ 영역에 위치한 체질을 가진 사람을 말한다. 陰이 둘이고 陽이 하나여서 소음인이라 하였다.(陰中에서 一陽이 始生하여 始少陽人이라 하기도 하였다.)

二陰一陽이 水의 지역에 위치하여 水소음인이라는 명칭을 부여하였다.

水소음인은 음음양 水라는 음양오행과 밀접한 관련을 갖는다. 이들중 一陽二陰은 水氣를 生하고 水氣는 一陽의 도움으로 세력을 확대시켜 수장부(水臟腑)인 腎·膀胱을 實하게 한다. 腎·膀胱은 강력한 陰氣와 水氣의 지원을 받아 기세를 강화하여 土氣를 逆剋한다. 이로인해 土의 장부인 脾胃土가 虛하게 된다.(水腎·膀胱實, 土脾胃虛)

木氣는 水氣를 흡수하여 지엽을 확대시키려 한다. 그러나 뿌리내릴 곳인 土氣의 지원을 받지못해 크게 성장하지는 못한다.

火氣는 一陽의 도움을 받아 성장하려 한다. 그러나 水氣가 강해 크게 자라지는 못한다(心·小腸弱). 여기서의 소음인은 陽을 得하여 싹을 틔우려는 나무에 해당한다. 그러므로 겉은 유(柔)하나 속은 强한 체질이라 말할 수 있다.(外柔內剛)

水소음인은 음양오행상으로 음음양 水이다. 陰이 둘이고 陽이 하나이어서 그의 환경은 아직 차가운 날씨이다. 그러므로 이들은 二陽과 火氣의 약을 필요로 한다. 이러한 약은 火소양인 영역에 존재한다. 火소양인 영역의 약물들중 二陽一陰은 소음인의 二陰一陽과 相生相剋의 관계를 형성한다. 약물 午火는 水를 견제한다. 약물 未土는 제수(制

水)한다.

午火는 生土하여 土의 기세를 강화한다. 土의 기세는 未土의 지원을 받으며 生金한다. 金은 生水하고 水는 生木한다. 午火는 金氣를 견제하고 金氣는 木氣를 木氣는 土氣를 토기는 水氣를 剋한다. 즉, 午火와 未土 二陽一陰의 약물은 불균형적 관계에 있는 水소음인2의 음양오행의 氣를 끌어올려 정상화시키는데 관여한다. 그러므로 水소음인은 火소양인 영역의 약물을 중요시해야 한다.

7. 금태음인(金太陰人) : 태음인 1

태음인이란 세 개가 모두 음인 金水 영역에 위치한 체질을 가진 사람을 말한다. 三陰과 五行의 관계에 따라 태음인1과 태음인2로 나눌 수 있다. 태음인1은 酉B′인 음음음에 해당한다. 金의 영역에 위치하여 金太陰人이라 하였다. 태음인2는 B′子로서 水의 영역에 거(居)한다. 그래서 水太陰人이라 하였다.

金太陰人은 金·三陰이라는 음양오행과 관계하고 있다.

태음인에게 있는 三陰은 하강하는 陰氣에 속한다. 이 음기는 金을 설기(泄氣)시키거나 얼려서 金氣를 약화시킨다. 이로인해 金의 장부(臟腑)인 폐대장(肺大腸)의 기능이 약화된다.

金은 戌土의 生을 받아 형체를 크게할 수 있으나, 차가운 三陰氣에 의해 얼려져 잠자거나 제기능을 하지 못한다. 金이 언땅(戌土)에 묻힌 형국이라, 그 金의 型은 大하나 金의 기능은 小하다 말할 수 있는 것이다.(肺·大腸型實, 肺大腸 기능 虛) 이러하므로 肺와 大腸은 三陰의 기세를 제압할 수 있는 三陽과 자극을 필요로 한다.

金太陰人은 三陽을 얻어야 한다. 이들이 三陽을 얻으면 三陰·三陽이 되어 陰과 陽은 상호 균형적 관계를 갖는다.

三陽은 三陰이 위치한 곳의 상대영역에 위치한다. 양양양, 木太陽人 卯B가 태음인에게 이로운 약물의 영역이다.

木太陽人 영역에 있는 약물의 三陽은 三陰과 相生하며 조화의 관계를 이룬다. 藥物의

木은 酉金과 戌土를 자극하여 잠자고 있는 金氣를 일으킨다.

卯木은 戌과 合化하여 火를 生하고 火는 金氣에 온기(溫氣)를 주어 金의 기능을 활성화시킨다. 辰土는 戌土와 상충(相沖)하여 흙속에 묻힌 金을 자극한다.

三陰이 三陽을 얻으면 불꽃이 튀긴다. 그 불꽃은 주위를 따뜻하게 하는 음양조화(사랑)의 불꽃이다.

동방木은 三陽의 지원을 얻으며 따뜻한 기운으로 金氣를 일으킨다.(온기를 받은 화단 속의 침엽수가 언 흙속의 金들을 자극하는 것과 같다.)

金氣는 金剋木하여 木을 견제한다. 그러면서 이들 음양오행은 상호균형관계를 형성한다.

이런식으로 태음인 체질을 가진 인체음양오행의 氣는 균형적 상생상극 관계를 이루며 인체를 정상화시킨다.

여기서 말한 木태양인 영역의 약물들은 金태음인에게 아주 중요한 것이다. 그러니 이 약물들을 약물음양오행 구분도표와 연결시키며(뽑아내) 활용해야 한다. 이 중요한 약물을 등한시 하고 어찌 태음인의 병증을 치료할 수 있겠는가? 다른 체질도 마찬가지로(유사하게) 적용되니 재삼 고려하라.

음양오행 이치를 하나하나 따져가며 체질을 분류하고 그 체질에 맞는 약물과 음식을 선택하여 치료하라. 그러면 아니 치료될 질병이 없다.

학자들이여!

의자(醫者)들이여

명심하라!

이 세상의 모든 것들은 음양오행의 조화로운 관계속에 형성·변화되고 있다. 결코 우연이란 있을 수 없는 것이다. 아무리 우연적인 것일지라도 그들 또한 하나하나 접근해보면 음양오행 변화이치로서 해설 가능하다. 그러니 어찌 우연만을 기대하면서 행동할 수 있겠는가? 아무리 복잡하게 얽힌 것들이라 할지라도 이 음양오행 구분도표에 집어넣어라. 그러면 해결의 실마리를 찾을 수 있다.

한의학의 세계 뿐만아니라 일반적인 크고 작은 세계속의 수많은 것들까지도 훤히 들여다 볼 수 있다.

이 음양오행 구분도표에 하루를 넣으면 一日의 세상 돌아가는 흐름이 보인다. 10일을 넣으면 10일, 1개월을 넣으면 1개월, 1년을 넣으면 1년, 10년을 넣으면 10년, 100년을 넣으면 100년의 변화무쌍한 것들이 보인다.

四柱를 넣으면 개개인의 인생행로와 건강·미래 등등 거의 모든 것들이 보인다. 그러므로 이 음양오행 구분도표를 학자들은 더욱더 연구하여 자기분야의 발전에 활용해야 한다.

독자들이여 들어라!

보아라!

이 도표를 자세히 관찰하라!

수많은 것들이 함축되어 있다. 세상만사의 변화이치, 큰것에서 작은 것, 작은 것에서 큰것의 과거·현재·미래의 열쇠들이 숨어 살아 숨쉬고 있다.

이 도표를 보고도 그냥 지나쳐 버리거나 등한시하며 수만권의 책을 독파한들 어찌 세상변화이치를 알 수 있겠는가?

이 도표에 바탕두지 않고 지식을 얻고, 지혜를 얻으려 한다면 그것은 크고도 드넓은 大海에서 하나의 돛단배를 타고 세상을 탐구하려는 것과 같다할 것이다. 이점을 인식하고 다시한번 관찰하고 세상 변화의 이치를 탐구해 보라. 그리 복잡하게 하지 않으면서도 수많은 것들을 알아낼 수 있을 것이다.

8. 수태음인(水太陰人) : 태음인 2

태음인2란 음양상으로 삼음(三陰)이고 오행상으로 水인 B′子영역에 위치한 체질을 가진 사람을 말한다. 태음인의 영역에는 三陰이 있고 亥子水가 있고 戌도 있다. 戌은 陽土로서 중앙의 戊土와 연결된다. 土인 뭍이 水인 바다와 인접해 있는 형국이다. 三陰인 한기(寒氣)가 서려있는 얼음바다와 육지이다.

여기서 陰氣는 水를 만들고 水는 세력을 확대하여 木을 生한다. 木氣는 날씨가 차갑고 눈과 얼음물이 있는 곳에 위치한다. 한 겨울의 소나무가 동토(凍土)에 뿌리를 두고 수분(水分)과 영양분을 흡수하며 지엽을 實하게 유지하듯이 木은 土의 陽氣에 의지하고 영양과 수분을 흡수하며 세력을 확대한다. 그러므로 木의 장부인 肝膽은 어느 정도 기능을 확대시킬 수 있게 된다.(肝膽木實)

木五行과 상대적 성질을 지닌 金氣는 차가운 陰氣와 水氣에 설기(泄氣)되어 그 기세를 약화시킨다. 즉 金氣는 물아래로 가라앉거나 얼음속에 갇혀 잠자게 된다. 그러므로 금장부(金臟腑)인 金肺·大腸의 기능은 小하게 된다.(金肺·大腸虛)

三陰 水氣는 戌陽土의 저지를 받아 어느 정도 안정을 찾으나, 날씨가 너무 차가워 그 기능을 제대로 발휘하지 못한다. 그러므로 水장부인 腎·膀胱의 기능이 弱하게 된다 할 수 있다.(그러나 陰水가 지지해주어 그 뿌리는 實하다 말 할 수 있다.)(腎·膀胱型實機能虛)

인간을 을목(乙木)이라 하면 태음인(太陰人)은 북방(北方)의 나무에 해당한다. 물과 뭍이 만나는 곳에서 성장하는, 차가운 겨울에도 푸른 잎을 가지는 나무라 할 수 있다. (북반구에 사람이 많이 살고 있는 것은 이와 관련이 있다.)

음양오행 이치로 보면 태음인(2)는 음편중(陰偏重)이고 수다(水多)하다. 한냉(寒冷) 의 水체질이다. 인체가 차갑고 물이 많다. 비후(肥厚)하다면 그것은 물과 같은 살이다. 陰이 세 개나 편중되어 있어 이 사람은 우선적으로 陽을 필요로 한다. 수다(水多) 즉 수편중(水偏重)하여 火도 필요로 한다. 그러므로 양(陽)과 화성(火性)을 지닌 것을 藥으로 해야 한다. 이러한 약물은 도표상으로 陽陽陽과 火의 영역 즉, 火太陽人의 영역에 존재한다. 이 火太陽人의 성질을 지닌 약물들중 陽陽陽은 태음인 인체의 음양을 균형화 시켜주는데 관여하고 화(火) 약물은 수기(水氣)에 온기를 주어 얼어붙은 물을 녹여준다. 즉 火太陽人 영역 약물은 태음인의 음양과 수기(水氣)와 화기(火氣)를 균형화시켜 인체 음양오행을 정상화시켜 준다.

보다더 미시적(微視的)으로 접근하면 다음과 같다. 午火의 藥은 水太陰人 영역에 있는 戌土와 합하여(午戌合火) 화기(火氣)를 강화시켜 준다. 火氣는 生土하여 土의 기세를 강화한다. 약물의 三陽은 三陰과 음양조화의 관계를 형성하며 수기(水氣)에 온기(溫氣)를 주고 얼음물을 녹여 따뜻한 水로 변화시킨다.

水는 戌土에 뿌리를 두고 있는 木을 生한다. 木은 위에서 내리비치는 火氣의 지원을 받아 뿌리와 지엽을 확대하며 火를 生한다. 火는 三陽 火藥의 도움을 받아 세력을 확대하며 土를 生한다. 이 土氣와 戊土, 중앙의 戊土는 힘을 확대하며 金을 生한다. 金은 음양조화하며 水를 生한다. 이런식으로 태양인火 성질을 지닌 약물은 태음인2의 인체음양오행을 정상화·균형화시키는데 관여한다.

한마디로 태음인은 三陽과 火의 성질을 지닌 것을 藥으로 하면 오장육부 음양오행을 조절하여 인체를 정상화·균형화시킬 수 있다.

한가지 주의해야할 것이 있다. 三陰·水로된 水태음인이 三陽·火의 藥을 얻는 경우 간혹 얼음과 寒水로 된 水가 녹아 범람할 수 있다는 사실이다.

水가 범람하면 인체전체가 동(動)할 수 있다. 수(水)가 갈길을 제대로 찾지 못하는 경우에는 제수(制水)하고 이수(利水)한다. 신수(腎水)·방광(膀胱)에 관한 약, 수습(水濕) 조절 약(藥)등 利水의 藥은 약물음양오행 구분도표에 나타나 있다.

B´와 戊土 근처에 있는 藥은 인체의 수습(水濕)을 조절한다.(利水의 약물이 산재해 있다.)

중앙선 CB´는 水를 통제하는 선이다. 戊土는 土剋水하여 水의 기세를 저지한다. 즉 水에게 제방을 쌓아주는 중요한 역할을 한다. 약물음양오행 구분도표를 참고하라.

약물음양오행 구분도표는 약물음양오행 성질과 기능을 알려준다. 제반 약물은 약물음양오행 구분도표속에 있을때 약물의 음양오행과 특성이 입체적으로 파악된다. 이러한 약물들은 또다시 자체적으로 음양오행의 성질을 지니게 된다.

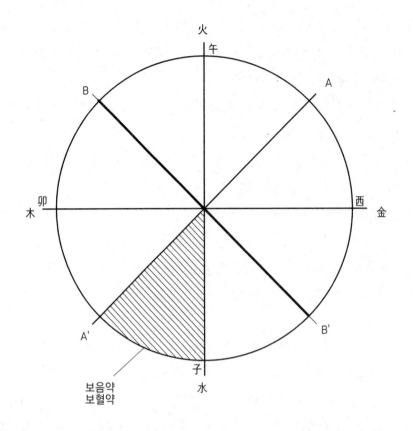

補陰藥과 補血藥은 도표와 같이 빗금친 영역에 위치한다.

그럼에도 이들 약물은 그 자체적으로 또다른 미시적인 성질을 가지게 된다. 도표와 같이 이들을 또다른 음양오행 구분도표상에 넣어 도표에 있는 보혈·보음약과 같이 분류하여 설명할 수 있다. 이들은 陽性·陰性·水性·木性·熱性·火性을 지닌 것으로 나눌 수 있다.

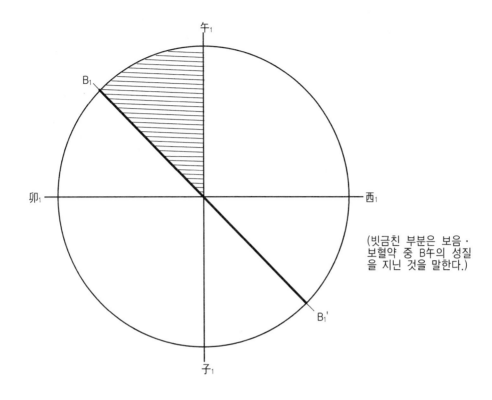

(빗금친 부분은 보음·
보혈약 중 B午의 성질
을 지닌 것을 말한다.)

　이것은 太陰人2가 補血을 할 경우에는 B午의 영역에 있는 보혈약을 써야함을 의미한
다.(이와같이 음양오행 구분도표는 큰것에서 작은것, 그 모두를 분석하고 다방면에 적용
·활용할 수 있게 한다.)

　태음인2는 火태양인 영역의 성질을 지닌 것을 藥으로 한다. 補陰藥 등 陰氣와 수기
(水氣)가 있는 것을 약물로 하는 경우에는 이들 중에서 가장 火태양인 성질에 가까운
것으로 한다.

　補陰藥이 전체적 약물음양오행 구분도표상에서 水의 영역에 위치한다 할지라도 보음
약류만을 또다른 작은 음양오행 구분도표상에 넣었을때 B午영역의 성질을 지닌 약물이
라면 태음인에게도 유익하다할 수 있다.

　음양오행이라는 것은 상대적 성질을 지닌다. 陰陽木火土金水는 또다시 음양목화토금
수로 나누어진다. 음은 또다시 작은 음과 양으로 분류된다. 木은 또다시 작은 木火土金
水로 나누어진다. 다른 火土金水도 마찬가지이다. 예를들어 나무인 木의 경우를 보자.

나무에는 녹즙, 습기, 딱딱한 것, 꽃, 열매, 마른것, 흙같은 것, 밝은 곳, 어두운 곳이 존재한다. 즉 나무는 전체적으로는 木오행에 속하나 그 자체적으로 작은 음양木火土金水의 성질을 지닌 것을 가진다. 이러한 이치는 각 체질과 병증에 맞는 약을 선택할 때에 전체와 부분, 큰 것과 작은 것을 아울러 고려하며 가장 적절한 방제를 구성할 때에도 적용된다. 이러한 이치는 그 모든 것들에게 적용가능한 아주 중요한 것이라 말할 수 있다.

太陰人에게는 水가 많다.
땀을 내 배출시켜라.
인체가 차갑다.
운동을 하여 한기(寒氣)를 없애라. 이것도 좋은 방법이다.

사주음양오행(四柱陰陽五行)과 체형(體型)·체질(体質)

1. 외모(外貌)와 체형(體型)

1) 木太陽人

木太陽人의 영역은 방위상으로 東南方인 목화방(木火方)이다. 東南중에서도 동쪽으로 치우쳐 있다. 이곳에는 동남아시아·동남방 사람들이 존재한다. 그러므로 이 지역에 사는 사람들은 부분적으로 木太陽人의 기질과 특성을 가지게 된다 말할 수 있다.

木태양인은 木과 三陽의 영역에 위치한다. 이들중 木은 火와 相生관계를 형성한다. 삼양(三陽)은 태양처럼 빛을 낸다. 그러므로 우리는 木태양인의 기질과 특성을 다음과 같이 나타낼 수 있다.

木장부와 연결된 눈(目)에서 빛이 난다. 木이 火를 生해주어 눈빛이 맹렬하고 매섭다. 인체의 氣가 上위에 거(居)하여 火의 부위인 머리가 커지고 이마가 넓어진다. 태양火처럼 얼굴이 둥글어지고 뒷머리와 목덜미가 발달된다.

陽氣가 편성(偏盛)하고 솟아올라 진취적 특성과 과단성을 가진다. 三陽의 氣가 빛을 내며 인체에 흘러 남들과 잘 어울리는 특성을 가진다. 강한 火氣가 인체를 자극하여 성질이 타오르는 불꽃과 같이 공격적이고 급해지게 된다. 木氣가 生火하여 오행상 火인 두뇌를 발달시킨다.(두뇌가 명석(明晳)하고 창의력이 강해진다.) 火氣의 영향을 받아 예술과 이상을 추구한다. 정신은 火가 보이지 않는 곳인 위로 향하듯이 보이지 않는 저 무한의 세계로 향한다. 이러한 사상을 가진 사람들이 동남아시아나 동방에 많이 있는 것은 결코 우연이 아니다.

木氣가 生火해 주어 火인 머리가 발달한다.(창의력이 있다.) 한편으로는 三陽이 편중되고 火氣가 거세(태양인2 영역의 사람일수록) 독선적이고 분노를 잘하게 된다.(인간관계에 不和가 자주 일어난다.)

火·三陽이 편중되어 있어서 개인적으로는 성공과 실패의 양면을 걷는다. 개인은 인생행로에서 등락을 거듭한다. 즉 잘되면 잘되고 못되면 못된다. 혁명가 아니면 반역자요 천재 아니면 바보라 할 수 있다.

木의 지원을 받은 火가 두뇌를 발전시키고 인체의 감각을 예민하게하여, 음악가요, 예술가요, 발명가요, 천재적 기질을 가진다.(木태양인)

陽이 편성하고 火氣가 한쪽으로 집중되어 있어 한쪽으로 치우친 삶을 갖는다.

이렇듯이 음양오행의 이치로서 사람의 성격과 體型, 기질 등을 알아내거나 설명할 수 있다.

그러나 사람의 외모와 체형, 체질, 기질은 겉과 속이 다른 경우가 대부분이다. 외모는 太陽人인듯해도 실제는 태음인인 경우도 있다. 겉으로 나타난 성격으로보면 소음인이나 진짜는 소양인일 수가 있다. 그러므로 우리는 겉으로만 나타난 것으로서 사람의 체질을 이러저러하다라 말해서는 안된다. 겉으로 드러난 체질은 外的인 체질이다. 진짜의 체질이 아닌 가상의 체질이다. 진짜의 체질은 內的인 체질을 말한다.

우리는 체질의 진가(眞假)를 염두해 두어야 한다. 內的인 체질과 外的인 체질을 구분할 줄 알아야 한다. 외적인 체질과 내적인 체질을 모르거나 구분하지 못하면 환자를 제대로 치료할 수 없다.

체질의 진가판단(眞假判斷)은 四象體質論과 八象體質論으로서는 할 수 없다. 이것이 사상체질론과 팔상체질론의 허점이다.

음양오행 구분도표와 사주음양오행 구분도표는 內的인 체질이 무엇인지를 알려준다. 음양오행 구분도표와 사주음양오행 구분도표는 사상·팔상 체질론의 허점을 보완할 수 있게 한다.

이 도표들은 개개인의 복잡 다양한 성격·외모·기질, 개개인의 장부 조직, 장부의 허와실, 개개인의 과거·현재·미래 등 개개인 전체를 알 수 있게 한다.

2) 태음인(太陰人)

태음인의 영역은 방위상으로 서북방 지역이다. 서북방은 金水方에 해당하고 이곳에는 서양사람이 생활한다. 金태음인의 영역으로 갈수록 서방대륙과 관련이 있다. 酉金과 戌土중에서 土는 대륙이고 金은 서방의 의미를 지니고 있기 때문이다.

서구인들의 체격을 보면 골격이 굵고 키가 크고 이목구비(耳目口鼻)가 크다. 손발이 크다. 土氣와 金氣의 영향을 받아 태음인적 측면을 부분적으로 갖는다.(서방의 사람들도 태양인, 태음인, 소양인, 소음인 등으로 분류된다.) 여기서 설명한 것은 겉으로 드러난 태음인1 체형이다.(내부적 장부구조가 태음인1이라고 주장하고 싶지는 않다. 설명의 편의를 위해서 예를 들었을 뿐이다.)

위와 유사한 태음인1의 체형은 다음과 같이 설명할 수 있다.

오행상으로 戌土가 酉金을 生해주어 골격이 크고 키가 크고 기골이 장대(長大)하다.

태음인은 水태음인 영역으로 가면 갈수록 인체의 氣는 下에 집중된다. 그래서 이들에게는 목부분이 약하고 허리가 발달한다.(상체보다 하체가 實하게 된다.)

몸은 水多하여 비후(肥厚)하다.(그러나 이것은 물살이다.) 음다(陰多)·수다(水多)하여 인체가 차갑고 신체(몸)에 물이 많다.(땀이 많아진다.) 陰의 寒氣가 인체를 지배하거나 얼게 할 수 있다. 운동으로서 열기를 만들고 땀을 내어 인체의 수분을 배출시키면 吉하다.

태음인의 성격은 陰多하여 음흉하다. 겉으로 속마음을 잘 드러내려하지 않는다.(겉과 속이 다르다.)

음편중(陰偏重)하여 편협하고 고집이 있고 외곬수이다. 수다(水多)하여 바다(海)와 같은 마음을 가지기도 한다.(태음인2)

陰氣와 水氣가 편중하여 끈질긴 지구력과 소신과 집념으로 일을 추진하여 목적을 달성하기로 한다.

陰氣와 水氣가 水인 腎精을 자극하여 이들은 향락에 잘 빠지거나 사치하기도 한다.

水가 多하여 인체는 바다와 같다. 바다가 온갖 크고 작은 육지의 것들을 삼키듯이 이들은 음식물을 폭음, 폭식하기를 자주한다. 이로인해 비위토(脾胃土)의 기능이 약화되기도 한다. 강수(强水)가 土를 逆剋하여 脾胃土의 기능이 비정상화된 것이라 할 수 있다.

태음인은 태음인2로 갈수록 낙천적 성격을 갖는다.

3) 소양인(少陽人)

木소양인 영역의 위치는 동방(東方)이고 북동방(北東方)이다. 동방(東方)에는 중국, 한국, 일본 등이 있다. 그러므로 이 곳의 사람들은 木소양인적 측면을 어느정도 가지게 된다. 이 지역의 사람들도 태양인, 태음인, 소양인, 소음인 등으로 분류된다.

木소양인 영역에는 木과 陽氣인 二陽이 있다. 陽氣인 二陽은 밝은 것과 통하며 木소양인으로 하여금 다정다감(多情多感)한 측면을 갖게 한다.

오행상으로 인(仁)은 木에 배속된다. 木소양인에게 있는 양지의 木氣는 남에게 봉사하고 희생하는 등의 어진 마음을 갖게 한다.(그래서 사람들로부터 호감을 얻는다.)

二陽을 만난 木氣는 강력한 지엽(枝葉)을 형성하며 대나무처럼 강직해지며 소양인들로 하여금 의분(義憤)을 참지못하는 특성을 갖게 한다. 그러므로 소양인을 군인이요 봉사자라고 말할 수도 있는 것이다.

火소양인

二陽이 있어 명랑하고 외향적(外向的)이 된다. 재치와 빠른 판단력을 가진다. 그러나 火와 二陽氣가 하강하여 성질이 급해지고 체념도 잘하고 실수도 하게 된다. 火氣가 맹렬하여 화를 잘내고 물불을 안가리고 행동하기도 한다.

二陽氣가 火부위인 머리를 자극하여 머리의 앞뒤가 나오게 된다. 또는 머리가 태양처럼 둥근 형상을 하게 된다. 火소양인으로 갈수록 二陽火의 氣가 인체에 거(居)하여 표정이 밝아진다. 인체가 火의 기세를 받아 눈은 매서워지고 날카로와진다. 火의 불꽃처럼 턱은 뾰족해진다.

인체의 氣가 위로 향하거나 위에 거(居)하여 가슴 부분이 발달하고 다리가 가늘어진다. 상체보다 하체가 약해져 날씬하고 경쾌해 보이기까지 한다. 이러한 것들은 모두 木火二陽一陰의 氣

가 인체에 흐르기 때문이다. 그러므로 소양인들은 木火·二陽·一陰의 음양오행의 변화적인 힘에 좌우되지 않을 수 없게 된다.

火소양인2는 二陽과 火氣의 영향으로 가정보다는 외부로 향해 살아가려 한다. 그래서 이들을 상인이요, 중계인이요, 서비스 종사자라 말할 수도 있는 것이다.

木소양인

木이 二陽의 도움을 얻어 아래의 水를 흡수하여 꽃을 피운다. 이로인해 木과 통하는 눈(目)에서 윤기있는 빛이 生한다.

4) 소음인(少陰人)

金소음인

金氣의 영향을 받아 골격이 굵어진다. 그러나 氣가 하강하고 二陰·一陽으로 陽보다 陰이 많아, 살과 근육이 적어진다. 二陰이 盛하고 陽氣가 기울고 金氣가 木氣를 剋하는 형이라, 肝木과 통하고 있는 눈에서 정기가 부족해지게 된다.

소음인1·2 모두 태음인도 태양인도 아니어서 이목구비(耳目口鼻)가 보통으로 된다. (오밀조밀하게 보이는 형상을 하게 된다.)

金氣의 영향으로 계산적이고 합리적으로 행동한다. 이기적이고 자기중심적인 측면을 갖는다.(金이 서방·서방사상과 관련이 있기 때문이다.)

金과 二陰이 있어 질투를 잘하고 내성적 성격을 갖는다.(그러나 一陽이 있어 사교적 측면을 지니기도 한다.)

二陰과 金이 心火를 공격하여 火인 마음이 우울하고 불안해진다. 이로인해 신경증 질환에 걸리기도 한다. 합리주의자이나 수전노이고 수전노나 회계사적 기질을 가지기도 한다.

水소음인2

음양오행의 氣가 인체의 下에 치중되어 상체보다는 하체가 발달한다. 陰中에서 陽이 시생(始生)하는 형국이라, 水氣가 아직 溫氣를 크게 득(得)하지 못한다. 그래서 몸집이 작고 키가 작고 눈코입이 작게 된다. 陰中에서 이제 막 陽이 솟아오르는 때이라 신체를 크게 하지는 못한다. 그러나 水氣가 안정된 상황이라 작지만은 균형잡힌 몸매를 갖는다.

水氣가 一陽을 얻어 위로 솟아오르기 직전이라 희망적인 곳이 존재한다. 희망이 있으면 인상이 좋아지고 온화해진다.(미남미녀의 상(相))

二陰水가 一陽을 얻어 활기를 찾게 되어 머리가 지혜롭고 총명해진다.(智가 오행상으로 水이기 때문이다.)

머리가 총명하여 매사 사색(思索)하고 착실하고 치밀하게 행동한다. 밝은 아침을 기대할 수 있는 환경(상황)이 있기 때문이다. 二陰이 있고 水氣가 多하여 겉으로는 유(柔)해 보이고 陽氣가 솟아올라 지원해줘 내적으로 강한 힘을 지니게 된다.〔외유내강(外柔內剛)이라〕

두뇌 총명하고 사색을 잘하여 학자와 같다. 陰氣와 水氣가 陽을 얻고 陰陽이 조화하여 날로날로 발전한다. 水로서 을목인들을 기르니 교육자라. 지혜의 눈으로 세상을 보니 종교가라!

金소음인

二陰이 있고 (金生水에 의해) 水氣가 있어 피부가 부드러워진다.

水소음인

水氣가 안정을 찾아 下에 위치하여 성격이 고요하고 침착해진다.

2. 음양오행과 체질

1) 木태양인

木이 三陽을 얻어 지엽을 무성하게 한다. 그래서 肝膽木이 實하게 된다. 그러나 陽氣가 盛하여 양항(陽亢)의 위험이 존재한다.

간담목(肝膽木)이 비위토(脾胃土)를 剋하려 하나 脾胃土는 三陽의 도움을 받아 그런데로 제기능을 한다. 강목(强木)이 金을 역극(逆剋)하여 폐금(肺金)의 기세를 약화시키려 한다. 그러나 肺金은 三陽을 得한 土의 生을 받아 그런데로 제기능을 한다. 木이 강하고 陽이 大한 관계로 상대적으로 陰과 金이 부족해진다.

生氣가 위로 상승하고 있어 대체적으로 건강하다. 三陽과 木이 인체장부음양오행을 불균형케 하고 있다. 이러한 경우에는 三陰과 金으로 藥을 삼아 인체음양오행을 조절한다.

2) 火태양인

火와 三陽이라, 火氣가 강력하다. 火氣가 水氣를 역극(逆剋)하여 신수(腎水)를 약(弱)하게 한다. 비위토(脾胃土)는 火의 生을 받아 實해지나 火로 인해 조(燥)해진다.

火의 生을 받은 土는 剋水하여 신수(腎水)의 뿌리를 위태롭게 하고 火는 木을 불태워 간(肝)을 허(虛)하게 한다. 폐금(肺金)은 火土의 生을 받아 실(實)해지나 火로 인해 조(燥)해진다. 三陽과 火氣가 제 장부(臟腑)를 조(燥)하게 한다. 결국 장부음양오행을 불균형케 하는게 三陽과 火氣라 할 수 있다. 이러한 경우에는 三陰과 水氣를 藥으로하여 음양오행을 조절한다.

3) 木소양인

二陽이 生火하고 火가 生土하여 비위(脾胃)가 실(實)하다. 土가 剋水하여 신(腎)·방광(膀胱)이 허(虛)하다. 木이 金을 역극(逆剋)하여 폐·대장(肺·大腸)기능이 약화될 수도 있으나, 二陽을 얻은 土가 生金해주어 완화된다.

木과 二陽이 水를 흡수하여 水氣를 약화시킨다. 그래서 신방광(腎膀胱)의 기능이 저하된다.(火소양인보다는 기능상으로 양호하다.) 木과 二陽이 生火해줘 火인 心은 기능을 어느정도 정상화한다.

4) 火소양인

火·二陽의 열기가 生土하면서 水를 공격하여 신방광(腎膀胱) 水가 허(虛)해진다. 火가 金을 剋하려 하나 중앙과 연결된 未土가 金을 生해준다. 그래서 金肺·大腸의 기능이 大하여진다.

火가 木을 불태우고 金이 木을 剋하여 간담목(肝膽木)이 허(虛)해진다. 火가 火장부에 열기를 주어 心小腸이 實해진다. 이와같이 火·二陽의 강력한 기세는 인체를 지배하며 오장육부의 음양오행을 좌우한다.

5) 金소음인

二陰과 金이 生水해주어 신·방광(腎·膀胱) 水는 그런데로 제기능을 수행한다. 二陰과 金이 木을 극하여 간담목(肝膽木)의 크기가 작아진다. 그러나 二陰의 지원을 받은 水가 木을 生해주어 肝膽木은 어느정도 제기능을 수행한다.

金이 土를 설기(泄氣)시키고 二陰이 土를 차갑게하여 비위토(脾胃土)가 약해진다.

溫氣를 줄만한 것은 一陽이다. 그러나 이 一陽은 저물어가는 기우는 陽이다. 이 陽이 火를 生해주지 못해 心·小陽火가 약해진다. 이와같기 때문에 대체적으로 약해보인다.

6) 水소음인

수다(水多)·음다(陰多)의 차가운 환경이어도 水는 一(일)陽을 얻어 제기능을 수행한다. 火는 水의 剋을 받아 그 기세를 움츠리다 一(일)陽의 도움을 얻어 약하게나마 그 기능을 발전시킨다. 土는 水의 역극(逆剋)을 받아 움츠리다 솟아오르는 陽氣의 지원을 받아 희망을 갖는다.

金은 水로부터 설기(泄氣)를 당하다 一陽의 도움을 얻어 水中에서 빛을 낸다.

木은 水에 의해 흔들리다 一陽의 빛을 보며 水中의 나무처럼 生氣를 찾는다. 한마디로 水소음인이란 인간으로 보아서 아직 제 장부기능이 미발달된 어린아이 상태라 말할 수 있는 것이다.

7) 金태음인

陰金이 木을 剋하는 金木전투가 일어날 듯하다.(肺金이 實해지고 肝木이 虛해질 듯하다.) 그러나 金은 三陰이라는 차가운 환경이라 쉽사리 木을 극하지 못한다. 木은 차가운 水를 흡수하여 그런데로 기능을 한다. 그러나 차가운 계절 화단속의 나무처럼 木은 세력을 확대하지는 못한다. 즉 장부는 大하나 火와 陽이 없어 장부기능은 잠을 자는 상태에 놓인다. 이러한 경우에는 火와 陽을 藥으로 하면 인체가 활성화된다.

8) 水태음인

三陰이 지배하고 水가 많아 腎水의 크기가 커진다. 水가 내려가는 陰水이고 찬물이고 얼음물이라 腎 · 膀胱水의 실질적 기능이 小하게 된다. 三陰과 水가 火를 剋하여 心 · 小腸火가 약해진다. 土는 三陰에 의해 얼어붙고 水의 역극(逆剋)을 받아 허(虛)해진다. (脾胃土虛)

인체환경은 삼음수다(三陰水多)인 차가운 날씨이다. 얼음이 있고 물(水)이 많은 바닷가다. 인체는 이러한 환경에서 성장하는 수중식물〔(水中植物) 나무木〕에 해당한다.

금기(金氣)는 내려가는(하강하는) 찬물에 설기(泄氣)되거나 얼음물에 얼어붙는다.(肺 · 大腸金의 機能虛) 목기(木氣)는 얼음물을 흡수하여 지엽을 성장시킨다.(肝膽木의 기능 實)

제 **7** 편

음양오행(陰陽五行)과 체질(體質)·음식(飮食)· 약물(藥物)

음양오행구분도표(陰陽五行區分圖表)와 체질(體質)과 음식(飮食)·약물(藥物)

체질은 앞에서와 같이 네가지 또는 여덟가지로 나누어질 만큼 고정적인게 아니다. 더욱더 세분화가 가능한 것이다. 사분법(四分法)·팔분법(八分法)상으로 같은 체질이라도, 위치하는 영역에 따라 이들은 각기 다른 특성을 가지게 된다.

음양오행 구분도표와 같이 卯辰이 태양인의 영역이라도 卯지역과 辰지역은 각각 다른 체질에 해당한다. 여기서는 이것을 특정지역 체질이라 하였다. 이 특정지역 체질을 가진 사람들은 酉와 戌에 해당하는 특정약물과 특정음식을 필요로 한다. 특정지역 체질은 사주음양오행 체질판단법으로 알아낸다.

사주음양오행 체질판단은 사주음양오행을 음양오행구분도표에 넣어서 한다. 각 개개인의 四柱를 음양오행 구분도표에 넣으면 이들의 체질이 어떠한지 알 수 있다. 체질뿐만아니라 인체·장부의 음양오행, 장부의 허실(虛實)도 볼 수 있다.

이렇듯이 음양오행 구분도표는 체질뿐만 아니라 크고 작은 다양한 수많은 것들을 알려준다.

약물음양오행의 氣는 도표에서와 같이 卯에서 辰으로 가면갈수록 변화하며 위로 향한다.

火태양인의 음양오행기(陰陽五行氣)는 B→巳→午 방향이고 이들의 약물과 음식 음양오행기는 상대방향인 B′→亥→子이다.

개인의 四柱로 체질을 판단하고 이에 해당하는 음식과 약물을 알려면 다음과 같이 하면된다. 먼저 生年月日時에 바탕두고 만세력을 보고 개인의 사주음양오행을 뽑는다. 사주음양오행을 사주음양오행 체질구분도표에 집어넣는다. 이때에 사주음양오행이 태양인 영역에 집중되면 이 사람은 태양인의 체질에 가깝게 된다. 그러므로 이 사람에게 유익한 음식과 약물은 태양인들에게 유익한 것들이라 말할 수 있다. 만약 태음인의 영역에 사주음양오행이 집중되면 태음인에게 좋은 음식이 이사람에게도 좋다.

사주음양오행이 소음인 영역에 분포하게 되면 소음인에게 좋은 음식이 이 사람에게도 좋다. 소양인 영역에 집중되면 소양인에게 좋은 음식이 이들에게 유익하게 된다.

四象醫學者들은 다음과 같이 말한다. "태양인은 폐실(肺實)하고 간허(肝虛)하다. 간허(肝虛)가 병근(病根)이다. 병을 치료하려면 肝을 補하라. 대장실(大腸實)하고 담허(膽虛)하다. 대장실(大腸實)이 병근이다. 병을 치료하려면 大腸을 사(瀉)하라."라 한다.

하지만 그럼에도 우리는 다음과 같이 말할 수 있다.

태양인의 영역은 卯→辰→巳→午이고 木火지역이다. 그러므로 태양인의 약물은 이와 상대편에 있는 酉→戌→亥→子 영역인 金水지역에 있게 된다. 태양인의 2차적인 약물은 金水이외의 다른 지역에 위치하게 된다.

四象八象醫學에서는 太陽人의 병근(病根)을 간허(肝虛)와 대장실(大腸實)이라 하며 肝을 補하거나 大腸을 사(瀉)하여 치료한다고 하였다. 구체적으로 어떤 부류의 藥을 써야하는 지는 명확히 구분하여 알려주지 않았다. 장부음양오행이 상생상극하며 유기적(有機的)인 관계를 형성하고 있는 것도 논외(論外)로하고 있다. 人體의 寒熱정도 인체의 음양오행구조 등도 등한시 하였다. 이 점이 사상·팔상의학의 허점이다.

질병을 치료하려면 다음과 같이 한다. 먼저 사주음양오행을 뽑아 인체음양오행과의 관계를 본다. 이들을 음양오행 구분도표에 집어넣어 체질의 음양오행을 알아낸다.

태양인의 음양오행구조는 음양오행구분도표에 표시된 것과 같다. 이 음양오행구분도표는 체질과 병증과 약물을 동시에 찾아 유용하게 활용할 수 있게 한다. 어떠한 체질이든지 음양오행구분도표에 넣고 분석하면 된다. 그러면 병증과 약물과 치법이 전부 나온다.

참고로 四象·八象醫學에서 주장하는 체질(소양인·태음인·소음인 등)과 치료방법을 소개한다.

◎ 태음인

① 폐허(肺虛)하고 간실(肝實)하다. 간실(肝實)이 병근이다. 병을 치료하려면 肝을 사(瀉))하라.

② 대장허(大腸虛)하고 담실(膽實)이다. 대장허(大腸虛)가 병근이다. 병을 치료하려면 大腸을 補하라.

◎ 소양인

① 비실(脾實)하고 신허(腎虛)하다. 신허(腎虛)가 병근이다. 병을 치료하려면 腎

을 補하라.

② 胃實하고 방광허(膀胱虛)다. 위실(胃實)이 병근이다. 병을 치료하려면 胃를 瀉하라.

소음인

① 비허(脾虛)하고 신실(腎實)하다. 신실(腎實)이 병근이다. 병을 치료하려면 신 (腎)을 瀉하라.

② 胃虛하고 방광실(膀胱實)하다. 胃虛가 병근이다. 병을 치료하려면 위(胃)를 補하라.

四象 · 八象醫學上의 체질과 여기서 분류한 체질은 다음과 같은 관계가 있다. 사상의 학의 태양인은 본서에서 설명한 火태양인에 가깝다. 태음인은 水태음인과 소음인은 金소 음인 소양인은 木소양인에 가깝다할 수 있다.

제1장 체질(體質)과 음식(飮食)

약물·음식 음양오행과 체질음양오행은 다음과 같은 관계가 있다. 이들은 서로 상대적인 영역에 위치하며 서로 반대의 방향으로 향한다.

음식물과 체질은 다음과 같은 관계가 있다. 火태양인에게 좋은 음식중에는 火소양인에게도 좋은 것이 있다. 木소양인에게 좋은 음식중에는 木태양인에게 좋은게 있다. 水태음인에게 좋은 음식중에는 水소음인에게 좋은게 있다. 金소음인에 유익한 음식중에는 金태음인에게 이로운게 있다. 한마디로 음양오행구분도표상에서 위치(영역)와 오행이 서로 유사하면 이들은 상호밀접한 관련을 가지게 된다 할 수 있다.

木태양인과 火태양인은 태양인으로서 좋은 음식을 필요로 한다. 木火소양인은 소양인, 金水태음인은 태음인, 金水소음인은 소음인으로서 좋은 음식을 필요로 한다. 즉 음과 양이 같은 경우에도 이들은 상호관련을 갖게된다.

음양오행의 정기(精氣)가 들어있는 음식은 어떤 체질에게도 좋다. 쌀과 녹색야채가 이에 해당한다. 녹색야채들은 뿌리로는 陰氣와 水氣와 土氣를 흡수한다. 木에 해당하는 녹색의 지엽으로는 陽火의 氣를 얻어낸다. 즉 이들은 陰陽木火土金水의 生氣를 가득 지니게 된다. 이 음양오행의 生氣는 내부적으로 편중됨이 없이 조화의 관계를 형성한다. 이러한 녹색야채를 먹는 경우에 인체는 거의 체질과 무관하게 자연적 음양오행의 生氣를 얻어 자체적인 음양오행의 氣를 강화시키게 된다.

전통적으로 내려오거나 보편화(普遍化)된 음식물들은 인체의 음양오행에 그리 부정적인 영향을 주지 않는다. 그러므로 음식의 경우에는 四分法으로 분류하여 활용해도 대부분 사람들의 체질에 맞는다 할 수 있다.

복잡하고 세밀하게 음식을 분류해 먹게되면 먹을 음식 종류가 줄어들고 영양에 불균형이 일어날 수 있다. 삼가는게 좋다. 대부분의 음식속에는 복잡다양한 영양소와 특성이 있다. 그러므로 가급적이면 먹을 수 있는 음식의 범위가 넓어야 좋은 것이다. 설령 개인적으로 체질에 덜 맞는다 하더라도 사회생활을 하다보면 이들을 먹어야할 때가 많아진다. 체질에 음식을 맞추기가 그리 쉽지 않다. 오히려 음식에 체질을 맞추어야 할 경우가 많다.

음식이 자기체질에 안맞는다하여 이들을 멀리할 수는 없는 상황이 일어난다. 자기체질에 맞는 음식만을 골라 싸들고 다니며 그것만을 먹을 수도 없다. 사회 또는 현실을 고려해야 한다. 이것은 보편적인 음식을 자기체질에 좋든 나쁘든 받아들여야 함을 의미한다. 다양한 음식들을 받아들일려거든 인체 음양오행의 기를 강화하라. 그러면 인체는 수용가능한 음식의 범위를 확대시킬 수 있다.

四分法으로 분류할 경우에 각 체질에게 좋은 음식에는 다음과 같은게 있다.(여기서 예를 든 것은 그 전부가 아니다. 각자 음양오행에 기초를 두고 음식의 종류를 확대시켜야 할 것이다.)

1. 태양인(太陽人)의 음식(飮食)

1) 太陽人에게 좋은 음식

(火太陽人에게 좋은 음식중에는 火소양인에게도 좋은 게 있다.)
금수성(金水性)을 지닌 것
酉戌亥子 영역에 속한 음식
검정색(水色), 황색(土色)음식
신열(辛熱)하지 않은 것
칼로리가 적은 것
기름지지 않은 것
陰氣가 있는 것 : 차가운 계절에도 잘 자라는 것

🌑 곡류(穀類)

쌀(주식), 메밀, 보리, 호밀, 통밀, 검은색·황색 또는 有色의 것 : 팥, 콩, 완두콩,

녹두, 깨, 들깨, 옥수수, 메조, 기장

◯ 채소류(菜蔬類)

추운계절에 잘 자라는 채소, 녹색을 띠는 것, 배추, 쑥갓, 푸른상추, 양배추, 시금치, 쑥, 돌나물, 씀바귀, 근대, 토란, 냉이, 달래, 우엉, 양파, 파, 아욱

기타 : 오이, 취나물, 가지, 감자, 숙주나물, 깻잎, 비름, 호박, 두릅

◯ 해조류(海藻類)(水木性을 지닌다) : 미역, 파래, 다시마, 김 등

◯ 음지식물중 열량이 적은 것

표고버섯, 송이, 느타리버섯

◯ 어육류(魚肉類)

조개류 : 굴, 소라, 전복 등

등푸른 생선 : 참치, 정어리, 청어, 고등어, 꽁치

한류성 어류, 심해어류(深海魚類) : 오징어, 문어, 낙지 등

기타 : 조기, 도미, 가자미, 자라, 멸치, 젓갈, 병어, 민어, 생태, 광어, 대구, 붕어, 잉어

육류 : 물에서 많이 생활하는 조류〈오리고기 등〉

◯ 과실류(果實類)

즙이 많은 것, 비타민C가 많은 것, 신맛이 있으면 더욱 좋다. 오렌지, 귤, 딸기, 감, 파인애플, 레몬, 복숭아, 배

기타 : 포도, 머루, 모과, 토마토, 바나나, 아몬드, 키위, 유자, 앵두, 자두, 살구 등

◯ 기타

클로렐라, 녹차, 솔잎, 쑥차, 오가피, 치즈, 포도당, 천일염, 황설탕 등

木태양인에게는 백색(金色)·황색(土色))을 띤 것이 좋고 火태양인에게는 흑색(水色)·황색(土色)을 지닌 것이 좋다.

2) 태양인이 피해야할 음식

화성(火性)이 강한 것

신열(辛熱) 한 것

기름기가 많은 것

무거운 음식

칼로리가 많은 것

붉은색(火色)을 띤 것

陽氣가 많은 것

자극성이 강한 것

火태양인이 피해야 할 음식물 중에서 火소양인이 피해야할 것이 있다.

곡물류중 가루로된 것 : 밀가루, 찹쌀, 차조, 차수수

기타 : 붉은 팥, 땅콩

채소류 : 붉은 것, 자극성이 강한것, 열을 내는 것

고추, 생강, 마늘, 도라지, 참마, 연근, 겨자, 후추, 카레

기타 : 당근, 무, 더덕, 율무\

음지식물 중 陽氣가 있는 것 : 영지, 운지버섯

과실류(果實類) : 대추, 잣, 밤, 호두 등

칼로리가 많은 음식, 기름기 많은 것과 육류 : 돼지고기, 닭고기, 양고기, 염소고기, 개고기, 기름, 버터, 참기름, 계란, 우유

陽氣가 강한 것 : 녹용, 인삼, 계피, 꿀, 홍차

기타 : 커피, 술, 흰설탕, 흰소금, 해삼, 멍게, 민물장어

2. 소양인(少陽人)의 음식(飮食)

1) 소양인(少陽人)에게 좋은 음식

인체에 陽氣가 강하여 해물류(海物類)와 싱싱하고 차가운 음식(특히 火소양인)이 유익하다. 陽이 많고 陰이 부족하므로 補陰飮食이 좋다.(특히 火소양인) 황색(土色), 백색(金色), 흑색(水色)을 띤 것이 유익하다.

木소양인에게 좋은 음식중에는 木태양인에게 좋은 게 있다. 火소양인에게는 황색(土色)·흑색(水色)이 좋고, 木소양인에게는 백색(金色)·황색(土色)이 좋다.

⊜ 곡류(穀類) : 쌀

쌀은 만인에게 좋다.(쌀속에 음양木火土金水의 氣가 모두 들어있기 때문이다.)

차가운 계절에도 잘 성장하는 것, 성질이 찬 것 : 통밀, 보리, 메조, 메밀, 호밀

검은색(水色)·유색 곡류 : 검은콩, 완두콩, 강낭콩, 유색콩, 검은팥, 녹두, 검은깨, 들깨

⊜ 채소류(菜蔬類)

추운계절에 잘 자라는 것, 푸른채소, 냉이, 무, 푸른상추, 양배추, 배추, 시금치, 토란, 미나리, 쑥갓, 쑥, 근대, 아욱, 죽순, 돌나물, 질경이 등

기타 : 오이, 가지, 연근, 우엉, 고사리, 호박, 비름, 취나물, 두릅, 숙주나물, 깻잎, 씀바귀

음지식물 : 표고버섯, 송이버섯, 느타리버섯, 영지·운지버섯 등(영지·운지버섯은 火소양인에게 이롭지 않다.)

⊜ 과실류(果實類)

싱싱하고 차갑고 즙이 많은 것이 좋다. 수박, 참외, 토마토, 배, 감, 딸기, 포도, 복숭아, 바나나, 파인애플, 앵두, 자두, 키위, 매실, 살구, 유자, 호두, 잣, 은행(호두, 잣, 은행은 火소양인, 木태양인에게 이롭지 않다.)

어육류(魚肉類)

게, 새우, 가재

조개류(굴, 전복, 바지락 등)

심해어(深海魚) : 오징어, 문어, 낙지

등푸른 생선 : 참치, 청어, 정어리, 고등어, 꽁치 등

기타 : 가자미, 갈치, 멸치, 광어, 생태, 민어, 병어, 자라, 이면수, 대구, 우럭, 장
       어, 잉어, 붕어, 오리고기, 소고기

기타

클로렐라, 솔잎차, 쑥차, 녹차, 생맥주, 오미자, 구기자, 결명자, 구연산, 치즈, 천일
염, 황설탕, 들기름, 로얄제리(로얄제리는 木태양인, 火소양인에게 이롭지 않다.)

2) 소양인이 피해야 할 음식

몸에 陽氣와 熱이 있으므로 자극성 있는 음식과 칼로리가 많은 음식을 피한다. 특히 火
소양인은 방향성(芳香性) 있는 음식과 신열(辛熱)한 음식을 피한다. 찹쌀, 붉은팥(火色),
차수수, 차조, 고구마, 당근, 감자, 도라지, 참마, 생강, 파, 양파, 부추, 씀바귀, 달래, 석류,
대추, 땅콩, 밤, 아몬드, 김, 해삼, 멍게, 미꾸라지, 닭고기, 개고기, 양고기, 염소고기, 달걀,
인삼, 벌꿀, 녹용, 계피, 겨자, 후추, 카레, 참기름, 흰밀가루, 흰소금, 커피, 홍차, 우유

木소양인이 피해야할 음식중에 木태양인도 피해야할 음식이 있다.

3. 태음인(太陰人)의 음식(飮食)

1) 태음인에게 좋은(유익한) 음식

陽氣와 火氣가 부족하므로 칼로리가 높은 식품. 단백질(동물성) 식품, 열성(熱性) 음

식, 무거운 음식이 좋다. 붉은색을 띤것(火色), 황색(土色)이 좋다. 水태음인에게 좋은 음식중 水소음인에게 좋은 것이 있다.

🔵 곡류(穀類)

쌀, 찹쌀, 현미, 밀, 수수, 차조, 메조, 콩, 율무, 붉은팥, 기장, 들깨, 옥수수

🔵 채소류(茱蔬類)

고구마, 감자, 당근, 도라지, 토란, 더덕, 연근, 참마, 마늘, 생강, 양파, 파, 부추, 고추, 무, 우엉, 쑥, 쑥갓, 아욱

기타 : 시금치, 양배추, 오이, 가지, 푸른상추, 근대, 달래, 콩나물, 냉이, 비름, 씀바귀, 죽순, 머위, 고사리

🔵 과실류(果實類)

딸기, 오렌지, 귤, 수박, 복숭아, 토마토, 매실, 배, 사과, 유자, 레몬, 앵두, 자두, 살구, 땅콩, 호두, 잣, 밤, 아몬드, 은행 등(수박은 차가운 음식이나 利水의 효과가 있어 水태음인에게 좋으나 水소음인에게 이롭지 않다.)

🔵 해물류(海物類)

김, 다시마, 파래, 미역, 해삼, 멍게

🔵 어육류(魚肉類)

조기, 도미, 가자미, 삼치, 북어, 생태, 명란, 멸치, 병어, 연어, 자라, 청어, 대구, 광어, 장어, 붕어, 미꾸라지, 잉어, 가물치, 쇠고기, 양고기, 오리고기, 염소고기, 개고기 등

🔵 기타

꿀, 로얄제리, 녹용, 인삼, 우유, 참기름, 계피, 후추, 카레, 겨자, 유자차, 치즈, 두부, 쑥차, 녹차

2) 태음인이 피해야할 음식

수기(水氣)와 음기(陰氣)가 강한 것, 토장부(土臟腑)가 약하므로 지방질 음식, 자극성 강한 것을 피한다.

검정색(水色) 음식, 陰氣多이고 水多이므로 심해어류(深海魚類)는 피한다.

검은콩, 검은팥, 검은깨, 녹두, 호밀, 메밀(참깨)

배추, 미나리, 깻잎, 숙주나물, 케일, 셀러리, 참외, 감, 멜론, 바나나, 파인애플, 키위, 모과, 포도, 머루

조개류(굴, 소라, 전복 등)

대부분의 어패류(魚貝類), 심해어류(深海魚類) : 게, 새우, 오징어, 낙지, 문어, 바다밑어류, 등푸른 생선 : 청어, 고등어, 참치, 정어리, 꽁치

육류(돼지고기, 닭고기 등), 계란, 초코렛, 야쿠르트, 커피, 결명자, 오미자, 구기자, 흰밀가루, 흰설탕

水태음인이 피해야할 음식중에는 水소음인도 피해야 할 음식이 있다.

4. 소음인(少陰人)의 음식(飮食)

1) 소음인(少陰人)에게 좋은(유익한) 음식

一陽二陰이어 陰氣가 강하므로 따뜻하고 熱이 있는 음식이 좋다. 소화가 잘 되는 음식이 유익하다. 金소음인에게 좋은 음식중에는 金태음인에게 좋은 게 있다.

곡류(穀類)
쌀, 현미, 찹쌀, 차조, 좁쌀, 콩류, 참깨, 옥수수, 메조, 붉은 팥

◉ 채소류(菜蔬類)

감자, 양배추, 무우, 고구마, 연근, 가지, 시금치, 푸른상추, 냉이, 쑥, 토란, 호박, 부추, 아욱, 파, 양파, 생강, 근대, 달래, 콩나물, 돌나물, 취나물, 우엉, 마늘, 씀바귀, 고추, 고사리, 죽순, 송이버섯, 느타리버섯, 표고버섯

◉ 과실류(果實類)

대추, 딸기, 오렌지, 귤, 레몬, 토마토, 살구, 복숭아, 사과, 자두, 앵두, 유자, 아몬드, 호두 등

◉ 해조류(海藻類) : 다시마, 미역, 김, 파래 등

◉ 어육류(魚肉類)

생선류 : 조기, 삼치, 도미, 가자미, 멸치, 생태, 광어, 병어, 대구, 자라, 장어, 미꾸라지, 붕어, 잉어
육류 : 닭고기, 양고기, 염소고기, 개고기, 노루고기, 쇠고기, 꿩고기, 참새고기 등

◉ 기타

녹용, 인삼, 로얄제리, 꿀, 클로렐라, 쑥차, 참기름, 치즈, 두부, 유자차, 솔잎차, 계피, 후추, 카레, 겨자, 황설탕, 비타민B · C, 천일염, 구연산 등

2) 소음인이 피해야할 음식

土장부가 약하므로 찬 음식, 기름기 많은 것, 무거운 음식은 피한다.
밀가루, 검은콩, 검은깨, 메밀, 팥, 녹두, 수수, 율무, 들깨, 호밀, 보리, 기타 가루로 된 음식
오이, 배추, 미나리, 더덕, 도라지
수박, 참외, 멜론, 배, 포도, 감, 바나나, 파인애플, 머루, 모과, 매실, 땅콩, 잣, 밤
조개, 굴, 게, 새우, 오징어, 문어, 낙지, 해삼, 멍게, 전복, 소라, 갈치, 꽁치, 청어, 고등

어, 참치, 정어리

돼지고기

맥주, 오미자, 구기자, 결명자, 영지, 흰밀가루, 흰설탕, 야쿠르트, 우유, 커피, 초코렛

金소음인이 피해야할 음식중에 金태음인이 피해야 할 게 있다.

음식에 관한 한 질병이 없는 경우에는 四分法 또는 八分法이 유용하다. 四分法만을 사용하여도 충분히 자기의 체질에 맞는 음식을 선택·활용할 수 있다.

이 방법은 영양의 불균형을 초래케하지 않으면서도 인체를 건강하게 이끌 수 있게 한다.

四分法 이상으로 음식을 분류하여 섭취하면 편식(偏食)이 되고 영양의 불균형이 야기될 수 있다.

음식을 전혀 분류하지 않으면 자기의 체질과 상반되는 음식을 먹을 수 있다.

四分法上으로 자기체질에 맞는 음식을 기초로 하거나 위주로 하라. 그리고 자기의 체질에 덜 맞는 음식을 보조적으로 하여 가끔씩 섭취하라. 그러면서 먹을 수 있는 음식의 범위를 확대하여라.

인체음양오행의 기(氣)를 강화시켜라. 인체음양오행의 氣가 강력해지면 강력해질수록 內外的 저항력이 강화되어 건강해진다. 그러면 자기가 먹을 수 있는 음식의 범위가 넓어진다.

아주 건강이 좋으면 어느거나 먹어도 인체에 이상이 없다. 그런 사람은 아주 드므나 우리인간은 그와같이 되도록 노력하지 않으면 안된다. 요컨대, 음식은 四分法上으로 자기의 체질에 맞는 것을 위주로 한다. 기타음식은 보조적으로 가끔씩 적게 한다. 이러한 食生活을 계속하다보면 어느 시점에 가서는 건강을 득(得)하게 된다. 건강해지면 인체의 氣를 강화시키며 보다더 음식의 영역을 확대시켜 나간다.

제2장 체질에 유익한 음식(약물)

자기에게 유익한 약물과 음식을 알려면 다음과 같이 하라.

먼저 生年月日時를 알아낸다. 만세력을 보고 四柱를 조직하여 사주음양오행을 뽑는다. 사주음양오행을 사주음양오행 구분도표에 넣고 체질의 四象이 무엇인가 본다. 체질을 약물음양오행 구분도표에 넣어 치료약물의 윤곽을 알아낸다.

병증(病證)을 약물음양오행 구분도표에 넣어 치료약물을 찾아낸다. 이들 약물들을 종합하여 방제(方劑)를 구성한다.

음식은 음양오행 구분도표상에 있는 사상체질(四象體質)의 반대영역에서 구한다. 즉, 체질이 태양인이라면 태음인 영역에서 음식을 찾는다.

태음인이면 태양인 영역에서, 소음인(1)이면 소양인(1) 영역에서, 소음인(2)이면 소양인(2) 영역에서, 소양인(1)이면 소음인(1) 영역에서, 소양인(2)이면 소음인(2) 영역에서 음식을 구한다.

이러한 경우에 체질의 반대영역에 위치하고 있는 음양오행은 중요한 의미를 지닌다. 이 음양오행은 음식의 성질, 각각의 체질과 깊은 관계가 있다.

각 체질의 반대영역에 음식물의 음양오행이 존재한다. 각 음식물의 음양오행은 상대편의 체질음양오행에 유익한 역할을 한다.

사주음양오행 구분도표에 사주음양오행을 넣고 체질의 四象을 알아낸다. 체질의 四象을 기초로 하여 그 반대 영역에서 음식의 음양오행을 알아낸다. 음식음양오행을 기준으로하여 개별음식물을 찾아내서 활용한다.

체질을 구분하여 그에 맞는 음식물을 섭취(攝取)하는 위와 같은 방법이 어려운 경우에는 다음과 같은 차선의 것을 선택해 활용해야 할 것이다.

① 편식(偏食)을 하지 않는다.

② 다양한 음식을 섭취한다.

즉, 음양오행(陰陽五行)이 들어있는 음식을 먹는다. 음(陰)과 양(陽)과 木·火·土·

金·水 오행(五行)을 두루 갖춘 음식물속에는 인체에게 꼭 필요한 영양소(營養素)와 그 이외의 것들이 들어 있기 때문이다.

다른 것들도 마찬가지이지만, 음식물도 음과 양과 오행으로 분류하거나 세분할 수 있다.

성질에 있어서 음식의 음과 양을 보면 온열성(溫熱性)을 지닌 것은 양(陽)이고 한량성(寒凉性)을 띤 것은 음(陰)이다. 상향성(上向性)을 띤 것은 양(陽)이고, 하향성(下向性)을 지닌것은 음(陰)이다.(전통한의학에서는 溫熱寒凉性을 四性 또는 四氣라 부른다.)

맛에 있어서 음식물의 오행(五味)를 보면 신맛(酸味)은 木, 쓴맛(苦味)은 火, 단맛(甘味)은 土, 매운맛(辛味)은 金, 짠맛(鹹味)은 水이다.

색(色)에 있어서 음식의 오행(五色)을 보면 푸른색(靑色)은 木, 붉은색(紅色)은 火, 노란색(黃色)은 土, 흰색(白色)은 金, 검정색(黑色)은 水가 된다. 그 이외에도 계절, 부위, 지역 등으로도 음식물을 음과 양과 오행으로 분류할 수 있다. 이러한 음식물의 음양오행은 인체의 음양오행에 직접적이고도 간접적으로 영향을 주면서 인체에 관여한다.

음양오행을 두루 갖춘 음식물속에는 필수영양성분과 음양오행(陰陽五行)의 생기(生氣)가 들어있다. 이들은 인체에 生氣를 불어넣어 주고 인체의 음양오행을 균형화·정상화시키고 강화하는 데 관여한다. 그러므로 음식물을 섭취하기 이전에 그 음식물속에 위와같은 음과 양과 오행이 얼마나 들어있는가를 살피지 않으면 안되는 것이다.

대부분의 음식들은 조리(調理)의 방법에 따라 복합적인 기능을 갖게 된다. 여러 각도로 조리하여 성질을 변화시키거나 맛을 내게 하면 음양오행의 성질이 달라진다.

일반적이고 보편적인 음식물들이나 다양한 문화를 형성하고 있는 전통 음식들은 대부분의 사람들에게 유익하다. 이들 중 대부분이 거의 자연적 성질을 가지고 있기 때문이다. 그러나 이들중에서 지나치게 인공(人工)을 가하였거나 자연적 성질을 크게 벗어나게 한 것들은 인간에게 큰 문제를 야기케 한다.

음식은 자연(自然)에 가까우면 가까울수록 인체(人體)에 유익하게 작용한다. 곡류는 가루내지 말고 가급적이면 입자를 보존한 상태로 먹어라. 그래야 곡류자체가 지닌 음양오행의 氣를 흡수할 수 있다. 크게 가루내지 않고 자연그대로 삶아먹어야 生氣를 얻을 수 있다.

곡류를 가루내거나 빻으면 씨앗자체가 지닌 음양오행의 氣가 분산된다. 그러므로 인체에게 유익하지 않다. 왜냐하면 자연상태와 가루낸 상태가 성분상으로 유사하여도 인체에 들어가면 판이하게 달라지기 때문이다.

자연상태의 것은 소화흡수를 잘되게 하고 生氣를 찾게 한다.

같은 성분인 쌀밥과 쌀떡 중에서 떡은 소화흡수가 잘 안되고 무엇인가 다르다. 통밀과 밀가루가 거의 성분은 같아도 삶은 통밀과 밀가루 음식(빵·국수 등)을 먹었을 때 인체는 판이하게 다르게 받아들인다.

이것을 陰陽五行의 理致로 설명하면 다음과 같다.

각 장기(臟器) 내부에는 각각 공간(空間)의 음양오행기(陰陽五行氣)가 흐른다. 이 음양오행기는 각 장부(臟腑)의 기능(機能)에 직·간접적으로 영향을 준다.

공간음양오행기(空間陰陽五行氣)가 균형을 이루며 순행(順行)하면 각 장부음양오행(臟腑陰陽五行)도 조화(調和)의 관계를 형성한다.

음식을 먹으면 음식물이 통과하면서 각 장기내외(臟器內外)의 기(氣)에 영향을 준다.

가루음식은 위(胃)와 장(腸)의 공간(空間)에 흐르는 음양오행기와 마찰하거나 기(氣)의 흐름의 연속성을 차단한다.

가루성분은 장벽(腸壁)에 달라붙거나 통과할 때 마찰을 하고 자극을 가하면서 위(胃)와 장(腸)의 음양오행기의 조화를 흔들어 놓는다. 특히 빈속에 가루음식물이 들어가면 속이 깍이고 속에 이상이 생기는 등 이러한 현상이 두드러지게 발생한다.

천연상태인 입자가 보존된 음식이 인체에 좋다는 것은 다시한번 강조해도 지나치지 않다. 곡류·채소류의 음식물은 거의 자연상태 그대로이다. 이들은 질서정연(秩序整然)한 음양오행의 氣를 가진다. 이 음양오행은 보이지 않는 生命의 氣를 가지고 있다.

자연적 음양오행은 인체에서는 인체 음양오행과 조화의 관계를 형성한다. 그 때문에 인체는 음양오행의 氣를 得하여 보다 강력한 체력을 유지하고 발전시킬 수 있다.

곡류·야채 등은 대부분 인간에게 유익한 결과를 가져다 준다. 일반적으로 보편화되어 있는 음식물 중 자연적 상태를 보존하고 있는 것은(곡류·과일·채소 등) 대부분의 인간에게 유리하게 작용한다. 어느 체질에게도 그리 나쁜 영향을 주지 않는다.

곡류(穀類) 중 쌀은 성장의 초기부터 물과 관련한다. 물속의 영양분을 흡수하여 싹을 틔우고 잎사귀를 만들어낸다. 이들은 뜨거운 태양열과 비·바람과 천둥과 번개불빛과 교류하며 성장하며 열매맺는다. 이러한 과정에서 이 곡식은 자연의 음양오행 음양木火土金水의 정기(精氣)를 가득 몸안에 흡수한다.

쌀속에는 生氣를 지닌 음양木火土金水의 정기가 끊임없이 순행하고 있다. 그러므로 우리는 쌀밥 한그릇에 간장 또는 김치한쪽을 넣고 비벼먹어도 오장육부(五臟六腑)를 든든하게 하며 하루를 알차게 엮을 수도 있는 것이다. 이 쌀속에는 陰陽木火土金水의 氣가 가득 들어있다. 그러므로 쌀을 먹으면 木火土金水장부의 氣가 강화되고 인체음양오행이 조화의 관계를 형성한다. 인체는 음양목화토금수의 生氣를 모두 얻어 기력(氣力)을 강화시키게 된다.

음식물들중 전통적인 음식물은 대부분 음양오행의 氣가 조화의 관계를 형성하고 있다. 그래서 대부분의 사람들에게 맞는다. 이러한 음식물들은 태음인에게도 태양인에게도 소양인에게도 소음인에게도 좋다. 음식물들중 陰陽木火土金水오행을 모두 지닌 음식은 어떠한 체질에게도 유익하게 작용한다.

이들중 전통적 문화를 형성하고 있는 음식은 대부분 음양목화토금수 오행의 氣를 가지고 있거나 전통음식으로 하고 있는 사람들의 체질 음양오행과 균형적이고 조화의 관계를 형성한다. 그러므로 전통음식은 대부분의 사람들에게 유익하다 말할 수 있는 것이다. 음식의 특성이 이러하므로 우리는 전통적인 음식을 위주로 하고 기타음식은 보조적으로 이따금 섭취하여야 한다. 그래야만 경제적으로 절약할 수 있을 뿐만아니라 건강을 유지시키고 발전시키고 강화시킬 수 있는 것이다.

이와같이 음양오행 구분도표에 기초를 두면 복잡·다양한 체질을 거의 정확히 구분해 낼 수 있고 그에 대한 약물과 음식도 찾을 수 있다. 즉, 음양오행 구분도표와 사주음양오행·약물음양오행을 상호연결시키면 그리 복잡하게 하지 않으면서도 체질을 분류할 수 있고 각 체질에 맞는 약물과 음식을 찾아 적절히 활용할 수 있다. 하지만 四象醫學者들은 다음과 같은 약물들이 각 四象體質에 유익하다라 주장한다. 이러한 주장들은 일부분이지만 음양오행이치와 다소 거리감이 있다. 그러나 개별약물의 복합적(複合的) 효능을 감안(勘案)한다면 이러한 藥物들을 활용한다해도 각 체질에 크게 무리가 되지는 않는다 할 수 있다.

여기에 있는 약물들중 음양오행이치와 차이가 있는 것은 보조적으로 사용하라. 그러면 도움이 될 것이다.

1. 태양인(太陽人)에게 좋은 약물

교맥(蕎麥), 모과(木瓜), 노근(蘆根), 미후도(獼猴桃) (다래), 시체(柿蒂), 시감(柿柑), 송엽(松葉), 송절(松節), 송화(松花), 앵도육(櫻桃肉), 오가피(五加皮), 포도당(葡萄糖), 포도근(葡萄根), 호도(胡桃), 붕어, 순채(蓴菜), 교맥(蕎麥), 겨, 방합(蚌蛤)

2. 소양인(少陽人)에게 좋은 약물

지모(知母), 석고(石膏), 과루인(瓜蔞仁), 감수(甘遂), 강활(羌活), 구기자(枸杞子), 고삼(苦蔘), 금은화(金銀花), 구맥자(瞿麥子), 귀판(龜板), 경분(輕粉), 녹두(綠豆), 노

회(蘆會), 노감석(爐甘石), 남과(南瓜), 독활(獨活), 등심(燈心), 동변(童便), 다(茶), 동과(冬果), 대맥(大麥), 망초(芒硝), 목단피(牧丹皮), 목통(木通), 몰약(沒藥), 모려분(牡蠣粉), 백복령(白茯苓), 박하(薄荷), 방풍(防風), 복분자(覆盆子), 반묘(班猫), 방기(防己), 시호(柴胡), 생지황(生地黃), 숙지황(熟地黃), 산수유(山茱萸), 신국(神麴), 수은(水銀), 서과(西瓜), 석결명(石決明), 사과(絲瓜), 섬여(蟾蜍), 아교(阿膠), 연교(連翹), 우방자(牛蒡子), 우방근(牛蒡根), 운사(雲砂), 유향(乳香), 육종용(肉蓯蓉), 오공(蜈蚣), 왕불류행(王不留行), 우슬(牛膝), 인동등(忍冬藤), 여정실(女貞實), 위피(蝟皮), 저령(猪苓), 적복령(赤茯苓), 전호(前胡), 적소두(赤小豆), 주사(朱砂), 지골피(地骨皮), 지부자(地膚子), 지유(地楡), 저육(猪肉), 조구등(釣鉤藤), 진유(眞油), 치자(梔子), 전화분(天花粉), 차전자(車前子), 초결명(草決明), 청대(靑黛), 청상자(靑葙子), 택사(澤瀉), 활석(滑石), 황련(黃連), 현삼(玄蔘), 황백(黃柏), 형개(荊芥), 흑연(黑鉛), 하고초(夏枯草), 해금사(海金砂), 홍화(紅花), 호장근(虎杖根), 향유(香薷), 매평(苺鮮)

3. 태음인(太陰人)에게 좋은 약물

길경(桔梗), 고본(藁本), 갈근(葛根), 금박(金箔), 관동화(款冬花), 건율(乾栗), 감국화(甘菊花), 과체(瓜蒂), 금계납(金鷄納), 경묵(京墨), 계란고(鷄卵膏), 감리근(甘李根), 낙화생(落花生), 녹각(鹿角), 녹각상(鹿角霜), 녹용(鹿茸), 대황(大黃), 대두(大豆), 대두황권(大豆黃卷), 두시(豆豉), 래복자(萊菔子), 녹반(綠礬), 마황(麻黃), 맥문동(麥門冬), 마두령(馬兜鈴), 백지(白芷), 백렴(白蘞), 백과(白果), 비파엽(枇杷葉), 백복신(白茯神), 백자인(栢子仁), 백선피(白蘚皮), 백반(白礬), 봉선자(鳳仙子), 부소맥(浮小麥), 백급(白芨), 사탕(砂糖), 사과(砂果), 사삼(沙蔘), 사간(射干), 사상자(蛇床子), 산약(山藥), 사군자(使君子), 산장(酸漿), 수라(水螺), 선모(仙茅), 석창포(石菖蒲), 소맥노(小麥奴), 서각(犀角), 사향(麝香), 산조인(酸棗仁), 승마(升麻)

상엽(桑葉), 상기생(桑寄生), 상백피(桑白皮), 상실(桑實), 속단(續斷), 송지(松脂), 송이(松栮), 원지(遠志), 오미자(五味子), 우육(牛肉), 우황(牛黃), 영양각(羚羊角), 용뇌(龍腦), 오매(烏梅), 의이인(薏苡仁), 연자육(蓮子肉), 연근(蓮根), 이실(梨實), 용안

육(龍眼肉), 우담(牛膽), 연초(煙草), 어유(魚油), 운모(雲母), 용골(龍骨), 위령선(威靈仙), 오배자(五倍子), 유피(楡皮)

저근백피(樗根白皮), 저아(猪牙), 조협(皂莢), 조각자(皂角刺), 제조(蠐螬), 자부평(紫浮萍), 종려피(棕櫚皮), 자초(紫草), 자완(紫菀), 죽여(竹筎), 죽력(竹瀝), 청피(靑皮), 천문동(天門冬), 측백엽(側柏葉), 차전엽(車前葉), 천산갑(穿山甲), 창이자(蒼耳子), 천축황(天竺黃), 춘근피(春根皮), 천마(天麻), 청근(靑根), 토복령(土茯苓), 택란(澤蘭), 포황(蒲黃), 포공영(蒲公英), 황단(黃丹), 행인(杏仁), 행실(杏實), 해송자(海松子), 호골(虎骨), 화피(樺皮), 황금(黃芩), 황정(黃精), 해동피(海東皮), 합환피(合歡皮), 희렴(豨薟)

4. 소음인(少陰人)에게 좋은 약물

감초(甘草), 계지(桂枝), 관계(官桂), 계피(桂皮), 건칠(乾漆), 관중(貫衆), 금불초(金沸草, 旋覆花), 계내금(鷄內金), 계육(鷄肉), 구육(狗肉), 가자(訶子), 남성(南星), 대극(大戟), 당귀(當歸), 대조(大棗), 대복피(大腹皮), 대산(大蒜), 두충(杜冲), 도실(桃實), 단삼(丹蔘), 도인(桃仁), 목향(木香), 만삼(蔓蔘), 민어교(民魚膠), 명태어(明太魚), 부자(附子), 백작약(白芍藥), 백출(白朮), 백하수오(白何首烏), 반하(半夏), 백두옹(白頭翁), 백두구(白豆蔲), 백미(白薇), 백부자(白附子), 비자(榧子), 백강잠(白殭蠶), 봉출(蓬朮), 백개자(白芥子), 백도인(白桃仁), 빈랑(檳榔), 상산(常山), 석수어(石首魚), 석류(石榴), 석웅황(石雄黃), 소엽(蘇葉), 소회향(小茴香), 사인(砂仁), 산사육(山楂肉), 소목(蘇木), 사퇴피(蛇退皮), 신석(信石), 삼릉(三棱), 삼칠근(三七根), 소자(蘇子), 세신(細辛), 소합향(蘇合香), 인삼(人蔘), 육계(肉桂), 유향(蕎香), 오수유(吳茱萸), 울금(鬱金), 유황(硫黃), 오적골(烏賊骨), 익모초(益母草), 안식향(安息香), 앵속각(罌粟殼), 오령지(五靈脂), 익지인(益智仁), 량강(良薑), 애엽(艾葉), 양육(羊肉), 우황(牛黃), 인진(茵陳), 음양곽(淫羊藿), 아편(阿片), 이당(飴糖), 우여량(禹餘粮), 올눌제(膃肭臍), 오약(烏藥), 육두구(肉豆蔲), 진피(陳皮), 적하수오(赤何首烏), 적석지(赤石脂), 지실(枳實), 적작약(赤芍藥), 자하거(紫河車), 작육(雀肉), 자단향(紫檀香),

정공등(丁公藤), 저실자(楮實子), 정향(丁香), 전갈(全蝎), 장뇌(樟腦), 창출(蒼朮), 천궁(川芎), 총백(葱白), 청밀(淸蜜), 치육(雉肉), 초두구(草豆蔲), 천초(川椒), 철장(鐵漿), 침향(沈香), 초과(草果), 천련자(川楝子), 초오(草烏), 천오(川烏), 초(醋), 파고지(破故紙, 補骨脂), 필발(蓽撥), 파두(巴豆), 파극(巴戟), 피마자(蓖麻子), 황기(黃芪), 향부자(香附子), 후박(厚朴), 현호색(玄胡索), 호초(胡椒), 구육(鳩肉), 타자(鮀子), 토육(兎肉), 항적사(項赤蛇), 해염즙(海鹽汁)

인간(人間)은 전체적으로 보아서는(어떤 부류의 체질이든지) 갑목(甲木)인 하늘과 흙인 土의 중간(中間)에 위치한 甲木을 닮은 을목(乙木)이다. 즉, 인간은 木의 성분을 지닌 나무라 말할 수 있다.(세계 대예측 참고)

乙木인 나무는 다시 음양오행, 즉 陰陽木火土金水로 분류된다.(음양오행이 상대적 성질을 지닌 것이기 때문이다.) 이 陰陽木火土金水는 木火土金水의 장부(臟腑)이고 인체 내의 음양오행이다.

대부분의 나무들은 물(水)을 흡수하면서 각종의 영양분을 빨아들인다. 즉 水에 거의 전부 의지하며 살아간다해도 지나치지 않다. 어떻게 木이 물없이 싹을 틔우거나 지엽을 성장시킬 수 있겠는가? 빛과 온기(溫氣)는 물을 얼지 않게 하고 木에게 힘을 제공해 준다. 木의 지엽과 뿌리는 빛인 양기(陽氣)와 어둠인 음기(陰氣)의 지원을 받아 물을 빨아들이고 싹을 틔우고 성장한다. 즉 木은 陰氣와 陽氣 水 등을 기초로 하여 생명을 유지시키고 발전시켜 나간다 말할 수 있다.

이와 유사하게 乙木인 인간도 木이어서 陰陽과 水에 기초를 두고 생명활동을 유지시키고 발전시켜 나간다. 여기서 陰陽의 氣는 人體의 陰氣와 陽氣와 관련하고 水는 인체의 精血 등과 상통한다. 그러므로 우리는 인체내에 존재하는 陰陽과 精血과 氣의 강약(强弱)을 고려하거나 주시하지 않으면 안된다.

이것은 각각의 체질에 맞는 약물을 써서 병증(病證)을 제거하였으면 그 이후에는 일반적인 의미로 통하는 약물 또는 음식, 그리고 운동(運動) 등으로 보음(補陰), 보혈(補血), 보기(補氣) 등을 적절히 해야함을 의미한다. 그러면 인체의 精氣가 강력해진다. 여기서 인체의 정기란 살아있는 氣인 生氣를 말한다. 인체의 生氣가 강력해지면 인체가 보다 강건해진다. 인체가 강건해지면 어떤 음식물이라도 받아들일 수 있게 된다.

1. 太陽人에게 좋은 방제(方劑)

오가피장척탕(五加皮壯脊湯), 청조탕(淸燥湯), 미후등식장탕(獼猴藤植腸湯), 보간탕(補肝湯), 기국지황환(杞菊地黃丸), 일관전(一貫煎), 겨(강 糠), 방합(蚌蛤), 즉어(鯽魚), 교맥(蕎麥), 오가피(五加皮), 순채(蓴菜), 모과(木瓜), 송절(松節), 포도근(葡萄根), 노근(蘆根), 미후도(獼猴桃)

2. 太陰人에게 좋은 方劑

갈근해기탕(葛根解肌湯), 인옥방(茵玉方), 태음조위탕(太陰調胃湯), 조위승기탕(調胃承氣湯), 적옥방(赤玉方), 청심연자탕(淸心蓮子湯), 한다열소탕(寒多熱少湯), 열다한소탕(熱多寒少湯), 우황청심환(牛黃淸心丸), 진금청간탕(眞金淸肝湯), 가미윤폐탕(加味潤肺湯), 반총산(蟠葱散), 마황정천탕(麻黃定喘湯), 녹용대보탕(鹿茸大補湯), 마황탕(麻黃湯), 대시호탕(大柴胡湯), 계마각반탕(桂麻各半湯), 석창포원지산(石菖蒲遠志散), 흑노환(黑奴丸), 조중탕(調中湯), 생맥산(生脈散), 이성구고환(二聖救苦丸), 저근피환(樗根皮丸), 우황청심원(牛黃淸心元), 조위승청탕(調胃升淸湯), 마황정통탕(麻黃定痛湯), 갈근승기탕(葛根承氣湯), 마황발표탕(麻黃發表湯), 조리폐원탕(調理肺元湯), 보폐원탕(補肺元湯), 공진흑원단(拱辰黑元丹), 갈근부평탕(葛根浮萍湯), 조각대황탕(皂角大黃湯), 건율저근피탕(乾栗樗根皮湯), 건율제조탕(乾栗蠐螬湯), 사향산(麝香散), 웅담산(熊膽散), 맥문동원지산(麥門冬遠志散), 석창포원지산(石菖蒲遠志散), 과체산(瓜蒂散), 생간건비탕(生肝健脾湯), 가미곽정탕(加味藿正湯), 가미향귤지실음(加味香橘枳實飲), 향사온비탕(香砂溫脾湯), 소청룡탕(小靑龍湯), 청심연자음(淸心蓮子飲), 백향평진탕(白香平震湯)

3. 소양인(少陽人)에게 좋은 方劑

오령산(五苓散), 백호탕(白虎湯), 양격산(涼膈散), 독활지황탕(獨活地黃湯), 지황백호탕(地黃白虎湯), 형방지황탕(荊防地黃湯), 형방패독산(荊防敗毒散), 형방사백산(荊防瀉白散), 형방도적산(荊防導赤散), 육미지황환(六味地黃丸), 신기환(腎氣丸), 백호육미탕(白虎六味湯), 황련해독탕(黃連解毒湯), 숙지황고삼탕(熟地黃苦蔘湯), 팔정산(八正散), 저령탕(猪苓湯), 소시호탕(小柴胡湯), 오령산(五苓散), 소독음(消毒飮), 소함흉탕(小陷胸湯), 계비각반탕(桂婢各半湯), 대청룡탕(大靑龍湯), 십조탕(十棗湯), 대함흉탕(大陷胸湯), 황련저두환(黃連猪肚丸), 도적탕(導赤湯), 생숙지황환(生熟地黃丸), 비아환(肥兒丸), 저령차전자탕(猪苓車前子湯), 활석고삼탕(滑石苦蔘湯), 십이미지황탕(十二味地黃湯), 양격산화탕(涼膈散火湯), 양독백호탕(陽毒白虎湯), 숙지황고삼탕(熟地黃苦蔘湯), 인동등지골피탕(忍冬藤地骨皮湯), 황련청장탕(黃連淸腸湯), 목통대안탕(木通大安湯), 감축천환(甘逐天丸), 주사익원산(朱砂益元散), 가미사육탕(加味四六湯), 청아환(靑娥丸), 대분청음(大分淸飮), 축천원(縮泉元), 도적산(導赤散), 사령오피산(四苓五皮散)

4. 소음인에게 좋은 방제

계지탕(桂枝湯), 계지부자탕(桂枝附子湯), 계지인삼탕(桂枝人蔘湯), 반하사심탕(半夏瀉心湯), 감초사심탕(甘草瀉心湯), 반하백출천마탕(半夏白朮天麻湯), 반하산(半夏散), 사역탕(四逆湯), 당귀사역가오수유생강탕(當歸四逆加吳茱萸生薑湯), 십전대보탕(十全大補湯), 강부탕(薑附湯, 乾薑附子湯), 부자탕(附子湯), 인삼계지부자탕(人蔘桂枝附子湯), 관계부자이중탕(官桂附子理中湯), 황기계지부자탕(黃芪桂枝附子湯), 인삼계지부자이중탕(人蔘桂枝附子理中湯), 팔물군자탕(八物君子湯), 향사육군자탕(香砂六君子湯), 익위승양탕(益胃升陽湯), 귀비탕(歸脾湯), 보중익기탕(補中益氣湯), 보중익기천마탕(補中益氣天麻湯), 곽향정기산(藿香正氣散), 목향순기산(木香順氣散), 오패산(烏貝散), 소건중탕(小建中湯), 관중탕(寬中湯), 승양익기탕(升陽益氣湯), 정전가미이진탕(正傳加味二陳湯), 육울탕(六鬱湯), 소적정원산(消積正元散), 가미사칠탕(加味四七湯), 이중탕(理中湯, 人蔘湯), 승양익기부자탕(升陽益氣附子湯), 마황부자세신탕(麻黃附子細辛湯), 당귀사역탕(當歸四逆湯), 인삼관계부자탕(人蔘官桂附子湯), 후박반하탕(厚朴半夏湯), 생강사심탕(生薑瀉心湯), 황기계지탕(黃芪桂枝湯), 적석지우여량탕(赤石脂禹餘粮湯), 저당탕(抵當湯), 인진호탕(茵陳蒿湯), 도인승기탕(桃仁承氣湯), 대승기탕(大承氣湯), 마인환(麻仁丸), 소승기탕(少承氣湯), 소합향원(蘇合香元), 향소산(香蘇散), 인진부자탕(茵陳附子湯), 벽력산(霹靂散), 인진사역탕(茵陳四逆湯), 삼미삼유탕(三味蔘萸湯), 인진귤피탕(茵陳橘皮湯), 비방화체환(秘方化滯丸), 온백원(溫白元), 여의단(如意丹), 삼릉소적환(三棱消積丸), 장저환(瘴疽丸), 삼물백산(三物白散), 궁귀향소산(芎歸香蘇散), 천궁계지탕(川芎桂枝湯), 향부자팔물탕(香附子八物湯), 계지반하생강탕(桂枝半夏生薑湯), 적백하오관중탕(赤白何烏寬中湯), 향사양위탕(香砂養胃湯), 인삼계지탕(人蔘桂枝湯), 부양조위탕(扶陽助胃湯), 계삼고(鷄蔘膏), 산밀탕(蒜蜜湯), 파두단(巴豆丹), 인삼오수유탕(人蔘吳茱萸湯), 백하수오이중탕(白何首烏理中湯), 백하수오부자이중탕(白何首烏附子理中湯), 오수유부자이중탕(吳茱萸附子理中湯), 반하백출천마인진탕(半夏白朮天麻茵陳湯), 용산이중탕(龍山理中湯), 평진건비탕(平陳健脾湯), 내소산(內消散), 대화중음(大和中飮), 대칠기탕(大七氣湯), 안중산(安中散), 모작내소산(牡芍內消散), 소종조비순기탕(消腫調脾順氣湯), 보혈안신탕(補血安神湯), 중만분소탕(中滿分消湯), 행체탕(行滯湯), 계유(鷄油), 인삼양위탕(人蔘養胃湯), 정기천향탕(正氣天香湯), 반하정전탕(半夏正傳湯), 분심기음(分心氣飮), 소합원(蘇合元), 보아탕(補兒湯), 사군자탕(四君子湯), 보비온중탕(補脾溫中湯), 소사실표탕(疎邪實表湯), 가미온담탕(加味溫膽湯)

제8편

사주음양오행(四柱陰陽五行)과 체질(體質)·치법(治法)

제1장 사주(四柱)와 인간(人間)

우주(宇宙)와 태양계(太陽界), 태양(日)과 달(月), 오행성과 지구는 상호작용(相互作用)을 하며 자전(自轉)과 공전(公轉)의 운동(運動)을 한다. 日月과 지구는 자전과 공전을 하며 기후(氣候, 계절)를 만들고 변화시킨다. 이들(우주, 日月, 오행성, 지구, 기후 등)은 이러한 과정에서 보이지 않는 크고 작은 힘을 내뿜는다. 이들이 이렇게 내뿜는 힘은 음양오행(陰陽五行)의 기(氣)로 되어 있다.

이 음양오행의 기(氣)는 상생상극(相生相剋)의 관계(關係)를 형성하며 시간과 함께 변화를 추구한다.

시간(時間)과 같이 변화하는 이 陰陽五行의 氣를 문자(文字)로 표현한 게 바로 연월일시(年月日時) 간지(干支)이다. 이 年月日時의 干支를 인간(人間)과 결부시키면 출생년월일시(出生年月日時) 간지(干支)가 된다. 이 出生年月日時干支를 네 기둥으로 조직한게 바로 四柱干支이다. 이 사주간지가 음양오행으로 되어있어 이들을 사주음양오행(四柱陰陽五行)이라 바꾸어 표현할 수 있다.

이러한 의미가 있으므로 사주음양오행은 인체의 음양오행·장부(臟腑)의 음양오행에 지대한 영향을 주게되고 장부(臟腑)의 허실(虛實)에 관여하게 된다 할 수 있다. 그러므로 사주음양오행 구조(四柱陰陽五行構造)를 알면 인체(장부)의 음양오행·장부의 허실을 파악할 수 있고 인체(장부)의 음양오행을 조절(調節)할 수 있다. 그뿐아니라 虛한 장부(臟腑)를 補하고 實한 장부를 사(瀉)하여 병증(病證)을 제거(除去)하고 장부(臟腑)의 기능(機能)을 정상화(正常化)시키고 인체음양오행(人體陰陽五行)의 생기(生氣)까지 증진시켜 인체(人體)를 보다 강건(強健)하게 할 수 있다.

제2장 사주조직법(四柱組織法)

남(男) 2000년 음력 12月 27日 오후 6시生인 경우

2000년도가 간지(干支)로 경진(庚辰)이므로 生年의 干支는 庚辰이 된다. 生月의 干支는 월건조견표(月建早見表)를 보고 찾는다.

월건조견표에서 年이 을(乙) 또는 경(庚)으로 시작되면 1月은 戊寅, 2月은 己卯⋯⋯이고 12月은 己丑이 된다.

위 사람의 경우에는 生月이 12月이므로 생월의 간지(干支)는 己丑이 된다. 대부분의 만세력(萬歲曆)에는 年月日의 干支가 나와 있다. 그러므로 그리 복잡한 절차를 거치지 않아도 만세력만 있으면 쉽게 생년월일의 간지를 뽑을 수 있다.

만세력에 표시되어 있는 바와같이 2000년 음력 12월 27일의 경우에는 年干支가 庚辰이고 12월의 干支는 己丑이고 27일의 干支는 甲申이다. 그러므로 위 사람의 生年月日의 干支는 庚辰·己丑·甲申이라 할 수 있다.

생시간지(生時干支)는 생일간(生日干)을 기준으로하여(위 사람의 경우 甲日干을 기준으로 한다.) 시간조견표(時間早見表)를 보고 뽑아낸다. 시간조견표에서 甲 또는 己로 시작하는 날에는 甲子·乙丑⋯ 등으로 시간지(時干支)가 형성된다.

위 사람의 경우에는 저녁 6시 酉時에 출생하여 시간지(時干支)가 계유(癸酉)가 된다. 이들을 종합하면 이 사람의 四柱가 庚辰·己丑·甲申·癸酉가 됨을 알 수 있다.

四柱陰陽五行 區分圖表

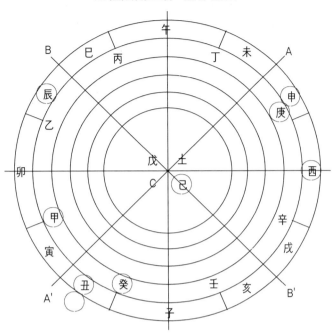

庚辰·己丑·甲申·癸酉의 四柱陰陽五行을 사주음양오행구분도표(四柱陰陽五行區分
圖表)에 넣으면 위 도표와 같다 할 수 있다. 여기서 月은 오행상으로 세력이 강하므로
월지(月支)인 丑은 2배로하여 표시한다.

時	日	月	年
1	1	1	1
癸	甲	己	庚
酉	申	丑	辰
1	1	2	1

　　위 사람의 음양오행구조를 보면 木1, 火0, 土4, 金3, 水1이다. 火가 없고 土金이 많다.
木과 火가 弱하므로 木火장부인 간담(肝膽), 심소장(心·小腸)의 기능이 허(虛)하게
된다. 이러하므로 위 사람에게 질병(疾病)이 발생하면 목태양인(木太陽人) 영역의 성질
을 지닌 것을 약으로해야 한다. 화소양인(火少陽人) 성질을 지닌 약은 火의 藥이 화기
(火氣)를 증진시켜준다해도 위 사람에게는 가급적 쓰지않는게 좋다.

　　火가 미토(未土)를 生하여 토기(土氣)를 더욱 강화하고 土氣가 생금(生金)하여 金의
기세를 확대하고 金이 극목(剋木)하여 木의 기능을 허(虛)하게 하기 때문이다.

　　목태양인(木太陽人) 영역의 약물은 虛한 木에 도움을 준다. 약물(藥物)의 삼양(三陽)
은 하늘(天)에 빛을 주어 木의 지엽(枝葉)을 무성(茂盛)하게하고 축토(丑土)에 온기
(溫氣)를 주어 木의 뿌리(根)를 튼튼하게 한다. 약물의 三陽은 또한 심(心)에 양기(陽
氣)를 주어 心의 기능을 강화한다. 이와 같으므로 이 사람의 체질(體質)은 사분법(四分
法)상의 체질이 아닌 이 사람 특유의 것이라 말할 수 있다.

여기서 체질을 알려하는 것은 질병(疾病)을 치료(治療)하고 건강(健康)을 증진(增進)시키기 위함이다. 결코 四分法 · 八分法으로 4개로 8개로 체질을 구분하기 위함이 아니다. 여기서의 설명은 사상(四象) · 팔상(八象) 의학자(醫學者)들의 견해를 무시할 수 없어 그와 관련시켜 연결한 것이다.

사람의 체질은 대개 한쪽으로 치우치지는 않는다. 사람들은 거의 대부분 태음인적(太陰人的), 소음인적(少陰人的), 소양인적(少陽人的), 태양인적(太陽人的) 성질을 각각 조금씩 갖는다. 사람의 체질은 딱 이렇다 저렇다 말할만한 성질의 것이 아니다. 四가지나 八가지로 체질을 분류할 수 없을 만큼 사람들은 복잡다양한 체질을 가진다.

사람의 체질이 복잡다양한 이유는 체질을 형성케하는 근원(根源)인 사주음양오행구조(四柱陰陽五行構造)가 사람마다 다르기 때문이다. 사람마다 다른 이 사주음양오행구조(四柱陰陽五行構造)는 그 이외에도 내부적(內部的)으로 복잡다양한 음양오행의 관계를 형성한다. 이와같으므로 사람의 체질을 아주 간단하게 4가지 8가지로 분류하여 규정(規定)지어서는 안되는 것이다. 이것은 태음인적 성질을 가진 체질이라하여 태양인적 성질을 지닌 약(藥)만을 고집해서는 안됨을 의미한다.

사주음양오행구조가 개인마다 다른 만큼 체질(體質)도 개개인마다 다르게 된다.(개개인의 체질을 형성케하는 근원이 사주음양오행이기 때문이다.)

사주음양오행구조를 기초로하면 개개인의 체질특성을 파악할 수 있다. 그에 대한 약물(藥物) · 병증(病證) · 치법(治法)도 찾을수 있다. 이 경우에는 사주음양오행구분도표 · 음양오행구분도표 · 약물음양오행구분도표가 아주 유용하게 쓰인다.

개개인의 사주음양오행을 사주음양오행구분도표에 넣으면 개개인의 체질의 특성이 나타난다. 이들을 약물음양오행구분도표와 연결시키면 그에 대한 유익한 약물이 나온다. 약물상호간의 상생상극관계를 고려한후 이들 약물로 방제를 구성하여 활용하면 거의 정확히 질병(疾病)을 제거할 수 있다.

사주음양오행구조를 보고 음(陰)이 부족(不足)하면 음성(陰性)을 띤 약을 쓴다. 양(陽)이 강성(强盛)하면 양(陽)을 사(瀉)하거나 음(陰)을 보(補)하는 약(藥)을 써서 인체(人體)의 음양(陰陽)을 균형화시킨다. 이때에는 병증(病證)의 陰陽도 고려한다.

사주음양(四柱陰陽)이 음편성(陰偏盛)하거나 양편성(陽偏盛)하다해도 병증의 음양을 고려하라. 병증의 음양을 보고 급한 것이라 할 수 있는 표(表)를 먼저 치료하라. 그런

이후에 四柱陰陽五行을 보고 근원을 개선하라. 그러면 만병을 치유할 수 있다.

건강(健康)이란 사주음양오행구조가 얼마나 조화(調和)의 관계(關係)를 형성하고 있는가의 여부(與否)에 달려있다. 설령 陰과 陽이 편중(偏重)하고 五行이 한쪽으로 치우쳐져 있어도 이들이 상호세력균등(相互勢力均等)의 관계를 형성하고 있으면 불완전하다 해도 건강한 체질이라 할 수 있다. 우선 먼저 四柱에 있는 陰과 陽이 상호간(相互間)에 얼마나 세력(勢力)상으로 균형(均衡)의 관계를 형성하고 있는가를 본다. 그리고 木火土金水 五行이 얼마나 균형적 상생상극관계(均衡的相生相剋關係)를 형성하며 막힘이 없이 순행(順行)하고 있는가를 본다.

예컨대, 四柱에 木이 있으면 이 木과 상생관계(相生關係)에 있는 水와 火가 연결고리를 형성하며 존재해야 좋다. 사주에 金이 있으면 상생관계에 있는 土와 水와 연결되어야 한다.

상극관계(相剋關係)의 경우에는 金은 木, 木은 土, 土는 水, 水는 火, 火는 金과 세력상으로 균형적이어야 한다. 그러면 설령 四柱에 이행(二行)만이 존재한다해도 건강한 체질이라 할 수 있는 것이다.

사주음양오행을 음양오행구분도표에 넣었을 때 陰陽木火土金水가 모두 있으면 아주 건강한 체질을 가진 사람이라 할 수 있다. 이것은 太陰人·太陽人·少陽人·少陰人 체질도 아니다. 편향(偏向) 되지 않는 음양오행조화(陰陽五行調和)의 체질이다. 위 사람에게 질병이 발생하면 병증(病證)의 음양오행(陰陽五行)만을 고려하여 이에 대한 약물을 써도 짧은 기간안에 치료된다. 木火土金水 陰陽五行이 고루 들어있는 藥이면 藥일수록 이 사람에게는 더욱 좋음은 말할 것도 없다.

사주음양오행구조를 보고 내부적(內部的)으로 있는 음양오행의 상생상극관계(相生相剋關係)를 살피고 음양오행의 강약(強弱)을 파악(把握)하라. 음양오행 중 가장 극(剋)을 많이 받는 것을 찾아라. 五行中 무슨 五行이 없는가도 보아라. 병증(病證)을 치료하는데 아주 중요하다. 예컨대 四柱에 金이 없으면 金을 만들게 해주는 金의 약물을 써라.

金이 剋을 받고 설기(泄氣) 당하고 있는 형국(形局)이면 金을 구하는 것(剋을 방어하고 설기세력을 약화시키는 것)을 약(藥)으로 하라. 이러한 병증(病證)에 대한 치료약물(治療藥物)들은 약물음양오행구분도표속에 있다.

사주오행중 金이 火의 剋을 받고 木과 水에 의해 설기(泄氣) 당하고 있으면 土를 藥

으로 한다. 土의 약(藥)은 생금(生金)하여 金의 기세(氣勢)를 강화하고 木의 기세를 설기시키고 토극수(土剋水)하여 水의 세력을 약화시킨다.

四柱陰陽五行은 陰陽五行의 氣이다. 이 음양오행의 기는 인체·장부·조직에 근원적 힘을 제공한다. 그러므로 사주음양오행기의 정도에 따라 人體의 强弱이 결정된다 할 수 있다.

四柱가 신강(身强)하면 인체가 실(實)하다. 사주가 신약(身弱)하면 인체가 허(虛)하다 말할 수 있다. 인체전체의 허실(虛實)의 구분은 사주의 신강·신약 여부로 결정한다.〈장부(臟腑)의 허실(虛實)은 四柱陰陽木火土金水의 상호세력관계로 파악한다.〉

四柱의 身强·身弱은 생일일간오행(生日日干五行)과 生年支·月干支·日支·時干支 五行을 대조하여 판단한다. 日干의 五行勢力이 다른 간지의 오행세력보다 강하면 身强四柱이고 약하면 身弱四柱가 된다.

身强四柱인 者에게 병증(病證)이 발생하면 사실약(瀉實藥)을 먼저 써서 병증을 제거한 후 보조적으로 보약(補藥)을 쓴다.

身弱四柱인 자에게 병증이 발생하면 보약(補藥)을 먼저 쓰고 병증제거용(病證除去用)으로 사약(瀉藥)을 쓴다.

〈※ 身强四柱라해도 연령(年齡)이 많거나 만성적이어 인체의 精氣가 弱해진 경우에는 補를 우선시하고, 身弱四柱라해도 젊고 기육(肌肉)이 강건(强健)해 보이면 사약(瀉藥)을 써서 병증(病證)을 제거하고 후(後)에 補해야 한다.〉

身强이면서 사주오행상으로 특정장부(特定臟腑)가 허(虛)하면 신강중의 특정장부의 虛이다.

身弱이지만 사주오행상으로 특정장부가 實하면 身弱中 특정장부의 實이다. 實한 장부(臟腑)는 사약(瀉藥)을 쓰고 虛한장부는 補藥을 써서 치료한다.(이 경우에는 치료한후 병증이 제거되면 補藥을 써서 인체의 生氣를 강화시킨다.)

身强이지만 특정장부가 虛하면 虛한 장부를 補하고 實한 장부는 瀉하여 치료한다. 병증(病證)이 제거되면 瀉藥은 쓰지 않고 虛한 장부만 補하여 인체의 생기(生氣)를 강화시킨다. 또는 약물을 쓰지 않고 음식(飮食)섭취나 운동(運動)등을 하여 인체의 生氣를 강화하면 된다.

예컨대, 日干이 木1인데 타사주간지오행(他四柱干支五行)이 金2, 土2, 火2, 水1이면 신약사주(身弱四柱)이다. 그러나 사주오행이 金2, 土2, 火2인 관계로 金土火장부(臟腑)가 實하게 된다. 그리고 木水장부가 상대적으로 虛하게 된다. 이때에는 木水장부를 먼저 보(補)하고 金土火장부의 기세를 사(瀉)하여 병증을 치료한다. 그리고 병증이 제거되면 木水장부에 도움을 주는 보약(補藥)을 사용하여 인체(人體)의 生氣를 강화한다.

일간(日干)이 金1인데 타사주간지오행이 金3, 土2, 火1, 木1, 水1이면 신강사주(身强四柱)이다. 金4, 土2이어 金土장부가 實하고 火木水장부가 虛해진다. 이 경우에는 金土장부를 먼저 사(瀉)하고 火木水장부를 나중에 보(補)하며 병증을 제거한다.

어떤 사주음양오행이든지 가급적이면 사주음양오행이 균형적 상생상극 관계로 이행(移行)하도록 약물을 써도 써야 한다. 병증(病證)을 제거(除去)하려면 약물음양오행구분도표(藥物陰陽五行區分圖表)를 보고 병증과 반대의 영역에서 약물을 구하라. 이 때에는 藥物의 陰陽五行이 사주음양오행의 기세를 역행(逆行)하는가도 본다.

사주음양오행중 陽과 木의 기세(氣勢)가 아주 태왕(太旺)하면 상극관계(相剋關係)에 있는 金의 약물을 쓰는데는 신중(愼重)을 기한다. 金의 약물이 강목(强木)을 극(剋)하지 못하고 오히려 역극(逆剋)을 받을 수도 있기 때문이다.

사주(四柱)中에 火가 강하면 상극(相剋)의 약물인 水의 약을 쓰는데 주의를 요한다. 水가 강한 火를 剋하지 못하고 火의 역습을 받아 증발될 것이기 때문이다. 오히려 火氣가 더욱 거세어질 수도 있다.

사주음양오행(四柱陰陽五行)의 구조(構造)를 보고 각 오행과의 세력 관계를 살펴 그에 맞는 약물을 선택하라. 가장 좋은 藥은 사주음양오행의 기세(氣勢)에 순응(順應)하는 약(藥)이다. 火의 기세가 강력(强力)하면 水의 藥보다는 土의 藥이나 金의 藥을 먼저써야 한다. 土는 火生土하여 火의 기세를 설기시키고 金은 火剋金하여 火의 기세를 저지한다. 그런 이후에 水의 藥을 쓰면 좋다.

인체(人體)에 水가 강(强)하고 수기(水氣·寒氣)가 지속적이고 만성적(慢性的)이면, 뜨겁거나 독한 약을 쓰는 데에는 신중을 기한다.

人體의 氣가 워낙 하강하면 인체는 뜨겁거나 독(毒)한 약을 수용(受容)하지 못한다. 독(毒)한 약을 쓰려면 어느 정도 인체의 정기(精氣)를 끌어올려야 할 것이다.

강(强)하거나 독(毒)한 약을 쓰려면 인체의 상태를 파악하라. 타약물(他藥物)과의 관계도 고려하라. 인체가 虛하면 補부터 먼저해야 한다. 병증(病證)이 급하면 급한 약으로서 치료하라. 병증이 만성적인것이면 완만한 약으로서 다스려야 한다. 병증이 한기(寒氣)의 만성(慢性)으로 일어났으면 독(毒)하고 뜨거운 약으로서 치료할 수는 없다. 그 독(毒)한 약을 계속 복용하면 인체의 정기(精氣)가 약화되기 때문이다. 증세가 길면(오래되었으면) 서서히 한기(寒氣)를 제거하며 온기(溫氣)를 주어야 한다. 결코 그 무엇이든지 음양오행의 이치를 벗어날 수는 없는 것이다.

生年月日時에 바탕두고 만세력을 보고 사주(四柱)를 뽑아라. 사주음양오행을 사주음양오행 구분도표에 넣어라.

四柱日干과 타사주오행(他四柱五行)을 대조하여 인체의 신강(身强)·신약(身弱) 여부를 결정한다. 인체의 강약(强弱)을 파악한후 사주음양오행의 상생상극관계(相生相剋關係)를 보고 각 장부(臟腑)의 허실(虛實)을 알아낸다. 그런 이후에 병증의 음양오행이 무엇인가 본다. 이들을 상호연결시키며 기타약물의 영역을 알아내고 해당 약물을 찾아 방제(方劑)를 구성하여 치료(治療)한다. 병증이 치료되고 인체가 어느정도 정상화되면 약물의 영역에 기초를 두고 체질에 맞는 음식(飮食)을 찾는다. 이들을 위주로 하여 식생활을 한다. 인체가 건강을 득(得)하면 보다 다양한 음식을 섭취(攝取)하여 먹을 수 있는 음식의 범위를 넓힌다.

인체는 하나의 소우주(小宇宙)이다. 그러므로 인체는 우주(宇宙)와 통(通)해야 한다. 밖에서 운동(運動)을 하여라. 공간속에 있는 음양(陰陽)의 氣와 木火土金水 등 자연(自然)의 氣를 인체내부(人體內部)에 흡수하여 저장하라. 그러면 보다 인체가 강건(强健)해지게 된다.

생시간지(生時干支) 찾는 법(法)

생시간지는 生日干支中, 生日干과 시간조견표(時間早見表)를 대조하여 찾아낸다.

시간조견표(동경 127도 30분 기준)

일 시간	甲己日	乙庚日	丙辛日	丁壬日	戊癸日
0시~01시	甲子	丙子	戊子	庚子	壬子
01시~03시	乙丑	丁丑	己丑	辛丑	癸丑
03시~05시	丙寅	戊寅	庚寅	壬寅	甲寅
05시~07시	丁卯	己卯	辛卯	癸卯	乙卯
07시~09시	戊辰	庚辰	壬辰	甲辰	丙辰
09시~11시	己巳	辛巳	癸巳	乙巳	丁巳
11시~13시	庚午	壬午	甲午	丙午	戊午
13시~15시	辛未	癸未	乙未	丁未	己未
15시~17시	壬申	甲申	丙申	戊申	庚申
17시~19시	癸酉	乙酉	丁酉	己酉	辛酉
19시~21시	甲戌	丙戌	戊戌	庚戌	壬戌
21시~23시	乙亥	丁亥	己亥	辛亥	癸亥
23시~24시	丙子	戊子	庚子	壬子	甲子

· 단, 한국인의 경우, 양력 1961년 8월 10일(음력 6월 29일) 이후 표준시 변화로, 이후 출생자는 30분을 더할 것.

시간조견표가 뜻하는 것들

시간조견표에서 甲己日, 乙庚日… 戊癸日 등 아래에 있는 것들은 甲 또는 己日, 乙

또는 庚日… 戊 또는 癸日인 경우의 시간간지(時間干支)들이다. 예를들어 甲 또는 己로 시작되는 날에 출생(出生)한 자 중 辰시에 태어난 사람은 戊辰이라는 시간간지(時間干支)를 갖는다.

음력 1993년 2월 23일 酉時生인 경우 만세력을 보면 생일일진(生日日辰)이 乙未이다. 생일일진이 乙未이고 生日干이 乙로 시작되어 위 사람의 시간간지는 乙酉가 된다.

월건조견표(月建早見表)가 뜻하는 것들

월건조견표에 있는 甲己年, 乙庚年… 戊癸年 등의 아래에 표시되어 있는 것들은 甲이나 己, 乙이나 庚… 戊나 癸로 시작되는 年의 月干支들이다. 예를들어 甲 또는 己로 시작되는 年진6月에 탄생한 사람은 辛未라는 生月干支를 갖는다.

월건 조건표(月建早見表)

월별	절기	甲己年	乙庚年	丙辛年	丁壬年	戊癸年
진 1월	입춘	丙寅	戊寅	庚寅	壬寅	甲寅
진 2월	경칩	丁卯	己卯	辛卯	癸卯	乙卯
진 3월	청명	戊辰	庚辰	壬辰	甲辰	丙辰
진 4월	입하	己巳	辛巳	癸巳	乙巳	丁巳
진 5월	망종	庚午	壬午	甲午	丙午	戊午
진 6월	소서	辛未	癸未	乙未	丁未	己未
진 7월	입추	壬申	甲申	丙申	戊申	庚申
진 8월	백로	癸酉	乙酉	丁酉	己酉	辛酉
진9월	한로	甲戌	丙戌	戊戌	庚戌	壬戌
진 10월	입동	乙亥	丁亥	己亥	辛亥	癸亥
진 11월	대설	丙子	戊子	庚子	壬子	甲子
진 12월	소한	丁丑	己丑	辛丑	癸丑	乙丑

· 甲己年의 1월이 丙寅月이라 함은 甲이나 己로 시작하는 年에는 1월이 丙寅月임을 말

한다.

생월간지(生月干支) 찾는 법

1993년 2월 23일 酉時生인 경우 절입월일(2월 13일)이후부터 진2월이 되므로 위 사람은 진2月生이 된다. 이 진2월과 월건조견표의 生年干支 癸酉중 癸와 대조하면 生月干支는 乙卯가 된다. 위에서 찾은 생년간지·생월간지·생일간지·생시간지를 순서로 조직하면 사주(四柱)가 된다.

1993년 2월 23일 酉시생인 경우 생년癸酉, 생월乙卯, 생일乙未, 생시乙酉가 되므로 위 사람의 사주는 癸酉, 乙卯, 乙未, 乙酉가 된다.

제4장 사주(四柱)와 인체음양오행(人體陰陽五行)

이 癸酉·乙卯·乙未·乙酉 사주음양오행(四柱陰陽五行)을 四柱陰陽五行 區分圖表
에 넣으면 다음과 간다.

時日月年
1 1 1 1
乙乙乙癸
酉未卯酉
1 1 2 1

사주음양오행 구분도표

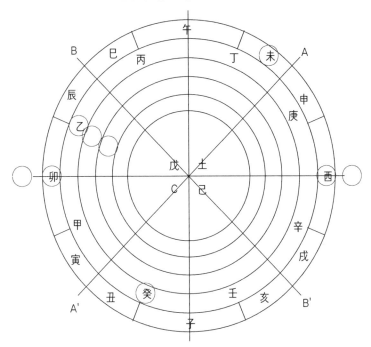

우선 사주가 신강(身强)인지 신약(身弱)인지 점검해 보자. 사주가 身强이면 인체 조직이 강실(强實)하고 身弱이면 인체조직이 약허(弱虛)하게 된다.

일간(日干)과 다른 사주오행과의 세력을 비교해 보자. 비교시에는 月支는 2배로하고 나머지는 1로 한다.

일간(日干)은 을(乙)이어서 木이다. 이 사주의 五行은 乙3 · 卯2＝木5, 癸1＝水1, 未1＝土1, 酉2＝金2이다.

일간(日干)의 木을 기준으로 균형적 상극관계에 있는 金2→木2, 土1→水1를 제외시키면 木3이 남는다. 생극관계를 고려한 이후에도 木3이 남으므로 일간오행(日干五行)인 木의 세력이 타사주간지오행세력(他四柱干支五行勢力)보다 강(强)하다 할 수 있다. 그러므로 위 사람의 사주는 신강사주(身强四柱)이고 신강사주이어서 인체조직이 강(强)하고 실(實)하다 할 수 있다.

장부(臟腑) 중에서는 木氣가 강하여 간담목(肝膽木)이 實하게 된다. 그러나 위 사람의 사주에는 火오행이 없고 토기(土氣)가 약(弱)하다. 그러므로 火장부인 心 · 小腸과 土장부인 脾胃가 虛하게 된다.

위와같이 이 사람은 사주가 신강(身强)이고 木이 實하고 火와 土가 虛하다. 그러므로 위 사람에게 병증(病證)이 발생하면(신강하므로) 사약(瀉藥)을 먼저쓰고 보약(補藥)을 나중에 써야한다. 장부중 木장부가 實하므로 간담목(肝膽木)을 먼저 사(瀉) 한다. 火土 장부가 허(虛)하므로 心 · 小腸, 脾胃를 나중에 보(補)한다.

火의 藥은 木生火하여 木의 기세(氣勢)를 약(弱)하게하며 간담목(肝膽木)을 사(瀉) 한다. 그리고 火를 補하여 心 · 小腸의 기능을 증진시킨다.

火의 약은 火氣로서 土氣를 火生土하여 강화시켜 준다. 위 사람의 경우 土가 虛하므로 土의 약을 필요로 한다. 土의 약은 木의 기세를 설기(泄氣)시킬 뿐만아니라 비위(脾胃)의 기능을 증진시킨다.

火와 土의 약은 약물음양오행구분도표상으로는 巳午와 未戌의 영역에 있는 약이다. 그러므로 이 사주의 경우에는 巳午와 未戌의 약을 혼합하여 쓰면 된다 할 수 있다. 이러한 약물들은 장부중 實한 장부(臟腑)는 사(瀉)하고 虛한 장부는 보(補)해준다. 그리고 장부음양오행을 균형화시키며 병증을 제거하고 인체를 정상화시키는데 협력한다.

이와같으니 어찌 太陽人, 太陰人, 少陽人, 少陰人 등으로 체질을 구분하여 약물을 선택하고 방제(方劑)를 구성한다 할 수 있겠는가?

　위 사람은 소양인도 태음인도 소음인도 아니다. 복합적 체질을 가진 자(者)라 할 수 있다.

　약물을 쓸 때에는 사주에 없는 五行을 중요시 하라. 가급적이면 陰陽木火土金水 五行이 균형적 상생상극 관계를 형성가능케 하는 것을 약(藥)으로 하라.

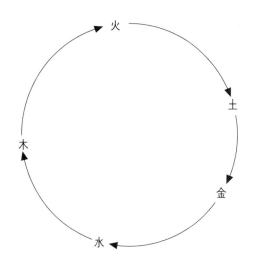

　도표와 같은 방향으로 木火土金水가 상생(相生)의 관계를 형성할 수 있게 하는 것을 약으로 하라.

　사주음양오행조직중에서 없는 오행을 강화시킬 수 있게 하는 것을, 인체음양오행이 균형적 상생상극 관계를 형성할 수 있도록 연결시켜 주는 것을 약(藥)으로 하라.

　身强·身弱 여부의 판단은(앞에서 설명한 바와같이) 일간(日干)과 다른 사주간지오행과의 세력관계를 보고 한다.

제5장 사주·체질·인체의 음양오행과 치법(治法)

1. 신강(身强)·신약(身弱)구분과 치법(治法)

신강(身强)이란 身인 日干이 강왕(强旺)하다는 것을 의미한다. 身弱이란 日干이 다른 사주간지오행보다 쇠약할 때를 말한다.

日干의 强弱은 일간과 다른 사주오행(年干支, 月干支, 日支, 時干支 五行)의 세력 관계를 보고 파악한다. 日干이 다른 사주오행보다 세력이 强하면 身强이고 弱하면 身弱이 된다. 그러면 日干과 다른 사주오행과의 관계는 어떻게하여 파악하는가? 사주오행이 日干五行세력을 강화시켜 주는게 많으면 신강(身强)이고 日干五行세력을 약화시키는 것이 강하게 하는 것보다 많으면 身弱이 된다.

身强身弱의 여부는 일간음양오행(日干陰陽五行)과 月干支·日支·時干支·年干支五行을 대조하여 파악한다. 일간음양오행세력이 이들보다 强하면 身强이고 弱하면 身弱이 된다. 이들의 세력을 대조하려면 日干을 1, 日支를 1, 月支를 2, 月干을 1, 時干을 1, 時支를 1, 年干을 1, 年支를 1배로 한다. 月支는 기후와 가장 관계가 많고 日干에 가장 크게 영향을 주어 2배로 하였다.(이 경우 日支와 時支는 日干과 아주 가까이에 있으므로 일정비율을 첨가해야 할 것이다.)

```
時  日  月  年
1   1   1   1
乙  乙  乙  癸
酉  未  卯  酉
1   1   2   1
```

사주가 위와 같으므로 日干은 乙1, 日支 未1, 月干 乙1, 月支 卯2, 時干 乙1, 時支 酉

1. 年干 癸1, 年支 酉1이 된다.

이와같이 月支를 2로하고 타간지오행을 1로 하여 日干과 다른 간지오행세력을 비교하면 身强身弱의 여부가 파악된다.

위 사주에서 日干과 타사주오행과 세력을 비교하면 다음과 같다.

日干을 지원하는 五行은 木5, 水1이고 일간을 剋하는 오행은 金2이고, 일간을 돕는 오행을 剋하거나 일간을 설기시키는 오행은 土1이다.

사주오행중 균형적 상극관계에 있는 것을 제외시키면 다음과 같다.

日干을 기준으로 균형적 상극관계에 있는 오행 金2→木2와 土1→水1을 제외시키면 木3이 된다. 木오행이 타 사주오행 세력을 제압하고도 木3이라는 여분의 힘을 가질 수 있어 日干 乙木은 강력한 힘을 갖게 된다. 日干이 강력한 힘을 가지므로 위 사람의 사주는 신강사주가 된다. 사주가 身强이므로 인체조직은 대체적으로 實하다할 수 있다. 인체가 實하므로 병증이 발생하면 사(瀉)부터 먼저해야 한다. 즉 보(補)보다는 사(瀉)의 藥으로서 병증을 제거하여 치료해야 한다. 身强하여 인체조직이 전체적으로 實하다하나 水木火土金의 장부 모두가 實하다는 것은 아니므로 虛한 장부가 있는지 살피지 않으면 안된다.

위 사주의 경우에는 오행중 火가 없고 土는 약하게 존재하고 있다. 사주음양오행 구분도표를 통해 위사람의 사주음양오행 분포를 보면 木의 영역과 金의 영역에 집중되어 있다. 火의 영역 가까이에는 未土만이 있다. 그러므로 위 사람은 장부중에서 火장부인 心小腸이 가장 虛하고 두 번째로 土장부인 脾胃가 虛하다할 수 있다. 그러므로 火氣와 土氣를 동시에 증진시키면서 火장부와 土장부를 보(補)하지 않으면 안된다. 인체내(人體內)의 환경은 火氣의 부족(不足)이고 土氣의 虛이다. 이들이 인체음양오행 상생상극의 균형관계에 영향을 주고 있다. 그러므로 火의 영역과 土의 영역에 있는 것을 藥으로하여 인체음양오행이 균형화되도록 해야 한다.

음력 2000년 8월 27일 申시생인 경우 위 사주는 年 庚辰, 乙酉, 乙酉. 甲甲이다.

時	日	月	年
1	1	1	1
甲	乙	乙	庚
申	酉	酉	辰
1	1	2	1

이 사주오행중에서 日干을 돕는 오행은 木3이고 日干을 剋하거나 설기시키는 五行은 金5, 土1이다. 일간을 기준으로 相剋관계에 있는 五行 木3-金3를 제외시키면 金2, 土1이 남는다. 金2와 土1이 木을 剋하고 설기(泄氣)시켜 日干 乙木은 약화된다. 위와같이 木인 日干의 세력이 약하므로 위 사람의 사주는 신약사주가 된다. 사주가 身弱하여 위 사람의 인체조직은 전체적으로 虛하다할 수 있다. 인체가 虛하므로 병증이 발생하면 보(補)부터 먼저한다. 그런 이후에 사약(瀉藥)을 써서 병증(病證)을 제거(除去)한다. 補와 瀉를 동시에 할 경우에는 補를 중시한다.

위 사람의 경우에는 身弱이면서 木五行이 弱하다. 장부중에서는 木장부인 肝膽木이 가장 虛하다. 그러므로 이들을 補하지 않으면 안된다.

위 사람의 경우 오행중 金이 多하여 金장부가 實하고 土가 세력을 형성하고 있어 土장부도 實하다. 實에는 瀉하여 치료하므로 金土를 瀉하는 약을 필요로 한다. 하지만 위 사람의 경우는 身弱사주이므로 木을 먼저 補하고 金土를 瀉해야 인체를 정상화시킬 수 있다.

위 사람의 사주음양오행을 사주음양오행 구분도표에 넣으면 다음과 같다.

사주음양오행 구분도표(四柱陰陽五行 區分圖表)

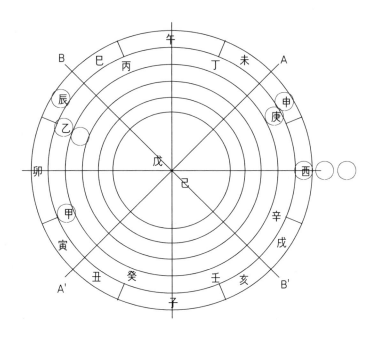

도표에서와 같이 위 사람의 경우에는 사주음양오행이 金의 영역에 집중되어 있다. 이러하므로 補하려면 子午선 좌측 영역에서 약(藥)을 구해야 하고, 사(瀉)하려면 亥子에서 구해야 한다.

도표에서 子丑, 寅辰巳 영역의 약은 木에 힘을 주고 木을 補한다. B´亥子의 약물은 金을 사(瀉)하고 土를 설기시킨다.

도표(圖表)를 통하여 신강신약(身强身弱)의 여부를 간단히 판단할 수도 있다.

사주음양오행구분도표를 활용하라.

도표상에서 日干五行의 주위에 타사주의 오행이 많이 모이면 모일수록 身强四柱이고 日干五行 영역과 반대영역에 타사주오행이 많이 모이면 신약사주라 간단히 말할 수 있다.

2. 신강(身强) 신약(身弱) 구분(區分)과 치법(治法) 2

사주음양오행 구분도표를 통하여 身强과 身弱을 보다 세밀하게 분석하면 다음과 같다 할수 있다. 사주음양오행 구분도표에서 子午선의 좌측은 陽과 實의 영역이고 우측은 陰과 虛의 영역이다. AA´의 좌측은 陽의 영역이고 우측은 陰의 영역이다.

身强이란 日干이 다른 사주오행 보다 세력이 강한 경우이다. 이 身强은 또다시 陰과 陽으로 구분된다. 여기서는 陽인 경우를 陽身强이라 하였고 陰인 경우를 陰身强이라 하였다. 陽身强은 四柱가 身强이고 日干이 陽의 영역에 있을 때이다. 陰身强은 身强四柱에 日干이 陰의 영역에 있는 경우이다.

陽의 영역에 있는 일간(日干)은 사주음양오행 구분도표에 있는 바와같이 甲乙丙丁(戊)이다. 陰의 영역에 있는 日干은 (己)庚辛壬癸가 된다. 한마디로 日干이 甲乙丙丁(戊)이고 身强이면 陽身强四柱이고, 日干이 (己)庚辛壬癸이고 身强이면 陰身强四柱라 할 수 있다.

陽身强인 四柱의 사람에게 질병이 발생하면 다음과 같이 해야 한다. 양신강이면 陽이 陰보다 강한 身强이다. 마땅히 陰性을 띤 약으로서 陽을 억제시켜야 한다. 身强이어서 보(補)보다는 사(瀉)부터 먼저해야 한다. 실(實)한 五行은 이와 상대적(相對的) 성질을 지닌 약물로서 설기(泄氣)시킨다. 그런 이후에 虛한 陰과 五行은 보약(補藥)으로서 기세(氣勢)를 강화한다.

실(實)한 장부(臟腑)는 사(瀉)하고 虛한 장부는 補하여 병증(病證)을 제거하라. 그러면 인체전체의 음양오행이 균형화되고 보다 빨리 인체가 정상화(正常化) 될 수 있다.

음신강(陰身强)인 四柱의 사람에게 질병이 발생하면 다음과 같이 하여 치료한다. 陰身强이어서 陰이 강하므로 陽性을 띤 약으로서 陰의 기세를 억제시킨다. 실(實)한 五行은 이와 반대의 성질을 띤 五行藥物로서 사(瀉)한다. 陰이 강한 관계로 상대적으로 陽이 虛하다. 보양(補陽)의 약으로서 陽氣를 증진시키고 虛한 五行은 보약(補藥)으로서 기세(氣勢)를 확대시킨다. 그러면서 實한 장부는 사(瀉)하고 虛한 장부는 補하여 장부내에 있는 병증(病證)을 모두 제거한다. 그러면 인체전체의 陰陽五行은 균형적 상생상극관계를 형성한다. 인체음양오행이 순행(順行)하고 균형화(均衡化)하면 할수록 인체는 보다 건강을 증진시킬 수 있게 된다.

요컨대 日干이 甲乙丙丁戊이고 陽身强이면 사양(瀉陽)하고 補陰한다. 實한 五行은 瀉하고 虛한 五行은 補한다. 實한 장부는 瀉하고 虛한 장부는 補하며 병증을 제거한다. 그러면 인체음양오행이 균형적으로 상생상극하며 순행(順行)하게 되어 인체가 건강해진다.

일간(日干)이 (己)庚辛壬癸이고 陰身强이면 사음(瀉陰)하고 보양(補陽)한다. 實한 五行은 瀉하고 虛한 五行은 補한다. 實한 장부는 瀉하고 虛한 장부는 補하여 병증을 제거한다. 그러면 인체음양오행이 균형적 상생상극 관계를 형성하게 되고 인체가 정상적이 된다.

身弱이란 身인 日干五行의 세력이 다른 사주오행 세력보다 작을 때를 말한다. 이 身弱의 四柱도 身强四柱처럼 陰과 陽으로 구분할 수 있다. 신약사주를 陰身弱과 陽身弱의 사주로 나눌 수 있다.

陰身弱 四柱는 사주가 신약이고 日干이 陰의 영역에 있는 경우이다. 陰의 영역에 있는 日干은 (己)庚辛壬癸이다. 陽身弱 四柱는 사주가 신약이고 日干이 陽의 영역에 있는 경우이다. 陽의 영역에 있는 日干은 甲乙丙丁(戊)이다. 즉 日干이 甲乙丙丁(戊)이고 사주가 身弱이면 陽身弱이고 日干이 (己)庚辛壬癸이고 四柱가 身弱이면 陰身弱이 된다.

身弱인 四柱의 사람에게 질병이 발생하면 다음과 같이 해야 한다. 사주가 身弱이면 身이 弱하므로 사(瀉)보다는 補를 먼저한다. 보기(補氣), 보양(補陽)하여 인체의 정기(精氣)를 끌어올린다.

陽氣가 상승하면 상승할수록 陰氣가 쇠할 수 있으므로 補陰도 한다. 陰陽의 氣를 끌어올리면서 虛한 五行을 補하고 實한 五行을 사(瀉)한다. 사(瀉)보다는 補를 우선시한다.

虛한 장부오행은 補하여 實하게 한다. 實한 장부오행은 瀉하여 병증을 제거한다.(瀉藥은 병증제거시에 사용한다.)

각 장부오행이 균형적 상생상극관계를 갖게 약물을 쓴다. 사주가 陰身弱이면 다음과 같이 한다. 補陰을 먼저하고 그 다음에 補陽을 한다. 虛한 五行을 補하고 實한 五行을 瀉한다. 그러면 인체 음양오행의 氣가 상승하고 인체음양오행이 균형적 상생상극관계를 갖게 된다.(인체가 정상화된다.)

陽身弱인 사람에게 질병이 발생하면 다음과 같이 한다. 補陽을 하여 인체의 陽氣를 상승시키고 補陰하여 인체의 陰氣도 강화한다. 사주오행중 虛한 오행을 補하여 그 氣를 증진시키고 實한 오행을 瀉하여 병증을 제거한다. 인체음양오행의 氣가 상승하고 이들이 균형적 상생상극관계를 형성하게 되면 인체기능이 정상화되고 인체가 건강해진다.

질병(疾病)을 치료(治療)하려면 다음과 같이 하라. 우선 사주음양오행상으로 음양오행의 氣가 잘 순환(循環)하고 있는가를 본다. 그 다음은 각 오행의 氣가 균형적 상생상극관계를 형성하고 있는가를 살핀다.

사주오행중에서 없는 오행이 있으면 약물로서 보충한다. 木火土金水 五行中 火가 없으면 열기(熱氣)있는 藥으로서 火氣를 상승시키거나 강화한다.(이것은 사주오행중 없는 오행을 보충해 줄만한 약물을 중요시해야 함을 의미한다.)

인체음양오행의 정상화에 초점을 두고 藥物의 대세(大勢)를 확정하라. 그런이후에 사주음양오행에 기초를 두고 장부(臟腑)의 음양오행, 장부의 虛와 實을 알아내고 병증(病證)의 음양오행을 참작하라. 그리고 그에 대한 적절한 개별약물을, 약물음양오행구분도표를 보고 선택하라.

가장 중요한 것은 얼마나 음양오행의 기(氣)가 人體內에서 相生相剋의 연결고리를 하고 있는가에 있다. 그 다음은 이들이 상호 균형적 생극관계를 형성하고 있느냐이다. 이들에 기초를 두면 백발백중(百發百中)으로 병증(病證)을 진단하고 치료하여 인체를 건강하게 만들 수 있다.

3. 기타 身强身弱 구분과 치법(治法)

이 분야를 보다 깊이 연구하려는 사람들을 위해 身强身弱의 구분방법을 설명하면 다음과 같다 할 수 있다.

日干과 동류오행(同類五行) 또는 日干을 生해주는 五行이 四柱에 많으면 身强四柱가 된다. 하지만 日干을 剋하는 五行과 日干을 설기(泄氣)시키는 五行이 四柱에 많으면 身弱四柱가 된다. 즉, 日干과 다른 사주오행과의 세력관계에서 日干이 타사주오행을 능히 제압할 수 있을 만큼 힘이 세면 身强이고 타사주오행의 기세에 억눌릴 정도로 힘이 약하면 身弱이 된다.

사주오행중 日干에게 가장 영향력을 많이 주는 五行이 월지(月支)이다. 그 다음이 日支이고 그 다음이 시간지(時干支), 년간지(年干支)이다. 그래서 본서에서는 월지오행(月支五行)을 2배로 하며 타 사주오행과의 관계를 논하였다.(이러한 비율은 대운(大運)·세운(歲運)·신살정국(神殺定局)과 연결될 때에는 변화가 다소 있을 수 있다.)

월지오행(月支五行)세력이 강력한 이유는 이것이 절기(節氣)에 해당하고 춘하추동(春夏秋冬)의 계절과 관계하며 日干에 강력한 영향을 주기 때문이다. 일지(日支)의 세력이 두 번째로 강한 이유는 日干의 가장 가까이에 위치하여 日干의 뿌리 역할을 하기 때문이다. 日干은 시후(時候) 즉 때를 만나야 힘을 얻을 수 있다. 日干이 木이면 인묘월(寅卯月)·해자월(亥子月), 火이면 巳午月·寅卯月, 土이면 辰戌丑未月·巳午月, 金이면 申酉月·戌未丑辰月, 水이면 亥子月·申酉月을 만나야 세력을 강성하게 할 수 있다. 세력이 강성(強盛)해지면 身強四柱가 된다. 하지만 日干이 때를 만나지 못하면 身이 弱해진다.

日干이 木일때 申酉戌月·巳午未月, 火일때 亥子丑月·申酉戌月, 土일때 寅卯月·亥子月, 金일때 巳午月·寅卯月·亥子月, 水일때 巳午未月·寅卯辰月을 만나면 日干이 弱해진다.

요컨대, 日干이 일간과 동류오행월, 일간을 生해주는 五行月을 만나면 身이 強해진다. 日干이 일간을 剋하는 五行月, 일간을 설기(泄氣)시키는 五行月을 만나면 身이 弱해진다. 예컨대, 日干이 木이면 木月·水月, 火이면 火月·木月, 土이면 土月·火月, 金이면 金月·土月, 水이면 水月·金月을 만나면 身이 強해진다. 그러나 日干이 木일때 金月·土月·火月, 火일때 水月·金月·土月, 土일때 木月·水月·金月, 金일때 火月·木月·水月, 水일때 土月·火月·木月을 만나면 日干의 기세가 약화되어 身이 弱해진다. 土月중 辰月은 木, 戌月은 金, 丑月은 水, 未月은 火의 日干을 도와준다. 음양오행구분도표에 있는 바와같이 辰은 木의 영역, 戌은 金의 영역, 丑은 水의 영역, 未는 火의 영역에 위치하고 있기 때문이다.

이와같이 身이 強한가 弱한가를 日干과 月支를 대조하여 알 수 있다.

그러나 四柱에는 月支뿐만아니라 日支, 月干, 時干支, 年干支 등이 있다. 그러므로 이들도 또한 日干과 대조하지 않으면 안된다. 무엇보다도 중요한 것은 日干과 전체사주오행과의 관계를 살피는 것이다.

日干과 다른 사주간지오행이 일간오행과 동류오행(同類五行)이거나 日干五行을 生해주면 身이 强해진다. 다른 사주오행이 日干五行을 剋하거나 설기(泄氣)시키면 身이 弱해진다. 결국 身强身弱의 여부는 日干五行이 다른 사주오행보다 세력이 强한가 弱한가에 달려있다 할 수 있다.

日干五行이 다른 사주오행보다 세력이 강하여 능히 제압할 수 있으면 身强四柱이고, 日干五行이 다른 사주오행세력을 제압할수 없거나 감당할 수 없을 만큼 기세가 弱하면 身弱四柱라 말할 수 있다. 어떤 측면으로 보든지 음양오행의 상생상극(相生相剋)의 이치를 벗어나지 않는다. 日干과 타사주오행과의 상생상극 관계를 보아 日干이 타사주오행 세력을 제압(制壓)하면 身强이고 타사주오행보다 세력이 弱하면 身弱이 된다 할 수 있다.

身强과 身弱의 의미가 이와같으므로 身强四柱인 경우에 질병이 발생하면 日干의 기세를 설기(泄氣)시켜야 마땅하다 · 身弱四柱에 질병이 발생한 경우에는 日干을 도와주어야 한다. 여기서 日干을 설기(泄氣)시키는 것은 身을 사(瀉)하는 것과 통하고 日干을 도와주는 것은 身을 補하는 것과 상통한다. 그러므로 身强四柱에 질병이 발생하면 사약(瀉藥)으로서 먼저 병증을 치료해야 한다.

身弱四柱에 질병이 발생하면 補藥으로서 人體의 虛를 제거한 후 병증을 치료해도 치료해야하는 것이다.

이와같으므로 身强身弱을 구분하는 게 아주 중요한 것이다. 신강신약의 구분은 약물치료의 先과 後, 주(主)와 차(次)를 구분 가능케 하고 있다. 身弱인 경우에는 弱한 身을 먼저 補하여 身을 강하게한후 병증(病證)을 제거(除去)해야 효과적이다. 身이 虛한데 사약(瀉藥)을 먼저 쓰면서 병증을 제거하려 한다면 身은 그 약물을 받아들이지 못한다. 기력(氣力)이 있어야 약을 흡수할 수 있고 약을 흡수해야 약효가 발휘되어 병증이 제거된다. 병증을 제거하려면 먼저 身을 補해야 한다. 인체의 身强身弱의 여부를 보지 않고 병증을 제거하는 데에만 치중하면 身이 약물을 소화시킬 수 없을 뿐만아니라 부작용(不作用)으로 인해 병증을 제거하지 못한다. 身弱한 四柱오행을 가진 者에게는 병증을 제거하는 것보다 補를 우선시하며 어느정도 인체의 氣를 증진시켜야 한다. 身强四柱이면 상황이 달라진다. 身이 强한데 補藥을 먼저쓰면 補藥이 병증오행(病證五行)의 기세를 강화할 수 있다. 주의하라. 실증(實證)이면 사(瀉)해야 한다. 사(瀉)하는 약을 위주로하여 병증을 제거하라. 인체는 身이 强하여 능히 瀉藥을 받아들일 수 있다. 인체의 병증을 치료한 이후에 인체음양오행이 불균형해진 경우 虛한 오행을 補해도 보해야 한다.

제일먼저 身强身弱의 여부를 본다. 陰身强인가 陽身强인가, 陰身弱인가, 陽身弱인가 살핀다. 그런이후에 身强이면 사약(瀉藥)을 먼저 쓴다. 身弱이면 補를 먼저 한다. 身强인 경우 장부음양오행(臟腑陰陽五行)의 기세(氣勢)를 보아 實한 장부가 있으면 이 장부를 사약(瀉藥)으로서 치료한다. 虛한 장부는 나중에 補藥으로 치료한다.

身弱인 경우 虛한 장부가 있으면 이 장부를 먼저 보(補)한다. 實한 장부는 병증이 있는 경우에 한하여 짧게 사약(瀉藥)을 써서 다스린다. 그런연후에 보약(補藥)을 써서 인체음양오행을 균형화시킨다.

身强이고 實證이면 사약(瀉藥)으로 병증을 제거하라. 사주오행상으로 實한 장부가 있으면 사(瀉)하라. 허(虛)한 장부가 있으면 補한다. 그러면서 인체음양오행의 氣를 균형화 시킨다.

신강(身强) 중에 虛證이 있으면 實한 오행은 사(瀉)하고 虛한 五行은 補한다.

身弱에 虛證이 있으면 補하여 인체음양오행의 氣를 끌어올린다. 실증(實證)이 있으면 사약(瀉藥)을 쓰되 병증에 국한하여 아주 짧게 사용한다. 병증이 제거된 이후에는 補하여 인체음양오행의 氣를 증진시킨다.

하나의 五行장부가 虛하면 상대적 관계에 있는 五行장부가 實하게 된다. 身弱이면 虛한 장부를 우선시하여 補하고 實한 장부는 가급적 사(瀉)하지 않는다. 병증이 實한 장부에 있는 경우에만 한하여 사약(瀉藥)을 쓰되 아주 신중을 기하여 사용한다. 병증이 제거되면 인체음양오행의 생기(生氣) 증진(增進)에 주력한다.

身强四柱인 경우에 병증이 발생하면 사약(瀉藥)으로서 병증을 제거하면 빨리 치료된다. 장부오행중 虛한 장부(臟腑)가 있으면 虛한 장부를 補할 수 있는 약을 골라 사용한다. 병증이 제거되면 대부분 인체가 정상화된다.

身强四柱라도 병증이 제거된 이후에는 인체음양오행의 氣가 약화된다. 그러므로 인체가 어느정도 정상화되면 보약(補藥)으로서 마무리를 하면 좋다. 그러면 인체음양오행의 氣가 정상화되고 보다 빨리 인체가 건강을 되찾을 수 있게 된다.

이와같이 대부분의 것들은 陰陽五行의 相生相剋의 법칙을 벗어나지 못한다. 이러한 음양오행의 이치대로만 적용하면 어떤 것도 해결할 수 있다.

사주명리한방처방
(四柱命理韓方處方)

사주음양오행(四柱陰陽五行)과 장부(臟腑)의 허실(虛實) 병증(病證)의 치법(治法)

사주오행중(四柱五行中) 강(强)한 세력을 가진 二行이 균형적 상극관계를 형성하는 경우에는 다음과 같은 식으로 장부(臟腑)의 허실(虛實)과 병증(病證)을 파악하고 이들을 치료한다.

1. 木剋土의 四柱

사주오행중 木과 土가 강한 세력을 형성하고 균형적 상극관계를 가지면(균형적 상극관계를 형성하려면 火가 木을 설기(泄氣)시키고 土를 生해 주어야 한다.) 사주의 木氣와 土氣가 木장부와 土장부를 지원해주어 肝膽과 脾胃의 기능이 실(實)해진다. 위 四柱五行중 木이 火를 生하고 土가 金을 生하여 火장부인 心·小腸과 金장부인 肺·大腸의 기능이 증진된다. 그러나 오행중 水는 木에게 흡수되고 土에게 剋받아 그 기세가 약화된다. 그래서 水장부인 腎·膀胱의 기능이 小하게 된다.

2. 土剋水의 四柱

四柱五行중 土와 水가 강한 세력을 형성하고 균형적(均衡的) 상극관계(相剋關係)를 가지면, 土氣와 水氣가 土水장부를 지원해주어 비위토(脾胃土)와 신방광수(腎膀胱水)의 기능이 大해진다.

사주오행중 土는 金氣를 生하고 水는 木氣를 生한다. 金氣와 木氣는 金장부와 木장부에 힘을 제공하며 금폐대장(金肺大腸)과 목간담(木肝膽)의 기능을 증진시킨다.

그러나 五行중 火는 水의 剋을 받고 土에게 설기(泄氣)되어 기세를 약화시킨다. 火氣

가 火장부를 지원해주지 못해 心小腸의 기능이 小해진다.

비위토(脾胃土)와 신방광수(腎膀胱水) 기능의 大는 脾胃土와 腎膀胱水의 實이라 바꾸어 표현할 수 있다. 심소장(心小腸)의 기능(機能)이 小한 것은 心小腸虛라 말할 수 있다. 실(實)하면 사(瀉)하고 허(虛)하면 보(補)하여 치료한다. 그러므로 병증(病證)이 발생하면 비위토(脾胃土)와 신방광수(腎膀胱水)를 사(瀉)하고 心小腸을 보(補)하면 된다. 약물(藥物)의 사용은 모두 사주음양오행을 균형화(均衡化)시키는 방향으로 한다. 실(實)하면 사약(瀉藥)을 쓰고 허(虛)하면 보약(補藥)을 써서 치료(治療)해야 인체음양오행이 균형화 된다. 인체음양오행이 균형화되면 될 수록 질병(疾病)이 빨리 제거되고 인체가 건강해진다.

인체음양오행을 균형화(均衡化)시키는 방향으로 치료약물을 선택하여 사용해야 병근(病根)을 제거할 수 있고 인체를 보다 빨리 정상화시킬 수 있다.

인체음양오행을 무시하면서 치료약물을 써서 개별장부에 있는 병증을 제거하려 하지 마라. 설령 병증(病證)이 있는 개별장부(個別臟腑)가 치료(治療)된다해도 치료약물오행이 다른 장부음양오행(臟腑陰陽五行)에 영향을 주어 다른 장부에 병증을 발생시킬 수 있다. 주의하지 않으면 안된다. 하나를 고치고 다른 하나가 비정상적이 되면 아니 고친만 못하다. 이러한 부작용(不作用)은 인체음양오행을 무시할 때 발생한다.

어떻게 하면 人體陰陽五行이 균형화(均衡化) 되는가 불균형화 되는가를 파악할 수 있을까? 환자(患者)의 상태를 사진(四診)의 방법 등을 이용하여 인체음양오행을 미루어 짐작할 수 있을까? 짐작이 잘못되어 반대가 되면 어떻게 되겠는가?

우리는 가장 인체음양오행을 잘 파악할 수 있게 해주는 四柱陰陽五行構造가 무엇인지를 알고 있다. 사주음양오행 구조를 다시 보아라. 이것은 장부(臟腑)의 허실(虛實), 인체의 음양오행구조 등 그 어떤 것도 알 수 있게 한다. 이 사주음양오행 구조가 인체의 음양오행 그 자체는 아닐지라도, 인체음양오행을 형성케하는 근원적 힘을 제공하기 때문이다. 그러므로 이를 중요시하지 않으면 안된다.

이 사주음양오행 구조를 보고 장부의 허실(虛實)을 알아내고 기타 다른 방법을 추가하면 거의 99%까지 인체음양오행을 알아낼 수 있다. 인체음양오행 상태를 알면 자연히 인체음양오행을 정상화시킬 수 있는 방법을 알 수 있게 된다.

인체음양오행이 균형적 상생상극 관계를 형성하면 질병(疾病)이 제거되고 인체는 건강해진다.

　사주음양오행구조에 기초를 두고 장부(臟腑)의 허실(虛實)을 알고 인체음양오행의 정도를 살펴라. 사주음양오행 구조를 모르고 인체의 음양오행구조를 알려한다면 그것은 짐작에 불과한 것이다. 그러면 설령 병증을 알아낸다해도 그에 알맞은 치료약물을 뽑아낼 수 없다. 경험상으로 병증에 대한 치료약물이 '이거다'라 하며 누구에게나 똑같이 적용시킬 수는 없다. 인체가 차가운데 차가운 약으로서 병증을 치료하려 한다거나 인체장부(人體臟腑)가 실(實)한데 허(虛)한줄 알고 보약(補藥)을 쓴다면 어떻게 되겠는가?

　장부(臟腑)의 내부(內部)를 들여다보거나 기능을 정확히 살필 수 없는 상황인데 사진(四診)에 의한 방법만으로서 병증을 진단하고 그에 대한 치료약물을 사용한다면 얼마나 모호한 치료법인가 말이다. 치료방법이 모호하면 결과도 모호해진다. 치료약물이 다른 인체장부조직에 영향을 준다면, 약물이 인체음양오행을 불균형화 시킨다면, 병증보다 약물이 인체를 약화시킬 수 있다. 하지만, 사주음양오행구조를 기초로하여 장부의 허실(虛實)을 판단하고 사진법(四診法)을 추가한다면 인체음양오행 구조를 정확히 알아낼 수 있다. 그러면 병증(病證)을 치료할 수 있는 약물(藥物)도 정확히 찾을 수 있다. 허(虛)한 장부(臟腑)를 補하고 人體陰陽五行의 生氣를 증진시켜 오히려 과거보다도 더욱더 인체를 강건(強健)하게 할 수 있다.

　지금껏 대부분의 의자(醫者)들은 사진법(四診法)으로만 병증을 진단하고 경험 등으로 그에 대한 치료약물을 선택해 왔다. 의자(醫者)마다 각기 다른 약물을 환자(患者)들에게 복용케 하였다. 운좋게 자기체질에 맞는 약을 먹은 사람들은 짧은기간안에 치료되었고, 체질과 반대의 약물을 복용한 사람들은 인체음양오행이 불균형해져 한약만 먹으면 몸이 안좋고 기력(氣力)이 약화되기도 하였다. 어떤 이는 차라리 약을 안 먹는 편이 나을 정도였다. 이것들은 대부분의 의자들이 과거로부터 내려온 의학이론(醫學理論)만을 고집하여 환자들을 치료했기 때문이다. 주먹구구식의 경험이나 애매모호한 이론(理論)을 토대로하여 병증을 진단하고 치료한다면 만인(萬人)을 구제할 수 없다. 한의학의 세계가 수백·수천년의 년령이 있어도 과거적 이론만을 되풀이하여 습득하고 이들을 활용한다면 醫者들은 그 세계속의 작은 울타리 속에서만 맴돌것이다. 한의학의 이론적 體系가 모호하여 그것을 습득하려면 수십년이 요구되고 달인의 경지에 올라 환자를 치료하려면 어느덧 백발(白髮)이니 어찌 만인을 구제할 수 있겠는가?

이론(理論)이란 그 누구가 보아도 그것을 적용시키면 똑같은 결과가 발생해야 한다. 이론(理論)이 체계화되면 그 어느누구도 그것을 습득할 수 있고 이들을 적용시킬 수 있는 것이다. 그러나 의자들은 한의학 세계속에 숨어 있는 추상적(抽象的) 표현(表現)들 속에서 그 진의(眞意)를 뽑아내는 데에만 수 십년을 흘려보내고 있다. 이들은 모호한 이론적 세계속에서 헤매며 모호한 치료를 되풀이하고 있기도 하다.

본서는 가급적이면 복잡·다양한 한의학의 이론세계를 체계화(體系化)하려고 하였다. 본서의 이론은 복잡·다양한 한의학 이론세계를 보다 정확히 하려 하였다. 과거적 理論의 틀을 전부 바꾸려하지는 않았을지라도 애매모호한 것들에 불빛을 주려 했다. 본서의 이론(理論)을 적용시키면 한의학도 보다더 발전하리라 본다.

3. 水剋火의 四柱

> ### 강수(强水)와 강화(强火)가 상극(相剋)하고 균형적 관계를 형성할 때

사주오행중 水와 火가 강한 기세를 하고 균형적 상극관계를 형성하면 水氣와 火氣가 水장부와 火장부를 지원하므로 신방광(腎膀胱)과 심소장(心小腸)의 기능이 실(實)하게 된다.

사주오행중 水氣는 木氣를 生하고 火氣는 土氣를 生한다. 木氣가 木장부에 도움을 주고 土氣가 土장부를 지원하므로 간담목(肝膽木)과 비위토(脾胃土)의 기능이 강화된다.

그러나 金氣는 火氣의 剋을 받고 水氣의 설기(泄氣)를 당하여 그 기세가 약화된다. 약(弱)한 金氣가 金장부에 도움을 주지 못하므로 金肺·大腸의 기능이 허(虛)해진다. 강한 水氣와 火氣가 균형적 상극관계를 형성하여 腎膀胱水와 心小腸의 기능이 실(實)하게 된다. 간담목(肝膽木)과 비위토(脾胃土)는 水氣와 火氣의 生을 받아 기능이 강화된다. 火氣의 剋을 받고 水氣의 설기(泄氣)를 받아 肺·大腸金은 기능이 虛해진다.

실(實)하면 사(瀉)하고 虛하면 補해야 병증(病證)이 제거되므로 腎膀胱 心小腸을 瀉하고 肺·大腸을 補해야 한다. 그러면서 인체음양오행을 균형화시키도록 해야 한다.

4. 火剋金의 四柱

사주오행중 강한 火와 金이 균형적 상극관계를 형성하고 있으면, 강한 火氣와 金氣가 火장부와 金장부를 지원하므로 心·小腸과 肺·大腸의 기능이 실(實)해진다.

사주오행중 火는 土를 生하고 金은 水를 生한다. 土와 水가 土장부와 水장부에 힘을 제공하여 脾胃土와 腎·膀胱水의 기능(機能)이 증진된다. 그러나 木장부인 肝膽은 金氣의 剋을 받고 火氣에 설기(泄氣)당하여 그 기능이 허(虛)해진다.

5. 金剋木의 四柱

강(强)한 金과 木이 균형적 상극관계를 형성하면 金氣와 木氣가 金木장부에 힘을 제공해주어 肺·大腸·肝膽의 기능이 실(實)해진다.

金은 水氣를 生하고 木은 火氣를 生한다. 水氣와 火氣는 水장부와 火장부에 힘을 제공하여 腎·膀胱과 心·小腸의 기능을 증진시킨다. 그러나 土氣는 木氣의 剋을 받고 金氣의 泄氣를 당하여 그 기세가 약화된다. 약(弱)해진 土氣는 土장부를 지원하지 못한다. 그래서 脾胃土의 기능이 虛해진다. 위 사람의 병근(病根)은 금목실(金木實)이고 토허(土虛)이다. 실(實)은 사(瀉)하고 허(虛)는 보(補)해야 인체음양오행이 정상화되므로 金木장부를 사(瀉)하고 土장부를 補해야 한다. 肺·大腸·肝膽을 사(瀉)하고 脾胃를 補하면 질병이 치료되고 인체음양오행이 균형적 상생상극관계를 형성하게 된다.

※ 일간(日干)이 음양오행구분도표(陰陽五行區分圖表)상으로 양(陽)의 영역(領域)에 있으면 음약(陰藥)을 넣어야 한다. 日干이 陰의 영역에 있는 경우에는 양약(陽藥)을 쓴다. 日干이 甲乙丙丁戊로 陽의 영역에 거(居)하면 음약(陰藥), 日干이 己庚辛壬癸로 음(陰)의 영역에 위치하면 陽藥을 넣어야 인체음양오행이 균형화될 수 있다. 이 경우에 身이 강(强)하면 사(瀉)를 위주로 하고 身이 약(弱)하면 보(補)를 위주로 한다.(이들을 빨리 이해하려면 사주음양오행 구분도표를 참고하면 된다.)

사주음양오행 구분도표와 같이 日干이 甲乙丙丁戊이면 日干은 陽의 영역에 居한다.

四柱가 身强이고 日干이 甲乙丙丁戊이면 陰보다 陽이 강(强)하게 된다. 양(陽)이 강하면 陽을 사(瀉)하여 음양(陰陽)을 균형화시키거나 陰을 補하여 음양을 조절한다. 身이 强하면 瀉가 위주가 되므로 이 경우에는 음약(陰藥)으로 陽을 사(瀉)하며 음양을 조절한다. 身이 弱하면 補가 위주가 되므로 보음(補陰)과 보양(補陽)을 동시에 하여 음양(陰陽)을 균형화시킨다.

제2장 사주음양오행(四柱陰陽五行)과 병증(病證)의 치법(治法)

1. 목왕(木旺) 사주(四柱)

四柱에 木이 왕(旺)하면 이와 상극관계(相剋關係)에 있는 土가 약(弱)해져 간담목(肝膽木)이 실(實)해지고 비위토(脾胃土)가 허(虛)해진다. 비위토(脾胃土)가 허하면 土가 金을 생(生)하지 못해 金肺·大腸이 허해진다. 金이 약(弱)하면 水가 金의 생을 얻지 못하여 腎·膀胱水가 약해진다.

위 사람의 병근(病根)은 四柱의 목왕(木旺)과 토약(土弱)이다. 비위토(脾胃土)의 기능이 저조하다하여 脾胃에 관한 藥만을 쓰면 병(病)의 뿌리를 뽑지 못한다. 설령 낫는다 하더라도 다시 재발한다. 병근이 木旺이므로 肝木을 사(瀉)하는 약을 먼저 써라. 그리고 비위토(脾胃土)를 보(補)하는 약을 써야 병(病)을 치료(治療)할 수 있다. 金의 藥으로서는 木을 극(剋)하고 火土의 藥으로서 土를 보(補)하면 木氣가 설기(泄氣)되고 간목(肝木)의 기세가 약화되어 인체음양오행이 조절(調節)된다. 그러나 木氣가 너무 강한 경우에는 肝木을 사(瀉)하면서 비위(脾胃)를 보(補)해야 좋다.

사주(四柱)에 陽이 多하여 양증(陽證)이 일면 陰의 藥으로서 陽을 사(瀉)하고 보음(補陰)의 약으로서 陰을 補하여 인체음양오행을 균형화시킨다. 음(陰)이 많아 음증(陰證)이 出하면 陽의 藥으로서 陰을 사(瀉)하고 보양(補陽)하여 양기(陽氣)를 증진시킨다.

2. 火旺 四柱

사주에 火가 왕(旺)하여 金이 弱해지면 火장부인 心·小腸이 實해지고 金장부인 肺·大腸이 虛해진다. 肝膽木은 火旺氣에 의해 불타 기능이 약화된다. 腎·膀胱水는 弱金

으로부터 生받지 못하고 旺火의 역극(逆剋)을 받아 기능이 비정상적이 된다. 비위토(脾胃土)는 火의 生을 받아 그 기능을 증진시키려하나 火氣로 인해 조(燥)해진다.

위 사람의 병근(病根)은 사주상의 火旺이고 金弱이다. 그러므로 질병(疾病)을 치료하려면 火氣를 저지하고 金을 補해야 한다. 음수(陰水)의 약은 火氣를 억제하고 土金의 약은 金을 補한다. 水의 약은 극화(剋火)하여 火氣를 약화시킨다. 土金의 약으로 금허(金虛)를 보(補)하고, 土의 약으로 火生土하여 火의 기세를 설기(泄氣)시키고 金氣를 강화한다. 이렇게 하면 水와 火가 균형화하고 장부(臟腑)가 균형적 상극관계를 형성하고 병증이 제거되고 인체가 정상화된다.

3. 土多한 四柱

사주에 土가 많으면 土氣가 증가되어 脾胃土의 기능이 大하여진다. 강(强)한 土氣는 剋水하여 腎·膀胱水의 기능을 虛하게 한다. 木氣는 허한 水의 지원을 받지못해 肝膽木의 기능을 증진시키지 못한다. 火장부인 心·小腸은 허한 木으로부터 生을 받지못해 기능을 축소시킨다. 왕(旺)한 土는 金氣를 확대시키고 金氣는 金肺·大腸의 기능을 증진시킨다. 한마디로 위 사주의 경우 인체음양오행을 불균형케하는 것은 토실(土實)과 수허(水虛)라 말할 수 있다.

위 사람의 병근(病根)은 사주의 土實이고 水弱이다. 그러므로 질병을 치료하려면 土를 사(瀉)하고 水를 補해야 한다. 土를 사(瀉)하는 약은 이와 상극(相剋) 관계에 있는 木의 藥이다. 木의 藥을 쓰면 木剋土하여 土의 기세가 약화된다.

水를 보(補)하는 약은 金水의 藥이다. 金의 약은 土의 기세를 설기(泄氣)시키고 水의 약은 土를 극하여 土의 기세를 약화시킨다. 이들 약물은 土와 水의 세력을 균형화시키고 병증(病證)을 제거(除去)하고 인체음양오행을 균형화시킨다. 이러한 약물들을 인체음양오행(人體陰陽五行)을 균형화(均衡化)시키는 방향으로 사용하면 병증(病證)이 제거될 뿐만아니라 인체가 강건(强健)해진다.

4. 金旺 四柱

金이 왕(旺)하면 金實하고 금실(金實)하면 이와 상극관계에 있는 木이 허(虛)해진다. 木이 허(虛)해지면 木이 生火할 수 없어 火가 약해진다. 火가 弱하면 火가 生土할 수 없어 土가 弱해진다. 水는 金의 生을 받아 어느 정도 세력을 형성한다. 이러하므로 金이 왕(旺)하면 金肺·大腸이 실(實)해지고 肝膽木이 허(虛)해지고 心小腸火가 약해지고 脾胃土의 기능이 小해진다 할 수 있다.

위 경우의 병근(病根)은 사주의 金實과 木虛이다. 그러므로 질병을 치료하려면 金을 사(瀉)하는 약과 木을 補하는 약으로서 金木五行을 균형화시켜야 한다. 金을 사(瀉)하는 약은 金과 相剋관계에 있는 火의 약이다. 木을 補하는 약은 이와 상생(相生)관계에 있는 水木의 약이다. 火의 약은 金을 剋하여 金의 기세를 약화시킨다. 木의 약은 木의 기세를 강화한다. 水의 약은 金을 설기(泄氣)시켜 음양오행의 氣를 균형화시키는데 기여한다.

이들의 藥을 쓰면 金木五行이 균형화 된다. 金木오행과 상생상극(相生相剋) 관계에 있는 음양오행의 氣가 강화된다. 병증(病證)이 있으면 병증이 제거되고 허약(虛弱)한 장부(臟腑)가 있으면 그 기능이 大하여져 인체가 건강을 득(得)하게 된다.

5. 水多 사주

사주에 水가 많으면 水가 實해진다. 수실(水實)하면 이와 상극관계에 있는 火가 弱해져 화허(火虛)가 된다. 火가 허(虛)하면, 火가 土를 生해주지 못해 土가 虛해진다. 土虛이면 土가 金을 生해주지 못하여 金이 虛하게 된다. 木은 水의 生을 받아 어느정도 그 기능을 증진시키나, 水多로 인한 목부현상(木浮現象)이 出하여 비정상적이 된다.

위 사람의 병근(病根)은 사주의 水多이고 水多로 인한 火虛
이다. 그러므로 질병을 치료(治療)하려면 水를 사(瀉)하고 火를 보(補)해야 한다. 水를 사(瀉)하는 藥은 土의 藥이다. 火를 補하는 약은 木火의 藥이다. 土의 藥은 土剋水하여

水의 범람(氾濫)을 막아준다. 그리고 土氣를 강화하고 土生金하여 금허(金虛)를 치료한다. 木火의 약은 木을 補하고 火를 補한다. 이러한 약물을 쓰면 人體陰陽五行이 균형적 상생상극 관계를 형성해 나간다. 陰陽木火土金水의 氣가 균형적 상생상극관계를 형성하고 木火土金水의 장부가 균형화하여 인체가 정상적이 된다.

※ 四柱에 일행(一行)이 주도권을 쥐고 행세하고 있는 경우에는 왕세(旺勢)에 순응(順應)하는 오행을 약(藥)으로 해야 인체가 건강을 득(得)하게 된다.

　　四柱에 陽이 多하면 陽이 실(實)해지고 陽이 實해지면 이와 상대적 관계에 있는 陰이 虛해진다. 이때에는 음(陰)의 약으로 陽을 사(瀉)하여 陰陽을 조절한다. 그런이후에 補陰과 補陽을 하면 인체음양오행의 氣가 증진된다.

　　四柱에 陰이 多하면 陰이 實해지고 陰이 實하면 陽이 虛해진다. 陽의 藥으로 陰을 사(瀉)하고 양(陽)을 보(補)하면 음양(陰陽)이 조절된다. 이 경우 신강(身强)이면 사약(瀉藥)을 먼저쓰고 나중에 補藥을 쓴다.

　　身弱이면 보음(補陰))·보양(補陽)藥을 위주로 하되 사약(瀉藥)은 병증제거 목적에 국한(局限)하여 사용한다. 그러면 인체음양이 서서히 균형화된다.

제**3**장

사주음양오행(四柱陰陽五行)과 장부병증(臟腑病證)의 치법(治法) 1

1. 사주목오행(四柱木五行)과 간담목병증(肝膽木病證)의 치법(治法) 1

四柱五行상의 木은 인체 장부중에서 특히 肝膽木과 서로 통한다. 그러므로 四柱에 木이 多하거나 木의 세력이 강(强)하면 간담목(肝膽木)의 기능이 실(實)해진다 할 수 있다. 대운(大運)이 강한 木이면 더욱 木장부가 강왕(强旺)해진다. 木氣가 태왕(太旺)한 경우 세운오행(歲運五行)이 金이면, 金의 剋을 받는 관계로 왕목(旺木)이 노(怒)하여 간기(肝氣)가 상역(上逆)하고 간양(肝陽 : 肝火)이 상항(上亢)하거나, 간기(肝氣)가 불서(不舒)한다.

간양(肝陽)이 상항(上亢)하면 두통(頭痛), 이명(耳鳴), 조급(躁急), 역노(易怒), 현훈(眩暈), 목적(目赤), 시각열기상충(視覺熱氣上衝), 구고인건(口苦咽乾), 설태황조(舌苔黃燥), 맥상현삭(脈象弦數) 등의 증후(證候)가 발생한다. 이때에는 평간잠양약(平肝潛陽藥)을 위주로하여 구성한 방제(方劑)로서 치료(治療)한다.

방제예

천마구등음(天麻鉤藤飮)

간기(肝氣)가 불서(不舒)하면 창만(脹滿), 흉중비민(胸中痞悶), 인중이물경조(咽中以物硬阻), 조급역노(躁急易怒), 태박맥현(苔薄脈弦) 등의 증후(證候)가 발생한다. 이때에는 소간이기(疏肝理氣)의 효능(效能)이 있는 약물을 위주로하여 구성한 방제(方劑)로 치료한다.

◎ 방제예

시호소간산(柴胡疏肝散)

1) 木旺水弱의 四柱

사주에 木이 왕(旺)하고 水가 약(弱)하면 인체의 木水도 영향을 받아 肝木이 실(實)해지고 火가 일어나고 신수(腎水)가 약(弱)해진다. 사주오행이 대운·세운오행과 불화(不和)하면 木水장부에 질병이 出한다.

肝火는 위로 솟아올라 인체의 상부(上部)를 공격하고 아래로 향(向)하여는 신수음(腎水陰)을 剋한다. 肝木火와 弱腎水는 장부음양오행의 균형을 파괴하고 인체를 비정상화시킨다. 이러한 경우에는 현훈이명(眩暈耳鳴), 다몽유정(多夢遺精), 역노조급(易怒躁急), 조열도한(潮熱盜汗), 구고인건(口苦咽乾), 설변홍(舌邊紅), 소변황적(小便黃赤), 소진액(少津液), 맥현세삭(脈弦細數) 등의 증후(證候)가 발생한다.

위 경우의 병근(病根)은 四柱의 木旺水弱이다. 그러므로 질병을 치료하려면 木의 기세를 제한하고 水의 기세를 증진시켜야 한다.

金의 약은 木을 극(剋)하여 木의 기세를 억제시키고 金生水하여 水의 기세를 증진시켜 준다.

水의 약은 木水五行을 균형화시켜 木水장부를 정상화시킨다. 金水의 약은 기타 장부오행도 정상화시켜 인체를 건강(健康)하게 한다.

이 金水의 약은 약물음양오행구분도표상으로 金과 水의 영역에 존재한다. 이들약물중 肝火를 사(瀉)하고 신음(腎陰)을 자보(滋補)하는 효능이 있는 약물을 기본(基本)으로 하고 병정(病情)에 따라 기타약물을 배합하여 구성한 방제(方劑)로 치료하면 제증(諸症)이 사라지고 인체가 정상화된다.

◎ 방제예

일관전(一貫煎)(十一藥)

2) 왕목(旺木)과 火의 四柱

　사주에 木이 왕(旺)하고 화기(火氣)가 세력을 형성하고 있으면 인체의 오행도 영향을 받아 木장부가 실(實)해지고 火장부가 비정상적이 된다. 사주오행(木火)이 대운·세운오행과 불화(不和)하면 木火장부에 질병이 出한다.

　木인 간(肝)의 火는 장부음양오행의 균형을 파괴한다. 예컨대 肝火는 생화(生火)하여 心火를 어지럽힌다. 心火는 정신을 흔들고 두통을 일으킨다. 肝火는 목(目)에 영향을 미쳐 目에 관한 질병(疾病)을 出하게도 한다. 특히 대운(大運)이 강한 木火五行이거나 木을 자극하는 五行이면 木火五行이 인체를 지배하여 木火장부가 실(實)해지고 木火장부는 이와 균형적 상생상극관계에 있는 타장부오행을 비정상화시킨다.(사주가 木太旺하고 火多이면 肝火가 일고 心火가 비정상적이 된다.)

　이 경우에는 두통불매(頭痛不寐), 발광인노(發狂因怒), 면홍목적(面紅目赤), 양목노시(兩目怒視), 맥상현대삭(脈象弦大數), 태황변홍(苔黃邊紅) 등의 증후(證候)가 발생한다.

　치료(治療)는 병(病)의 근(根) 즉 인체음양오행을 불균형케한 원인을 찾아서 한다. 여기서의 병근(病根)은 사주음양오행상으로 목다(木多)와 화다(火多)이다. 그러므로 이 五行을 조절하면 질병(疾病)의 뿌리가 뽑힌다 할 수 있다. 여기서는 木火의 기세가 거세므로 木의 기세를 저지하고 火의 熱氣를 억제시켜 주어야 한다. 이들을 만족시켜주는 것은 金水의 藥이다.

　金水의 藥중 金의 藥은 木을 剋하고 火의 기세를 설기(泄氣)시킨다. 水의 약은 木火의 열기를 식혀준다. 이들약물중에서 청간사화(淸肝瀉火)·척담개규(滌痰開竅)의 효능이 있는 약을 기본으로 하고 병정(病情)에 따라 기타약물을 배합하여 구성한 방제(方劑)로 치료하면 제증(諸症)이 사라지고 인체음양오행이 정상화된다.

◯ 방제예

　당귀용회환(當歸龍薈丸)

3) 木弱水弱의 四柱

사주(四柱)가 목약(木弱)이고 水弱이면 목수(木水)의 기(氣)가 인체(人體)의 木水를 지원해주지 못하여 간담목(肝膽木)과 신방광수(腎膀胱水)가 허(虛)해진다. 木水장부가 허해지면 이와 균형적(均衡的) 생극관계(生剋關係)에 있는 기타장부도 영향을 받아 변화한다.

사주오행(四柱五行)(木水)이 대운(大運), 세운(歲運) 오행(五行)과 불화(不和)하면 水木장부에 질병이 出하고 인체(人體)가 비정상적이 된다.

특히 대운·세운 五行이 木水를 剋하거나 설기(泄氣)시키는 五行이면 그 정도가 심(深)하다.

이러한 경우에는 허번불면(虛煩不眠), 목현면삽(目眩眠澁), 조열도한(潮熱盜汗), 이명(耳鳴), 시물불청(視物不淸), 설변홍(舌邊紅), 소진(少津), 요슬산연(腰膝酸軟), 맥현세삭(脈弦細數) 등의 증후(證候)가 발생한다.

위 경우의 병근(病根)은 사주의 木弱水弱이다. 병근이 木弱水弱이므로 질병을 치료하려면 木과 水를 생부(生扶)하고 補하여 강화시켜야 한다.

水木의 약물은 木과 水를 生해준다. (水木의 약중에는 신음(腎陰)을 자보(滋補)하고 양혈(養血)하며 肝木을 배양하는 효능이 있는 것도 있다.)

위 경우에는 補의 약물중에서 腎·膀胱水, 肝膽木을 補하는 약을 기본으로하고 전체 사주음양오행구조와 병증음양오행과의 관계를 보고 인체음양오행을 균형화·정상화시키는 방향으로 방제(方劑)를 구성하여 치료하면 병증(病證)이 제거되고 인체가 정상화된다.

◎ 방제예

기국지황환(杞菊地黃丸)

4) 木弱 火弱의 四柱

사주가 목약(木弱) 화약(火弱)이면 약목화(弱木火)가 人體의 木火를 증진시키지 못하여 木火장부가 허(虛)해진다.

간담목(肝膽木)과 심소장화(心小腸火)가 허(虛)해지면 이와 균형적 상생상극(相生相剋)관계에 있는 타장부오행(他臟腑五行)도 영향을 받아 변화한다. 사주오행(木火)이 대운·세운오행과 전극(戰剋)하면 木火장부에 질병이 出하고 人體가 비정상적이 된다.

이 경우에는 허번불면(虛煩不眠), 심계불안(心悸不安), 다몽(多夢), 역공(易恐), 선경(善驚), 소진(少津), 설홍(舌紅), 맥현무력(脈弦無力) 등의 증후(證候)가 발생한다.

위 경우의 병근(病根)은 사주의 木火弱이다. 그러므로 질병(疾病)을 치료하려면 생부(生扶)시키거나 보(補)하여 木火의 氣를 증진(增進)시켜야 한다. 木火영역의 약물은 木火의 기세를 증진시키고 肝膽木과 心小腸火를 보(補)하여 인체장부음양오행의 氣를 끌어올리고 정상화(正常化) 시키는데 기여한다.

약물음양오행 구분도표에 있는 木火의 약을 기본으로 하고 병정(病情)에 따라 기타 해당약물을 첨가하여 치료하면 인체가 정상화된다.

◐ 방제예

산조인탕(酸棗仁湯)

5) 목왕(木旺) 극토(剋土)의 四柱

사주에 木이 왕(旺)하고 土가 木의 剋을 받고 있으면 인체(人體)의 木氣가 土氣를 지나치게 剋하여 간담목(肝膽木)과 비위토(脾胃土)가 불균형적(不均衡的) 상극관계(相剋關係)를 형성한다. 木土장부가 불균형적이 되면 이와 균형적 생극(生剋) 관계에 있는 火金水장부도 영향을 받아 변화한다. 사주오행(木土)이 대운·세운오행과 불화하면 木土장부에 질병이 出하고 인체가 비정상적이 된다.

이 경우에는 위완창만동통(胃脘脹滿疼痛), 번조역노(煩躁易怒), 음식불사(飮食不思),

구토(嘔吐), 애역(呃逆), 협륵동통(脇肋疼痛), 애기탄산(噯氣吞酸), 태박니(苔薄膩), 설변홍(舌邊紅), 맥현(脈弦) 등의 증후(證候)가 발생한다.

위 경우의 병근(病根)은 사주의 木旺과 土의 불균형적(不均衡的) 상극관계이다. 그러므로 질병을 치료하려면 제일먼저 木土의 상극관계를 중화(中和)시키고 전극(戰剋)을 중단(中斷)시켜야 한다. 위 경우에는 상대적으로 木이 强하고 土가 弱하다. 그러므로 木을 설기(泄氣)시키고 土를 生해주어야 木土가 균형적 상극관계를 형성할 수 있다. 木과 土의 중간에서 중재(仲裁)하는 五行은 火이다. 火는 세력이 강한 木을 木生火로 설기(泄氣)시키고 火生土하여 土의 기세를 강화한다. 그러므로 火의 약을 쓰면 병근(病根)을 제거할 수 있다. 火의 약을 기본으로 하고 간담목(肝膽木)과 비위토(脾胃土)의 전극(戰剋)을 화해시키면 좋다.

위 경우에는 火의 약물중 소간화위(疏肝和胃)・이기강역(理氣降逆)의 효능이 있는 약물을 기본으로 하고 병정(病情)에 따라 기타약물을 배합해 방제(方劑)를 구성하여 치료하면 병증(病證)이 제거(除去)되고 木土가 균형적 상극(相剋)관계를 형성하여 장부음양오행이 정상화 된다.

🌑 방제예

  소시호탕(小柴胡湯)

6) 旺土 弱木의 四柱

사주에 왕토(旺土)가 弱木을 역극(逆剋)하여 이기면 인체의 土木도 영향을 받아 土木장부가 불균형적 상극관계를 형성한다. 토비위(土脾胃)는 목간담(木肝膽)을 역극(逆剋)하여 불균형을 조성시킨다. 木土장부가 불균형해지면 이와 상생상극(相生相剋) 관계에 있는 火金水장부도 영향을 받아 변화한다. 사주오행이 대운세운오행과 불화하면 脾胃土와 肝膽木에 질병이 발생하고 인체가 비정상적이 된다. 이러한 경우에는 복창장명(腹脹腸鳴), 흉협만민(胸脇滿悶), 식소변당(食少便溏), 신음태식(呻吟太息), 태백니(苔白膩), 맥유완(脈濡緩) 등의 증후(證候)가 出한다.

위 경우의 병근(病根)은 사주(四柱)의 旺土와 弱木이다. 그러므로 질병(疾病)을 치료하려면 土를 설기(泄氣)시켜 기세를 약화시키고 木의 기세를 강화하여 木과 土의 세력을 균형화시켜야 한다. 또는 木의 기세를 강화시켜 木과 土의 세력을 균형화시킨다.

木의 세력을 강화하는 오행은 木과 水이다. 木의 약은 木의 기세를 강화하고 土의 기세를 제한한다. 水의 약은 生木하여 木氣를 강화하고 土의 기세를 설기(泄氣)시켜 木土 오행의 세력을 균형화시킨다.

水木藥物중 조리간비(調理肝脾)의 효능이 있는 약물을 기초로 하고 병정(病情)에 따라 기타 약물을 배합하여 구성한 방제(方劑)로서 치료하면 병증(病證)이 제거되고 인체 음양오행이 균형화하며 인체가 정상적이 된다.

◎ 방제예

소요산(逍遙散)

7) 旺木과 金의 四柱

사주에 火의 기운을 가진 木이 金과 전극(戰剋)하고 있으면 인체의 木과 金도 영향을 받아 간담목(肝膽木)과 폐대장금(肺大腸金)의 상극관계가 불균형적이 된다. 木金장부가 불균형해지면 이와 균형적 생극(生剋)관계에 있는 기타 장부(臟腑)도 영향을 받아 변화한다. 사주오행이 대운·세운오행과 불화하는 경우에는 木金장부에 질병이 出하고 인체가 비정상적이 된다.

이 경우에는 협통(脇痛), 선노(善怒), 구고(口苦), 목적(目赤), 해수(咳嗽), 객혈(喀血), 설홍(舌紅), 맥현(脈弦) 등의 증후(證候)가 발생한다.

위 경우의 병근(病根)은 四柱의 旺木과 金의 전극(戰剋)이다. 병근이 旺木과 金의 전극이므로 질병(疾病)을 치료하려면 木과 金의 세력을 균형화시켜야 한다. 그래야 木金의 장부가 균형적 상극관계를 형성하고 기타장부가 정상적이 된다. 위 경우에는 木이 강(强)하고 金이 상대적으로 약하다. 그러므로 木을 설기(泄氣)시키고 金을 生해 주어야 한다. 木金의 전투를 화해(和解)시키는 약은 土이다. 土의 藥은 木剋土하여 木의 기세를 약화시키고 火氣를 흡수하여 金을 生해준다. 土의 약은 木火金水五行의 중간에서 오행세력을 균형화시키는데 협력한다. 여기서 土는 인체 장부중 脾胃와도 관련하므로 土의 약중에는 脾胃土에 해당하는 약도 있다.

土의 약은 肝膽木을 사(瀉)하고 肺金의 火를 生土하여 제압한다. 土의 藥중에서 肝을 사(瀉)하고 肺의 火를 제압하는 효능이 있는 약물을 기본으로 하고, 병정(病情)에 따라 기타 약물을 배합하여 구성한 방제(方劑)로 치료하면, 인체음양오행이 정상화되어 병근(病根)은 자연히 제거된다. 그뿐아니라 운세(運勢)도 좋아져 제반사(諸般事)가 순조롭게 이행된다.

여기서 사주내(四柱內)에 金木 불균형이 병증(病證)을 발생시키지 않고 운세(運勢)에 파동을 일으킬 경우에는 土의·약을 운세 개선의 약으로 사용해도 좋게 된다. 이것이 음양오행의 이치이다.

◎ 방제예

　　용담사간탕(龍膽瀉肝湯)

　　사백산(瀉白散)

　　대합산(黛蛤散)

8) 旺金 剋木의 四柱

사주에 왕금(旺金)이 木을 剋하여 승리하고 있으면 인체의 木金도 영향을 받아 肝膽木과 肺·大腸金이 불균형적 상극관계(相剋關係)를 형성한다. 木과 金의 장부가 불균형화하면 이와 상생상극관계에 있는 火木水장부도 영향을 받아 변화한다. 사주오행(金木)오행이 대운·세운오행과 불화하면 金木장부에 질병이 出하고 인체가 비정상적이 된다.

이러한 경우에는 창해후건(嗆咳喉乾), 양족위약불용(兩足痿弱不用), 설홍태황(舌紅苔黃), 발위근위(發爲筋痿), 맥세삭(脈細數) 등의 증후(證候)가 발생한다.

위 경우의 병근(病根)은 사주의 왕금(旺金)과 약목(弱木)의 상극관계 불균형이다. 그러므로 질병(疾病)을 치료하려면 金木五行의 세력을 균형화시켜야 한다.

火의 약은 金을 剋하여 金의 기세를 약화시킨다. 그와 동시에 木을 불태워 약한 木을 더 약하게 한다. 이것은 旺金을 剋하여 노(怒)하게 하여 金으로 하여금 木을 剋하게할 가능성을 크게 하기도 한다. 그러므로 水木의 藥을 써서 金木세력을 균형화시키는게 낫다. 水木약중에서 水의 약은 金生水하여 旺金의 기세를 설기시키고 生木하여 木의 기세를 증진시켜 준다. 木의 약은 肝膽木의 기능을 확대시켜 金木장부의 세력을 균형화시키는데 협력한다. 水의 藥은 조(燥)한 金을 청(淸)케 하여 폐(肺)를 구한다.

위 경우에는 이들 金木세력을 균형화시키는 약물을 기본으로 하고 병정(病情)에 따라 기타약물을 배합하여 구성한 방제(方劑)로서 치료하면, 제증(諸症)이 제거(除去)되고 인체가 정상화 된다.

◯ 방제예

청조구폐탕(淸燥救肺湯)

2. 사주화오행(四柱火五行)과 심·소장병증(心小腸病症)의 치법(治法) 1

1) 火水弱의 四柱

사주에 火와 水가 약(弱)하면 인체(人體)의 火氣와 水氣가 약해져 화장부(火臟腑)와 수장부(水臟腑)가 허(虛)하게 된다. 火水장부가 허해지면 기타 장부도 영향을 받아 변화한다. 사주오행이 대운세운오행과 불화하면 火水장부에 질병이 出하고 인체가 비정상적이 된다.

水가 弱하면 음혈(陰血)이 부족(不足)해지고 음혈이 부족하면 심음(心陰)이 부족해진다. 심음이 부족하면 이와 상대적 관계에 있는 심양(心陽)이 부족해진다. 心陰의 부족과 혈허(血虛)인 경우에는 심계(心悸), 심번(心煩), 건망(健忘), 다몽(多夢), 설첨건홍(舌尖乾紅), 실면(失眠), 맥세삭(脈細數) 등의 증후(證候)가 出한다.

이러한 증후는 대운(大運)·세운(歲運) 오행이 火水를 剋하거나 설기(泄氣)시키면 두드러지게 발생한다.

위 경우의 병근(病根)은 사주(四柱)상으로 火水弱으로 인한 火水장부의 허(虛)이다. 그러므로 질병을 치료하려면 보(補)의 약으로 火水를 보(補)하여 그 氣를 증진시켜야 한다.

火와 水의 藥物중 양혈안신(養血安神)의 효능이 있는 약물을 기본(基本)으로하고 병정(病情)에 따라 기타약물을 배합하여 구성한 방제(方劑)로서 치료하면 인체가 정상화된다.

◎ 방제예

천왕보심단(天王補心丹)

2) 火多 火强의 四柱

사주에 火가 多하고 火가 강한 세력을 형성하고 있으면 인체의 火氣가 증진되어 火장부(臟腑)가 뜨거워진다. 火장부가 뜨거워지면 이와 생극관계에 있는 기타장부도 영향을 받아 변화한다. 사주오행이 대운세운오행과 불화하면 火장부에 질병이 出하고 인체가 비정상적이 된다. 이러한 경우에는 심중번열(心中煩熱), 면적구갈(面赤口渴), 소변황적(小便黃赤), 광조섬어(狂躁譫語), 설상생창(舌上生瘡), 태황맥삭(苔黃脈數) 등의 증후(證候)가 발생한다.

위 증후는 대운(大運)·세운(歲運) 오행이 火氣를 증진시키거나 火氣에 자극을 주면 더욱 두드러지게 발생한다. 위 경우의 병근(病根)은 사주의 火多火强이다. 그러므로 질병(疾病)을 치료하려면 火氣를 설기(泄氣)시키거나 제한해야 한다.

火를 설기시키거나 제한하는 약은 약물음양오행구분도표상으로 土와 水의 영역에 있다. 土영역의 약은 强火를 흡수하여 설기시키고 水영역의 약은 剋火하여 火의 炎을 제한한다. 이 土水의 약물중 心小腸火를 사(瀉)하고 청설(淸泄)시키는 효능이 있는 약물을 기본(基本)으로 하고 병정(病情)에 따라 기타약물을 배합하여 구성한 방제(方劑)로 치료하면, 제증(諸症)이 사라지고 인체음양오행이 균형적 상생상극 관계를 형성하여 인체가 정상화된다.

○ **방제예**

　　삼황사심탕(三黃瀉心湯)

　　도적산(導赤散)

3) 火多 土燥의 四柱

사주에 火가 多하여 土를 燥하게 하면 인체의 火와 土도 영향을 받아 心火와 脾土가 불균형적 상생관계를 갖게 된다. 火土장부가 불균형적 상생관계(相生關係)를 형성하면 이와 생극관계에 있는 기타 장부도 영향을 받아 변화한다. 사주오행이 대운세운오행과 불화하면 火土장부에 질병이 出하고 인체가 비정상적이 된다.(火의 熱은 脾胃의 음과 양을 불균형화시키고 燥하게 한다.)

이러한 경우에는 번갈희냉(煩渴喜冷), 구취순초(口臭脣焦), 변비(便秘), 태황(苔黃), 소곡선기(消穀善飢), 치은종통(齒齦腫痛), 맥홍대활삭(脈洪大滑數) 등의 증후(證候)가 발생한다. 이 증후는 대운(大運)오행이 강한 火 오행이면 일수록 더욱 두드러지게 발생한다.

위 경우의 병근(病根)은 사주의 火多와 土燥이다. 그러므로 질병(疾病)을 치료하려면 火를 설기(泄氣)시키고 土를 윤(潤)하게 하여 火土相生관계를 정상화시켜야 한다.

水영역의 약은 火의 기세를 저지하고 土를 윤(潤)하게 한다. 金영역의 약은 火의 기세를 설기(泄氣)시키고 生水하여 土에 있는 열기를 식혀준다. 이들 약물중에서 위화(胃火)를 사(瀉)하고 청(淸)케 하는 약물을 기본으로 하고 병정(病情)에 따라 기타 약물을 배합하여 구성한 방제로서 치료하면 인체음양오행이 균형화되고 병증(病證)이 제거되고 인체가 정상화된다.

○ **방제예**

　　청위산(淸胃散)

4) 火弱 土弱의 四柱

사주에 火와 土가 弱하면 인체의 火土도 영향을 받아 인체가 차가워진다. 火가 비위토(脾胃土)를 生할 수 없어 비위토가 허(虛)해진다. 그러면 이들과 균형적 생극(生剋)관계에 있는 기타장부도 영향을 받아 변화한다. 사주오행(火土)이 대운세운오행과 불화하면 火土장부에 질병이 出하고 인체가 비정상적이 된다.

이러한 경우에는 제하작통(臍下作痛), 소복외한(少腹畏寒), 사하(瀉下), 완곡불화(完穀不和), 하지궐냉(下肢厥冷), 소변청장(小便淸長), 요슬산연(腰膝酸軟), 설담태백(舌淡苔白) 등의 증후(證候)가 발생한다. 이 증후는 대운(大運)·세운(歲運)오행이 사주의 火土를 剋하거나 설기(泄氣)시킬 때 두드러지게 出한다.

위 경우의 병근(病根)은 사주의 火弱과 土弱이다. 그러므로 질병을 치료하려면 火와 土를 補하여 정상화시켜야 한다.

火土영역의 약은 火를 보(補)하고 土의 기세를 강화한다. 火의 약은 火氣를 증진시키고 土의 약은 土氣를 확대하여 火土의 기세를 강화한다. 이러한 약물들중 人體를 뜨겁게 하고 비위(脾胃)의 기능을 강화시키는 효능이 있는 약물을 기본으로 하고 병정(病情)에 따라 기타약물을 배합하여 구성한 방제(方劑)로 치료하면 人體는 정상화된다.

◎ 방제예

사신환(四神丸)

5) 火多와 木의 四柱

사주에 火가 多하여 木氣가 설기(泄氣)되고 있으면 인체의 火木五行도 영향을 받아 火장부와 木장부가 불균형적 상생관계를 형성한다.(사주의 火는 心火에 열기를 주고 心火의 熱氣는 肝의 열기를 높여주고 풍목(風木)을 동(動)하게 한다. 즉 사주의 强火와 弱木이 心·小腸과 肝膽木에 영향을 주고 있다.) 火木장부가 불균형해지면 이와 생극관계(生剋關係)에 있는 土金水장부도 영향을 받아 변화한다. 사주오행(火木)이 대운세운오행과 불화하면 火木장부에 질병이 出하고 인체가 비정상적이 된다.

이러한 경우에는 고열불퇴(高熱不退), 사지축닉(四肢搐搦), 설질홍(舌質紅), 신혼섬어(神昏譫語), 각궁반장(角弓反張), 맥현삭(脈弦數) 등의 증후(證候)가 발생한다.

위 경우의 병근(病根)은 사주의 火多와 木弱 즉 火木상생관계의 불균형이다. 그러므로 질병을 치료하려면 火氣를 제한하거나 설기(泄氣)시키고 木을 生해 주어야 한다. 약물음양오행 구분도표상의 水木영역의 약은 火氣를 제한하고 木氣를 강화시켜 준다. 특히 水의 약은 극화(剋火)하여 火氣를 억제하고 생목(生木)하여 木의 세력을 확대시켜 준다.

이들 약물중에서 청열화담(淸熱化痰), 양간식풍(涼肝熄風)의 효능이 있는 약물을 기본으로 하고 병정(病情)에 따라 다른 약물을 배합하여 구성한 방제(方劑)로서 치료하면 인체가 정상화된다.

⊙ 방제예

　　영양구등탕(羚羊鉤藤湯)

6) 火弱 木弱의 四柱

사주에 火와 木이 약하면 火木이 인체의 火木을 지원해주지 못하여 心·小腸火와 肝膽木이 虛해진다. 火木장부가 虛해지면 이와 균형적 生剋관계에 있는 土金水의 장부도 영향을 받아 변화한다. 사주오행(火木)이 대운세운오행과 불화하면 火木장부에 질병이 出하고 인체가 비정상적이 된다.

이러한 경우에는 심계(心悸), 실면(失眠), 근맥구련(筋脈拘攣), 설담태백(舌淡苔白), 면백무화(面白無華), 조갑고조(爪甲枯燥), 맥현세삽(脈弦細澁) 등의 증후(證候)가 발생한다.

위의 증후는 특히 대운(大運) 세운(歲運)오행이 土金일때 두드러지게 발생한다. 土가 火木을 설기(泄氣)시키고, 金이 火氣를 약화시키고 木氣를 제한하기 때문이다.

위 경우의 병근(病根)은 사주의 火弱과 木弱이다. 그러므로 질병(疾病)을 치료하려면 火와 木을 보(補)해야 한다. 火와 木의 藥은 火氣와 木氣를 증진시켜 火木장부를 정상화시킨다. 약물음양오행구분도표상에서 火와 木의 영역에 있는 약물중 양혈영근(養血營

筋)의 효능이 있는 약물을 기본으로 하고 병정(病情)에 따라 기타 약물을 배합하여 방제(方劑)를 구성하여 치료하면, 질병의 뿌리를 뽑을 수 있을 뿐만아니라 운(運)도 개선(改善)할 수 있다.

🔵 방제예

사물탕(四物湯) 〔+가(加)〕

사주에 火와 木이 弱한 중에 대운(大運)·세운(歲運)오행이 土金이라도 병증(病證)이 발생하지 않고 다른 일에 굴곡이 있을 수 있다. 이 경우에도 火와 木의 藥이 유익하다. 사주음양오행은 인체외적(人體外的)인 음양오행의 氣이다. 이 氣가 인체의 오장육부(五臟六腑)에 직접적으로 영향을 주지않을 경우에는 운세(運勢)에 지대한 영향을 준다.

그러므로 항상 사주음양오행 구조가 어떤지를 알고 있어야 한다. 火木의 약은 인체를 건강하게할 뿐만 아니라 운세(運勢)를 개선(改善)하는 묘약(妙藥)이기도 하다.

7) 旺火剋金의 四柱

사주에 旺火가 金을 剋하여 이기면 旺火와 金이 인체의 火金에 영향을 주어 心·小腸火와 肺·大腸金이 불균형적 상극관계를 형성하게 된다. 火金장부가 불균형적이 되면 이와 생극관계에 있는 土水木장부도 영향을 받아 변화한다. 사주오행(火金)이 대운·세운오행과 불화하면 火金장부에 질병이 出하고 인체가 비정상적이 된다.

이러한 경우에는 심번구갈(心煩口渴), 담다황조(痰多黃稠), 면적비뉵(面赤鼻衄), 발열한출(發熱汗出), 설태황조(舌苔黃燥), 천해기조(喘咳氣粗), 맥부홍(脈浮洪) 등의 증후(證候)가 발생한다.

위 경우의 병근(病根)은 사주에 있는 왕화(旺火)와 약금(弱金)의 전극(戰剋)이다. 그러므로 질병(疾病)을 치료하려면 제일먼저 火와 金의 세력을 균형화시켜 이들의 전극(戰剋)을 막아야 한다. 火를 설기(泄氣)시키고 金을 生해주면 火氣가 약화되고 金氣가 강화되어 火와 金이 균형적 상극(相剋)관계를 형성할 수 있다.

土의 약은 火生土로 火氣를 설기(泄氣)시키고 土生金하여 金의 기세를 강화한다. 金

의 약은 火剋金하여 火氣를 약화시키고 金氣를 증진시킨다. 水의 藥은 火의 熱氣를 剋하고 金을 식힌다. 여기서 土와 金水의 약은 약물음양오행구분도표(藥物陰陽五行區分圖表)상에서 土와 金水의 영역에 있다. 이들 약물들은 토성(土性)과 金性과 水性을 지닌다.

토금(土金)의 약물들중 心火를 청(淸)케 하고 폐금(肺金)을 보(補)하는 약물을 기본으로 하고 병정(病情)에 따라 기타 약물을 배합하여 구성한 방제(方劑)로 치료하면 人體陰陽五行이 균형화되고 병증(病證)이 제거되며 인체가 정상화 된다.

◐ 방제예

서각지황탕(犀角地黃湯)(十藥)
백호탕(白虎湯)(十藥)

8) 寒金 弱火의 四柱

사주오행중 金이 한지(寒地)에 처하고 火가 약(弱)하여 金을 견제하지 못하면 인체의 火金五行도 영향을 받아 인체가 차가워지고 火金장부세력이 불균형적이 된다. 火金장부가 불균형해지면 이와 균형적 생극(生剋)관계에 있는 土木水장부도 영향을 받아 변화한다. 사주오행(金火)이 대운·세운오행과 불화하면 火金장부에 질병이 出하고 인체가 비정상적이 된다.

이러한 경우에는 흉배동통(胸背疼痛), 흉비(胸痞), 사지역냉(四肢逆冷), 천식해타(喘息咳唾), 태백맥침(苔白脈沈) 등의 증후(證候)가 발생한다.

위 경우의 병근(病根)은 사주의 金寒과 火弱이다. 그러므로 질병(疾病)을 치료하려면 金의 한기(寒氣)를 제거하고 火氣를 보(補)하고 증진시켜 金火의 세력을 균형화해야 한다.

약물음양오행 구분도표에서 火의 영역에 있는 藥은 인체의 화기(火氣)를 증진시키고 心·小腸火를 補하고 한기(寒氣)를 제거(除去)하고 金氣를 규제(規制)한다. 木의 약은 한수(寒水)를 흡수하고 金氣를 설기(泄氣)시키며, 木生火하여 火氣를 상승시켜 인체음양오행을 정상화시키는데 협력한다. 이 火木영역의 약물들중 통양산결(通陽散結)의 효능이 있는 약물을 기본으로 하고 기타약물을 병정(病情)에 따라 배합하여 구성한 방제(方劑)로서 치료하면, 병증(病證)이 제거되고 장부음양오행(臟腑陰陽五行)이 균형적 생극관계를 형성하고 인체음양오행이 조화(調和)의 관계를 이루고 인체가 정상화 된다.

◎ 방제예

과루해백백주탕(瓜蔞薤白白酒湯)

9) 火旺 水弱의 四柱

사주에 火가 왕(旺)하여 水가 고갈(枯渴)된 형국(形局)이면 인체(人體)의 火가 왕(旺)해지고 水가 약(弱)해진다. 火장부가 실(實)해지고 水장부가 허(虛)해져 이들이 불균형적 상극관계를 형성한다. 火水장부가 불균형해지면 이와 균형적 생극관계에 있는 木土金장부도 영향을 받아 변화한다. 사주오행(火水)이 대운(大運)·세운(歲運)과 불화(不和)하면 인체가 비정상적이 된다.

이러한 경우에는 번갈소매(煩渴少寐), 요혈선홍(尿血鮮紅), 구설생창(口舌生瘡), 소변열적(小便熱赤), 설첨홍(舌尖紅), 맥홍삭(脈洪數) 등의 증후(證候)가 발생한다.

위 경우의 병근(病根)은 사주의 旺火와 弱水의 진극(戰剋)이다. 그러므로 질병(疾病)을 치료하려면 火氣를 설기(泄氣)시키거나 약화시키고 水氣를 강화시켜 이들의 전극(戰剋)을 막아야 한다.

金水의 藥은 火氣를 약화시키고 水氣를 증진시킨다. 이들중 金의 약은 火剋金하여 火氣를 설기(泄氣)시키고 金生水하여 水氣를 돕는다. 水의 약은 水剋火하여 火氣를 제한하고 水氣에 힘을 제공한다. 약물음양오행구분도표상의 金水영역의 약중 火氣를 가라앉히고 心을 淸케하고 음(陰)을 구(救)하고 水를 자보(滋補)하는 약물을 기본으로하고, 병정(病情)에 따라 기타약물을 배합하여 구성한 방제(方劑)로서 치료하면, 인체음양오행이 균형화되고 인체가 정상화된다.

◎ 방제예

도적산(導赤散)(+加)

10) 水弱〉火弱의 四柱

사주오행중 水와 火가 弱하고 水가 火보다 강하면 인체의 水火도 영향을 받아 水火장부가 불균형해지고 허(虛)해진다. 水火장부가 불균형해지고 허해지면 이와 生剋관계에 있는 木土金장부도 영향을 받아 변화한다. 사주오행(水火)이 대운·세운오행과 불화하면 火水장부에 질병이 出하고 인체가 비정상적이 된다.

이러한 경우에는 심계기단(心悸氣短), 설태담백(舌苔淡白), 사지궐냉(四肢厥冷), 심즉부종(甚則浮腫), 소변불리(小便不利), 맥침세(脈沈細) 등의 증후(證候)가 발생한다.

위 경우의 병근(病根)은 사주의 火弱, 水弱이다. 그러므로 질병을 치료하려면 火氣를 강화하고 水를 보(補)해야 한다. 火의 약은 火氣를 증진시키고 水氣를 제한한다. 水의 약은 火氣를 억제하고 水氣에 힘을 준다. 金의 약은 火氣를 설기(泄氣)시키고 水氣를 증대시킨다. 木의 약은 水氣를 흡수하고 生火하여 火氣를 증진시킨다. 그러므로 火水가 정상적으로 균형적 상극관계를 형성하게 하려면 火水木金영역의 약들이 필요하다.

이들약물 중 온양행수(溫陽行水)의 효능이 있는 약물을 기본으로 하고 병정(病情)에 따라 기타 약물을 첨가하며 방제(方劑)를 구성하여 치료하면 인체음양오행의 氣가 상승하고 균형적 생극관계를 형성하여 인체가 정상화 된다.

◎ 방제예

　　진무탕(眞武湯)

3. 사주토오행(四柱土五行)과 비위병증(脾胃病證)의 치법(治法) 1

1) 弱土 사주

사주오행중 土가 弱한 형국이면 약토(弱土)가 인체오행을 지원해주지 못해 인체에 土氣가 부족(不足)해져 土장부인 비위(脾胃)가 허(虛)하게 된다. 비위토(脾胃土)가 허(虛)하면 이와 생극(生剋)관계로 연결된 木火金水장부도 영향을 받아 변화한다. 사주오행이 대운세운오행과 부조화하면 土장부에 질병이 出하고 인체가 비정상적이 된다.

이러한 경우에는 완복창만(脘腹脹滿), 식소납태(食少納呆), 사지권태(四肢倦怠), 대변당설(大便溏泄), 소기란언(小氣懶言), 면황기수(面黃肌瘦), 중기하함(中氣下陷), 완복중추(脘腹重墜), 기단핍력(氣短乏力), 어음저겁(語音低怯), 시시자한(時時自汗), 변음빈삭(便音頻數), 자궁탈수(子宮脫垂), 구사탈항(久瀉脫肛), 설담태박(舌淡苔薄), 맥침완약(脈沈緩弱) 등의 증후(證候)가 발생한다.

위 경우의 병근(病根)은 사주오행중 土弱이다. 병근이 사주의 土弱이므로 질병을 치료하려면 土를 보(補)하여 토기(土氣)를 증진시켜야 한다. 약물음양오행 구분도표상으로 土영역의 약(戊己辰戌丑未)은 土氣를 증진시킬 뿐만아니라 인체전체의 氣를 상승시킨다. 土火영역에 있는 약물중 건비익기(健脾益氣), 보중승제(補中升提)의 효능(效能)이 있는 약물을 기본으로하고 병정(病情)에 따라 기타약물을 배합하여 구성한 방제(方劑)로 치료하면 인체가 보다 빨리 정상화 된다.

◎ 방제예

　　보중익기탕(補中益氣湯)

　　향사육군자탕(香砂六君子湯)

2) 土多 金의 四柱

사주오행중에서 土가 多하고 金이 가까이에 있으면 인체오행중 金이 土에 묻혀 土金장부의 상생관계가 불균형적이 된다. 金土장부가 불균형적이 되면 이와 생극(生剋)관계에 있는 木火水장부도 영향을 받아 변화한다. 사주오행(土金)이 대운세운오행과 불화(不和)하면 土金장부에 질병이 出하고 인체가 비정상적이 된다.〈금폐·대장(金肺·大腸)은 土氣에 묻혀 기능이 활성화되지 못하고 脾胃土는 土氣로부터 生을 받아 지나치게 실(實)해진다.〉

이러한 경우에는 주로 위납불가(胃納不佳), 흉민기단(胸悶氣短), 복창장명(腹脹腸鳴), 태백이니(苔白而膩), 해토담연(咳吐痰涎), 맥활유력(脈滑有力) 등의 증후(證候)가 出한다.

위 경우의 병근(病根)은 사주의 旺土와 金의 세력 불균형이다. 그러므로 질병을 치료하려면 土를 설기(泄氣)시키거나 제한하고 金氣를 상승시켜 土金의 세력을 균형화시켜야 한다.

土金이 균형적 상생관계를 형성하면 이들과 생극(生剋)관계를 이루고 있는 火水木오행도 정상화된다.

金의 약은 土生金하여 土의 氣를 설기시키고 金氣를 증진시킨다. 木의 약은 土氣를 소토(疏土)시켜 약화시키며 金의 剋을 받는다.

이 金木영역의 약물들중 사폐척담(瀉肺滌痰)의 효능이 있는 藥物을 기본으로 하고 병정(病情)에 따라 기타약물을 배합하여 구성한 方劑로서 치료하면, 인체의 土와 金이 균형적 상생관계를 형성하여 병증(病證)이 제거되고 인체음양오행의 세력이 조화의 관계를 이루어 인체가 정상화된다.

◯ 방제예

　　삼자양친탕(三子養親湯)

3) 弱土 弱金의 四柱

사주에 약토(弱土)가 허(虛)한 金의 가까이에 있으면, 弱土와 金이 인체의 土金에 영향을 주어 비위토(脾胃土)가 허(虛)해지고 폐대장금(肺大腸金)의 기능이 약해진다. 사주의 弱土와 虛金의 세력불균형으로 인해 土金장부의 세력이 불균형해지면 이와 생극(生剋)관계에 있는 木火水장부도 영향을 받아 변화한다. 사주오행(土金)이 대운세운오행과 불화(不和)하면 土金장부에 질병이 出하고 인체기능이 비정상적이 된다.

이러한 경우에는 주로 폐담증(肺痰證), 건해무담(乾咳無痰), 식소변당(食少便溏), 형체소수(形體消瘦), 설홍소진(舌紅少津), 피모고고(皮毛枯槁), 맥삭무력(脈數無力) 등의 증후(證候)가 발생한다.

위 경우 병근은 사주의 토약(土弱)과 금허(金虛)이다. 병근이 土弱과 金虛이므로 질병(疾病)을 치료하려면 土氣를 증진시키고 金을 生해주어야 한다.

土金의 약은 土氣를 강화하고 金氣를 증진시킨다.

土의 약은 弱土를 강토(强土)로 만들고 生金하여 金을 補해준다. 약물음양오행 구분 도표상에서 土金의 영역에 있는 약물중 비위토(脾胃土)를 보(補)하고 금폐대장(金肺大腸)을 生해주는 약을 기본(基本)으로 하고 병정(病情)에 따라 개별약물을 배합하여 구성한 방제(方劑)로서 치료하면, 제증(諸症)이 제거되고 인체음양오행이 균형적이 되며 인체가 정상화된다.

◎ 방제예

삼령백출산(三苓白朮散)

4) 土多 火의 四柱

사주오행중 土多이고 火가 土의 가까이에 있으면, 인체음양오행중 土가 實해지고 火가 虛해져 火와 土의 세력 균형관계가 불균형적이 된다. 土氣는 脾胃土를 실(實)하게 한다. 火氣는 土氣에 흡수되어 火장부의 기능을 증진시키지 못한다. 사주의 土多火로 인해 火土장부의 세력이 불균형화되면 이와 생극관계에 있는 金水木장부도 영향을 받아 변화한다. 사주오행(四柱五行)(土火)이 대운세운오행과 부조화하면 土火장부에 질병이 出하고 인체음양오행이 비정상적이 된다.

이러한 경우에는 완민복창(脘悶腹脹), 계이발열(繼而發熱), 설태백활전황(舌苔白滑轉黃), 갈불다음(渴不多飮), 대변불상(大便不爽), 소변단적(小便短赤), 맥완변유삭(脈緩變濡數) 등의 증후(證候)가 발생한다.

위 경우의 병근(病根)은 사주의 土多와 火弱이다. 병근이 사주의 土多와 火弱이므로 질병을 치료하려면 土를 설기(泄氣)시키거나 약화시키고, 火氣를 증진시키거나 보(補)하여 火土세력을 정상화시켜야 한다.

약물음양오행 구분도표중에서 木영역의 약은 木剋土하여 土의 기세를 약화시키고 水氣를 흡수하고, 木生火로 火氣를 증진시킨다.

火의 약은 火의 기세를 증진시키나, 生土하여 土氣를 강화한다. 金의 약은 土氣를 약화시키나, 火의 剋을 받는다. 이와같은 약물들은 土火의 세력을 균형화시키는데 일장일단(一長一短)을 가지게 된다. 그러므로 인체음양오행을 균형화(均衡化)시키려면 복잡다양한 약물을 써야 한다. 이 경우에는 木火金의 영역 약물과 인체음양오행의 관계를 보고, 장부(臟腑)의 음양오행(陰陽五行) 병증(病證)의 음양오행을 고려하여 그에 맞는 약물을 골라 방제(方劑)를 구성한다.

특히, 土五行은 그 위치가 중앙(中央)이어서 土에 병(病)이 생기면 木火土金水의 영역에 있는 약물을 조금씩 필요로 한다. 土에 관한 약은 戊己辰戌丑未영역에 있다. 이 약물들은 각기 陰陽이 다르고 특성이 다양하고 복합적인 효능이 있다. 대개 土가 병(病)이되면 土의 陰陽과 수습(水濕)을 조절하는데 중점을 두고 치료한다. 왜냐하면 비위토(脾胃土)는 장부(臟腑)중 중앙에 위치하여 인체음양의 후천적(後天的) 근원이 되어주기때문이다.

◎ 방제예

황금활석탕(黃芩滑石湯)

5) 土弱 火弱의 四柱

사주의 음양오행이 土火弱이면 土火가 인체의 土火를 지원해주지 못해 土火장부가허(虛)하게 되고 이와 생극(生剋)관계에 있는 金水木장부도 영향을 받아 변화한다. 사주오행(土火)이 대운·세운오행과 불화(不和)하면 土火장부에 질병이 出하고 인체가비정상적이 된다.

이러한 경우에는 주로 복창장명(腹脹腸鳴), 소통은복(少痛隱腹), 대변당설(大便溏泄), 희안희온(喜按喜溫), 소변불리(小便不利), 설태담백(舌苔淡白), 맥침지(脈沈遲)등의 증후가 발생한다.

위 경우의 병근(病根)은 사주상의 土火의 弱이다. 사주상의 土火弱이 병근이므로 질병을 치료하려면 土火를 보(補)하여 그 기세를 증진시켜야 한다. 火土의 약은 土를 생(生)해주고 火氣를 강화시켜 준다. 火의 약은 小腸火와 心火를 보(補)할 뿐만아니라 生土하여 脾胃土를 따뜻하게 한다. 土의 약은 보기익비(補氣益脾)한다.

약물음양오행 구분도표상으로 火土영역에 있는 약물중 火土장부를 補해주는 약물을기본으로 하고 병정(病情)에 따라 개별약물을 배합하여 구성한 방제(方劑)로서 치료하면, 병증이 제거되고 장부음양오행이 균형적 생극관계를 형성하고 인체음양오행이 조화(調和)의 관계를 이루어 인체가 정상적이 된다.

◎ 방제예

　　이중탕(理中湯)〔+가(加)〕

6) 旺土 剋水의 四柱

사주에 왕토(旺土)가 水를 극(剋)하여 이기는 등 토수(土水)가 불균형하면, 인체의 土水五行도 영향을 받아 土水장부의 세력에 변화가 일어난다. 사주오행(四柱五行)과 대운(大運)·세운(歲運)오행이 불화하면 土水장부의 상극(相剋)관계가 지나치게 불균형해진다. 土水장부의 세력이 불균형해지면 이와 생극(生剋)관계에 있는 木火金장부도 영향을 받아 인체가 비정상적이 된다.

　이러한 경우에는 주로 중완비민(中脘痞悶), 소복창만(少腹脹滿), 갈불음식(渴不飲食), 소변단적(小便短赤), 맥유삭(脈濡數) 등의 증후(證候)가 발생한다.

　위 증후들은 四柱상의 왕토(旺土)가 水를 극(剋)하여 이길때 인체에 발생하는 것들이다. 그러므로 질병을 치료하려면 개별증상들보다 사주음양오행에 기초를 두고 치료약물을 선택해야 한다. 사주음양오행이 불균형하면 인체음양오행이 불균형해져 질병이 발생하기 때문이다. 인체음양오행의 균형이 파괴되면 질병(疾病)이 발생하고 인체음양오행이 균형화하면 건강이 유지된다.

◎ 방제예

　　황금활석탕(黃芩滑石湯)

　인체음양오행의 균형화와 무관(無關)한 것에 중점을 두며 개별병증만을 치료하려 하지 마라. 인체음양오행을 무시하고 개별약물로 설령 병증을 치료하였다해도 병근(病根)은 남아있게 된다. 인체음양오행의 균형(均衡)과 상반(相反)하는 약물을 쓰면 병증을 일시적으로 제거했다해도 병근은 뽑지를 못한다. 인체음양오행을 정상화시키는데 중점을 두고 약(藥)을 쓰면 병증(病證)과 차이있는 약물로도 병증을 제거하고 인체를 정상화시킬 수 있다.

인체가 차가운 자에게 따뜻한 성질을 지닌 약을 사용하면 인체의 陰陽이 균형화되어 인체가 강건(强健)해진다. 인체가 강건해지면 자연히 병증(病證)이 제거된다. 너무 지엽적인 것에 중점을 두며 치료약물을 선택하여 사용하지 말아야 한다. 그런데 대부분의 사람들은 인체음양오행을 무시(無視)하고 있다. 人體陰陽五行을 고려(考慮)하려 한다해도 개개인의 인체음양오행구조를 제대로 알지 못해 개개인에게 적절한 약을 쓰지 못하는 경우가 많다. 설령, 사상(四象)·팔상(八象) 의학이론(醫學理論)에 기초를 두고 개인의 체질(體質)에 맞는 약을 쓰려한다해도 사상·팔상의학이론이 체질구분의 초보적 과정에 불과하여서(수많은 허점을 드러내고 있다.) 인체음양오행과 무관한 약을 쓰게 되기가 일쑤이다.

사주음양오행(四柱陰陽五行)에 기초를 두면 개개인의 체질이나 人體의 陰陽五行의 상태를 정확히 알아낼 수 있다. 그러므로 그에 대한 약물도(약물음양오행구분도표를 토대로 한다.) 정확히 찾아낼 수 있다.

앞에서도 말했듯이 四柱陰陽五行은 인체음양오행을 형성케 하는 근원적 힘이다. 그 때문에 우리는 사주음양오행구조를 기초로 하고 인체음양오행구조를 살피고 체질(體質)을 알아 그에 맞는 藥物을 찾아내 치료해야 한다.

사주음양오행은 인체음양오행에 영향을 주며 인체의 질병과 건강에 관여하고 있다. 사주음양오행이 불균형적이면 장부음양오행도 불균형적 상생상극 관계를 형성하여 인체에 질병이 出한다. 사주음양오행이 균형적 생극(生剋)관계를 형성하고 조화(調和)로우면 인체음양오행도 조화하여 인체가 건강을 득(得)한다. 그러므로 위에 나열된 증후(證候)들은 사주음양오행구조의 불균형, 이로인한 장부음양오행의 불균형, 인체음양오행의 불균형으로 발생되는 산물(産物)이라 할 수 있는 것이다.

이렇듯이 질병(疾病)의 근(根)은 사주음양오행구조의 불균형적 생극(生剋)관계이다. 그럼에도 이를 모르고 대부분의 의자(醫者)들은 개별적 증후(證候)를 보고 이에 대한 치료약물을 찾으려 한다. 원인(原因)은 각기 다른데 병증(病證)만을 보고 이를 치료하려하는 땜질식 처방(處方)을 하려하고 있다.

복잡다양한 원인에 의해 증후(證候)들은 발생하고 있다. 그러므로 의자(醫者)들은 대개 질병의 원인이 무엇인지를 찾으려한다. 그러다 나중에는 혼란에 빠져 증후(證候)에 기준을 두고 치료약물을 선택해 버린다. 즉, 질병(疾病)의 뿌리를 뽑는 것은 뒤로하고 병증치료에 급급한다. 하지만, 우리는 질병(疾病)의 원인(原因)이 인체음양오행의 불균형, 인체음양오행 불균형의 원인이 사주음양오행의 불화(不和) 또는 불균형임을 알고 있기 때문에, 쉽게 병근(病根)을 뽑고 병증(病證)을 제거하고 인체를 정상화시킬 수 있다.

다시 말하지만 이 사주음양오행구조(四柱陰陽五行構造)는 인체음양오행을 균형(均衡), 불균형(不均衡)케 하는 근원적 힘을 제공한다. 사주음양오행구조는 우주(宇宙), 태양(太陽), 달(月), 오행성(五行星), 지구(地球) 등에 의해 형성되는 거대한 힘을 지닌 음양오행의 氣이다. 이 陰陽五行의 氣는 시시각각으로 변화하여 인간에게 크고 작은 영향을 준다. 즉, 인체음양오행에 근원적 힘을 제공한다. 그러므로 사주음양오행 구조를 기초로 하면 인체음양오행 구조를 알아낼 수 있다. 여기에 예를 든 것들은 독자들로 하여금 보다 쉽게 이해하도록 하기 위한 설명일 뿐이다. 그 수많은 의미가 들어있는 것들을 어찌 문자(文字)로서 표현하여 숨은 뜻을 전부 나타낼 수 있겠는가? 이점을 고려하여 독자들은 무궁무진(無窮無盡)하게 숨어있는 의미들을 찾아내라. 거듭 말하지만 본서에서 예를 든 약물(藥物), 병증(病證), 방제(方劑)들은 이론(理論)을 설명하기 위한 것들이다. 이러한 개별적인 설명에 국한(局限)하여 생각하지 말고 본서를 통해 이론적 토대를 형성하였으면 개개인들은 자신들이 가진 무한한 상상력(想像力)을 동원하여 숨은 이치(理致)를 스스로 알아내 활용해야 할 것이다.

인간의 상상력(想像力)은 무한(無限)하다. 우리는 이 작은 공간(空間)에서 시작하여 상상(想像)의 힘으로 미지(未知)의 무한(無限)의 세계(世界)로 향(向) 할 수 있다. 크고도 드넓은 세계에서 일어나는 수많은 것들을 상상의 힘으로 인식(認識)할 수 있다. 이 무한한 힘을 가진 상상력을 이용하여 무한한 의미(意味)가 숨어있는 음양오행세계(陰陽五行世界)에 다가가라. 그러면 양자(兩者)가 합(合)하여져 더 높고도 드넓은 것들을 인식할 수 있고 이들을 활용(活用)할 수 있을 것이다.

7) 土弱, 水의 四柱

사주에 土가 水를 견제하지 못할 만큼 약(弱)하면 인체의 土와 水도 영향을 받아 이와 유사해진다. 사주오행과 대운세운 오행이 부조화(不調和)한 경우에는 비위토(脾胃土)와 신방광수(腎膀胱水)가 더욱 불균형적 상극(相剋) 관계를 형성한다. 土水장부가 불균형해지면 이와 생극(生剋)관계에 있는 火金木장부도 영향을 받아 인체가 비정상적이 된다.

이러한 경우에는 주로 완민복창(脘悶腹脹), 면색위황(面色萎黃), 식소변당(食少便溏), 수종(水腫), 하지궐냉(下肢厥冷), 설담태활(舌淡苔滑), 정신권태(精神倦怠), 소변단소(小便短小), 맥침이완(脈沈而緩) 등의 증후(證候)가 발생한다.

위 경우의 병근(病根)은 사주의 弱土와 水의 상극관계 불균형이다. 병근이 사주의 弱土 와 水의 세력 불균형이므로 질병을 치료하려면 土를 생부(生扶)하고 수기(水氣)를 설기(泄氣)시키며 土와 水의 생극(生剋)관계를 균형화시켜야 한다.

火의 약은 火生土하여 土氣를 증진시키고 水剋火하며 水氣를 약화시킨다. 土의 약은 동류오행인 土氣를 강화하고 土剋水하여 水氣를 약화시킨다. 이들 火土의 약은 土水세력을 균형화시키는데 협력한다. 火의 약은 비위토(脾胃土)에 온기(溫氣)를 주고 습(濕)을 제거하고 火生土하여 土氣를 증진시킨다. 土의 약은 土剋水로 제수(制水)하여 신방광수(腎膀胱水)의 기능을 정상화시킨다. 火土의 약중 건비이수(健脾利水)의 효능이 있는 약물을 기본으로 하고 병정(病情)에 따라 기타 약물을 배합하여 구성한 방제(方劑)로서 치료하면, 장부음양오행세력이 균형적 생극관계를 형성하여 제증(諸症)이 제거되고 인체가 정상화된다.

◯ 방제예

향사육군자탕(香砂六君子湯)(+α)

8) 盛土, 木의 四柱

사주에 土가 성(盛)하여 木을 역극(逆剋)하고 사주오행이 대운(大運)·세운(歲運)오행과 부조화(不調和)하면 인체의 土가 木을 역극(逆剋)하여 비위토(脾胃土)와 간담목(肝膽木)이 불균형적 상극관계를 형성한다. 土木장부가 불균형해지면 이들과 균형적 생극(生剋)관계에 있는 水金火장부도 영향을 받아 인체가 비정상적이 된다.

이러한 경우에는 주로 신황(身黃), 목황(目黃), 황달(黃疸), 소변황(小便黃), 협통거안(脇痛拒按), 태황니(苔黃膩), 한열왕래(寒熱往來), 구고구오(口苦嘔惡), 맥현삭(脈弦數) 등의 증후가 발생한다.

위 경우의 병근(病根)은 사주의 왕토(旺土)와 木의 세력불균형이다. 사주의 旺土와 木의 세력 불균형이 병근이므로 질병을 치료하려면 土를 설기(泄氣)시키고 木을 생부(生扶)해주어 土木의 세력을 균형화시켜야 한다.

木의 약은 木氣에 힘을 주고 土를 극(剋)하여 제한하고 土에 있는 水氣를 흡수한다. 水의 약은 土氣를 설기(泄氣)시키고 木을 生해주고 수습(水濕)을 조절한다. 水木의 약 중 청리간담습열(淸利肝膽濕熱)의 효능이 있는 약물을 기초로 하고 개별병증에 대응할 만한 기타약물을 배합하여 구성한 방제(方劑)로서 치료하면, 제증(諸症)이 제거되고 장부음양오행이 균형적 생극(生剋)관계를 형성하고 인체가 정상화된다.

🌐 방제예

용담사간탕(龍膽瀉肝湯)

9) 弱土 强木의 四柱

사주에 土가 약(弱)하고 木이 강(强)하면 인체의 木土도 영향을 받아 土장부의 기능이 小해지고 木장부의 기능이 大하여진다.(脾胃土虛 肝膽木實)

사주음양오행이 대운세운오행과 불화(不和)하면 인체오행인 木이 土를 剋하여 억눌러 肝膽木과 脾胃土가 불균형적 상극관계를 형성한다..

木土장부가 불균형해지면 이들과 생극(生剋)관계에 있는 火金水장부도 영향을 받아 인체가 비정상적이 된다.

이러한 경우에는 주로 장명복통(腸鳴腹痛), 통사증(痛瀉證), 통즉필사(痛則必瀉), 흉협비민(胸脇痞悶), 설태박백(舌苔薄白), 애기식소(噯氣食少) 등의 증후(證候)가 발생한다.

위 경우의 병근(病根)은 사주에 있는 강목(强木)과 약토(弱土)의 상극관계 불균형이다. 병근이 사주의 强木과 土의 세력불균형이므로 질병을 치료하려면 木을 설기(泄氣)시키고 土를 生扶해주어 木土세력을 균형화·정상화시켜야 한다. 火의 약은 木生火하여 木을 설기(泄氣)시키고 土를 生해주어 土氣를 증진시킨다. 土의 약은 木의 세력을 약화시키며 土氣를 강화한다.

약물음양오행 구분도표상으로 火土영역의 약물중 보비억간(補脾抑肝)의 효능이 있는 약물을 기본(基本)으로 하고 병정(病情)에 따라 기타약물을 배합하여 구성한 방제(方劑)로서 치료하면, 장부음양오행(臟腑陰陽五行)이 조절되고 병증(病證)이 제거되어 인체가 정상화 한다.

◐ 방제예

통사요방(痛瀉要方)

4. 사주금오행(四柱金五行)과 폐·대장병증(肺·大腸病證)의 치법(治法) 1

1) 弱金의 四柱

사주에 金의 뿌리가 없어 金氣가 약하면 인체의 金氣도 약해진다. 인체의 金氣가 약해지면 금폐대장(金肺大腸)의 기능이 허(虛)해진다. 金肺·大腸이 虛해지면 이와 생극관계에 있는 水木火장부도 영향을 받아 변화한다. 四柱五行과 대운(大運)·세운(歲運)오행이 전극(戰剋)하면 金장부에 질병이 발생하고 인체가 비정상적이 된다.

이러한 경우에는 주로 담다이희(痰多而稀), 천해기단(喘咳氣短), 설담태백(舌淡苔白), 소기라언(小氣懶言), 겁냉자한(怯冷自汗), 면색창백(面色蒼白), 맥허무력(脈虛無力) 등의 증후(證候)가 발생한다.

위 경우의 병근(病根)은 사주의 금약(金弱)이다. 사주상으로 金氣의 弱이 병근이므로 질병을 치료하려면 金을 생부(生扶)하여 金氣를 확대시켜야 한다. 허(虛)하면 보(補)해야 한다. 土金의 약은 金의 虛를 補하여 인체의 정기(精氣)를 증진시킨다. 약물음양오행 구분도표중 子午선 좌측영역의 약물들이 보익약(補益藥)이므로 이 영역의 약을 써야 한다. 이 약물들중 土金장부를 보(補)하는 (肺金氣를 補하는) 약을 기초로하고 개별병증에 맞는 약을 배합하여 방제(方劑)를 구성하여 치료하면, 제증(諸症)이 제거되고 장부음양오행이 균형화되고 인체가 건강해진다.

◎ 방제예

　　　보원탕(保元湯)

2) 陰金〈陽金의 四柱

사주에 음금(陰金)보다 양금(陽金)이 많으면 인체의 金도 영향을 받아 변화한다.(金肺・大腸의 陰氣가 不足해진다.) 사주오행과 대운세운오행이 불화(不和)하면 인체음양오행이 비정상적이 되어 인체에 질병이 出한다.

이러한 경우에는 주로 해수무담(咳嗽無痰), 비조후건(鼻燥喉乾), 설건무고(舌乾無苦), 성음시(聲音嘶), 맥세이삭(脈細而數) 등의 증후(證候)가 발생한다.

위 경우의 병근(病根)은 사주에 있는 金중의 음양불균형이다. 병근이 사주중 金오행의 음양 불균형이므로 질병을 치료하려면 金의 음양을 균형화시키면 된다.

약물음양오행 구분도표에서 음성(陰性)을 띤 약중 金의 음(陰)을 보(補)하는 약물을 쓰면 인체가 정상화 된다. 金을 補하는 약물중 자음윤폐(滋陰潤肺)의 효능이 있는 약물을 기초로 하고 개별병증에 따라 기타약물을 배합하여 구성한 방제(方劑)로서 치료하면 제증(諸症)이 사라지고 장부음양오행이 균형화되고 인체가 건강해진다.

⚪ 방제예

　백합고금탕(百合固金湯)

3) 金多와 水의 四柱

　사주에 金이 多하여 金과 水의 세력관계가 균형을 잃으면 인체의 金水도 영향을 받아 변화한다. 사주오행과 대운·세운(大運·歲運)오행이 불화(不和)하면 폐대장금(肺大腸金)과 신방광수(腎膀胱水)의 세력이 불균형적이 된다. 金水장부의 세력이 불균형해지면 이와 생극(生剋)관계에 있는 土木火장부도 영향을 받아 인체가 비정상적이 된다.

　이러한 경우에는 주로 면목부종(面目浮腫), 발열오풍(發熱惡風), 지절산통(肢節酸痛), 한출구갈(汗出口渴), 소변불리(小便不利), 시시천해(時時喘咳), 맥부삭(脈浮數) 등의 증후가 발생한다.

　위 경우의 병근(病根)은 사주상으로 金多이고 金과 水의 세력 불균형이다. 병근이 金多이고 金水세력 불균형이므로 질병을 치료하려면 金을 설기시켜 金水의 세력을 균형화시켜야 한다.

　水의 약은 水氣를 증대시켜 金水의 세력을 균형화시킨다. 水의 약중 발한이뇨(發汗利尿), 선폐설열(宣肺泄熱), 청해울열(淸解鬱熱)의 효능이 있는 약물을 기본으로 하고 병정(病情)에 따라 기타약물을 배합하여 구성한 방제로서 치료하면, 제증(諸症)이 사라지고 장부음양오행(臟腑陰陽五行)이 균형화되고 인체가 정상화 된다.

⚪ 방제예

　복령도수탕(茯苓導水湯)
　월비탕(越婢湯)

4) 金弱 水弱의 四柱

사주에 金과 水가 약(弱)하면 인체의 金水五行도 영향을 받아 금폐대장(金肺大腸)과 수신방광(水腎膀胱)이 허(虛)해진다. 金水장부가 허해지면 이와 생극(生剋)관계에 있는 木火土장부도 영향을 받아 변화한다. 사주오행이 대운세운오행과 전극(戰剋)하는 경우에는 장부(臟腑)에 질병이 出하고 인체가 비정상적이 된다.

이 경우에는 주로 후중건조(喉中乾燥), 건해객혈(乾咳咯血), 도한유정(盜汗遺精), 성음시오(聲音嘶嗚), 요산퇴연(腰酸腿軟), 설홍소진(舌紅少津), 골증조열(骨蒸潮熱), 맥세삭(脈細數) 등의 증후(證候)가 발생한다.

위 경우의 병근(病根)은 사주상으로 金水의 弱으로 인한 金水장부의 허(虛)이다. 병근이 사주상 金水의 弱이므로 질병을 치료하려면 보(補)하여 金水기세를 증진시켜야 한다.

보(補)의 약은 약물음양오행 구분도표의 子午선 좌측에 있다. 그러므로 子午선 좌측 영역에 있는 약물중 金水의 기세를 강화시켜주는 藥을 선택해야 한다.

위 경우에는 金水의 기세를 강화시키는 약 중 보폐음금자신수(補肺陰金滋腎水)의 효능이 있는 약물을 기본으로 하고 병정(病情)에 따라 기타약물을 배합하여 구성한 방제(方劑)로서 치료한다. 그러면 병증(病證)이 제거되고 인체음양오행이 균형화되고 인체가 정상적이 된다.

◯ 방제예

사음전(四陰煎)

5) 金多 · 土의 四柱

사주에 金이 多하여 土와 불균형적 상생(相生)관계를 형성하고 있으면 인체의 金과 土도 영향을 받아 변화한다. 사주오행과 대운세운오행이 부조화(不調和)하면 金肺大腸과 土脾胃의 세력이 더욱 불균형적이 된다. 土金장부가 불균형적 상생관계를 형성하면 이와 생극관계에 있는 火水木장부도 영향을 받아 인체가 비정상적이 된다.

이 경우에는 주로 외감효천(外感哮喘), 해수기급(咳嗽氣急), 흉민인한(胸悶咽寒), 담명유성(痰鳴有聲), 호흡불리(呼吸不利), 농조점체(濃稠粘滯), 해토심다(咳吐甚多), 맥부긴(脈浮緊) 등의 증후(證候)가 발생한다.

위 경우의 병근(病根)은 사주상의 金多로 인한 金土五行의 세력불균형이다. 병근이 사주의 金多로 인한 金土의 세력 불균형이므로 질병을 치료하려면 金을 설기(泄氣)시켜서 金土의 相生관계를 균형화시켜야 한다.

土의 약은 金을 설기(泄氣)시키고 토기(土氣)를 강화한다.

위 경우에는 토(戊己辰戌丑未)의 영역에 있는 약물중 사폐축담(瀉肺逐痰), 지해평천(止咳平喘), 선산외사(宣散外邪)의 효능이 있는 약물을 기본으로 하고 병정(病情)에 따라 기타약물을 배합하여 구성한 방제(方劑)로서 치료한다. 그러면 제증(諸症)이 제거되고 인체가 정상화 된다.

🅐 방제예

삼요탕(三拗湯)(+α)
정력대조사폐탕(葶藶大棗瀉肺湯)

6) 金弱 · 土弱의 四柱

사주에 金과 土가 약(弱)하면 인체(人體)의 金土도 영향을 받아 金肺大腸과 土脾胃가 허(虛)해진다. 金土장부가 허(虛)해지면 이와 생극(生剋)관계에 있는 水木火장부도 영향을 받아 변화한다.

사주오행(四柱五行)(金土)이 대운세운오행과 전극(戰剋)하는 경우에는 金土장부(臟

腑)에 질병(疾病)이 出하고 인체가 비정상적이 된다.

이러한 경우에는 주로 주석오한(酒淅惡寒), 우울초췌(憂鬱憔悴), 외감사기가중(外感邪氣加重), 단기자한(短氣自汗), 사지불수(四肢不收), 신체산중동통(身體酸重疼痛), 면색담백(面色淡白), 구고설건(口苦舌乾), 설담태백(舌淡苔白), 음식무미(飮食無味), 맥대무력(脈大無力) 등의 증후(證候)가 발생한다.

위 경우의 병근(病根)은 사주상으로 金土의 약(弱)이다. 병근이 사주의 金土弱이므로 질병을 치료하려면 金土를 보(補)해야 한다. 보(補)의 약은 약물음양오행 구분도표에서 子午선 좌측에 있다. 그러므로 金土를 補하려면 子午선 좌측에서 金土의 약을 찾아야 한다.(金土영역에 있는 약물도 고려한다.) 보(補)의 약중 금폐대장(金肺大腸)과 토비위(土脾胃)의 기(氣)를 증진시키는 약을 기본으로 하고 병정(病情)에 따라 기타약물을 배합하여 구성한 방제로서 치료하면 제증(諸症)이 제거되고 인체음양오행(人體陰陽五行)이 균형화(均衡化)되고 인체가 정상화(正常化) 된다.

◎ 방제예

승양익위탕(升陽益胃湯)

7) 强金 剋木의 四柱

사주에 강금(强金)이 지나치게 木을 극(剋)하여 이기고 있으면 인체의 金水도 영향을 받아 폐대장금(肺大腸金)과 간담목(肝膽木)이 불균형적 상극관계를 형성한다. 金木장부가 불균형해지면 이와 생극(生剋)관계에 있는 火土水장부도 영향을 받아 변화한다.

사주오행(金木)이 대운세운(大運歲運)오행과 불화(不和)하면 金木장부에 질병(疾病)이 일어나고 인체가 비정상적이 된다.

이러한 경우에는 주로 감모해수(感冒咳嗽), 구고인건(口苦咽乾), 비색유체(鼻塞流涕), 두훈목현(頭暈目眩), 맥부대현삭(脈浮大弦數)등의 증후(證候)가 발생한다.

위 경우의 병근(病根)은 사주의 강금(强金)과 木의 불균형적 상극관계이다. 그러므로 질병을 치료하려면 强金을 설기(泄氣)시키고 금목상극(金木相剋)의 전투(戰鬪)를 막아야 한다. 水의 약은 金生水하여 强金의 기세를 약화시키고 金을 윤(潤)하게 한다. 이것은 木을 生해주고 木의 열기(熱氣)를 진압한다. 즉 水의 약은 金木세력을 균형화시켜 金木의 전투를 중재(仲裁)하고 화해(和解)시킨다. 약물음양오행 구분도표상에 있는 水 영역의 약중 선폐청간(宣肺淸肝), 산간풍(散肝風)의 효능(效能)이 있는 약물을 기본으로 하고 병정(病情)에 따라 기타약물을 배합하여 구성한 방제(方劑)로서 치료하면, 제증(諸症)이 제거되고 인체음양오행이 조절되며 인체가 정상화된다.

◯ 방제예

상국음(桑菊飮)

8) 强木과 金의 四柱

사주에 강목(强木)이 金을 역극(逆剋)하고 있으면 인체의 木과 金도 영향을 받아 간담목(肝膽木)과 폐대장금(肺大腸金)의 상극(相剋)관계가 불균형적이 된다.

木金장부가 불균형적이 되면 이와 生剋關係에 있는 火土水장부도 영향을 받아 변화한다. 사주오행(木金)이 대운·세운오행(大運歲運五行)과 불화(不和)하면 木金장부에 질병이 出하고 인체가 비정상적이 된다.

이러한 경우에는 주로 폐로(肺癆), 흉협동통(胸脇疼痛), 후통성시(喉痛聲嘶), 번조역노(煩躁易怒), 건해객혈(乾咳咯血), 태박황(苔薄黃), 맥현세(脈弦細) 등의 증후(證候)가 발생한다.

위 경우의 병근(病根)은 사주의 强木과 金이다. 즉 木金상극관계의 불균형(不均衡)이다. 병근이 金木세력간의 전투에 있으므로 질병(疾病)을 치료(治療)하려면 木과 金의 세력을 균형화하여 상호간의 전투(戰鬪)를 화해(和解)시켜야 한다.

火의 약은 木生火하여 木의 기세를 약화시키나, 火剋金하여 金氣를 약화시키므로 사용시 신중(愼重)을 기한다. 土(戊)의 약은 木剋土하여 木의 기세를 설기(泄氣)시키며 土生金하여 木金세력을 균형화(均衡化)시키는데 협력한다.

木과 金이 부딪히면 木에 불꽃이 일어나듯이 인체의 木과 金이 상극(相剋)하면 간담(肝膽)에 火가 일어난다. 이 火는 火剋金하여 金을 剋한다. 그러므로 인체에 木金전투가 발생하는 경우에는 불을 끌 水의 약을 필요로 한다. 水는 木을 生해주는 특성이 있다. 그러므로 水의 약은 木을 사(瀉)하는 힘을 가진 술토(戌土)근처에 있는 것으로 해야 한다.

술토(戌土)의 약은 生金하고 火를 흡수한다. 이 약은 强木의 氣를 약화시키고(木金충돌로 일어난) 火를 진압하고 〔사간양혈(瀉肝凉血)〕 金을 生해준다. 土의 영역에 있는 약물중 사간윤폐(瀉肝潤肺)의 효능이 있는 약물을 기본으로 하라. 그리고 병정(病情)에 따라 기타약물을 배합하여 구성한 방제(方劑)로서 치료하라. 그러면 병증(病證)이 제거되고 인체음양오행이 균형화되고 인체가 정상화 된다.

◯ 방제예

해혈방(咳血方)

9) 强金과 火의 四柱

사주에 强金이 火를 역극(逆剋)하고 있으면 인체의 金과 火도 영향을 받아 폐·대장금(肺·大腸金)과 심·소장화(心·小腸火)가 불균형적 상극관계를 형성한다. 金火장부의 세력이 불균형해지면 이와 생극(生剋)관계에 있는 水木土장부도 영향을 받아 변화한다. 사주오행(金火)이 대운·세운오행과 불화(不和)하면 金火장부에 질병(疾病)이 일어나고 인체가 비정상적이 된다.

이러한 경우에는 주로 해수유력(咳嗽有力), 뉵혈(衄血), 담조이다(痰稠而多), 설홍태황(舌紅苔黃), 맥활삭(脈滑數) 등의 증후(證候)가 발생한다.

위 경우의 병근(病根)은 사주상의 金多로 인한 金火상극관계의 불균형이다. 병근이 사주의 金火세력 불균형에 있으므로 질병(疾病)을 치료하려면 金을 설기(泄氣)시켜 金과 火의 상극관계를 균형화시켜야 한다.

木의 약은 金과 相剋하여 金의 기세를 약화시키고 火를 生하여 火氣를 증진시킨다. 金이 火를 역극(逆剋)하여 열(熱)이 발생하면 水의 약을 사용한다. 水의 약은 金을 청(清)케 하여 심화(心火)의 열(熱)을 없앤다. 이들 水木의 약은 金을 청(清)케 하고 火의 熱氣를 제압하며 金火의 상극관계를 균형화시킨다. 水木영역에 있는 약물중에서 폐대장금(肺大腸金)을 청(清)케 하고 청심양혈(清心凉血)의 효능이 있는 약물을 기본으로하고 병정(病情)에 따라 기타약물을 배합하여 구성한 방제(方劑)로서 치료하면 제증(諸證)이 제거되고 인체가 정상화된다.

◑ 방제예

사백산(瀉白散)

10) 强火 弱金의 四柱

사주에 火가 강(强)하고 金이 약(弱)하면 인체의 火와 金도 영향을 받아 심소장화(心小腸火)와 폐·대장금(肺大腸金)의 상극관계가 불균형적이 된다. 火와 金장부가 불균형적 상극관계를 형성하면 이와 생극(生剋)관계에 있는 土水木장부도 영향을 받아 변화한다. 사주오행(火金)과 대운·세운오행(大運歲運五行)이 불화(不和)하면 火金장부에 질병이 일어나고(出하고) 인체가 비정상적이 된다.

이러한 경우에는 주로 심화(心火)에 열(熱)이 생기고 폐금(肺金)이 조(燥)해져 심번불면(心煩不眠), 건해비건(乾咳鼻乾), 설홍소진(舌紅少津), 조열도한(潮熱盜汗), 대변조결(大便燥結), 맥세삭(脈細數) 등의 증후(證候)가 발생한다.

위 경우의 병근(病根)은 사주의 강화(强火)와 약금(弱金)이다. 병근이 火强金弱이므로 질병을 치료하려면 火를 설기(泄氣)시키고 金을 보(補)하여 金氣를 강화하며, 火와 金의 세력을 균형화시켜야 한다.

土의 약은 火生土하여 火氣를 흡수하고 土生金하여 金氣를 증진시킨다. 金의 약은 火剋金하여 火氣를 약화시키고 金의 기세를 강화한다. 水의 약은 火氣를 剋하여 억제시키고 金을 윤(潤)하게 한다. 土金水영역의 약중에서 청심윤폐퇴허열(淸心潤肺退虛熱)의 효능이 있는 약물을 기본으로하고 병정(病情)에 따라 기타약물을 배합하여 구성한 방제(方劑)로서 치료하면, 제증(諸證)이 제거되고 장부음양오행이 균형화하고 인체가 정상화된다.

◑ 방제예

청심연자음(淸心蓮子飮)

5. 사주수오행(四柱水五行)과 신·방광병증(腎·膀胱病證)의 치법(治法) 1

1) 弱水, 陰水 < 陽水의 사주

　사주에 水가 약(弱)한 중에 음수(陰水)가 양수(陽水)보다 약(弱)하면 인체의 수음양(水陰陽)도 영향을 받아 신·방광수(腎·膀胱水)의 음양(陰陽)이 부조화(不調和)한다. 水장부의 음양(陰陽)이 부조화하면 이와 균형적 생극관계에 있는 木火土金장부도 영향을 받아 변화한다. 사주음양오행(水)이 대운·세운음양오행과 불화(不和)하면 水장부에 질병이 出하고 인체가 비정상적이 된다.

　이러한 경우에는 주로 요통유정(腰痛遺精), 뇌전이명(腦轉耳鳴), 설홍소태(舌紅少苔) 등의 증후(證候)가 발생한다.

　위 경우의 병근(病根)은 사주의 수약(水弱)과 수(水)의 음양(陰陽) 부조화(不調和)이다. 병근이 사주의 弱水의 부조화이므로 질병을 치료하려면 水를 補하면 된다.

　보(補)하는 약은 약물음양오행 구분도표상으로 子午선 좌측에 있으므로 이들 약물을 쓰면 水의 음양이 조절된다. 보(補)의 약중에서 자음보신(滋陰補腎)의 약을 기본으로하고 병정(病情)에 따라 기타약물을 배합하여 구성한 방제(方劑)로 치료하면, 제증이 제거되고 인체 음양오행이 균형화(정상화) 되어 인체가 정상적이 된다.

　◯ 방제예

　　좌귀음(左歸飮)

2) 弱水, 陽水 < 陰水의 사주

　사주에 水가 약(弱)한 가운데 양수(陽水)가 음수(陰水)보다 약하면 인체의 水도 영향을 받아 신방광수(腎膀胱水)가 허(虛)해지고 水장부의 陰陽이 부조화(不調和)한다. 水장부가 虛하고 음양이 부조화하면 이와 생극관계(生剋關係)에 있는 木火土金장부도 영향을 받아 변화한다. 사주오행(水)이 대운·세운오행과 불화(不和)하는 경우에는 水장부에 질병이 出하고 인체가 비정상적이 된다.

이러한 경우에는 주로 형한궐냉(形寒厥冷), 면색담백(面色淡白), 양위조루(陽痿早漏), 요슬산연무력(腰膝酸軟無力), 소변빈삭(小便頻數), 맥침약(脈沈弱) 등의 증후(證候)가 발생한다.

위 경우의 병근(病根)은 사주의 수약(水弱) 특히 양수허(陽水虛)이다. 병근이 水弱陽水虛이므로 질병을 치료하려면 水를 보(補)해야 한다. 보(補)의 약은 약물음양오행 구분도표 子午선 좌측에 있다. 이들 약물중 水의 陽을 補하고 인체(命門)의 火를 온보(溫補)하는 약을 기본으로하고 병정(病情)에 따라 기타약물을 배합하여 구성한 방제(方劑)로서 치료하면, 병증이 제거되고 인체음양오행이 균형화되어 인체가 정상화된다.

◐ 방제예

우귀환(右歸丸)

3) 水多·木의 사주

사주에 水가 다(多)하고 木이 있으면 인체의 水木도 영향을 받는다. 水의 한기(寒氣)가 木의 뿌리를 얼려 신·방광수(腎·膀胱水)가 간담목(肝膽木)을 생(生)해주지 못한다. 즉 水木장부가 불균형적 상생관계를 형성한다. 水木장부세력이 불균형적이 되면 이와 생극(生剋)관계로 연결된 火土金장부도 영향을 받아 변화한다.

사주오행(특히 水木)이 대운·세운오행과 불화하는 경우에는 水木장부에 질병이 出하고 인체가 비정상적이 된다.

이러한 경우에는 소복통인음중(少腹痛引陰中), 수한가중(受寒加重), 사지불온(四肢不溫), 산가작통(疝瘕作痛), 득난즉감(得暖則減), 태백활(苔白滑), 요슬각냉(腰膝覺冷), 맥침지(脈沈遲) 등의 증후(證候)가 발생한다.

위 경우의 병근(病根)은 사주의 水多로 인한 水木生相관계의 불균형이다. 병근이 水木상생관계 불균형이므로 질병(疾病)을 치료(治療)하려면 水를 설기(泄氣)시키고 木을 생부(生扶)해 주어야 한다.

수다(水多)에 木이어서 木은 한지(寒地)에 뿌리내려야 하는 상황이다. 그러므로 水를 설기시키면서 木에 온기(溫氣)를 주어야 水木관계가 정상화된다.

火의 약은 한기(寒氣)를 제거해 木의 성장을 돕고 木의 약은 水氣를 흡수하여 설기시키고 木의 기세를 증진시킨다. 그러면서 이 火木의 약은 신방광수(腎膀胱水)와 간담목(肝膽木)의 세력을 균형화시킨다.

火木영역에 있는 약물중 온한난간(溫寒暖肝)의 효능이 있는 약물을 기본으로 하고 병정(病情)에 따라 기타약물을 배합하여 구성한 방제(方劑)로 치료하면, 제증(諸證)이 제거되고 인체음양오행이 균형화되고 인체가 정상화된다.

🌓 방제예

천태오약산(天台烏藥散)

4) 弱水 · 木의 사주

사주에 水가 木을 生해주지 못할 만큼 적으면 인체의 水木도 영향을 받아 신 · 방광수(腎膀胱水)와 간담목(肝膽木)의 상생관계가 불균형적이 된다. 水木장부가 불균형적이 되면 이와 생극관계에 있는 火土金장부도 영향을 받아 변화한다.

사주음양오행(水木)이 대운 · 세운오행과 불화(不和)하는 경우에는 水木장부에 질병이 일어나고 인체가 비정상적이 된다.

이러한 경우에는 주로 오심번열(五心煩熱), 도한유정(盜汗遺精), 두목현훈(頭目眩暈), 양관발적(兩觀發赤), 요산슬연(腰酸膝軟), 열기상충(熱氣上衝), 설홍소진(舌紅少津), 구고인건(口苦咽乾), 맥현삭(脈弦數) 등의 증후가 발생한다.

위 경우의 병근(病根)은 사주의 수소(水小)로 인한 水木상생관계의 불균형이다. 병근이 水小로인한 水木의 세력불균형이므로 질병을 치료하려면 水氣를 강화시켜 水木세력을 균형화시켜야 한다.

水의 약은 水를 補하고 자신수(滋腎水)한다. 이 약은 간담목(肝膽木)의 火를 제거하면서 木을 生해주기도 한다. 水영역의 약물중 보음(補陰), 자신수(滋腎水), 함목(涵木)의 효능이 있는 약물을 기본으로하고 병정(病情)에 따라 기타약물을 배합하여 구성한 방제로서 치료하면, 제증(諸症)이 제거되고 장부음양오행이 균형화하여 인체가 정상화된다.

◉ 방제예

　　육미지황환(六味地黃丸)

5) 强水와 金의 사주

사주에 강수(强水)와 金이 불균형적 상생관계에 있으면 인체의 水金도 영향을 받아 신·방광수(腎膀胱水)와 폐·대장금(肺大腸金)의 상생관계가 불균형적이 된다.(水는 金을 차갑게 하거나 가라앉히며 金의 기능을 약화시킨다.) 水金장부가 불균형적이 되면 이와 생극(生剋)관계에 있는 木火土장부도 영향을 받아 변화한다. 사주음양오행(특히 水金)이 대운·세운음양오행과 불화(不和)하는 경우에는 水金장부에 질병이 出하고 인체가 비정상적이 된다.

이러한 경우에는 주로 천해담다(喘咳痰多), 사지부종(四肢浮腫), 소변불리(小便不利), 태백니(苔白膩), 맥부활(脈浮滑) 등의 증후(證候)가 발생한다.

위 경우의 병근(病根)은 사주의 水多로 인한 水金상생관계의 불균형이다. 병근이 사주의 水多로 인한 水金세력의 불균형이므로 질병을 치료하려면 수(水)를 제한(制限)하면서 金을 생부(生扶)해야 한다.

土의 약은 水의 범람(氾濫)을 제한하며 金을 生해준다. 수다(水多)란 한다(寒多)와 상통한다. 그러므로 이 경우에는 火의 약을 필요로 한다. 火의 약은 水氣를 설기(泄氣)시키고 인체에 온기(溫氣)를 제공하여 金水相生관계를 균형화시킨다. 술토(戌土)와 火의 영역에 있는 약물중에서 해표이수(解表利水)의 효능이 있는 약물을 기본으로하고 金水세력을 균형화시키는 방향으로 약물을 구성하고, 인체음양오행을 고려하여 방제(方劑)를 구성하여 치료하면, 제증(諸證)이 제거되고 인체가 정상화된다.

◉ 방제예

　　소청룡탕(小靑龍湯)

6) 弱水와 金의 사주

사주에 水가 약(弱)하여 金이 조(燥)해지고 있으면, 인체의 水金도 영향을 받아 신방광수(腎膀胱水)가 허(虛)해지고 肺·大腸金이 조(燥)해진다. 즉 水金장부의 상생관계가 불균형해진다. 水金장부가 불균형적이 되면 이와 생극관계에 있는 木火土장부도 영향을 받아 변화한다. 사주음양오행(水金)과 대운·세운오행이 불화(不和)하면 水金장부에 질병이 일어나고 인체가 비정상적이 된다.

이러한 경우에는 주로 해수담혈(咳嗽痰血), 조열도한(潮熱盜汗), 설홍소태(舌紅少苔), 요슬무력(腰膝無力), 맥세삭무력(脈細數無力) 등의 증후가 발생한다.

위 경우의 병근(病根)은 사주의 水弱과 金燥이다. 병근이 사주의 水弱으로 인한 水金상생관계의 불균형이므로 질병을 치료하려면 水를 補하고 水氣를 증진시키고 金을 윤(潤)하게하며 水金상생관계를 정상화시켜야 한다.

水의 약은 水氣를 강화하여 金의 조(燥)를 제거하면서 水金의 세력을 균형화시키는데 협력한다. 水의 약중에서 자음윤폐(滋陰潤肺), 생진양혈(生津養血) 등의 효능이 있는 약을 기본으로하고 병정(病情)에 따라 기타약물을 배합하여 구성한 방제(方劑)로서 치료하면, 제증(諸症)이 제거되고 장부음양오행이 균형화되고 인체가 정상화된다.

⚪ 방제예

　　백합고금탕(百合固金湯)

7) 强水 剋火의 사주

사주에 강수(强水)가 火를 지나치게 극(剋)하고 있으면 인체의 水와 火도 영향을 받아 신·방광수(腎·膀胱水)와 심·소장화(心·小腸火)의 상극관계가 불균형적이 된다. 水火장부가 불균형적이 되면 이와 생극(生剋)관계에 있는 木土金장부도 영향을 받아 변화한다.

사주음양오행(水火)이 대운·세운오행과 불화(不和)하는 경우에는 水火장부에 질병이 出하고 인체가 비정상적이 된다.

이러한 경우에는 한기상역(寒氣上逆), 분돈기병(奔豚氣病), 〔소복심흉(少腹心胸)〕, 형한겁냉(形寒怯冷), 한후제하동계(汗後臍下動悸), 맥침긴(脈沈緊) 등의 증후(證候)가 발생한다.

위 경우의 병근(病根)은 사주의 强水와 火이다. 병근이 사주의 강수(强水)와 火의 상극 관계 불균형이므로 질병을 치료하려면 水를 설기(泄氣)시키고 火氣를 증진시켜야 한다.

木의 약은 水를 흡수하여 强水를 설기시키고 火를 生해주며 木氣를 강화하며, 水와 火의 전극(戰剋)을 화해시킨다. 火의 약은 水氣를 약화시키고 火氣를 증진시키며 인체에 온기(溫氣)를 제공한다. 이 火木영역의 약은 水와 火의 전투를 화해시킬 뿐만아니라 한기(寒氣)를 제거하고 온기를 넣어주며 장부음양오행을 균형화시키는데 핵심적 역할을 한다.

火木영역의 약중 조양거한(助陽祛寒)의 효능이 있는 약을 기본으로하고 병정(病情)에 따라 기타약물을 배합하여 구성한 방제(方劑)로서 치료하면, 제증(諸症)이 보다 빨리 제거될 것이다. 그뿐아니라 장부음양오행이 균형화되어 인체가 정상화될 것이다.

◯ 방제예

계지가계탕(桂枝加桂湯)

8) 水弱 火强의 사주

사주에 水氣가 약하고 火氣가 강하면 인체의 水火도 영향을 받아 심·소장화(心·小腸火)가 신·방광수(腎·膀胱水)를 지나치게 극(剋)한다. 즉 水火장부의 상극관계가 불균형적이 된다. 水火장부가 불균형적 상극관계를 형성하면 이와 生剋관계에 있는 木土金장부도 영향을 받아 변화한다. 사주오행(水火)과 대운·세운오행이 불화(不和)하면 水火장부에 질병이 일어나고 인체가 비정상적이 된다.

이 경우에는 주로 심계(心悸), 다몽(多夢), 이명(耳鳴), 건망(健忘), 설질홍(舌質紅), 실면(失眠), 유정(遺精), 맥세삭(脈細數) 등의 증후가 발생한다.

위 경우의 병근(病根)은 사주의 弱水와 强火이다. 병근이 弱水와 强火의 상극관계 불균형이므로 질병을 치료하려면 水를 보(補)하여 水氣를 강화하고 火氣를 설기시켜 水와

火의 세력을 균형화시켜야 한다.

水의 약은 水剋火하여 제화(制火)하며 인체의 水氣를 증진시킨다. 金의 약은 생수(生水)하여 水氣를 강화하고, 火剋金하여 火氣를 설기(泄氣)시킨다. 水金의 약은 火氣를 제한하고 水氣를 강화하며, 水와 火의 세력을 균형화시킨다. 水金의 약물중에서 자음장수제화(滋陰壯水制火), 교통심신(交通心腎)의 효능이 있는 약을 기본으로 하고 병정에 따라 기타약물을 배합하여 구성한 방제(方劑)로서 치료하면, 병증이 제거되고 인체가 정상화된다.

🔵 방제예

천왕보심단(天王補心丹)

9) 强水와 土의 사주

사주에 강(强)한 水가 土를 지나치게 역극(逆剋)하고 있으면, 인체의 水土도 영향을 받아 신·방광수(腎·膀胱水)와 비위토(脾胃土)가 불균형적 상극관계를 형성한다.(腎·膀胱水가 動하고 脾胃에 寒氣가 들고 인체가 차가워진다.) 水土장부의 상극관계가 불균형적이 되면 이와 생극관계에 있는 木火金장부도 영향을 받아 변화한다. 사주음양오행(水土)이 대운·세운오행과 불화(不和)하면 水土장부에 질병이 出하고 인체가 비정상적이 된다.

이 경우에는 수종(水腫), 음하냉습(陰下冷濕), 소변불리(小便不利), 요통산중(腰痛酸重), 사지궐냉(四肢厥冷), 맥침세(脈沈細) 등의 증상이 발생한다.

위 경우의 병근(病根)은 사주의 강수(强水)와 土이다. 병근이 사주의 강수(强水)로 인한 水土 상극관계의 불균형이므로 질병(疾病)을 치료하려면 水土상극관계를 균형화시켜야 한다. 强水를 제한하는 것은 土이다. 그러므로 土를 약(藥)으로 해야 한다.

土의 약은 水氣를 剋하여 제한하고 土氣를 강화시켜준다. 火의 약은 水剋火하여 水氣를 설기(泄氣)시키고 인체에 온기(溫氣)를 주고 火生土하여 土氣를 生해준다. 이 火土의 약은 제수거한(制水祛寒)하며 水土세력을 균형화시키는 데 기여한다. 火土영역의 약물중 실토제수(實土制水)와 거한부양(祛寒扶陽)의 효능이 있는 약물을 기본으로하고 병정(病情)에 따라 기타약물을 배합하여 구성한 방제(方劑)로서 치료하면, 제증(諸症)이 제거되고 장부음양오행이 균형화되고 인체가 정상화된다.

⚪ 방제예

실비음(實脾飲)

10) 旺土 剋水의 사주

사주에 왕토(旺土)가 水를 지나치게 극(剋)하고 있으면, 인체의 土와 水도 영향을 받아 비위토(脾胃土)가 신·방광수(腎·膀胱水)를 지나치게 剋한다. 즉 土水장부의 상극관계가 불균형적이 된다. 水土장부가 불균형적이 되면 이와 생극관계에 있는 金木火장부도 영향을 받아 변화한다. 사주음양오행(土水)이 대운·세운오행과 불화(不和)하면 水土장부에 질병이 일어나고 인체가 비정상적이 된다.

이 경우에는 주로 요산이명(腰酸耳鳴), 소복창만(小腹脹滿), 소변단소(小便短小), 설홍소진(舌紅少津), 맥세삭(脈細數) 등의 증후(證候)가 발생한다.

위 경우의 병근(病根)은 사주의 왕토(旺土)와 약수(弱水)이다. 병근이 사주상의 旺土로 인한 土水상극관계의 불균형이므로 질병을 치료하려면 土를 설기(泄氣)시키고 水를 강화시켜 土水의 세력을 균형화시켜야 한다.

土를 억제시키고 水를 생부(生扶)해주는 것은 水이다. 그러므로 水영역의 것을 藥으로 해야 한다. 水의 약은 土剋水하여 土氣를 약화시키고 水氣를 강화한다. 金의 약은 土生金하여 土를 설기(泄氣)시키고 金生水로 水를 生하여 土水의 상극관계를 균형화시키는데 기여한다.

水金의 약물들중 자수음보신(滋水陰補腎)의 효능이 있는 약물을 기본으로 하고 병정(病情)에 따라 기타약물을 배합하여 구성한 방제로서 치료하면, 병증이 제거되고 장부음양오행이 균형화되고 인체가 정상적이 된다.

⚪ 방제예

좌귀음(左歸飲)

6. 기타 사주오행과 장부병증(臟腑病證.)의 치법(治法) 1

1) 火土弱의 사주

　사주에 火와 土가 弱하면 인체의 火土도 영향을 받아 심소장화(心小腸火)와 비위토(脾胃土)가 허(虛)하게 된다.

　火土장부가 허해지면 이와생극(生剋)관계에 있는 金水木장부도 영향을 받아 변화한다.

　사주오행(火土)이 대운, 세운오행과 불화(不和)하면 火土장부에 질병이 일고 인체가 비정상적이 된다.

　이러한 경우에는 주로 심계(心悸), 역경(易驚), 다몽(多夢), 건망(健忘), 실면(失眠), 완복창만(脘腹脹滿), 식욕부진(食慾不振), 사지권태(四肢倦怠), 대변부실(大便不實), 뉵혈(衄血), 붕루(崩漏), 월경담양다(月經淡量多), 설질담눈(舌質淡嫩), 면색위황(面色萎黃), 맥세약(脈細弱) 등의 증후가 발생한다.

　위 경우의 병근(病根)은 사주의 화토(火土)의 약(弱)이다.

　병근이 사주상으로 火弱과 土弱이므로 질병을 치료하려면 火土를 補하여 火土의 氣를 증진(增進)시켜야 한다.

　보(補)의 약은 약물음양오행 구분도표상으로 子午선 좌측에 있다. 그러므로 子午선 좌측 영역에서 약을 찾아야 한다.

　이 補藥중에서 火의 藥은 火를 補하고 氣를 증진시키며 生土하여 土氣를 강화시킨다.

　土의 약은 土虛를 補하고 土氣를 증강시킨다. 土의 약중에서 진토(辰土)의 약은 土를 補하여 土氣를 강화하고 (木의 영역에 居하여) 火를 生하여 火氣를 증진시킨다.

　補의 영역에 있는 火土의 藥중 보익심비(補益心脾)의 효능이 있는 약물을 기본으로 하고 병정(病情)에 따라 기타약물을 배합하여 방제(方劑)를 구성하여 치료하면, 제증(諸證)이 제기되고 장부음양오행의 氣가 증진(增進)되어 인체가 정상화된다.

　◎ 방제예

　　귀비탕(歸脾湯)

2) 火弱 金弱의 사주

사주에 火와 金이 약(弱)하면 인체의 火와 金도 영향을 받아 심·소장화(心·小腸火)와 폐·대장금(肺·大腸金)의 기능이 허(虛)하게 된다. 火金장부의 기능이 허하면 이와 生剋관계에 있는 土水木장부도 영향을 받아 변화한다.

사주오행(火金)과 대운·세운오행이 전극(戰剋)하면 火金장부에 질병이 일고 인체가 비정상적이 된다.

이러한 경우에는 주로 심계(心悸), 흉민(胸悶), 울폐(鬱閉), 구해천식(久咳喘息), 기단(氣短), 담청희(痰淸稀), 동측심(動則甚), 이감모(易感冒), 자한핍력(自汗乏力), 설질담(舌質淡), 면색창백(面色蒼白), 맥세약(脈細弱)등의 증후가 발생한다.

위 경우의 병근(病根)은 사주상으로 火와 金의 弱이다. 병근이 사주상으로 火弱 金弱이므로 질병을 치료하려면 보(補)하여 火金의 氣를 증진시켜야 한다.

보(補)의 약은 약물음양오행 구분도표상으로 子午선 좌측에 있다.

子午선 좌측의 약중에서 火金을 補하는 약을 쓰면 火金의 기세가 증진된다.

火의 약은 火氣를 증진시키며 金氣를 극(剋)한다. 金의 약은 金氣를 강화하며 火氣를 약화시킨다.

土의 약은 火氣를 약화시키면서 金氣를 강화시킨다. 木의 약은 火氣를 강화하면서 金氣를 약화시킨다.

그러므로 補영역에 있는 약물중에서 보익화금(補益火金), 보익심폐(補益心肺)의 효능이 있는 약물을 기본으로 해야 한다.

補의 약중에서 보익화금(補益火金)의 약은 火와 金을 동시에 補해준다.

진토(辰土)의 약은 火와 金을 동시에 보(補) 해준다. 진중(辰中)의 土는 生金하여 金의 기세를 증진시키고, 위치상 木方에 거(居)하여 진(辰)은 木의 기세로 生火하여 火氣를 강화한다.

보(補)의 약중에서 보익심폐(補益心肺)의 효능이 있는 약물을 기본으로 하고 병정(病情)에 따라 기타약물을 배합하여 구성한 方劑로서 치료하면, 제증(諸證)이 제거되고 장부음양오행의 生氣가 증진되어 인체가 정상화 된다.

◎ 방제예

　　사군자탕(四君子湯)

　　보원탕(保元湯)

3) 强木 尅土의 사주 1

　사주에 강목(强木)이 土를 지나치게 극하고 있으면, 인체의 木도 土를 지나치게 극하여 간담목(肝膽木)과 비위토(脾胃土)의 상극관계가 불균형적이 된다. 木土장부의 세력이 불균형적이 되면 이와 生尅관계에 있는 火金水장부도 영향을 받아 변화한다.

　사주오행(木土)이 대운.세운오양과 불화(不和)하면 木土장부에 질병이 出하고 인체가 비정상적이 된다.

　이러한 경우에는 주로 흉협완복창통(胸脇脘腹脹痛), 역노(易怒), 납태(納呆), 설태백니(舌苔白膩), 장명변당(腸鳴便溏), 맥현완(脈弦緩)등의 증후가 발생한다.

　위 경우의 병근(病根)은 사주상으로 강목(强木)과 土의 전극(戰尅)이다. 병근이 사주상으로 木과 土의 세력불균형이므로 질병을 치료하려면 강목(强木)을 설기(泄氣)시키고 土의 기세를 강화하여 木土세력을 균형화시켜야 한다.

　火의 약은 木生火하여 木의 기세를 약화시키고 火生土하여 土의 기세를 증진시킨다.

　土의 약은 木尅土하여 木氣를 설기시키고 土氣를 강화한다.

　火土의 약은 木氣를 약화시키고 土氣를 증진시키며, 木과 土의 세력을 균형화시키는 데 기여한다.

　火土의 약중 사간보비(瀉肝補脾)의 효능이 있는 약물을 기본으로 하고 병정(病情)에 따라 기타약물을 배합하여 구성한 방제로서 치료하면, 제증이 제거되고 장부음양오행이 균형화되고 인체가 정상화 된다.

◎ 방제예

　　시호서간산(柴胡舒肝散)

　　소요산(逍遙散)

4) 强木 剋土의 사주 2

사주에 강목(强木)과 土가 전극(戰剋)하면 인체의 木과 土도 전극하여 간담목(肝膽木)과 비위토(脾胃土)가 불균형적이 된다.

木土장부가 불균형적이 되면 이와 생극(生剋) 관계에 있는 火金水장부도 영향을 받아 변화한다.

사주오행(木土)이 대운, 세운오행과 불화(不和)하면 木土장부에 질병이 出하고 인체가 비정상적이 된다.

이러한 경우에는 주로 역노(易怒) 음식불화(飮食不化), 흉협위완창통(胸脇胃腕脹痛), 조잡(嘈雜), 애기탄산(噯氣吞酸), 설태박황(舌苔薄黃) 맥현(脈弦) 등의 증후가 발생한다.

위 경우의 병근(病根)은 사주의 강목(强木)과 土의 세력 불균형에 의한 전극(戰剋)이다. 병근이 强木으로 인한 木土상극관계의 불균형이고 木土의 투쟁이므로 질병을 치료하려면 木氣를 약화시키고 土氣를 증진시키며 木土의 전극을 화해시켜야 한다.

火의 약은 火生土하여 土氣를 강화하고 木生火하여 强木의 기세를 약화시킨다.

土의 약은 木剋土하여 木氣를 약화시키면서 土氣를 강화한다.

이들 火土의 藥은 木과 土의 전극(戰剋)을 화해시키고 木과 土의 세력을 균형화시킨다.

火土의 약중에서 사간화위(瀉肝和胃) 서간화위(舒肝和胃) 등의 효능이 있는 약물을 기본으로 하고 병정(病情)에 따라 기타약물을 배합하여 구성하는 방제로서 치료하면, 병증이 제거되고 장부음양오행이 균형화되어 인체가 정상적이 된다.

◯ 방제예

좌금환(左金丸)

금령자산(金鈴子散)

월국환(越鞠丸)

소요산(逍遙散)

보화환(保和丸)

5) 强木과 金의 사주

사주에 강목(强木)이 金을 역극(逆剋)하고 있으면 인체의 木도 金을 역극하여 肝膽木과 肺·大腸金이 불균형적 상극관계를 형성한다.

木金장부가 불균형적이 되면 이와 生剋관계에 있는 火土水장부도 영향을 받아 변화한다.

사주오행(木金)이 대운.세운오행과 불화(不和)하면 木金장부에 질병이 일고 인체가 비정상적이 된다.

이러한 경우에는 해혈(咳血), 두현혼창(頭眩昏脹), 흉협은통(胸脇隱痛), 면목적열(面目赤熱), 성급선노(性急善怒), 설홍태박(舌紅苔薄), 구고순조(口苦脣燥), 맥현삭(脈弦數) 등의 증후가 발생한다.

위 경우의 병근(病根)은 사주에서 강목(强木)과 金의 전극(戰剋)이다. 병근이 강목(强木)과 金의 전극(戰剋)이므로 질병을 치료하려면 강목(强木)을 설기(泄氣)시키고 金木전극에서 발생된 火氣를 제압하고 金氣를 生해 주어야 한다.

土의 약은 木氣를 약화시키고 土生金하여 金氣를 증진시켜 木金의 전극(戰剋)을 화해시킨다.

특히, 土의 약중 술토(戌土)의 약은 해수(亥水)의 가까이에 거(居)하여 火를 흡수하며 金에게 도움을 준다.

金의 약은 金剋木으로 木氣를 제한하여 金을 도와주고 金木의 전투를 화해시키며 木金세력을 균형화시킨다.

土金의 약중에서 청간사폐(淸肝瀉肺)의 효능이 있는 약물을 기본으로 하고 병정에 따라 기타약물을 배합하여 구성한 방제로서 치료하면 제증이 사라지고 장부음양오행이 조절되어 인체가 정상화된다.

방제예

사백산(瀉白散)

대합산(黛蛤散)

사주음양오행과 장부병증치법(臟腑病證治法) 2

1. 사주목오행(四柱木五行)과 간담병증(肝膽病證)의 치법(治法) 2

사주오행(四柱五行)이 타오행(他五行)과 부조화(不調和)하면 질병(疾病)이 발생한다.

사주오행과 타오행의 부조화란 사주간지오행(四柱干支五行)과 대운·세운간지오행(大運·歲運干支五行) 그리고 외적(外的)인 음양오행의 관계가 적절치 못할 때를 말한다.

부조화의 정도는 음양오행의 생극관계(生剋關係) 형충파해(刑沖破害) 신살(神殺) 등을 보고 판단한다. 합(合)이 부적절하면 沖의 약, 충(沖)이 부적절하면 合의 藥으로서 치료한다.

1)

사주의 木五行이 타오행(大運五行·歲運五行·外的五行)과 부적절(不適切)한 관계를 가지면 간기(肝氣)가 울결(鬱結)된다.

이러한 경우에는 흉민(胸悶), 양협창통(兩脇脹痛), 월경부조(月經不調), 유방창통(乳房脹痛), 선태식(善太息) 맥현(脈弦)등의 증후가 발생한다.

이러한 경우에는 서간해울(舒肝解鬱)의 효능이 있는 약물을 기본으로 하고 병정(病情)에 따라 기타약물을 배합하여 구성한 방제(方劑)로 치료한다.

◎ 방제예

시호서간산(柴胡舒肝散)

소요산(逍遙散)

간기(肝氣)와 담기(痰氣)가 울결(鬱結)되면 이기화담(理氣化痰)의 효능이 있는 약물을 기초로 하고 병정(病情)에 따라 기타약물을 배합하여 구성한 방제(方劑)로서 치료한다.

◎ 방제예

반하후박탕(半夏厚朴湯)

맥문동탕(麥門冬湯)

삼화탕(三花湯)

2)

사주의 木五行과 타오행(他五行)이 부조화(不調和)하여 간기(肝氣)가 체(滯)하고 혈어(血瘀)가 되면 협륵창만(脇肋脹滿, 면색회암(面色晦暗) 맥현지삽(脈弦遲澁) 등의 증후(證候)가 발생한다.

위 경우에는 활혈연견(活血軟堅)의 효능이 있는 약물을 기초로 하고 병정(病情)에 따라 기타약물을 배합하여 구성하는 方劑로서 치료한다.

◎ 방제예

별갑전환(鱉甲煎丸)

도홍사물탕(桃紅四物湯)

3)

사주에 木土가 상극(相剋)하고 사주오행이 대운세운오행과 부조화하면 간목기(肝木氣)가 비토(肥土)를 극(剋)하고 간기(肝氣)가 울결(鬱結)되어 복통(腹痛), 복창(腹脹), 설사(泄瀉)등의 증후가 발생한다.

이 경우에는 사간보비(瀉肝補脾)의 효능이 있는 약물을 기본으로 하고 병정에 따라 기타약물을 배합하여 구성한 方劑로서 치료한다.

◎ 방제예

소요산(逍遙散)

통사요방(痛瀉要方)

해간전(解肝煎)

도기탕(導氣湯)

시호서간산(柴胡舒肝散)

4)

사주의 木土五行이 대운·세운오행과 부조화하여 간목기(肝木氣)가 비토(肥土)를 극(剋)하면 위완창통(胃脘脹痛), 애역탄산(呃逆吞酸), 애기(噯氣), 식소(食小), 맥현(脈弦) 등의 증후가 발생한다.

이러한 경우에는 서간화위(舒肝和胃)의 효능이 있는 약물을 기본으로 하고 병정(病情)에 따라 기타약물을 배합하여 구성한 방제(方劑)로서 치료한다.

🌑 방제예

소요산(逍遙散)

시호서간산(柴胡舒肝散)

좌금환(左金丸)

5)

사주의 木과 他五行이 부조화(不調和)하며 간기(肝氣)가 울결되고 간목(肝木)의 火가 상염(上炎)하면 현훈(眩暈), 두통(頭痛), 조급(躁急), 역노(易怒), 이명(耳鳴), 협륵작통(脇肋灼痛), 면홍목적(面紅目赤), 뉵혈(衄血), 토혈(吐血), 구고구건(口苦口乾), 설홍태황(舌紅苔黃), 변비(便秘), 뇨황(尿黃), 맥 현삭(脈弦數) 등의 증후가 발생한다.

이 경우에는 청간사화(淸肝瀉火)의 효능이 있는 약을 기본으로 하고 병정에 따라 기타약물을 배합하여 방제(方劑)를 구성하여 치료한다.

◎ 방제예

　　용담사간탕(龍膽瀉肝湯)

　　삼황사심탕(三黃瀉心湯)

6)

　사주에 木의 음(陰)이 약하고 사주오행이 他五行과 不調和하면 풍목사(風木邪)가 침입하여 간양(肝陽)이 상항(上亢)하고 간화(肝火)가 일어난다(內風이 발생한다.)

　이 경우에는 두통여체(頭痛如掣), 현훈(眩暈), 수족유동(手足蠕動), 지마진전(肢麻震顫), 보행불온(步行不穩), 맥현세(脈弦細) 등의 증후가 발생한다.

　위 경우의 병근(病根)은 사주상으로 목음(木陰)의 약(弱)이다.

　병근이 木陰弱이므로 질병을 치료하려면 木을 보(補)해야 한다.

　이 경우에는 자음평간식풍(滋陰平肝熄風)의 효능이 있는 약물을 기본으로 하고 병정(病情)에 따라 기타약물을 배합하여 구성한 方劑로 치료한다.

◎ 방제예

　　진간식풍탕(鎭肝熄風湯)

7)

　사주에 水가 적고 木이 조(燥)한 중에 대운·세운오행이 이를 돕지않으면 간혈(肝血)이 허(虛)해져 두목현훈(頭目眩暈), 면색위황(面色萎黃), 이명(耳鳴), 지체마목(肢體麻木), 시물모호(視物模糊), 맥현세(脈弦細), 설담소태(舌淡少苔) 등의 증후가 발생한다.

　이러한 경우에는 양혈식풍(凉血熄風)의 효능이 있는 약을 기본으로 하고 병정에 따라 기타약물을 배합하여 구성한 방제로서 치료한다.

○ 방제예

　　삼갑복맥탕(三甲復脈湯)

　　보간탕(補肝湯)

　　사물탕(四物湯)

8)

　사주 木五行과 他五行火가 불화(不和)하여 열사(熱邪)가 간목(肝木)에 침입하면 목생화(木生火)하여 고열(高熱), 조요불안(躁擾不安), 번갈(煩渴), 사지구급(四肢拘急), 추축(抽搐), 각궁반장(角弓反張), 신혼섬어(神昏譫語), 항강(項强), 설질홍(舌質紅), 맥현삭(脈弦數) 등의 증후가 발생한다.

　이러한 경우에는 청열양간식풍진경(淸熱凉肝熄風鎭痙)의 효능이 있는 약물을 기본으로 하고 병정(病情)에 따라 기타약물을 배합하여 구성한 方劑로 치료하면, 제증이 제거되고 인체음양오행이 조절되어 인체가 정상화된다.

○ 방제예

　　영양구등탕(羚羊鉤藤湯)

9)

　사주의 木五行과 대운(大運), 세운(歲運) 오행이 부조화하여 간담목(肝膽木)에 습열(濕熱)이 생기면 흉협만민(胸脇滿悶), 동통(疼痛), 대하황색(帶下黃色) 등의 증상(症狀)이 出한다.

　이 경우에는 소간이담(疏肝利膽) 청설습열(淸泄濕熱)의 효능이 있는 약물을 기본으로 한다. 그리고 병정(病情)에 따라 기타약물을 배합하여 구성한 方劑로 치료한다.

○ 방제예

　　인진호탕(茵陳蒿湯)

용담사간탕(龍膽瀉肝湯)

10)

四柱의 木水와 타오행인 水가 부조화하여 한수(寒水)가 간목(肝木)을 차갑게 하면 소복창통(小腹脹痛), 고환냉축(睾丸冷縮), 견인고환(牽引睾丸), 창대하추(脹大下墜), 맥다침현(脈多沈弦) 등의 증후가 발생한다.

이러한 경우에는 난간산한(暖肝散寒)의 효능이 있는 약물을 기본으로 하고 병정에 따라 기타약물을 배합하여 구성한 방제로 치료한다.

⊙ 방제예

난간전(暖肝煎)

회향귤핵환(茴香橘核丸)

천태오약산(天台烏藥散)

11)

사주의 弱木이 타오행과 不和하면 간음(肝陰)과 간혈(肝血)이 허(虛)해져 저열(低熱), 심번불면(心煩不眠), 관홍(觀紅), 조열(躁熱), 도한(盜汗), 맥현세(脈弦細), 설홍소태(舌紅少苔) 등의 증후가 出한다.

이러한 경우에는 자음양간신(滋陰養肝腎)의 효능이 있는 약물을 기본으로 하고 人體陰陽五行과 병증(病證)을 고려하여 그에 적당한 약물을 배합하여 구성한 方劑로서 치료하면 인체가 정상화된다.

⊙ 방제예

일관전(一貫煎)

육미지황환(六味地黃丸)(+α)

12)

　사주에 水木火가 弱한 중에 대운·세운오행이 이를 도와주지 않으면 간혈(肝血)이 허(虛)해져 현훈(眩暈), 이명여선(耳鳴如蟬), 면색무화(面色無華), 야매다몽(夜寐多夢), 시물모호(視物模糊), 안청건삽(眼睛乾澁), 지체마목(肢體麻木), 조갑불영(爪甲不榮), 설담(舌淡), 월경양소(月經量少), 맥세(脈細) 등의 증후가 발생한다.

　이러한 경우에는 자보간혈(滋補肝血)의 효능이 있는 약을 기본으로 하고 인체음양오행의 氣를 증진시키는 기타약물을 배합하여 구성한 方劑로서 치료한다.

◎ 방제예

　　보간탕(補肝湯)〔+가(加)〕

13)

　사주에 음목(陰木)보다 양목(陽木)이 강한 중에 木이 타오행과 不和하여 간양(肝陽)이 항성(亢盛)하고 간음(肝陰)이 허(虛)해지면 현훈(眩暈), 두목창통(頭目脹痛), 지체마목(肢體麻木), 이명(耳鳴), 맥현긴(脈弦緊) 등의 증후가 발생한다.

　이 경우의 병근(病根)은 사주상에 있는 木陰陽의 불균형이다. 음(陰)보다 양(陽)이 강하여 자음(滋陰)해야 질병이 치료된다. 자음평간잠양(滋陰平肝潛陽)의 효능이 있는 약물을 기본으로 하고 인체음양오행과 병증음양오행을 고려하며 방제를 구성하여 치료하면 된다.

◎ 방제예

　　천마구등음(天麻鉤藤飮)
　　기국지황환(杞菊地黃丸)
　　진간식풍탕(鎭肝熄風湯)
　　건령탕(建瓴湯)

14)

사주에 약목(弱木)이 대운·세운오행의 도움을 받지 못하여 간담목(肝膽木)이 허(虛)해지고 비위토(脾胃土)의 기능이 약화되면, 목현(目眩), 두훈(頭暈), 흉민(胸悶), 번조불매(煩躁不寐), 설태황니(舌苔黃膩), 경계불녕(驚悸不寧), 맥현활(脈弦滑) 등의 증후가 발생한다.

이러한 경우에는 강역화위(降逆和胃), 청화열담(清化熱痰)의 효능이 있는 약물을 기초로 하고, 인체음양오행의 균형화에 초점을 두며 방제(方劑)를 구성하여 치료하면 된다.

◯ 방제예

　　이진탕(二陳湯)
　　온담탕(溫膽湯)

2. 사주화오행(四柱火五行)과 심·소장병증(心·小腸病證)의 치법(治法) 2

1)

화(火)가 약(弱)한 사주오행이 대운·세운오행과 不和하면 心氣가 虛해져 심계(心悸), 자한(自汗), 기단(氣短), 체권핍력(體倦乏力), 면색창백(面色蒼白), 태백(苔白), 맥허세약(脈虛細弱) 등의 증후가 발생한다.

위 경우의 병근(病根)은 사주의 화약(火弱)이다. 그러므로 질병을 치료하려면 화기(火氣)를 補해야 한다.

보(補)의 藥은 약물음양오행구분도표상에서 子午선 좌측에 있다.

좌측의 약중에서 心火의 氣를 補하는 약물을 기본으로 하고 병정(病情)에 따라 기타약물을 배합하여 구성한 방제(方劑)로서 치료하면 된다.

방제예

사군자탕(四君子湯)

보원탕(保元湯)

자감초탕(炙甘草湯)

2)

화(火)가 약(弱)하고 火의 陰이 陽보다 강한 사주오행이 타오행(他五行)과 不調和하면 심양(心陽)이 허(虛)해져 심계(心悸), 자한(自汗), 기단(氣短), 심흉울민(心胸鬱悶), 형한지냉(形寒肢冷), 면색창백(面色蒼白), 맥세약(脈細弱) 등의 증후가 발생한다.

위 경우의 병근(病根)은 四柱上으로 화약(火弱), 火陰陽의 불균형이다.

그러므로 질병을 치료하려면 火의 음양을 균형화·정상화시켜야 한다.

火의 약은 心을 따뜻하게 하고 心氣를 강화한다.

火의 약중에서 온통심양(溫通心陽)의 효능이 있는 약물을 기본으로 하고 병정(病情)에 따라 기타약물을 배합하여 구성한 방제(方劑)로서 치료하면 된다.

방제예

계지감초탕(桂枝甘草湯)

3)

사주내(四柱內)에 火가 弱하고 火의 陰陽이 불균형한 가운데 大運·歲運五行이 사주의 火五行과 不調和하면 심양(心陽)이 허탈(虛脫)해져 심기양허(心氣陽虛) 등의 증후가 발생한다.

위 경우의 병근(病根)은 사주상의 火弱과 火의 음양 불균형, 사주음양오행과 대운·

세운오행과의 不調和이다.

그러므로 질병을 치료하려면 火氣를 증진시키고 五行의 부조화(不調和)를 막아야 한다.

인체에 火氣가 적어 기타 木土金水가 부조화하고 있다.

제일 먼저 火氣를 증진시킬 수 있는 약을 써야 한다.

火의 약은 火氣를 강화하여 인체에 온기(溫氣)를 주고 火의 陰陽을 강화하고 균형화·정상화시키는데 기여한다.

火의 약물중 회양구역(回陽救逆)의 효능이 있는 약물을 기본으로 하고 인체음양오행상태를 고려하여 병증에 맞는 약물을 써서 치료하면, 병증이 제거될 뿐만아니라 인체음양오행의 氣가 상승되고 조절되고 균형화되어 인체가 정상화된다.

🍵 방제예

사역탕(四逆湯)

4)

사주에 火가 弱하고 陰水가 성(盛)한 가운데 타오행과 不調和하여 진한가열증(眞寒假熱證)이 일어나면 온한회양(溫寒回陽), 온리통양(溫裏通陽), 통달내외(通達內外)의 효능이 있는 약제로서 치료한다.

🍵 방제예

사역탕(四逆湯)
통맥사역탕(通脈四逆湯)

5)

사주에 火가 약하고 陰水가 성(盛)하고 陽보다 陰이 많은 중에 대운·세운오행과 부

조화하여 망양허탈(亡陽虛脫)하면 회양고탈익기(回陽固脫益氣)의 효능이 있는 대보대
온약제(大補大溫藥劑)를 쓴다.

방제예

삼부탕(蔘附湯)

6)

水火 相剋의 사주오행이 他五行과 不調和하여 심양(心陽)과 신양(腎陽)이 허(虛)해
지면 심계(心悸), 설담(舌淡), 두목현훈(頭目眩暈), 태백왈(苔白滑), 면색창백(面色蒼
白), 소변불리(小便不利), 복통하리(腹痛下利), 형한지냉(形寒肢冷), 맥침(脈沈) 등의
증후가 出한다.

위 경우의 병근(病根)은 사주의 水·弱火와 타오행과의 부조화이다.

그러므로 질병을 치료하려면 水와 火를 균형화시키고 오행의 부조화를 막아야 한다.

火土의 약중에서 온양이수(溫陽利水)의 효능이 있는 약물을 기본으로 하고 병정에 따
라 기타약물을 배합하여 구성한 방제로서 치료하면, 병증이 제거되고 인체가 정상화된다.

방제예

진무탕(眞武湯)

7)

사주에 水와 弱火가 전극(戰剋)하여 水火불균형인데 대운·세운오행이 이를 돕지 않
으면, 인체의 火가 水의 剋을 받아 心火가 허(虛)해진다. 心火가 허해지면 이와 생극관
계(生剋關係)에 있는 토금장부(土金臟腑)도 영향을 받아 변화하고 인체가 비정상적이
된다.

이러한 경우에는 심계(心悸), 심하역만(心下逆滿), 기단(氣短), 기상충흉(氣上衝胸),

두목현훈(頭目眩暈), 해수(咳嗽), 흉중발민(胸中發悶), 토희백담(吐稀白痰), 맥침현(脈沈弦) 등의 증후가 出한다.

위 경우의 병근(病根)은 사주상의 水와 弱火의 불균형적 상극관계이다. 그러므로 질병을 치료하려면 水를 설기(泄氣)시켜 조절하고 火를 보(補)하여 火氣를 증진시켜야 한다.

火의 약은 水氣를 水剋火하며 약화시키고 火氣를 강화한다.

土의 약은 土剋水하여 水氣를 제한하며 火氣를 증진시키는데 관여한다.

木의 약은 水를 흡수하여 水氣를 약화시키고 生火하여 火氣를 강화한다.

火木土의 약중에서 통양화음(通陽化飲)의 효능이 있는 약물을 기본으로 하고 병정(病情)에 따라 기타약물을 배합하여 구성한 方劑로서 치료하면 된다.

◯ 방제예

영계출감탕(苓桂朮甘湯)

8)

화약(火弱), 수약(水弱)의 사주오행이 대운·세운오행과 不調和하여 심음(心陰)이 허(虛)해지면 심계(心悸), 역경(易驚), 저열(低熱), 오심번열(五心煩熱), 심번(心煩), 도한(盜汗), 실면(失眠), 인조(咽燥), 소진(少津), 구건(口乾), 설홍(舌紅), 맥세삭(脈細數)등 증후가 出한다.

위 경우의 병근(病根)은 사주상으로 火水의 弱이다.

그러므로 질병을 치료하려면 火水의 氣를 증진시켜 火水를 정상화시켜야 한다. 인체 음양오행의 氣를 증진시키려면 補의 약을 써야 한다.

補의 약은 약물음양오행 구분도표상에서 子午선 좌측의 영역에 있다.

이 좌측영역의 약물은 虛를 補하고 인체음양오행의 氣를 증진시킨다.

약물들 중에서 자음청열(滋陰淸熱), 보심안신(補心安神), 보혈양심(補血養心)의 효능이 있는 약물을 기본으로 하고 병정에 따라 기타약물을 배합하여 구성한 방제로서 치료하면 인체가 정상화된다.

◎ 방제예

　보심단(補心丹)

9)

　수(水)와 화(火)가 약(弱)한 사주오행이 대운세운오행과 불화하여 심혈(心血)이 허(虛)해지면 심계(心悸), 심번(心煩), 다몽(多夢), 건망(健忘), 면색불화(面色不華), 정충(怔忡), 실면(失眠), 역경(易驚), 현훈(眩暈), 맥세약(脈細弱) 등의 증후가 발생한다.

　허(虛)하면 보(補)해야 인제음양오행이 정상화되므로 약물음양오행 구분도표상의 子午선 좌측에서 약물을 찾는다.

　좌측의 약물중에서 보기(補氣), 양혈(養血), 안신(安神)의 효능이 있는 약물을 기본으로하고 병정(病情)에 따라 기타약물을 배합하여 구성한 방제로서 치료한다.

◎ 방제예

　사물탕(四物湯)

　당귀보혈탕(當歸補血湯)

10)

　신약(身弱)한 사주가 대운·세운오행과 不和하여 人體陰陽의 氣가 虛해지면 심계(心悸), 심하울민(心下鬱悶), 맥결대(脈結代) 등의 증후가 발생한다.

　위 경우의 병근(病根)은 사주의 身弱이다. 그러므로 질병을 치료하려면 허(虛)를 보(補)하여 인체음양오행의 氣를 증진시켜야 한다.

　약물음양오행구분도표상으로 子午선 좌측의 약물중 심음(心陰)을 양(養)하고 심기심양(心氣心陽)을 補하는 효능을 지닌 약물을 기본으로 하고, 병정(病情)에 따라 기타약물을 배합하여 구성한 방제(方劑)로서 치료하면 된다.

◎ 방제예

자감초탕(炙甘草湯)

11)

사주의 왕화(旺火)가 대운·세운오행과 不和하여 심화(心火)가 항성(亢盛)하고 심양(心陽)이 편항(偏亢)하고 心火가 상염(上炎)하면 심중번열(心中煩熱), 구설생창(口舌生瘡), 조급실면(躁急失眠), 구갈(口渴), 욕냉음(欲冷飮), 설홍(舌紅), 요혈(尿血), 맥삭(脈數) 등의 증후가 出한다.

위 경우의 병근(病根)은 사주의 화왕(火旺)이다. 그러므로 질병을 치료하려면 火를 설기시키거나 저지해야 한다.

水의 약은 水剋火하며 火氣를 억제한다. 土의 약은 火生土하여 火氣를 설기(泄氣)시킨다.

金의 약은 火剋金하여 火氣를 약화시킨다. 즉 이 경우에는 水土金의 약을 모두 필요로 한다.

水土金영역의 약물중에서 청심화사열(淸心火瀉熱), 청열양혈(淸熱凉血)의 효능이 있는 약물을 기본으로 하고 병정(病情)에 따라 기타약물을 배합하여 구성한 方劑로서 치료하면 된다.

◎ 방제예

삼황사심탕(三黃瀉心湯), 도적산(導赤散)

12)

사주내의 弱火水金氣가 대운세운오행과 不和하면 심신(心腎)과 心氣(陽)가 허(虛)해지고 심혈(心血)이 어조(瘀阻)해진다.

위 경우의 병근은 사주의 火水金氣弱과 타오행과의 부조화이다. 그러므로 질병을 치료하려면 火水金氣를 증진시켜 균형화시키고 오행의 不調和를 막아야 한다.

보(補)하여 火水金氣를 증진시키고 오행을 조화시키는 약물을 동시에 사용하면 치료될 것이다.

이 경우에는 補의 약물과 통양화어(通陽化瘀), 개흉산결(開胸散結)의 효능이 있는 약물을 기본으로 하고 병정에 따라 기타약물을 배합하여 방제를 구성하여 치료한다.

방제예

과루해백백주탕(瓜蔞薤白白酒湯)

혈부축어탕(血府逐瘀湯)

※ 火와 水와 金이 弱한 중에 金은 水를 生하고 水는 火를 剋한다.

그리고 火는 金을 剋하고 있다. 즉 三行은 弱한 가운데 전극하여 오행의 소통에 문제를 일으키고 있다. 그러니 이에 대한 처방을 해야 하는 것이다.

13)

火가 약(弱)하고 한수(寒水)가 극성인 사주오행이 대운세운오행과 불화하면, 인체의 水가 火를 剋하고 土를 차게한다. 소장화(小腸火)가 허(虛)해지고 비위토(脾胃土)가 비정상적이 되면, 소복은통(小腹隱痛), 희온희안(喜溫喜按), 당설(溏泄), 장명(腸鳴), 우한가중(遇寒加重), 설태박백(舌苔薄白), 설담(舌淡), 소변빈삭(小便頻數), 맥침완(脈沈緩) 등의 증후가 발생한다.

위 경우의 병근(病根)은 사주의 火弱과 강한 한수(寒水)이다. 그러므로 질병을 치료하려면 火의 氣를 증진시켜 인체에 온기(溫氣)를 주어야 한다.

火의 약은 火를 보(補)해 주면서 한(寒)을 제거하고 생토(生土)하여 土의 기능을 증진시킨다.

火의 약중 온중거한(溫中祛寒), 보기건비(補氣健脾), 온통소장(溫通小腸)의 효능이 있는 약물을 기초로 하고 병정(病情)에 따라 기타약물을 배합하여 구성한 방제(方劑)로서 치료하면 된다.

　⊙ 방제예

　　이중탕(理中湯)

14)

　사주에 火와 陽이 적고 水와 차가운 오행이 많은 중에 대운·세운오행이 火氣를 剋하거나 설기(泄氣)시키면, 인체도 영향을 받아 火장부가 비정상적이 된다.

　이러한 경우에는 소복통(少腹痛), 복창(腹脹), 산통(疝痛), 설태박백(舌苔薄白), 설질담(舌質淡), 맥침현(脈沈弦) 등의 증후가 발생한다.

　위 경우의 병근(病根)은 사주상의 화약(火弱)이다. 그러므로 질병을 치료하려면 火氣를 증진시키는 약을 써야 한다. 火의 영역에 있는 약물을 기본으로 하고 이기산한(理氣散寒), 행기산결(行氣散結)의 효능이 있는 약물을 배합하여 구성한 방제(方劑)로 치료하면 제증이 사라지고 인체가 정상화된다.

　⊙ 방제예

　　천태오약산(天台烏藥散)

15)

　화양기(火陽氣)가 多한 사주오행이 타오행(他五行)과 부조화(不調和)하면 心小陽火에 실열(實熱)이 울체된다. 이 경우에는 심번(心煩), 심중번열(心中煩熱), 구고생창(口苦生瘡), 구갈욕음(口渴欲飮), 인통(咽痛), 설태황(舌苔黃), 설질홍(舌質紅), 소변단적(小便短赤), 맥활삭(脈滑數) 등의 증후가 발생한다.

　위 경우의 병근(病根)은 사주의 火陽氣의 多이다. 그러므로 질병을 치료하려면 火를 설기시키거나 제한하여 인체음양오행을 조절하면 된다.

金의 약은 火剋金하여 火氣를 약화시킨다. 土의 약은 火生土하여 火氣를 설기시킨다. 水의 약은 水剋火하여 火氣를 제한한다. 이 金土水의 약은 인체음양오행을 정상화시키는데 기여한다.

金土水의 약물중에서 청리실열(淸利實熱)의 효능이 있는 약물을 기초로 하고 병정(病情)에 따라 기타약물을 배합하여 구성한 方劑로서 치료하면 된다.

◉ 방제예

도적산(導赤散)

16)

사주에 火金이 전극(戰剋)하고 형충파해(刑沖破害)가 있고 음양오행 구조가 복잡하고 대운·세운오행과 불화(不和)하면 인체오양오행이 不和하고 인체의 金火五行장부가 불균형적 상극관계를 형성한다. 金火장부가 불균형적이 되면 이와 生剋관계를 가진 水木장부도 영향을 받아 인체가 비정상적이 된다.

이 경우에는 심계(心悸), 심번(心煩), 다몽(多夢), 실면(失眠), 광조망동(狂躁妄動), 역경(易警), 구고(口苦), 설태황니(舌苔黃貳), 맥현활유력(脈弦滑有力) 등의 증후가 발생한다.

위 경우의 병근(病根)은 사주상으로 火와 金의 전극(戰剋)과 형충파해(刑沖破害), 이로 인한 火金장부의 부조화(不調和)이다. 그러므로 질병을 치료하려면 제일 먼저 火金의 부조화부터 해소시켜야 한다. 火보다 金의 세력이 강하면 木의 약으로서 생화(生火)하여 金氣를 설기시킨다.

金보다 火가 강하면 土의 약으로서 火를 설기시키고 金의 기세를 강화한다. 金火가 상극(相剋)하여 열(熱)이 生하면 水의 약으로서 열을 청(淸)케한다.

金土木水의 약물 중 거담해울(祛痰解鬱), 청심개폐(淸心開閉)의 효능이 있는 약물을 기본으로 하고 병정(病情)에 따라 기타약물을 배합하여 구성한 方劑로 치료하면 병증(病證)이 제거되고 인체가 정상화 된다.

몽석곤담환(礞石滾痰丸)

인체의오행상 火는 정지(情志), 희노(喜怒) 등과 통하고 장기(臟機)로는 심(心)이다. 그러므로 火五行이 불균형하여 병증(病證)이 발생하면 심(心)에 관한 게 많다.

心은 마음과 관련한다. 마음은 心에 영향을 많이 준다. 마음을 잘 다스리면 心이 건강해진다.

사주음양오행 구조가 不和하여 복잡한 일들이 발생하거나 인체음양오행이 부조화(不調和)하면 마음이 불안해진다. 마음이 불안해지면 인체의 火五行이 비정상적이 되고 火五行이 비정상화하면 이와 생극관계에 있는 기타 장부오행도 영향을 받아 인체가 비정상적이 된다.

이러한 경우에는 마음을 잘 다스려야 한다. 마음을 잘 쓰고 진정시키면 인체음양오행이 조절되어 정상화된다.

사주음양오행이 전극(戰剋)하거나 형충파해(刑沖破害)하는 등 신살(神殺)이 복잡하면 인체음양오행관계가 복잡해져 心이 동(動)할 수 있다.

이러한 경우에는 약물(藥物)과 믿음(信)의 약(藥)으로서 치료(治療)한다. 믿음(信)이란 오행상 土에 속한다. 이 믿음의 土는 心의 火熱을 설기(泄氣)시켜 인체의 음양오행을 정상화시키는데 협력한다.

그러므로 심(心)과 이로인한 질병(疾病)을 치료하려면 그에 관한 약물 뿐만 아니라 초과학적(超科學的)인 예방부적(豫防符籍)이라든가 기타방법을 쓰면 보다 효과적이라 할 수 있다.

17)

사주오행이 전극(戰剋), 충(沖), 형(刑), 파(破), 해(害) 등 오행이 不和하면 복잡한 일이 발생하여 대노(大怒)하거나 억울(抑鬱)해 한다.

이로인해 장부오행이 不調和하고 인체가 비정상적이 된다.

이러한 경우에는 이기화담(理氣化痰), 척담개규(滌痰開竅) 등의 효능이 있는 약으로서 氣의 소통을 원활하게 한 후, 병정(病情)에 따라 개별약물을 써서 치료하면 된다.

◯ 방제예

도담탕(導痰湯)

3. 사주음양오행을 기초로 하라

건강이란 인체음양오행이 정상적이고 균형적 생극관계를 형성할 때를 말한다. 질병(疾病)은 사주음양오행 상생상극관계의 불균형(不均衡), 부조화(不調和)에 의해 발생한다. 그러므로 질병을 치료하려면 四柱陰陽五行을 균형화ㆍ정상화시키는 방향으로 치료약물(治療藥物)을 선택해야 한다. 치료약물은 사주음양오행의 구조를 보고 정(定)한다.

사주음양오행이 부조화하면 조화(調和)의 효능이 있는 약물을 쓴다.

사주오행중 약(弱)한 오행이 있으면 해당 오행을 보(補)하는 약을 쓴다. 사주음양오행을 균형화ㆍ정상화시키는 방향으로 약물을 쓰면, 인체음양오행이 균형화되어 병증(病證)이 제거되고 인체가 정상화된다.

장부음양오행(臟腑陰陽五行)은 인체음양오행과 다음과 같이 특이한 관계가 있다. 체질의 음양오행은 장부음양오행과 약간의 차이가 있다.

체질이 차가우면 차가운 가운데 장부음양오행이 균형화 할 수 있다. 하지만 질병의 원인은 대부분 체질의 음양오행 상태에 기인(基因)한다. 그러므로 체질의 음양오행 구조를 기초로 질병의 원인을 찾고 장부음양오행을 조절해야 인체가 빨리 정상화될 수 있다. 그런데 이 체질의 음양오행을 형성케 하는게 바로 사주음양오행이다. 그러므로 우리는 사주음양오행에 기초를 두며 병근(病根)을 찾고 이에 대한 약물을 선택하여 질병을 치료해야 하는 것이다.

사주음양오행이 상호조화(相互調和)의 관계를 형성하고 있으면, 설령 사주가 木火土金水오행을 전부 구비하지 않았을 지라도 인체(장부)음양오행은 크게 영향을 받지 않는다. 하지만, 사주음양오행이 전극(戰剋)하거나 불화(不和)하면 그 음양오행의 氣가 인체음양오행의 뿌리를 흔든다. 이러한 일들이 거듭 발생하면 장부음양오행이 전극하거나 불균형적 상생상극관계를 형성한다. 장부음양오행이 불균형적 생극관계를 가지면 해당오행 부위에 질병이 出하고 이와 생극관계에 있는 기타 오행장부도 영향을 받아 인체가 비정상적이 되는 것이다. 그러므로 우리는 사주음양오행구조와 대운(大運)·세운(歲運)음양오행구조 등을 면밀히 살펴 상생상극관계를 형성하고 있는 장부음양오행구조(臟腑陰陽五行構造)에 어떻게 작용하고 있는가를 알아야 한다. 그래야 병의 뿌리를 뽑을 수 있다. 질병이란 음양오행의 관계가 부조화하여 일어나는 산물이기 때문이다.

인체의 음양오행, 사주의 음양오행, 대운·세운의 음양오행은 시시각각으로 다르게 상생상극의 연결관계를 형성하고 있다. 사주음양오행과 대운·세운음양오행과 인체음양오행과의 생극(生剋)관계는 인체가 내적·외적 음양오행과 어떤 관계를 하고 있는가를 알려준다.

인체는 그 자체가 음양오행이어서 음양오행 생극변화의 법칙의 한계를 벗어나지 못한다.

이 인체음양오행은 사주음양오행과 대운·세운음양오행(이것은 별들간의 상호관계 속에서 생기는 外界의 음양오행이다)의 지배를 받는다. 그러므로 우리는 사주음양오행, 대운·세운음양오행과 인체와의 관계를 연결시켜 관찰하지 않으면 안된다.

대부분의 의자(醫者)들이 사진(四診)에 의한 방법이라든가 직감력(直感力)으로 하는 진단과 처방들은, 알고보면 음양오행의 법칙내에 존재하는 하나의 작은 방법에 불과한 것이다. 이러한 진단(診斷)과 치법(治法)들은 개인적 경험이라든가 직감력에 의해 탄생되어 맞을 수도 빗나갈 수도 있다. 이것들은 다소 주관적이거나 편협한 것이어서 부분은 아나 전체를 모르게 할 수 있다. 병증(病證)은 아나 병근(病根)을 모르게할 수 있고 병인(病因)과 무관한 치료약물을 선택하게 할 수 있다. 그러나 음양오행에 기초를 두면 크고 작은 모든 것을 아울러 알 수 있게 된다. 작으면 작은 것을… 크면 큰 것을 인식할 수 있다. 전체와 부분을 연결시켜 볼 수 있다. 그러므로 음양오행에 기초를 두고 한의학의 세계를 보아야 한다. 그래야 정확히 병근(病根)을 알고 그에 대한 치법(治法)을 강구할 수 있다.

4. 사주토오행(四柱土五行)과 비위병증(脾胃病證)의 치법(治法) 2

1)

토(土)가 약(弱)한 四柱五行이 대운·세운오행의 설기(泄氣)를 당하거나 극(剋)을 받으면 土장부가 허(虛)해진다.

비위토(脾胃土)가 허(虛)해지면 식욕부진(食慾不振), 토산(吐酸), 식후완복창만(食後 脘腹脹滿), 구토(嘔吐), 애기(噯氣), 사지권태(四肢倦怠), 면색위황(面色萎黃), 태백(苔 白), 뇨청장(尿淸長), 변당(便溏), 부종(浮腫), 설담(舌淡), 맥허완(脈虛緩) 등의 증후 가 出한다.

위 경우의 병근(病根)은 사주의 약토(弱土)이다. 그러므로 질병을 치료하려면 보토 (補土)하여 土氣를 증진시켜야 한다. 補의 약물은 子午선 좌측에 있다. 그러므로 子午 선 좌측의 영역에서 土를 補하는 약을 찾아야 한다.

土의 약은 약토(弱土)의 氣를 증진시킨다. 火의 약은 火生土하여 土氣를 강화한다.

補藥中 건비익기(健脾益氣)의 효능이 있는 약물을 기본으로 하고 병정에 따라 기타약 물을 배합하여 구성한 방제로 치료하면, 제증이 제거되고 인체음양오행이 균형화되어 인 체가 정상화 된다.

💭 방제예

사군자탕(四君子湯)
향사육군자탕(香砂六君子湯)

2)

약(弱)한 土와 강(强)한 한수(寒水)가 있는 사주가 대운·세운오행과 不和하면, 인체 의 土水오행 세력이 불균형적 상극관계를 형성하여 비위토(脾胃土)가 허(虛)해지고 木 장부가 비정상적이 된다.

이러한 경우에는 주로 완복창만(脘腹脹滿), 냉통(冷痛), 납태(納呆), 구토(嘔吐), 희온희안(喜溫喜按), 설리청곡(泄痢淸穀), 지냉권태(肢冷倦怠), 면색위황(面色萎黃), 수종(水腫), 설질담(舌質淡), 백대하(白帶下), 맥침세약(脈沈細弱) 등의 증후가 발생한다.

위 경우의 병근(病根)은 사주의 弱한 土와 强한 한수(寒水)이다. 그러므로 질병을 치료하려면 土를 補하고 水를 설기(泄氣)시키고 한(寒)을 거(袪)해야 한다.

火의 약은 水氣를 약화시키고 한(寒)을 거(袪)하고 生土하여 土氣를 증진시킨다. 土의 약은 水氣를 억제시키고 土를 補한다.

補의 약중에서 온중산한(溫中散寒)의 효능이 있는 약물을 기본으로 하고 병정(病情)에 따라 기타약물을 배합하여 구성한 방제(方劑)로 치료하면 제증(諸證)이 제거되고 인체가 정상화 된다.

◎ 방제예

이중탕(理中湯)

부자이중탕(附子理中湯)

3)

약토(弱土)와 水가 불균형적 상극관계를 가진 사주오행이 대운·세운오행과 불화(不和)하면 인체의 土와 水가 불균형적 상극관계를 형성하여 비위토(脾胃土)가 허(虛)해지고 土가 혈수(血水)를 통섭(統攝)하지 못한다. 土장부가 허해지면 이와 생극(生剋)관계에 있는 金木水火장부도 영향을 받아 인체가 비정상적이 된다.

이러한 경우에는 주로 완복창만(脘腹脹滿), 납태(納呆), 변당(便溏), 변혈(便血), 붕루(崩漏), 월경과다(月經過多), 요혈(尿血), 두훈(頭暈), 심계(心悸), 면색창백(面色蒼白), 맥세약(脈細弱) 등의 증후가 出한다.

위 경우의 병근(病根)은 비위토기허(脾胃土氣虛)가 아닌 비위토기를 허(虛)하게 한 사주상의 약토(弱土)이다. 사주의 弱土가 水와 불균형적 상극관계를 형성하여 장부(臟腑)가 비정상적이 되었으므로 보(補)하여 土氣를 강화시켜야 한다. 補의 약중에서 土氣를 증진시키는 약은 火土의 약이다.

火의 약은 인체에 온기(溫氣)를 주며 水의 한기(寒氣)를 설기(泄氣)시키고 火生土하며 土氣를 강화시킨다.

土의 약은 보토(補土)하여 土에게 힘을 주고 土剋水하여 혈수(血水)를 통섭(統攝)하며 인체의 水土五行 세력을 균형화시킨다.

화토(火土)의 약중에서 익기건비(益氣健脾), 양심보혈(養心補血)의 효능이 있는 약물을 기본으로 하고 병정(病情)에 따라 기타약물을 배합하여 치료하면, 병증이 제거될 뿐만아니라 장부음양오행이 균형화되고 인체가 정상화 된다.

◎ 방제예

귀비탕(歸脾湯)

교애탕(膠艾湯)

보중익기탕(補中益氣湯)

4)

토기(土氣)가 약(弱)한 사주오행과 대운·세운오행이 부조화(不調和)하면 비위토기(脾胃土氣)가 약화되고 中氣가 하함(下陷)한다. 〔기허기함(氣虛氣陷)〕 이러한 경우에는 주로 성저기단(聲低氣短), 소수핍력(消瘦乏力), 완복추창(脘腹墜脹), 자궁탈수(子宮脫垂), 구설(久泄), 위하수(胃下垂), 탈항(脫肛), 설담태백(舌淡苔白), 소변임리부진(小便淋漓不盡), 맥완무력(脈緩無力) 등의 증후가 발생한다.

위 경우의 병근(病根)은 사주상의 토기(土氣)의 약(弱)이다. 그러므로 질병을 치료하려면 土를 補하여 土氣를 증진시켜야 한다.

약(弱)은 허(虛)와 상통(相通)한다. 그러므로 약물음양오행구분도표상에서 子午선 좌측의 영역에서 약물을 찾아야 한다. 子午선 좌측영역의 약은 補의 약(藥)으로서 인체의 氣를 증진시킨다.

補藥中에서 火의 약은 인체(장부)에 온기(溫氣)를 주며 火生土하여 脾胃土의 氣를 강화한다.

土의 약은 비위토(脾胃土)와 동류오행(同類五行)으로서 이들의 기능을 촉진시킨다.

보(補)의 약중에서 승양익기(升陽益氣), 건비보중(健脾補中)의 효능이 있는 약물을 기본으로 하고 병정(病情)에 따라 기타약물을 배합하여 구성한 방제(方劑)로서 치료하면 병증(病證)이 제거될 뿐만아니라 인체의 정기(精氣)가 증진되고 장부음양오행이 균형화되어 인체가 정상화된다.

◎ 방제예

보중익기탕(補中益氣湯)

5)

사주상으로 土가 弱하고 한수(寒水)가 多하면, 인체의 土水도 영향을 받아 土가 水를 통제하지 못한다. 土장부는 水장부를 극(剋)하여 견제하지 못하고 역극(逆剋)을 받는다.

수토장부(水土臟腑)의 세력이 불균형해지면 이와 생극관계에 있는 木火金장부도 영향을 받아 변화한다. 사주오행(土水)이 대운·세운오행과 불화(不和)하면 인체가 비정상적이 된다.

이 경우에는 주로 위완만민(胃脘滿悶), 완복면면작통(脘腹綿綿作痛), 납식감소(納食減少), 오심구토(惡心嘔吐), 희열음(喜熱飲), 지체곤권(肢體困倦), 설태후니(舌苔厚膩), 피부청황(皮膚晴黃), 부종(浮腫), 백대하과다(白帶下過多), 대변당설(大便溏泄), 맥유완(脈濡緩) 등의 증후가 발생한다.

위 경우의 병근(病根)은 사주상의 토약(土弱)과 한수다(寒水多)이다. 사주상으로 土와 水의 세력이 균형적이 되면 질병(疾病)이 발생하지 않는다. 土水 세력이 균형적이고 정상적이면 인체는 外部的 자극을 받아도 가까운 시일내에 정상화 된다.

그러나 사주상으로 土가 弱하고 한수(寒水)가 多하면 작은 외부적(外部的) 자극을 받아도 장부음양오행이 불균형화하여 인체가 비정상적이 된다.

위 경우의 병근(病根)은 사주상의 土弱과 寒水多이다.

그러므로 질병을 치료하려면 土를 보(補)하고 한(寒)을 거(祛)하고 수기(水氣)를 설기(泄氣)시켜야 한다.

火의 약은 火生土하여 土를 補하고 온기(溫氣)로서 거한(祛寒)하고 水剋火하여 水氣

를 약화시킨다.

土의 약은 동류오행(同類五行) 장부(臟腑)인 비위토(脾胃土)에 힘을 주고 土剋水하여 水氣를 억제하며, 土와 水의 세력을 균형화시키는데 기여한다.

火土의 약중에서 화위건비(和胃健脾), 온화한습(溫化寒濕)의 효능이 있는 약물을 기본으로 하고 병정(病情)에 따라 기타약물을 배합하여 치료하면 병증이 제거되고 인체가 정상화 된다.

◎ 방제예

위령탕(胃苓湯)

6)

사주에 土가 弱한 中에 한수(寒水)가 多하면 한수(寒水)가 土를 역극(逆剋)하여 土水가 불균형화 한다.

사주상의 土와 水가 이와같은 관계를 가지면 인체의 土와 水도 이와 유사한 관계를 형성한다.

인체의 한수(寒水)는 土를 역극(逆剋)한다. 이로인해 비위토(脾胃土)가 차가워지고 비위토와 신·방광수(腎·膀胱水)가 불균형적 상극관계를 갖는다.

土水장부가 불균형적이 되면 이와 생극관계에 있는 火金木 장부도 영향을 받아 변화한다. 사주오행이 대운세운오행과 불화하면 土水장부에 질병이 出하고 인체가 비정상적이 된다.

이러한 경우에는 주로 오한지냉(惡寒肢冷), 위완은통(胃脘隱痛), 식후복부창만(食後腹部脹滿), 희온희안(喜溫喜按), 오심구토(惡心嘔吐), 구범청수(口泛淸水), 납태(納呆), 백대청희다(白帶淸稀多), 부종(浮腫), 요소(尿少), 대변당설(大便溏泄), 맥침세무력(脈沈細無力) 등의 증후가 발생한다.

위의 증후들은 대개 대운·세운오행이 土를 약화시키고 水氣를 강화할 때 두드러지게 발생한다.

위 경우의 병근은 사주상의 弱土와 寒水이다.

그러므로 질병(疾病)을 치료하려면 土를 補하고 寒을 거(祛)하고 水를 설기(泄氣)시키거나 억제하며 土水세력을 균형화·정상화시켜야 한다.

약물음양오행 구분도표에 있는 火의 약은 火生土하여 土를 補하고 온열(溫熱)의 氣로서 거한(祛寒)하고 수극화(水剋火)하여 水氣를 설기시킨다. 土의 약은 土氣를 강화하고 土剋水로 水氣를 억제하여 土水세력을 균형화시킨다. 약물음양오행 구분도표상으로 火土영역의 약물 중 온중거한(溫中祛寒), 온양건비(溫陽健脾) 등의 효능이 있는 약물을 기본으로 하고 병정(病情)에 따라 기타 약물을 배합하여 치료하면 병증이 제거되고 인체가 정상화 된다.

◑ **방제예**

소건중탕(小建中湯)
부자이중탕(附子理中湯)

7)

신약(身弱)이고 土가 弱한 사주가 대운·세운오행과 不和하면 비위토(脾胃土)가 허(虛)해진다.

대운·세운오행이 土氣를 설기(泄氣)시키거나 극(剋)하면 두드러지게 土장부에 허증(虛證)이 나타난다.

비위토(脾胃土)가 허(虛)해지지 않으면 土에 관한 운세가 약화된다.

사주음양오행의 氣는 인체음양오행과 일에 관한 운세에 영향을 준다. 사주오행이 인체에 관여하면 인체의 건강과 질병의 여부(與否)가 결정되고 운세(運勢)에 작용하면 제반사(諸般事)에 대한 흥쇠(興衰)가 일어난다. 사주오행의 氣가 인체에 영향을 주는 경우 사주가 身弱이고 사주오행중 土가 약하면 비위토기(脾胃土氣)가 허(虛)해진다. 비위토가 허해지면 火金水木장부도 영향을 받아 인체가 비정상적이 된다.

이러한 경우에는 주로 위완만민(胃脘滿悶), 조잡(嘈雜), 애기(噯氣), 음식불사(飮食不思), 소변청장(小便淸長), 대변부실(大便不實), 설담태백(舌淡苔白), 맥허약(脈虛弱) 등의 증후가 발생한다.

위 경우의 병근(病根)은 사주의 신약(身弱)과 토약(土弱)이다. 그러므로 질병을 치료하려면 신(身)을 강(强)하게 하고 토기(土氣)를 증진시켜야 한다.

약(弱)은 허(虛)와 통하고 허(虛)는 보(補)해야 치료된다. 그러므로 약물음양오행 구분도표상으로 子午선 좌측 영역에 있는 약을 찾아 쓰면 된다. 좌측영역의 약중 火의 약은 火生土하여 土氣를 증진시킨다.

土의 약은 보토(補土)하여 土氣를 강화한다. 火土의 약물중에서 보허익기건비(補虛益氣健脾)의 효능이 있는 약물을 기본으로 하고 병정에 따라 기타약물을 배합하여 구성한 방제로서 치료하면, 제증(諸症)이 제거되고 인체가 정상화 된다.

◯ 방제예

　　육군자탕(六君子湯)
　　황기건중탕(黃芪建中湯)
　　향사육군자탕(香砂六君子湯)

8)

약토(弱土)와 한수(寒水)가 있는 사주가 대운·세운오행과 불화(不和)하면, 인체의 土오행도 영향을 받아 비위토(脾胃土)가 허해지고 차가워진다.

비위토(脾胃土)가 허해지면 이와 生剋관계에 있는 기타장부도 영향을 받아 인체가 비정상적이 된다.

이러한 경우에는 주로 위완냉통(胃脘冷痛), 수족불온(手足不溫), 희안(喜按), 희열음(喜熱飮), 청수토출(淸水吐出), 맥침현(脈沈弦), 설태백활(舌苔白滑) 등의 증후가 발생한다.

위 경우의 병근(病根)은 사주의 토약(土弱)과 한수(寒水)이다.

그러므로 질병(疾病)을 치료하려면 土를 補하고 한(寒)을 거(祛)하고 水를 설기(泄氣)시켜야 한다. 火의 약은 火生土하여 土를 보(補)하고 온기(溫氣)로서 한기(寒氣)를 제거하고 水氣를 설기(泄氣)시킨다.

土의 약은 土를 강화하고 水氣를 제한하여 土水의 불균형을 완화시킨다.

火土의 약물중 온위산한(溫胃散寒), 온중건비(溫中健脾)의 효능이 있는 약물을 기본으로 하고 병정(病情)에 따라 기타약물을 배합하여 구성한 방제로 치료하면 병증이 제거되고 인체가 정상화된다.

방제예

계지생강지실탕(桂枝生薑枳實湯)

양부환(良附丸)

이중탕(理中湯)

향사육군자탕(香砂六君子湯)

부자이중탕(附子理中湯)

9)

火土가 강한 사주가 대운·세운오행과 불화(不和)하면 비위토(脾胃土)에 자주 열(熱)이 생하고 火土장부가 불균형적이 된다. 火土장부가 불균형적이 되면 이와 생극(生剋)관계에 있는 木金水장부도 영향을 받아 인체가 비정상적이 된다.

이 경우에는 주로 심중조잡(心中嘈雜), 번갈다음(煩渴多飮), 위완작열통(胃脘灼熱痛), 욕냉음(欲冷飮), 치은종통(齒齦腫痛), 설홍태황(舌紅苔黃), 변비(便秘), 요적(尿赤), 맥활삭유력(脈滑數有力) 등의 증후가 발생한다.

위 경우의 병근(病根)은 사주의 강화(强火)와 土의 비정상적 상생관계이다. 그러므로 질병을 치료하면 火를 설기시키거나 제한해야 한다.

水의 약은 火의 기세를 약화시키고 토기(土氣)를 청(淸)케 한다. 金의 약은 火剋金하여 火氣를 설기시키고 土生金하여 土氣를 약화시키며 火土음양오행을 정상화시키는데 기여한다.

水金의 약물 중 청사위화(淸瀉胃火), 청위양혈(淸胃凉血), 자음양혈(滋陰凉血)의 효능이 있는 약물을 기본으로 하고 병정(病情)에 따라 기타약물을 배합하여 구성한 방제로서 치료하면 병증을 쉽게 제거할 뿐만아니라 인체를 보다 빨리 정상화시킬 수 있다.

방제예

맥문동탕(麥門冬湯)

청위산(淸胃散)+α

10)

불균형적 생극관계에 있는 火土水사주오행이 대운·세운오행과 불화(不和)하면 인체의 火土水오행이 불화하여 기(氣)가 체(滯)하거나 혈어(血瘀)가 된다.

이러한 경우에는 주로 심중조잡(心中嘈雜), 식후통증(食後痛症), 작열감(灼熱感), 어혈조체(瘀血阻滯), 토혈(吐血), 변혈(便血), 맥현삽(脈弦澁) 등의 증후가 발생한다.

위의 병근(病根)은 사주상으로 화목수기(火木水氣)의 불통(不通)과 부조화이다. 그러므로 질병을 치료하려면 기(氣)를 통(通)하게 하고 五行을 조화롭게 해야 한다.

위의 경우에는 조기활혈(調氣活血), 화어지혈(化瘀止血), 지통(止痛)의 효능이 있는 약물을 기본으로 하고 병정에 따라 기타 약물을 배합하여 치료한다.

방제예

실소산(失笑散)

단삼음(丹蔘飮)

11)

사주에 약토(弱土)와 水가 불균형적 상극관계를 형성하고 사주오행이 대운세운오행과 불화하면 인체의 오행도 영향을 받아 인체의 土水와 土水장부가 불균형해진다.

土水와 土水장부가 불균형해지면 이와 생극관계에 있는 火金木장부도 영향을 받아 인체가 비정상적이 된다.

이러한 경우에는 주로 사지부종(四肢浮腫), 설질담(舌質淡), 복창납태(腹脹納呆), 태백윤(苔白潤), 대변당설(大便溏泄), 맥유완(脈濡緩) 등의 증후가 발생한다.

위 경우의 병근(病根)은 사주의 약토(弱土)와 水의 불균형적 상극(相剋)관계이다. 그러므로 질병을 치료하려면 토기(土氣)를 증진시키고 수기(水氣)를 약화시켜 土水세력을 균형화시켜야 한다. 土의 약은 약(弱)한 토기(土氣)를 강화하고 水를 剋하여 견제한다. 火의 약은 火生土하여 土에 온기(溫氣)를 주고 土의 세력을 증진시키고, 水剋火하여 水氣를 설기(泄氣)시킨다.

火土의 약은 사주의 약토(弱土)와 水에 작용하여 土水세력을 균형화·정상화시킨다. 火土의 약물중 익기행수(益氣行水), 온양건비(溫陽健脾)의 효능이 있는 약물을 기본으로 하고 병정(病情)에 따라 기타약물을 배합하여 구성한 방제로서 치료하면, 병증이 제거되고 인체가 정상적이 된다.

◯ 방제예

　　실비음(實脾飮)

12)

사주에 음토(陰土)의 氣가 弱한데 대운·세운오행이 이를 극(剋)하거나 설기시켜 돕지 않으면, 인체의 음기(陰氣)가 극(剋)받아 약해지고 비위토(脾胃土)가 조(燥)해진다. 즉 비위토의 음양이 불균형해진다.

土장부의 음양이 불균형해지면 이와 생극관계에 있는 木火金水장부도 영향을 받아 인체가 비정상적이 된다.

이러한 경우에는 주로 구건인조(口乾咽燥), 위완은통(胃脘隱痛), 식후포창(食後飽脹), 음식불사(飮食不思), 심번(心煩), 미열(微熱), 대변건조(大便乾燥), 맥세삭(脈細數) 등의 증후가 발생한다.

위 경우의 병근(病根)은 사주상으로 음토(陰土)의 약(弱)이다. 그러므로 질병을 치료하려면 음(陰)을 보(補)하여 土의 음양(陰陽)을 정상화시켜야 한다.

약물음양오행 구분도표에서 子午선 좌측 영역 약물중에서 자음생진양위(滋陰生津養胃)의 효능이 있는 약물을 기본으로 하고 병정에 따라 기타약물을 배합하여 구성한 방제로서 치료하면, 제증(諸證)이 제거되고 인체가 정상화된다.

⬭ 방제예

익위탕(益胃湯)

사삼맥문동탕(沙蔘麥門冬湯)

5. 사주금오행(四柱金五行)과 폐·대장병증(肺·大腸病證)의 치법(治法) 2

1)

사주에 성(盛)한 水木이 金과 대결하고 대운·세운오행이 이들과 불화하면 인체의 음양오행도 영향을 받아 폐·대장금(肺·大腸金)의 기능에 이상이 생긴다. 한목(寒木)이 金과 전극(戰剋)하고 한수(寒水)가 金을 얼려 인체가 비정상적이 된다.

이러한 경우에는 형한지냉(形寒肢冷), 천해수담다(喘咳嗽痰多), 오한(惡寒), 비류청제(鼻流清沸), 설태백(舌苔白), 두신통(頭身痛), 구불갈(口不渴), 맥부긴(脈浮緊) 등의 증후가 出한다.

위 경우의 병근(病根)은 사주의 성수목(盛水木)과 金의 부조화(不調和)이다. 그러므로 질병을 치료하려면 水木과 金의 관계를 조화롭게해야 한다.

한수(寒水)가 성(盛)하므로 火의 약을 써서 거한(祛寒)하고 木水氣를 약화시키고 인체에 온기(溫氣)를 준다.

土의 약으로는 극수(剋水)하여 수기(水氣)를 제한하고 土生金하여 金에 힘을 준다. 金의 약으로는 풍목(風木)을 극(剋)하여 제거하고 인체의 木金 상극관계를 균형화시킨다.

火土金의 약물중 선폐화담(宣肺化痰), 발산풍한(發散風寒)의 효능이 있는 약물을 기본으로 하고 병정(病情)에 따라 기타약물을 배합하여 구성한 방제로서 치료하면, 제증이 사라지고 인체가 정상화 된다.

🌓 방제예

행소산(杏蘇散)

소청룡탕(小靑龍湯)

마황탕(麻黃湯)

계지가후박행자탕(桂枝加厚朴杏子湯)

2)

사주에 왕화(旺火)가 金을 剋하고 대운 · 세운오행이 이들을 돕지 않으면 인체음양오행도 영향을 받아 인체에 질병이 出한다.

열사(熱邪)가 폐 · 대장(肺 · 大腸)에 침범하고 인체의 火金五行이 불균형적 생극관계를 형성한다.

火金五行이 불균형해지면 기타오행 장부도 영향을 받아 인체가 비정상적이 된다.

이러한 경우에는 주로 호흡촉급(呼吸促急), 해수(咳嗽), 황색담(黃色痰), 인건통(咽乾痛), 흉배인동(胸背引痛), 번갈(煩渴), 대변건결(大便乾結), 설건홍(舌乾紅), 소변적삽(小便赤澁), 맥삭(脈數), 태황조(苔黃燥) 등의 증후가 발생한다.

위 경우의 병근(病根)은 사주에 있는 왕화(旺火)와 金의 전극(戰剋)이다. 그러므로 질병을 치료하려면 火氣를 약화시키고 金氣를 강화하여 火金의 상극관계를 균형화시켜야 한다.

土의 약은 火氣를 설기시키고 金을 生하여 火金의 전극을 증재한다.

金의 약은 火剋金하여 火氣를 약화시키며 金氣를 강화한다.

水의 약은 水剋火하여 火氣를 억제하고 金을 윤(潤)하게 한다.

土金水 약중에서 청폐설화(淸肺泄火) · 청열사화(淸熱瀉火)의 효능이 있는 약물을 기본으로 하고 병정(病情)에 따라 기타약물을 배합하여 구성한 방제로서 치료하면, 병증이 제거되고 인체가 정상화된다.

방제예

청폐억화환(淸肺抑火丸)

사폐탕(瀉肺湯)

3)

木火와 金이 전극(戰剋)하는 사주가 木火 대운·세운오행을 만나거나 대운·세운오행과 불화하면 풍열(風熱)이 인체에 침입한다. 풍열(風熱)이 폐금(肺金)을 剋하면 기침, 거친호흡, 황색담(黃色痰), 인통(咽痛), 오풍발열(惡風發熱), 구갈(口渴), 설태황색(舌苔黃色), 맥부삭(脈浮數) 등의 증후가 발생한다.

위 경우의 병근(病根)은 사주의 木火五行과 金五行과의 부조화(不調和)이다. 그러므로 질병을 치료하려면 이들을 조화롭게 해야 한다.

土의 약은 火와 金의 전극(戰剋)을 중재한다. 이 약은 火生土하여 火氣를 약화시키고 土生金하여 金의 기세를 증진시켜 火와 金의 전투를 막는다. 토약(土藥)의 生을 받아 氣를 확대한 金은 풍목(風木)을 剋하여 제압한다. 水의 약은 火氣를 설기시키고 金을 윤(潤)하게 하여 木火金五行의 관계를 조화롭게 한다.

金水의 약물중 청폐설열(淸肺泄熱), 청열생진(淸熱生津)의 효능이 있는 약물을 기본으로 하고 병정(病情)에 따라 기타약물을 배합하여 구성한 방제로서 치료하면, 병증(病證)이 제거되고 인체가 정상화된다.

방제예

마행석감탕(麻杏石甘湯)

상국음(桑菊飮)

4)

사주에 水土와 金이 부조화(不調和)하고 대운·세운오행이 이들을 더욱 복잡하게 하면 土가 金을 生하고 한수(寒水)가 金을 얼려 금기(金氣)가 체(滯)한다. 이로인해 폐·대장(肺·大腸)에 질병이 발생한다. 金장부에 이상이 생기면 이와 생극(生剋)관계에 있는 기타장부도 영향을 받아 인체가 비정상적이 된다.

이러한 경우에는 담다(痰多), 기천(氣喘), 해수(咳嗽), 후중담명(喉中痰鳴), 맥활(脈滑), 설태니(舌苔膩) 등의 증후가 발생한다.

위 경우의 병근(病根)은 사주상으로 한수토(寒水土)와 金의 不調和이다. 그러므로 질병(疾病)을 치료하려면 거한(祛寒)하고 수기(水氣)를 설기(泄氣)시키는 등 음양오행을 조절하고 인체(人體)에 온기를 주어야 한다.

火의 약은 거한(祛寒)하고 水를 설기시키고 土를 生해주고 金에 온기(溫氣)를 준다.

木의 약은 水를 흡수하여 水氣를 약화시키고 목극토(木剋土)하여 土를 소통(疏通)시키고 金에 자극을 주어 五行의 부조화를 제거한다.

화금목(火金木) 약물중에서 사폐척담(瀉肺滌痰), 건비조습(健脾燥濕)의 효능이 있는 약물을 기본으로 하고 병정(病情)에 따라 기타약물을 배합하여 구성한 방제(方劑)로 치료하면 제증(諸證)이 제거되고 인체가 정상화 된다.

◎ 방제예

이진탕(二陳湯)

정력대조사폐탕(葶藶大棗瀉肺湯)

소청룡탕(小青龍湯)

5)

사주에 성화(盛火)가 金을 剋하고 火金이 타오행과 부조화(不調和)하고 신살정국(神殺定局)이 복잡하고 대운·세운오행이 이를 돕지 않으면 金장부에 열(熱)이 울결(鬱結)된다. 金장부에 이상이 생기면 이와 생극(生剋)관계에 있는 木火土장부도 영향을 받아 인체가 비정상적이 된다.

이러한 경우에는 주로 해수기천(咳嗽氣喘), 오한발열(惡寒發熱), 흉통(胸痛), 농담(膿痰), 혈담(血痰), 맥활삭(脈滑數) 등의 증후가 발생한다.

위 경우의 병근(病根)은 성화(盛火)와 金의 전극(戰剋)이고 五行의 부조화이다. 그러므로 질병을 치료하려면 火와 金의 전극을 막고 오행을 조화시켜야 한다.

위 경우에는 청폐설열(清肺泄熱), 화어배농(化瘀排膿), 청열해독(清熱解毒)의 효능이 있는 약을 기본으로 하고 병정(病情)에 따라 기타약물을 배합하여 치료한다.

신살정국(神殺定局)이 복잡하면 부적(符籍)을 써서 이를 순조롭게 해야 약효(藥效)가 빠르다.

부적(符籍)은 五行과 신살정국(神殺定局)과를 조화롭게하는 부호이다. 이것은 약물과 인체를 조화시킨다.

이것은 火氣를 진정(鎭定)시키고 오행지지간의 형충파해(刑冲破害) 등 오행의 부조화를 화해시키는데 중요한 역할을 한다. 그러니 무시하지 말고 약물과 함께 사용해야 한다.

방제예

    천금위경탕(千金葦莖湯)
    소함흉탕(小陷胸湯)
    청기화담환(淸氣化痰丸)

6)

사주에 金土水가 전극(戰剋)하거나 불균형하는 등 부조화(不調和)하고 대운·세운오행이 이들을 돕지않으면 폐·대장(肺·大腸), 비·위(脾·胃), 신·방광(腎·膀胱)의 기능에 이상이 생긴다. 金土水 장부에 이상이 생기면 이와 생극관계에 있는 기타 장부도 영향을 받아 인체가 비정상적이 된다.

이러한 경우에는 주로 면부부종(面部浮腫), 소복창만(小腹脹滿), 소변단적(小便短赤), 오한발열(惡寒發熱), 해수(咳嗽), 인통(咽痛), 기천(氣喘), 맥유삭(脈濡數) 등의 증후가 出한다.

위 경우의 병근(病根)은 四柱의 金土水五行의 부조화(不調和)이다. 그러므로 질병(疾病)을 치료하려면 이를 개선해야 한다. 사주오행의 강약(强弱)을 보고 이들의 세력을 조절하고 조화롭게 하라. 병증의 음양오행과 치료약물을 비교하고 사주음양오행 세력을 고려하라. 이 경우에는 선폐이수(宣肺利水), 소폐청열(疏肺淸熱)의 효능이 있는 약물을 기본으로 하고 병정에 따라 기타약물을 배합(配合)하여 구성한 방제(方劑)로서 치료하면, 병증이 제거되고 인체가 정상화된다.

방제예

월비탕(越婢湯)

대청룡탕(大靑龍湯)

사폐탕(瀉肺湯)

7)

金이 조(燥)한 사주오행이 대운·세운오행과 부조화하면 인체의 오행도 영향을 받아 폐·대장금(肺·大腸金)이 조(燥)해 지는등 질병이 出한다.

金장부에 이상(異常)이 생기면 이와 생극(生剋)관계에 있는 기타장부도 영향을 받아 인체가 비정상적이 된다.

이러한 경우에는 주로 건해소담(乾咳小痰), 비건인조(鼻乾咽燥), 흉통(胸痛), 한열(寒熱), 객혈(喀血), 구갈(口渴), 설첨홍(舌尖紅), 맥삭(脈數) 등의 증후가 발생한다.

위 경우의 병근(病根)은 사주상으로 金燥이다. (대운·세운오행이 火金등 燥한 오행이면 주의를 요한다.)

그러므로 질병을 치료하려면 火의 燥를 없애야 한다.

水의 약은 火氣를 억제하며 金을 윤(潤)하게 한다.

水의 약중에서 청폐윤조(淸肺潤燥)의 효능이 있는 약물을 기본으로 하고 병정(病情)에 따라 기타약물을 배합하여 구성한 방제로서 치료하면, 병증이 제거되고 인체가 정상화된다.

방제예

청조구폐탕(淸燥救肺湯)

패모과루산(貝母瓜蔞散)

양음청폐탕(養陰淸肺湯)

상행탕(桑杏湯)

8)

金이 약한 사주가 대운·세운오행과 부조화(不調和)하면 인체음양오행도 영향을 받아 금폐·대장(金肺·大腸)이 허(虛)해진다.

金장부가 허(虛)해지면 이와 생극(生剋)관계에 있는 木火土장부도 영향을 받아 인체가 비정상적이 된다.

이러한 경우에는 주로 천식기단(喘息氣短), 면색창백(面色蒼白), 묽은 담(痰), 신권태(身倦怠), 자한(自汗), 오풍(惡風), 설질담백(舌質淡白), 맥허약(脈虛弱) 등의 증후가 발생한다.

위 경우의 병근(病根)은 사주의 金弱이다. 그러므로 질병을 치료하려면 보(補)하여 金氣를 증진시켜야 한다.

보(補)의 약중 土의 약은 生金하여 金氣를 강화한다.

金의 약은 동류오행(同類五行)인 金의 氣를 증진시킨다.

약물음양오행 구분도표상으로 보(補)의 영역(子午선 좌측)에 있는 약물중 보폐익기(補肺益氣)의 효능이 있는 약물을 기본으로 하고 병정(病情)에 따라 기타약물을 배합하여 구성한 방제(方劑)로서 치료하면 제증이 제거되고 인체(人體)가 정상화된다.

방제예

보폐탕(補肺湯)

육미지황환(六味地黃丸)

보원탕(保元湯)

금궤신기환(金匱腎氣丸)

보중익기탕(補中益氣湯)

9)

금음(金陰)이 약(弱)한 사주가 대운·세운오행의 도움을 받지 못하면 폐·대장음(肺·大腸陰)이 허(虛)해진다. 金장부의 음(陰)이 허해지면 이와 생극관계에 있는 기타장부도 영향을 받아 인체가 비정상적이 된다.

이러한 경우에는 건해소담(乾咳小痰), 조열(潮熱), 구갈(口渴), 구건인조(口乾咽燥), 도한(盜汗), 수족심열(手足心熱), 맥세삭(脈細數) 등의 증후가 발생한다.

위 경우의 병근(病根)은 사주상으로 금음약(金陰弱)이다. 그러므로 질병을 치료하려면 금음(金陰)을 먼저 보(補)해야 한다.

약물음양오행 구분도표상으로 子午선 좌측인 보(補)의 약중에서 자음윤폐(滋陰潤肺)의 효능이 있는 약물을 기본으로 하고 병정(病情)에 따라 기타약물을 배합하여 구성한 방제로 치료하면 된다.

◎ 방제예

백합고금탕(百合固金湯)

사삼맥문동탕(沙蔘麥門冬湯)

양음청폐탕(養陰淸肺湯)

10)

사주에 金오행이 조(燥)하고 대운·세운오행이 조(燥)한 五行이면 대장금(大腸金)에 열조(熱燥)가 生하고 이와 생극(生剋)관계에 있는 기타장부도 영향을 받아 인체가 비정상적이 된다.

이러한 경우에는 대변비결(大便秘結), 복창통거안(腹脹痛拒按), 번조(煩躁), 항문작열(肛門灼熱), 고열(高熱), 구토(嘔吐), 설건(舌乾), 구갈(口渴), 수족한출(手足汗出), 맥침실유력(脈沈實有力) 등의 증후가 발생한다.

위 경우의 병근(病根)은 사주의 금조(金燥)이다. 그러므로 질병을 치료하려면 金을 윤(潤)하게 하면 된다.

水의 藥은 火氣를 억제하고 대장금(大腸金)을 윤(潤)하게 한다.

水의 약중 탕척실열(蕩滌實熱), 사열통변(瀉熱通便), 고한공하(苦寒攻下)의 효능이 있는 약물을 기본으로 하고 병정(病情)에 따라 기타약물을 배합하여 치료하면 인체가 정상화된다.

◎ 방제예

소승기탕(少承氣湯)

조위승기탕(調胃承氣湯)

대승기탕(大承氣湯)

11)

사주에 金과 火가 상극(相剋)하고 대운·세운오행이 不調和하면 대장금(大腸金)에 열(熱)이 生한다.

이러한 경우에는 변비(便秘), 대변건결(大便乾結), 항문작열(肛門灼熱), 구초설조(口焦舌燥), 맥활삭(脈滑數) 등의 증후(證候)가 발생한다.

위 경우의 병근(病根)은 사주상으로 金과 火의 전극(戰剋)이다.

그러므로 질병(疾病)을 치료하려면 金과 火의 전극(戰剋)을 막아야 한다. 土의 약은 火生土하고 생금(生金)하여 전극(戰剋)을 중재한다. 水의 약은 火氣를 제한하고 金을 윤(潤)하게 한다.

金의 약은 火氣를 설기(泄氣)시키고 金氣를 강화시킨다.

土水金의 약물중 청열사결(淸熱瀉結), 청상사하(淸上瀉下)의 효능이 있는 약물(藥物)을 기본으로 하고 병정(病情)에 따라 기타약물을 배합하여 치료하면 인체가 정상화된다.

◎ 방제예

마자인환(麻子仁丸)

양격산(凉膈散)

12)

사주에 金水火五行이 불균형적이고 대운·세운오행이 이를 돕지않으면 金水火 장부의 세력이 불균형적이 된다. 이들 장부가 불균형적이 되면 이와 생극관계(生剋關係)에 있는 土木장부도 영향을 받아 인체가 비정상적이 된다.

이 경우에는 점액하리(粘液下痢), 복통(腹痛), 설사(泄瀉), 구갈불욕(口渴不欲), 소변단적(小便短赤), 항문작열(肛門灼熱), 흉완비만(胸脘痞滿), 신중지권(身重肢倦), 구토(嘔吐), 납태(納呆), 맥활삭(脈滑數) 등의 증후(證候)가 발생한다.

위 경우의 병근(病根)은 金水火의 불균형(不均衡)과 부조화(不調和)이다. 그러므로 질병(疾病)을 치료하려면 金水火의 오행 세력을 균형화시키고 조화시켜야 한다.

土의 藥은 火氣를 설기시키고 水氣를 제한하며 金을 도와준다.

金의 약은 火氣를 설기시키고 金의 기능을 강화한다.

土金의 약물중 청열화습(淸熱化濕), 화영완급(和營緩急), 지리(止痢)의 효능이 있는 약물을 기본으로 하고 병정(病情)에 따라 기타 약물(藥物)을 배합하여 치료하면 제증(諸證)이 제거되고 인체가 정상화 된다.

◎ 방제예

작약탕(芍藥湯)

왕씨연박음(王氏連朴飮)

백두옹탕(白頭翁湯)

13)

사주에 水土金이 약(弱)하고 대운·세운오행이 이들을 극(剋)하거나 설기(泄氣)시키면 水土金장부가 허(虛)해진다. 水土金장부가 허(虛)해지면 이와 생극(生剋)관계에 있는 기타장부도 영향을 받아 인체가 비정상적이 된다.

이러한 경우에는 설사(泄瀉), 구리(久痢), 탈항(脫肛), 항문하수(肛門下垂), 식소(食少), 사지불온(四肢不溫), 희온희안(喜溫喜按), 복부은통(腹部隱痛), 맥미세무력(脈微細無力) 등의 증후가 발생한다.

위 경우의 병근(病根)은 사주상으로 水土金의 弱으로 인한 水土金장부의 허(虛)이다. 그러므로 질병을 치료하려면 水土金장부를 보(補)해야 한다.

보(補)의 약은 약물음양오행 구분도표상에서 子午선 좌측에 존재한다. 이러한 약물중에서 고삽(固澁), 지사(止瀉), 후장고섭(厚腸固攝), 익기(益氣)의 효능이 있는 약물을 기본으로 하고 병정(病情)에 따라 기타약물을 배합하여 치료하면 제증이 제거되고 인체가 정상화된다.

◎ 방제예

양장탕(養臟湯)

14)

사주에 金이 조(燥)하고 약(弱)한 중에 대운·세운오행이 화조(火燥)한 오행(五行)이거나 金을 극(剋)하는 五行이면 金장부가 허조(虛燥)해진다. 金장부가 허조(虛燥)해지면 이와 생극(生剋)관계에 있는 기타장부도 영향을 받아 인체가 비정상적이 된다.

이러한 경우에는 대변건조비결(大便乾燥秘結), 인조(咽燥), 구건(口乾), 구취(口臭), 두훈(頭暈), 맥세삭(脈細數) 등의 증후가 出한다.

위 경우의 병근(病根)은 사주상으로 金의 조약(燥弱)이다. 그러므로 질병(疾病)을 치료하려면 金을 윤(潤)하게 하면서 보(補)해야 한다.

약물음양오행 구분도표상에서 보(補) 영역인 子午선 좌측 약물중 水의 약은 水剋火로 화조(火燥)를 억제시키고 金을 윤(潤)하게 한다.

(丑)土의 약은 火生土하여 火氣를 설기시키고 土生金하여 金氣를 증진시켜 金을 보(補)한다.

보(補)의 약물중에서 윤장통변(潤腸通便), 자음윤조(滋陰潤燥)의 효능이 있는 약물을 기본으로하고 병정(病情)에 따라 기타약물을 배합하여 구성한 방제(方劑)로서 치료하면 병증(病證)이 제거되고 인체가 정상화된다.

방제예

증액탕(增液湯)

15)

사주가 신약(身弱)이고 金이 한수(寒水)의 가까이에 있고, 사주오행이 대운·세운오행과 부조화하면 金장부가 한냉(寒冷)해지고 金水의 장부세력이 불균형적이 된다. 金水장부가 불균형해지면 이와 생극(生剋)관계에 있는 火土장부도 영향을 받아 인체가 비정상적이 된다.

이 경우에는 복통(腹痛), 대변당설(大便溏泄), 소변청장(小便淸長), 장명(腸鳴), 수족냉(手足冷), 맥침지(脈沈遲) 등의 증후가 발생한다.

위 경우의 병근(病根)은 사주의 신약(身弱)과 금한수(金寒水)이다. 그러므로 질병(疾病)을 치료하려면 火를 넣어 한(寒)을 제거하고 水를 설기(泄氣)시키고 약(弱)을 보(補)해야 한다.

보(補)의 약물중 火의 약은 한(寒)을 거(祛)하고 水를 설기시키고 金에 온기(溫氣)를 준다.

土의 약은 극수(剋水)하여 한수기(寒水氣)를 제한하고 金氣를 증진시켜 金장부의 기능을 강화한다. 火土의 약물중 조양건비(助陽健脾), 산한지사(散寒止瀉)의 효능이 있는 약물을 기본으로 하고 병정에 따라 기타 약물을 배합하여 구성한 방제(方劑)로서 치료하면 병증(病證)이 제거되고 인체가 정상화된다.

방제예

위령탕(胃苓湯)
삼령백출산(蔘苓白朮散)

사신환(四神丸)

도화탕(桃花湯)

6. 사주수오행(四柱水五行)과 신·방광(腎·膀胱) 병증(病證)의 치법(治法) 2

1)

수(水)가 약(弱)한 사주가 대운·세운오행과 전극(戰剋)하면 水장부가 허(虛)해진다. 水장부가 허(虛)해지면 이와 생극(生剋)관계에 있는 木火土金장부도 영향을 받아 인체가 비정상적이 된다.

이러한 경우에는 면색창백(面色蒼白), 형한지냉(形寒肢冷), 두혼(頭昏), 빈뇨(頻尿), 이명(耳鳴), 요슬산연(腰膝酸軟), 불임(不姙), 양위(陽痿), 맥침지(脈沈遲) 등의 증후가 발생한다.

위 경우의 병근(病根)은 사주의 수약(水弱)이다. 그러므로 질병을 치료하려면 水를 먼저 보(補)해야 한다. 보(補)의 약은 子午선 좌측에 있다. 약물음양오행 구분도표중 子午선 좌측에 있는 補의 약물중 온보신양(溫補腎陽)의 효능이 있는 약물을 기본으로 하고 병정(病情)에 따라 기타약물을 배합하여 구성한 방제로서 치료하면 인체의 정기(精氣)가 증진되어 장부음양오행이 정상화된다.

🌀 방제예

금궤신기환(金匱腎氣丸)

2)

사주에 水가 약(弱)한 중에 대운·세운 오행이 水를 극(克)하거나 설기시키면 신기

(腎氣)가 허(虛)해진다. 신기(腎氣)가 허해지면 이와 생극관계에 있는 장부도 영향을
받아 인체가 비정상적이 된다.

이러한 경우에는 천식(喘息), 단기(短氣), 해역(咳逆), 한출(汗出), 기겁(氣怯), 사지
불온(四肢不溫), 요슬산통(腰膝酸痛), 맥허부(脈虛浮) 등의 증후가 出한다.

위 경우의 병근(病根)은 사주상으로 수약(水弱)이다. 그러므로 질병을 치료하려면 水
를 補하여 水氣를 증진시켜야 한다. 보(補)의 약은 약물음양오행 구분도표상에서 子午
선 좌측에 있다.

補의 약물중에서 보신납기(補腎納氣)의 효능이 있는 약물을 기본으로 하고 병정(病
情)에 따라 기타약물을 배합하여 구성한 방제(方劑)로 치료하면 된다.

◎ 방제예

인삼합개산(人蔘蛤蚧散)
금궤신기환(金匱腎氣丸)
도기환(都氣丸)

3)

사주에 水氣가 약(弱)하고 水의 음양(陰陽)이 불균형한 중에 대운·세운오행이 도와
주지 않으면 水장부의 氣가 약(弱)해지고 음양이 불균형해진다.

이러한 경우에는 정관불고(精關不固), 소변실상(小便失常), 청력감퇴(聽力減退), 요
슬산연(腰膝酸軟), 맥세약(脈細弱) 등의 증후가 出한다.

위 경우의 병근(病根)은 사주상으로 수기약(水氣弱)이고 水의 음양(陰陽) 불균형이
다. 그러므로 질병(疾病)을 치료하려면 水를 補하고 水의 음양을 조절하여 이들을 정상
화시켜야 한다.

보(補)의 약물중 水장부를 보(補)하는 보신익정(補腎益精), 고섭신기(固攝腎氣)의
효능이 있는 약물을 기본으로 하고 병정(病情)에 따라 기타약물을 배합하여 구성한 방
제(方劑)로 치료하면, 제증이 제거되고 인체가 정상화된다.

　　금쇄고정환(金鎖固精丸)

　　금궤신기환(金匱腎氣丸)

　　축천환(縮泉丸)

4)

　사주에 土가 약수(弱水)를 견제하지 못하고 土와 약수(弱水)가 대운·세운오행의 극(剋)을 받으면 水장부의 음양이 불균형해지고 水장부와 土장부가 불균형적 상극관계를 갖는다. 水土장부의 세력이 불균형해지면 이와 생극(生剋)관계에 있는 기타 장부도 영향을 받아 인체가 비정상적이 된다.

　이 경우에는 부종(浮腫), 복창만(腹脹滿), 요통산중(腰痛散重), 사지궐냉(四肢厥冷), 천해담명(喘咳痰鳴), 심계기촉(心悸氣促), 맥침세(脈沈細), 설태백색(舌苔白色), 설질담(舌質淡) 등의 증후가 발생한다.

　위 경우의 병근(病根)은 사주의 수약(水弱), 수음양(水陰陽)의 불균형, 수토(水土) 상극관계의 불균형이다. 그러므로 질병을 치료하려면 사주음양오행을 조절하여 인체음양오행을 정상화시켜야 한다.

　약(弱)한 것은 허(虛)한 것과 통(通)한다. 허(虛)하면 보(補)해야 치료된다. 그러므로 약물음양오행 구분도표상으로 子午선 좌측의 영역에서 치료약물을 찾는다. 보(補)의 약물중 온신이수(溫腎利水)의 효능이 있는 약물을 기본으로 하고 병정(病情)에 따라 기타약물을 배합하여 구성한 방제로 치료하면 인체가 정상화된다.

◎ 방제예

　　진무탕(眞武湯)

5)

사주에 水와 음(陰)이 약(弱)한데 대운·세운오행이 이들을 돕지 않으면 水장부의 음양(陰陽)이 불균형해지고 허(虛)해진다. 水장부의 음양이 부조화(不調和)되고 허(虛)해지면 이와 생극(生剋)관계에 있는 木火土金장부도 영향을 받아 인체가 비정상적이 된다.

이 경우에는 두운(頭暈), 건망(健忘), 목시혼화(目視昏花), 실면(失眠), 이명(耳鳴), 요슬산연(腰膝酸軟), 유정(遺精), 경골동통(脛骨疼痛), 맥세(脈細), 구건(口乾), 설홍소태(舌紅少苔) 등의 증후가 出한다.

위 경우의 병근(病根)은 사주의 수음약(水陰弱)이다. 그러므로 질병(疾病)을 치료하려면 수기(水氣)를 증진시키고 수음(水陰)을 보(補)하여 水의 음양(陰陽)을 조절해야 한다.

약(弱)은 허(虛)와 통하고 허(虛)하면 補로서 치료하므로 補의 영역 약물을 쓴다.

子午선 좌측영역의 약물중 자음보신(滋陰補腎)의 효능이 있는 약물을 기본으로 하고 병정(病情)에 따라 기타약물을 배합하여 치료하면 제증이 제거될 뿐만아니라 인체가 정상화된다.

◯ 방제예

육미지황환(六味地黃丸)

대보음전(大補陰煎)

좌귀환(左歸丸)

한가지 주의해야 할 것이 있다. 四柱가 신강(身强)인 가운데 수약(水弱)이고 水장부가 허(虛)하면 치료방법을 다르게 해야 한다.

신강사주(身强四柱)인 경우 水를 약(弱)하게 하는 것은 타사주오행세력이다. 그러므로 수기(水氣)를 강화하려면 水를 설기시키거나 水를 극(剋)하는 오행세력을 우선적으로 약화시켜야 효과적이라 할 수 있다.

水를 약하게하는 오행은 土火木오행이다. 그러므로 신강사주(身强四柱)인 경우에는 이들 五行을 먼저 사약(瀉藥)으로서 설기(泄氣)시킨 이후에 水를 補해도 보해야 한다.

신강사주인 경우에는 먼저 사(瀉)하고 후에 보(補)해야 인체가 빨리 정상화될 수 있다는 것은 앞에서 자세히 설명하였다. 참고로 하라.

6)

사주에 水火가 전극(戰剋)하고 불균형한 중에 대운·세운오행이 이들과 부조화(不調和)하면 水火장부가 불균형적 상극관계를 형성한다. 水火장부 세력이 불균형적이 되면 이와 생극(生剋)관계에 있는 기타장부도 영향을 받아 인체가 비정상적이 된다.

이 경우에는 빈뇨(頻尿) 소변임리(小便淋漓), 요통요급(尿痛尿急), 요색혼탁(尿色混濁), 맥활삭(脈滑數), 설태황니(舌苔黃膩) 등의 증후가 발생한다.

위 경우의 병근(病根)은 사주상으로 水火상극관계의 불균형이다. 그러므로 질병(疾病)을 치료하려면 水와 火의 전극(戰剋)을 화해시키고 세력을 조화시켜야 한다.

水와 火의 전극을 화해시키는 약은 土金이다. 土의 약은 水를 土剋水로 억제하고 火氣를 火生土로 설기(泄氣)시키며 양자의 전극(戰剋)을 막는다.

金의 약은 火氣를 설기시키고 水氣를 生하며 水와 火의 세력을 균형화한다.

약물음양오행 구분도표상에 있는 약물중 청열이습(淸熱利濕)의 효능이 있는 약물을 기본으로 하고 병정(病情)에 따라 기타약물을 배합하여 치료하면, 병증(病證)이 제거되고 인체가 정상화된다.

◎ 방제예

팔정산(八正散)

7)

사주에 수양(水陽)이 수음(水陰)보다 강하고 火가 가까이에 있고 대운·세운오행이 이들과 부조화하면 水장부의 음양(陰陽)이 충돌하여 水장부의 음(陰)이 허(虛)해지고 양(陽)이 성(盛)하게 되고 火장부에 열(熱)이 生한다. 이로 인하여 水火장부의 세력이 불균형적이 된다. 水火장부가 불균형적 관계를 가지면 이와 생극관계에 있는 木土金장부도 영향을 받아 인체가 비정상적이 된다.

이 경우에는 오심번열(五心煩熱), 관홍(觀紅), 실면(失眠), 두훈현(頭暈眩), 설건인조(舌乾咽燥), 성욕항진(性慾亢進), 건해(乾咳), 도한(盜汗), 소변단적(小便短赤), 설홍무태(舌紅無苔), 순적(脣赤), 대변비결(大便秘結), 맥세홍대(脈細洪大) 등의 증후가 발생한다.

위 경우의 병근(病根)은 사주의 수음양(水陰陽) 불균형으로 인한 수음허(水陰虛)와 水火장부의 불균형이다. 그러므로 질병(疾病)을 치료하려면 이들을 정상화시켜야 한다.

수음(水陰)의 허(虛)는 수음(水陰)을 보(補)하는 약을 써서 치료한다. 강한 양기(陽氣)와 화기(火氣)는 水의 약을 사용하여 치료한다.

약물중에서 水의 약은 水의 음(陰)을 보(補)하고 화기(火氣)를 억제하면서 水의 음양(陰陽)을 조절한다.

金의 약은 생수(生水)하여 수기(水氣)를 증진시키고 화기(火氣)를 설기(泄氣)시켜 水火세력을 조절한다.

金水의 약물중 자음강화(滋陰降火)의 효능이 있는 약물을 기본으로 하고 병정(病情)에 따라 기타약물을 배합하여 치료하면 병증(病證)이 제거되고 장부음양오행이 조절되어 인체가 정상화된다.

◎ 방제예

　　대보음환(大補陰丸)

　　지백지황환(知柏地黃丸)

　　당귀육황탕(當歸六黃湯)

이와같이 四柱의 음양오행(陰陽五行)은 장부(臟腑)의 음양오행과 똑같은 존재는 아닐지라도 이들과 밀접한 관계가 있다. 四柱陰陽木火土金水는 臟腑陰陽木火土金水와 상생상극(相生相剋)관계를 형성한다.

이 四柱陰陽五行의 氣는 人體의 밧데리 역할을 하며 해당 장부음양오행의 강약(强弱)에 관여한다.

즉 사주음양오행은 인체(장부)의 기능을 강(强)하게 하거나 약(弱)하게 한다. 사주음양오행의 氣는 인체·장부 뿐만 아니라 운세(運勢)도 담당하여 제반사의 흥망(興亡)에 관여한다.

사주음양오행의 기가 운로(運路)에 깊이 관여할 때에는 인체음양오행이 사주음양오행의 영향을 덜 받는다. 이렇듯이 사주음양오행이 인체음양오행 자체는 아닐지라도 인체에 정기(正氣)를 제공하고 인체기능의 성쇠(盛衰)에 심대(深大)하게 관여하므로 우리는 사주음양오행을 기초로 인체음양오행의 상태를 파악하고 장부(臟腑)의 허실(虛實)을 진단해야 하는 것이다.

이와같이 사주음양오행의 기(氣)는 인체와 불가분의 연결관계를 형성하며 인체의 기능에 지대하게 영향을 주고 있다. 그러므로 우리는 사주음양오행을 면밀히 분석하고 이들이 다른 음양오행과 어떠한 관계를 하고 있는가 예의 주시하여 살피지 않으면 안된다.

사주음양오행과 대운(大運)·세운(歲運) 음양오행은 인체음양오행의 환경적 역할을 한다. 이들은 인체가 어떠한 상태에 처해있는가를 알려주고 어떤 시기에 어떤 장부가 실(實)해지고 허(虛)해지는가를 알게 한다.

그러므로 우리는 사주음양오행과 대운·세운음양오행의 상생상극(相生相剋)관계를 면밀히 관찰하고 분석(分析)하여 이들을 조화롭게 해야 한다.

그래야 질병(疾病)을 예방하고 인체를 건강하게 할 수 있다.

건강이란 인체음양오행이 생기(生氣)를 얻고 이들이 균형적 생극(生剋)관계를 형성할 때에 이뤄지기 때문이다.

7. 기타 사주오행과 장부병증(臟腑病證) 치법(治法) 2

1)

화목수(火木水)가 약(弱)한 중에 대운·세운오행이 이를 도와주지 않으면 인체의 火木水도 영향을 받아 火木水장부(心肝血 등)가 허(虛)해진다. 그러면 이와 생극(生剋)

관계에 있는 기타 장부도 영향을 받아 인체가 비정상적이 된다.

이러한 경우에는 심계(心悸), 역경(易警), 다몽(多夢), 실면(失眠), 현훈(眩暈), 시물모호(視物模糊), 지체마목(肢體麻木), 협륵은통(脇肋隱痛), 저열도환(低熱盜汗), 소태(少苔), 월경삽소(月經澁少), 맥세무력(脈細無力) 등의 증후가 발생한다.

위 경우의 병근(病根)은 사주의 火木水의 약(弱)으로 인한 火木水장부의 허(虛)이다. 그러므로 질병을 치료하려면 보(補)의 약으로서 火木水의 氣를 증진시켜야 한다.

보(補)의 약물중에서 火木水의 영역에 있는 약물을 위주로 하되 잠양안신(潛陽安神), 자음보혈(滋陰補血)의 효능이 있는 약물을 기본으로 한다.

이들 약물을 기초로하고 병정(病情)에 따라 기타 약물을 배합하여 구성한 방제(方劑)로서 치료하면 병증(病證)이 제거되고 인체가 정상화 된다.

◎ 방제예

　　당귀보혈탕(當歸補血湯)+약(藥)

　　산조인탕(酸棗仁湯)+약(藥)

2)

사주에 火水가 약(弱)한 중에 양(陽)이 음(陰)보다 강하면, 火水장부가 허(虛)해지고 火水장부의 세력과 음양이 불균형해지고 음허(陰虛)가 된다. 火와 水장부의 세력과 음양(陰陽)이 불균형해지면 이와 生剋관계에 있는 木土金장부도 영향을 받아 변화한다. 사주음양오행이 대운·세운음양오행과 부조화(不調和)하면 水火장부에 질병이 出하고 인체가 비정상적이 된다.

이러한 경우에는 심계(心悸), 건망(健忘), 허번(虛煩), 역경(易警), 두혼(頭昏), 이명(耳鳴), 실면(失眠), 다몽(多夢), 유정(遺精), 조루(早漏), 구건관홍(口乾觀紅), 조열도한(潮熱盜汗), 소변단적(小便短赤), 맥세삭(脈細數) 등의 증후가 발생한다.

위 경우의 병근(病根)은 사주의 火水의 弱이고 水와 火의 세력과 음양 불균형이다. 그러므로 질병을 치료하려면 보(補)의 약물로서 火水세력과 火水음양을 강화하여 균형화시켜야 한다.

보(補)의 약물인 子午선 좌측영역의 약물중 교통심신(交通心腎), 자음강화(滋陰降火)의 효능이 있는 약물을 기본으로 하고 병정(病情)에 따라 기타 약물을 배합하여 구성한 방제로 치료하면 제증이 제거되고 인체가 정상화된다.

🌐 방제예

육미지황환(六味地黃丸)

보심단(補心丹)

3)

사주에 火水가 약한 가운데 陰이 陽보다 강(强)하면, 火水장부에 양허(陽虛)가 出하고 火水세력이 불균형해진다.

火水장부가 불균형해지면 이와 생극(生剋)관계에 있는 木土金장부도 영향을 받아 변화한다. 사주오행(火水)이 대운세운오행과 불화(不和)하면 火水장부에 질병이 일고 인체가 비정상화 된다.

이러한 경우에는 두목현훈(頭目眩暈), 심계기단(心悸氣短), 형한지냉(形寒肢冷), 부종(浮腫), 순갑청자(脣甲靑紫), 복통하리(腹痛下痢), 소변불리(小便不利), 설질담(舌質淡), 면색창백(面色蒼白), 백침미(脈沈微), 설태백활(舌苔白滑) 등의 증후가 발생한다.

위 경우에 대운이 火水를 剋하거나 설기시키는 강한 陰氣를 가진 五行이면 주의를 요한다.

위 경우의 병근(病根)은 사주상의 화수약(火水弱)과 음양불균형이다. 그러므로 질병(疾病)을 치료하려면 보(補)하여 火水의 氣를 증진시키면서 음양(陰陽)을 조절하고 火와 水를 균형화시켜야 한다.

보(補)의 약중에서 火水를 보(補)하는 약을 위주로 한다.

火水의 약물중 온보심신(溫補心腎), 온장진양(溫壯眞陽), 구한이수(驅寒利水)의 효능이 있는 약물을 기본으로 하고 병정(病情)에 따라 기타약물을 배합하여 치료하면, 병증이 제거될 뿐만 아니라 인체가 정상화된다.

🌓 방제예

보원탕(保元湯)

삼부탕(蔘附湯)

진무탕(眞武湯)

4)

사주에 金水가 약(弱)하고 대운·세운오행이 이를 극(剋)하거나 설기(泄氣)시키면 金水장부의 氣가 허(虛)해져 질병이 발생한다. 金水장부의 氣가 허해지면 이와 생극관계에 있는 木火土장부도 영향을 받아 인체가 비정상적이 된다.

이 경우에는 천급기단(喘急氣短)(喘息), 자한오풍(自汗惡風), 지냉면청(肢冷面靑), 부종(浮腫), 소변불리(小便不利), 맥침세(脈沈細), 설질담(舌質淡) 등의 증후가 出한다.

위 경우의 병근(病根)은 四柱의 金水弱이다. 병근이 金水弱이므로 질병(疾病)을 치료하려면 金水의 氣를 증진시켜야 한다.

약(弱)은 허(虛)와 통하므로 보(補)하여야 한다.

보(補)의 영역약물을 사용하라. 보(補)의 약물중 金水의 약물을 써라. 金水의 약물중 金水장부에 관한 약물로 金水의 氣를 증진시키면 장부음양오행이 조절될 것이다.

위 경우에는 金水영역의 약물중 보신납기(補腎納氣), 양폐정천(養肺定喘)의 효능이 있는 약물을 기본으로 한다. 그리고 기타약물은 병정(病情)에 따라 배합한다. 이들을 방제(方劑)로 구성하여 치료하면 병증(病證)이 제거되고 인체가 정상화 될 것이다.

🌓 방제예

금궤신기환(金匱腎氣丸)

생맥산(生脈散)

5)

　금수(金水)가 약(弱)하고 음(陰)이 부족(不足)한 사주가 대운·세운오행의 도움을 받지 못하면 金水장부가 허(虛)해지고 음(陰)도 허(虛)해진다. 金水장부가 허(虛)해지고 음허(陰虛)가 되면 이와 생극(生剋)관계에 있는 木火土장부도 영향을 받아 인체가 비정상적이 된다.

　이러한 경우에는 해수소담(咳嗽少痰), 담중대혈(痰中帶血), 골증조열(骨蒸潮熱), 구조인건(口燥咽乾), 도한관홍(盜汗觀紅), 요슬산연(腰膝酸軟), 유정(遺精), 월경부조(月經不調), 맥세삭(脈細數), 설홍소태(舌紅少苔) 등의 증후가 出한다.

　위 경우의 병근(病根)은 사주상의 금수약(金水弱)이고 음부족(陰不足)이다. 金水弱과 陰不足이 병근이므로 질병(疾病)을 치료하려면 金水를 補하고 음(陰)을 보(補)하는 것부터 먼저해야 한다.

　補의 영역약물중 자보폐신(滋補肺腎)의 효능이 있는 약물을 기본으로 하고 병정(病情)에 따라 기타약물을 배합하여 치료하면 제증이 제거되고 인체가 정상적이 된다.

◎ 방제예

　　대보음환(大補陰丸)

　　양음청폐탕(養陰淸肺湯)

　　맥미지황환(麥味地黃丸)

6)

　사주에 金土가 약(弱)한 중에 대운·세운오행이 이를 돕저 않고 극(剋)하거나 설기(泄氣)시키면 金土장부가 허(虛)해진다.

　金土장부가 허해지면 이와 생극관계(生剋關係)에 있는 木火水장부도 영향을 받아 인체가 비정상적이 된다.

　이 경우에는 해수(咳嗽), 담다청희(痰多淸稀), 기단핍력(氣短乏力), 완복창만(脘腹脹

滿), 식욕부진(食慾不振), 사지권태(四肢倦怠), 대변부실(大便不實), 부종(浮腫), 맥세약(脈細弱), 설담태백(舌淡苔白) 등의 증후가 발생한다.

위 경우의 병근(病根)은 사주상으로 금토약(金土弱)으로 인한 金土장부의 허(虛)이다. 金土弱이 병근(病根)이므로 질병을 치료하려면 金土를 먼저 보(補)해야 한다. 보(補)의 약중에서 金土의 氣를 증진시키는 약을 위주로 한다.

金土의 영역약물중 보익비폐(補益脾肺), 선폐거담(宣肺祛痰), 온화담습(溫化痰濕)의 효능이 있는 약물을 기본으로 하고 병정(病情)에 따라 기타 약물을 배합하여 구성한 方劑로서 치료하면 제증이 제거되고 인체가 정상화된다.

⊙ 방제예

　　육군자탕(六君子湯)
　　삼령백출산(蔘苓白朮散)

7)

사주에 土水陽이 약(弱)하고 대운 오행이 이를 극(剋)하거나 설기(泄氣)시키고 세운 오행이 이를 돕지 않으면, 土水장부의 세력과 양(陽)이 허(虛)해져 질병이 出한다.

土水장부가 허해지면 이와 生剋관계에 있는 기타 장부도 영향을 받아 인체가 비정상적이 된다.

이러한 경우에는 면색창백(面色蒼白), 형한지냉(形寒肢冷), 요슬소복냉통(腰膝少腹冷痛), 설사(泄瀉), 부종(浮腫), 하리청곡(下痢淸穀), 소변불리(小便不利), 설태백활(舌苔白滑), 맥침지약(脈沈遲弱) 등의 증후가 발생한다.

위 경우의 병근(病根)은 四柱의 土水陽의 약(弱)이다. 사주의 土水陽弱이 병근이므로 土水陽을 보(補)하며 이들의 기(氣)를 증진시켜야 한다.

보(補)의 약물중 土水陽氣를 증진시키는 약을 써서 人體의 정기(精氣)를 끌어 올린다.

土水영역의 약물중에서 火의 약은 火生土하여 土氣를 강화하여 인체에 온기(溫氣)를 준다.

진토(辰土)의 藥은 木土의 영역에 거(居)하여 인체의 氣를 증진시키고 木生火로 인체에 온기(溫氣)를 주며 土氣를 강화한다.

火의 약은 火生土하여 土장부의 기(氣)를 강화하고 水장부에는 온기(溫氣)를 준다.

보(補)의 영역에 있는 약물중에서 水土장부의 기능을 개선하는 약물을 찾아 활용한다.

약물들중 온보비신(溫補脾腎)의 효능이 있는 약물을 기본으로 하고 병정에 따라 기타 약물을 배합하여 구성한 방제로서 치료하면 병증이 제거되고 인체가 정상화된다.

◎ 방제예

부자이중탕(附子理中湯)

진무탕(眞武湯))

사신환(四神丸)

8)

사주에 약수(弱水)와 토(土)가 전극(戰剋)하고 金이 이들과 가까이에 있으면, 水土金 장부의 세력이 불균형적이 된다. 水土金장부의 세력이 불균형적이 되면 이와 생극관계에 있는 기타장부도 영향을 받아 변화한다.

사주오행이 대운세운오행과 불화하면 인체가 비정상적이 된다.

이러한 경우에는 주로 흉완만민(胸脘滿悶), 사지권태(四肢倦怠), 음식감소(飮食減少), 부종(浮腫), 해수기천(咳嗽氣喘), 백색담(白色痰), 맥활완(脈滑緩)등의 증후가 발생한다.

위 경우의 병근(病根)은 사주의 水土金의 불균형적 생극(生剋)관계이다. 병근이 사주의 水土金오행세력 불균형이므로 질병(疾病)을 치료하려면 이들 오행세력을 균형화시켜야 한다.

水土金중에서 세력이 약한 것은 土와 金이다.

그러므로 土金氣를 증진시켜야 한다. 土의 약은 水를 억제하면서 土氣를 강화하고 생금(生金)하여 金氣를 증진시킨다.

火의 약은 水氣를 설기(泄氣)시키며 생토(生土)하여 토기(土氣)를 강화하고 金에 온기(溫氣)를 준다.

사주(四柱)상에 있는 水土金오행의 강약(强弱)을 보고 각 영역에 있는 약물을 적절히 사용한다.

위 경우에는 土金영역에 있는 약물중 건비조습(健脾燥濕), 화담(化痰)의 효능이 있는 약물을 위주로 한다.

사주음양오행과 인체음양오행, 병증음양오행, 약물음양오행과의 관계를 보고 장부음양오행세력을 균형화·정상화시키는 방향으로 약물을 선택하고, 개별 병증에 따라 기타약물을 배합하여 구성한 방제(方劑)로서 치료하면 제증이 제거되고 인체가 정상화된다.

◯ 방제예

이진탕(二陳湯)

평위산(平胃散)

9)

사주에 水木陰이 약(弱)한 중에 대운오행이 이를 극(剋)하거나 설기(泄氣)시키면 수목장부(水木臟腑)와 음(陰)이 허(虛)해진다.

水木장부가 허해지면 이와 생극관계에 있는 火土金장부도 영향을 받아 인체가 비정상적이 된다.

이러한 경우에는 두현목건(頭眩目乾), 면색초췌(面色憔悴), 이명(耳鳴), 구순지갑창백(口脣指甲蒼白), 지체마목(肢體麻木), 요슬산통(腰膝酸痛), 심번불매(心煩不寐), 인후건통(咽喉乾痛), 유정(遺精), 월경부조(月經不調), 대변난삽(大便難澁), 맥세삭(脈細數), 설홍무태(舌紅無苔) 등의 증후가 出한다.

위 경우의 병근(病根)은 사주상의 수목음(水木陰)의 약(弱)이다. 병근이 水木陰弱이므로 질병을 치료하려면 수목음(水木陰)을 보(補)해야 한다.

보(補)의 藥은 약물음양오행 구분도표상으로 子午선 좌측에 있다. 이들 약물중 水木陰을 補하는 약을 위주로 하여 치료한다.

위 경우에는 약물중 자보간신(滋補肝腎)의 효능이 있는 약물을 기본으로 하고 병정

(病情)에 따라 기타 약물을 배합하여 구성한 방제(方劑)로서 치료하면 병증이 제거되고 인체가 정상화된다.

방제예

기국지황환(杞菊地黃丸)

일관전(一貫煎)

제 **10** 편

사주(四柱)·인체(人体)
음양오행(陰陽五行)과 치법(治法)

제1장 사주음양오행(四柱陰陽五行)과 인체음양오행(人體陰陽五行)

1. 사주간지오행(四柱干支五行)과 장부(臟腑)

　사주음양오행(四柱陰陽五行)은 장부음양오행(臟腑陰陽五行)에 氣를 제공(提供)하며 장부의 허실(虛實)에 관여하고 있다. 사주간지(四柱干支)와 오장육부(五臟六腑)와의 관계를 보면 다음과 같다.

　사주 중 간(干)은 육부(六腑)에 기(氣)를 제공하고 지(支)는 오장(五臟)에 관여(關與)한다.

　거시적(巨視的)으로 보면 간(干)은 음양(陰陽)상으로 양(陽)에 속한다. 지(支)는 음(陰)에 해당한다.

　미시적(微視的)으로 보면 간(干)은 양간(陽干)과 음간(陰干), 지(支)는 陰支와 陽支 등 陰陽으로 분류된다.

　간(干)중에서 음간(陰干)은 오장(五臟)에 관여하고 양간(陽干)은 육부(六腑)에 관계한다.

　사주음양오행은 인체음양오행과 아주 밀접한 관련이 있다. 그러므로 우리는 사주의 음간(陰干)을 오장(五臟)이라 하고 양간(陽干)을 육부(六腑)라 말할 수 있다.

　사주간지(四柱干支)와 오장육부(五臟六腑)와의 관계는 다음과 같이 나타낼 수 있다. 사주의 간(干)에는 甲乙丙丁戊己庚辛壬癸가 있고 지(支)에는 子丑寅卯辰巳午未申酉戌亥가 있다.

　이들중 양간(陽干)은 甲丙戊庚壬이고 음간(陰干)은 乙丁己辛癸이고, 양지(陽支)는 子寅辰午申戌이고, 음지(陰支)는 丑卯巳未酉亥이다.

　음간(陰干)은 인체의 오장(五臟)에 속한다. 을(乙)은 간(肝), 丁은 心, 己는 脾, 辛은 肺, 癸는 腎에 해당한다.

　양간(陽干)은 인체의 육부(六腑)와 연결된다. 갑(甲)은 담(膽), 丙은 小腸, 戊는 胃,

庚은 大腸, 壬은 膀胱에 해당한다.

사주의 지지(地支)는 지지내에 있는 장간(藏干)을 보고 판단한다. 지지장간(地支藏干)이 음간(陰干)이면 장(臟), 양간(陽干)이면 부(腑)에 배속된다.

사주의 지지(地支)를 인체(人體)에 배합시키면 다음과 같다.

사주의 지지중 子는 腎・膀胱(水道), 丑은 脾(胞肚), 寅은 膽, 卯는 肝, 辰은 胃(皮肩, 胸), 巳는 小腸・얼굴(咽齒), 午는 心(心胞, 精神, 眼目, 頭), 未는 脾(胃脘, 膈肩), 申은 大腸(肺), 酉는 肺(精血), 戌은 胃(命門), 亥는 膀胱(腎)이 된다.

2. 사주음양오행과 인체음양오행의 관계

이와같이 四柱干支와 人體・五臟六腑는 연결관계를 갖는다. 사주간지와 인체는 위와 같이 배합(配合)되고 표현될 수 있다. 그러나 이에 얽매일 필요는 없다. 중요한 것은 사주음양오행과 인체음양오행의 관계이다.

사주음양오행과 인체음양오행이 상생상극(相生相剋)하며 人體 전체에 어떻게 영향을 주고 있는가이다.

사주음양오행이 조화(調和)하면 인체음양오행이 균형화(均衡化)되고 정상화(正常化)된다.

사주음양오행이 不和하면 인체음양오행이 불균형해져 질병이 出한다.

그러므로 四柱干支를 일일이 개별적(個別的)으로 인체조직에 배합시켜 건강과 질병 여부를 판단할게 아니라, 사주음양오행과 인체음양오행의 전체관계를 보고 건강과 질병의 여부를 판단해야 한다. 그리고 이에 대한 치료방법을 강구하는게 좋다.

건강(健康)이란 인체음양오행이 균형화・정상화 되어 있는 것을 말한다. 질병이란 인체음양오행이 불균형적(不均衡的) 생극관계를 형성할 때에 발생한다. 그러므로 질병을 치료하거나 인체를 건강하게 하려면 인체의 개별부위와 개별병증에 너무 치중하지 말고, 인체음양오행의 전체를 보고 인체음양오행을 정상화시키는 방향으로 약물(藥物)의 대세(大勢)를 결정하고 기타약물들을 사용해야 한다.

그런데 이 인체음양오행이 어떤 상태에 놓여있는가를 알려주는게 바로 사주음양오행 구조이다. 이 사주음양오행구조는 인체음양오행에 氣를 제공한다.

사주음양오행 구조는 대운(大運)·세운(歲運) 음양오행구조와 상생상극(相生相剋)하며 인체음양오행 구조를 균형·불균형케 한다. 사주음양오행구조와 대운·세운음양오행의 상생상극관계를 기초로 하면 인체음양오행의 상태를 알 수 있으므로, 우리는 사주음양오행과 대운·세운음양오행의 상생상극 관계가 調和하는가 不調和하고 있는가를 면밀히 파악해야 하는 것이다.

사주음양오행구조와 대운·세운음양오행구조가 인체음양오행과 장부(臟腑)의 허실(虛實)에 위와같이 관여하므로, 우리는 사주음양오행과 대운·세운음양오행의 조화여부를 보고 건강과 질병의 유무(有無)를 알고 인체의 상태를 알아 예방(豫防)과 치료(治療)를 해야 하는 것이다.

사주음양오행 구조와 대운·세운 음양오행과의 상생상극관계를 보면, 수많은 사람들의 건강상태, 어느시기에 질병이 발생하고 사라지고 어느 약물(藥物)을 복용하면 치료될 것인가를 예측할 수 있다.

이 사주음양오행과 대운·세운음양오행 상생상극관계와 이들의 조화(調和) 여부를 보고 사람들의 운세를 감정(鑑定)하는 과정에서 건강과 질병의 상태를 거의 90%이상 맞출 수 있었다.

그러니 어찌 이에 기초를 두고 질병을 진단하고 그에 대한 치료방법(치료약물, 음식, 운동등의 방법)을 선택하지 않을 수 있겠는가?

제2장 사주음양오행(四柱陰陽五行)과 질병의 치법(治法)

사주의 간지(干支)를 개별인체조직과 배합시킬 필요없이 다음과 같이 사주오행과 인체를 연결시키면 편리하게 활용할 수 있다.

사주의 오행중에서 火는 인체의 상화부(上火部)와 심·소장(心·小腸)이고 水는 인체의 하·수부(下·水部)와 신·방광(腎·膀胱)이다. 木은 인체의 좌·목부(左·木部)와 간·담(肝·膽)이고, 土는 인체의 중·토부(中·土部)와 비·위·중완(脾·胃·中脘)이고 金은 인체의 우·금부(右·金部)와 폐·대장(肺·大腸)이다.

이런식으로 사주오행과 인체를 배합시켜 질병과 건강 여부를 판단하면 된다.
(약물음양오행 구분도표를 참고하라.)

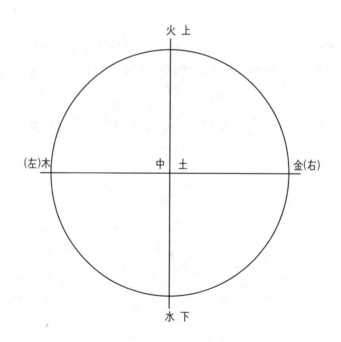

사주오행중 일행(一行)이 강(强)하면 해당오행장부가 실(實)해지고, 이와 상극(相剋)

관계에 있는 장부(臟腑)가 허(虛)해진다.

사주오행과 장부(臟腑)의 허실(虛實)은 다음과 같은 관계가 있다.

사주에 火가 강(强)하면 火장부인 심·소장(心·小腸)이 실(實)해지고, 火와 상극(相剋)관계에 있는 金장부인 폐·대장(肺·大腸)이 허(虛)해진다.

사주에 火가 약(弱)하면 심·소장화(心·小腸火)가 허(虛)해지고 이와 상극관계에 있는 신·방광수(腎·膀胱水)가 실(實)해진다.

사주에 木이 왕(旺)하면 간담목(肝膽木)이 실(實)해지고 (병증이 발생하면 實證이 된다.)

이와 상극(相剋)관계에 있는 비위토(脾胃土)가 허(虛)해진다.(병증이 발생하면 虛證이 된다.)

사주에 木이 弱하면 간담목(肝膽木)이 허해지고 이와 상극관계에 있는 폐·대장금(肺·大腸金)이 실(實)해진다. 사주에 土가 왕(旺)하면 비위토(脾胃土)가 실(實)해지고, 비위토가 實해지면 土가 剋水하여 신·방광수(腎·膀胱水)가 허(虛)해진다. 사주에 土가 弱하면 비위토(脾胃土)가 허(虛)해진다. 비위토가 허하면 이와 상극관계에 있는 木이 강해져 간담목(肝膽木)이 實해진다.

※ 사주간지중 火에 해당하는 干支는 丙丁巳午이고 水에 해당하는 干支는 壬癸亥子이다. 木에 해당하는 干支는 甲乙寅卯이고 土에 해당하는 干支는 戊己辰戌丑未이다. 金에 해당하는 干支는 庚辛申酉이다.

사주(四柱)에 金이 왕(旺)하면 폐·대장금(肺·大腸金)이 실(實)해진다. 金장부가 實해지면 金이 木을 극(剋)하여 간담목(肝膽木)이 허(虛)해진다.

사주에 金이 약(弱)하면 폐·대장금(肺·大腸金)이 허(虛)해진다. 金장부가 허(虛)해지면 이와 상극관계에 있는 심·소장화(心·小腸火)가 實해진다.

사주에 水가 왕(旺)하면 신·방광수(腎·膀胱水)가 실(實)해진다. 水장부가 實해지면, 水가 火를 剋하여 심·소장화(心·小腸火)가 허(虛)해진다.

사주에 水가 약(弱)하면 신·방광수(腎·膀胱水)가 허(虛)해진다. 水장부가 허(虛)해지면 이와 상극관계에 있는 비위토(脾胃土)가 실(實)해진다.

허(虛)해진 경우에 질병(疾病)이 발생하면 허증(虛證)이 되고 실(實)해진 경우에 질병이 발생하면 실증(實證)이 된다.

사주에 金오행이 木오행보다 강(强)하고 〔금왕목약(金旺木弱)〕, 金이 木을 剋하여 이기면 간담목(肝膽木)이 상(傷)하여 질병(疾病)이 발생한다.

사주에 木이 土보다 강(强)하면 〔목왕토약(木旺土弱)〕 木이 土를 剋하여 이겨 비위토(脾胃土)가 상한다.

사주에 土가 水보다 강하면(土旺水弱) 土가 水를 剋하여 이겨 신·방광수(腎·膀胱水)가 상한다.

사주에 火가 金보다 강(强)하면 (火旺金弱) 火가 金을 剋하여 이겨 폐·대장금(肺·大腸金)에 질병이 出한다. 즉 극(剋)하는 五行보다 극(剋)받는 五行의 세력이 약(弱)하면 극(剋)받는 오행해당장부에 이상(異常)이 생긴다.

이러한 경우 인체를 정상화시키려면 이들을 중재(仲裁) 할만한 오행을 약(藥)으로 하면 된다.

이 약은 강한 五行을 약화시키고 약한 五行을 생부(生扶)한다. 사주음양오행 세력을 균형화시켜 장부음양오행을 정상화시킨다.

木이 土를 극(剋)하여 이기면 火土를 약(藥)으로 한다. 火의 약은 木生火하여 木의 기세를 설기(泄氣)시키고 火生土하여 土의 기세를 강화시켜 木土의 세력을 균형화시킨다. 土의 약은 木剋土하여 木氣를 약화시키고 동류오행(同類五行)인 토기(土氣)를 지원한다.

사주음양오행과 질병(疾病)의 치법(治法)은 다음과 같다.

사주음양오행의 구성	주요 질병 부위	치병법(治病法)	
		좋은 약물의 영역	좋은 방법과 방위
金 〉木	肝·膽	水木(火)	炙·湯劑·北東(南)
木 〉土	脾·胃	火土	湯藥丸(針) 南土(西)
土 〉水	腎·膀胱	金水	生藥針刺 西北(東)
水 〉火	心·小腸	木火	散藥(丸藥) 東南(土)
火 〉金	肺·大腸	土金	針, 자석, 돌 丸藥, 土西

질병(疾病)에 대한 치료약물은 위와같이 사주음양오행을 균형화·정상화시킬 수 있는 것으로 한다.

이 약물은 인체(장부)음양오행의 생극(生剋)관계를 균형화시키며 병증(病證)을 제거하고 인체를 정상화시킨다.

사주 · 인체음양오행(四柱 · 人體陰陽五行)과 음양오행치법(陰陽五行治法)

인간(人間)은 소우주(小宇宙)이다. 인간은 소우주임과 동시에 만물의 영장이다. 그러므로 인체(오장육부)는 음양오행을 모두 갖추게 된다.

인체 중에서 간 · 담(肝 · 膽)은 木이다. 心 · 小腸은 火이고 脾胃는 土이다. 肺 · 大腸은 金이고 腎 · 膀胱은 水의 五行에 속한다.

이들은 相生(木→火→土→金→水→木)과 相剋(木→土→水→火→金→木)하며 음양오행(陰陽五行)처럼 연결관계를 형성하고 있다.

그러므로 음양오행 상생상극의 변화법칙에 기초를 두면 장부음양오행의 상생상극관계가 균형적인가 불균형적인가를 알 수 있다.

장부음양오행 세력의 균형과 불균형은 人體의 건강과 질병을 결정한다. 木火土金水五行臟腑의 세력이 상호균형적 관계를 형성하면 인체는 건강을 득(得)하게 된다.

그러나 장부간의 세력이 불균형적이 되면 특정장부가 허(虛)해지거나 실(實)해져 인체가 비정상적이 된다. 인체가 비정상적인 것을 질병이라 한다. 건강은 이와 반대의 의미를 지닌다. 건강이란 생기(生氣)를 가진 인체음양오행(장부음양오행)이 균형적 생극(生剋)관계를 이룰 때를 말한다. 이러한 특성을 지닌 인체음양오행(장부음양오행)에 직 · 간접적이고도 심대(深大)하게 영향을 주는게 바로 四柱陰陽五行과 여기서 나온 대운 · 세운음양오행이다.

이들 음양오행은 인체음양오행(장부음양오행)을 균형화 · 불균형화시킨다.

이들 사주음양오행과 대운 · 세운음양오행은 인체음양오행의 균형 · 불균형의 여부를 결정할 뿐만아니라 장부(臟腑)의 허실(虛實)에도 관여한다.

四柱란 우주, 태양계, 각종 별들… 日月, 五行星, 지구, 기후 등의 변화적인 힘이 내뿜는 음양오행의 氣이다.

이 음양오행의 氣는 시간에 따라 변화하며 인체음양오행 또는 장부음양오행(臟腑陰陽五行)과 생극(生剋)의 관계를 갖는다.

그러므로 사주음양오행과 대운·세운음양오행이 조화(調和)의 관계를 형성하면 인체(장부)음양오행도 균형적 생극관계를 형성하게 되고 인체가 건강을 얻게된다 할 수 있는 것이다.

사주음양오행은 시간과 같이 변화하고 형성되므로 음양오행을 모두 갖추지는 못한다.

그럼에도 이러한 사주음양오행이 인체에 지대하게 영향을 주므로 우리는 이를 중시하지 않으면 안된다.

사주음양오행이 조화(調和)의 관계를 형성하면(설령 이들이 음양오행 모두를 가지지는 아니한다 할지라도) 인체(장부)음양오행이 균형적 생극(生剋)관계를 형성하게되어 인체가 건강을 유지하게 된다.

그러나 사주음양오행이 불화(不和)하면 음양오행의 기(氣)가 인체(장부)음양오행의 세력 균형을 파괴하거나 혼란스럽게 하여 인체에 질병이 出하는 것이다. 여기서 사주음양오행의 불화(不和)란 사주내(四柱內)에 전극(戰剋)을 하는 五行이 있고 이를 화해시켜주는 오행이 없을때를 말한다. 이것은 사주지지(四柱地支)내에 형, 충, 파, 해, 신살 등이 있고 이들의 관계가 복잡할 때에도 일어난다.

사주음양오행의 조화(調和)란 일간(日干)과 타사주오행(他四柱五行)과의 관계가 중화(中和)하고 일간(日干)에게 도움을 주는게 많을 때를 말한다. 그러려면 四柱干支에 전극(戰剋)이 없어야 하고 지지(地支)간에 형충파해(刑沖破害)가 없어야 한다. 이들이 있는 경우에는 이를 중재(仲裁)해 주는 五行이 있어야 한다.

하지만 대다수 사람들의 四柱에는 戰剋이 들어있고 地支간에 刑沖破害가 조금씩 있다. 신살(神殺)구조도 복잡하다. 이러한 경우에는 전체적인 사주음양오행의 생극(生剋)관계, 이들간의 균형 여부를 우선시하여 본다.

사주간지에 戰剋과 형충파해가 있으면 이들을 해소시켜줄만한 五行과 신살이 있는가를 본다.

사주음양오행이 균형적(均衡的)이고 제살(制殺)이 잘 되어 있으면 질병으로 化하지는 않는다. 사주전체 음양오행의 관계와 지지간의 관계, 그리고 이들의 정도를 살피며 인체를 파악해야 한다.

대부분의 사람들은 복잡 다양한 사주음양오행조직과 구조를 가진다. 음양오행이 조화의 관계를 형성한 사주를 가진 이는 아주 적다.

이것은 인간이 이 지구상에 태어나 성장하고 늙고 병들고 죽는 즉 생노병사(生老病死)의 과정에서 작은 질병이 오고 가는 게(일이) 많다는 것을 대변해주고 있다.

사주음양오행구조, 신살구조 등이 복잡하면 복잡할수록 크고 작은 질병들이 오고 간다. 하지만 사주전체 음양오행 구조가 어느정도 균형을 유지하면 복잡다양한 신살정국(神殺定局) 때문에 작은 질병이 出한다 하여도 시일이 지나면 사라져 그런데로 장수(長壽)하게 된다.

대부분의 사람들이 크고 작은 질병에 걸리거나 그 질병을 극복 〔쾌유(快癒)〕하게 되는 것은 사주음양오행과 대운·세운음양오행이 상생상극(相生相剋)하는 과정에서 인체음양오행 구조에 나쁘게 좋게 영향을 주기 때문이다.

사주음양오행과 대운·세운음양오행이 상호조화(相互調和)의 관계를 형성하면 인체가 건강해지고 상호불화하면 인체음양오행이 不和하여 해당 인체오행부위에 질병이 出한다. 그러나 세월이 흘러 다시 사주음양오행과 대운·세운음양오행이 조화(調和)의 관계를 이루면 인체는 건강을 되찾게 된다.

사주음양오행이 이처럼 인체에 막대하게 영향을 주는 것은 사주음양오행 자체가 우주, 태양계, 별들, 日月, 五行星, 지구, 기후 등이 내뿜는 강한 힘을 지닌 음양오행의 氣이기 때문이다.

이 陰陽五行의 氣가 인체음양오행에 유리하게 작용하면 인체가 건강해지고 불리하게 작용하면 인체가 질병에 걸리고 다시 유리하게 작용하면 인체가 건강을 되찾게 되는 것이다.

즉 사주음양오행이 調和의 관계를 형성하면 인체의 음양오행, 오장육부의 음양오행도 調和하여 인체가 건강해진다. 반대로 사주음양오행이 不和하면 인체(장부) 음양오행도 不和하여 질병이 발생한다.

사주음양오행의 조화 여부는 주로 일간(日干)을 中心으로 판단한다. (그러므로 日干과 타사주와의 관계를 중시하지 않으면 안된다.)

일간(日干)이 타사주오행과 균형적 관계를 형성하면 인체(장부)음양오행도 균형적 생극관계를 가져 오장육부가 건강해지고 인체가 강건해진다.

日干과 他四柱五行勢力이 균형적이거나 동등하면 대체적으로 人體가 건강을 득(得)하게 된다.

그러나 日干이 너무 강(强)하거나 약(弱)하면 인체음양오행 구조가 편성(偏盛), 편약(偏弱)해져 인체에 질병이 출(出)한다.

사주내에 어떤 五行이 태과(太過)하거나 불급(不及)하면 인체음양오행도 태과하거나 불급해진다.

四柱干支가 戰剋하면 해당 간지오행 인체부위도 전극한다.

그러므로 日干이 태왕(太旺), 태약(太弱)하거나 사주오행이 태과불급(太過不及)하고 사주간지가 戰剋하고 사주지지가 형충파해(刑沖破害) 등 사주음양오행이 不和하면 인체음양오행도 영향을 받아 해당 간지 인체음양오행부위에 질병이 출(出)한다 할 수 있다.

이와같으나 인체의 생사(生死), 즉 인체의 대세(大勢)는 전체사주음양오행의 생극관계(生剋關係)가 균형적인가 불균형적인가로 판단한다.

사주음양오행이 조화(調和)의 관계를 형성하면 오장육부(五臟六腑)가 중화(中和)의 기(氣)를 얻어 조화(調和)하고, 인체음양오행이 균형적 생극관계를 이루어 인체가 건강해진다.

사주음양오행이 태과(太過), 불급(不及), 전극(戰剋)하고 지지에 형충파해(刑沖破害)가 있으면 질병이 출(出)한다. 사주오행간의 관계가 부적절해도 질병이 발생한다.

사주음양오행이란 우주와 별들과 인간사이에 시시각각으로 일어나는 음양오행의 기(氣)이다.

그러므로 대부분의 사람들은 불완전한 음양오행 구조를 한 四柱를 가지게 된다. 이 불완전한 음양오행의 氣는 인체의 특정부위에 질병을 일으키거나 인체의 특정부위를 건강하게 한다.

이와같이 사주의 음양오행은 인체의 건강여부에 결정적 영향을 주고 있다. 그러므로 개개인들은 각자의 사주음양오행구조를 토대로 인체(장부)음양오행의 강약(强弱)을 알아 약물(藥物), 운동, 기타 방법 등으로 弱한 오행을 보충하고 태강(太强)한 오행을 설기시켜 균형화시키는 방향으로 生活해 나가야 한다. 그러면 질병을 예방하고 건강을 증진시키고 운(運)을 개선하며 장수(長壽)할 수 있다.

五行이 不和할 경우에는 오행을 조화시키는 약을 쓰거나 이를 조화롭게 하는 방법을 강구하면 된다.

약물음양오행 구분도표를 참고하라.

광의적(廣義的)으로 볼때의 四柱陰陽五行의 調和란 日干과 타사주오행이 中和하고 사주음양오행과 대운·세운음양오행이 調和의 관계를 이룰 때를 말한다. 사주음양오행이 조화의 관계를 이루면 인체음양오행도 조화의 관계를 형성하여 인체가 건강해진다.

사주음양오행은 인체음양오행을 형성케하는 근원적 힘이고 인체의 환경과도 같다. 그러므로 사주음양오행이 인체(장부)음양오행에 도움을 주면 인체가 건강해진다. 사주음양오행이 전극형충파해(戰剋刑冲破害) 등을 하면 인체음양오행이 不和하여 인체에 질병이 발생한다.

사주음양오행은 中和의 氣를 얻어야 가장 좋다. 중화(中和)란 어떤 오행도 태과(太過)하지 않고 日干과 타사주오행세력이 균형·조화의 관계를 가질 때를 말한다.

사주의 음양오행이 조화(調和)의 관계를 가지면 이와 연결관계에 있는 인체(장부)음양오행이 조화의 관계를 형성하여 인체가 건강하게 된다.

사주오행은 상호연결관계를 가져야 좋다. 金이 木을 剋하는 등 전투(戰鬪)를 하는 형국(形局)이면, 이를 중재 또는 저지하는 水오행을 필요로 한다.

이 수(水)오행은 金의 날카롭고 호전적인 기세를 설기시키고 木을 生하여 金木세력을 균형화시키는데 협력한다. 이 水 五行은 金生水하고 水生木하여 金과 木을 연결시켜주는 역할을 한다. 다른 오행의 관계도 이와 마찬가지이다.

사주오행 중 弱한게 있으면 생부(生扶)하여 세력을 强하게 한다. 강한 五行이 있으면 剋하여 세력을 약화시킨다.

너무 세력이 강한 오행이 있으면 설기(泄氣)시켜 그 기세를 완화시킨다. 오행 중 일행(一行)이 지배적인 힘을 발휘하고 있으면 그 기세(旺勢)에 순응하는 것을 藥으로 한다.

오행중 어느 하나가 强하지도 弱하지도 않으면 四柱는 중화(中和)의 기(氣)를 얻게 된다. 사주가 中和의 氣를 얻으면 사주음양오행구조는 조화(調和)의 관계를 형성한다. 사주음양오행이 조화의 관계를 이루면 인체음양오행도 조화의 관계를 형성하여 장부(臟腑)가 평안(平安)해지고 인체가 건강해진다.

일간(日干)이 강왕(强旺)하면 설기(泄氣)시켜야 이롭다. 金이 强旺하면 金剋木하여 木을 약화시킨다. 이 때에는 水를 藥으로 한다. 水는 金을 설기(泄氣)시키고 生木하여 이행(二行)의 세력을 조절한다. 즉 水는 金과 木의 중간에서 金木세력을 균형화시켜 金

木의 전극(戰剋)을 막고 이들을 조화롭게 한다.

타오르는 강력한 火氣는 작은 물방울인 水로는 제압되지는 않는다. 거센 火氣를 저지하려면 물(水)보다는 흙(土)이 낫다.

흙인 土는 火生土하여 火氣를 설기시켜 火의 기세를 억누를 수 있다. 이와 같으므로 太旺한 五行이 있으면 剋하여 제압하려하지 말고 설기시키거나 기세(旺勢)에 순응하는 게 낫다 할 수 있다.

오행상으로 혈(血)은 水이고 심포(心包)는 火이다. 心包는 火氣가 水氣를 변화시키듯이 血을 주관(主管)하고 통솔(統率)한다.

心은 정화(丁火)이고 방광(膀胱)은 임수(壬水)이다. 丁과 壬이 만나 합화(合化)하듯이 心火와 腎・膀胱水는 서로 교류한다. 정화(丁火)가 임수(壬水)와 만나 木으로 화(化)하듯이 心火와 腎水가 상교(相交)하여 血을 만들고 그 血은 간목(肝木)을 생(生)한다.

(肝)膽은 갑목(甲木)이고 脾(胃)는 기토(己土)이다. 甲이 己와 만나 합화(合化)하듯이 (肝)膽木은 脾(胃)土와 상호교류한다.

甲木이 己土와 만나 土로 化하듯이 (肝)膽木과 脾(胃)土는 상호교류하며 인체에 土氣를 만들고 그 土氣는 脾胃土를 生한다. 다른 간지오행과 장부(臟腑)도 이와 유사한 관계를 형성한다.

사주간지오행과 장부(臟腑)와의 관계를 도표에 표시하면 다음과 같다.

사주간지오행과 장부(臟腑)	合 五行의 氣	장부(臟腑)
甲 : (肝) 膽 己 : 脾(胃)	土	脾・胃
乙 : 肝, (膽) 庚 : (肺), 大腸	金	肺・大腸
丙 : (心) 小腸 辛 : 肺(大腸)	水	腎・膀胱
丁 : 心(小腸) 壬 : (腎), 膀胱	木	肝・膽

사주간지오행과 장부(臟腑)	合 五行의 氣	장부(臟腑)
戊 : (脾) · 胃 癸 : 腎(膀胱)	火	心 · 小腸
子(水장부) · 丑(土장부) 寅(木장부) · 亥(水장부) 卯(木장부) · 戌(土장부) 辰(土장부) · 酉(金장부) 巳(火장부) · 申(金장부) 午(火장부) · 未(土장부)	土 木 火 金 水 火土	脾 · 胃 肝 · 膽 心 · 小腸 肺 · 大腸 腎 · 膀胱 心 · 小腸 · 脾胃
寅(木장부) · 午(火장부) · 戌(土장부)	火	心 · 小腸
申(金장부) · 子(水장부) · 辰(土장부)	水	腎 · 膀胱
巳(火장부) · 酉(金장부) · 丑(土장부)	金	肺 · 大腸
亥(水장부) · 卯(木장부) · 未(土장부)	木	肝 · 膽

전체사주오행중에서 세력이 강한 이행(二行)이 상극(相剋)하는 경우 二行을 화해시켜주는 五行이 있으면 인체에 좋다.

木이 土를 剋할 경우 木의 힘이 土의 힘보다 거세면 火가 있어야 인체가 건강해진다. 火는 木生火하여 木의 힘을 약화시키고 火生土하여 土의 힘을 증진시켜 木土세력을 균형화시킨다. 그러나 木이 土를 극(剋)할 수 없을 정도로 약하면 水가 있어야 한다. 水는 水生木하여 木氣를 증진시키고 土剋水하여 土氣를 약화시켜 木土세력을 균형화하며 인체를 건강하게 한다.

사주에 火가 왕성(旺盛)하면 水가 증발(蒸發)하여 고갈(枯渴)되고 木이 火氣에 의해 불탄다.

水가 왕(旺)하면 土는 水의 역극(逆剋)을 받아 무너지고 金은 물에 잠긴다. 土가 왕성하면 火가 土에 묻히고 木은 土의 압력을 받아 부러진다. 金이 왕성하면 土가 金에 눌려 손상되고 火가 金의 역극(逆剋)을 받아 약해진다.

사주오행과 대운오행이 조화(調和)의 관계를 형성하면 인체음양오행이 조화의 관계를 형성하여 인체가 건강해지고 이들이 불화하면 인체음양오행이 불화하여 인체에 질병이 出한다.

사주음양오행 구조가 조화(調和)로우면 조화로울수록 인체음양오행이 균형적 생극관계, 즉 조화(調和)의 관계를 형성하여 인체가 건강해지고 인체에 질병이 발생하지 않는다.

설령 한 · 난 · 서 · 습(寒暖暑濕) 등으로 인해 질병(疾病)에 걸린다해도 짧은 시일내에 치료되어 정상적이 된다.

가장 중요한 것은 四柱日干과 타사주간지오행, 대운 · 세운음양오행의 조화여부이다.

이들의 관계에 있어서 日干이 다른 음양오행과 생극(生剋)하여 이기느냐 지느냐에 따라 인체의 건강과 질병 여부가 결정되는 것이다.

사주음양오행과 대운음양오행의 전체적인 생극(生剋)관계를 본다. 질병은 이들 오행 중 가장 위험한 처지에 있는 인체오행부위에서 발생한다.

사주오행중 기(忌)한 오행은 인체의 장부오행과 상극(相剋)하며 해당장부에 질병을 일으킨다.

사주오행 중 기(忌)한 오행은 주로 오장오행(五臟五行)을 剋하고 세운의 기(忌)한 오행은 주로 육부(六腑) 오행을 극(剋)한다.

기(忌)한 五行은 이와 상극관계에 있는 오장(육부) 오행을 剋하여 해당 장(부)에 질병을 발생시킨다.

기(忌)한 오행중 木은 이와 상극관계에 있는 土장(부)를 剋한다.

사주의 른한 오행	상극관계에 있는 臟(腑)
木	脾(胃)土
火	肺(大腸)金
土	腎(膀胱)水
金	肝(膽)木
水	心(小腸)火

세운오행중 기(忌)한 오행은 육부(오장)오행과 상극(相剋)하며 각 부(장)에 질병을

발생시킨다.

세운오행중 흉한 오행	상극관계에 있는 腑(臟) 오행
木	胃(脾)土
火	大腸(肺)金
土	膀胱(腎)水
金	膽(肝)木
水	小腸(心)火

　이 경우에 장부(臟腑)가 실(實)하면 실증(實證), 허(虛)하면 허증(虛證)이 발생한다.(그러나 세운오행이 吉한 오행이면 인체가 건강해진다.) 허실증(虛實證) 출현의 시기는 계절오행에 따라 결정된다.

　사주오행중 土가 강(強)하면 土장부가 실(實)해진다. 토실증(土實證)은 土의 月인 辰戌丑未月에 出한다. 사주오행중 土가 弱하면 土장부가 허(虛)해진다. 토허증(土虛證)은 토허(土虛)의 月인 水木月(봄, 겨울)에 발생한다.

金實證은 金土月, 金虛證은 火木(水)月, 水실증은 水金月, 水허증은 土火(木)月, 木실증은 木水月, 木허증은 金土(火)月, 火실증은 火木月, 火허증은 水金(土)月에 일어난다.

　인체가 건강하려면 四柱干支에 기신(忌神)인 탁기(濁氣)보다 희신(喜神)인 청기(淸氣)가 많아야 한다. 여기서 기신(忌神)은 사주음양오행 관계를 혼란스럽게 하거나 불화하게 하는 오행이다. 각 기신오행(忌神五行)은 이와 상극관계에 있는 장부오행을 극(剋)하여 해당장부에 질병을 일으킨다.

　각 희신오행(喜神五行)은 이와 상생(相生)관계에 있는 장부오행(臟腑五行)을 生해주어 해당장부를 건강하게 한다.

　예를들어 기(忌)木은 脾胃土를 剋하여 비위토의 조화를 깨서 비위토를 병들게한다. 忌火는 肺·大腸金, 忌土는 腎·膀胱水, 忌金은 肝膽木, 忌水는 心·小腸火를 剋하여 질병을 일으킨다.

　사주오행중 土가 太旺한데 木이 剋해오면 土氣가 노(怒)하여 비위토(脾胃土)에 실증(實證)이 出한다. 이 경우에 비위토의 실증은 주로 土氣를 극(剋)하거나 木氣를 生해주는 木水月에 발생한다.(土가 太旺할 정도로 세력이 강하지 않을 경우에는 火土月에 脾胃土가 實해져 병증이 발생한다.)

습(濕)한 土가 多하면 木水月, 건조(乾燥)한 土가 多하면 火金月에 비위토에 병증이 出한다.

사주에 土가 弱한 가운데 木오행이 剋해오면 土가 木의 剋을 받아 弱해져 脾胃土에 허증(虛證)이 出한다. 위 경우 습(濕)한 土가 虛하면 火金月에 병이 出한다.

건조한 土가 虛하면 水木月에 비위토에 허증(虛證)이 出한다.(이러한 月에 비위토가 木의 剋을 가장 많이 받기 때문이다.)

사주음양오행이 太旺한 경우에는 적절한 곳에서 적절히 억부(抑扶)가 되고 기신(忌神)은 제화(制化)되고 희신(喜神)은 보호되어야 인체가 건강해진다. 그러나 사주음양오행이 편중(偏重)되고 간지(干支)가 상충(相沖)하고 불통(不通)하고 얽히면 인체에 질병이 出한다. 이러한 경우에는 사주음양오행과 대운·세운음양오행의 생극(生剋)관계를 보고 판단한다.

四柱木火土金水 중에서 손상(損傷)된 五行이 있으면 해당 장(부)에 질병이 발생한다. 木이면 肝(膽), 火이면 心(小腸), 土이면 脾(胃), 金이면 肺(大腸), 水이면 腎(膀胱)에 질병이 出한다.

四柱內의 金이 忌火의 剋을 받으면 金肺·大腸에 질병이 出한다. 木火土장부의 질병 유무도 이와같은 식으로 알아낸다.

사주오행중 강목(强木)과 土가 상극(相剋)하면 비위토(脾胃土)가 상(傷)한다. 왕토(旺土)와 水가 상극하면 腎·膀胱水가 상한다.

강금(强金)과 木이 상극하면 肝膽木, 왕수(旺水)와 火가 상극하면 心·小腸에 질병이 발생한다.

사주중에 木과 旺土가 相剋하면 土氣가 노(怒)하여 비위토(脾胃土)에 실증(實證)이 발생한다. 이 경우에 왕토(旺土)이고 습토(濕土)이면 木水月에 비위土에 병이 出하고 강한 土에 건조한 土이면 火金月에 비위土에 질병이 出한다.

사주에 木보다 土가 약(弱)하면 土가 木의 剋을 받아 土氣가 허(虛)해져 脾胃土에 虛證이 出한다. 이 경우에 弱土이고 燥土이면 火金月에 비위土에 질병이 出한다. 이러한 질병은 사주의 지지(地支)에 있으면 깊고 중(重)하고 사주의 간(干)에 있으면 얕고경(輕)하다.

사주내에 칠살(七殺)이 있고 대운·세운이 七殺이거나 사주지지에 刑冲破害가 있고 대운·세운지지와 형충파해(刑冲破害)하면 질병이 出한다.

사주간지에 있는 木火土金水가 균형적 상생상극 관계를 형성하면 인체(장부) 음양오행이 균형적 상생상극관계를 갖게되어 인체가 건강해진다. 이 경우에는 水와 火의 세력 균형과 조화(調和)의 여부가 중요시된다.

사주음양오행(四柱陰陽五行) 구조는 이와같이 인체(장부)음양오행에 관여하며 人體를 건강하게 하거나 인체에 질병을 일으킨다.

그러므로 우리는 사주음양오행 구조, 이들의 생극관계의 균형 여부 등 크고작은 것들을 면밀하게 관찰하지 않으면 안된다. 사주음양오행구조가 인체음양오행의 상태를 거의 결정하다시피 하므로 사주음양오행의 생극(生剋)관계를 기초로 인체음양오행의 균형여부를 파악하고 장부(臟腑)의 허실(虛實)을 살피며 이에 대한 치료약물을 선택하지 않을 수 없다.

사주음양오행은 이와같이 인체음양오행에 지대한 영향을 주는 동시에 인체의 지엽적(枝葉的)인 건강과 질병에도 관여(關與)하고 있다.

사주의 간(干)오행은 干에 해당하는 인체부위 지(支)는 支에 해당하는 인체부위의 건강과 질병을 관장한다.

四柱干支五行과 인체와의 관계는 앞에서 설명했으므로 논외(論外)로 하고 사주간지에 있는 신살(神殺)이 어떻게 인체에 관여하는가를 알아보기로 한다.

사주간지에 있는 신살은 인체에 보조적으로 작용하고 인체의 개별부위에 영향을 주며 개별부위의 건강과 질병에 관여한다.

신살(神殺)이란 일월(日月)과 기타 별들이 자전과 공전을 하며 규칙적으로 일으키는 수적(數的)인 五行의 氣이고 힘이다. 이 數五行氣의 힘은 인체의 개별부위에 영향을 준다.

신살 중 흉살은 인체의 개별부위를 자극하여 그곳에 질병을 일으킨다.

신살 중 길신(吉神)은 흉살을 제거하여 개별적 질병을 막고 인체를 건강하게 한다. (신살에 관한 것은 다음에서 설명하기로 한다.)

사주팔자 중 약(弱)한 五行이 극(剋)을 받고 있으면 해당 세운오행年에 해당 오행 장부에 질병이 出한다. 예를들어 四柱중 약목(弱木)이 강금(强金)의 剋을 받고 있으면 木

의 年에 木이 金의 剋을 받아(세운오행이 忌金과 충돌하기 때문이다.) 간담목(肝膽木)에 질병이 出한다.

특히 대운(大運)이 교체할 경우에는 주의를 요할 만큼 그 정도가 심하다.)

사주간지오행 중 가장 弱한 간지오행을 剋하거나 冲하면 약한 오행 해당 장부에 병(病)이 出하므로 병을 알려면 사주간지오행 중 어느 것이 가장 강하고 가장 약한가를 보아야 한다. 그리고 치료약물은 약물음양오행 구분도표에 기초를 두고 찾는다.

사주간지음양오행과 대운·세운음양오행의 생극관계를 보고 질병을 예측한다. 질병이 발생했으면 사주간지음양오행과 대운·세운음양오행의 생극관계에 기초를 두고 장부의 음양오행 상태를 파악하고 병증음양오행을 참작한다. 그리고 이들의 관계를 검토하고 약물음양오행 구분도표를 토대로 그에 대한 치료약물을 찾아서 방제(方劑)를 구성한다.

사주음양오행(四柱陰陽五行)을 조화(調和)롭게 하고 인체음양오행을 균형화·정상화 시키는 방향으로 약물과 기타방법(운동, 섭생 등)을 써서 치료하면, 제증이 제거되고 인체가 정상적이 된다.

◯ 대운(大運)을 정(定)하는 방법(方法)

대운(大運)은 사주(四柱)의 생월간지(生月干支)를 기준(基準)으로 하여 정(定)한다.

월주(月柱)를 기준으로 양년(陽年)에 출생(出生)한 남자(男子)와 음년(陰年)에 출생한 여자(女子)는 순행(順行)(양남음녀월건순행 陽男陰女月建順行)하고, 음년(陰年)에 태어난 남자와 양년(陽年)에 태어난 여자는 역행(逆行)(음남양녀월건역행 陰男陽女月建逆行)한다. 여기서 陽年이란 양간지년(陽干支年)을 말하고 陰年이란 음간지년(陰干支年)을 뜻한다.

여기서 월건순행(月建順行)이란 생월간지(生月干支)에서 시작하여 간(干)은 甲乙丙丁戊己庚辛壬癸, 지(支)는 子丑寅卯辰巳午未申酉戌亥 등으로 순서대로 되는 것을 말한다.

월건역행(月建逆行)이란 생월간지(生月干支)와 반대의 순서, 즉 干은 癸壬辛庚己戊丁丙乙甲, 支는 亥戌酉申未午巳辰卯寅丑子 등으로 정해지는 것을 말한다.

예를들어 男 2000年 음력 12월 27일 오후 6시생인 경우 다음과 같이 대운을 표시할 수 있다.

```
時    日    月    年
癸    甲    己    庚
酉    申    丑    辰
丙 乙 甲 癸 壬 辛 庚    大
申 未 午 巳 辰 卯 寅    運
65 55 45 35 25 15 5  大運數
```

위 경우 男·陽年(庚辰)이고 월주(月柱)가 己丑이므로 대운(大運)은 己丑으로부터 시작하여 정(定)하여진다.

己丑 다음은 庚寅이고 庚寅다음은 辛卯…… 이런 순서로 대운은 표시된다.

대운수(大運數)는 출생일(出生日)에서 절기일(節氣日)까지의 날짜수를 기초로 하여 산출한다.(대운표시 만세력을 보면 계산되어 있다.)

대운수는 陽男陰女는 생일(生日)에서 미래(未來) 절기일(節氣日)까지, 陰男陽女는 생일과 과거절기일까지의 날짜수를 3으로 나누어 계산한다. 예를들어 날짜수가 9일이면 9÷3=3 3이 대운수가 된다. 날짜수가 15일이면 15÷3=5가 되어 대운수는 5가 된다.

대운표시 만세력에는 대운수가 모두 계산되어 표시되어 있다.

월주(月柱)를 기준으로 하여 정(定)해진 대운(大運)의 각 간지(干支) 五行은 四柱干支五行, 歲運干支五行과 생극비화(生剋比和), 합형충파해(合刑沖破害) 등을 하며 10년간의 운(運)을 관장하고 10년간 인체(장부)음양오행에 관여한다.

여기서 세운(歲運)은 1년의 운을 주관하는 연간지오행(年干支五行)이고 1년간 인체(장부)음양오행에 관여한다.

◑ 합(合)·형(刑)·충(沖) 신살(神殺)의 작용력(作用力)

합(合)이란 陰陽이 다른 간지오행(干支五行)중 서로 좋아하는 五行이 상호결합(相互結合)하는 것을 말한다. 이 합(合)은 화합(和合)하여 교류(交流)케 하는 작용력이 있다. 이것은 사주에 합이 있으면 인체(장부)오행끼리 화합하여 교류하게 됨을 의미한다.

合에는 다음과 같은게 있다.

干合 : 甲己(土), 乙庚(金), 丙辛(水), 丁壬(木), 戊癸(火)

地支合

六合 : 子丑(土), 寅亥(木), 卯戌(火), 辰酉(金), 巳申(水), 午未(火土)

三合 : 寅午戌(火), 申子辰(水), 巳酉丑(金), 亥卯未(木)

方合 : 寅卯辰(木東方), 巳午未(火南方), 申酉戌(金西方), 亥子丑(水北方)

충(沖)이란 서로 싫어하는 간지오행(干支五行)이 만나 충돌하는 것을 말한다. 이 沖은 충돌시켜 멀어지게 한다.

충의 종류

六冲 : 子午, 丑未, 寅申, 卯酉, 辰戌, 巳亥, (午子, 未丑, 申寅, 酉卯, 戌辰, 亥巳)

형(刑)은 형벌, 제재(制裁), 훼손, 상해(傷害)하는 작용을 한다.

刑의 종류

六刑 : 寅巳, 申寅, 巳申(寅巳申刑), 丑戌, 戌未, 未丑(丑戌未刑)

三刑 : 寅巳申, 丑戌未, 子卯子

自刑 : 子卯, 卯子, 辰辰, 酉酉, 亥亥

파(破)는 분해(分解), 이별, 파괴 작용이 있다.

파의 종류 : 子酉, 丑辰, 午卯, 寅亥, 巳申, 戌未

해(害)는 육친과 사물(事物)을 해롭게 하는 작용력이 있다.

해(害)의 종류 : 子未, 丑午, 寅巳, 卯申, 申亥, 酉戌

원진(元辰, 怨嗔)은 육친과 사물에 해(害)를 주고 미워하는 작용을 한다.

원진의 종류 : 子未, 丑午, 寅酉, 卯辰, 辰亥

공망(空亡)은 작용력을 없게 한다.

공망의 종류(순중공망)

日柱가 甲子에서 癸酉이면 戌亥가 공망이다.(甲子旬 戌亥空)

甲戌旬이면 申酉

甲申旬이면 午未

甲午旬이면 辰巳

甲辰旬이면 寅卯

甲寅旬이면 子丑이 공망이다.

이 空亡은 合 또는 冲을 만나면 해소된다.

양인(羊刃)은 살상(殺傷), 형벌의 작용력이 있다. 이것은 日干과 他地支를 대조하여 찾는다.

甲-卯, 乙-辰, 丙-午, 丁-未, 戊-午, 己-未, 庚-酉, 辛-戌, 壬-子, 癸-丑

백호대살(白虎大殺)

외과(外科) 계통에 질병 〔외상(外傷)〕을 일으킨다.

日干과 대조하여 찾는다.

戊辰, 丁丑, 丙戌, 甲辰, 乙未, 壬戌, 癸丑

괴강살(魁罡殺)

외과(外科)계통에 질병(外傷)을 일으킨다. 四日

庚戌, 庚辰, 壬戌, 壬辰

기타 외과계통에 질병(外傷)을 일으키는 신살 : 비인살(飛刃殺), 뇌공살, 혈인, 탕화, 급각, 단교관살

신경계통에 질병을 일으키는 신살

귀문관살, 오귀살

길신(吉神)

천을귀인(天乙貴人)

천을귀인(天乙貴人)

천을귀인은 흉살(凶殺)을 제거하고 복력(福力)을 증진시키고 인체를 건강하게 한다.

이 吉神은 四柱의 日干과 대조하여 다음과 같을때 존재한다.

甲 戊 庚 日-丑未

乙 己 日-子申

丙 丁 日-亥酉

辛 日-寅午

壬 癸 日-卯巳

천덕(天德)·월덕귀인(月德貴人)과 천월덕합(天月德合)의 길성(吉星)은 흉살(凶殺)을 제거하고 복력(福力)을 강화하고 吉을 취하게 하는 작용력이 있다. 이 길신(吉神)이 있으면 하늘(天)의 도움을 받아 인체가 건강을 득(得)하게 된다.

天德·月德貴人과 天月德合의 吉神은 다음과 같을 때 성립된다.

吉神 ＼ 月支	寅 1	卯 2	辰 3	巳 4	午 5	未 6	申 7	酉 8	戌 9	亥 10	子 11	丑 12
天德貴人	丁	申	壬	辛	亥	甲	癸	寅	丙	乙	巳	庚
月德貴人	丙	甲	壬	庚	丙	甲	壬	庚	丙	甲	壬	庚
天德合	壬	巳	丁	丙	寅	己	戊	亥	辛	庚	申	乙
月德合	辛	己	丁	乙	辛	己	丁	乙	辛	己	丁	乙

천사성(天赦星)

이 吉星은 병(病)을 낫게하고 건강을 유지케 하고 복(福)을 얻게 하는 作用力이 있다.

이 吉神은 生月과 生日이 다음과 같을 때 존재한다.

寅 卯 辰 月 - 戊 寅 日

巳 午 未 月 - 甲 午 日

申 酉 戌 月 - 戊 申 日

亥 子 丑 月 - 甲 子 日

이와같이 天乙貴人, 天月德貴人, 天月德合, 天赦星 등은 오히려 건강을 좋게하는 작용력이 있다. 그러므로 개별신살보다는 위와같은 길성(吉星)이 존재하느냐의 여부를 먼저 보아야 한다. 그래야 인체의 상태를 보다 빨리 파악할 수 있다.

제 **11** 편

한방처방(韓方處方)
방제음양오행(方劑陰陽五行)
(常用方劑 500方)

본편(本編)은　약물배합구성(藥物配合構成)과　용법(用法)・주치(主治)・효능(效能)・방제음양오행(方劑陰陽五行)을 구체적으로 명시(明示)하여 초보자라도 쉽게 방제(方劑)를 조직하고 임상처방(臨床處方)시에 응용이 가능케 하였다.

　본편(本編)에서의 각(各) 방제(方劑)는 별도의 표기가 없는 경우에는 성인(成人) 1일량(一日量)을 기준으로 한다.

　본편은 본문의 내용과 관련한다. 본편과 본문내용을 잘 연결시키면 보다 다양한 방제를 구성할 수 있고 이를 활용할 수 있을 것이다.

각 방제(方劑)의 참고문헌(參考文獻)

(참고문헌 목록 참고바람)

가감복맥탕「온병조변」 加減復脈湯 「溫病條辨」
가감위유탕 「중정통속상한론」 加減葳蕤湯 「重訂通俗傷寒論」
가미귀비탕 「제생방」 加味歸脾湯 「濟生方」
가미소요산 「내과적요」 加味逍遙散 「內科摘要」
가미향소산 「의학심오」 加味香蘇散 「醫學心悟」

갈근황금황련탕「상한론」 葛根黃芩黃連湯「傷寒論」
감로소독단 「온열경위」 甘露消毒丹 「溫熱經緯」
감로음 「화제국방」 甘露飮 「和劑局方」
감맥대조탕「금궤요략」 甘麥大棗湯 「金匱要略」
감초건강복령백출탕「금궤요략」 甘草乾薑茯苓白朮湯「金匱要略」

감초사심탕 「상한론」甘草瀉心湯 「傷寒論」
강활승습탕「내외상변혹론」羌活勝濕湯「內外傷辨惑論」
거원전「경악전서」 擧元煎「景岳全書」
건강인삼반하환「금궤요략」乾薑人蔘半夏丸「金匱要略」
건령탕「의학충중삼서록」建瓴湯「醫學衷中參西錄」

건비환「증치준승」健脾丸 「證治準繩」
격하축어탕「의림개착」 膈下逐瘀湯「醫林改錯」

견비탕「백일선방」 蠲痺湯「百一選方」
견정산「양씨가장방」 牽正散「楊氏家藏方」
경옥고「홍씨집험방」 瓊玉膏「洪氏集驗方」

계령감로음「선명론방」 桂苓甘露飮「宣明論方」
계명산「증치준승」 鷄鳴散「證治準繩」
계비탕「만병회춘」 啓脾湯「萬病回春」
계소산「상한직격」 鷄蘇散「傷寒直格」
계지탕「상한론」 桂枝湯「傷寒論」

계지가갈근탕「상한론」 桂枝加葛根湯「傷寒論」
계지가작약탕「상한론」 桂枝加芍藥湯「傷寒論」
계지가후박행자탕「상한론」 桂枝加厚朴杏子湯「傷寒論」
계지복령환「금궤요략」 桂枝茯苓丸「金匱要略」
계지용골모려탕「금궤요략」 桂枝龍骨牡蠣湯「金匱要略」

계지인삼탕「상한론」 桂枝人蔘湯「傷寒論」
계지작약지모탕「금궤요략」 桂枝芍藥知母湯「金匱要略」
고경환「의학입문」 固經丸「醫學入門」
고본환「장씨의통」 固本丸「張氏醫通」
고충탕「의학충중삼서록」 固沖湯「醫學衷中參西錄」

국맥지출환「증치준승」 麴麥枳朮丸「證治準繩」
곤담환「단계심법부여·왕은군방」 滾痰丸「丹溪心法附餘·王隱君方」
공연단「삼인방」 控涎丹「三因方」
과루해백반하탕「금궤요략」 瓜蔞薤白半夏湯「金匱要略」
과루해백백주탕「금궤요략」 瓜蔞薤白白酒湯「金匱要略」

과체산「상한론」 瓜蔕散「傷寒論」
곽박하령탕「의원」 藿朴夏苓湯「醫源」
곽향정기산「태평혜민화제국방」 藿香正氣散「太平惠民和劑局方」
괴각환「단계심법」 槐角丸「丹溪心法」

괴화산「보제본사방」 槐花散「普濟本事方」
교하탕「온병조변」 翹荷湯「溫病條辨」
교애탕「금궤요략」 膠艾湯「金匱要略」
구급희연산「성제총록」 救急稀涎散「聖濟總錄」

구등음「의종금감」 鉤藤飮「醫宗金鑑」

구록이선교「의방고」 龜鹿二仙膠「醫方考」
구미강활탕「차사난지」 九味羌活湯「此事難知」
국화다조산「의방집해」 菊花茶調散「醫方集解」
궁귀조혈음「만병회춘」 芎歸調血飮「萬病回春」
궁외잉방「산서의학원」 宮外孕方「山西醫學院」

귀기건중탕「화강청주방」 歸芪建中湯「華岡靑州方」
〈당귀건중탕「금궤요략」 當歸建中湯「金匱要略」〉
귀비탕「제생방」 歸脾湯「濟生方」
귀작육군자탕「태평혜민화제국방」 歸芍六君子湯「太平惠民和劑局方」
귤반지출환「의학입문」 橘半枳朮丸「醫學入門」
귤피죽여탕「금궤요략」 橘皮竹茹湯「金匱要略」

귤핵환「제생방」 橘核丸「濟生方」
금령자산「소문병기기의보명집」 金鈴子散「素問病機氣宜保命集」
금쇄고정환「의방집해」 金鎖固精丸「醫方集解」
금수육군전「경악전서」 金水六君煎「景岳全書」

기국지황환「의급」 杞菊地黃丸「醫級」
기초역황환「금궤요략」 己椒藶黃丸「金匱要略」
길경탕「상한론」 桔梗湯「傷寒論」

난간전「경악전서」 暖肝煎「景岳全書」
내보황기탕「외과정종」 內補黃芪湯「外科正宗」
냉효환「장씨의통」 冷哮丸「張氏醫通」

단삼음「시방가괄」 丹參飮「時方歌括」
달원음「온역론」 達原飮「溫疫論」
당귀탕「천금방」 當歸湯「千金方」
당귀건중탕「천금익방」 當歸建中湯「千金翼方」
당귀보혈탕「내외상변혹론」 當歸補血湯「內外傷辨惑論」

당귀사역탕「상한론」 當歸四逆湯「傷寒論」
당귀사역가오수유생강탕「상한론」 當歸四逆加吳茱萸生薑湯「傷寒論」
당귀용회환「선명론」「단계심법」當歸龍薈丸「宣明論」「丹溪心法」

당귀육황탕「란실비장」當歸六黃湯「蘭室秘藏」

당귀작약산「금궤요략」 當歸芍藥散「金匱要略」

대강활탕「차사난지」大羌活湯「此事難知」

대건중탕「금궤요략」大建中湯「金匱要略」

대방풍탕「화제국방」大防風湯「和劑局方」

대보원전「경악전서」大補元煎「景岳全書」

대보음환「단계심법」大補陰丸「丹溪心法」

대승기탕「상한론」大承氣湯「傷寒論」

대시호탕「금궤요략」大柴胡湯「金匱要略」

대안환「단계심법」大安丸「丹溪心法」

대정풍주「온병조변」大定風珠「溫病條辨」

대진교탕「소문병기기의보명집」大秦艽湯「素問病機氣宜保命集」

대청룡탕「상한론」大青龍湯「傷寒論」

대함흉탕「상한론」大陷胸湯「傷寒論」

대함흉환「상한론」大陷胸丸「傷寒論」

대황감초탕「금궤요략」大黃甘草湯「金匱要略」

대황모란탕「금궤요략」大黃牡丹湯「金匱要略」

대황부자탕「금궤요략」大黃附子湯「金匱要略」

대황자충환「금궤요략」大黃蟅虫丸「金匱要略」

도기탕「심씨존생서」導氣湯「沈氏尊生書」

도기환「의종기임편」都氣丸「醫宗己任篇」

도담탕「부인양방」導痰湯「婦人良方」

도적산「소아약증직결」導赤散「小兒藥證直訣」

도핵승기탕「상한론」桃核承氣湯「傷寒論」

도홍사물탕「의종금감」桃紅四物湯「醫宗金鑑」

도화탕「상한론」桃花湯「傷寒論」

독삼탕「상한대전」獨蔘湯「傷寒大全」

독활기생탕「비급천금요방」獨活寄生湯「備急千金要方」

마자인환「상한론」麻子仁丸「傷寒論」

마황탕「상한론」麻黃湯「傷寒論」

마황가출탕「금궤요략」麻黃加朮湯「金匱要略」

마황부자세신탕「상한론」麻黃附子細辛湯「傷寒論」

마황부자감초탕「상한론」麻黃附子甘草湯「傷寒論」

마행의감탕「금궤요략」麻杏薏甘湯「金匱要略」

마황행인감초석고탕「상한론」麻黃杏仁甘草石膏湯「傷寒論」

맥문동탕「금궤요략」麥門冬湯「金匱要略」

맥미지황환「의급」麥味地黃丸「醫級」〈六味地黃丸「小兒藥證直訣」〉

모려산「태평혜민화제국방」牡蠣散「太平惠民和劑局方」

목방기탕 「금궤요략」 木防己湯「金匱要略」

목향빈랑환「단계심법」木香檳榔丸「丹溪心法」

무기환「화제국방」戊己丸「和劑局方」

반류환「화제국방」半硫丸「和劑局方」

반하백출천마탕「의학심오」半夏白朮天麻湯「醫學心悟」

반하사심탕「상한론」半夏瀉心湯「傷寒論」

반하후박탕「금궤요략」半夏厚朴湯「金匱要略」

방기복령탕「금궤요략」防己茯苓湯「金匱要略」

방기황기탕「금궤요략」防己黃芪湯「金匱要略」

방풍탕「선명론」防風湯「宣明論」

방풍통성산「선명론」防風通聖散「宣明論」

백두옹탕「상한론」白頭翁湯「傷寒論」

백두옹가감초아교탕「금궤요략」白頭翁加甘草阿膠湯「金匱要略」

백산「상한론」白散「傷寒論」

백자양심환「체인회편」柏子養心丸「體仁匯編」

백출작약산「단계심법」白朮芍藥散「丹溪心法」

백통탕「상한론」白通湯「傷寒論」

백합고금탕「의방집해」百合固金湯「醫方集解」

백합지황탕「금궤요략」百合地黃湯「金匱要略」

백호탕「상한론」白虎湯「傷寒論」

백호가계지탕「금궤요략」白虎加桂枝湯「金匱要略」

백호가인삼탕「상한론」白虎加人蔘湯「傷寒論」

백호가창출탕「활인서」白虎加蒼朮湯「活人書」

벽옥산「상한직격」碧玉散「傷寒直格」〈益元散 「宣明論方」〉

별갑전환「금궤요략」鱉甲煎丸「金匱要略」

보간탕「의종금감」補肝湯「醫宗金鑑」

보양환오탕「의림개착」補陽還五湯「醫林改錯」

보원탕「박애심감」「의학입문」保元湯「博愛心鑑」「醫學入門」

보제소독음「동원시효방」普濟消毒飲「東垣試效方」

보중익기탕「비위론」補中益氣湯「脾胃論」

보폐탕「영류령방」補肺湯「永類鈐方」

보폐아교탕「소아약증직결」補肺阿膠湯「小兒藥證直訣」

보화환「단계심법」保和丸「丹溪心法」

복령음「외대비요」茯苓飲「外臺秘要」

복령환「백일선방」茯苓丸「百一選方」

복원활혈탕「의학발명」復元活血湯「醫學發明」

부자탕「상한론」附子湯「傷寒論」

부자이중환「염씨소아방론」附子理中丸「閻氏小兒方論」

〈부자이중탕「직지방」附子理中湯「直指方」〉

불환금정기산「태평혜민화제국방」不換金正氣散「太平惠民和劑局方」

비아환「태평혜민화제국방」肥兒丸「太平惠民和劑局方」

비해분청음「단계심법」「의학심오」萆薢分淸飲「丹溪心法」「醫學心悟」

사간마황탕「금궤요략」射干麻黃湯「金匱要略」

사군자탕「태평혜민화제국방」四君子湯「太平惠民和劑局方」

사령산「명의지장」四苓散「明醫指掌」

사마탕「제생방」四磨湯「濟生方」

사묘산「태평혜민화제국방」四妙散「太平惠民和劑局方」

사묘용안탕「험방신편」四妙勇安湯「驗方新編」

사물탕「태평혜민화제국방」四物湯「太平惠民和劑局方」

사백산「소아약증직결」瀉白散「小兒藥證直訣」

사삼맥문동탕「온병조변」沙蔘麥門冬湯「溫病條辨」

사생환「부인양방」四生丸「婦人良方」

사신환「증치준승」四神丸「證治準繩」

사심탕「금궤요략」瀉心湯「金匱要略」

사심도적탕「의종금감」瀉心導赤湯「醫宗金鑑」

사역탕 「상한론」 四逆湯 「傷寒論」
사역가인삼탕 「상한론」 四逆加人蔘湯 「傷寒論」
사역산 「상한론」 四逆散 「傷寒論」
사청환 「소아약증직결」 瀉靑丸 「小兒藥證直訣」
사황산 「소아약증직결」 瀉黃散 「小兒藥證直訣」
산조인탕 「금궤요략」 酸棗仁湯 「金匱要略」

삼갑복맥탕 「온병조변」 三甲復脈湯 「溫病條辨」
삼령백출산 「태평혜민화제국방」 蔘苓白朮散 「太平惠民和劑局方」
삼묘산 「의학정전」 三妙散 「醫學正傳」
삼물비급환 「금궤요략」 三物備急丸 「金匱要略」
삼물황금탕 「금궤요략」 三物黃芩湯 「金匱要略」

삼부탕 「교주부인양방」 蔘附湯 「校注婦人良方」
삼비탕 「교주부인양방」 三痺湯 「校注婦人良方」
삼성산 「유문사친」 三聖散 「儒門事親」
삼소음 「태평혜민화제국방」 蔘蘇飮 「太平惠民和劑局方」
삼요탕 「화제국방」 三拗湯 「和劑局方」

삼인탕 「온병조변」 三仁湯 「溫病條辨」
삼자양친탕 「한씨의통」 三子養親湯 「韓氏醫通」
삼층회향환 「경악전서」 三層茴香丸 「景岳全書」
상국음 「온병조변」 桑菊飮 「溫病條辨」
상마환 「의방집해」 桑麻丸 「醫方集解」

상산음 「화제국방」 常山飮 「和劑局方」
상표초산 「본초연의」 桑螵蛸散 「本草衍義」
상행탕 「온병조변」 桑杏湯 「溫病條辨」
생강사심탕 「상한론」 生薑瀉心湯 「傷寒論」
생맥산 「내외상변혹론」 生脈散 「內外傷辨惑論」
생철락음 「의학심오」 生鐵落飮 「醫學心悟」
생화탕 「부청주여과」 生化湯 「傅靑主女科」
서각지황탕 「천금요방」 犀角地黃湯 「千金要方」
서황환 「외과전생집」 犀黃丸 「外科全生集」
석고탕 「외대비요」 石膏湯 「外臺秘要」

석곡야광환「원기계미」石斛夜光丸「原機啓微」
선독발표탕「두진인단록」宣毒發表湯「痘疹仁端錄」
선방활명음「부인양방」仙方活命飮「婦人良方」
선복대자탕「상한론」旋覆代赭湯「傷寒論」
선비탕「온병조변」宣痺湯「溫病條辨」

섬수환「외과정종」蟾酥丸「外科正宗」
성유탕「의종금감」聖愈湯「醫宗金鑑」
소건중탕「상한론」小建中湯「傷寒論」
소경활혈탕「만병회춘」疏經活血湯「萬病回春」
소계음자「단계심법」小薊飮子「丹溪心法」

소금단「외과전생집」小金丹「外科全生集」
소반하가복령탕「금궤요략」小半夏加茯苓湯「金匱要略」
소라환「의학심오」消瘰丸「醫學心悟」
소복축어탕「의림개착」少腹逐瘀湯「醫林改錯
소속명탕「천금방」小續命湯「千金方」

소승기탕「상한론」小承氣湯「傷寒論」
소시호탕「상한론」小柴胡湯「傷寒論」
소아회춘단「경수당약설」小兒回春丹「敬修堂藥說」
소요산「태평혜민화제국방」逍遙散「太平惠民和劑局方」

소자강기탕「태평혜민화제국방」蘇子降氣湯「太平惠民和劑局方」
소정풍주「온병조변」小定風珠「溫病條辨」
소착음자「제생방」疏鑿飮子「濟生方」
소청룡탕「상한론」小靑龍湯「傷寒論」
소청룡가석고탕「금궤요략」小靑龍加石膏湯「金匱要略」

소풍산「외과정종」消風散「外科正宗」
소함흉탕「상한론」小陷胸湯「傷寒論」
소합향환「태평혜민화제국방」蘇合香丸「太平惠民和劑局方」
소활락단「태평혜민화제국방」小活絡丹「太平惠民和劑局方」
속명탕「금궤요략」續命湯「金匱要略」

수륙이선단「홍씨집험방」水陸二仙丹「洪氏集驗方」
승기양영탕「온역론보주」承氣養營湯「溫疫論補注」

승마갈근탕 「소아약증직결」 升麻葛根湯 「小兒藥證直訣」
승함탕 「의학충중삼서록」 升陷湯 「醫學衷中參西錄」

시갈해기탕 「의학심오」 柴葛解肌湯 「醫學心悟」

시령탕 「세의득효방」 柴苓湯 「世醫得效方」
시작육군자탕 「화제국방」 柴芍六君子湯 「和劑局方」
시체탕 「제생방」 柿蒂湯 「濟生方」
시평탕 「증보내경습유방론」 柴平湯 「增補內經拾遺方論」
시호가용골모려탕 「상한론」 柴胡加龍骨牡蠣湯 「傷寒論」
시호계지건강탕 「상한론」 柴胡桂枝乾薑湯 「傷寒論」
시호달원음 「중정통속상한론」 柴胡達原飮 「重訂通俗傷寒論」
시호소간산 「경악전서」 柴胡疏肝散 「景岳全書」
시호지길탕 「중정통속상한론」 柴胡枳桔湯 「重訂通俗傷寒論」

시호함흉탕 「통속상한론」 柴胡陷胸湯 「通俗傷寒論」
신가향유음 「온병조변」 新加香薷飮 「溫病條辨」
신가황룡탕 「온병조변」 新加黃龍湯 「溫病條辨」
신기환 「금궤요략」 腎氣丸 「金匱要略」
신비탕 「외대비요」 神秘湯 「外臺秘要」

신서단 「온열경위」 神犀丹 「溫熱經緯」
신이산 「제생방」 辛夷散 「濟生方」
신이청폐탕 「외과정종」 辛夷淸肺湯 「外科正宗」
신제귤피죽여탕 「온병조변」 新制橘皮竹茹蕩 「溫病條辨」
신통축어탕 「의림개착」 身痛逐瘀湯 「醫林改錯」

신효탁리산 「태평혜민화제국방」 神效托裏散 「太平惠民和劑局方」
실비산 「제생방」 實脾散 「濟生方」
실소산 「태평혜민화제국방」 失笑散 「太平惠民和劑局方」
십미온담탕 「증치준승」 十味溫膽湯 「證治準繩」
십보환 「제생방」 十補丸 「濟生方」

십전대보탕 「화제국방」 十全大補湯 「和劑局方」
십조탕 「상한론」 十棗湯 「傷寒論」
십회환(산) 「십약신서」 十灰丸 「十藥神書」

아교계자황탕「통속상한론」阿膠鷄子黃湯「通俗傷寒論」
안궁우황환「온병조변」安宮牛黃丸「溫病條辨」
안중산「화제국방」安中散「和劑局方」
양격산「태평혜민화제국방」凉膈散「太平惠民和劑局方」
양부환「양방집액」良附丸「良方集腋」
양심탕「증치준승」養心湯「證治準繩」
양음청폐탕「중루옥약륜」養陰淸肺湯「重樓玉鑰鑰」

양화탕「외과증치전생집」陽和湯「外科證治全生集」
애부난궁환「인재직지」艾附暖宮丸「仁齋直指」
연매안회탕「통속상한론」連梅安蚘湯「通俗傷寒論」
연박음「곽란론」連朴飮「霍亂論」

연호색산「제생방」延胡索散「濟生方」
염탕탐토방「비급천금요방」鹽湯探吐方「備急千金要方」
영각구등탕「통속상한론」羚角鉤藤湯「通俗傷寒論」
영감강미신하인탕「금궤요략」苓甘薑味辛夏仁湯「金匱要略」
영감오미강신탕「금궤요략」苓甘五味薑辛湯「金匱要略」

영계출감탕「상한론」苓桂朮甘湯「傷寒論」
오두탕「금궤요략」烏頭湯「金匱要略」
오령산「상한론」五苓散「傷寒論」
오림산「태평혜민화제국방」五淋散「太平惠民和劑局方」
오마음자「의편」五磨飮子「醫便」〈四磨湯(世醫得效方)〉

오매환「상한론」烏梅丸「傷寒論」
오미소독음「의종금감」五味消毒飮「醫宗金鑑」
오미자산「보제본사방」五味子散「普濟本事方」
오수유탕「상한론」吳茱萸湯「傷寒論」
오신탕「동천오지」五神湯「洞天奧旨」

오인환「세의득효방」五仁丸「世醫得效方」
오적산「태평혜민화제국방」五積散「太平惠民和劑局方」
오피산「화씨중장경」五皮散「華氏中藏經」
옥녀전「경악전서」玉女煎「景岳全書」
옥병풍산「단계심법」玉屛風散「丹溪心法」

옥액탕「의학충중삼서록」 玉液湯「醫學衷中參西錄」

옥진산「외과정종」 玉眞散「外科正宗」

온경탕「금궤요략」 溫經湯「金匱要略」

온담탕「천금방」 溫膽湯「千金方」

온비탕「비급천금요방」 溫脾湯「備急千金要方」

온청음「만병회춘」 溫淸飮「萬病回春」

완대탕「부청주여과」 完帶湯「傅靑主女科」

용담사간탕「의방집해」 龍膽瀉肝湯「醫方集解」

우귀음「경악전서」 右歸飮「景岳全書」

우귀환「경악전서」 右歸丸「景岳全書」

우방해기탕「양과심득집」 牛蒡解肌湯「瘍科心得集」

우슬산「의학입문」 牛膝散「醫學入門」

우황청심환「두진세의심법」 牛黃淸心丸「痘疹世醫心法」

월국환「단계심법」 越鞠丸「丹溪心法」

월비탕「금궤요략」 越婢湯「金匱要略」

월화환「의학심오」 月華丸「醫學心悟」

위경탕「천금요방」 葦莖湯「千金要方」

위령탕「단계심법」 胃苓湯「丹溪心法」

위유탕「비급천금요방」 葳蕤湯「備急千金要方」

육군자탕「부인양방」 六君子湯「婦人良方」

육미지황환「소아약증직결」 六味地黃丸「小兒藥證直訣」

육울탕「의학입문」 六鬱湯「醫學入門」

육일산「상한직격」 六一散「傷寒直格」

육화탕「의방고」 六和湯「醫方考」

윤장환「비위론」 潤腸丸「脾胃論」 「심씨존생서」 「沈氏尊生書」

윤조양영탕「주후백일방」 潤燥養榮湯「肘後百一方」

〈자조양영탕「의방집해」 滋燥養營湯「醫方集解」〉

은교산「온병조변」 銀翹散「溫病條辨」

은교탕「온병조변」 銀翹湯「溫病條辨」

은화해독탕「양과심득집」 銀花解毒湯「瘍科心得集」

의이부자패장산「금궤요략」 薏苡附子敗醬散「金匱要略」

의이인탕「증치준승」薏苡仁湯「證治準繩」

이공산「소아약증직결」異功散「小兒藥證直訣」

이묘산「단계심법」二妙散「丹溪心法」

이신환「보제본사방」二神丸「普濟本事方」

이중안회탕「만병회춘」理中安蛔湯「萬病回春」

이중화담환「명의잡저」理中化痰丸「明醫雜著」

이중환「상한론」理中丸「傷寒論」

이지환「의방집해」二至丸「醫方集解」

이진탕「태평혜민화제국방」二陳湯「太平惠民和劑局方」

이출탕「만병회춘」二朮湯「萬病回春」

이황탕「부청주여과」易黃湯「傅靑主女科」

익원산「상한직격」益元散「傷寒直格」

익위탕「온병조변」益胃湯「溫病條辨」

인삼양영탕「화제국방」人蔘養營湯「和劑局方」

인삼패독산「소아약증직결」人蔘敗毒散「小兒藥證直訣」

인삼합개산「위생보감」人蔘蛤蚧散「衛生寶鑑」

인삼호도탕「제생방」人蔘胡桃湯「濟生方」

인진사역탕「장씨의통」茵陳四逆湯「張氏醫通」

인진오령산「금궤요략」茵陳五苓散「金匱要略」

인진호탕「상한론」茵陳蒿湯「傷寒論」

일관전「유씨의화」一貫煎「柳氏醫話」

입효산「중방규구」立效散「衆方規矩」

자감초탕「상한론」炙甘草湯「傷寒論」

자금정「편옥심서」紫金錠「片玉心書」「外科正宗」

자설단「외대비요」紫雪丹「外臺秘要」

자생건비환「선성재의학광필기」資生健脾丸「先醒齋醫學廣筆記」

자음강화탕「만병회춘」滋陰降火湯「萬病回春」

자음지보탕「만병회춘」滋陰至寶湯「萬病回春」

자주환「비급천금요방」磁朱丸「備急千金要方」

작약탕「손문병기기의보명집」芍藥湯「素問病機氣宜保命集」

작약감초탕「상한론」芍藥甘草湯「傷寒論」

작약감초부자탕「상한론」芍藥甘草附子湯「傷寒論」

잠시탕「곽란론」蠶矢湯「霍亂論」
재조산「상한육서」再造散「傷寒六書」
저당탕「상한론」抵當湯「傷寒論」
저령탕「상한론」猪苓湯「傷寒論」
적석지우여량탕「상한론」赤石脂禹餘糧湯「傷寒論」

정간환「의학심오」定癇丸「醫學心悟」
정력대조사폐탕「금궤요략」葶藶大棗瀉肺湯「金匱要略」
정지환「잡병원류서촉」定志丸「雜病源流犀燭」
정천탕「섭생중묘방」定喘湯「攝生衆妙方」
정향시체탕「증인맥치」丁香柿蒂湯「證因脈治」

제생신기환「제생방」濟生腎氣丸「濟生方」
제천전「경악전서」濟川煎「景岳全書」
조위승기탕「상한론」調胃承氣湯「傷寒論」
조중익기탕「비위론」調中益氣湯「脾胃論」
좌귀음「경악전서」左歸飮「景岳全書」

좌귀환「경악전서」左歸丸「景岳全書」
좌금환「단계심법」左金丸「丹溪心法」
주경환「증치준승」駐景丸「證治準繩」
주사안신환「란실비장」朱砂安神丸「蘭室秘藏」
주차환「경악전서」舟車丸「景岳全書」

죽엽석고탕「상한론」竹葉石膏湯「傷寒論」
죽엽유방탕「선성재의학광필기」竹葉柳蒡湯「先醒齋醫學廣筆記」
중화탕「증치준승」中和湯「證治準繩」
증액탕「온병조변」增液湯「溫病條辨」
증액승기탕「온병조변」增液承氣湯「溫病條辨」

지경산「경험방」止痙散「經驗方」
지백지황환「의종금감」知柏地黃丸「醫宗金鑑」
지보단「태평혜민화제국방」至寶丹「太平惠民和劑局方」
지수산「의학심오」止嗽散「醫學心悟」
지실도체환「내외상변혹론」枳實導滯丸「內外傷辨惑論」

지실소비환「란실비장」枳實消痞丸「蘭室秘藏」

지실작약산「금궤요략」枳實芍藥散「金匱要略」

지실해백계지탕「금궤요략」枳實薤白桂枝湯「金匱要略」

지출환「내외상변혹론」枳朮丸「內外傷辨惑論」

지황음자「선명론방」地黃飮子「宣明論方」

진간식풍탕「의학충중삼서록」鎭肝熄風湯「醫學衷中參西錄」

진교별갑산「위생보감」秦艽鱉甲散「衛生寶鑑」

진무탕「상한론」眞武湯「傷寒論」

진인양장탕「태평혜민화제국방」眞人養臟湯「太平惠民和劑局方」

진주모환「보제본사방」珍珠母丸「普濟本事方」

창름산「제생방」倉廩散「濟生方」

창이자산「중정엄씨제생방」蒼耳子散「重訂嚴氏濟生方」

척담탕「제생방」滌痰湯「濟生方」

청궁탕「온병조변」淸宮湯「溫病條辨」

천궁다조산「태평혜민화제국방」川芎茶調散「太平惠民和劑局方」

천사군자탕「만병회춘」喘四君子湯「萬病回春」

천마구등음「잡병증치신의」天麻鉤藤飮「雜病證治新義」

천태오약산「의학발명」天台烏藥散「醫學發明」

천왕보심단「섭생총요」天王補心丹「攝生總要」

청기화담환「의방고」淸氣化痰丸「醫方考」

청대탕「의학충중삼서록」淸帶湯「醫學衷中參西錄」

청락음「온병조변」淸絡飮「溫病條辨」

청비음「제생방」淸脾飮「濟生方」

청상견통탕「수세보원」淸上蠲痛湯「壽世保元」

청상방풍탕「만병회춘」淸上防風湯「萬病回春」

청서익기탕「온열경위」「비위론」淸署益氣湯「溫熱經緯」「脾胃論」

청심연자음「화제국방」淸心蓮子飮「和劑局方」

청영탕「온병조변」淸營湯「溫病條辨」

청온패독음「역진일득」淸瘟敗毒飮「疫疹一得」

청골산「증치준승」淸骨散「證治準繩」

청위산「비위론」淸胃散「脾胃論」

청조구폐탕「의문법률」淸燥救肺湯「醫門法律」
청폐탕「만병회춘」淸肺湯「萬病回春」
청호별갑탕「온병조변」靑蒿鱉甲湯「溫病條辨」
총백칠미음「외대비요」葱白七味飮「外臺秘要」
총시탕「주후방」葱豉湯「肘後方」

총시길경탕「통속상한론」葱豉桔梗湯「通俗傷寒論」
축천환「교주부인양방」縮泉丸「校注婦人良方」
출부탕「의종금감」朮附湯「醫宗金鑑」

치자백피탕「상한론」梔子柏皮湯「傷寒論」
치자시탕「상한론」梔子豉湯「傷寒論」

칠리산「양방집액」七厘散「良方集腋」
칠미백출산「소아약증직결」七味白朮散「小兒藥證直訣」
칠보미염단「의방집해」七寶美髥丹「醫方集解」
침중단「비급천금요방」枕中丹「備急千金要方」
침향강기탕「화제국방」沈香降氣湯「和劑局方」

태산반석산「경악전서」泰山磐石散「景岳全書」
통관산「단계심법부여」通關散「丹溪心法附餘」
통규활혈탕「의림개착」通竅活血湯「醫林改錯」
통도산「만병회춘」通導散「萬病回春」
통맥사역탕「상한론」通脈四逆湯「傷寒論」

투농산「외과정종」「의학심오」透膿散「外科正宗」「醫學心悟」
팔정산「태평혜민화제국방」八正散「太平惠民和劑局方」
팔진탕「정체유요」八珍湯「正體類要」
패모과루산「의학심오」貝母瓜蔞散「醫學心悟」

평위산「태평혜민화제국방」平胃散「太平惠民和劑局方」
포대환「보요수진소아방론」布袋丸「補要袖珍小兒方論」
포룡환「소아약증직결」「동의보감」抱龍丸「小兒藥證直訣」「東醫寶鑑」
하어혈탕「금궤요략」下瘀血湯「金匱要略」
하차대조환「오구방」河車大造丸「吳球方」
해조옥호탕「의종금감」海藻玉壺湯「醫宗金鑑」

해혈방 「단계심법」 咳血方 「丹溪心法」
행군산 「곽란론」 行軍散 「霍亂論」
행소산 「온병조변」 杏蘇散 「溫病條辨」
향련환 「화제국방」 香連丸 「和劑局方」
향사육군자탕 「의방집해」 香砂六君子湯 「醫方集解」

향사지출환 「섭생비부」 香砂枳朮丸 「攝生秘剖」
향소산 「태평혜민화제국방」 香蘇散 「太平惠民和劑局方」
향소총시탕 「통속상한론」 香蘇葱豉湯 「通俗傷寒論」
향유산 「태평혜민화제국방」 香薷散 「太平惠民和劑局方」
혈부축어탕 「의림개착」 血府逐瘀湯 「醫林改錯」

형방패독산 「섭생중묘방」 荊防敗毒散 「攝生衆妙方」〈人蔘敗毒散 「太平惠民和劑局方」〉
호금청담탕 「중정통속상한론」 蒿芩淸膽湯 「重訂通俗傷寒論」
호잠환 「단계심법」 虎潛丸 「丹溪心法」
화개산 「화제국방」 華蓋散 「和劑局方」
화반탕 「온병조변」 化斑湯 「溫病條辨」

화충환 「태평혜민화제국방」 化蟲丸 「太平惠民和劑局方」
활락효령단 「의학충중삼서록」 活絡效靈丹 「醫學衷中參西錄」
활인총시탕 「유증활인서」 活人葱豉湯 「類證活人書」
황금탕 「상한론」 黃芩湯 「傷寒論」
황금활석탕 「온병조변」 黃芩滑石湯 「溫病條辨」

황기탕 「외대비요」 黃芪湯 「外臺秘要」
황기건중탕 「금궤요략」 黃芪建中湯 「金匱要略」
황기계지오물탕 「금궤요략」 黃芪桂枝五物湯 「金匱要略」
황련탕 「상한론」 黃連湯 「傷寒論」
황련아교탕 「상한론」 黃連阿膠湯 「傷寒論」

황련해독탕 「외대비요」 黃連解毒湯 「外臺秘要」
황룡탕 「상한육서」 黃龍湯 「傷寒六書」
황토탕 「금궤요략」 黃土湯 「金匱要略」
회양구급탕 「상한육서」 回陽救急湯 「傷寒六書」

후박온중탕 「내외상변혹론」 厚朴溫中湯 「內外傷辨惑論」
후박칠물탕 「금궤요략」 厚朴七物湯 「金匱要略」
흑귀비탕 「제생방」 黑歸脾湯 「濟生方」

흑석단「태평혜민화제국방」黑錫丹「太平惠民和劑局方」
흑소요산「의략육서·여과적요」黑逍遙散「醫略六書·女科摘要」

증보(增補) 방제(方劑) 10

구미청심원「동의보감」九味淸心元「東醫寶鑑」
부양조위탕「동의보감」扶陽助胃湯「東醫寶鑑」
삼기탕「동의보감」蔘芪湯「東醫寶鑑」

우황포룡환「동의보감」牛黃抱龍丸「東醫寶鑑」
익위승양탕「란실비장」「동의보감」益胃升陽湯「蘭室秘藏」「東醫寶鑑」
적복령탕(반하복령탕)「동의보감」赤茯苓湯(半夏茯苓湯)「東醫寶鑑」
조중이기탕「동의보감」調中理氣湯「東醫寶鑑」

지궁산「동의보감」枳芎散「東醫寶鑑」

평진탕「동의보감」平陳湯「東醫寶鑑」
향사양위탕「동의보감」香砂養胃湯「東醫寶鑑」

1. 가감복맥탕(加減復脈湯)

○ 처방구성(處方構成)
  자감초(炙甘草) 12g, 생 백작약(生 白芍藥)·건지황(乾地黃) 각 18g, 아교(阿膠)·마자인(麻子仁) 각 10g, 맥문동(麥門冬) 15g

○ 용법(用法) : 수전복(水煎服)
  3으로 나누어(三分)하여) 1일 3회 복용

○ 주치(主治) : 양명부실증(陽明腑實證)의 후기(後期)〈발열성질환(發熱性疾患)의 후기(後期)〉
  음액손상(陰液損傷), 수장족심열(手掌足心熱), 신열감(身熱感), 안면홍조(顔面紅潮), 구갈(口渴), 허열(虛熱), 맥허대(脈虛大)

○ 효능(效能)

양혈(養血), 생진(生津), 양액(養液), 자음(滋陰), 염음(斂陰), 윤조(潤燥), 청허열(淸虛熱)

○ 방제음양오행(方劑陰陽五行) : 보혈제(補血劑), 보음제(補陰劑)

2. 가감위유탕(加減葳蕤湯)

○ 처방구성(處方構成) : 옥죽(玉竹)〈＝생위유(生葳蕤)〉, 담두시(淡豆豉) 각 9g, 길경(桔梗)·소박하(蘇薄荷) 각 5g, 생총백(生葱白) 6g(9g), 백미(白薇) 3g, 자감초(炙甘草) 1.5g, 홍조(紅棗) 2매

○ 용법(用法) : 수전복(水煎服)

○ 주치(主治) : 음허(陰虛)에 외사감수(外邪感受)로 인한 증상(症狀)

〈음허(陰虛)의 표증(表證)〉, 두통신열(頭痛身熱), 무미한(無微汗), 미오풍한(微惡風寒), 해수심번(咳嗽心煩), 열감(熱感), 인건(咽乾), 구갈(口渴), 설적(舌赤), 세삭맥(細數脈)

○ 효능(效能)

자음청열(滋陰淸熱), 생진(生津), 발한해표(發汗解表), 소염(消炎), 거담(祛痰), 진해(鎭咳)

○ 방제음양오행(方劑陰陽五行) : 부정해표제(扶正解表劑)

3. 가미귀비탕(加味歸脾湯)

○ 처방구성(處方構成)

산치자(山梔子)·시호(柴胡) 각 5g, 귀비탕(歸脾湯)

○ 용법(用法) : 수전복(水煎服)

3으로 나누어 1일 3회 복용

○ 주치(主治) : 혈허(血虛), 심비양허증(心脾兩虛證)

불면(不眠), 건망(健忘), 상기(上氣), 초조(焦燥), 흉고(胸苦), 열감(熱感)

○ 효능(效能) : 보기보혈(補氣補血), 청열(淸熱), 진정(鎭靜), 소염(消炎), 건비(健脾), 양심안신(養心安神)

○ 방제음양오행(方劑陰陽五行) : 기혈쌍보제(氣血雙補劑)

4. 가미소요산(加味逍遙散) 단치소요산(丹梔逍遙散)

○ 처방구성(處方構成)

소요산(逍遙散)＋치자(梔子)・목단피(牧丹皮) 각 3g

○ 용법(用法) : 수전복(水煎服)

환(丸) 또는 산(散)하여 6~9g 씩 복용(1일 2~3회)

○ 주치(主治) : 기혈양허(氣血兩虛), 간울혈허(肝鬱血虛), 화화생열(化火生熱)로 인한 증상

신열(身熱), 상기(上氣), 번조역노(煩躁易怒), 두통목삽(頭痛目澁), 자한도한(自汗盜汗), 안면홍조(顔面紅潮), 소복작통(小腹作痛), 월경부조(月經不調), 구건(口乾), 소변삽통(小便澁痛)

○ 효능(效能)

소간건비(疏肝健脾), 보혈(補血), 화혈조경(和血調經), 청열양혈(淸熱凉血)

○ 방제음양오행(方劑陰陽五行) : 간비조화제(肝脾調和劑)

가미신기환(加味腎氣丸) : 제생신기환(濟生腎氣丸) 참고

5. 가미향소산(加味香蘇散)

○ 처방구성(處方構成)

자소엽(紫蘇葉) 5g, 향부자(香附子)・진피(陳皮) 각 4g, 진교(秦艽)・형개(荊芥)・방풍(防風)・만형자(蔓荊子) 각 3g, 자감초(炙甘草) 2.5g, 천궁(川芎) 1.5g, 생강(生薑) 3편

○ 용법(用法) : 수전온복(水煎溫服)

산(散)하여 9g씩 1일 3회 복용

○ 주치(主治) : 사시감모(四時感冒)로 인한 증상

두통항강(頭痛項强), 발열오한(發熱惡寒), 비색유체(鼻塞流涕), 오풍(惡風), 신체동통(身体疼痛), 무한(無汗), 설태박백(舌苔薄白), 부맥(浮脈)

○ 효능(效能)

발한해표(發汗解表), 이기(理氣), 거풍(祛風), 진통(鎭痛), 해열(解熱)

○ 방제음양오행(方劑陰陽五行) : 신온해표제(辛溫解表劑), 이기제(理氣劑)

6. 갈근황금황련탕(葛根黃芩黃連湯), 갈근금련탕(葛根芩連湯)

○ 처방구성(處方構成)

갈근(葛根) 15g, 황금(黃芩)・황련(黃連) 각 9g, 자감초(炙甘草) 6g

○ 용법(用法) : 수전복(水煎服) 나누어 복용

○ 주치(主治) : 외감표증미해(外感表證未解)

열함양명(熱陷陽明), 흉완번열(胸脘煩熱), 신열하리(身熱下痢), 대장습열하리(大腸濕熱下痢), 구갈(口渴), 항문작열(肛門灼熱), 한출이천(汗出而喘), 황태(黃苔), 삭맥(數脈)

○ 효능(效能)

해표청리(解表淸裏), 조습치리(燥濕治痢), 청위장(淸胃腸), 청열(淸熱), 해기투표

(解肌透表), 항균(抗菌), 소염(消炎)
- ○ 방제음양오행(方劑陰陽五行) : 해표청리제(解表淸裏劑), 청열이습제(淸熱利濕劑)

7. 감로소독단(甘露消毒丹)

- ○ 처방구성(處方構成)

  비활석(飛滑石) 450g, 담황금(淡黃芩) 300g, 면인진(綿茵陳) 330g, 석창포(石菖蒲) 180g, 목통(木通), 천패모(川貝母) 각 150g, 곽향(藿香), 연교(連翹), 박하(薄荷), 사간(射干), 백두구(白豆蔲) 각 120g

- ○ 용법(用法)

  분말(粉末)하여 9g씩 1일 2회 복용

- ○ 주치(主治) : 습온시역사기 기분유(濕溫時疫邪氣氣分留), 습열병중(濕熱幷重)으로 인한 증상

  발열곤권(發熱困倦), 지산인종(肢酸咽腫), 흉민복창(胸悶腹脹), 구갈신황(口渴身黃), 토사(吐瀉), 소변단적(小便短赤), 임탁(淋濁), 설태황니(舌苔黃膩)

- ○ 효능(效能) : 이습화탁(利濕化濁), 청열(淸熱), 해독(解毒), 청리인후(淸利咽喉)

- ○ 방제음양오행(方劑陰陽五行) : 청열거습제(淸熱祛濕劑)

8. 감로음(甘露飮)

- ○ 처방구성(處方構成)

  숙지황(熟地黃), 생지황(生地黃), 천문동(天門冬), 맥문동(麥門冬), 지각(枳殼), 비파엽(枇杷葉), 황금(黃芩), 석곡(石斛), 자감초(炙甘草), 인진호(茵陳蒿) 각 등분(等分)

- ○ 용법(用法)

세말(細末)하여 15~30g씩 수전복(水煎服)

○ 주치(主治)

위음허증(胃陰虛證) : 상복부 불쾌감(上腹部不快感), 인건(咽乾), 구갈(口渴)

습열증(濕熱證) : 구취(口臭), 인통(咽痛), 구내염(口內炎), 오심(惡心), 설태황니(舌苔黃膩)

○ 효능(效能)

자음청열(滋陰淸熱), 화위(和胃), 청열화습(淸熱化濕), 지구(止嘔), 이기(理氣), 소염(消炎), 지혈(止血), 진해거담(鎭咳祛痰), 이담(利膽), 이뇨(利尿)

○ 방제음양오행(方劑陰陽五行) : 청열양혈제(淸熱凉血劑)

9. 감맥대조탕(甘麥大棗湯)

○ 처방구성(處方構成)

감초(甘草) 9g, 소맥(小麥) 9~18g, 대조(大棗) 5~7매(8g)

○ 용법(用法) : 수전복(水煎服) 온복(溫服) 1/3씩 (1일 3회)

○ 주치(主治) : 우사과도(憂思過度), 심음허약(心陰虛弱), 간기울결(肝氣鬱結) 등으로 인한 장조증(臟躁症)

수면불안(睡眠不安), 번민급조(煩悶急躁), 정신황홀(精神恍惚), 언행이상(言行異常), 설홍태소(舌紅苔少), 맥세삭(脈細數)

○ 효능(效能)

양심안신(養心安神), 화중완급(和中緩急), 건비완중(健脾緩中), 영양자윤(營養滋潤), 진경(鎭痙)

○ 방제음양오행(方劑陰陽五行) : 자양안신제(滋養安神劑)

10. 감초건강복령백출탕(甘草乾薑茯苓白朮湯), 영강출감탕(苓薑朮甘湯)

○ 처방구성(處方構成)

자감초(炙甘草) 3(6)g, 건강(乾薑) 6(~12)g, 복령(茯苓) 12g, 백출(白朮) 6g(~9g)

○ 용법(用法) : 수전복(水煎服)

3분(分)하여 복용

○ 주치(主治) : 한습상비(寒濕傷脾), 한습하침(寒濕下侵)으로 인한 증상

신중(身重), 요하냉통(腰下冷痛), 소변불리(小便不利), 요하곤중(腰下困重), 맥침(脈沈)

○ 효능(效能)

난토승습(暖土勝濕), 온리거한(溫裏祛寒), 거습산한(祛濕散寒), 지통(止痛)

○ 방제음양오행(方劑陰陽五行) : 온화수습제(溫化水濕劑), 이수소종제(利水消腫劑)

11. 감초사심탕(甘草瀉心湯)

○ 처방구성(處方構成)

◇ 자감초(炙甘草) 9g, 반하(半夏) 9g, 황금(黃芩) 6g, 황련(黃連) 3g, 대조(大棗) 4매 〈건강(乾薑) 6g〉

◇ 반하사심탕(半夏瀉心湯)＋감초(甘草)

○ 용법(用法) : 수전복(水煎服)

3으로 나누어 1일3회 복용

○ 주치(主治)

위기허약(胃氣虛弱), 심하비경(心下痞硬), 수곡불하(水穀不下), 복중뇌명(腹中雷鳴), 하리(下痢), 건구심번(乾口心煩), 불안(不安)

○ 효능(效能)

익기화위(益氣和胃), 소비지구(消痞止嘔), 보중(補中), 제비(除痞)

○ 방제음양오행(方劑陰陽五行) : 비위조화제(脾胃調和劑)

12. 강활승습탕(羌活勝濕湯)

○ 처방구성(處方構成)

강활(羌活), 독활(獨活) 각 6g, 방풍(防風), 고본(藁本), 자감초(炙甘草), 천궁(川芎) 각 3~4g, 만형자(蔓荊子) 2g

○ 용법(用法) : 수전복(水煎服)

○ 주치(主治) : 풍습재표(風濕在表)로 인한 증상

견배통(肩背痛), 두통두중(頭痛頭重), 신중(身重), 오한미열(惡寒微熱), 태백(苔白), 맥부(脈浮)

○ 효능(效能)

거풍승습(祛風勝濕), 발한(發汗), 지통(止痛)

○ 방제음양오행(方劑陰陽五行) : 거풍승습제(祛風勝濕劑), 신온해표제(辛溫解表劑)

13. 거원전(擧元煎)

○ 처방구성(處方構成)

자황기(炙黃芪) 10~20g, 인삼(人蔘) 10~20g, 자감초(炙甘草) 3~6g, 백출(白朮) 3~6g, 승마(升麻) 4g

○ 용법(用法) : 수전복(水煎服)

○ 주치(主治)

기허하함(氣虛下陷), 혈붕혈탈(血崩血脫), 망양증(亡陽證)

○ 효능(效能)

익기승제(益氣升提), 고탈지혈(固脫止血), 보중익기(補中益氣)

○ 방제음양오행(方劑陰陽五行) : 보기제(補氣劑)

14. 건강인삼반하환(乾薑人蔘半夏丸)

○ 처방구성(處方構成)

건강(乾薑) 3(~6g), 인삼(人蔘) 3(~6)g, 반하(半夏) 6(~9)g

○ 용법(用法)

생강즙으로 환(丸)하여 3~6g씩 1일 3회 복용 또는 +생강 3편 수전복(水煎服)

○ 주치(主治)

비위허한(脾胃虛寒), 임신(姙娠)의 구토(嘔吐)

○ 효능(效能)

온중보허(溫中補虛), 지구(止嘔), 강역(降逆)

○ 방제음양오행(方劑陰陽五行) : 강기제(降氣劑)

15. 건령탕(建瓴湯)

○ 처방구성(處方構成)

회우슬(懷牛膝), 생산약(生山藥) 각 30g, 생모려(生牡蠣), 생지황(生地黃), 생용골(生龍骨) 각 18g, 생자석(生赭石) 24g, 생작약(生芍藥), 백자인(栢子仁) 각 12g

○ 용법(用法)

철(鐵) 갈은 水로 전복(煎服)

○ 주치(主治) : 간양상항증(肝陽上亢證)

심계건망(心悸健忘), 두목현훈(頭目眩暈), 번조불영(煩躁不寧), 이명목창(耳鳴目

脹), 실면다몽(失眠多夢)

○ 효능(效能)

진간식풍(鎭肝熄風), 자음양액(滋陰養液), 자음안신(滋陰安神)

○ 방제음양오행(方劑陰陽五行) : 평식내풍제(平熄內風劑)

16. 건비환(健脾丸)

○ 처방구성(處方構成)

초백출(炒白朮) 75g, 백복령(白茯苓) 60g, 주초황련(酒炒黃連), 목향(木香), 감초(甘草) 각 22g, 인삼(人蔘) 45g, 진피(陳皮), 초맥아(炒麥芽), 산사육(山楂肉), 사인(砂仁), 초신국(炒神麴) 육두구(肉豆蔲), 산약(山藥) 각 30g

○ 용법(用法)

호환(糊丸)하여 6~9g씩 1일 2회 복용

○ 주치(主治) : 비위허약(脾胃虛弱), 식적화열(食積化熱)로 인한 증상

식소난소(食少難消), 태니미황(苔膩微黃), 완복비민(脘腹痞悶), 식욕부진(食慾不振), 대변당박(大便溏薄), 맥허(脈虛)

○ 효능(效能)

익기(益氣), 건비화위(健脾和胃), 이기화위(理氣和胃), 소식지사(消食止瀉), 청열(淸熱)

○ 방제음양오행(方劑陰陽五行) : 소식도체제(消食導滯劑)

17. 격하축어탕(膈下逐瘀湯)

○ 처방구성(處方構成)

당귀(當歸), 초오령지(炒五靈脂), 도인(桃仁), 감초(甘草), 홍화(紅花) 각 9g, 천

궁(川芎), 목단피(牧丹皮), 오약(烏藥), 적작약(赤芍藥) 각 6g, 현호색(玄胡索), 향부자(香附子) 각 3g, 지각(枳殼) 5g

○ 용법(用法) : 수전복(水煎服)

○ 주치(主治)

격하어혈(膈下瘀血), 적체(積滯), 적괴(積塊), 두복동통(肚腹疼痛), 소아비괴(小兒痞塊), 통처불이(痛處不移), 간기울체(肝氣鬱滯)로 인한 양협복부창통(兩脇腹部脹痛)

○ 효능(效能)

활혈거어(活血祛瘀), 행기지통(行氣止痛)

○ 방제음양오행(方劑陰陽五行) : 활혈거어제(活血祛瘀劑)

18. 견비탕(蠲痺湯)

○ 처방구성(處方構成)

강활(羌活), 강황(薑黃), 밀자황기(蜜炙黃芪), 당귀(當歸), 방풍(防風), 적작약(赤芍藥) 각 9g, 자감초(炙甘草) 3g, 생강(生薑) 3g

○ 용법(用法) : 수전복(水煎服)

○ 주치(主治)

풍습비통(風濕痺痛)

○ 효능(效能)

익기화영(益氣和營), 활혈(活血), 거풍승습(祛風勝濕), 지통(止痛), 보기혈(補氣血)

○ 방제음양오행(方劑陰陽五行) : 거풍승습제(祛風勝濕劑)

19. 견정산(牽正散)

○ 처방구성(處方構成)

　백강잠(白殭蠶), 백부자(白附子), 전갈(全蠍), 〈거독(去毒)〉 각 등분(等分)

○ 용법(用法)

　분말(粉末)하여 3g씩 열주조하(熱酒調下) 또는 온수로 복용 또는 수전복(水煎服)

○ 주치(主治)

　중풍(中風), 풍중두면증(風中頭面證), 구안와사(口眼喎斜)

○ 효능(效能)

　거풍(祛風), 화담(化痰), 지경(止痙), 통락(通絡)

○ 방제음양오행(方劑陰陽五行) : 소산외풍제(疏散外風劑)

20. 경옥고(瓊玉膏)

○ 처방구성(處方構成)

　인삼(人蔘) 750g, 백복령(白茯苓) 1.5kg, 봉밀(蜂蜜) 5kg, 생지황(生地黃 자연즙) 8kg

○ 용법(用法)

　철기 아닌 석기, 사기그릇속에 넣고 밀폐하여 두고 사용한다.

　(인삼, 백봉령 분말, 생지황즙, 꿀을 버무린다.)

　6~9g씩 1일 2회 조석(朝夕) 복용한다.

○ 주치(主治) : 폐신음허로수증(肺腎陰虛勞嗽證)

　인조각혈(咽燥咯血), 건해(乾咳), 구건(口乾), 기단핍력(氣短乏力), 기육소수(肌肉消瘦), 허화작진(虛火灼津), 원기부족(元氣不足)

○ 효능(效能)

　자음윤폐(滋陰潤肺), 양간윤조(養肝潤燥), 금수상생(金水相生), 배토생금(培土生

金), 익기보비(益氣補脾)

○ 방제음양오행(方劑陰陽五行) : 자음윤조제(滋陰潤燥劑)

21. 계령감로음(桂苓甘露飮)

○ 처방구성(處方構成)

복령(茯苓) 30g, 관계(官桂) 60g, 감초(甘草) 60g, 석고(石膏), 한수석(寒水石)
각 60g, 택사(澤瀉) 30g, 자백출(炙白朮) 저령(猪苓) 각 15g, 활석(滑石) 120g

○ 용법(用法)

분말(粉末)하여 9g씩 수전복(水煎服)

○ 주치(主治) 중서수습(中暑水濕)으로 인한 증상

발열두통(發熱頭痛), 소변불리(小便不利), 번갈인음(煩渴引飮), 곽란토하(霍亂吐
下)

○ 효능(效能)

거서청열(祛署淸熱), 화기이습(化氣利濕), 이수거습(利水祛濕)

○ 방제음양오행(方劑陰陽五行) : 거서이습제(祛署利濕劑)

22. 계명산(鷄鳴散)

○ 처방구성(處方構成)

빈랑자(檳榔子) 12g~15g, 모과(木瓜), 진피(陳皮) 각 9g, 자소엽(紫蘇葉), 오수
유(吳茱萸) 각 3g, 생강(生薑), 길경(桔梗) 각 5g

○ 용법(用法)

2번 수전(水煎)하여 3~5로 나누어 새벽에 복용. 공복냉복(空腹冷服)

○ 주치(主治) : 습각기(濕脚氣)로 인한 증상

족경무력(足脛無力), 오한발열(惡寒發熱), 마목냉통(麻木冷痛), 흉민범오(胸悶氾惡), 연급상충(攣急上沖), 각족통(脚足痛), 근맥부종(筋脈浮腫)

○ 효능(效能)

행기강탁(行氣降濁), 온화한습(溫化寒濕)

○ 방제음양오행(方劑陰陽五行) : 온화수습제(溫化水濕劑), 거풍승습제(祛風勝濕劑)

23. 계비탕(啓脾湯)

○ 처방구성(處方構成)

인삼(人蔘), 산약(山藥), 연자(蓮子) 각 3g, 백출(白朮), 복령(茯苓) 각 4g, 진피(陳皮), 산사자(山楂子), 택사(澤瀉) 각 2g, 자감초(炙甘草), 대조(大棗), 생강(生薑) 각 1g

○ 용법(用法) : 수전복(水煎服)

3으로 나누어 1일 3회 복용

○ 주치(主治)

비위기허증(脾胃氣虛證), 소화불량(消化不良), 하리(下痢), 설질담백(舌質淡白), 맥연(脈軟), 설태백(舌苔白)

○ 효능(效能)

보기(補氣), 이기(理氣), 건비(健脾), 화담(化痰), 지사(止瀉)

○ 방제음양오행(方劑陰陽五行) : 보기제(補氣劑)

24. 계소산(鷄蘇散)

○ 처방구성(處方構成)

육일산(六一散), 박하엽(薄荷葉) 0.75g

○ 용법(用法) 산(散)하여 9~18g씩〈포전(包煎) 하여〉1일 2~3회 복용

○ 주치(主治)

서습증(暑濕證), 두통두창(頭痛頭脹), 미오풍한(微惡風寒), 해수불상(咳嗽不爽)

○ 효능(效能) : 소풍거서(疏風祛署)

○ 방제음양오행(方劑陰陽五行) : 거서이습제(祛署利濕劑)

25. 계지탕(桂枝湯)

○ 처방구성(處方構成)

계지(桂枝), 작약(芍藥), 생강(生薑) 각 9g, 자감초(炙甘草) 6g, 대조(大棗) 3매(枚)

○ 용법(用法) : 수전복(水煎服) 나누어 복용

○ 주치(主治) : 외감풍한표증(外感風寒表證)

두통(頭痛), 발열(發熱), 한출오풍(汗出惡風), 건구(乾嘔), 비명(鼻鳴), 불갈(不渴), 태백(苔白), 맥부완약(脈浮緩弱)

○ 효능(效能) : 해기발표(解肌發表), 영위기조화(營衛氣調和)

○ 방제음양오행(方劑陰陽五行) : 신온해표제(辛溫解表劑)

26. 계지가 갈근탕(桂枝加葛根湯)

○ 처방구성(處方構成)

계지(桂枝) 6g, 갈근(葛根) 12g, 작약(芍藥) 6g, 자감초(炙甘草) 5g, 생강(生薑) 9g, 대조(大棗) 3 枚

○ 용법(用法) : 수전복(水煎服) 나누어 복용

○ 주치(主治) : 태양병(太陽病)

반한출오풍(半汗出惡風), 항배강직(項背强直)

○ 효능(效能) : 해기서근(解肌舒筋)

○ 방제음양오행(方劑陰陽五行) : 신온해표제(辛溫解表劑)

27. 계지가작약탕(桂枝加芍藥湯)

○ 처방구성(處方構成)

계지(桂枝) 9g, 백작약(白芍藥) 18g, 생강(生薑), 자감초(炙甘草), 대조(大棗) 각
9g

○ 용법(用法) : 수전복(水煎服)

3으로 나누어 1일 3회 복용

○ 주치(主治)

비위허한증(脾胃虛寒證), 기혈부족증(氣血不足證)

○ 효능(效能)

온중보허(溫中補虛), 진통(鎭痛)

○ 방제음양오행(方劑陰陽五行) : 온리거한제(溫裏袪寒劑)

28. 계지가후박행자탕(桂枝加厚朴杏子湯)

○ 처방구성(處方構成)

계지탕(桂枝湯)+후박(厚朴) 6g, 행인(杏仁) 6g

○ 용법(用法) : 수전복(水煎服)

○ 주치(主治) : 천병(喘病), 외감풍한(外感風寒)

○ 효능(效能) : 해기발표(解肌發表), 하기평천(下氣平喘)

○ 방제음양오행(方劑陰陽五行) : 신온해표제(辛溫解表劑)

29. 계지복령환(桂枝茯苓丸)

- ○ 처방구성(處方構成)

  계지(桂枝), 복령(茯苓), 도인(桃仁), 목단피(牧丹皮), 작약(芍藥) 각 9g

- ○ 용법(用法) : 연밀(煉蜜)로 환(丸)하여 3~5g씩 복용(服用) 또는 수전복(水煎服)

- ○ 주치(主治) : 부녀(婦女)의 소복동통(小腹疼痛), 맥삽(脈澁), 혈어경폐(血瘀經閉), 복창통(腹脹痛), 산후오로부진(産後惡露不盡), 징괴(癥塊), 어혈(瘀血)

- ○ 효능(效能)

  활혈화어(活血化瘀), 징괴완소(癥塊緩消)

- ○ 방제음양오행(方劑陰陽五行) : 활혈거어제(活血祛瘀劑)

30. 계지용골모려탕(桂枝龍骨牡蠣湯), 계지용모탕(桂枝龍牡湯)

- ○ 처방구성(處方構成)

  계지(桂枝), 백작약(白芍藥) 각 9g, 용골(龍骨), 모려(牡蠣) 각 30g, 자감초(炙甘草), 생강(生薑) 각 6g, 대조(大棗) 3개(12g)

- ○ 용법(用法)

  용골(龍骨), 모려(牡蠣)는 선전(先煎)

  수전복(水煎服) 3으로 나누어 1일 3회 복용

- ○ 주치(主治)

  정혈쇠소(精血衰少), 음양양허(陰陽兩虛), 기혈부족(氣血不足), 심양허증(心陽虛證), 허양부월(虛陽浮越)

- ○ 효능(效能)

  온통심양(溫通心陽), 보기혈(補氣血), 안신(安神), 조화영위(調和營衛)

- ○ 방제음양오행(方劑陰陽五行) : 안신제(安神劑)

31. 계지인삼탕(桂枝人蔘湯)

○ 처방구성(處方構成)

계지(桂枝), 인삼(人蔘) 각 6g, 자감초(炙甘草), 백출(白朮) 각 9g, 건강(乾薑) 5g

○ 용법(用法)

위 약을 수전(水煎)하되 계지(桂枝)는 뒤에 넣는다. 3으로 나누어 복용

○ 주치(主治)

비위허한(脾胃虛寒), 외감표증(外感表證), 사리부지(瀉痢不止), 협열하리(協熱下痢), 심하비경(心下痞硬), 표리불해(表裏不解), 발열오한(發熱惡寒)

○ 효능(效能) : 온리해표(溫裏解表), 익기소비(益氣消痞)

○ 방제음양오행(方劑陰陽五行) : 온중거한제(溫中祛寒劑)

32. 계지작약지모탕(桂枝芍藥知母湯), 계작지모탕(桂芍知母湯)

○ 처방구성(處方構成)

계지(桂枝), 백작약(白芍藥), 지모(知母), 백출(白朮), 방풍(防風) 각 9g, 마황(麻黃), 자감초(炙甘草), 부자(附子) 각 6g, 생강(生薑) 3g

○ 용법(用法) : 수전복(水煎服)

부자(附子)는 먼저 전(煎)한다. 3으로 나누어 1일 3회 복용

○ 주치(主治)

한습비증(寒濕痺證)

○ 효능(效能)

산한이습(散寒利濕), 거풍(祛風), 진경(鎭痙), 지통(止痛), 소염(消炎), 건비(健脾), 청열(淸熱)

○ 방제음양오행(方劑陰陽五行) : 거풍습제(祛風濕劑), 신온해표제(辛溫解表劑)

33. 고경환(固經丸)

○ 처방구성(處方構成)

백작약(白芍藥), 황금(黃芩), 귀판(龜板) 각 30g, 춘근피(椿根皮) 21g, 향부자(香附子) 7.5g, 황백(黃柏) 9g

○ 용법(用法)

세말(細末)하여 〈〈주호환(酒糊丸)하여〉 9g씩 〈수전복(水煎服)〉복용
1일 1~2회

○ 주치(主治) : 음허내열(陰虛內熱)로 인한 증상

붕중누하(崩中漏下), 경행부지(經行不止), 자흑색어괴(紫黑色瘀塊), 출혈색심홍(出血色深紅), 복통수적(腹痛溲赤), 소변적(小便赤), 심흉번열(心胸煩熱), 맥현삭(脈弦數), 설홍(舌紅)

○ 효능(效能)

자음청열(滋陰淸熱), 지혈(止血), 고경(固經)

○ 방제음양오행(方劑陰陽五行) : 고붕지대제(固崩止帶劑)

34. 고본환(固本丸)

○ 처방구성(處方構成)

숙지황(熟地黃), 생지황(生地黃) 각 30g, 맥문동(麥門冬), 천문동(天門冬) 각 18g, 인삼(人蔘) 6g

○ 용법(用法) : 수전복(水煎服)

3으로 나누어 1일 3회 복용

○ 주치(主治)

기음양허증(氣陰兩虛證)

○ 효능(效能)

자음(滋陰), 보혈(補血), 익기(益氣), 자양강장(滋養强壯), 혈당강하(血糖降下)

○ 방제음양오행(方劑陰陽五行) : 기음쌍보제(氣陰雙補劑)

35. 고충탕(固沖湯)

○ 처방구성(處方構成)

초백출(炒白朮) 30g, 생황기(生黃芪) 18g, 산수유육(山茱萸肉) 24g, 작약(芍藥) 12g, 용골(龍骨)(煆), 모려(牡蠣)(煆) 각 24g, 해표초(海螵蛸) 12g, 종려탄(棕櫚炭) 6g, 천초(茜草) 9g, 오미자(五味子) 1.5g

○ 용법(用法) : 수전복(水煎服)

1/3씩 1일 3회 복용

○ 주치(主治) : 비기허약(脾氣虛弱)으로 인한 증상

월경과다(月經過多), 혈붕(血崩), 심계기단(心悸氣短), 혈색희담(血色稀淡), 설담(舌淡), 맥세약(脈細弱)

○ 효능(效能)

보기건비(補氣健脾), 고충섭혈(固沖攝血), 염음양혈(斂陰養血), 보익간신(補益肝腎)

○ 방제음양오행(方劑陰陽五行) : 고붕지대제(固崩止帶劑)

36. 국맥지출환(麴麥枳朮丸)

○ 처방구성(處方構成)

지출환(枳朮丸)+초맥아(炒麥芽), 신국(神麴) 각 30g

○ 용법(用法)

환(丸)하여 9g씩 1일 2회 복용

○ 주치(主治) : 비허(脾虛), 과식(過食)으로 인한 증상

심복만민불쾌(心腹滿悶不快)

○ 효능(效能)

　건비소식(健脾消食)

○ 방제음양오행(方劑陰陽五行) : 소식도체제(消食導滯劑)

37. 곤담환(滾痰丸), 몽석곤담환(礞石滾痰丸)

○ 처방구성(處方構成)

　대황(大黃)〈주증(酒蒸)〉, 주세편황금(酒洗片黃芩) 각 240g, 침향(沈香) 15g, 몽석(礞石) 30g

○ 용법(用法)

　수범소환(水泛小丸)하여 5～9g씩 1일 1회 또는 2회 복용

○ 주치(主治) : 실열노담(實熱老痰)

　정충혼미(怔忡昏迷), 다몽(多夢), 전광경계(癲狂驚悸), 흉완비민(胸脘痞悶), 해천담조(咳喘痰稠), 현훈이명(眩暈耳鳴), 대변비결(大便秘結), 설태황후(舌苔黃厚), 맥활삭유력(脈滑數有力), 열식번민(噎息煩悶)

○ 효능(效能)

　사화축담(瀉火逐痰), 청열(淸熱), 평천(平喘)

○ 방제음양오행(方劑陰陽五行) : 청열화습제(淸熱化濕劑), 화담이수제(化痰利水劑)

38. 공연단(控涎丹)

○ 처방구성(處方構成)

　대극(大戟), 감수(甘遂), 백개자(白芥子) 각 등분(等分)

○ 용법(用法)

　녹두알 크기로 환(丸)을 만들어 1～3g씩 식후 취침전 복용

○ 주치(主治) : 담연(痰涎)으로 인한 증상(症狀)

흉배(胸背), 경항(頸項), 요과통(腰胯痛), 근골통(筋骨痛), 수족냉비(手足冷痺),

두통(頭痛), 담타조점(痰唾稠粘), 다류연타(多流涎唾), 야간후중담명(夜間喉中痰

鳴), 음식무미(飲食無味)

○ 효능(效能)

거담축음(祛痰逐飲)

○ 방제음양오행(方劑陰陽五行) : 축수제(逐水劑)

39. 과루해백반하탕(瓜蔞薤白半夏湯)

○ 처방구성(處方構成)

과루실(瓜蔞實) 12g, 해백(薤白) 9g, 반하(半夏) 12g, 백주(白酒)+황주(黃酒)

○ 용법(用法) : 수전복(水煎服)

1/3씩 1일 3회

○ 주치(主治) : 흉비담탁증(胸痺痰濁證)

흉중만통(胸中滿痛)

○ 효능(效能)

통양산결(通陽散結), 거담관흉(祛痰寬胸), 행기화담(行氣化痰)

○ 방제음양오행(方劑陰陽五行) : 행기제(行氣劑)

40. 과루해백백주탕(瓜蔞薤白白酒湯)

○ 처방구성(處方構成)

과루실(瓜蔞實) 12g, 해백(薤白) 9~12g, 백주(白酒) 70ml

○ 용법(用法) : 수전복(水煎服)

1/3씩 1일 3회 복용

○ 주치(主治) : 흉비증(胸痺證)

흉만은통(胸滿隱痛), 천식해타(喘息咳唾), 흉통철배(胸痛徹背), 맥긴침현(脈緊沈弦)

○ 효능(效能)

통양산결(通陽散結), 행기화담(行氣化痰)

○ 방제음양오행(方劑陰陽五行) : 행기제(行氣劑)

41. 과체산(瓜蔕散)

○ 처방구성(處方構成)

과체(瓜蔕), 적소두(赤小豆) 각 1g

○ 용법(用法)

산(散)하여 1~3g씩 담두시(淡豆豉)(9g) 전탕(煎湯)으로 복용. 부작용 주의할 것.

○ 주치(主治)

담연숙식(痰涎宿食), 산고용설(酸苦涌泄), 흉완옹체(胸脘壅滯), 흉중비경(胸中痞硬), 기조인후(氣阻咽喉)

○ 효능(效能)

담연숙식용토(痰涎宿食涌吐)

○ 방제음양오행(方劑陰陽五行) : 용토제(涌吐劑)

42. 곽박하령탕(藿朴夏苓湯)

○ 처방구성(處方構成)

곽향(藿香) 6g, 후박(厚朴) 3g, 반하(半夏) 4.5g, 적복령(赤茯苓), 행인(杏仁), 담두시(淡豆豉) 각 9g, 생의이인(生薏苡仁) 12g, 백두구인(白豆蔲仁) 2g, 저령(猪

苓), 택사(澤瀉) 각 4.5g
- 용법(用法) : 수전복(水煎服)

  1/3씩 1일 3회 복용
- 주치(主治) : 습온초기증(濕溫初起證)

  신열오한(身熱惡寒), 흉민(胸悶), 지체권태(肢体倦怠), 맥유완(脈濡緩), 설태박백(舌苔薄白)
- 효능(效能)

  해표화습(解表化濕), 투표산사(透表散邪)
- 방제음양오행(方劑陰陽五行) : 청열거습제(淸熱祛濕劑)

43. 곽향정기산(藿香正氣散)

- 처방구성(處方構成)

  곽향(藿香) 90g, 후박(厚朴), 반하국(半夏麴) 각 60g, 대복피(大腹皮), 자소엽(紫蘇葉), 백지(白芷), 복령(茯苓) 각 30g, 백출(白朮), 진피(陳皮), 고길경(苦桔梗) 각 60g, 자감초(炙甘草) 75g
- 용법(用法) : 분말(粉末)하여 생강, 대조탕으로 6g씩 복용 또는 수전복(水煎服) (생강3편, 대조1개)
- 주치(主治) : 외감풍한(外感風寒), 내상습체(內傷濕滯)로 인한 증상

  곽란토사(霍亂吐瀉), 한열두통(寒熱頭痛), 오심구토(惡心嘔吐), 구담태니(口淡苔膩), 흉격만민(胸膈滿悶), 완복창통(脘腹脹痛), 산람장학(山嵐瘴瘧)
- 효능(效能) : 해표화습(解表化濕), 조습강역(燥濕降逆), 이기화중(理氣和中)
- 방제음양오행(方劑陰陽五行) : 방향화습제(芳香化濕劑), 조습화위제(燥濕和胃劑), 이기제(理氣劑)

44. 괴각환(槐角丸)

○ 처방구성(處方構成)

괴각(槐角) 500g, 주침당귀(酒浸當歸), 지유(地楡), 방풍(防風), 초지각(炒枳殼),
황금(黃芩) 각 250g

○ 용법(用法) : 환(丸)하여 9g씩 복용

○ 주치(主治) :

풍사열독(風邪熱毒), 치창(痔瘡), 장풍하혈(腸風下血)

○ 효능(效能)

청장(淸腸), 지혈(止血), 소풍이기(疏風利氣)

○ 방제음양오행(方劑陰陽五行) : 지혈제(止血劑)

45. 괴화산(槐花散)

○ 처방구성(處方構成)

초괴화(炒槐花) 12g, 형개수(荊芥穗), 초지각(炒枳殼) 각 6g, 측백엽(側柏葉)
12g

○ 용법(用法) : 수전복(水煎服)

산(散)하여 6g씩 복용〈공복식전(空腹食前)에 복용〉

○ 주치(主治) : 장풍하혈(腸風下血), 대변하혈(大便下血), 변전출혈(便前出血), 분
중대혈(糞中大血), 장풍장독(腸風臟毒), 치창출혈(痔瘡出血)

○ 효능(效能)

청장지혈(淸腸止血), 소풍하기(疏風下氣), 청소행기(淸疏行氣), 청열지혈(淸熱止
血)

○ 방제음양오행(方劑陰陽五行) : 지혈제(止血劑)

46. 교하탕(翹荷湯)

○ 처방구성(處方構成)

연교(連翹), 박하(薄荷), 흑치피(黑梔皮) 각 4.5g, 녹두피(綠豆皮), 길경(桔梗) 각 6g, 생감초(生甘草) 3g

○ 용법(用法) : 수전복(水煎服)

돈복(頓服)

○ 주치(主治) : 온조증(溫燥證)

〈조기화화(燥氣化火), 상염(上炎)〉, 이명목적(耳鳴目赤), 청규불리(淸竅不利), 은창인통(齦脹咽痛)

○ 효능(效能)

조열청투해(燥熱淸透解), 선산양해(宣散凉解)

○ 방제음양오행(方劑陰陽五行) : 경선윤조제(輕宣潤燥劑)

47. 교애탕(膠艾湯)

○ 처방구성(處方構成)

아교(阿膠) 9g, 애엽(艾葉) 9g, 당귀(當歸) 9g, 천궁(川芎), 감초(甘草) 각 6g, 건지황(乾地黃), 작약(芍藥) 각 12g

○ 용법(用法) : 수전(水煎)하고 아교(阿膠) 넣어 복용

○ 주치(主治) : 충임허손(衝任虛損), 붕루증(崩漏證), 붕중하혈(崩中下血), 월경과다(月經過多), 요산핍력(腰痠乏力), 면색무화(面色無華), 설담(舌淡), 맥세(脈細), 임신하혈(姙娠下血), 태동불안(胎動不安), 복중동통(腹中疼痛)

○ 효능(效能)

보혈(補血), 지혈(止血), 조경(調經), 안태(安胎)

○ 방제음양오행(方劑陰陽五行) : 지혈제(止血劑)

48. 구급희연산(救急稀涎散)

○ 처방구성(處方構成)

　백반(白礬) 30g, 저아조각(猪牙皂角) 15g

○ 용법(用法) : 산(散)하여 2~3g씩 온수로 복용. 부작용 주의

　임신부(姙娠婦), 허약자(虛弱者) 금용(禁用)

○ 주치(主治) : 중풍폐증(中風閉證)

　담연옹성(痰涎壅盛), 후비(喉痺), 맥상활실유력(脈象滑實有力)

○ 효능(效能)

　담연용토(痰涎涌吐), 개관용토(開關涌吐), 완담(頑痰), 개규(開竅)

○ 방제음양오행(方劑陰陽五行) : 용토제(涌吐劑)

49. 구등음(鉤藤飮)

○ 처방구성(處方構成)

　조구등(釣鉤藤) 9g, 천마(天麻) 6g, 인삼(人蔘) 3g, 전갈(全蠍), 거독(去毒) 0.9g,
　영양각(羚羊角) 0.3g, 자감초(炙甘草) 1.5g

○ 용법(用法) : 수전복(水煎服)

○ 주치(主治) : 소아(小兒)의 천조(天釣)로 인한 증상

　경계장열(驚悸壯熱), 아관긴폐(牙關緊閉), 수족추축(手足抽搐), 정기허(正氣虛),
　두목앙시(頭目仰視)

○ 효능(效能)

　청열식풍(淸熱熄風), 익기(益氣), 해경(解痙), 양간식풍지경(凉肝熄風止痙)

○ 방제음양오행(方劑陰陽五行) : 평식내풍제(平熄內風劑)

50. 구록이선교(龜鹿二仙膠)

○ 처방구성(處方構成)

귀판(龜板) 2.5kg, 녹각(鹿角) 5kg, 구기자(枸杞子) 1.5kg, 인삼(人蔘) 500g

○ 용법(用法) : 고(膏)하여 아침에 3~9g씩 복용

○ 주치(主治) : 신중음양허(腎中陰陽虛), 정혈부족(精血不足)으로 인한 증상

유정양위(遺精陽萎), 전신수약(全身瘦弱), 요슬산연(腰膝痠軟), 양목혼화(兩目昏花)

○ 효능(效能)

전음보정(塡陰補精), 음양병보(陰陽併補), 익기(益氣), 장양(壯陽), 보혈(補血)

○ 방제음양오행(方劑陰陽五行) : 보음제(補陰劑)

51. 구미강활탕(九味羌活湯)

○ 처방구성(處方構成)

강활(羌活), 방풍(防風), 창출(蒼朮) 각 5g, 천궁(川芎), 백지(白芷), 황금(黃芩), 생지황(生地黃), 감초(甘草) 각 3g, 세신(細辛) 1(~2)g

○ 용법(用法) : 수전복(水煎服)

○ 주치(主治) : 외감풍한습(外感風寒濕)으로 인한 증상(症狀)

오한발열(惡寒發熱), 무한두통(無汗頭痛), 두통항강(頭痛項强), 경기불서(經氣不舒), 지체산초동통(肢体痠楚疼痛), 설태박백(舌苔薄白), 구고(口苦), 구갈(口渴), 맥부(脈浮)

○ 효능(效能) : 발한거습(發汗祛濕), 이열청열(裏熱淸熱), 진통(鎭痛)

○ 방제음양오행(方劑陰陽五行) : 신온해표제(辛溫解表劑)

52. 국화다조산(菊花茶調散)

○ 처방구성(處方構成)

천궁다조산(川芎茶調散)+백강잠(白殭蠶)+국화(菊花) 각 6g

○ 용법(用法) : 분말(粉末)하여 6g씩 복용(服用)〈청다(淸茶)로 복용〉(1일 2회)

○ 주치(主治) : 풍열상습(風熱上襲)으로 인한

정편두통(正編頭痛), 두목현훈(頭目眩暈)

○ 효능(效能)

소풍(疏風), 지통(止痛), 소산풍열(疏散風熱)

○ 방제음양오행(方劑陰陽五行) : 소산외풍제(疏散外風劑)

53. 궁귀조혈음(芎歸調血飮)

○ 처방구성(處方構成)

천궁(川芎), 당귀(當歸), 숙지황(熟地黃), 복령(茯苓), 백출(白朮), 오약(烏藥),

진피(陳皮), 목단피(牧丹皮), 향부자(香附子), 익모초(益母草), 대조(大棗) 각 2g,

자감초(炙甘草), 건강(乾薑) 각 1g

○ 용법(用法) : 수전복(水煎服)

3으로 나누어 1일 3회 복용

○ 주치(主治) :

혈허(血虛), 혈허증(血虛證), 비허(脾虛), 기체증(氣滯證), 기허증(氣虛證)

○ 효능(效能)

활혈화어(活血化瘀), 보혈(補血), 자윤(滋潤), 이기(理氣), 건비(健脾)

○ 방제음양오행(方劑陰陽五行) : 활혈화어제(活血化瘀劑)

54. 궁외잉방(宮外孕方)

○ 처방구성(處方構成)

적작약(赤芍藥), 단삼(丹蔘) 각 15g, 도인(桃仁) 9g〈+아출(莪朮), 삼릉(三棱) 각 1.5~6g〉

○ 용법(用法) : 수전복(水煎服)

나누어 복용

○ 주치(主治) :

자궁외잉(子宮外孕), 임신파열(姙娠破裂), 돌발복통(突發腹痛), 누하불창(漏下不暢), 월경과다(月經過多), 혈색암홍(血色暗紅)

○ 효능(效能)

활혈거어(活血祛瘀), 소징지통(消癥止痛)

○ 방제음양오행(方劑陰陽五行) : 활혈거어제(活血祛瘀劑)

55. 귀기건중탕(歸芪建中湯)

○ 처방구성(處方構成)

당귀(當歸) 12~18g, 황기(黃芪) 18~30g, 계지(桂枝), 자감초(炙甘草), 생강(生薑), 대조(大棗) 각 9g, 백작약(白芍藥) 18g, 교이(膠飴) 30~50g〈충복 沖服〉

○ 용법(用法) : 수전복(水煎服)

3으로 나누어 1일 3회 복용

○ 주치(主治) :

기혈양허증(氣血兩虛證), 복통(腹痛)

○ 효능(效能)

보기(補氣), 보혈(補血), 온중보허(溫中補虛), 지통(止痛), 생기(生肌)

○ 방제음양오행(方劑陰陽五行) : 온리거한제(溫裏祛寒劑)

56. 귀비탕(歸脾湯)

○ 처방구성(處方構成)

백출(白朮), 복신(茯神), 용안육(龍眼肉), 황기(黃芪), 초산조인(炒酸棗仁) 각 30g, 당귀(當歸), 밀자원지(蜜炙遠志) 각 3g, 인삼(人蔘), 목향(木香) 각 15g, 자감초(炙甘草) 8g

○ 용법(用法) : ① 12~15g씩+대조(大棗) 1개+생강(生薑) 5편하여 수전복(水煎服)

② 밀환(蜜丸)하여 15g씩 1일 3회 복용 ③ 대조(大棗) 3~5개+생강(生薑) 6g 넣고 수전복(水煎服)

○ 주치(主治) : 심비양허(心脾兩虛), 비불통혈(脾不統血)로 인한 증상

사려과도(思慮過度), 기혈부족(氣血不足), 심비노상(心脾勞傷), 건망불면(健忘不眠), 식소체권(食少体倦), 설질담(舌質淡), 심계정충(心悸怔忡), 도한허열(盜汗虛熱), 태박백(苔薄白), 면색위황(面色萎黃), 세완맥(細緩脈), 변혈(便血), 월경초전(月經超前), 월경양다색담(月經量多色淡), 부녀붕루(婦女崩漏) 대하(帶下)

○ 효능(效能)

익기(益氣), 보혈(補血), 건비(健脾), 양심(養心)

○ 방제음양오행(方劑陰陽五行) : 보혈제(補血劑), 기혈쌍보제(氣血雙補劑)

57. 귀작육군자탕(歸芍六君子湯)

○ 처방구성(處方構成)

당귀(當歸) 6g, 작약(芍藥) 3g, 반하(半夏), 진피(陳皮) 각 6g, 대조(大棗), 생강(生薑) 각 3g, 인삼(人蔘) 5g, 백출(白朮) 12g, 자감초(炙甘草) 6g, 백복령(白茯苓) 9g

○ 용법(用法) : 수전복(水煎服)

3으로 나누어 1일 3회 복용

○ 주치(主治) : 비위기허증(脾胃氣虛證)

혈허증(血虛證), 복부비만(腹部痞滿), 흉고오심(胸苦惡心), 탄산(呑酸), 구토(嘔吐), 해수(咳嗽), 담다(痰多), 두훈(頭暈), 월경불순(月經不順)

○ 효능(效能)

보기(補氣), 보혈(補血), 이기(理氣), 건비(健脾), 화담(化痰)

○ 방제음양오행(方劑陰陽五行) : 보기제(補氣劑)

58. 귤반지출환(橘半枳朮丸)

○ 처방구성(處方構成)

지출환(枳朮丸)＋반하(半夏), 귤피(橘皮) 각 30g

○ 용법(用法) : 호환(糊丸)하여 6∼9g씩 1일 2회 복용

○ 주치(主治) : 음식상비(飮食傷脾), 담음정체(痰飮停滯), 정적담음(停積痰飮), 심흉비민(心胸痞悶)

○ 효능(效能)

건비화담(健脾化痰), 이기소비(理氣消痞), 소담거음(消痰去飮)

○ 방제음양오행(方劑陰陽五行) : 소식도체제(消食導滯劑)

59. 귤피죽여탕(橘皮竹茹湯)

○ 처방구성(處方構成)

귤피(橘皮), 죽여(竹茹) 각 12g, 생강(生薑) 9g, 대조(大棗) 5매, 감초(甘草) 6g, 인삼(人蔘) 3g

○ 용법(用法) : ① 12g씩＋생강(生薑) 5편하여 수전온복(水煎溫服)
② 생강(生薑) 5편 넣고 수전복(水煎服)

○ 주치(主治) : 위허유열(胃虛有熱), 기역불강(氣逆不降)으로 인한 증상

　애역(呃逆), 건구(乾嘔), 설질눈홍(舌質嫩紅), 맥허삭(脈虛數), 구얼(嘔噦)

○ 효능(效能)

　익기청열(益氣淸熱), 이기건위(理氣健胃), 강역지애(降逆止呃), 화위(和胃)

○ 방제음양오행(方劑陰陽五行) : 강기제(降氣劑)

60. 귤피죽여탕(橘皮竹茹湯) 2

○ 처방구성(處方構成)

　귤피(橘皮), 청죽여(靑竹茹) 각 30g, 적복령(赤茯苓), 비파엽(枇杷葉), 맥문동(麥門冬 거심 去心), 반하(半夏) 각 30g, 인삼(人蔘), 자감초(炙甘草) 각 15g

○ 용법(用法) : 12g씩+생강(生薑) 5편하여 수전복(水煎服)

○ 주치(主治) : 위열다갈(胃熱多渴), 구역(嘔逆), 기음구허(氣陰俱虛)

○ 효능(效能)

　강역지구(降逆止嘔), 익기음(益氣陰), 화위(和胃), 청열(淸熱)

○ 방제음양오행(方劑陰陽五行) : 강기제(降氣劑)

61. 귤핵환(橘核丸)

○ 처방구성(處方構成)

　초귤핵(炒橘核), 세곤포(洗昆布), 세해조(洗海藻), 세해대(洗海帶), 도인(桃仁) 〈부초(麩炒)〉, 초천련자(炒川楝子) 각 30g, 목통(木通), 초후박(炒厚朴), 초연호색(炒延胡索), 지실(枳實)〈부초(麩炒)〉, 목향(木香), 계심(桂心) 각 15g

○ 용법(用法) : 주호환(酒糊丸)하여 9g씩 온주(溫酒)로 복용(1일 1~2회) 또는 수전복(水煎服)

○ 주치(主治) : 한습내침(간신)〈寒濕內浸(肝腎)〉으로 인한 증상

한습산기(寒濕疝氣), 고환종창(睾丸腫脹), 편추동통(偏墜疼痛), 통인제복(痛引臍腹), 기혈조체(氣血阻滯), 울구화열(鬱久化熱), 기혈담습(氣血痰濕)

○ 효능(效能)

행기활혈(行氣活血), 지통(止痛), 연견산결(軟堅散結), 소종(消腫)

○ 방제음양오행(方劑陰陽五行) : 행기제(行氣劑)

62. 금령자산(金鈴子散)

○ 처방구성(處方構成)

금령자(金鈴子), 현호(玄胡) 각 30g

○ 용법(用法) : 분말(粉末)하여 9g씩 복용 또는 수전복(水煎服)

○ 주치(主治) : 간기울체(肝氣鬱滯), 기울화화(氣鬱化火)로 인한 증상

심복협늑동통(心腹脅肋疼痛), 산기통(疝氣痛), 맥현삭(脈弦數), 설홍태황(舌紅苔黃), 구고(口苦), 기울혈체통증(氣鬱血滯痛證)

○ 효능(效能)

행기소간(行氣疏肝), 활혈지통(活血止痛)

○ 방제음양오행(方劑陰陽五行) : 행기제(行氣劑)

63. 금쇄고정환(金鎖固精丸)

○ 처방구성(處方構成)

증검실(蒸芡實), 초사원질려(炒沙苑蒺藜), 연수(蓮須) 각 60g, 염수자(塩水煮) 모려(牡蠣), 수자용골(酥炙龍骨) 각 30g

○ 용법(用法) : ① 연자분(蓮子粉)으로 환(丸)하여 9g씩 1일 1~2회 복용

② 연자육(蓮子肉) 6g 넣고 적량(適量)을 수전복(水煎服)

○ 주치(主治) : 신허정휴(腎虛精虧)로 인한 증상

유정활설(遺精滑泄), 사지산연(四肢痠軟), 신피무력(神疲無力), 요산이명(腰痠耳鳴), 설담태백(舌淡苔白), 맥세약(脈細弱)

○ 효능(效能)

보신삽정(補腎澁精)

○ 방제음양오행(方劑陰陽五行) : 삽정지유제(澁精止遺劑)

64. 금수육군전(金水六君煎), 귀지이진탕(歸地二陣湯)

○ 처방구성(處方構成)

숙지황(熟地黃) 12g, 당귀(當歸), 복령(茯苓) 각 9g, 제반하(製半夏) 6g, 진피(陳皮) 5g, 자감초(炙甘草) 3g

○ 용법(用法) : 수전복(水煎服)

3으로 나누어 1일 3회 복용

○ 주치(主治) : 폐신부족(肺腎不足), 음허(陰虛)로 인한 담습증(痰濕證), 천역다담(喘逆多痰), 해수구오(咳嗽嘔惡)

○ 효능(效能)

자음보혈(滋陰補血)

○ 방제음양오행(方劑陰陽五行) : 이기제(理氣劑), 조습화담제(燥濕化痰劑)

65. 기국지황환(杞菊地黃丸)

○ 처방구성(處方構成)

육미지황환(六味地黃丸)＋구기자(枸杞子) 9g, 국화(菊花) 9g

○ 용법(用法) : 밀환(蜜丸)하여 수전복(水煎服)

밀환(蜜丸)하여 9g씩 1일 3회 복용

○ 주치(主治) : 간신음허(肝腎陰虛)로 인한 증상

안청건삽(眼睛乾澁), 시물불명(視物不明), 양안혼화(兩眼昏花)

○ 효능(效能)

자신양간(滋腎養肝)

○ 방제음양오행(方劑陰陽五行) : 보음제(補陰劑)

66. 기초력황환(己椒藶黃丸)

○ 처방구성(處方構成)

방기(防己), 초목(椒目), 초정력자(炒葶藶子), 대황(大黃) 각 30g

○ 용법(用法) : 밀환(蜜丸)하여 3~6g씩 1일 2~3회 복용

○ 주치(主治) : 수음옹취(水飮壅聚), 울이화열(鬱而化熱)로 인한 증상(症狀)

옹취장간(壅聚腸間), 복만변비(腹滿便秘), 구건설조(口乾舌燥), 소변불리(小便不利), 맥침현(脈沈弦)

○ 효능(效能)

사열축수(瀉熱逐水)

○ 방제음양오행(方劑陰陽五行) : 축수제(逐水劑)

67. 길경탕(桔梗湯)

○ 처방구성(處方構成)

길경(桔梗), 생감초(生甘草) 각 3g

○ 용법(用法) : 수전복(水煎服)

3으로 나누어 1일 3회 복용

○ 주치(主治) :

폐열(肺熱), 염증(炎症)

○ 효능(效能)

청열해독(清熱解毒), 소염(消炎), 진해(鎮咳), 거담(祛痰), 배농(排膿), 진통(鎮痛)

○ 방제음양오행(方劑陰陽五行) : 청열해독제(清熱解毒劑)

68. 난간전(暖肝煎)

○ 처방구성(處方構成)

당귀(當歸) 6~9g, 구기자(枸杞子) 9g, 육계(肉桂) 3~6g, 소회향(小茴香) 6g, 침향(목향)〈沈香(木香)〉 3g, 오약(烏藥) 6g, 복령(茯苓) 6g, 생강(生薑) 6g

○ 용법(用法) : 수전복(水煎服)

1/3씩 1일 3회 복용

○ 주치(主治) : 간신부족(肝腎不足), 음한내성(陰寒內盛)으로 인한 증상

한응기체(寒凝氣滯), 소복냉통(小腹冷痛), 산기(疝氣), 설담태백(舌淡苔白)

○ 효능(效能)

난간온신(暖肝溫腎), 행기산한(行氣散寒), 지통(止痛), 온보간신(溫補肝腎)

○ 방제음양오행(方劑陰陽五行) : 행기제(行氣劑), 온리거한제(溫裏祛寒劑)

69. 내보황기탕(內補黃芪湯)

○ 처방구성(處方構成)

황기(黃芪)(鹽水拌炒), 숙지황(熟地黃)(酒拌), 거심 맥문동(去心 麥門冬), 인삼

(人蔘), 복령(茯苓) 각 10g, 초백작(炒白芍), 자감초(炙甘草), 원지(遠志, 去心, 炒), 관계(官桂), 천궁(川芎), 당귀(當歸, 酒拌)각 5g, 대조(大棗) 1매, 생강(生薑) 3편

○ 용법(用法) : 수전복(水煎服)

○ 주치(主治) : 옹저궤후(癰疽潰後), 기혈허약(氣血虛弱), 궤처동통(潰處疼痛), 음식부진(飮食不振), 권태나언(倦怠懶言), 맥상세약(脈象細弱), 자한구건(自汗口乾), 설담태박(舌淡苔薄)

○ 효능(效能)
보기익혈(補氣益血), 양음생기(養陰生肌), 기혈쌍보(氣血雙補)

○ 방제음양오행(方劑陰陽五行) : 치외양제(治外瘍劑), 치양증옹양제(治陽證癰瘍劑)

70. 냉효환(冷哮丸)

○ 처방구성(處方構成)
포마황(泡麻黃), 세신(細辛), 생백반(生白礬), 생천오(生川烏), 조각(皂角)〈수자(酥炙)〉, 촉초(蜀椒), 우담남성(牛膽南星), 반하국(半夏麯), 행인(杏仁), 생감초(生甘草) 각 30g, 관동화(款冬花), 자원용(紫苑茸) 각60g

○ 용법(用法) : ① 강즙호환(薑汁糊丸)하여 6g씩 1일 2회 복용

② 분말(粉末)하고 〈분말+생강즙(生薑汁)+신국말(神麯末)하여〉 호환(糊丸)하여 3~6g씩 생강탕으로복용

○ 주치(主治) :
폐한(肺寒), 한담(寒痰), 천해(喘咳), 흉격비만(胸膈痞滿)

○ 효능(效能)
산한척담(散寒滌痰), 지해평천(止咳平喘)

○ 방제음양오행(方劑陰陽五行) : 온화한담제(溫化寒痰劑)

71. 단삼음(丹參飮)

- ○ 처방구성(處方構成)

  단삼(丹蔘) 15~30g, 사인(砂仁), 단향(檀香) 각 5g

- ○ 용법(用法) : 수전복(水煎服)

  분(分)하여 복용

- ○ 주치(主治) :

  중초혈어기체(中焦血瘀氣滯), 심위제통(心胃諸痛)

- ○ 효능(效能)

  활혈거어(活血祛瘀), 행기지통(行氣止痛), 화중(和中)

- ○ 방제음양오행(方劑陰陽五行) : 활혈거어제(活血祛瘀劑)

72. 달원음(達原飮)

- ○ 처방구성(處方構成)

  빈랑(檳榔) 6g, 후박(厚朴), 지모(知母), 작약(芍藥), 황금(黃芩) 각 3g, 초과(草
  果), 감초(甘草) 각 1.5g

- ○ 용법(用法) : 수전복(水煎服), 온복(溫服)

- ○ 주치(主治) : 습온사거막원(濕溫邪踞膜原)로 인한 증상

  증한장열(憎寒壯熱), 두통번조(頭痛煩躁), 흉민구오(胸悶嘔惡), 신체통(身体痛),
  설태백니(舌苔白膩), 맥현삭(脈弦數)

- ○ 효능(效能)

  막원개달(膜原開達), 벽예화탁(闢穢化濁)

- ○ 방제음양오행(方劑陰陽五行) : 화해소양제(和解少陽劑)

73. 당귀탕(當歸湯)

○ 처방구성(處方構成)

　당귀(當歸) 5g, 인삼(人蔘), 백작약(白芍藥), 후박(厚朴) 각 3g, 건강(乾薑), 황기
(黃芪), 자감초(炙甘草), 촉초(蜀椒)〈천초(川椒)〉 각 2g, 반하(半夏) 5g

○ 용법(用法) : 수전복(水煎服)

　3으로 나누어 1일 3회 복용

○ 주치(主治) :

　기혈양허증(氣血兩虛證), 한통(寒痛), 동통(疼痛)

○ 효능(效能)

　온중산한(溫中散寒), 보기(補氣), 보혈(補血), 이기화담(理氣化痰), 지통(止痛)

○ 방제음양오행(方劑陰陽五行) : 온리거한제(溫裏祛寒劑)

74. 당귀건중탕(當歸建中湯)

○ 처방구성(處方構成)

　소건중탕(小建中湯)+당귀(當歸) 12g

○ 용법(用法) : 수전복(水煎服)

　1/3씩 1일 3회

　약을 2번 달인 물에 이당(飴糖)을 넣러 온복(溫服) 1/3씩 1일 3회

○ 주치(主治) : 산후허리부족(産後虛羸不足), 혈허(血虛)로 인한 증상

　복중산통부지(腹中痠痛不止), 소복구급(小腹拘急), 호흡소기(呼吸少氣), 통인복
배(痛引腹背), 음식불욕(飲食不欲)

○ 효능(效能)

　온보기혈(溫補氣血), 온중보기(溫中補氣), 화리완급(和裏緩急), 완급지통(緩急止
痛), 화혈(和血)

○ 방제음양오행(方劑陰陽五行) : 온중거한제(溫中祛寒劑)

75. 당귀보혈탕(當歸補血湯)

○ 처방구성(處方構成)

주세당귀(酒洗當歸) 6g, 황기(黃芪) 30g

○ 용법(用法) : 수전복(水煎服)

1일 3회 복용

○ 주치(主治) : 노권내상(勞倦內傷), 혈허기약(血虛氣弱), 허열(虛熱), 부양외월(浮陽外越)로 인한 증상

번갈욕음(煩渴欲飮), 기열면적(肌熱面赤), 산후혈허발열두통(産後血虛發熱頭痛), 맥홍대(脈洪大), 맥허(脈虛)

○ 효능(效能)

보기생혈(補氣生血)

○ 방제음양오행(方劑陰陽五行) : 보혈제(補血劑), 기혈쌍보제(氣血雙補劑)

76. 당귀사역탕(當歸四逆湯)

○ 처방구성(處方構成)

당귀(當歸) 12g, 계지(桂枝) 9~10g, 자감초(炙甘草) 5g, 세신(細辛) 1.5g, 백작약(白芍藥) 9~10g, 통초(通草) 5g, 대조(大棗) 8매

○ 용법(用法) : 수전복(水煎服)

1/3씩 1일 3회

○ 주치(主治) : 양기부족(陽氣不足), 영혈허약(營血虛弱), 한사경맥침입(寒邪經脈浸入)으로 인한 증상

수족궐냉(手足厥冷), 동창(凍瘡), 맥침세(脈沈細), 요고퇴족동통(腰股腿足疼痛)

○ 효능(效能)

온경산한(溫經散寒), 양혈통맥(養血通脈), 보혈활혈(補血活血), 화영양혈(和營養

血), 익기(益氣)

○ 방제음양오행(方劑陰陽五行) : 온경산한제(溫經散寒劑)

77. 당귀사역가오수유생강탕(當歸四逆加吳茱萸生薑湯)

○ 처방구성(處方構成)

당귀사역탕(當歸四逆湯)+오수유(吳茱萸) 5g+생강(生薑) 15g

○ 용법(用法) : 수전복(水煎服) 5회(分)

5회로 나누어 복용

○ 주치(主治) : 혈허(血虛)음한내성(陰寒內盛), 한음복통(寒陰腹痛), 수족궐한(手足厥寒), 월경부조(月經不調), 소복냉통(小腹冷痛), 완복냉통(脘腹冷痛), 건구(乾嘔), 두통(頭痛)

○ 효능(效能)

온리거한(溫裏祛寒), 온경산한(溫經散寒), 난간온위(暖肝溫胃)

○ 방제음양오행(方劑陰陽五行) : 온경산한제(溫經散寒劑)

78. 당귀용회환(當歸龍薈丸)

○ 처방구성(處方構成)

당귀(當歸) 30g, 용담초(龍膽草), 노회(蘆薈), 대황(大黃) 각 15g, 치자(梔子), 황백(黃柏), 황련(黃連), 황금(黃芩) 각 30g, 목향(木香) 5g, 사향(麝香) 1~1.5g

○ 용법(用法) : 분말(粉末)하고 환(丸)하여 6g씩 1일 2회 복용

○ 주치(主治) : 간담실화(肝膽實火)로 인한 증상

두훈목현(頭暈目眩), 섬어(譫語), 발광(發狂), 신지불령(神志不寧), 소변적삽(小便赤澁), 대변비결(大便秘結)

○ 효능(效能)

청간담실화(淸肝膽實火), 청열사화(淸熱瀉火)

○ 방제음양오행(方劑陰陽五行) : 청장부열제(淸臟腑熱劑), 청열사화제(淸熱瀉火劑)

79. 당귀육황탕(當歸六黃湯)

○ 처방구성(處方構成)

당귀(當歸), 생·숙지황(生·熟地黃), 황련(黃連), 황금(黃芩), 황백(黃柏), 황기(黃芪) 각 등분(等分)

○ 용법(用法) : 수전복(水煎服), 〈분말(粉末)하여 15g씩〉

○ 주치(主治) : 음허유화(陰虛有火)로 인한 증상

발열도한(發熱盜汗), 구건순조(口乾脣燥), 면적심번(面赤心煩), 설홍(舌紅), 변결수황(便結溲黃), 맥삭(脈數)

○ 효능(效能)

자음사화(滋陰瀉火), 양혈(養血), 고표지한(固表止汗)

○ 방제음양오행(方劑陰陽五行) : 청허열제(淸虛熱劑)

80. 당귀작약산(當歸芍藥散)

○ 처방구성(處方構成)

당귀(當歸) 9g, 백출(白朮) 9g, 백작약(白芍藥), 택사(澤瀉) 각 15g, 천궁(川芎) 6g, 복령(茯苓) 9g

○ 용법(用法) : 수전복(水煎服)

3으로 나누어 1일 3회 복용

○ 주치(主治) :

혈허증(血虛證), 비허습성(脾虛濕盛), 임신복통(姙娠腹痛)

○ 효능(效能)

보혈활혈(補血活血), 자양강장(滋養强壯), 건비이수(健脾利水), 진경(鎭痙), 조경
지통(調經止痛)

○ 방제음양오행(方劑陰陽五行) : 이수소종제(利水消腫劑)

81. 대강활탕(大羌活湯)

○ 처방구성(處方構成)

강활(羌活), 독활(獨活), 방기(防己), 방풍(防風), 세신(細辛), 황련(黃連), 황금
(黃芩), 창출(蒼朮), 백출(白朮), 자감초(炙甘草) 각 9g, 천궁(川芎), 지모(知母),
생지황(生地黃) 각 30g

○ 용법(用法) : 매 15g 씩 수전복(水煎服)(1잔씩 복용)

○ 주치(主治) : 풍한습증(風寒濕證), 외한이열(外寒裏熱), 두통발열(頭痛發熱), 지
체산통(肢体痠痛), 오한무한(惡寒無汗), 표리양감(表裏兩感), 구건(口乾), 번만
(煩滿), 갈증(渴證)

○ 효능(效能)

풍한발산(風寒發散), 거습(祛濕), 청열(淸熱), 지통(止痛)

○ 방제음양오행(方劑陰陽五行) : 신온해표제(辛溫解表劑)

82. 대건중탕(大建中湯)

○ 처방구성(處方構成)

초촉초(炒蜀椒) 3g, (= 천초 川椒), 인삼(人蔘) 6g, 건강(乾薑) 4.5~10g, 〈이당
(飴糖) 30g

○ 용법(用法) : 수전(水煎)하되, 이당(飴糖)은 나중에 넣는다. 1일 2회 복용〈위약을 달인 물에 이당(飴糖)을 넣고 2로 나누어 복용〉

○ 주치(主治) : 중양쇠약(中陽衰弱), 음한내성(陰寒內盛)으로 인한 증상

심흉중대한통(心胸中大寒痛), 복통구토(腹痛嘔吐), 복중공통(腹中攻痛), 구불능식(嘔不能食), 맥세긴(脈細緊), 설태백활(舌苔白滑)

○ 효능(效能)

온중보허(溫中補虛), 강역지통(降逆止痛), 온중산한(溫中散寒)

○ 방제음양오행(方劑陰陽五行) : 온중거한제(溫中祛寒劑)

83. 대방풍탕(大防風湯)

○ 처방구성(處方構成)

방풍(防風), 강활(羌活) 각 6g, 당귀(當歸), 백작약(白芍藥), 두중(杜仲) 각 9g, 숙지황(熟地黃) 12g, 황기(黃芪), 천궁(川芎), 백출(白朮), 우슬(牛膝) 각 6g, 인삼(人蔘) 2g, 부자(附子), 자감초(炙甘草), 대조(大棗), 생강(生薑) 각 3g

○ 용법(用法) : 수전복(水煎服)

3으로 나누어 1일 3회 복용

○ 주치(主治) :

기허(氣虛), 혈허(血虛), 간신부족(肝腎不足)으로 인한 풍한습비(風寒濕痺)

○ 효능(效能)

거풍습(祛風濕), 기혈쌍보(氣血雙補), 활혈(活血), 산한(散寒), 보간신(補肝腎), 지통(止痛), 발한(發汗)

○ 방제음양오행(方劑陰陽五行) : 거풍습제(祛風濕劑)

84. 대보원전(大補元煎)

○ 처방구성(處方構成)

숙지황(熟地黃), 당귀(當歸), 구기자(枸杞子), 산약(山藥), 인삼(人蔘) 두중(杜仲) 각 6g, 산수유(山茱萸), 자감초(炙甘草) 각 3g

○ 용법(用法) : 수전복(水煎服)

3으로 나누어 1일 3회 복용

○ 주치(主治) :

간신음허증(肝腎陰虛證), 기허증(氣虛證)

○ 효능(效能)

보혈(補血), 자음(滋陰), 자보간신(滋補肝腎), 익기(益氣)

○ 방제음양오행(方劑陰陽五行) : 보음제(補陰劑)

85. 대보음환(大補陰丸), 대보환(大補丸)

○ 처방구성(處方構成)

초황백(炒黃柏) 120g, 주증숙지황(酒蒸熟地黃) 180g, 지모(知母) 120g, 수자귀판(酥炙龜板) 180g

○ 용법(用法) : 저척수밀환(猪脊髓蜜丸)하여 15g씩 1일 2회 복용, 또는 수전복(水煎服)

○ 주치(主治) : 간신음허(肝腎陰虛), 허화상염(虛火上炎)으로 인한 증상

골증조열(骨蒸潮熱), 심번역노(心煩易怒), 해수객혈(咳嗽喀血), 도한유정(盜汗遺精), 족슬동열(足膝疼熱), 척맥삭유력(尺脈數有力), 설홍소태(舌紅少苔)

○ 효능(效能)

자음강화(滋陰降火)

○ 방제음양오행(方劑陰陽五行) : 보음제(補陰劑)

86. 대승기탕(大承氣湯)

○ 처방구성(處方構成)

대황주세(大黃酒洗), 지실(枳實) 각 10~12g, 자후박(炙厚朴) 15g, 망초(芒硝) 9g

○ 용법(用法) : 후박, 지실 달인 물에 대황을 넣고 2~3분 달이고 그 물로 망초(芒硝)를 넣고 달여 (거품을 제거한다) 2회로 나누어 복용

○ 주치(主治) : 양명부실증(陽明腑實證), 장위실열적체(腸胃實熱積滯), 대변불통(大便不通), 빈전실기(頻轉失氣), 복통거안(腹痛拒按), 완복비만(脘腹痞滿), 조열섬어(潮熱譫語), 수족(手足)의 한출(汗出), 맥침실(脈沈實), 열결방류(熱結旁流), 청수하리(淸水下痢), 제복동통(臍腹疼痛), 설건조(舌乾燥), 맥활실(脈滑實), 이열실증(裏熱實證)

○ 효능(效能)

준하열결(峻下熱結), 사열통변(瀉熱通便), 연견윤조(軟堅潤燥)

○ 방제음양오행(方劑陰陽五行) : 한하제(寒下劑)

87. 대시호탕(大柴胡湯)

○ 처방구성(處方構成)

시호(柴胡) 15g, 황금(黃芩), 작약(芍藥), 자지실(炙枳實), 반하(半夏) 각 9g, 대황(大黃) 6g, 생강(生薑) 12g, 대조(大棗) 4매

○ 용법(用法) : 수전복(水煎服) 1/3씩 1일 3회(두번달인다)

○ 주치(主治) : 소양양명합병(少陽陽明合病)

한열왕래(寒熱往來), 울미번(鬱微煩), 흉협고만(胸脇苦滿), 심하비경(心下痞硬), 대변불해(大便不解), 심하만통(心下滿痛), 설태황(舌苔黃)

○ 효능(效能)

화해소양(和解少陽), 내사열결(內瀉熱結)

○ 방제음양오행(方劑陰陽五行) : 해표공리제(解表攻裏劑), 화해제(和解劑)

88. 대안환(大安丸)

○ 처방구성(處方構成)

보화환(保和丸)+백출(白朮) 60g
○ 용법(用法) : 환(丸)하여 6~9g씩 복용
○ 주치(主治) : 음식불소(飮食不消), 비허식적(脾虛食積)
○ 효능(效能)

소식건비(消食健脾), 화위(和胃)
○ 방제음양오행(方劑陰陽五行) : 소식도체제(消食導滯劑)

89. 대정풍주(大定風珠)

○ 처방구성(處方構成)

생백작(生白芍), 건지황(乾地黃), 맥문동(麥門冬) 각 18g, 아교(阿膠) 9g, 생귀판(生龜板), 생모려(生牡蠣), 자감초(炙甘草), 별갑(鱉甲) 각 12g, 마자인(麻子仁), 오미자(五味子) 각 6g〈생계자황(生鷄子黃) 2개〉
○ 용법(用法) : 위약을 수전(水煎)한 물에 생계자황(生鷄子黃) 2개를 넣고 저은후 1/3씩 1일 3회 복용한다.
○ 주치(主治) : 온병열사(溫病熱邪)로 인한 진음작상(眞陰灼傷), 음액손상(陰液損傷), 허풍내동(虛風內動), 신권맥허(神倦脈虛), 설강소태(舌絳少苔), 맥기허약(脈氣虛弱)
○ 효능(效能) : 자음식풍(滋陰熄風), 자음유간(滋陰柔肝), 양액(養液)
○ 방제음양오행(方劑陰陽五行) : 평식내풍제(平熄內風劑)

90. 대진교탕(大秦艽湯)

○ 처방구성(處方構成)

진교(秦艽) 90g, 강활(羌活), 방풍(防風), 황금(黃芩) 각 30g, 백지(白芷), 백출(白朮), 백복령(白茯苓), 생지황(生地黃), 숙지황(熟地黃) 각 30g, 감초(甘草), 천궁(川芎), 당귀(當歸), 백작약(白芍藥), 석고(石膏), 독활(獨活) 각 60g, 세신(細辛) 15g

○ 용법(用法) : 산(散)하여 30g씩 수전복(水煎服)

○ 주치(主治) : 풍중경락증(風中經絡證)

기혈조체(氣血阻滯), 구안와사(口眼喎斜), 수족불능(手足不能), 설강(舌强), 풍사산견(風邪散見)

○ 효능(效能)

거풍(祛風), 통락(通絡), 청열(淸熱), 양혈(養血), 활혈(活血)

○ 방제음양오행(方劑陰陽五行) : 소산외풍제(消散外風劑)

91. 대청룡탕(大靑龍湯)

○ 처방구성(處方構成)

마황(麻黃) 12g, 자감초(炙甘草) 5g, 계지(桂枝) 4g, 행인(杏仁) 6g, 석고(石膏) 12g, 생강(生薑) 9g, 대조(大棗) 4매

○ 용법(用法) : 마황달인물(거품제거)에 다른 약을 넣고 수전복(水煎服) 1/3씩 1일 3회

○ 주치(主治) : 풍한표실증(風寒表實證)

발열오한(發熱惡寒), 신동통(身疼痛), 한열(寒熱)(重), 무한(無汗), 번조(煩躁), 맥부긴(脈浮緊)

○ 효능(效能)

발한해표(發汗解表), 청열제번(淸熱除煩)

○ 방제음양오행(方劑陰陽五行) : 신온해표제(辛溫解表劑)

92. 대함흉탕(大陷胸湯)

○ 처방구성(處方構成)

대황(大黃) 18g(10g), 망초(芒硝) 21g(10g), 감수(甘遂) 1.5g(1g)

○ 용법(用法) : 대황(大黃) 달인 물에 망초(芒硝)를 넣어 끓인 후(거품제거) 감수말(甘遂末)을 넣어 2(1) 등분하여 복용

○ 주치(主治) : 수열호결(水熱互結), 결흉열실증(結胸熱實證)

사열울결(邪熱鬱結), 흉부동통(胸部疼痛), 일포조열(日晡潮熱), 대변비결(大便秘結), 단기조번(短氣躁煩), 맥침긴(脈沈緊), 구건설조(口乾舌燥)

○ 효능(效能)

사열축수(瀉熱逐水), 결산(結散)

○ 방제음양오행(方劑陰陽五行) : 한하제(寒下劑)

93. 대함흉환(大陷胸丸)

○ 처방구성(處方構成)

대황(大黃) 250g, 정력자(葶藶子), 행인(杏仁), 망초(芒硝) 각 175g, +감수말(甘遂末) 30g, 백밀(白蜜) 250g

○ 용법(用法) : 환(丸)하여 5~10g 씩 복용

○ 주치(主治) : 결흉증(結胸證)

흉중경만통(胸中硬滿痛), 항강유경(項强柔痙)

○ 효능(效能)

사열축수(瀉熱逐水), 흉중수열공축(胸中水熱攻逐)

○ 방제음양오행(方劑陰陽五行) : 한하제(寒下劑)

94. 대황감초탕(大黃甘草湯)

○ 처방구성(處方構成)

감초(甘草) 3(~6g), 대황(大黃) 3(~9)g

○ 용법(用法) : 수전복(水煎服)

○ 주치(主治) : 변비증(便秘證)

○ 효능(效能)

통변(通便), 사하(瀉下), 진경(鎭痙)

○ 방제음양오행(方劑陰陽五行) : 사하제(瀉下劑)

95. 대황목단탕(大黃牧丹湯)

○ 처방구성(處方構成)

대황(大黃) 18g, 목단피(牧丹皮) 9g, 동과자(冬瓜子) 30g, 도인(桃仁) 12g, 망초(芒硝) 9g

○ 용법(用法) : 제약(諸藥) 달인 물에 망초(芒硝) 넣고 달인다. 수전복(水煎服), 돈복(頓服)

○ 주치(主治) :

장옹초기(腸癰初起), 실열(實熱), 우소복동통(右少腹疼痛), 발열오한(發熱惡寒), 소변자조(小便自調), 맥상활삭(脈象滑數), 태황니(苔黃膩), 습열울증(濕熱鬱蒸), 기혈응취(氣血凝聚), 어열온증(瘀熱蘊蒸), 울결(鬱結), 우각굴이불신(右脚屈而不伸)

○ 효능(效能)

사열파어(瀉熱破瘀), 산결소종(散結消腫), 배농소옹(排膿消癰)

○ 방제음양오행(方劑陰陽五行) : 치내옹제(治內癰劑)

96. 대황부자탕(大黃附子湯)

○ 처방구성(處方構成)

대황(大黃), 부자(附子) 각 9g, 세신(細辛) 6g

○ 용법(用法) : 수전복(水煎服)

1/3씩 복용 1일 3회

○ 주치(主治) : 양기부족(陽氣不足), 한적이실증(寒積裏實證)

협하편통(脇下偏痛), 복통변비(腹痛便秘), 수족궐역(手足厥逆), 발열(發熱), 설태백니(舌苔白膩), 긴현맥(緊弦脈)

○ 효능(效能)

온리거한(溫裏祛寒), 온양산한(溫陽散寒), 공하적체(攻下積滯), 사결행체(瀉結行滯)

○ 방제음양오행(方劑陰陽五行) : 온하제(溫下劑)

97. 대황자충환(大黃蟅虫丸)

○ 처방구성(處方構成)

대황(大黃) 45g, 자충(蟅虫) 30g, 건칠(乾漆) 30g, 생지황(生地黃) 300g, 행인(杏仁) 200g, 적작약(赤芍藥), 도인(桃仁) 각 120g, 수질(水蛭), 맹충(虻虫), 제조(蠐螬) 각 45g, 감초(甘草), 황금(黃芩) 각 60g

○ 용법(用法) : 밀환(蜜丸)하여 3g씩 1일 1~2회 복용〈술(酒)로 복용〉

○ 주치(主治) :

진구성 혈어(陳舊性 血瘀)

○ 효능(效能)

활혈화어(活血化瘀), 파혈축어(破血逐瘀), 소징(消癥), 통경(通經), 보혈(補血)

○ 방제음양오행(方劑陰陽五行) : 활혈화어제(活血化瘀劑)

98. 대황자충환(大黃䗪虫丸)2

○ 처방구성(處方構成)

증대황(蒸大黃) 300g, 자충(䗪虫) 30g, 황금(黃芩) 60g, 도인(桃仁), 행인(杏仁) 맹충(虻虫), 수질(水蛭), 제조(蠐螬) 각 60g, 감초(甘草)90g, 작약(芍藥) 120g, 건지황(乾地黃) 300g, 건칠(乾漆) 30g

○ 용법(用法) : 밀환(蜜丸)하여 3g씩 복용 또는 수전복(水煎服)

○ 주치(主治) : 오로허극(五勞虛極), 피로과도(疲勞過度), 과기(過飢), 형체리수(形體羸瘦), 복만(腹滿), 양목암흑(兩目黯黑), 기부갑착(肌膚甲錯), 어혈(瘀血), 건결(乾結)

○ 효능(效能)

거어생신(祛瘀生新), 양혈청열(凉血淸熱), 축어공하(逐瘀攻下), 활혈통락(活血通絡), 음혈자양(陰血滋養)

○ 방제음양오행(方劑陰陽五行) : 이혈제(理血劑), 활혈거어제(活血祛瘀劑)

99. 도기탕(導氣湯)

○ 처방구성(處方構成)

천련자(川楝子) 12g, 회향(茴香) 6g, 목향(木香) 9g, 오수유(吳茱萸) 3g~6g

○ 용법(用法) : 수전복(水煎服)

1/3씩 1일 3회 복용

○ 주치(主治) : 한응기체(寒凝氣滯)

한산동통(寒疝疼痛), 소복동통(少腹疼痛)

○ 효능(效能)

행기소간(行氣疏肝), 산한지통(散寒止痛)

○ 방제음양오행(方劑陰陽五行) : 행기제(行氣劑), 온리거한제(溫裏祛寒劑)

100. 도기환(都氣丸)

○ 처방구성(處方構成)

육미지황환(六味地黃丸)+오미자(五味子) 6g

○ 용법(用法) : 밀환(蜜丸)하여 6~9g씩 1일 2~3회복용 또는 수전복(水煎服)

○ 주치(主治) : 신음허(腎陰虛), 기천(氣喘), 애역(呃逆)

○ 효능(效能)

자신납기(滋腎納氣)

○ 방제음양오행(方劑陰陽五行) : 보음제(補陰劑)

※ 육미지황환+오미자 6g

숙지황(熟地黃) 24g, 산약(山藥), 산수유(山茱萸) 각 12g, 복령(茯苓), 목단피(牧丹皮), 택사(澤瀉) 각 9g,+오미자(五味子) 6g

101. 도담탕(導痰湯)

○ 처방구성(處方構成)

제반하(製半夏) 6~9g, 초지실(炒枳實) 3~6g, 제남성(製南星) 6~9g, 복령(茯苓) 3~6g, 자감초(炙甘草) 2~3g, 생강(生薑) 3g, 진피(陳皮) 3~6g

○ 용법(用法) : 수전복(水煎服)

1/3씩 1일 3회

○ 주치(主治) :

담연옹성(痰涎壅盛), 간풍협담(肝風挾痰), 해수오심(咳嗽惡心), 흉격비색(胸膈痞塞), 두통현훈(頭痛眩暈), 음식불사(飮食不思), 담궐(痰厥), 두훈구건(頭暈口乾)

○ 효능(效能)

조습거담(燥濕祛痰), 척담개규(滌痰開竅), 행기개울(行氣開鬱), 식풍척담(熄風滌痰)

○ 방제음양오행(方劑陰陽五行) : 조습화담제(燥濕化痰劑), 개규제(開竅劑)

102. 도적산(導赤散)

○ 처방구성(處方構成)

생지황(生地黃), 생감초초(生甘草梢), 목통(木通) 각 등분(等分)

○ 용법(用法) 1: 분말(粉末)하여 9~10g씩 복용 또는 〈+죽엽(竹葉)〉 수전복(水煎服)

○ 용법(用法) 2: 생지황(生地黃) 18g, 생감초초(生甘草梢), 목통(木通), 담죽엽(淡竹葉) 각 12g을 수전(水煎)하여 1/3씩 1일 3회 복용

○ 주치(主治) : 심경열성(心經熱盛)으로 인한 증상

심흉번열(心胸煩熱), 구갈희음(口渴喜飮), 구갈면적(口渴面赤), 소변적삽자통(小便赤澁刺痛), 구설생창(口舌生瘡), 맥삭(脈數), 설첨홍(舌尖紅)

○ 효능(效能)

청심양음(淸心養陰), 이수통림(利水通淋), 양혈(凉血)

○ 방제음양오행(方劑陰陽五行) : 청장부열제(淸臟腑熱劑), 청열사화제(淸熱瀉火劑)

103. 도핵승기탕(桃核承氣湯), 도인승기탕(桃仁承氣湯)

○ 처방구성(處方構成)

도핵(桃核), 대황(大黃) 각 12g, 자감초(炙甘草), 계지(桂枝), 망초(芒硝) 각 6g

○ 용법(用法)1 : 제약(諸藥) 달인 물에 망초(芒硝) 넣고 달여 복용〈수전복(水煎服)〉
1/3씩 1일 3회

○ 용법(用法)2 : 도인(桃仁) 9g, 대황(大黃), 자감초(炙甘草), 계지(桂枝), 망초(芒硝) 각 3g을 수전(水煎) 1/3씩 1일 3회 복용

○ 주치(主治) : 하초축혈(下焦蓄血)로 인한 증상
소복급결(少腹急結), 섬어번갈(譫語煩渴), 소변자리(小便自痢), 지야발열(至夜發熱), 맥침삽(脈沈澁), 혈어경폐(血瘀經閉)

○ 효능(效能)
파혈하어(破血下瘀), 공어척열(攻瘀滌熱), 청열사하(淸熱瀉下), 연견산결(軟堅散結)

○ 방제음양오행(方劑陰陽五行) : 활혈거어제(活血祛瘀劑)

104. 도홍사물탕(桃紅四物湯)

○ 처방구성(處方構成)
도인(桃仁) 6g, 홍화(紅花) 3~4g, 숙지황(熟地黃) 12~15g, 당귀(當歸) 12g, 천궁(川芎) 6~8g, 초백작약(炒白芍藥) 10~12g

○ 용법(用法) : 수전복(水煎服)
1/3씩 1일 3회

○ 주치(主治) :
여성(女性)의 월경불순(月經不順), 월경량과다(月經量過多), 월경색자질점조(月經色紫質點稠), 복통복창(腹痛腹脹)

○ 효능(效能)
양혈(養血),활혈(活血), 축어(逐瘀), 행혈(行血)

○ 방제음양오행(方劑陰陽五行) : 보혈제(補血劑)

105. 도홍사물탕(桃紅四物湯) 2

○ 처방구성(處方構成)

도인(桃仁), 당귀(當歸), 생지황(生地黃) 각 9g, 홍화(紅花), 천궁(川芎), 적작약(赤芍藥) 각 6g

○ 용법(用法) : 수전복(水煎服)

3으로 나누어 1일 3회 복용

○ 주치(主治) :

혈허(血虛), 혈어증(血瘀證), 열증(熱證), 부녀(婦女)의 월경불순(月經不順), 월경통(月經痛), 하복부압통(下腹部壓痛)

○ 효능(效能)

보혈양혈(補血凉血), 활혈화어(活血化瘀), 진경(鎭痙), 소염(消炎), 진정(鎭靜), 진통(鎭痛)

○ 방제음양오행(方劑陰陽五行) : 활혈화어제(活血化瘀劑)

106. 도화탕(桃花湯)

○ 처방구성(處方構成)

적석지(赤石脂), 갱미(粳米 멥쌀) 각 30g, 건강(乾薑) 9g

○ 용법(用法) : 수전복(水煎服)

1/3씩 1일 3회

○ 주치(主治) : 소음허한(少陰虛寒), 비신양허(脾腎陽虛), 음한내성(陰寒內盛), 구리불유(久痢不愈), 하리농혈(下痢膿血), 복통(腹痛) 희안희온(喜按喜溫), 소변불리(小便不利), 설담태백(舌淡苔白), 맥미세약(脈微細弱)

○ 효능(效能)

온중삽장(溫中澁腸), 고탈(固脫)

○ 방제음양오행(方劑陰陽五行) : 삽장고탈제(澁腸固脫劑)

107. 독삼탕(獨蔘湯)

○ 처방구성(處方構成)
   인삼(人蔘) 20～30g
○ 용법(用法) : 수전복(水煎服), 돈복(頓服)
○ 주치(主治) :
   망양허탈(亡陽虛脫),냉한(冷汗), 안면창백(顔面蒼白), 맥미세(脈微細), 혈압하강
   (血壓下降)
○ 효능(效能)
   보기고탈(補氣固脫), 강심(强心)
○ 방제음양오행(方劑陰陽五行) : 보기제(補氣劑)

108. 독활기생탕(獨活寄生湯)

○ 처방구성(處方構成)
   독활(獨活) 9g, 상기생(桑寄生) 6g, 우슬(牛膝), 두중(杜仲), 진교(秦艽), 세신
   (細辛), 육계심(肉桂心), 복령(茯苓), 천궁(川芎), 방풍(防風) 감초(甘草), 인삼
   (人蔘), 작약(芍藥), 당귀(當歸), 건지황(乾地黃) 각 6g
○ 용법(用法) : 수전복(水煎服)〈온복(溫服)〉
   1/3씩 1일 3회 복용
○ 주치(主治) : 간신부족(肝腎不足), 기혈양허(氣血兩虛), 풍한습사비증(風寒濕邪
   痺證), 요슬동통(腰膝疼痛), 마목불인(痲木不仁), 심계기단(心悸氣短), 외한희온
   (畏寒喜溫), 설담태백(舌淡苔白), 맥세약(脈細弱)

○ 효능(效能)

보간신(補肝腎), 익기혈(益氣血), 거풍습(祛風濕), 지비통(止痺痛), 온신산한(溫腎散寒)

○ 방제음양오행(方劑陰陽五行) : 거풍승습제(祛風勝濕劑)

109. 마자인환(麻子仁丸)

○ 처방구성(處方構成)

마자인(麻子仁) 500g, 대황(大黃) 500g, 작약(芍藥), 자지실(炙枳實), 자후박(炙厚朴), 행인(杏仁) 각 250g

○ 용법(用法) : 밀환(蜜丸)하여 9g씩 1일 1~2회 복용

○ 주치(主治) : 장위조열(腸胃潮熱)로 인한 진액부족증(津液不足證)

대변건결(大便乾結), 소변빈삭(小便頻數), 설태황(舌苔黃), 설질홍(舌質紅), 구순건조(口脣乾燥), 맥세삭(脈細數)

○ 효능(效能)

행기통변(行氣通便), 윤장설열(潤腸泄熱), 양음(養陰)

○ 방제음양오행(方劑陰陽五行) : 윤하제(潤下劑)

110. 마황탕(麻黃湯)

○ 처방구성(處方構成)

마황(麻黃) 6~9g, 계지(桂枝) 4~6g, 행인(杏仁) 9g, 자감초(炙甘草) 3g

○ 용법(用法) : 마황(麻黃) 달인 물(거품제거)에 제약(諸藥) 수전복(水煎服) 1/3씩 1일 3회 복용

○ 주치(主治) : 외감풍한표실증(外感風寒表實證)

오한발열(惡寒發熱), 무한이천(無汗而喘), 두통신동(頭痛身疼), 설태박백(舌苔薄白), 맥부긴(脈浮緊)

○ 효능(效能)
발한산한(發汗散寒), 해표(解表), 선폐평천(宣肺平喘)

○ 방제음양오행(方劑陰陽五行) : 신온해표제(辛溫解表劑)

111. 마황가출탕(麻黃加朮湯)

○ 처방구성(處方構成)
마황탕(麻黃湯)+백출(白朮) 9g, 마황(麻黃) 6~9g, 계지(桂枝) 4~6g, 행인(杏仁) 9g, 자감초(炙甘草) 3g, 백출(白朮) 9g

○ 용법(用法) : 마황(麻黃) 달인물(거품제거)에 제약(諸藥) 수전복(水煎服) 1/3씩 온복(溫服)

○ 주치(主治) : 습(濕)을 겸한 신번동통(身煩疼痛)

○ 효능(效能)
발한해표(發汗解表), 산한거습(散寒祛濕)

○ 방제음양오행(方劑陰陽五行) : 신온해표제(辛溫解表劑)

112. 마황부자세신탕(麻黃附子細辛湯)

○ 처방구성(處方構成)
마황(麻黃) 5~6g, 포부자(炮附子) 3~6g, 세신(細辛) 3g

○ 용법(用法) : 마황(麻黃) 달인물(거품제거)에 제약(諸藥) 수전복(水煎服) 1/3씩 1일 3회 온복(溫服)

○ 주치(主治) : 소음병(少陰病)의 시초증상 외감풍한(外感風寒), 양허외감(陽虛外感)으로 인한 증상

신발열(身發熱), 오한심극(惡寒甚劇), 신피권태(神疲倦怠), 설질담(舌質淡), 설태박백(舌苔薄白), 맥침약(脈沈弱)

○ 효능(效能)

조양해표(助陽解表)

○ 방제음양오행(方劑陰陽五行) : 부정해표제(扶正解表劑)

113. 마황부자감초탕(麻黃附子甘草湯)

○ 처방구성(處方構成)

마황(麻黃) 5g, 부자(附子) 3g, 자감초(炙甘草) 5g

○ 용법(用法) : 마황(麻黃) 달인물(거품제거)에 제약(諸藥) 수전복(水煎服)

1/3씩 1일 3회 온복(溫服)

○ 주치(主治) : 소음병(少陰病), 수병(水病)으로 인한증상(症狀)

오한신동(惡寒身疼), 미발열(微發熱), 무한(無汗), 맥침미(脈沈微), 기단(氣短),

신면부종(身面浮腫), 소변불리(小便不利), 침소맥(沈小脈)

○ 효능(效能)

조양익기(助陽益氣), 발한이뇨(發汗利尿)

○ 방제음양오행(方劑陰陽五行) : 부정해표제(扶正解表劑)

114. 마행의감탕(麻杏薏甘湯)

○ 처방구성(處方構成)

마황(麻黃) 15.5g, 의이인(薏苡仁) 15.5g, 자감초(炙甘草) 31g, 초 행인(炒 杏仁)

10개

○ 용법(用法) : 12g씩 수전복(水煎服), 온복(溫服)

○ 주치(主治) : 풍습(風濕)으로 인한 증상(症狀)

발열(發熱), 일신진동(一身盡疼)

○ 효능(效能)

발한해표(發汗解表), 거풍이습(祛風利濕)

○ 방제음양오행(方劑陰陽五行) : 신온해표제(辛溫解表劑)

115. 마황행인감초석고탕(麻黃杏仁甘草石膏湯), 마행감석탕(麻杏甘石湯)

○ 처방구성(處方構成)

마황(麻黃) 9g, 행인(杏仁) 9g, 석고(石膏) 18~24g, 자감초(炙甘草) 6g

○ 용법(用法) : 마황(麻黃) 달인물(거품제거)에 제약(諸藥) 수전복(水煎服) 1/3씩 1일 3회 온복(溫服)

○ 주치(主治) : 외감풍사(外感風邪), 풍열습폐(風熱襲肺), 풍한화열(風寒化熱), 폐기조색(肺氣阻塞)으로 인한 증상(症狀)

해천기급(咳喘氣急), 비통(鼻痛), 유한(有汗), 신열불해(身熱不解), 구갈(口渴), 무한(無汗), 설태박백(舌苔薄白), 맥활삭(脈滑數)

○ 효능(效能)

신량선설(辛凉宣泄), 청설폐열(清泄肺熱), 청폐평천(清肺平喘)

○ 방제음양오행(方劑陰陽五行) : 신량해표제(辛凉解表劑), 지해평천제(止咳平喘劑)

116. 맥문동탕(麥門冬湯)

○ 처방구성(處方構成)

맥문동(麥門冬) 60g, 인삼(人蔘), 갱미(粳米) 각 6g, 반하(半夏) 9g, 감초(甘草)

4g, 대조(大棗) 4매

○ 용법(用法) : 수전복(水煎服)

〈6으로 나누어 1일 3~4회 복용〉, 온복(溫服)

○ 주치(主治) : 폐위음허기역증(肺胃陰虛氣逆證)

해역상기(咳逆上氣), 기역구토(氣逆嘔吐), 객담불상(喀痰不爽), 기천단기(氣喘短氣), 구갈인건(口渴咽乾), 해토연말(咳吐涎沫), 설홍소태(舌紅少苔), 구건인조(口乾咽燥), 허삭맥(虛數脈), 수족심열(手足心熱)

○ 효능(效能)

자양폐위(滋養肺胃), 자음익기(滋陰益氣), 강역화중(降逆和中), 자음청열(滋陰淸熱), 강역화담(降逆化痰)

○ 방제음양오행(方劑陰陽五行) : 자음윤조제(滋陰潤燥劑)

117. 맥미지황환(麥味地黃丸)

○ 처방구성(處方構成)

육미지황환(六味地黃丸)+오미자(五味子) 6g, 맥문동(麥門冬) 9g(~18g)

○ 용법(用法) : 밀환(蜜丸)하여 6~9g씩 1일 2~3회 복용 또는 수전복(水煎服), 공복온복(空腹溫服)

○ 주치(主治) : 폐신음허(肺腎陰虛)로 인한 증상

해수(咳嗽), 천역(喘逆), 도한(盜汗), 조열(潮熱)

○ 효능(效能)

염폐납신(斂肺納腎), 윤폐평천(潤肺平喘), 자보간신(滋補肝腎)

○ 방제음양오행(方劑陰陽五行) : 보음제(補陰劑)

118. 모려산(牡蠣散)

○ 처방구성(處方構成)

모려(牡蠣)〈미감침(米泔浸), 화소통적(火燒通赤)〉 30g, 세마황근(洗麻黃根), 황기(黃芪) 각 30g

○ 용법(用法) : 조말(粗末)한 9g씩+부소맥(浮小麥) 30g. 수전복(水煎服)

1일 2회 열복(熱服)

○ 주치(主治) : 체허(体虛) 제허부족(諸虛不足), 위양불고(衛陽不固)로 인한 증상

신상한출(身常汗出), 기단번권(氣短煩倦), 심계경척(心悸驚惕), 설질담홍(舌質淡紅), 맥세약(脈細弱)

○ 효능(效能)

고표염한(固表斂汗), 잠양(潛陽), 익기(益氣), 양음(養陰)

○ 방제음양오행(方劑陰陽五行) : 고삽제(固澁劑), 고표지한제(固表止汗劑), 보기제(補氣劑)

119. 목방기탕(木防己湯)

○ 처방구성(處方構成)

목방기(木防己) 12g, 인삼(人蔘) 3g, 석고(石膏) 18g, 계지(桂枝) 6g

○ 용법(用法) : 수전복(水煎服)

석고(石膏)는 선전(先煎) 한다. 1/3씩 1일 3회 복용

○ 주치(主治) :

흉부담음(胸部痰飮)

○ 효능(效能)

이수삼습(利水滲濕), 소염(消炎), 익기(益氣), 청열(淸熱), 진정(鎭靜), 이뇨(利尿)

○ 방제음양오행(方劑陰陽五行) : 이수소종제(利水消腫劑)

120. 목향빈랑환(木香檳榔丸)

○ 처방구성(處方構成)

목향(木香), 빈랑(檳榔), 황련(黃連), 황백(黃柏), 청피(靑皮), 진피(陳皮), 아출(莪朮), 지각(枳殼) 각 30g, 대황(大黃) 15g, 견우(牽牛), 초향부자(炒香附子) 각 60g

○ 용법(用法) : 세말(細末)하고 수환(水丸)하여 3~6g씩 1일 2회 복용

○ 주치(主治) : 적체내정(積滯內停), 내조기기(內阻氣機), 습온생열(濕蘊生熱)로 인한 증상

완복비만창통(脘腹痞滿脹痛), 대변비결(大便秘結), 적백하리(赤白下痢), 맥침실(脈沈實), 태황니(苔黃膩)

○ 효능(效能)

행기도체(行氣導滯), 화적(化積), 공적설열(攻積泄熱)

○ 방제음양오행(方劑陰陽五行) : 소식도체제(消食導滯劑), 이기제(理氣劑)

121. 무기환(戊己丸)

○ 처방구성(處方構成)

황련(黃連), 백작약(白芍藥), 오수유(吳茱萸) 각 등분(等分) 150g

○ 용법(用法) : 면호환(麵糊丸)하여 6~9g씩 복용. 면호(麵糊 밀가루풀)

○ 주치(主治) : 간비불화(肝脾不和)로 인한 증상

위통탄산(胃痛吞酸), 운화무력(運化無力), 복통설사(腹痛泄瀉), 열사(熱瀉), 열리(熱痢)

○ 효능(效能)

소간화비(疏肝和脾), 강역(降逆), 청열화습(淸熱化濕), 화중지사(和中止瀉), 화리지통(和裏止痛)

○ 방제음양오행(方劑陰陽五行) : 청장부열제(淸臟腑熱劑)

122. 반류환(半硫丸)

○ 처방구성(處方構成)

반하(半夏), 유황(硫黃) 각 등분(等分)

○ 용법(用法) : 생강즙(生薑汁)으로 환(丸)하여 (소두대 小豆大로) 15~20개씩 생
강탕으로 복용

○ 주치(主治) :

허한변비(虛寒便秘)

○ 효능(效能)

온하(溫下)

○ 방제음양오행(方劑陰陽五行) : 사하제(瀉下劑)

123. 반하백출천마탕(半夏白朮天麻湯)

○ 처방구성(處方構成)

반하(半夏) 9g, 백출(白朮) 15g, 천마(天麻) 6g, 복령(茯苓), 귤홍(橘紅) 각 6g,
감초(甘草) 2~4g

○ 용법(用法) : 대조(大棗) 2개, 생강(生薑) 1편 넣고 수전복(水煎服)
1/3씩 1일 3회

○ 주치(主治) : 비습생담(脾濕生痰), 간풍내동(肝風內動), 풍담상요(風痰上擾)로
인한 증상
현훈두통(眩暈頭痛), 설태백니(舌苔白膩), 흉격만민(胸膈滿悶), 구오(嘔惡), 맥현
활(脈弦滑)

○ 효능(效能)

조습화담(燥濕化痰), 강역지구(降逆止嘔), 평간식풍(平肝熄風)

○ 방제음양오행(方劑陰陽五行) : 거담제(祛痰劑), 치풍화담제(治風化痰劑), 화담이
수제(化痰利水劑)

124. 반하백출천마탕(半夏白朮天麻湯) 2

○ 처방구성(處方構成)

반하(半夏) 7.5g, 백출(白朮) 5g, 천마(天麻) 3.5g, 진피(陳皮), 맥아(麥芽) 각 7.5g, 신국(神麴) 5g, 인삼(人蔘), 황기(黃芪), 창출(蒼朮), 복령(茯苓), 택사(澤瀉) 각 3.5g, 건강(乾薑) 2g, 황백(黃柏) 1.5g

○ 용법(用法) : 수전복(水煎服)

1/3씩 1일 3회

○ 주치(主治) :

풍담상요(風痰上擾), 비기허생습(脾氣虛生濕)

○ 효능(效能)

화담식풍(化痰熄風), 보기거습(補氣祛濕), 익기건비(益氣健脾)

○ 방제음양오행(方劑陰陽五行) : 치풍화담제(治風化痰劑), 화담이수제(化痰利水劑)

125. 반하사심탕(半夏瀉心湯)

○ 처방구성(處方構成)

세반하(洗半夏) 9g, 황금(黃芩), 자감초(炙甘草), 건강(乾薑), 인삼(人蔘) 각 6g, 황련(黃連) 3g, 대조(大棗) 4매

○ 용법(用法) :

2번 수전(水煎)하여 2~3으로 나누어 복용. 온복(溫服)

○ 주치(主治) : 한열호결(寒熱互結), 비위불화(脾胃不和)로 인한 증상

심하비만(心下痞滿), 구토(嘔吐), 건구(乾嘔), 설태박황(舌苔薄黃), 장명하리(腸鳴下痢), 현삭맥(弦數脈)

○ 효능(效能)

화위강역(和胃降逆), 개결(開結), 제비(除痞), 청장지리(清腸止痢)

○ 방제음양오행(方劑陰陽五行) : 비위조화제(脾胃調和劑)

126. 반하후박탕(半夏厚朴湯)

○ 처방구성(處方構成)

반하(半夏) 12g, 후박(厚朴), 생강(生薑) 각 9g, 복령(茯苓) 12g, 소엽(蘇葉) 6g

○ 용법(用法) : 수전복(水煎服)

4회분 4회로 나누어 복용

○ 주치(主治) : 기기울결(氣機鬱結)로 인한 증상(매핵기 梅核氣)

인중여유물조(咽中如有物阻), 흉협만민(胸脇滿悶), 해토(咳吐), 객토불출(咯吐不

出), 설태백니(舌苔白膩), 맥현활(脈弦滑)

○ 효능(效能)

행기산결(行氣散結), 강역화담(降逆化痰), 화위(和胃), 이습건비(利濕健脾)

○ 방제음양오행(方劑陰陽五行) : 행기제(行氣劑), 화담이수제(化痰利水劑)

127. 방기복령탕(防己茯苓湯)

○ 처방구성(處方構成)

방기(防己) 9g, 복령(茯苓) 18g, 황기(黃芪) 9g, 계지(桂枝) 9g, 감초(甘草) 6g

○ 용법(用法) : 수전복(水煎服)

○ 주치(主治) : 습종한화(濕從寒化) 양허(陽虛)로 인한 수증(水證)

사지부종(四肢浮腫)

○ 효능(效能)

익기통양이수(益氣通陽利水), 제습(除濕)

○ 방제음양오행(方劑陰陽五行) : 이수삼습제(利水滲濕劑), 이수소종제(利水消腫劑)

128. 방기황기탕(防己黃芪湯)

○ 처방구성(處方構成)

방기(防己) 12g, 황기(黃芪) 15g, 자감초(炙甘草) 6g, 백출(白朮) 9g, 〈+대조(大棗), 생강(生薑) 각 3g〉

○ 용법(用法) : ① 수전복(水煎服)

② 10g씩 +대조(大棗)1개+생강(生薑) 3g 하여 수전복(水煎服)

○ 주치(主治) : 기허습체(氣虛濕滯), 풍수풍습(風水風濕)으로 인한증상

한출오풍(汗出惡風), 신중(身重), 수종(水腫), 맥부(脈浮), 설질담(舌質淡), 태백(苔白), 소변불리(小便不利)

○ 효능(效能)

익기(益氣), 거풍(祛風), 건비이수(健脾利水), 고표(固表)

○ 방제음양오행(方劑陰陽五行) : 이수삼습제(利水滲濕劑), 이수소종제(利水消腫劑)

129. 방풍탕(防風湯)

○ 처방구성(處方構成)

방풍(防風), 행인(杏仁), 진교(秦艽), 당귀(當歸), 복령(茯苓), 갈근(葛根) 각 9g, 강활(羌活), 계지(桂枝) 각 6g, 자감초(炙甘草), 황금(黃芩) 각 3g

○ 용법(用法) : 수전복(水煎服)

3으로 나누어 1일 3회 복용

○ 주치(主治) :

풍습비증(風濕痺證)

○ 효능(效能)

거풍습(祛風濕), 이수(利水), 활혈(活血), 청열조습(淸熱燥濕), 진통(鎭痛), 진경(鎭痙), 발한(發汗)

○ 방제음양오행(方劑陰陽五行) : 거풍습제(祛風濕劑)

130. 방풍통성산(防風通聖散)

○ 처방구성(處方構成)

방풍(防風), 연교(連翹), 형개(荊芥), 박하(薄荷), 마황(麻黃), 당귀(當歸), 천궁(川芎), 흑산치자(黑山梔子), 초백작약(炒白芍藥), 망초(芒硝), 대황(大黃)〈주증(酒蒸)〉 각 15g, 석고(石膏), 길경(桔梗), 황금(黃芩), 백출(白朮) 각 30g, 감초(甘草) 60g, 활석(滑石) 90g+생강(生薑) 3편

○ 용법(用法) : 분말(粉末)하여 9g씩+생강(生薑) 3편 수전복(水煎服)
환(丸)으로 하여 6g씩 1일 2회 구복(口服)

○ 주치(主治) : 풍열옹성(風熱壅盛)〈표리구실(表裏俱實)〉으로 인한 증상
증한장열(憎寒壯熱), 구고구건(口苦口乾), 두목혼현(頭目昏眩), 무한(無汗), 흉격비민(胸膈痞悶), 목적청통(目赤晴痛), 해구천만(咳嘔喘滿), 소변적삽(小便赤澀), 대변비결(大便秘結), 창양종독(瘡瘍腫毒), 두목불청(頭目不淸), 인후불리(咽喉不利), 단반은진(丹斑癮疹), 장풍치루(腸風痔漏)

○ 효능(效能)
소풍해표(疏風解表), 청열(淸熱), 사열통변(瀉熱通便), 해표통리(解表通裏)

○ 방제음양오행(方劑陰陽五行) : 해표공리제(解表攻裏劑)

131. 방풍통성산(防風通聖散) 2

○ 처방구성(處方構成)

방풍(防風), 마황(麻黃), 형개(荊芥), 박하(薄荷), 당귀(當歸), 연교(連翹), 천궁(川芎), 백출(白朮) 백작약(白芍藥), 대황(大黃), 산치자(山梔子), 망초(芒硝 각 3g,, 생석고(生石膏)(煎), 활석(滑石) 각 12g, 황금(黃芩), 길경(桔梗), 생감초(生甘草) 각 6g

○ 용법(用法) : 분말(粉末)하여 6~9g씩 1일 2~3회 복용 또는 분말하여 9g씩 수전

복(水煎服)

○ 주치(主治) :

표한증(表寒證), 이실열증(裏實熱證)

○ 효능(效能)

신온해표(辛溫解表), 소풍(疏風), 청열해독(淸熱解毒), 보혈활혈(補血活血), 사하이수(瀉下利水)

○ 방제음양오행(方劑陰陽五行) : 청열해독제(淸熱解毒劑)

132. 백두옹탕(白頭翁湯)

○ 처방구성(處方構成)

백두옹(白頭翁) 15g, 황련(黃連) 4~6g, 황백(黃柏), 진피(秦皮) 각 12g

○ 용법(用法) : 수전복(水煎服)

2로 나누어 복용

○ 주치(主治) : 습열사독(濕熱邪毒), 열리하중(熱痢下重)으로 인한 증상(症狀), 복통(腹痛), 이급후중(裏急後重)

사하농혈(瀉下膿血), 항문작열(肛門灼熱), 설홍(舌紅), 태황(苔黃), 갈욕음수(渴欲飮水), 맥현삭(脈弦數)

○ 효능(效能)

청열해독(淸熱解毒), 조습(燥濕), 양혈(凉血), 지리(止痢)

○ 방제음양오행(方劑陰陽五行) : 청장부열제(淸臟腑熱劑), 청열이습제(淸熱利濕劑)

133. 백두옹가감초아교탕(白頭翁加甘草阿膠湯)

○ 처방구성(處方構成)

백두옹(白頭翁) 15g, 감초(甘草) 3~9g, 아교(阿膠) 9g, 황련(黃連) 5~6g, 황백

(黃柏) 12g, 진피(秦皮) 12g
○ 용법(用法) : 제약(諸藥) 달인 물에 아교(阿膠) 넣고 달여 온복(溫服)
　3으로 분(分)하여 복용
○ 주치(主治) :
　산후혈허열리(産後血虛熱痢), 혈허음허(血虛陰虛), 열독적리(熱毒赤痢)
○ 효능(效能)
　청열해독(淸熱解毒), 양혈(養血), 자음(滋陰), 양혈(凉血), 지리(止痢)
○ 방제음양오행(方劑陰陽五行) : 청장부열제(淸臟腑熱劑), 청열이습제(淸熱利濕劑)

134. 백산(白散)

○ 처방구성(處方構成)
　길경(桔梗) 3g, 파두(巴豆) 1g, 패모(貝母) 3g
○ 용법(用法) : 산(散)하여 1회 0.5g씩 복용〈조복(調服)〉
○ 주치(主治) : 한담수호결(寒痰水互結)의 한실결흉증(寒實結胸證)
○ 효능(效能)
　온하축수(溫下逐水), 화담산결(化痰散結)
○ 방제음양오행(方劑陰陽五行) : 온하제(溫下劑)

135. 백자양심환(柏子養心丸)

○ 처방구성(處方構成)
　백자인(栢子仁) 120g, 구기자(枸杞子) 90g, 현삼(玄蔘), 숙지황(熟地黃) 각 60g,
　당귀(當歸), 석창포(石菖蒲), 맥문동(麥門冬), 복신(茯神) 각 30g, 감초(甘草)
　15g

○ 용법(用法) : 밀환(蜜丸)하여 6g씩 복용

○ 주치(主治) : 심신실조(心腎失調), 영혈부족(營血不足)으로 인한 증상

정충경계(怔忡驚悸), 정신황홀(精神恍惚), 건망도한(健忘盜汗), 야매다몽(夜寐多夢)

○ 효능(效能)

양심안신(養心安神), 보신자음(補腎滋陰)

○ 방제음양오행(方劑陰陽五行) : 자양안신제(滋養安神劑)

136. 백출작약산(白朮芍藥散), 통사요방(痛瀉要方)

○ 처방구성(處方構成)

초백출(炒白朮) 90g, 초백작약(炒白芍藥) 60g, 방풍(防風) 30g, 초진피(炒陳皮) 45g

○ 용법(用法) 1: ① 환(丸), 산(散)하여 복용

② 수전복(水煎服) 1/30씩 1일 3회 복용

○ 용법(用法)2 : 백출(白朮), 백작약(白芍藥) 각 9g, 방풍(防風) 3~5g, 진피(陳皮) 5~6g을 수전(水煎)하여 1/3씩 1일 3회 복용

○ 주치(主治) : 간울비허(肝鬱脾虛)로 인한 증상

장명복통(腸鳴腹痛), 설태박백(舌苔薄白), 대변설사(大便泄瀉), 복통(腹痛), 현맥이완맥(弦脈而緩脈)

○ 효능(效能)

보비(補脾), 사간(瀉肝), 지사(止瀉), 건비(健脾), 조습(燥濕), 화중(和中)

○ 방제음양오행(方劑陰陽五行) : 간비조화제(肝脾調和劑), 화해제(和解劑)

137. 백통탕(白通湯)

○ 처방구성(處方構成)

총백(葱白) 4경(四莖), 생부자(生附子) 5~10g, 건강(乾薑) 3~5g

○ 용법(用法) : 수전복(水煎服) 2회. 2로 나누어 복용

○ 주치(主治) : 소음병(少陰病)

하리(下痢), 궐역(厥逆), 미맥(微脈)

○ 효능(效能)

통양파음(通陽破陰)

○ 방제음양오행(方劑陰陽五行) : 회양구역제(回陽救逆劑)

138. 백합고금탕(百合固金湯)

○ 처방구성(處方構成)

생지황(生地黃) 6~9g, 숙지황(熟地黃) 9g, 백합(百合), 초백작(炒白芍), 패모(貝母), 당귀(當歸), 생감초(生甘草) 각 3g, 맥문동(麥門冬) 5g, 현삼(玄蔘), 길경(桔梗) 각 3g

○ 용법(用法)1 : 수전복(水煎服)(1/3씩 1일 3회)

○ 용법(用法)2 : 생지황(生地黃) 12g, 숙지황(熟地黃) 9g, 백합(百合), 맥문동(麥門冬) 각 15g, 백작약(白芍藥), 당귀(當歸), 현삼(玄蔘), 패모(貝母) 각 9g, 생감초(生甘草) 3g, 길경(桔梗) 6g을 수전(水煎)하여 1/3씩 1일 3회 복용

○ 주치(主治) : 폐신음허(肺腎陰虛), 허화상염(虛火上炎), 해천증(咳喘證), 인후조통(咽喉燥痛), 해담대혈(咳痰帶血), 골증도한(骨蒸盜汗), 수족심열(手足心熱), 설홍소태(舌紅少苔), 세삭맥(細數脈)

○ 효능(效能)

양음윤폐(養陰潤肺), 화담지해(化痰止咳), 자음청화(滋陰淸火), 윤조(潤燥)

○ 방제음양오행(方劑陰陽五行) : 자음윤조제(滋陰潤燥劑), 지해평천제(止咳平喘劑)

139. 백합지황탕(百合地黃湯)

○ 처방구성(處方構成)

생지황(生地黃) 12g, 백합(百合) 18g

○ 용법(用法) : 수전복(水煎服)

3으로 나누어 1일 3회 복용

○ 주치(主治) :

심음허(心陰虛), 화왕증(火旺證)

○ 효능(效能)

양심(養心), 진정(鎭靜), 안신(安神), 자음청열(滋陰淸熱), 건비완중(健脾緩中)

○ 방제음양오행(方劑陰陽五行) : 안신제(安神劑)

140. 백호탕(白虎湯), 석고지모탕(石膏知母湯)

○ 처방구성(處方構成)

석고(石膏) 30g, 지모(知母), 갱미(粳米) 각 9g, 자감초(炙甘草) 3g

○ 용법(用法) 1: 수전온복(水煎溫服)

1/3씩 1일 3회

○ 용법(用法) 2: 석고(石膏) 30g을 선전(先煎)하고 지모(知母) 9g, 갱미(粳米) 15g, 생감초(生甘草) 6g을 수전(水煎)하여 1/3씩 1일 3회 복용한다.

○ 주치(主治) : 양명기분(陽明氣分)의 열성(熱盛)으로 인한 증상

장열면적(壯熱面赤), 한출오열(汗出惡熱), 번갈인음(煩渴引飮), 맥홍대유력(脈洪大有力), 활삭맥(滑數脈)

○ 효능(效能)

청열생진(淸熱生津), 지갈(止渴), 양음(養陰)

○ 방제음양오행(方劑陰陽五行) : 청기분열제(淸氣分熱劑)

141. 백호가계지탕(白虎加桂枝湯)

○ 처방구성(處方構成)

석고(石膏) 30g, 지모(知母) 9g, 갱미(粳米) 6g, 자감초(炙甘草) 3g, 계지(桂枝) 6~9g

○ 용법(用法) : 분말(粉末)하여 15g씩 복용, 수전복(水煎服), 온복(溫服)

○ 주치(主治) : 온학(溫瘧)으로 인한 증상

신열(身熱), 구토(嘔吐), 골절동번(骨節疼煩), 장열(壯熱), 풍습(風濕), 열비(熱痺), 구갈태백(口渴苔白), 관절종통(關節腫痛), 기조번조(氣粗煩躁), 현삭맥(弦數脈)

○ 효능(效能)

청열(淸熱), 영위조화(營衛調和), 통락(通絡)

○ 방제음양오행(方劑陰陽五行) : 청기분열제(淸氣分熱劑)

142. 백호가계지탕(白虎加桂枝湯) 2, 계지백호탕(桂枝白虎湯), 석고지모계지탕(石膏知母桂枝湯)

○ 처방구성(處方構成)

지모(知母) 15g, 석고(石膏) 30g, 계지(桂枝) 9g, 갱미(粳米) 15g, 생감초(生甘草) 3g

○ 용법(用法) : 수전복(水煎服)

3으로 나누어 1일 3회 복용

○ 주치(主治) :

열비증(熱痺證)

○ 효능(效能)

청열(淸熱), 화위(和胃), 통양(通陽), 진통(鎭痛), 발한(發汗), 이뇨(利尿)

○ 방제음양오행(方劑陰陽五行) : 거풍습제(祛風濕劑)

143. 백호가인삼탕(白虎加人蔘湯), 석고지모가인삼탕(石膏知母加人蔘湯)

- ○ 처방구성(處方構成)

    생석고(生石膏) 30(~60)g, 지모(知母) 9g, 갱미(粳米) 15g, 생감초(生甘草) 6g, 인삼(人蔘) 6g

- ○ 용법(用法) : 수전복(水煎服), 온복(溫服)

    3으로 나누어 1일 3회 복용

- ○ 주치(主治) :

    양명병경증(陽明病經證), 기분열성(氣分熱盛), 기허증(氣虛證)

- ○ 효능(效能)

    청열사화(淸熱瀉火), 보기(補氣), 생진(生津), 지갈(止渴)

- ○ 방제음양오행(方劑陰陽五行) : 청열사화제(淸熱瀉火劑)

144. 백호가인삼탕(白虎加人蔘湯) 2

- ○ 처방구성(處方構成)

    석고(石膏) 30g, 지모(知母), 자감초(炙甘草), 갱미(粳米) 각 9g, 인삼(人蔘) 10g

- ○ 용법(用法) : 수전복(水煎服)

    1/3씩 1일 3회

- ○ 주치(主治) : 백호탕증(白虎湯證)

    한다(汗多), 진기양상(津氣兩傷), 대무력맥(大無力脈), 한출(汗出), 배미오한(背微惡寒), 갈증(渴證), 신열(身熱)

- ○ 효능(效能)

    청열생진(淸熱生津), 익기(益氣)

- ○ 방제음양오행(方劑陰陽五行) : 청기분열제(淸氣分熱劑)

145. 백호가창출탕(白虎加蒼朮湯)

○ 처방구성(處方構成)

지모(知母), 창출(蒼朮), 갱미(粳米) 각 9g, 자감초(炙甘草) 3g

○ 용법(用法) : 15g씩 수전복(水煎服), 온복(溫服)

○ 주치(主治) : 습온병증(濕溫病證)

다한(多汗), 신열흉비(身熱胸痞), 설홍태백니(舌紅苔白膩), 풍습열증(風濕熱證)

○ 효능(效能)

청열거습(淸熱祛濕)

○ 방제음양오행(方劑陰陽五行) : 청기분열제(淸氣分熱劑)

146. 벽옥산(碧玉散)

○ 처방구성(處方構成)

육일산(六一散)+청대(靑黛)〈람실(藍實)〉

○ 용법(用法)1 : 散하고 9~18g씩 〈포전(包煎)하여〉 1일 2~3회 복용

○ 용법(用法)2 : 생감초(生甘草) 30g, 활석(滑石) 180g, 청대(靑黛) 30g을 분말(粉末)로 만들어 9~18g씩 탕(湯)으로 복용 1일 2~3회

○ 주치(主治) : 서습증(暑濕證)

간담울열(肝膽鬱熱), 구설생창(口舌生瘡), 목적인통(目赤咽痛)

○ 효능(效能)

소풍거서(疏風祛署), 거서청열(祛署淸熱)

○ 방제음양오행(方劑陰陽五行) : 거서이습제(祛署利濕劑)

147. 별갑전환(鱉甲煎丸)

○ 처방구성(處方構成)

자별갑(炙鱉甲) 90g, 시호(柴胡), 강랑(蜣蜋) 각 45g, 거심목단피(去心牧丹皮), 작약(芍藥), 자충(蟅蟲) 각 37g, 적초(赤硝) 90g, 자봉과(炙蜂窠) 30g, 사간(射干)〈포오선(炮烏扇)〉, 황금(黃芩), 서부(鼠婦), 건강(乾薑), 계지(桂枝), 대황(大黃), 석위(石葦), 구맥(瞿麥), 후박(厚朴), 능소화(凌霄花), 자위(紫葳), 아교(阿膠) 각 22.5g, 도인(桃仁) 15g, 인삼(人蔘), 정력(葶藶), 반하(半夏) 각 7.5g

○ 용법(用法) : 황주(黃酒) 10근+아궁이속의 재(炭) 3근-여과(濾過)한 즙(汁), 별갑교즙(鱉甲膠汁), 제약분말(諸藥粉末), 밀(蜜)을 합(合)해 환(丸)으로 하여 3g씩 1일 3회 복용

○ 주치(主治) : 구학(久瘧), 한열부조(寒熱不調), 협하비괴(脇下痞塊), 징가(癥瘕), 학모(瘧母), 복중동통(腹中疼痛), 음식감소(飮食減少), 기육소수(肌肉消瘦), 월경폐지(月經閉止)

○ 효능(效能)

행기활혈(行氣活血), 거습(祛濕), 연견산결화담(軟堅散結化痰), 연견소징(軟堅消癥)

○ 방제음양오행(方劑陰陽五行) : 소비화적제(消痞化積劑)

148. 보간탕(補肝湯)

○ 처방구성(處方構成)

당귀(當歸) 9g, 숙지황(熟地黃), 맥문동(麥門冬) 각 15g, 백작약(白芍藥), 모과(木瓜) 각 9g, 천궁(川芎) 6g, 산조인(酸棗仁) 12g, 자감초(炙甘草) 3g

○ 용법(用法) : 수전복(水煎服)

3으로 나누어 1일 3회 복용

○ 주치(主治) : 혈허증(血虛證)

불면(不眠), 구갈(口渴), 맥세(脈細), 설질홍(舌質紅)

○ 효능(效能)

보혈(補血), 자음(滋陰), 조경(調經), 평간(平肝)

○ 방제음양오행(方劑陰陽五行) : 보혈제(補血劑)

149. 보양환오탕(補陽還五湯)

○ 처방구성(處方構成)

생황기(生黃芪) 30~120g, 적작약(赤芍藥), 당귀미(當歸尾) 각 6g, 지룡(地龍) 3~6g, 도인(桃仁) 3~6g, 홍화(紅花) 3g, 천궁(川芎) 3~6g

○ 용법(用法) : 수전복(水煎服)

1/3씩 1일 3회 복용

○ 주치(主治) : 기허혈체(氣虛血滯)로 인한 증상(中風後遺症)

반신불수(半身不遂), 언어건삽(言語蹇澁), 구안와사(口眼喎斜), 구각유연(口角流涎), 유뇨불금(遺尿不禁), 소변빈삭(小便頻數), 태백맥완(苔白脈緩)

○ 효능(效能)

보기(補氣), 활혈(活血), 거어(祛瘀), 통락(通絡)

○ 방제음양오행(方劑陰陽五行) : 활혈거어제(活血祛瘀劑)

150. 보원탕(保元湯)

○ 처방구성(處方構成)

인삼(人蔘) 6~20g, 황기(黃芪) 20g, 육계(肉桂) 3~8g, 감초(甘草) 5g,+생강(生薑) 1편(3g)

○ 용법(用法) : 수전복(水煎服)

　3으로 나누어 1일 3회 복용

○ 주치(主治) : 허손노겁(虛損勞怯), 원기부족(元氣不足)으로 인한 증상

　소기외한(少氣畏寒), 권태핍력(倦怠乏力), 양허정함(陽虛頂陷), 혈허장청(血虛漿
　清), 소아두창(小兒痘瘡)

○ 　효능(效能)

　익기온양(益氣溫陽)

○ 방제음양오행(方劑陰陽五行) : 보기제(補氣劑), 보양제(補陽劑)

151. 보제소독음(普濟消毒飲)

○ 처방구성(處方構成)

　황련(黃連), 황금(黃芩)(주초 酒炒) 각 15g, 진피(陳皮), 현삼(玄蔘), 시호(柴胡),
　감초(甘草), 길경(桔梗) 각 6g, 연교(連翹), 마발(馬勃), 판남근(板藍根), 우방자
　(牛蒡子), 박하(薄荷) 각 3g, 강잠(僵蠶), 승마(升麻) 각 2g

○ 용법(用法) : 수전복(水煎服)

　나누어 복용

○ 주치(主治) : 대두온(大頭瘟), 풍열역독(風熱疫毒), 옹체두면(壅滯頭面)으로 인
　한 증상(症狀)

　오한발열(惡寒發熱), 설조구갈(舌燥口渴), 두면홍종(頭面紅腫), 흔통(焮痛), 설홍
　태황(舌紅苔黃), 인후불리(咽喉不利), 삭유력맥(數有力脈)

○ 효능(效能)

　청열해독(清熱解毒), 소풍산사(疏風散邪)

○ 방제음양오행(方劑陰陽五行) : 청열해독제(清熱解毒劑)

152. 보중익기탕(補中益氣湯)

○ 처방구성(處方構成)

황기(黃芪) 15~20g, 인삼(人蔘), 당귀(當歸) 각 10g, 자감초(炙甘草) 5g, 귤피(橘皮) 6g, 백출(白朮), 승마(升麻), 시호(柴胡) 각 3g

○ 용법(用法) : 수전복(水煎服) 또는 환(丸)하여 10~15g씩 1일 2~3회 복용. 온복(溫服)

○ 주치(主治) : 비위기허(脾胃氣虛)로 인한 증상

오한발열(惡寒發熱), 두통(頭痛), 신열구불갈(身熱口不渴), 자한출(自汗出), 갈희온음(渴喜溫飮), 체권지연(体倦肢軟), 소기라언(少氣懶言), 대변희당(大便稀溏), 면색광백(面色光白), 태박백(苔薄白), 설질담(舌質淡), 맥홍허(脈洪虛), 권태(倦怠)

기허하함(氣虛下陷)으로 인한 증상 : 탈항(脫肛), 위하수(胃下垂), 구사구리(久瀉久痢), 자궁하수(子宮下垂), 구학(久瘧), 청양하함(淸陽下陷), 청양불승(淸陽不升)의 제증(諸證)

○ 효능(效能)

승양거함(升陽擧陷), 보중익기(補中益氣), 익기건비(益氣健脾)

○ 방제음양오행(方劑陰陽五行) : 보기제(補氣劑)

153. 보폐탕(補肺湯)

○ 처방구성(處方構成)

인삼(人蔘) 2g, 황기(黃芪) 4g, 숙지황(熟地黃) 3g, 오미자(五味子), 상백피(桑白皮), 자원(紫菀) 각 2g

○ 용법(用法) : 수전복(水煎服)

위 약량을 1회 분량으로 하여 1일 3회 복용

○ 주치(主治) :

폐기허(肺氣虛), 해수(咳嗽)

○ 효능(效能)

보폐익기(補肺益氣), 대사개선(代謝改善), 소염(消炎), 화담지해(化痰止咳)

○ 방제음양오행(方劑陰陽五行) : 지해평천제(止咳平喘劑)

154. 보폐아교탕(補肺阿膠湯), 아교산(阿膠散), 보폐산(補肺散)

○ 처방구성(處方構成)

아교(阿膠)(밀기울에 초 炒) 45g, 자감초(炙甘草), 초우방자(炒牛蒡子) 각 7.5g, 초행인(炒杏仁) 6g, 초나미(炒糯米 찹쌀) 30g, 마두령(馬兜鈴)〈배 焙(불에 쬐어 말림)〉15g

○ 용법(用法) : 세말(細末)하여 3~6g씩 수전복(水煎服)

1일 3회 온복(溫服)

○ 주치(主治) : 폐허유열(肺虛有熱)로 인한 증상

담중대혈(痰中帶血), 해수기천(咳嗽氣喘), 인후건조(咽喉乾燥), 맥부세삭(脈浮細數), 설홍소태(舌紅少苔)

○ 효능(效能)

양음보폐(養陰補肺), 진해(鎭咳), 지혈(止血), 청폐화담지수(清肺化痰止嗽)

○ 방제음양오행(方劑陰陽五行) : 보음제(補陰劑), 지해평천제(止咳平喘劑)

155. 보화환(保和丸)

○ 처방구성(處方構成)

산사(山楂) 180g, 신국(神麯) 60g, 라복자(蘿菔子) 30g, 복령(茯苓), 반하(半夏)

각 90g, 연교(連翹), 진피(陳皮) 각 30g

○ 용법(用法) : 환(丸)하여 6~9g씩 복용 또는 수전복(水煎服) $\frac{1}{30}$ 씩 복용

○ 주치(主治) : 음식정체(飮食停滯)로 인한 증상

완복비만창통(脘腹痞滿脹痛), 오식구역(惡食嘔逆), 애부탄산(噯腐呑酸), 대변설사(大便泄瀉), 설태후니(舌苔厚膩), 맥활(脈滑)

○ 효능(效能)

소식화위(消食和胃), 소적(消積)

○ 방제음양오행(方劑陰陽五行) : 소식도체제(消食導滯劑)

156. 복령음(茯苓飮)

○ 처방구성(處方構成)

복령(茯苓) 5g, 백출(白朮) 4g, 인삼(人蔘), 지실(枳實) 각 2g, 진피(陳皮) 3g, 생강(生薑) 1g

○ 용법(用法) : 수전복(水煎服)

위 약을 1회 양으로 하여 1일에 3회 복용

○ 주치(主治) :

담음(痰飮), 비기허증(脾氣虛證), 상복부팽만감(上腹部膨滿感), 복창(腹脹), 식욕부진(食慾不振), 설태백윤(舌苔白潤), 맥활(脈滑)

○ 효능(效能)

이수(利水), 이기화담(理氣化痰), 유음제거(溜飮除去), 화위강역(和胃降逆), 익기건비(益氣健脾)

○ 방제음양오행(方劑陰陽五行) : 화담이수제(化痰利水劑)

157. 복령환(茯苓丸)

○ 처방구성(處方構成)

　복령(茯苓) 30g, 반하(半夏) 60g, 지각(枳殼)〈부초(麩炒)〉 15g, 망초(芒硝) 6~7.5g,

○ 용법(用法) : 호환(糊丸)하여 6g씩 1일 3회 생강탕으로 복용

○ 주치(主治) :

　중완담정(中脘痰停), 해수담다(咳嗽痰多), 양비동통(兩臂疼痛), 사지부종(四肢浮腫), 맥현활(脈弦滑)

○ 효능(效能)

　조습행기(燥濕行氣), 건비삼습(健脾滲濕), 소담연견(消痰軟堅), 이기관중(理氣寬中), 조습척담(燥濕滌痰)

○ 방제음양오행(方劑陰陽五行) : 조습화담제(燥濕化痰劑), 거담제(祛痰劑)

158. 복원활혈탕(復元活血湯))

○ 처방구성(處方構成)

　시호(柴胡) 15g, 당귀(當歸), 과루근(瓜蔞根), 주침도인(酒浸桃仁) 각 9g, 홍화(紅花), 포천산갑(炮穿山甲), 감초(甘草) 각 6g, 주침대황(酒浸大黃) 30g

○ 용법(用法) 1: 수전복(水煎服)

　나누어 복용. 식전온복(食前溫服)

○ 용법(用法)2 : 柴胡 6~12g, 홍화(紅花), 천산갑(穿山甲), 주초대황(酒炒大黃), 도인(桃仁) 각 6g, 천화분(天花粉) 9~12g, 당귀(當歸) 9g, 감초(甘草) 3~6g, 수전(水煎)하여 1/3씩 복용

○ 주치(主治) : 질타손상(跌打損傷), 협하어혈(脇下瘀血), 어혈정체(瘀血停滯), 흉협어종동통(胸脇瘀腫疼痛)

○ 효능(效能)

활혈거어(活血祛瘀), 소간통락(疏肝通絡), 행기(行氣), 지통(止痛), 소종산결(消腫散結), 보혈생진(補血生津)

○ 방제음양오행(方劑陰陽五行) : 활혈거어제(活血祛瘀劑)

159. 부자탕(附子湯)

○ 처방구성(處方構成)

부자(附子)〈포거피(炮去皮)〉 15~18g, 복령(茯苓), 작약(芍藥) 각 9g, 인삼(人蔘) 6g, 백출(白朮) 12g

○ 용법(用法) : 수전복(水煎服)

1일 3회 복용(3으로 나누어 복용)

○ 주치(主治) : 양허(陽虛), 한습내침(寒濕內侵)으로 인한증상

신체골절동통(身体骨節疼痛), 태백활(苔白滑), 오한지냉(惡寒肢冷), 맥침미(脈沈微)

○ 효능(效能)

온경조양(溫經助陽), 거한화습(祛寒化濕)

○ 방제음양오행(方劑陰陽五行) : 온화수습제(溫化水濕劑)

160. 부자이중환(附子理中丸)

○ 처방구성(處方構成)

포부자(炮附子), 인삼(人蔘), 백출(白朮), 포건강(炮乾薑), 자감초(炙甘草) 각 등분(等分)

○ 용법(用法) : 밀환(蜜丸)으로 만들어 3g씩 수전복(水煎服) 식전(食前)에 복용

○ 주치(主治) : 비위허한(脾胃虛寒)으로 인한 증상

곽란토리(霍亂吐利), 완복냉통(脘腹冷痛), 전근(轉筋), 설담태백활(舌淡苔白滑), 맥미지궐(脈微肢厥)

○ 효능(效能)

온양거한(溫陽祛寒), 익기건비(益氣健脾)

○ 방제음양오행(方劑陰陽五行) : 온중거한제(溫中祛寒劑)

161. 불환금정기산(不換金正氣散)

○ 처방구성(處方構成)

평위산(平胃散)+반하(半夏)+곽향(藿香) 또는 곽향(藿香), 반하(半夏), 후박(厚朴), 감초(甘草), 창출(蒼朮), 진피(陳皮) 각 등분(等分)

○ 용법(用法) : 산(散)하여 생강, 대조탕으로 3~6g씩 복용

○ 주치(主治) : 사시상한(四時傷寒), 장역(瘴疫), 토사(吐瀉), 복창(腹脹)

○ 효능(效能)

방향화탁(芳香化濁), 행기화습(行氣化濕), 화위지구(和胃止嘔)

○ 방제음양오행(方劑陰陽五行) : 방향화습제(芳香化濕劑), 조습화위제(燥濕和胃劑), 이기제(理氣劑)

162. 비아환(肥兒丸)

○ 처방구성(處方構成)

사군자(使君子) 150g, 빈랑(檳榔) 120g, 초신국(炒神麴) 300g, 황련(黃連) 300g, 육두구(肉豆蔲) 150g, 초맥아(炒麥芽) 150g, 목향(木香) 60g

○ 용법(用法) : 위약의 분말(粉末)+저담즙(猪膽汁)해 환(丸)으로 하여 3g씩 복용 〈공복조하복(空腹調下服)〉

○ 주치(主治) : 충적복통(虫積腹痛), 비허위열(脾虛胃熱), 소화불량증(消化不良證), 두복창만(肚腹脹滿) 면황체수(面黃体瘦), 발열구취(發熱口臭), 복창설사(腹脹泄瀉)

○ 효능(效能)

살충소적(殺蟲消積), 건비(健脾), 청열(淸熱), 소감(消疳), 구충(驅虫)

○ 방제음양오행(方劑陰陽五行) : 구충제(驅虫劑)

163. 비해분청음(萆薢分淸飮)

○ 처방구성(處方構成)

비해(萆薢), 석창포(石菖蒲), 익지인(益智仁), 오약(烏藥) 각 등분(等分) 10g(＋소금)

○ 용법(用法) : 산(散)하여 15g씩 소금 넣어 수전(水煎)하고 식전(食前)에 복용

○ 주치(主治) : 하초허한(下焦虛寒), 신양허(腎陽虛) 로 인한 증상

소변백탁(小便白濁), 소변빈삭(小便頻數), 고림(膏淋)

○ 효능(效能)

온신이습(溫腎利濕), 분청화탁(分淸化濁)

○ 방제음양오행(方劑陰陽五行) : 온화수습제(溫化水濕劑)

164. 비해분청음(萆薢分淸飮)2

○ 처방구성(處方構成)

비해(萆薢) 10g, 석창포(石菖蒲), 초황백(炒黃柏) 각 3g, 백출(白朮), 복령(茯苓) 각 5g, 연자심(蓮子心) 4g, 차전자(車前子), 단삼(丹蔘) 각 7g

○ 용법(用法) : 수전복(水煎服)

산(散)하고 15g씩 水煎하여 복용

○ 주치(主治) : 습열증(濕熱證)

소변혼탁(小便混濁), 고림(膏淋), 설태황니(舌苔黃膩)

○ 효능(效能)

청열이습(淸熱利濕), 건비조습(健脾燥濕), 분청화탁(分淸化濁)

○ 방제음양오행(方劑陰陽五行) : 온화수습제(溫化水濕劑), 청열이습제(淸熱利濕劑)

165. 사간마황탕(射干麻黃湯)

○ 처방구성(處方構成)

사간(射干) 6g, 마황(麻黃) 6~9g, 반하(半夏) 6~9g, 생강(生薑) 9g, 자원(紫菀), 관동화(款冬花) 각 6g, 세신(細辛) 3g, 오미자(五味子) 6g, 대조(大棗) 3매

○ 용법(用法) : 마황(麻黃) 달인 물(거품제거)에 제약(諸藥)을 넣고 수전온복(水煎溫服)

1/3씩 1일 3회

○ 주치(主治) : 담음범폐(痰飮氾肺), 한담천해(寒痰喘咳), 해천담희(咳喘痰稀), 해천상기(咳喘上氣), 후중수계성(喉中水鷄聲)

○ 효능(效能)

선폐거담(宣肺祛痰), 온폐화담(溫肺化痰), 하기지해(下氣止咳), 지해평천(止咳平喘)

○ 방제음양오행(方劑陰陽五行) : 신온해표제(辛溫解表劑), 지해평천제(止咳平喘劑)

166. 사군자탕(四君子湯)

○ 처방구성(處方構成) : 인삼(人蔘) 9~10g 복령(茯苓), 백출(白朮) 각 9g, 자감초(炙甘草) 6g, 또는 각 등분(等分)

○ 용법(用法) : 수전복(水煎服), 분말(粉末)하여 6g씩 수전복(水煎服)

○ 주치(主治) : 비위기허(脾胃氣虛), 사지무력(四肢無力), 면색위백(面色萎白), 어성저미(語聲低微), 설질담(舌質淡), 식소장명(食少腸鳴), 설사(泄瀉), 변당(便溏), 맥세완(脈細緩)

○ 효능(效能) : 건비양위(健脾養胃), 익기보중(益氣補中)

○ 방제음양오행(方劑陰陽五行) : 보기제(補氣劑)

167. 사령산(四苓散)

○ 처방구성(處方構成)

복령(茯苓), 저령(猪苓), 백출(白朮) 각 9g, 택사(澤瀉) 15g

○ 용법(用法)

① 산(散)하여 3~6g씩 복용, ② 수전복(水煎服) : (1/3씩 1일 3회)

○ 주치(主治) : 내상음식(內傷飮食)의 습사(濕邪),

수습내정(水濕內停)으로 인한 증상. 대변당설(大便溏泄), 소변적소(小便赤少)

○ 효능(效能)

삼습이수(滲濕利水)

○ 방제음양오행(方劑陰陽五行)

이수삼습제(利水滲濕劑)

이수소종제(利水消腫劑)

168. 사마탕(四磨湯)

○ 처방구성(處方構成)

인삼(人蔘), 침향(沈香) 각 3g, 빈랑(檳榔), 천태오약(天台烏藥) 각 9g

○ 용법(用法)

수전복(水煎服), 1/3씩 1일 3회 복용

○ 주치(主治)

칠정내상(七情內傷), 간기울결(肝氣鬱結)로 인한 증상 : 흉격번민(胸膈煩悶), 심하비만(心下痞滿), 상기천급(上氣喘急), 불사음식(不思飮食)

○ 효능(效能)

행기강역(行氣降逆), 관흉산결(寬胸散結), 평천(平喘)

○ 방제음양오행(方劑陰陽五行)

강기제(降氣劑)

169. 사묘산(四妙散)(四妙丸)

○ 처방구성(處方構成)

의이인(薏苡仁), 황백(黃柏) 각 200g

창출(蒼朮), 우슬(牛膝) 각 120g

○ 용법(用法)

환(丸)하여 6~9g씩 복용, 온복(溫服)

○ 주치(主治)

습열하주(濕熱下注)로 인한 증상 : 양족마위(兩足麻痿), 근골동통(筋骨疼痛), 종통(腫痛), 하지위약(下肢痿弱), 마비통(麻痹痛), 위연무력(痿軟無力)

○ 효능(效能)

청열이습(淸熱利濕), 소염(消炎), 진경(鎭痙), 진통(鎭痛)

○ 방제음양오행(方劑陰陽五行)

청열거습제(淸熱祛濕劑)

170. 사묘용안탕(四妙勇安湯)

○ 처방구성(處方構成)

현삼(玄蔘), 금은화(金銀花) 각 90g, 당귀(當歸) 30g, 감초(甘草) 15g

○ 용법(用法)

수전복(水煎服)

○ 주치(主治)

탈저궤란(脫疽潰爛), 열독치성(熱毒熾盛), 혈행어체(血行瘀滯), 음혈모상(陰血耗傷), 동통극열(疼痛劇烈), 설홍(舌紅), 번열구갈(煩熱口渴), 미종작열(微腫灼熱), 맥삭(脈數)

○ 효능(效能)

청열해독(淸熱解毒), 활혈지통(活血止痛), 산어(散瘀), 산결(散結)

○ 방제음양오행(方劑陰陽五行)

치외양제(治外瘍劑)〈치양증옹양제(治陽證癰瘍劑)〉

171. 사물탕(四物湯)

○ 처방구성(處方構成)

주침초당귀(酒浸炒當歸) 9~10g, 백작약(白芍藥) 6~12g, 숙건지황(熟乾地黃)〈각등분(等分)〉12g, 천궁(川芎) 5~8g

○ 용법(用法)

조말(粗末)하여 9g씩 수전복(水煎服)(식전복용) 또는 수전복(水煎服) 3으로 나누어 1일 3회 복용

○ 주치(主治)

충임허손(沖任虛損), 영혈허체(營血虛滯), 간혈허(肝血虛)로 인한 증상 : 두훈(頭暈), 순조무화(脣爪無華), 설질담백(舌質淡白), 제복작통(臍腹作痛), 월경양소

(月經量少), 맥현세삽(脈弦細澁), 경폐불행(經閉不行), 붕중루하(崩中漏下), 혈하
부지(血下不止), 소복견통(小腹堅痛), 시발동통(時發疼痛), 혈가괴경(血瘕塊硬),
산후오로불하(産後惡露不下)

○ 효능(效能)

보혈조혈(補血調血), 활혈(活血), 조경(調經), 양간(養肝), 행체(行滯)

○ 방제음양오행(方劑陰陽五行)

보혈제(補血劑)

172. 사백산(瀉白散)

○ 처방구성(處方構成)

초상백피(炒桑白皮), 지골피(地骨皮) 각 30g, 자감초(炙甘草) 3g

○ 용법(用法)

갱미(粳米)를 넣고 수전복(水煎服) 1/3씩 복용

○ 주치(主治)

폐유복화(肺有伏火), 폐열해수(肺熱咳嗽)로 인한 증상 : 천해기급(喘咳氣急), 피
부증열(皮膚蒸熱), 설홍태황(舌紅苔黃), 맥세삭(脈細數)

○ 효능(效能)

청사폐열(淸寫肺熱), 지해평천(止咳平喘)

○ 방제음양오행(方劑陰陽五行)

청장부열제(淸臟腑熱劑)

지해평천제(止咳平喘劑)

○ 처방.용법 2

桑白皮, 地骨皮 각 12g, 生甘草 3~6g, 粳米 9g을 수전(水煎)하여 1/3씩 1일 3회
복용

173. 사삼맥문동탕(沙蔘麥門冬湯)

○ 처방구성(處方構成)

사삼(沙蔘) 9g, 맥문동(麥門冬) 9g, 옥죽(玉竹) 6g

동상엽(冬桑葉), 천화분(天花粉), 생백편두(生白扁豆) 각 4.5g, 생감초(生甘草) 3g

○ 용법(用法)1 : 수전복(水煎服)

1/2~1/3씩 1일 2~3회 복용

○ 용법(用法)2 : 사삼(沙蔘) 15g, 맥문동(麥門冬), 옥죽(玉竹) 각 12g, 생백편두(生白扁豆), 상엽(桑葉) 각 4.5~9g, 천화분(天花粉) 9~15g, 생감초(生甘草) 3g을 수전(水煎)하여 1/3씩 1일 3회 복용

○ 주치(主治) : 조상폐위음액(燥傷肺胃陰液), 신열(身熱), 인건(咽乾), 구갈(口渴), 건해소담(乾咳少痰)

○ 효능(效能)

청폐양위(淸肺養胃), 생진윤조(生津潤燥), 양음(養陰)

○ 방제음양오행(方劑陰陽五行) : 경선윤조제(輕宣潤燥劑), 보음제(補陰劑)

174. 사생환(四生丸)

○ 처방구성(處方構成)

생애엽(生艾葉), 생박하엽(生薄荷葉) 각 9g, 생지황(生地黃) 15g, 생측백엽(生側柏葉) 12g 또는 각 등분(等分) 9~10g

○ 용법(用法) 1: 수전복(水煎服)(1/3씩) 또는 환(丸)하여 9g씩 복용

○ 용법(用法) 2: 生地黃, 生側柏葉, 생애엽(生艾葉), 생박하엽(生薄荷葉)을 각 등분(等分) 하고 환(丸)하여 9g씩 복용한다.

○ 주치(主治) : 혈열망행(血熱妄行)으로 인한 증상

육혈(衄血), 토혈(吐血), 구건(口乾), 인조(咽燥), 맥현삭(脈弦數), 설홍강(舌紅降)

○ 효능(效能)

양혈지혈(凉血止血), 청열(淸熱)

○ 방제음양오행(方劑陰陽五行) : 지혈제(止血劑)

175. 사신환(四神丸)

○ 처방구성(處方構成)

육두구(肉豆蔲), 오미자(五味子) 각 60g, 보골지(補骨脂) 120g, 침초 오수유(浸炒 吳茱萸) 30g

○ 용법(用法) : 분말(粉末)하고 생강(生薑) 120g, 홍조(紅棗) 100개(180g)(조육 棗肉)를 삶은 것과 합(合)한 후 환(丸)하여 6~9g씩 1일 2~3회 복용(服用)

○ 주치(主治) : 비신허한(脾腎虛寒), 음한응취(陰寒凝聚)로 인한 증상

불사음식(不思飮食), 오경설사(五更泄瀉), 복통(腹痛), 요산지냉(腰痠肢冷), 구사 불유(久瀉不愈), 맥침지약(脈沈遲弱), 설담태백(舌淡苔白)

○ 효능(效能)

온보비신(溫補脾腎), 삽장지사(澀腸止瀉), 보화생토(補火生土), 온중산한(溫中散 寒), 온보신양(溫補腎陽)

○ 방제음양오행(方劑陰陽五行) : 삽장고탈제(澀腸固脫劑), 보양제(補陽劑)

176. 사심탕(瀉心湯)

○ 처방구성(處方構成)

대황(大黃) 6g, 황금(黃芩) 9g, 황련(黃連) 3g

○ 용법(用法) : 수전복(水煎服), 돈복(頓服)

○ 주치(主治) : 사화내적(邪火內積)으로 인한 박혈망행(迫血妄行)

육혈(衄血), 토혈(吐血), 습열내온(濕熱內蘊), 황달(黃疸), 적열상충(積熱上沖), 목적종통(目赤腫痛), 흉비(胸痞), 심흉번열(心胸煩熱), 저창종독(疽瘡腫毒), 외과창양(外科瘡瘍), 대변건결(大便乾結)

○ 효능(效能)

청심(淸心), 사화해독(瀉火解毒), 조습설비(燥濕泄痞), 설열화습(泄熱化濕), 청열(淸熱)

○ 방제음양오행(方劑陰陽五行) : 청열해독제(淸熱解毒劑)

177. 사심도적탕(瀉心導赤湯)

○ 처방구성(處方構成)

생지황(生地黃) 15g, 목통(木通) 9g, 황련(黃連), 등심초 燈芯草, 감초(甘草) 각 3g

○ 용법(用法) : 수전복(水煎服)

나누어 복용

○ 주치(主治) :

심화열증(心火熱證)

○ 효능(效能)

청열(淸熱), 소염(消炎), 진정(鎭靜), 이수(利水)

○ 방제음양오행(方劑陰陽五行) : 청열사화제(淸熱瀉火劑)

178. 사역탕(四逆湯)

○ 처방구성(處方構成)

생부자(生附子) 5~10g, 자감초(炙甘草) 6g, 건강(乾薑) 6~9g

○ 용법(用法) : 부자(附子) 1시간 달인 물로 다른 약을 달인다. 2로 나누어 (2分하

여) 복용. 온복(溫服)

○ 주치(主治) : 소음양쇠(少陰陽衰), 음한내성(陰寒內盛)으로 인한 증상

복중냉통(服中冷痛), 하리청곡(下痢淸穀), 오한권와(惡寒踡臥), 사지궐역(四肢厥逆), 복통하리(腹痛下痢), 구토불갈(嘔吐不渴), 맥침미세(脈沈微細), 신쇠욕매(神衰欲寐), 설태백활(舌苔白滑), 설질담(舌質淡)

○ 효능(效能)

회양구역(回陽救逆), 거산음한(祛散陰寒), 온중거한(溫中祛寒)

○ 방제음양오행(方劑陰陽五行) : 회양구역제(回陽救逆劑)

179. 사역가인삼탕(四逆加人蔘湯)

○ 처방구성(處方構成)

사역탕(四逆湯)＋인삼(人蔘) 3g

○ 용법(用法) : 2로 나누어 1일 2회 복용.

부자(附子) 1시간 달인 물에 제약을 달이고 인삼(人蔘)을 별도로 달여 넣는다.

○ 주치(主治) : 소음병(少陰病)으로 인한 증상

양허욕탈(陽虛欲脫), 사지궐역(四肢厥逆), 음액장갈(陰液將竭), 한다기촉(汗多氣促), 오한권와(惡寒踡臥), 하리맥미(下痢脈微)

○ 효능(效能)

회양(回陽), 익기(益氣), 구역고탈(救逆固脫), 생진(生津)

○ 방제음양오행(方劑陰陽五行) : 회양구역제(回陽救逆劑)

180. 사역산(四逆散)

○ 처방구성(處方構成)

자감초(炙甘草), 시호(柴胡), 지실(枳實) 각 6g, 백작약(白芍藥) 9g 또는 각 등분

(等分)

○ 용법(用法) : 수전복(水煎服)

　1/3씩 1일 3회

○ 주치(主治) : 소음병(少陰病)

　사역증(四逆證)〈간울비체(肝鬱脾滯), 사지궐역(四肢厥逆), 열궐(熱厥)〉, 해수(咳嗽), 복중통(腹中痛), 동계(動悸), 설리하중(泄痢下重), 소변불리(小便不利)

○ 효능(效能)

　투해울열(透解鬱熱), 소간이비(疏肝理脾), 투사해울(透邪解鬱)

○ 방제음양오행(方劑陰陽五行) : 간비조화제(肝脾調和劑)

181. 사청환(瀉靑丸)

○ 처방구성(處方構成)

　용담초(龍膽草, 龍腦), 당귀(當歸), 천궁(川芎), 천대황(川大黃), 산치자인(山梔子仁), 강활(羌活), 방풍(防風) 각 등분(等分)

○ 용법(用法) : 분말(粉末)하고 환(丸)하여 6g씩 〈+죽엽탕(竹葉湯)〉1일 2회 복용

○ 주치(主治) : 간경울화(肝經鬱火)로 인한 증상

　번조역노(煩躁易怒), 목적(目赤), 종통(腫痛), 뇨적(尿赤), 변비(便秘), 급경(急驚), 열성추축(熱盛抽搐), 홍실맥(洪實脈)

○ 효능(效能)

　청간사화(淸肝瀉火)

○ 방제음양오행(方劑陰陽五行) : 청장부열제(淸臟腑熱劑)

182. 사황산(瀉黃散), 사비산(瀉脾散)

- ○ 처방구성(處方構成)

  곽향엽(藿香葉) 21g, 방풍(防風) 120g, 감초(甘草) 90g, 석고(石膏) 15g, 산치자(山梔子) 6g

- ○ 용법(用法) : 분말(粉末)하고 밀주초(蜜酒炒)하여 3~6g씩 복용〈또는 수전복(水煎服)〉

- ○ 주치(主治) : 비위복화(脾胃伏火)로 인한 증상

  번갈이기(煩渴易飢), 구창구취(口瘡口臭), 구조순건(口燥脣乾), 설홍(舌紅), 삭맥(數脈)

- ○ 효능(效能)

  사비위복화(瀉脾胃伏火), 청열(淸熱)

- ○ 방제음양오행(方劑陰陽五行) : 청장부열제(淸臟腑熱劑)

183. 산조인탕(酸棗仁湯)

- ○ 처방구성(處方構成)

  초산조인(炒酸棗仁) 15~18g, 지모(知母) 6~10g, 천궁(川芎) 3~5g, 복령(茯苓) 10g, 감초(甘草) 3g

- ○ 용법(用法) : 산조인(酸棗仁) 달인 물에 제약(諸藥)을 넣고 수전복(水煎服), 3으로 나누어 복용. 1일 3회

- ○ 주치(主治) : 간혈부족(肝血不足), 음허내열(陰虛內熱), 허화상요(虛火上擾), 심실소양(心失所養), 허로허번(虛勞虛煩)으로 인한 증상

  두목현훈(頭目眩暈), 심계도한(心悸盜汗), 맥세현(脈細弦), 인건구조(咽乾口燥), 허번불면(虛煩不眠), 다몽(多夢)

- ○ 효능(效能)

  양혈안신(養血安神), 청열제번(淸熱除煩)

○ 방제음양오행(方劑陰陽五行) : 자양안신제(滋養安神劑)

184. 삼갑복맥탕(三甲復脈湯)

○ 처방구성(處方構成)

　생별갑(生鱉甲) 24g, 생귀판(生龜板) 30g, 자감초(炙甘草), 생백작약(生白芍藥), 건지황(乾地黃) 각 18g, 맥문동(麥門冬) 9~15g, 생모려(生牡蠣) 15g, 아교(阿膠) 9g

○ 용법(用法) : 수전복(水煎服)

　1/3씩 복용

○ 주치(主治) : 온열병 후기(溫熱病 後期), 온병사열(溫病邪熱)로 인한 열심궐심(熱深厥甚), 심중통(心中痛), 심중대동(心中大動), 맥세촉(脈細促)

○ 효능(效能)

　잠양식풍(潛陽熄風), 자음복맥(滋陰復脈)

○ 방제음양오행(方劑陰陽五行) : 평식내풍제(平熄內風劑)

185. 삼령백출산(蔘苓白朮散)

○ 처방구성(處方構成)

　인삼(人蔘), 백복령(白茯苓), 백출(白朮) 각 1kg, 초감초(炒甘草), 산약(山藥) 각 1kg, 연자육(蓮子肉), 의이인(薏苡仁), 축사인(縮砂仁), 초길경(炒桔梗) 각 500g, 미초백편두(微炒白扁豆) 750g

○ 용법(用法) : 세말(細末)하여 6~9g씩 대조탕(大棗湯)으로 복용

〈또는 수전복(水煎服)〉

○ 주치(主治) : 비위기허(脾胃氣虛)로 인한 증상

음식불화(飮食不化), 식소(食少), 면색위황(面色萎黃), 형체소수(形体消瘦), 사지핍력(四肢乏力), 변당(便溏),토사(吐瀉), 설태백니(舌苔白膩), 흉완민창(胸脘悶脹), 맥세허완(脈細虛緩), 설질담홍(舌質淡紅)

○ 효능(效能)

익기건비(益氣健脾), 삼습지사(滲濕止瀉), 화위삼습(和胃滲濕)

○ 방제음양오행(方劑陰陽五行) : 보기제(補氣劑)

186. 삼묘산(三妙散), 삼묘환(三妙丸)

○ 처방구성(處方構成)

창출(蒼朮), 미감수침초(米泔水浸炒) 180g, 초황백(炒黃柏) 120g, 우슬(牛膝) 60g

○ 용법(用法) : ① 분말(粉末)하고 환(丸)하여 〈오동자대(梧桐子大)〉 공복에 복용(50~70丸)

② 산(散)하여 6~9g씩 1일 2~3회 복용

○ 주치(主治) : 습열하주(濕熱下注)로 인한 증상

화락(火烙), 양각마목(兩脚麻木), 근골동통(筋骨疼痛), 하지위연무력(下肢痿軟無力), 족슬홍종열통(足膝紅腫熱痛), 하부습창(下部濕瘡), 설태황니(舌苔黃膩), 소변단황(小便短黃), 대하(帶下)

○ 효능(效能)

청열조습(淸熱燥濕), 활혈(活血)

○ 방제음양오행(方劑陰陽五行) : 청열거습제(淸熱祛濕劑)

○ 처방 용법 2 : 창출(蒼朮), 황백(黃柏), 우슬(牛膝) 각 등분(等分)

위약을 분말하여 6~9g씩 복용

187. 삼물비급환(三物備急丸)

○ 처방구성(處方構成)

대황(大黃), 건강(乾薑) 각 30g, 파두(巴豆)〈거피심 去皮心), 건전(乾煎)〉 30g, 〈파두상(巴豆霜)〉 또는 각 등분(等分)

○ 용법(用法) : 산(散)하여 1회 0.6~1.5g씩 복용. 또는 밀환(蜜丸)하여 복용

○ 주치(主治) : 한실냉적(寒實冷積), 장위조결(腸胃阻結)로 인한 증상(症狀) 심복창통(心腹脹痛), 대변불통(大便不通), 기급구금(氣急口噤), 급성복통(急性腹痛), 완복창만(脘腹脹滿), 폭궐(暴厥)

○ 효능(效能)

한적공축(寒積攻逐), 신열준하(辛熱峻下), 개통폐결(開通閉結), 온중거한(溫中祛寒)

○ 방제음양오행(方劑陰陽五行) : 온하제(溫下劑)

188. 삼물황금탕(三物黃芩湯)

○ 처방구성(處方構成)

황금(黃芩), 고삼(苦蔘) 각 3g, 생지황(生地黃) 6g

○ 용법(用法) : 수전복(水煎服)

3으로 나누어 1일 3회 복용

○ 주치(主治) :

음허화왕증(陰虛火旺證), 번열(煩熱)

○ 효능(效能)

자음청열(滋陰淸熱), 소염(消炎), 진정(鎭靜), 항균(抗菌), 이뇨(利尿)

○ 방제음양오행(方劑陰陽五行) : 청허열제(淸虛熱劑)

189. 삼부탕(蔘附湯)

- ○ 처방구성(處方構成)

    인삼(人蔘) 9~10g, 포부자(炮附子) 6~9g

- ○ 용법(用法) : 수전복(水煎服)

    1/3씩 복용

- ○ 주치(主治) : 기휴(氣虧), 양기폭탈(陽氣暴脫)로 인한 증상

    수족궐냉(手足厥冷), 자한출(自汗出), 두훈기단(頭暈氣短), 맥미(脈微), 복통자리(腹痛自痢), 호흡미약(呼吸微弱)

- ○ 효능(效能)

    회양(回陽), 익기(益氣), 고탈(固脫), 온보원양(溫補元陽)

- ○ 방제음양오행(方劑陰陽五行) : 회양구역제(回陽救逆劑)

190. 삼비탕(三痺湯)

- ○ 처방구성(處方構成)

    독활기생탕(獨活寄生湯)-기생(寄生)+속단(續斷), 황기(黃芪), 생강(生薑)

    속단(續斷) 3~5g, 황기(黃芪) 5~6g, 방풍(防風), 두중(杜仲), 세신(細辛), 계심(桂心), 인삼(人蔘), 백복령(白茯苓), 백작약(白芍藥), 당귀(當歸), 감초(甘草), 우슬(牛膝) 각 5g, 생지황(生地黃), 진교(秦艽), 독활(獨活), 천궁(川芎) 각 3g, +생강(生薑) 3g

- ○ 용법(用法) : 수전복(水煎服)

    1/3씩 복용

- ○ 주치(主治) : 간신부족(肝腎不足), 기혈양허(氣血兩虛), 기혈응체(氣血凝滯)로 인한 풍한습비(風寒濕痺)

- ○ 효능(效能)

익기양혈(益氣養血), 거풍제습(祛風除濕), 산한(散寒), 익간신(益肝腎), 보혈활혈(補血活血), 지통(止痛)

○ 방제음양오행(方劑陰陽五行) : 거풍승습제(祛風勝濕劑)

191. 삼성산(三聖散)

○ 처방구성(處方構成)

초황과체(炒黃瓜蒂), 방풍(防風) 각 5~6g, 여로(藜蘆) 3g

○ 용법(用法) : 산(散)하여 수전복(水煎服)

구토(嘔吐)하면 사용중지, 사용시 주의

○ 주치(主治) :

중풍폐증(中風閉證), 풍담(風痰), 구안와사(口眼喎斜), 아관긴폐(牙關緊閉), 인사불성(人事不省), 맥부활실(脈浮滑實)

○ 효능(效能)

풍담용토(風痰涌吐)

○ 방제음양오행(方劑陰陽五行) : 용토제(涌吐劑)

192. 삼소음(蔘蘇飮)

○ 처방구성(處方構成)

인삼(人蔘), 소엽(蘇葉), 갈근(葛根), 복령(茯苓), 전호(前胡), 반하(半夏) 각 22.5g, 진피(陳皮), 길경(桔梗), 감초(甘草), 부초지각(麩炒枳殼), 목향(木香) 각 15g

○ 용법(用法) : 생강(生薑) 3편, 대조(大棗) 3매 넣고 1회 12g씩 수전복(水煎服)

○ 주치(主治) : 체허(体虛), 외감풍한(外感風寒), 내유담음(內有痰飮)으로 인한 증

상(症狀)

오한발열(惡寒發熱), 해수담다(咳嗽痰多), 두통비색(頭痛鼻塞), 흉격만민(胸膈滿悶), 태백맥부(苔白脈浮)

○ 효능(效能)

신온해표(辛溫解表), 익기해표(益氣解表), 거담지해(祛痰止咳), 이기화담(理氣化痰)

○ 방제음양오행(方劑陰陽五行) : 부정해표제(扶正解表劑), 지해평천제(止咳平喘劑)

○ 처방·용법 2

인삼(人蔘), 자소엽(紫蘇葉), 제반하(製半夏), 갈근(葛根), 복령(茯苓), 전호(前胡) 각 9g, 목향(木香), 길경(桔梗), 진피(陳皮), 자감초(炙甘草), 대조(大棗), 생강(生薑) 각 3g

부초지각(麩炒枳殼) 6g을 수전(水煎)하여 1/3씩 복용

193. 삼요탕(三拗湯)

○ 처방구성(處方構成)

마황(麻黃), 감초(甘草), 행인(杏仁) 각 등분(等分)

○ 용법(用法) : 조말(粗末) 함. 생강(生薑) 5편을 넣어 15g씩 수전복(水煎服)

○ 주치(主治) : 풍사감모(風邪感冒)로 인한 증상(症狀)

비색성중(鼻塞聲重), 상풍상냉(傷風傷冷), 두통신통(頭痛身痛), 목현(目眩), 해수담다(咳嗽痰多), 천해흉민(喘咳胸悶), 사지구권(四肢拘倦)

○ 효능(效能)

선폐해표(宣肺解表)

○ 방제음양오행(方劑陰陽五行) : 신온해표제(辛溫解表劑)

194. 삼인탕(三仁湯)

○ 처방구성(處方構成)

행인(杏仁) 15g, 백두구인(白豆蔲仁) 6g, 생의이인(生薏苡仁) 18g, 비활석(飛滑石) 18g, 백통초(白通草), 담죽엽(淡竹葉), 후박(厚朴) 각 6g, 제반하(製半夏) 10g

○ 용법(用法) : 수전복(水煎服)

1/3씩 1일 3회

○ 주치(主治) : 습온초기(濕溫初起), 습온사(濕溫邪), 〈습중열경(濕重熱輕)〉로 인한 증상

두통오한(頭痛惡寒), 면색담황(面色淡黃), 신중동통(身重疼痛), 흉민불기(胸悶不飢), 설태백(舌苔白), 오후신열(午後身熱), 맥현세유(脈弦細濡)

○ 효능(效能)

선창기기(宣暢氣機), 청리습열(清利濕熱), 화습소비(化濕消痞), 선개폐기(宣開肺氣), 이기화위(理氣和胃)

○ 방제음양오행(方劑陰陽五行) : 청열거습제(清熱祛濕劑)

195. 삼자양친탕(三子養親湯)

○ 처방구성(處方構成)

소자(蘇子), 내복자(萊菔子) 각 9g, 백개자(白芥子) 6~9g

○ 용법(用法) : 수전(水煎)하여 나누어(分하여) 빈복(頻服)

○ 주치(主治) : 담옹기체(痰壅氣滯), 기실담성(氣實痰盛)으로 인한 증상

해수천역(咳嗽喘逆), 식소난소(食少難消), 담다흉비(痰多胸痞), 맥활(脈滑)

○ 효능(效能)

강기쾌격(降氣快膈), 온화담음(溫化痰飲), 화담소식(化痰消食), 지해평천(止咳平喘)

○ 방제음양오행(方劑陰陽五行) : 온화한담제(溫化寒痰劑), 지해평천제(止咳平喘劑)

196. 삼층회향환(三層茴香丸)

○ 처방구성(處方構成)

① 회향(茴香) : 소금 半兩과 함께 볶아 합하여 사용한다.) 30g, 세사삼(洗沙蔘),
목향(木香), 포천련자(炮川楝子) 각 30g

미호환(米糊丸)〈녹두대 綠豆大〉하여 20~30丸씩 1일 3회 복용

② ①+빈랑(檳榔) 15g+필발(蓽撥) 30g, 미호환(米糊丸)하여 복용

③ ②+포부자(炮附子) 15~30g 백복령(白茯苓) 120g 환(丸)하여 복용

○ 주치(主治) : 한산(寒疝)

제복동통(臍腹疼痛)

○ 효능(效能)

행기소간(行氣疏肝), 산한지통(散寒止痛)

○ 방제음양오행(方劑陰陽五行) : 행기제(行氣劑)

197. 상국음(桑菊飮)

○ 처방구성(處方構成)

상엽(桑葉) 7.5g, 국화(菊花) 3g, 행인(杏仁), 길경(桔梗), 노근(蘆根)〈위근(葦根)〉 각 6g, 연교(連翹) 5g, 박하(薄荷), 생감초(生甘草) 각 2.5g

○ 용법(用法) : 수전복(水煎服)

1/2씩 1일 2회

○ 주치(主治) : 풍온초기(風溫初期)의 풍온습폐(風溫濕肺)

해수(咳嗽), 미구갈(微口渴), 미신열(微身熱), 맥부삭(脈浮數)

○ 효능(效能)

소풍청열(疏風淸熱), 선폐지해(宣肺止咳), 청투폐락(淸透肺絡)

○ 방제음양오행(方劑陰陽五行) : 신량해표제(辛凉解表劑)

○ 처방·용법 2

상엽(桑葉) 12g, 국화(菊花) 6~9g, 연교(連翹), 행인(杏仁), 길경(桔梗) 각 9g,
노근(蘆根) 12~15g, 생감초(生甘草) 3g을 수전(水煎)하여 1/3씩 1일 3회 복용

198. 상마환(桑麻丸), 부상환(扶桑丸)

○ 처방구성(處方構成)

세정상엽(洗淨桑葉), 봉밀(蜂蜜) 각 300g, 흑지마(黑脂麻) 120g

○ 용법(用法) : 흑지마농전즙(黑脂麻濃煎汁)+상엽분말(桑葉粉末) 밀환(蜜丸)하여
10g씩 아침, 저녁 복용〈아침에는 소금탕(鹽湯), 저녁에는 술(酒)로 복용〉

○ 주치(主治) : 음허혈조(陰虛血燥)로 인한 증상

진고변비(津枯便秘), 두훈안화(頭暈眼花), 풍습마비(風濕麻痺), 구해(久咳), 피부
건조(皮膚乾燥)

○ 효능(效能)

자간신(滋肝腎), 청두목(淸頭目), 풍습제거(風濕除去)

○ 방제음양오행(方劑陰陽五行) : 보음제(補陰劑)

199. 상산음(常山飮)

○ 처방구성(處方構成)

상산(常山), 천패모(川貝母), 지모(知母), 빈랑자(檳榔子), 초과(草果), 오매(烏
梅), 생강(生薑) 각 9g, 대조(大棗) 6g

○ 용법(用法) : 물에 주(酒)를 1/2 넣어 전복(煎服)

〈3으로 나누어 1일 3회 복용〉

○ 주치(主治) : 열담학(熱痰瘧)

발열(發熱)

○ 효능(效能)

절학(截瘧), 진정(鎭靜), 소염(消炎), 청열화담(淸熱化痰)

○ 방제음양오행(方劑陰陽五行) : 화해제(和解劑)

200. 상표초산(桑螵蛸散)

○ 처방구성(處方構成)

상표초(桑螵蛸), 창포(菖蒲), 원지(遠志), 인삼(人蔘), 용골(龍骨), 당귀(當歸),

복신(茯神), 초자귀갑(醋炙龜甲) 각 30g

○ 용법(用法) : 분말(粉末)하여 6g씩 복용.〈취침전 복용, 인삼탕(人蔘湯)이나 당삼

탕(當蔘湯)으로 조하(調下)〉

○ 주치(主治) : 심신양허(心腎兩虛)로 인한 증상

유뇨실정(遺尿失精), 소변빈삭(小便頻數), 황홀건망(恍惚健忘), 맥세약(脈細弱),

식소(食少), 설담태백(舌淡苔白)

○ 효능(效能)

심신조보(心腎調補), 삽정지유(澁精止遺), 익기안신(益氣安神), 양심(養心)

○ 방제음양오행(方劑陰陽五行) : 삽정지유제(澁精止遺劑)

201. 상행탕(桑杏湯)

○ 처방구성(處方構成)

상엽(桑葉) 3g, 행인(杏仁) 4.5g, 상패모(象貝母), 향시(香豉) 각 3g, 사삼(沙蔘)

6g, 치피(梔皮) 3g, 이피(梨皮) 3g

○ 용법(用法) : 수전복(水煎服), 돈복(頓服)

○ 주치(主治) : 온조상폐증(溫燥傷肺證)

인건구갈(咽乾口渴), 건해무담(乾咳無痰), 우맥삭대(右脈數大), 두통(頭痛), 신열(身熱), 설태박백(舌苔薄白)

○ 효능(效能)

청선온조(淸宣溫燥), 윤폐지해(潤肺止咳)

○ 방제음양오행(方劑陰陽五行) : 경선윤조제(輕宣潤燥劑), 신량해표제(辛凉解表劑)

202. 생강사심탕(生薑瀉心湯)

○ 처방구성(處方構成)

반하사심탕(半夏瀉心湯)-건강(乾薑) 3g+생강(生薑) 12g

○ 용법(用法) : 수전복(水煎服)

1/3씩 복용

○ 주치(主治) : 수열호결(水熱互結)로 인한 증상

심하비경(心下痞硬), 협하유수기(脇下有水氣), 건애식취(乾噫食臭), 복중뇌명하리(腹中雷鳴下痢)

○ 효능(效能)

산결제수(散結除水), 화위소비(和胃消痞)

○ 방제음양오행(方劑陰陽五行) : 비위조화제(脾胃調和劑)

○ 처방용법 2

세반하(洗半夏) 9g, 건강(乾薑) 3g, 황금(黃芩), 인삼(人蔘), 자감초(炙甘草) 각 6g, 황련(黃連) 3g, 대조(大棗) 4개, 생강(生薑) 12g을 수전(水煎)하여 1/2씩 1일 3회 복용

203. 생맥산(生脈散)

○ 처방구성(處方構成)

인삼(人蔘) 8~10g, 오미자(五味子) 6~8g, 맥문동(麥門冬) 15~16g

○ 용법(用法) : 수전복(水煎服). 3分하여 1일 3회 복용

○ 주치(主治) : 서열내요(暑熱內擾), 모기상액(耗氣傷液), 구해폐허(久咳肺虛), 기음양상(氣陰兩傷)으로 인한 증상

체권기단(体倦氣短), 허세맥(虛細脈), 인건(咽乾), 구갈(口渴), 천해(喘咳), 소담(少痰), 설조(舌燥), 허삭맥(虛數脈), 기단자한(氣短自汗), 태박소진(苔薄少津)

○ 효능(效能)

익기생진(益氣生津), 염음(斂陰), 지한(止汗)

○ 방제음양오행(方劑陰陽五行) : 보기제(補氣劑), 기음쌍보제(氣陰雙補劑)

204. 생철락음(生鐵落飮)

○ 처방구성(處方構成) 맥문동(麥門冬), 천문동(天門冬), 패모(貝母) 각 9g, 석창포(石菖蒲), 담성(膽星), 원지육(遠志肉), 귤홍(橘紅), 복령(茯苓), 복신(茯神), 연교(連翹) 각 3g, 원삼(元蔘), 단삼(丹蔘), 구등(鉤藤) 각 5g, 주사(朱砂) 1g, 생철락(生鐵落)

○ 용법(用法) : 환(丸)하여 6~9g씩 복용

○ 주치(主治) : 담화상요(痰火上擾)로 인한 전광증(癲狂證)

○ 효능(效能)

진심(鎭心), 제담(除痰), 영신정지(寧神定志)

○ 방제음양오행(方劑陰陽五行) : 중진안신제(重鎭安神劑)

205. 생화탕(生化湯)

○ 처방구성(處方構成)
전당귀(全當歸) 25g, 도인(桃仁) 6~9g, 천궁(川芎) 9g, 자감초(炙甘草), 포흑건강(炮黑乾薑) 각 2g+황주(黃酒)(미량(微量)

○ 용법(用法) : 수전복(水煎服)
1/3씩 복용. 1일 3회

○ 주치(主治) :
산후혈허(産後血虛), 한입포궁(寒入胞宮), 소복냉통(小腹冷痛), 오로불행(惡露不行)

○ 효능(效能)
활혈화어(活血化瘀), 온경지통(溫經止痛), 보혈(補血), 행기(行氣)

○ 방제음양오행(方劑陰陽五行) : 활혈거어제(活血祛瘀劑)

206. 서각지황탕(犀角地黃湯)

○ 처방구성(處方構成)
서각(犀角) 1.5~3g, 생지황(生地黃) 30g, 목단피(牧丹皮) 9g, 작약(芍藥) 12g

○ 용법(用法) : 수전복(水煎服)
1/3씩 3회. 서각마즙(犀角磨汁)

○ 주치(主治) : 열상혈락(熱傷血絡)으로 인한 증상
육혈(衄血), 토혈(吐血), 요혈(尿血), 변혈(便血), 축혈(蓄血), 유어(留瘀)로 인한 증상 : 선망여광(善忘如狂), 흉중번통(胸中煩痛), 복만(腹滿)
열입혈분(熱入血分), 요급심영(擾及心營)으로 인한 증상

○ 효능(效能)
청열해독(淸熱解毒), 양혈(凉血), 산어지혈(散瘀止血), 자음(滋陰)

○ 방제음양오행(方劑陰陽五行) : 청영양혈제(淸營凉血劑)

207. 서황환(犀黃丸)

○ 처방구성(處方構成)

우황(牛黃) 15g, 사향(麝香) 7.5g, 몰약(沒藥), 유향(乳香) 각 500g, 황미반(黃米飯) 350g

○ 용법(用法) : 황미(黃米) 밥을 불에 말린것+유향(乳香), 몰약(沒藥) 분(粉)+우황(牛黃), 사향(麝香) : 세말(細末)으로 환(丸)하여 9g씩 진주(陳酒)로 복용

○ 주치(主治) : 기화내울(氣火內鬱), 기혈응취(氣血凝聚), 담탁내결(痰濁內結), 담화옹체(痰火壅滯)로 인한 증상

유암(乳癌), 라역(瘰癧), 담핵(痰核), 유주(流注), 폐옹(肺癰), 장옹(腸癰)

○ 효능(效能)

해독소옹(解毒消癰), 화담산결(化痰散結), 활혈통락(活血通絡), 지통(止痛), 거어(祛瘀)

○ 방제음양오행(方劑陰陽五行) : 치외양제(治外瘍劑), 치양증옹양제(治陽證癰瘍劑)

208. 석고탕(石膏湯)

○ 처방구성(處方構成)

석고(石膏) 30g, 황금(黃芩), 황련(黃連), 황백(黃柏) 각 6g, 치자(梔子), 향시(香豉), 마황(麻黃) 각 9g

○ 용법(用法) : 수전복(水煎服)

1/3씩 1일3회 복용

○ 주치(主治) :

표증미해(表證未解), 장열무한(壯熱無汗), 번조불면(煩躁不眠), 삼초열성(三焦熱盛), 상한이열(傷寒裏熱), 면홍목적(面紅目赤), 비건구갈(鼻乾口渴), 토뉵(吐衄), 발반(發斑), 섬어(譫語), 신체구급(身体拘急), 맥활삭(脈滑數)

○ 효능(效能)

　　청열해독(淸熱解毒), 발한해표(發汗解表), 제번(除煩)

○ 방제음양오행(方劑陰陽五行) : 해표청리제(解表淸裏劑)

209. 석곡야광환(石斛夜光丸)

○ 처방구성(處方構成)

　　인삼(人蔘), 복령(茯苓), 천문동(天門冬) 각 60g, 숙지황(熟地黃), 생지황(生地黃), 맥문동(麥門冬) 각 30g, 주침토사자(酒浸菟絲子), 건산약(乾山藥), 구기자(枸杞子), 오미자(五味子), 감국화(甘菊花),초결명(草決明), 행인(杏仁), 주침우슬(酒浸牛膝) 각 23g, 석곡(石斛), 천궁(川芎), 질려(蒺藜), 육종용(肉蓯蓉), 자감초(炙甘草), 청상자(靑葙子), 천황련(川黃蓮), 영양각(羚羊角), 초지각(炒枳殼), 방풍(防風), 오서각(烏犀角) 각 15g

○ 용법(用法) : 밀환(蜜丸)하여 10g씩 아침, 저녁 복용

〈소금탕으로 복용〉〈따뜻한 술(酒)로 복용〉

○ 주치(主治) : 간신부족(肝腎不足), 음허화왕(陰虛火旺)으로 인한 증상

　　두훈목현(頭暈目眩), 동신산대(瞳神散大), 수명유루(羞明流淚), 시물혼화(視物昏花), 맥현세삭(脈弦細數)

○ 효능(效能)

　　평간식풍(平肝熄風), 자음명목(滋陰明目), 양혈(養血), 보간신(補肝腎), 익정혈(益精血)

○ 방제음양오행(方劑陰陽五行) : 보음제(補陰劑)

210. 선독발표탕(宣毒發表湯)

○ 처방구성(處方構成)

승마(升麻), 갈근(葛根), 길경(桔梗), 형개(荊芥), 박하엽(薄荷葉), 지각(枳殼), 방풍(防風), 목통(木通) 각 3g

전호(前胡), 연교(連翹), 우방자(牛蒡子) 각 5g, 행인(杏仁) 6g, 담죽엽(淡竹葉), 생감초(生甘草) 각 2g

○ 용법(用法) : 수전복(水煎服)

1/3씩 1일 3회

○ 주치(主治) : 마진초기(痲疹初期)의 욕출미투(欲出未透), 해수인통(咳嗽咽痛), 신열무한(身熱無汗), 번열뇨황(煩熱尿黃)

○ 효능(效能)

해기투진(解肌透疹), 지해이인(止咳利咽), 청열제번(淸熱除煩)

○ 방제음양오행(方劑陰陽五行) : 신량해표제(辛凉解表劑)

211. 선방활명음(仙方活命飮)

○ 처방구성(處方構成)

백지(白芷), 방풍(防風), 패모(貝母), 적작약(赤芍藥), 감초절(甘草節), 당귀미(當歸尾), 자천산갑(炙穿山甲), 초조각자(炒皂角刺), 유향(乳香), 천화분(天花粉), 몰약(沒藥) 각 3g, 진피(陳皮), 금은화(金銀花) 각 9g

○ 용법(用法) : 수전복(水煎服)

○ 주치(主治) : 옹양종독초기(癰瘍腫毒初起), 열독옹취(熱毒壅聚), 기체혈어(氣滯血瘀), 열미오한(熱微惡寒), 양저(陽疽), 홍종흔통(紅腫焮痛), 맥삭유력(脈數有力)

○ 효능(效能)

화어생기(化瘀生肌), 산어소종(散瘀消腫), 청열해독(淸熱解毒), 소종궤견(消腫潰

堅), 활혈통락(活血通絡), 지통(止痛)

○ 방제음양오행(方劑陰陽五行) : 치외양제(治外瘍劑), 치양증옹양제(治陽證癰瘍劑)

212. 선복대자탕(旋覆代赭湯)

○ 처방구성(處方構成)

선복화(旋覆花), 대자석(代赭石), 세반하(洗半夏) 각 9g, 인삼(人蔘), 자감초(炙甘草) 6g, 대조(大棗) 4매, 생강(生薑) 10g

○ 용법(用法) : 수전복(水煎服)

3으로 나누어 복용. 1일 3회

○ 주치(主治) : 위기허약(胃氣虛弱), 담탁내조(痰濁內阻)로 인한증상

심하비경(心下痞硬),반위구토(反胃嘔吐), 애기(噯氣), 비경(痞硬),애역(呃逆), 맥현허(脈弦虛)

○ 효능(效能)

강기화담(降氣化痰),익기화위(益氣和胃), 지구(止嘔)

○ 방제음양오행(方劑陰陽五行) : 강기제(降氣劑), 이기제(理氣劑)

213. 선비탕(宣痺湯)

○ 처방구성(處方構成)

행인(杏仁), 방기(防己), 활석(滑石), 의이인(薏苡仁) 각 15g, 산치자(山梔子),연교(連翹), 초초반하(醋炒半夏), 적소두피(赤小豆皮), 만잠사(晩蠶沙) 각 9g

○ 용법(用法) : 수전복(水煎服)

1/3씩 1일 3회

○ 주치(主治) : 습열비증(濕熱痺症), 한전열치(寒戰熱熾), 두목위황(頭目痿黃), 설

태황니(舌苔黃膩), 골절번통(骨節煩痛), 소변단적(小便短赤)

○ 효능(效能)

청열이습(淸熱利濕), 경락선통(經絡宣痛), 지통(止痛)

○ 방제음양오행(方劑陰陽五行) : 청열거습제(淸熱祛濕劑)

214. 섬수환(蟾酥丸)

○ 처방구성(處方構成)

섬수(蟾酥) 6g, 고백반(枯白礬), 한수석(寒水石), 유향(乳香), 동록(銅綠), 담반(膽礬), 몰약(沒藥), 사향(麝香) 각 3g, 와우(蝸牛) 21개, 웅황(雄黃) 6g, 주사(朱砂) 9g, 경분(輕粉) 1.5g

○ 용법(用法) : 와우(蝸牛)와 섬수(蟾酥)를 각각 간 것을 합(合)하여 환(丸)한다. 3g씩 주(酒)로 복용(服用), 약성이 맹렬하므로 주의 요한다.〈임부(姙婦), 기혈허약(氣血虛弱)(忌)〉

○ 주치(主治) :

악창(惡瘡), 저창발배(疽瘡發背), 유옹(乳癰)

○ 효능(效能)

해독소종(解毒消腫),활혈정통(活血定痛), 온산(溫散)

○ 방제음양오행(方劑陰陽五行) : 치외양제(治外瘍劑), 치양증옹양제(治陽證癰瘍劑)

215. 성유탕(聖愈湯)

○ 처방구성(處方構成)

사물탕(四物湯)+황기(黃芪) 15~18g,+인삼(人蔘) 6g

숙지황(熟地黃) 20g, 인삼(人蔘) 20g, 백작약(白芍藥) 15g, 주세당귀(酒洗當歸)

15g, 천궁(川芎) 8g, 자황기(炙黃芪) 15~18g

○ 용법(用法) : 수전복(水煎服)

3으로 나누어 1일 3회

○ 주치(主治) : 월경주기단축(月經周期短縮), 월경량다색담(月經量多色淡), 체권신쇠(体倦神衰), 사지무력(四肢無力)

○ 효능(效能)

보혈(補血), 익기(益氣), 섭혈(攝血)

○ 방제음양오행(方劑陰陽五行) : 보혈제(補血劑), 기혈쌍보제(氣血雙補劑)

216. 소건중탕(小建中湯)

○ 처방구성(處方構成)

주초작약(酒炒芍藥) 18g, 자감초(炙甘草) 6g, 계지(桂枝) 9g, 생강(生薑) 10g, 이당(飴糖) 30g, 대조(大棗) 4매

○ 용법(用法) : 제약(諸藥)을 2번 달인 물에 이당(飴糖)을 넣고 약간 달인후 1/3씩 1일 3회 복용. 온복(溫服)

○ 주치(主治) : 중기허한(中氣虛寒)으로 인한 증상〈허로이급(虛勞裏急)〉

완복련통(脘腹攣痛), 희득온안(喜得溫按), 심중계동(心中悸動), 사지산초(四肢痠楚), 수족번열(手足煩熱), 인건구조(咽乾口燥), 면색무화(面色無華), 허번불령(虛煩不寧)

○ 효능(效能)

온중보허(溫中補虛), 화리완급(和裏緩急), 화음양(和陰陽), 조영위(調營衛)

○ 방제음양오행(方劑陰陽五行) : 온중거한제(溫中祛寒劑), 온리거한제(溫裏祛寒劑)

217. 소경활혈탕(疏經活血湯)

○ 처방구성(處方構成)

당귀(當歸), 백작약(白芍藥) 각 6g, 천궁(川芎), 숙지황(熟地黃), 복령(茯苓), 창출(蒼朮), 우슬(牛膝), 도인(桃仁), 위령선(威靈仙), 방기(防己), 방풍(防風), 강활(羌活), 용담초(龍膽草), 백지(白芷), 자감초(炙甘草), 진피(陳皮), 생강(生薑) 각 3g

○ 용법(用法) : 수전복(水煎服)

3으로 나누어 1일 3회 복용

○ 주치(主治) : 혈허풍습비증(血虛風濕痹證)

○ 효능(效能)

거풍습(祛風濕), 활혈화어(活血化瘀), 보혈(補血), 청열(淸熱),이수(利水), 거한(祛寒), 진통(鎭痛), 진경(鎭痙), 발한(發汗), 소염(消炎)

○ 방제음양오행(方劑陰陽五行) : 거풍습제(祛風濕劑)

218. 소계음자(小薊飮子)

○ 처방구성(處方構成)

소계(小薊) 15g, 활석(滑石) 15g, 세생지황(洗生地黃) 30g, 초포황(炒蒲黃), 목통(木通), 담죽엽(淡竹葉), 우절(藕節), 산치자(山梔子) 각 9g, 주침당귀(酒浸當歸), 자감초(炙甘草) 6g

○ 용법(用法) : 수전복(水煎服)

매 12g씩 수전복(水煎服)

○ 주치(主治) : 하초어열결어(下焦瘀熱結瘀), 혈림(血淋), 적삽열통(赤澁熱痛), 뇨중대혈(尿中大血), 설홍(舌紅), 소변빈삭(小便頻數), 맥삭(脈數)

○ 효능(效能)

양혈(凉血), 지혈(止血), 이수통림(利水通淋), 청열(淸熱)

○ 방제음양오행(方劑陰陽五行) : 지혈제(止血劑)

219. 소금단(小金丹)

○ 처방구성(處方構成)

제초오(製草烏), 백교향(白膠香), 지룡(地龍), 오령지(五靈地), 목별(木鱉) 각
150g, 몰약(沒藥 거유 去油), 유향(油香 거유 去油), 주초당귀신(酒炒當歸身) 75g,
사향(麝香) 30g, 묵탄(墨炭) 12g

○ 용법(用法) : 분말(粉末)〈사향(麝香)은 따로 간다〉하여 찹쌀가루(약량의 1/4)를
넣고 정분(淀粉) 5g으로 환(丸)하여 2~5환씩 1일 2회 복용〈또는 검실대(芡實大)
로 丸하여 1환씩 진주(陳酒)로 복용〉

○ 주치(主治) : 한습담어(寒濕痰瘀), 기혈담탁(氣血痰濁), 조체응결(阻滯凝結), 유
주(流注), 담핵(痰核), 첩골저(貼骨疽), 횡현(橫痃), 유암(乳癌), 라역(瘰癧), 종
경작통(腫硬作痛)

○ 효능(效能)

산한거습(散寒祛濕), 거어통락(祛瘀通絡) 화담(化痰), 산결(散結), 소종(消腫)

○ 방제음양오행(方劑陰陽五行) : 치외양제(治外瘍劑), 치음증옹양제(治陰證癰瘍劑)

220. 소반하가 복령탕(小半夏加 茯苓湯)

○ 처방구성(處方構成)

반하(半夏) 12g, 복령(茯苓), 생강(生薑) 각 9g

○ 용법(用法) : 수전복(水煎服)

3으로 나누어 1일 3회 복용

○ 주치(主治) :

담음(痰飮), 위기상역증(胃氣上逆證)

○ 효능(效能)

화위강역(和胃降逆), 진정(鎭靜), 제토(制吐), 건위(健胃), 화담이수(化痰利水)

○ 방제음양오행(方劑陰陽五行) : 화담이수제(化痰利水劑)

221. 소라환(消瘰丸)

○ 처방구성(處方構成)

모려(牡蠣), 증현삼(蒸玄蔘), 패모(貝母) 각 120g

○ 용법(用法) : 밀환(蜜丸)하여 9g씩 복용 1일 2~3회 〈또는 수전복(水煎服)〉

○ 주치(主治) : 간신음허(肝腎陰虛), 간화울결(肝火鬱結), 담화결취(痰火結聚), 라역 (瘰癧), 결핵(結核), 영유(瘿瘤), 인건(咽乾), 맥현활(脈弦滑), 설홍(舌紅)

○ 효능(效能)

청열화담(淸熱化痰), 연견산결(軟堅散結), 자음사화(滋陰瀉火)

○ 방제음양오행(方劑陰陽五行) : 청열화담제(淸熱化痰劑)), 치외양제(治外瘍劑), 치양증옹양제(治陽證癰瘍劑)

222. 소복축어탕(少腹逐瘀湯)

○ 처방구성(處方構成)

당귀(當歸), 포황(蒲黃) 각 9g, 천궁(川芎), 육계(肉桂), 초건강(炒乾薑), 현호색 (玄胡索) 각 3g, 적작약(赤芍藥), 초오령지(炒五靈脂), 몰약(沒藥) 각 6g, 초소회 향(炒小茴香) 1.5g

○ 용법(用法) : 수전복(水煎服)

1/3씩 복용

○ 주치(主治) : 소복어혈(小腹瘀血), 소복창만(小腹脹滿), 적괴어통(積塊瘀痛), 소
복동통(小腹疼痛)

○ 효능(效能)
활혈거어(活血祛瘀), 온경지통(溫經止痛), 온리거한(溫裏祛寒)

○ 방제음양오행(方劑陰陽五行) : 활혈거어제(活血祛瘀劑)

223. 소속명탕(小續命湯)

○ 처방구성(處方構成)
마황(麻黃) 6g, 방기(防己) 12g, 황금(黃芩), 방풍(防風), 계지(桂枝), 백작약(白
芍藥) 각 9g, 인삼(人蔘) 1g 〈당삼(黨蔘) 12g〉, 행인(杏仁), 천궁(川芎), 부자(附
子 전(煎)〉 각 6g, 자감초(炙甘草), 생강(生薑) 각 3g

○ 용법(用法) : 수전복(水煎服)
3으로 나누어 1일 3회 복용

○ 주치(主治) : 풍습비(風濕痺)

○ 효능(效能)
거풍습(祛風濕), 통양화습(通陽化濕), 이수(利水), 보기(補氣), 보혈(補血), 활혈
(活血), 지통(止痛), 거한(祛寒), 진통(鎭痛), 진경(鎭痙)

○ 방제음양오행(方劑陰陽五行) : 거풍습제(祛風濕劑)

224. 소승기탕(小承氣湯)

○ 처방구성(處方構成)
주세대황(酒洗大黃) 12g, 자지실(炙枳實) 9g, 자후박(炙厚朴) 6g

○ 용법(用法) : 수전복(水煎服), 온복(溫服)

2로 나누어 복용

○ 주치(主治) : 양명부실증(陽明腑實證), 조열(潮熱), 흉복비만(胸腹痞滿), 섬어(譫語), 대변비결(大便秘結), 설태노황(舌苔老黃), 맥활삭(脈滑數), 이질초기(痢疾初起)〈완복창만(脘腹脹滿), 복중창통(腹中脹痛), 이급후중(裏急後重)〉

○ 효능(效能)

열결경하(熱結輕下), 청열사하(淸熱瀉下), 소염(消炎), 항균(抗菌)

○ 방제음양오행(方劑陰陽五行) : 사하제(瀉下劑), 한하제(寒下劑)

225. 소시호탕(小柴胡湯)

○ 처방구성(處方構成)

시호(柴胡) 12~15g, 황금(黃芩), 제반하(製半夏) 각 9g, 인삼(人蔘), 자감초(炙甘草) 각 6g, 대조(大棗) 4매, 생강(生薑) 6g

○ 용법(用法) : 수전온복(水煎溫服)(1/3씩 1일 3회〈2회 수전(水煎)〉)
또는 1/2씩 1일 2회 온복(溫服)

○ 주치(主治) : 상한사기입어소양(傷寒邪氣入於少陽), 소양증(少陽證)

한열왕래(寒熱往來), 식욕부진(食慾不振), 흉협고만(胸脇苦滿), 심번희구(心煩喜嘔), 목현(目眩), 인건(咽乾), 구고(口苦), 설태박백(舌苔薄白), 현맥(弦脈), 부인상한(婦人傷寒)으로 인한 열입혈실증(熱入血實證), 기타 소양증(少陽證)

○ 효능(效能)

소양화해(少陽和解), 화위부정(和胃扶正), 투해열사(透解熱邪)

○ 방제음양오행(方劑陰陽五行) :

화해제(和解劑), 소양화해제(少陽和解劑)

226. 소아회춘단(小兒回春丹)

○ 처방구성(處方構成)

천패모(川貝母), 목향(木香), 진피(陳皮), 지각(枳殼), 백두구(白豆蔻), 법반하(法半夏), 천죽황(天竹黃), 침향(沈香), 백강잠(白殭蠶), 단향(檀香), 전갈(全蠍), 천마(天麻) 각 37.5g

사향(麝香), 우황(牛黃) 각 12g, 조구등(釣鉤藤) 240g, 담남성(胆南星), 대황(大黃) 각 60g, 감초(甘草) 26g, 주사(朱砂)

○ 용법(用法) : 환(丸)하여 0.18g씩 1일 2~3회 복용(1才 이상) 만 1才이하는 0.09g씩 복용

○ 주치(主治) : 소아의 담열옹성(痰熱壅盛), 급경(急驚)으로 인한 증상

고열(高熱), 발열번조(發熱煩躁), 반위구토(反胃嘔吐), 신혼경궐(神昏驚厥), 담수효천(痰嗽哮喘), 야제토유(夜啼吐乳), 복통설사(腹痛泄瀉)

○ 효능(效能)

개규정경(開竅定驚), 청열화담(淸熱化痰), 식풍지경(熄風止痙), 이기화위(理氣和胃)

○ 방제음양오행(方劑陰陽五行) : 양개제(凉開劑)

227. 소요산(逍遙散)

○ 처방구성(處方構成)

시호(柴胡), 백작약(白芍藥), 당귀(當歸), 복령(茯苓), 백출(白朮) 각 30g, 감초(甘草) 15g

○ 용법(用法) : 환(丸)·산(散)하여 6~9g씩 복용⟨ 또는 수전복(水煎服)⟩ 1일 2~3회

○ 주치(主治) : 간울혈허(肝鬱血虛), 간비불화(肝脾不和), 비실건운(脾失健運)으로

인한 증상

양협작통(兩脇作痛), 왕래한열(往來寒熱), 두통목현(頭痛目眩), 설질담홍(舌質淡紅), 신피식소(神疲食少), 구조인건(口燥咽乾), 월경부조(月經不調), 유방작창(乳房作脹), 맥현이허(脈弦而虛), 설태박백(舌苔薄白)

○ 효능(效能)

소간해울(疏肝解鬱), 건비양혈(健脾養血), 건비화영(健脾和營)

○ 방제음양오행(方劑陰陽五行) : 간비조화제(肝脾調和劑)

228. 소자강기탕(蘇子降氣湯)

○ 처방구성(處方構成)

자소자(紫蘇子), 제반하(製半夏)〈탕세(湯洗)〉 각 9g, 자감초(炙甘草) 3~6g, 천당귀(川當歸) 6~9g, 전호(前胡), 초후박(炒厚朴) 각 6g, 육계(肉桂) 1.5~3g,＋소엽(蘇葉) 2g, 대조(大棗) 1개, 생강(生薑) 3편

○ 용법(用法) : 수전복(水煎服)〈1/3씩 복용〉

○ 주치(主治) : 상실하허(上實下虛), 한담(寒痰)으로 인한 증상

담연옹성(痰涎壅盛), 해천담다(咳喘痰多), 흉격만민(胸膈滿悶), 천해(喘咳), 기급(氣急), 단기(短氣), 지체권태(肢体倦怠), 요동각약(腰疼脚弱), 지체부종(肢体浮腫), 설태백활(舌苔白滑)

○ 효능(效能)

강기평천(降氣平喘), 강기화담(降氣化痰), 온화담습(溫化痰濕), 온중평천(溫中平喘), 거담지해(祛痰止咳)

○ 방제음양오행(方劑陰陽五行) : 강기제(降氣劑), 지해평천제(止咳平喘劑)

229. 소정풍주(小定風珠)

○ 처방구성(處方構成)

생계자황(生鷄子黃) 1개, 생귀판(生龜板) 18g, 담채(淡菜) 9g, 진아교(眞阿膠) 6g, 동변(童便) 15ml

○ 용법(用法) : 담채(淡菜), 귀판(龜板) 달인 물에 아교를 넣고 계자황을 넣고 동변(童便)을 넣고 복용.〈돈복(頓服)〉

○ 주치(主治) : 온사하초침입(溫邪下焦侵入)으로 인한 궐증(厥證)

애역(呃逆), 맥세현(脈細弦)

○ 효능(效能)

자음식풍(滋陰熄風), 자음양액(滋陰養液)

○ 방제음양오행(方劑陰陽五行) : 평식내풍제(平熄內風劑)

230. 소착음자(疏鑿飮子)

○ 처방구성(處方構成)

택사(澤瀉), 목통(木通) 각 12g, 적소두(赤小豆), 대복피(大腹皮) 각 15g, 강활(羌活), 초목(椒目), 진교(秦艽), 빈랑(檳榔) 각 9g, 상륙(商陸) 6g, 복령피(茯苓皮) 30g

○ 용법(用法) : 생강(生薑)5편+12g씩 수전온복(水煎溫服) 또는 건강(乾薑) 5편을 넣고 수전복(水煎服)

○ 주치(主治) :

수습옹성(水濕壅盛), 편신수종(遍身水腫), 천호구갈(喘呼口渴), 기조(氣粗), 이변불리(二便不利)

○ 효능(效能)

사하축수(瀉下逐水), 소풍발표(疏風發表), 발표공리(發表攻裏), 내소외산(內消外散)

○ 방제음양오행(方劑陰陽五行) : 축수제(逐水劑)

231. 소청룡탕(小靑龍湯)

○ 처방구성(處方構成)

　마황(麻黃), 작약(芍藥), 계지(桂枝), 자감초(炙甘草) 각 9g, 제반하(製半夏) 5~9g, 세신(細辛) 3~9g, 건강(乾薑) 3~9g, 오미자(五味子) 3~5g

○ 용법(用法) : 마황(麻黃) 달이고(거품제거) 제약(諸藥)을 넣고 수전복(水煎服) 1/3씩 복용. 온복(溫服)

○ 주치(主治) : 외감풍한(外感風寒), 표한(表寒), 수음내정(水飮內停)으로 인한 증상(症狀)

　해수천식(咳嗽喘息), 담다이희(痰多而稀), 오한발열(惡寒發熱), 무한(無汗), 지체부종(肢体浮腫), 신체동중(身体疼重), 설태백활(舌苔白滑), 맥부(脈浮)

○ 효능(效能)

　해표화음(解表化飮), 지해평천(止咳平喘), 온선폐기(溫宣肺氣), 해표산한(解表散寒)

○ 방제음양오행(方劑陰陽五行) : 신온해표제(辛溫解表劑), 지해평천제(止咳平喘劑)

232. 소청용가석고탕(小靑龍加石膏湯)

○ 처방구성(處方構成)

　소청룡탕(小靑龍湯)+석고(石膏) 9g

○ 용법(用法) : 수전(水煎)하여 1/3씩 1일 3회 복용

○ 주치(主治) : 해천(咳喘), 상기(上氣), 번조(煩躁), 구갈(口渴), 맥부(脈浮)

○ 효능(效能)

　해표청음(解表淸飮), 번조제거(煩躁除去)

○ 방제음양오행(方劑陰陽五行) : 해표제(解表劑), 지해평천제(止咳平喘劑)

233. 소풍산(消風散)

○ 처방구성(處方構成)

당귀(當歸), 방풍(防風), 생지황(生地黃), 선태(蟬蛻), 고삼(苦蔘), 창출(蒼朮), 형개(荊芥), 호마(胡麻), 지모(知母), 석고(石膏), 우방자(牛蒡子) 각 3g, 감초(甘草), 목통(木通) 각 ·1.5g

○ 용법(用法) : 수전복(水煎服)

식후 또는 공복에 복용. (위 약을 2배로 하여 1/3씩 1일 3회 복용)

○ 주치(主治) : 풍습풍열독기(風濕風熱毒氣)로 인한 풍진(風疹), 습진(濕疹), 반점소양(斑點瘙痒), 피부출진(皮膚出疹), 삼출진수(滲出津水), 태백황(苔白黃), 맥부삭유력(脈浮數有力)

○ 효능(效能)

소풍양혈(疏風養血), 청열제습(清熱除濕), 지양(止痒)

○ 방제음양오행(方劑陰陽五行) : 소산외풍제(疏散外風劑), 청열이습제(清熱利濕劑)

○ 처방, 용법2 : 荊芥, 當歸, 苦蔘, 蒼朮, 胡麻仁, 牛蒡子, 木通, 知母, 蟬退 각 6g, 防風 6~9g, 生地黃, 石膏 각 12g, 生甘草 3g을 수전(水煎)하여 1/3씩 1일 3회 복용

234. 소함흉탕(小陷胸湯)

○ 처방구성(處方構成)

과루실(瓜蔞實) 12~30g, 황련(黃連) 3~6g, 세반하(洗半夏) 6~12g

○ 용법(用法) : 수전복(水煎服), 3으로 나누어 1일 3회 온복(溫服)

○ 주치(主治) : 담열내결(痰熱內結)로 인한 증상〈소결흉증 小結胸證〉

흉완비민(胸脘痞悶), 설태황니(舌苔黃膩), 해담황조(咳痰黃稠), 맥활삭(脈滑數),

열담해수(熱痰咳嗽), 심하비(心下痞), 흉격불쾌(胸膈不快), 안지즉통(按之則痛),

흉완비통(胸脘痞痛)

○ 효능(效能)

청열화담(淸熱化痰), 개결제비(開結除痞), 관흉산결(寬胸散結)

○ 방제음양오행(方劑陰陽五行) : 청열화담제(淸熱化痰劑), 지해평천제(止咳平喘劑)

235. 소합향환(蘇合香丸)

○ 처방구성(處方構成)

소합향(蘇合香), 용뇌(龍腦), 훈륙향(燻陸香)〈유향(乳香)〉 각 30g, 백단향(白檀香), 안식향(安息香), 사향(麝香), 정향(丁香), 침향(沈香), 필발(蓽撥) 각 60g, 백출(白朮), 청목향(靑木香), 초향부자(炒香附子), 오서설(烏犀屑), 주사(朱砂), 가려륵(訶黎勒)〈가자육(訶子肉) 각 60g

○ 용법(用法) : 연밀(煉蜜)로 환(丸)하여 1丸씩 복용. 1丸=3g

○ 주치(主治) : 중풍(中風),중기(中氣), 담궐(痰厥), 한사여담습(寒邪與痰濕), 예탁지기(穢濁之氣), 한폐(寒閉)로 인한 증상

돌연혼도(突然昏倒), 심복졸통(心腹猝痛), 혼궐(昏厥), 아관긴폐(牙關緊閉), 담옹기조(痰壅氣阻), 설태백(舌苔白)

○ 효능(效能)

방향개규(芳香開竅), 온리거한(溫裏祛寒), 행기지통(行氣止痛), 온통개규(溫通開竅), 행기화탁(行氣化濁)

○ 방제음양오행(方劑陰陽五行) : 온개제(溫開劑)

236. 소활락단(小活絡丹)

○ 처방구성(處方構成)

포초오(炮草烏), 포천오(炮川烏), 포천남성(炮天南星), 지룡(地龍) 각 180g, 몰약(沒藥), 유향(乳香) 각 60~66g

○ 용법(用法) : 밀환(蜜丸)하여 3g씩 1일 2회 복용

○ 주치(主治) : 풍한습비증(風寒濕痺證), 지체근맥연통(肢体筋脈攣痛), 마목불인(麻木不仁), 동통유주부정(疼痛遊走不定), 중풍(中風), 관절굴신불리(關節屈伸不利)

○ 효능(效能)

거풍제습(祛風除濕), 화담통락(化痰通絡), 온통경락(溫通經絡), 활혈(活血), 지통(止痛)

○ 방제음양오행(方劑陰陽五行) : 소산외풍제(疏散外風劑), 거풍습제(祛風濕劑)

237. 속명탕(續命湯)

○ 처방구성(處方構成)

마황(麻黃), 행인(杏仁), 계지(桂枝), 인삼(人蔘), 당귀(當歸) 각 6g, 석고(石膏) 30g, 천궁(川芎), 자감초(炙甘草) 각 3g, 건강(乾薑) 2g

○ 용법(用法) : 석고(石膏)는 선전(先煎)한다. 수전복(水煎服)
3으로 나누어 1일 3회 복용

○ 주치(主治) : 중풍(中風), 기타

○ 효능(效能)

신온해표(辛溫解表), 진해거담(鎭咳祛痰), 청열제번(淸熱除煩), 지해평천(止咳平喘), 보기보혈(補氣補血), 활혈(活血), 이수(利水)

○ 방제음양오행(方劑陰陽五行) : 신온해표제(辛溫解表劑)

238. 수륙이선단(水陸二仙丹)

○ 처방구성(處方構成)

금앵자(金櫻子), 검실(芡實) 각 등분(等分)

○ 용법(用法) : 금앵자고(金櫻子膏)＋검실분(芡實粉)으로 환(丸)하여 9g씩 1일 2회
복용〈담염탕(淡鹽湯)으로 식전복용(食前服用)〉

○ 주치(主治) : 유정백탁(遺精白濁), 신허불섭(腎虛不攝)

○ 효능(效能)

보신삽정(補腎澁精)

○ 방제음양오행(方劑陰陽五行) : 삽정지유제(澁精止遺劑)

239. 승기양영탕(承氣養營湯)

○ 처방구성(處方構成)

지모(知母), 지실(枳實), 후박(厚朴) 각 9g, 생지황(生地黃), 대황(大黃) 각 12g,
당귀(當歸) 6g, 백작약(白芍藥) 15g

○ 용법(用法) : 수전복(水煎服)

1/3씩 복용. 분(分)하여 복용

○ 주치(主治) : 삭하망음(數下亡陰)으로 인한 증상

인건갈음(咽乾渴飲), 순조구열(脣燥口裂), 복경만이통(腹硬滿而痛), 창위열결(脹
胃熱結), 신열불해(身熱不解), 대변불통(大便不通)

○ 효능(效能)

설열통변(泄熱通便), 자음윤조(滋陰潤燥), 양혈(養血), 사하열결(瀉下熱結), 자양
영음(滋養營陰)

○ 방제음양오행(方劑陰陽五行) : 사하제(瀉下劑), 공보겸시제(攻補兼施劑)

240. 승마갈근탕(升麻葛根湯)

○ 처방구성(處方構成)

승마(升麻) 5~6g, 건갈(乾葛) 5~9g, 자감초(炙甘草) 3~5g, 작약(芍藥) 6g

○ 용법(用法) : 수전복(水煎服)

분(分)하여 복용(1/3씩 복용)

○ 주치(主治) : 마진(痲疹) 초기 : 신열두통(身熱頭痛), 발진불투(發疹不透), 발열오풍(發熱惡風), 해수(咳嗽), 구갈(口渴), 맥부삭(脈浮數), 설홍태조(舌紅苔燥)

○ 효능(效能)

해기투진(解肌透疹), 청열해독(淸熱解毒), 항균소염(抗菌消炎), 양혈(凉血)

○ 방제음양오행(方劑陰陽五行) : 신량해표제(辛凉解表劑)

241. 승함탕(升陷湯)

○ 처방구성(處方構成)

생황기(生黃芪) 18g, 시호(柴胡), 길경(桔梗) 각 5g, 지모(知母) 9g, 승마(升麻) 3g

○ 용법(用法) : 수전복(水煎服)

3으로 나누어 1일 3회 복용

○ 주치(主治) : 중기하함(中氣下陷)으로 인한 증상

기촉급단(氣促急短), 천식(喘息), 맥침지미약(脈沈遲微弱)

○ 효능(效能)

익기승함(益氣升陷), 영심안신(寧心安神)

○ 방제음양오행(方劑陰陽五行) : 보기제(補氣劑)

242. 시갈해기탕(柴葛解肌湯), 갈근탕(葛根湯)

○ 처방구성(處方構成)

시호(柴胡), 건갈(乾葛) 각 9g, 황금(黃芩), 강활(羌活), 작약(芍藥) 각 6g, 감초(甘草), 길경(桔梗) 각 3g, 백지(白芷) 5g+생강(生薑) 3편, 석고(石膏) 5g, 대조(大棗) 2매

○ 용법(用法) : 수전열복(水煎熱服)〈1/3씩 복용〉

○ 주치(主治) : 감모풍한(感冒風寒)으로 인한증상(症狀)

오한점경(惡寒漸輕), 신열증성(身熱增盛), 무한(無汗), 두통(頭痛), 맥부미홍(脈浮微洪), 심번불면(心煩不眠), 목동비건(目疼鼻乾), 안광통(眼眶痛)

○ 효능(效能)

해기(解肌), 청열(淸熱), 지통(止痛)

○ 방제음양오행(方劑陰陽五行) : 신량해표제(辛凉解表劑)

243. 시갈해기탕(柴葛解肌湯) 2

○ 처방구성(處方構成)

시호(柴胡) 4g, 갈근(葛根), 황금(黃芩), 목단피(牧丹皮) 각 4.5g, 작약(芍藥), 지모(知母), 패모(貝母) 각 3g, 생지황(生地黃) 6g, 감초(甘草) 1.5g

○ 용법(用法) : 수전복(水煎服)〈1/3씩 복용〉

○ 주치(主治) : 춘온하열병(春溫夏熱病)

발열두통(發熱頭痛), 불오한구갈(不惡寒口渴), 열성상음(熱盛傷陰)

○ 효능(效能)

해기청열(解肌淸熱), 양음(養陰)

○ 방제음양오행(方劑陰陽五行) : 신량해표제(辛凉解表劑)

244. 시령탕(柴苓湯)

○ 처방구성(處方構成)

시호(柴胡) 12g, 황금(黃芩), 제반하(製半夏) 각 9g, 당삼(當蔘), 자감초(炙甘草), 생강(生薑), 대조(大棗) 각 6g, 저령(猪苓), 복령(茯苓), 택사(澤瀉) 각 9g, 백출(白朮) 6g, 계지(桂枝) 3g

○ 용법(用法) : 수전복(水煎服)

3으로 나누어 1일 3회 복용

○ 주치(主治) : 반표반리증(半表半裏症)〈소양병증(少陽病證)〉

간울화화(肝鬱化火), 비기허(脾氣虛), 담습(痰濕), 수습증(水濕證)

○ 효능(效能)

화해반표반리(和解半表半裏), 청열투표(淸熱透表), 통양이수(通陽利水), 소간해울(疏肝解鬱), 화위지구(和胃止嘔), 보기건비(補氣健脾)

○ 방제음양오행(方劑陰陽五行) : 화해제(和解劑)

245. 시작육군자탕(柴芍六君子湯)

○ 처방구성(處方構成)

시호(柴胡), 백작약(白芍藥), 대조(大棗), 생강(生薑) 각 3g, 반하(半夏), 진피(陳皮) 각 6g, 인삼(人蔘) 5g, 백출(白朮) 12g, 자감초(炙甘草) 6g, 백복령(白茯苓) 9g

○ 용법(用法) : 수전복(水煎服)

3으로 나누어 1일3회 복용

○ 주치(主治) : 간기울결증(肝氣鬱結症), 비위기허증(脾胃氣虛證)

흉협고만(胸脇苦滿), 번노(煩怒), 복통(腹痛), 초조불안(焦燥不安), 해수(咳嗽), 흉고(胸苦), 담다(痰多), 오심(惡心), 구토(嘔吐), 설질담백(舌質淡白)

○ 효능(效能)

보기(補氣), 이기(理氣), 건비(健脾), 화담(化痰), 해울(解鬱)

○ 방제음양오행(方劑陰陽五行) : 보기제(補氣劑)

246. 시체탕(柿蒂湯)

○ 처방구성(處方構成)

정향시체탕(丁香柿蒂湯)-인삼(人蔘)/시체(柿蒂) 9g,정향(丁香), 생강(生薑) 각 6g

○ 용법(用法) : 수전복(水煎服)

1/3씩 복용

○ 주치(主治) : 위한애역(胃寒呃逆), 흉비(胸痞)

○ 효능(效能)

온중강역(溫中降逆)

○ 방제음양오행(方劑陰陽五行) : 강기제(降氣劑)

247. 시평탕(柴平湯)

○ 처방구성(處方構成)

소시호탕(小柴胡湯)+평위산(平胃散)

시호(柴胡) 15g, 인삼(人蔘) 6g, 창출(蒼朮) 15g, 황금(黃芩) 9g, 세반하(洗半夏) 9g, 후박(厚朴) 9g, 초감초(炒甘草) 4g, 진피(陳皮) 9g, 자감초(炙甘草) 6g, 생강(生薑) 6g, 대조(大棗) 4개

○ 용법(用法) : 수전복(水煎服), 1/6씩 복용

○ 주치(主治) : 습학(濕瘧), 맥유(脈濡), 전신통(全身痛), 한다열소(寒多熱少), 수족침중(手足沈重)

○ 효능(效能)

소양병화해(少陽病和解), 조습건비(燥濕健脾), 거습화위(祛濕和胃)

○ 방제음양오행(方劑陰陽五行) : 방향화습제(芳香化濕劑), 조습화위제(燥濕和胃劑), 화해제(和解劑)

248. 시호가용골모려탕(柴胡加龍骨牡蠣湯)

○ 처방구성(處方構成)

시호(柴胡), 황금(黃芩) 각 12g, 용골(龍骨 전 煎), 모려(牡蠣 전 煎), 복령(茯苓) 각 15g, 인삼(人蔘), 반하(半夏), 대조(大棗) 각 9g, 생강(生薑), 대황(大黃) 각 6g, 계지(桂枝) 3g

○ 용법(用法) : 수전복(水煎服)

3으로 나누어 1일 3회 복용

○ 주치(主治) :

간심화왕(肝心火旺), 비기허(脾氣虛), 담습증(痰濕證), 반표반리증(半表半裏症), 소양병증(少陽病證)

○ 효능(效能)

진정(鎭靜), 청열(淸熱), 안신(安神), 통양(通陽), 건비(健脾), 화담(化痰), 지구(止嘔), 보기(補氣)

○ 방제음양오행(方劑陰陽五行) : 안신제(安神劑)

249. 시호계지건강탕(柴胡桂枝乾薑湯)

○ 처방구성(處方構成)

시호(柴胡) 15g, 계지(桂枝) 9g~12g, 건강(乾薑), 자감초(炙甘草), 모려(牡蠣)

각 6g, 괄루근(栝樓根) 12g, 황금(黃芩) 9g

○ 용법(用法) : 모려(牡蠣)는 선전(先煎)한다. 2회 수전복(水煎服) (1/3씩 1일 3
회), 온복(溫服)

○ 주치(主治) : 상한흉협만미결(傷寒胸脇滿微結)로 인한 증상
한열왕래(寒熱往來), 심번(心煩), 두한출(頭汗出), 소변불리(小便不利), 학질한다
(瘧疾寒多)

○ 효능(效能)
화해산결(和解散結), 온리산한(溫裏散寒), 거한(袪寒)

○ 방제음양오행(方劑陰陽五行) : 해표온리제(解表溫裏劑), 화해제(和解劑)

250. 시호달원음(柴胡達原飮)

○ 처방구성(處方構成)
시호(柴胡), 후박(厚朴), 생지각(生枳殼), 청피(靑皮) 황금(黃芩) 각 5g, 자감초
(炙甘草), 초과(草果) 각 2g, 빈랑(檳榔) 6g, 고길경(苦桔梗) 3g, 하엽경(荷葉梗
연꽃줄기) 10~15g

○ 용법(用法) : 수전복(水煎服)

○ 주치(主治) : 습열담탁(濕熱痰濁), 막원온복(膜原蘊伏), 담습조체(痰濕阻滯)로 인
한 증상(症狀)
흉격비만(胸膈痞滿), 해담불상(咳痰不爽), 두현(頭眩), 심번오뇌(心煩懊惱), 격일
발증(隔日發症), 한열교작(寒熱交作), 맥현활(脈弦滑)

○ 효능(效能)
투달막원(透達膜原), 선습화담(宣濕化痰), 청설울열(淸泄鬱熱)

○ 방제음양오행(方劑陰陽五行) : 화해소양제(和解少陽劑)

251. 시호소간산(柴胡疏肝散)

○ 처방구성(處方構成)

시호(柴胡), 진피(陳皮) 각 6g, 천궁(川芎), 향부자(香附子), 지각(枳殼), 백작약(白芍藥) 각 4.5g, 자감초(炙甘草) 1.5g

○ 용법(用法) : 수전복(水煎服) 식전(食前)

1/3씩 복용

○ 주치(主治) : 간기울결(肝氣鬱結), 기혈어체(氣血瘀滯)로 인한증상

협륵동통(脇肋疼痛), 복통(腹痛), 왕래한열(往來寒熱), 흉협통(胸脇痛), 복부팽만(腹部膨滿)

○ 효능(效能)

소간행기(疏肝行氣), 화혈(和血), 지통(止痛), 소간해울(疏肝解鬱)

○ 방제음양오행(方劑陰陽五行) : 간비조화제(肝脾調和劑)

○ 처방, 용법2

柴胡, 枳殼, 白芍藥, 香附子 각 6g, 川芎 4.5~5g, 炙甘草 2~3g을 수전(水煎)하여 1/3씩 복용

252. 시호지길탕(柴胡枳桔湯)

○ 처방구성(處方構成)

천시호(川柴胡) 3~4.5g, 강반하(薑半夏), 지각(枳殼), 진피(陳皮) 각 4.5g, 신회피(新會皮)〈또는 황금(黃芩) 3~4.5g〉 선생강(鮮生薑), 길경(桔梗), 우전다(雨前茶) 각 3g, 청자령(靑子苓) 4g

(小柴胡湯-人蔘,甘草,大棗,+桔梗,陳皮, 枳殼, 綠茶)

○ 용법(用法) : 수전복(水煎服)

1/3씩 복용

○ 주치(主治) : 소양(少陽)의 반표반리증(半表半裏症)

한열왕래(寒熱往來), 흉협만통(胸脇滿痛), 양두각통(兩頭角痛), 이농목현(耳聾目眩), 설태백활(舌苔白滑)

○ 효능(效能)

화해투표(和解透表), 관흉이기(寬胸理氣),흉격창리(胸膈暢利), 청리두목(淸利頭目)

○ 방제음양오행(方劑陰陽五行) : 화해소양제(和解少陽劑)

253. 시호함흉탕(柴胡陷胸湯)

○ 처방구성(處方構成)

시호(柴胡) 3g, 고길경(苦桔梗) 3g, 강반하(薑半夏) 9g, 황련(黃連) 2.5g, 황금(黃芩) 4.5g,지실(枳實) 4.5g, 과루인(瓜蔞仁) 15g+생강즙(生薑汁)

○ 용법(用法) : 수전복(水煎服)

1/3씩 1일 3회

○ 주치(主治) : 소양증(少陽證)

흉격비만(胸膈痞滿), 맥현삭(脈弦數), 구고(口苦), 태황(苔黃)

○ 효능(效能)

청열화담(淸熱化痰), 화해소양(和解少陽), 관흉개격(寬胸開膈), 소리간담(疏利肝膽)

○ 방제음양오행(方劑陰陽五行) : 청열화담제(淸熱化痰劑), 지해평천제(止咳平喘劑)

○ 처방, 용법 2

柴胡, 枳殼, 黃芩, 桔梗 각 9g, 제반하(製半夏), 황련(黃連) 각 6g, 과루인(瓜蔞仁) 12~15g을 수전(水煎)하여 1/3씩 1일 3회 복용

254. 신가향유음(新加香薷飮)

○ 처방구성(處方構成)

향유(香薷), 후박(厚朴) 각 6g, 연교(連翹) 6~9g, 은화(銀花), 선편두화(鮮扁豆花) 각 9g

○ 용법(用法) : 수전복(水煎服). 나누어 복용

○ 주치(主治) : 서온초기감한증(署溫初期感寒證)

오한무한(惡寒無汗), 맥부삭(脈浮數), 발열두통(發熱頭痛), 구갈면적(口渴面赤), 설태백니(舌苔白膩), 흉민불서(胸悶不舒)

○ 효능(效能)

거서해표(祛署解表), 청열화습(淸熱化濕)

○ 방제음양오행(方劑陰陽五行) : 거서해표제(祛署解表劑), 신량해표제(辛凉解表劑)

255. 신가황룡탕(新加黃龍湯)

○ 처방구성(處方構成)

세생지황(細生地黃), 현삼(玄蔘), 맥문동(麥門冬) 각 15g, 생감초(生甘草) 6g, 인삼(人蔘), 당귀(當歸) 각 4.5g, 생대황(生大黃) 9g, 망초(芒硝) 3g, 해삼(海蔘) 2조(條), 강즙(薑汁 6시(六匙)

○ 용법(用法) : 수전복(水煎服), 나누어 복용(1/3씩 복용). 돈복(頓服)

○ 주치(主治) : 열결이실(熱結裏實), 기음양허(氣陰兩虛)로 인한 증상(症狀)

대변비결(大便秘結), 복창이경(腹脹而硬), 구건인조(口乾咽燥), 신피소기(神疲少氣), 순열설초(脣裂舌焦), 설태초황(舌苔焦黃)

○ 효능(效能)

자음익기(滋陰益氣), 사열통변(瀉熱通便), 사결설열(瀉結泄熱)

○ 방제음양오행(方劑陰陽五行) : 사하제(瀉下劑), 공보겸시제(攻補兼施劑)

256. 신기환(腎氣丸), 팔미지황환(八味地黃丸)

○ 처방구성(處方構成)

건지황(乾地黃) 240g, 산수유(山茱萸), 산약(山藥) 각 120g, 복령(茯苓), 목단피(牧丹皮), 택사(澤瀉) 각 90g, 계지(桂枝), 포부자(炮附子) 각 30g

○ 용법(用法) : 밀환(蜜丸)하여 15g씩 아침, 저녁 복용.〈또는 수전복(水煎服)〉

○ 주치(主治) : 신양부족(腎陽不足)으로 인한 증상

요통각약(腰痛脚弱), 소복구급(少腹拘急), 하신냉감(下身冷感), 수종담음(水腫痰飮), 소변불리(小便不利), 요빈야다뇨(尿頻夜多尿), 설질담(舌質淡), 맥침세(脈沈細), 태박백(苔薄白), 각기(脚氣), 소갈(消渴)

○ 효능(效能)

온보신양(溫補腎陽), 음중구양(陰中求陽)

○ 방제음양오행(方劑陰陽五行) : 보양제(補陽劑)

257. 신비탕(神秘湯)

○ 처방구성(處方構成)

마황(麻黃), 후박(厚朴), 행인(杏仁) 각 6g, 시호(柴胡), 진피(陳皮), 자소엽(紫蘇葉), 자감초(炙甘草) 각 3g

○ 용법(用法) : 수전복(水煎服)

3으로 나누어 1일 3회 복용

○ 주치(主治) :

간기울결(肝氣鬱結), 해천(咳喘), 흉협고만(胸脇苦滿), 오한발열(惡寒發熱), 두통(頭痛), 맥현(脈弦)

○ 효능(效能)

지해평천(止咳平喘), 진정(鎭靜), 소간해울(疏肝解鬱), 소염(消炎), 해열(解熱),

이기화담(理氣化痰)

○ 방제음양오행(方劑陰陽五行) : 지해평천제(止咳平喘劑)

258. 신서단(神犀丹)

○ 처방구성(處方構成)

오서각첨(烏犀角尖)〈마즙(磨汁)〉, 황금(黃芩), 석창포(石菖蒲) 각 180g, 금은화(金銀花), 진회생지황(眞懷生地黃) 각 500g, 연교(連翹), 금즙(金汁) 각 300g, 천화분(天花粉), 자초(紫草) 각 120g, 향시(香豉) 240g, 판남근(板藍根) 270g, 현삼(玄蔘) 210g

○ 용법(用法) : 9~18g씩 수전(水煎)하여 복용(服用) 또는 환(丸)하여 3g씩 복용(1일 2회)

○ 주치(主治) : 온열서역(溫熱署疫), 열심독중(熱深毒重), 상음모액(傷陰耗液)으로 인한 증상

반진(斑疹), 고열혼섬(高熱昏 譫), 목적번조(目赤煩躁), 설자강(舌紫絳)

○ 효능(效能)

청열개규(淸熱開竅), 양혈(凉血), 해독(解毒), 청영(淸營)

○ 방제음양오행(方劑陰陽五行) : 기혈양청제(氣血兩淸劑)

259. 신이산(辛夷散)

○ 처방구성(處方構成)

신이(辛夷), 방풍(防風), 백지(白芷), 세신(細辛), 형개(荊芥), 승마(升麻), 천궁(川芎), 고본(藁本), 목통(木通), 생감초(生甘草) 각 등분(等分)

○ 용법(用法) : 분말(粉末)하여 6g씩 1일 2~3회 복용

○ 주치(主治) : 풍한비폐(風寒鼻閉)

○ 효능(效能)

거풍지통(祛風止痛), 항균(抗菌), 해열(解熱), 소염(消炎), 통규(通竅)

○ 방제음양오행(方劑陰陽五行) : 청열해독제(淸熱解毒劑)

260. 신이청폐탕(辛夷淸肺湯)

○ 처방구성(處方構成)

신이(辛夷), 지모(知母), 황금(黃芩), 비파엽(枇杷葉), 산치자(山梔子), 승마(升麻) 각 3g, 석고(石膏)(煎), 맥문동(麥門冬) 각 9g, 백합(百合) 6g

○ 용법(用法) : 수전복(水煎服)

3으로 나누어 1일 3회 복용

○ 주치(主治) :

폐열비연(肺熱鼻淵), 폐음허(肺陰虛)

○ 효능(效能)

통규(通竅), 청열해독(淸熱解毒), 소염(消炎), 윤폐화담(潤肺化痰), 항균(抗菌), 진정(鎭靜), 진통(鎭痛), 진해(鎭咳), 자윤(滋潤)

○ 방제음양오행(方劑陰陽五行) : 청열해독제(淸熱解毒劑)

261. 신제귤피죽여탕(新制橘皮竹茹湯)

○ 처방구성(處方構成)

귤피(橘皮), 죽여(竹茹) 각 12g, 시체(柿蔕), 생강(生薑) 각 9g

○ 용법(用法) : 수전복(水煎服)

1/3씩 1일 3회

○ 주치(主治) :

위기불허(胃氣不虛), 위열애역(胃熱呃逆)

○ 효능(效能)

이기강역(理氣降逆), 청열지액(淸熱止呃)

○ 방제음양오행(方劑陰陽五行) : 강기제(降氣劑)

○ 처방, 용법2

귤피(橘皮), 죽여(竹茹), 시체(柿蒂), 생강(生薑) 각 9g을 수전(水煎)하여 1/3씩
1일 3회 복용

262. 신통축어탕(身痛逐瘀湯)

○ 처방구성(處方構成)

도인(桃仁), 홍화(紅花), 당귀(當歸), 우슬(牛膝) 각 9g, 진교(秦艽), 강활(羌活),
향부자(香附子) 각 3g, 천궁(川芎), 감초(甘草), 몰약(沒藥), 초오령지(炒五靈脂),
구인(蚯蚓 지룡 地龍) 각 6g

○ 용법(用法) : 수전복(水煎服)

1/3씩 1일 3회

○ 주치(主治) : 기혈비조(氣血痺阻), 비통(臂痛), 견통(肩痛), 요통(腰痛), 전신동
통(全身疼痛)

○ 효능(效能)

활혈행기(活血行氣), 거풍습(祛風濕), 거어통락(祛瘀通絡), 통비지통(通痺止痛)

○ 방제음양오행(方劑陰陽五行) : 활혈거어제(活血祛瘀劑)

263. 신효탁리산(神效托裏散), 사묘산(四妙散)

○ 처방구성(處方構成)

거로황기(去蘆黃芪), 거경인동초(去莖忍冬草) 각 150g, 감초(甘草) 240g, 당귀(當歸) 30g

○ 용법(用法) : 산(散)하여 6g씩 술(酒)로 전(煎)하여 복용.

〈술(酒)에 수전복(水煎服)〉

○ 주치(主治) :

유옹(乳癰), 장옹(腸癰), 종독(腫毒), 증한장열(憎寒壯熱)

○ 효능(效能)

기혈보익(氣血補益), 생기해독(生肌解毒)

○ 방제음양오행(方劑陰陽五行) : 치외양제(治外瘍劑), 치양증옹양제(治陽證癰瘍劑)

264. 실비산(實脾散), 실비음(實脾飮)

○ 처방구성(處方構成)

초후박(炒厚朴), 목향(木香), 모과(木瓜), 백출(白朮), 포부자(炮附子), 대복자(大腹子), 초과인(草果仁), 백복령(白茯苓), 포건강(炮乾薑) 각 6g, 자감초(炙甘草) 3g

〈수전(水煎)시 대조(大棗) 1개, 생강(生薑) 5편〉

○ 용법(用法) : 수전복(水煎服), 온복(溫服) 1/3씩 복용 또는 산(散)하여 12g씩 수전복(水煎服)

○ 주치(主治) : 비신허한(脾腎虛寒), 수습옹성(水濕壅盛), 양허수종(陽虛水腫), 수족불온(手足不溫), 흉복창만(胸腹脹滿), 구중불갈(口中不渴), 대변당설(大便溏泄), 맥침지(脈沈遲), 신중(身重), 하반신부종(下半身浮腫), 설담태니(舌淡苔膩), 식소(食少), 요소(尿少)

○ 효능(效能)

온양건비(溫陽健脾), 행기이수(行氣利水), 온신조양(溫腎助陽), 담삼이습(淡滲利濕)

○ 방제음양오행(方劑陰陽五行) : 온화수습제(溫化水濕劑), 이수소종제(利水消腫劑)

265. 실소산(失笑散)

○ 처방구성(處方構成)

주연 오령지(酒硏五靈脂), 초향포황(炒香蒲黃) 각 등분(等分)

○ 용법(用法) : 분말(粉末)하여 6g씩 복용(식초(食醋), 황주(黃酒)加)

○ 주치(主治) : 어혈정체(瘀血停滯)로 인한 증상

산후오로불행(產後惡露不行), 심복통(心腹痛), 월경불순(月經不順), 통경(痛經), 소복급통(少腹急痛)

○ 효능(效能)

활혈거어(活血祛瘀), 산결(散結), 지통(止痛)

○ 방제음양오행(方劑陰陽五行) : 활혈거어제(活血祛瘀劑)

266. 십미온담탕(十味溫膽湯)

○ 처방구성(處方構成)

반하(半夏 탕세 湯洗), 진피(陳皮), 지실(枳實, 부초 麩炒) 각 6g, 백복령(白茯苓) 4.5g, 숙지황(熟地黃 주세 酒洗, 배 焙), 오미자(五味子), 인삼(人蔘), 초산조인(炒酸棗仁), 원지(遠志) 각 3g, 자감초(炙甘草) 1.5g, 홍조(紅棗) 1개, 생강(生薑) 5편

○ 용법(用法) : 수전복(水煎服)

1/3씩 1일 3회

○ 주치(主治) :

담탁내요(痰濁內擾), 심담허겁(心膽虛怯), 심계번민(心悸煩悶), 촉사이경(觸事易驚), 좌와불안(坐臥不安), 신지불령(神志不寧), 음식무미(飮食無味)

○ 효능(效能)

화담영심(化痰寧心), 안신(安神), 보기혈(補氣血)

○ 방제음양오행(方劑陰陽五行) : 조습화담제(燥濕化痰劑)

267. 십보환(十補丸)

○ 처방구성(處方構成)

포부자(炮附子), 오미자(五味子) 각 60g, 초산약(炒山藥), 산수유(山茱萸), 주증 녹용(酒蒸 鹿茸), 주증 숙지황(酒蒸 熟地黃), 육계(肉桂), 목단피(牧丹皮), 택사(澤瀉), 복령(茯苓) 각 30g

○ 용법(用法) : 밀환(蜜丸)하여 복용. 9g씩 1일 2회

○ 주치(主治) : 신기부족(腎氣不足)으로 인한 증상

족냉(足冷), 족종(足腫), 면색암흑(面色暗黑), 지체수약(肢体瘦弱), 이명(耳鳴), 이농(耳聾), 소변불리(小便不利), 족슬연약(足膝軟弱), 요척동통(腰脊疼痛), 빈뇨(頻尿), 해수(咳嗽)

○ 효능(效能)

온보신양(溫補腎陽), 고삽(固澁), 익정(益精)

○ 방제음양오행(方劑陰陽五行) : 보양제(補陽劑)

268. 십전대보탕(十全大補湯)

○ 처방구성(處方構成)

팔진탕(八珍湯)+황기(黃芪) 15g, 육계(肉桂) 3g

인삼(人蔘), 육계(肉桂) 각 3g, 천궁(川芎), 자감초(炙甘草) 각 5g, 주세지황(酒洗地黃) 15g, 복령(茯苓) 8g, 백작약(白芍藥) 8g, 백출(白朮), 세천당귀(洗川當歸) 10g, 황기(黃芪) 15g, 〈생강(生薑) 3편, 대조(大棗) 2개〉

○ 용법(用法) : 분말(粉末) 6g씩+대조(大棗) 2개+생강(生薑) 3편 수전복(水煎服) 또는 수전복(水煎服)

○ 주치(主治) : 기혈부족(氣血不足), 비신기약(脾腎氣弱), 구병허손(久病虛損), 오로칠상(五勞七傷), 식소유정(食少遺精), 허로해수(虛勞咳嗽), 창양(瘡瘍), 각슬무력(脚膝無力), 천해중만(喘咳中滿), 오심번민(惡心煩悶)

○ 효능(效能)
기혈온보(氣血溫補), 기혈음양병보(氣血陰陽幷補)

○ 방제음양오행(方劑陰陽五行) : 기혈쌍보제(氣血雙補劑)

269. 십조탕(十棗湯)

○ 처방구성(處方構成)
원화(芫花), 대극(大戟), 감수(甘遂) 각 등분(等分)

○ 용법(用法) : 분말(粉末)하여 대조(大棗) 10매로 달인 물로 아침공복에 0.5~1g 씩 1일 1회 복용한다.

○ 주치(主治) : 현음(縣飮), 흉협수음정체(胸脇水陰停滯)로 인한 증상(症狀)
흉협인통(胸脇引痛), 해천단기(咳喘短氣), 건구(乾嘔), 흉배견통(胸背牽痛), 심하비경(心下痞硬), 두통목현(頭痛目眩), 부득식(不得息), 맥침현(脈沈弦)
수종실증(水腫實證) : 부종(浮腫), 이변불리(二便不利), 복창천만(腹脹喘滿)

○ 효능(效能)
수음공축(水飮攻逐)

○ 방제음양오행(方劑陰陽五行) : 축수제(逐水劑)

270. 십회산(十灰散)

○ 처방구성(處方構成)

대계(大薊), 소계(小薊), 측백엽(側柏葉), 박하엽(薄荷葉), 천근(茜根), 모근(茅根),대황(大黃), 산치자(山梔子), 목단피(牧丹皮), 종려피(棕櫚皮) 각 등분(等分)

○ 용법(用法) : 위의 약을 태워 분말(粉末)하고 무우즙과 같이 9g씩 복용 또는 수전복(水煎服)

○ 주치(主治) : 열성출혈증(熱盛出血證), 화열치성(火熱熾盛), 간위화성(肝胃火盛), 혈열망행(血熱妄行)으로 인한증상

수혈(嗽血), 토혈(吐血), 구혈(嘔血), 객혈(喀血), 구건(口乾), 인조(咽燥), 설홍강(舌紅絳), 맥삭(脈數)

○ 효능(效能)

양혈지혈(涼血止血), 청강거어(淸降祛瘀)

○ 방제음양오행(方劑陰陽五行) : 지혈제(止血劑)

271. 아교계자황탕(阿膠鷄子黃湯)

○ 처방구성(處方構成)

진아교(陳阿膠) 6g, 석결명(石決明) 15g, 대생지황(大生地黃), 생모려(生牡蠣), 복신목(茯神木) 각 12g, 생백작약(生白芍藥), 낙석등(絡石藤) 각 9g, 조구등(釣鉤藤) 6g, 계자황(鷄子黃) 2개, 자감초(炙甘草) 1.8g

○ 용법(用法) : 수전복(水煎服)

1/3씩 복용

○ 주치(主治) : 음허동풍증(陰虛動風證)

열사음혈작상(熱邪陰血灼傷), 허풍내동(虛風內動), 두목현훈(頭目眩暈), 근맥구급(筋脈拘急), 설강태소(舌絳苔少), 맥세삭(脈細數), 수족계종(手足瘛瘲), 수불함

목(水不涵木)

○ 효능(效能)

자음양혈(滋陰養血), 유간식풍(柔肝熄風), 잠양통락(潛陽通絡)

○ 방제음양오행(方劑陰陽五行) : 평식내풍제(平熄內風劑)

272. 안궁우황환(安宮牛黃丸)

○ 처방구성(處方構成)

우황(牛黃), 서각(犀角), 울금(鬱金), 산치자(山梔子), 황련(黃連), 황금(黃芩), 웅황(雄黃), 주사(朱砂) 각 30g, 사향(麝香), 매편(梅片, 빙편 氷片) 각 7.5g, 진주(珍珠) 15g

○ 용법(用法) : 밀환(蜜丸)하여 금박(金箔)을 입힌다. 3g씩 1일 1~3회 복용

○ 주치(主治) : 온열병(溫熱病), 온사열독(溫邪熱毒), 열독내함(熱毒內陷), 담열옹폐(痰熱壅閉)로 인한증상

고열번조(高熱煩躁), 신혼섬어(神昏譫語), 불안(不安), 사열내폐(邪熱內閉), 중풍혼미(中風昏迷), 경궐(痙厥)

○ 효능(效能)

청열개규(淸熱開竅), 활담해독(豁痰解毒)

○ 방제음양오행(方劑陰陽五行) : 양개제(凉開劑)

273. 안중산(安中散)

○ 처방구성(處方構成)

계지(桂枝) 4g, 소회향(小茴香), 고량강(高良薑), 축사(縮砂) 각 2g, 연호색(延胡索), 모려(牡蠣)(煎) 각 3g, 자감초(炙甘草) 1g

○ 용법(用法) : ① 분말(粉末). 3으로 나누어 1일 3회 복용

　　　　　　② 수전복(水煎服). 3으로 나누어 1일 3회 복용

○ 주치(主治) :

위한복통(胃寒腹痛), 복부통(腹部痛), 복부팽만(腹部膨滿), 탄산(吞酸), 협통(脇痛), 구토(嘔吐), 월경통(月經痛)

○ 효능(效能)

온중산한(溫中散寒), 진통(鎭痛), 지통(止痛), 지구(止嘔), 건위(健胃), 제산(制酸)

○ 방제음양오행(方劑陰陽五行) : 온리거한제(溫裏祛寒劑)

274. 양격산(涼膈散)

○ 처방구성(處方構成)

박초(朴硝, 망초 芒硝), 천대황(川大黃), 감초(甘草) 각 600g, 박하(薄荷), 황금(黃芩), 산치자인(山梔子仁) 각 300g, 연교(連翹) 1.25kg

○ 용법(用法) : 조말(粗末) 6~12g씩 +꿀(蜜)(미량)+죽엽(竹葉) 3g 수전(水煎). 식전온복(食前溫服)

○ 주치(主治) : 상중이초적열옹성(上中二焦積熱壅盛)으로 인한 증상(症狀)

흉격열취(胸膈熱聚), 흉격번열(胸膈煩熱), 신열구갈(身熱口渴), 구설생창(口舌生瘡), 면적순초(面赤脣焦), 인통토뉵(咽痛吐衄), 설홍태황(舌紅苔黃), 대변불창(大便不暢)

○ 효능(效能)

사화통변(瀉火通便), 청상사하(清上瀉下), 청심양격(清心涼膈), 청심이뇨(清心利尿), 청열윤조(清熱潤燥)

○ 방제음양오행(方劑陰陽五行) : 청열해독제(清熱解毒劑)

275. 양부환(良部丸)

○ 처방구성(處方構成)
고량강(高良薑, 주세배 酒洗焙), 향부자(香附子, 주세배 酒洗焙) 각 등분(等分)

○ 용법(用法) : 분말(粉末)하고 환(丸), 산(散)하여 6g씩 1일 1~2회 복용

○ 주치(主治) : 간기울체(肝氣鬱滯), 객한범위(客寒犯胃), 한응기체(寒凝氣滯), 간기범위(肝氣犯胃)로 인한 증상
흉협창통(胸脇脹痛), 완통구토(脘痛嘔吐), 위완동통(胃脘疼痛), 경통(經痛), 완복협륵제통(脘腹脇肋諸痛)

○ 효능(效能)
행기소간(行氣疏肝), 온중거한(溫中祛寒), 거한지통(祛寒止痛)

○ 방제음양오행(方劑陰陽五行) : 행기제(行氣劑)

276. 양심탕(養心湯)

○ 처방구성(處方構成)
당귀(當歸), 당삼(當蔘), 황기(黃芪), 복령(茯苓), 복신(茯神), 백자인(栢子仁) 각 9g, 자감초(炙甘草), 오미자(五味子), 제반하(製半夏) 각 6g, 산조인(酸棗仁) 12g, 원지(遠志) 5g, 천궁(川芎) 3g, 포육계(炮肉桂) 1.5g

○ 용법(用法) : 수전복(水煎服)
3으로 나누어 1일 3회 복용

○ 주치(主治) : 심혈허증(心血虛證), 기허증(氣虛證)

○ 효능(效能)
익기보혈(益氣補血), 양심안신(養心安神)

○ 방제음양오행(方劑陰陽五行) : 기혈쌍보제(氣血雙補劑)

277. 양음청폐탕(養陰淸肺湯)

○ 처방구성(處方構成)

　대생지황(大生地黃) 6g, 현삼(玄蔘), 맥문동(麥門冬) 각 5g, 패모(貝母), 목단피(牧丹皮), 초백작약(炒白芍藥) 각 3g, 생감초(生甘草), 박하(薄荷) 각 2g

○ 용법(用法) : 수전복(水煎服)

　1/3씩 1일 3회 복용

○ 주치(主治) : 폐신부족(肺腎不足), 음허화왕(陰虛火旺), 열독옹후증(熱毒壅喉證) 인후종통(咽喉腫痛), 비건순조(鼻乾脣燥), 해수(咳嗽), 발열(發熱), 호흡유성(呼吸有聲)

○ 효능(效能)

　양음(養陰),윤조(潤燥), 청폐(淸肺), 해독(解毒), 양혈소종(凉血消腫)

○ 방제음양오행(方劑陰陽五行) : 자음윤조제(滋陰潤燥劑), 지해평천제(止咳平喘劑)

○ 처방, 용법 2

　大生地黃 12g, 麥門冬 10~12g, 현삼(玄蔘) 10~15g, 목단피(牧丹皮), 패모(貝母), 적작약(赤芍藥) 각 6g, 生甘草, 박하(薄荷) 각 3g을 수전(水煎)하여 1/3씩 1일 3회 복용

278. 양화탕(陽和湯)

○ 처방구성(處方構成)

　숙지황(熟地黃) 30g, 녹각교(鹿角膠) 9g, 백개자(白芥子 6g, 육계(肉桂), 〈거피(去皮)〉, 생감초(生甘草) 각 3g, 마황(麻黃), 강탄(薑炭) 각 2g

○ 용법(用法) : 수전복(水煎服)

○ 주치(主治) : 영혈허(營血虛), 양허(陽虛), 한응담체(寒凝痰滯), 비조(痺阻), 음저(陰疽), 탈저(脫疽), 첩골저(貼骨疽), 담핵(痰核), 유주(流注), 학슬풍(鶴虱風),

설태담백(舌苔淡白)

○ 효능(效能)

온양보혈(溫陽補血), 산한통체(散寒通滯), 거담(祛痰)

○ 방제음양오행(方劑陰陽五行) : 치외양제(治外瘍劑), 치음증옹양제(治陰證癰瘍劑)

279. 애부난궁환(艾附暖宮丸)

○ 처방구성(處方構成)

애엽(艾葉) 90g, 향부자(香附子) 180g(90g), 황기(黃芪), 오수유(吳茱萸), 천궁(川芎), 주초 백작약(酒炒 白芍藥) 각 90g, 속단(續斷) 45g, 주세 생지황(酒洗 生地黃) 30g, 관계(官桂) 15g, 주세 당귀(酒洗 當歸) 90g

○ 용법(用法) : ① 미초타호환(米醋打糊丸)하여 6g씩 복용

② 미초(米醋) 또는 술(酒)로 丸하여 6g씩 식후복용

○ 주치(主治) : 하초허한(下焦虛寒), 기혈양허(氣血兩虛), 부인자궁허냉(婦人子宮虛冷)

백색대하(白色帶下), 사지동통(四肢疼痛), 면색위황(面色萎黃), 음식감소(飲食減少), 권태무력(倦怠無力), 두복시통(肚腹時痛)

○ 효능(效能)

난궁온경(暖宮溫經), 산한(散寒), 양혈(養血), 활혈(活血), 보기혈(補氣血)

○ 방제음양오행(方劑陰陽五行) : 활혈거어제(活血祛瘀劑), 온리거한제(溫裏祛寒劑)

280. 연매안회탕(連梅安蛔湯)

○ 처방구성(處方構成)

황련(黃連) 3g, 오매육(烏梅肉) 5g, 초천초(炒川椒) 1.5g, 백뇌환(白雷丸) 10g,

황백(黃柏) 2.5g, 첨빈랑(尖檳榔) 10g

○ 용법(用法) : 수전복(水煎服), 1/3씩 복용

○ 주치(主治) : 충적복통(蟲積腹痛), 간위열성(肝胃熱盛), 식즉토회(食則吐蛔), 궐역(厥逆), 식욕부진(食慾不振), 번조(煩躁), 면적(面赤), 맥삭(脈數)

○ 효능(效能)

청열안회(淸熱安蛔)

○ 방제음양오행(方劑陰陽五行) : 구충제(驅虫劑)

281. 연박음(連朴飮)

○ 처방구성(處方構成)

황련(黃連 강즙초 薑汁炒) 3g, 제후박(製厚朴) 6g, 석창포(石菖蒲), 제반하(製半夏) 각 3g, 초산치자(焦山梔子), 초향시(炒香豉) 각 9g, 노근(蘆根) 60g

○ 용법(用法) : 수전온복(水煎溫服) : (1/3씩)

○ 주치(主治) : 습열온복(濕熱 蘊伏)으로 인한 증상

곽란토리(霍亂吐痢), 설태황니(舌苔黃膩), 흉완비민(胸脘痞悶), 소변단적(小便短赤), 신열심번(身熱心煩)

○ 효능(效能)

청열화습(淸熱化濕), 조습강역(燥濕降逆), 이기화중(理氣和中)

○ 방제음양오행(方劑陰陽五行) : 청열거습제(淸熱祛濕劑)

282. 연호색산(延胡索散)

○ 처방구성(處方構成)

초연호색(炒延胡索), 주침초 당귀(酒浸炒 當歸), 초포황(炒蒲黃), 육계(肉桂), 적

작약(赤芍藥) 각 15g, 유향(乳香), 세편자 강황(洗片子 姜黃), 목향(木香), 몰약(沒藥) 각 9g, 자감초(炙甘草) 7g

○ 용법(用法) : 분말(粉末)하여 12g씩 생강(生薑) 7편과 달여 식전(食前) 복용. 온복(溫服)

○ 주치(主治) : 부녀(婦女)의 칠정상감(七情傷感)으로인한 증상

기혈어체통증(氣血瘀滯痛證), 심복작통(心腹作痛), 월경부조(月經不調), 혈기동통(血氣疼痛)

○ 효능(效能)

행기활혈(行氣活血), 조경(調經), 지통(止痛)

○ 방제음양오행(方劑陰陽五行) : 행기제(行氣劑)

283. 염탕탐토방(鹽湯探吐方)

○ 처방구성(處方構成)

초식염(炒食鹽) 적당량

○ 용법(用法) : 물에 짜게 녹여 복용(2000ml), 토출(吐出)후 복용중지

○ 주치(主治) : 숙식정체(宿食停滯), 건곽란(乾霍亂), 완복창만(脘腹脹滿), 토사부득(吐瀉不得), 기기옹색(氣機壅塞), 식궐(食厥), 기궐(氣厥), 심번민(心煩悶)

○ 효능(效能)

용토숙식(涌吐宿食), 기기통리(氣機通利)

○ 방제음양오행(方劑陰陽五行) : 용토제(涌吐劑)

284. 영각구등탕(羚角鉤藤湯)

○ 처방구성(處方構成)

영각편(羚角片) 4.5g, 조구등(釣鉤藤) 9g, 선생지황(鮮生地黃) 15g, 국화(菊花),

복신목(茯神木), 생백작약(生白芍藥) 각 9g, 거심 천패모(去心 川貝母) 12g, 상상엽(霜桑葉) 6g, 담죽여(淡竹茹) 15g, 생감초(生甘草) 2.4g

○ 용법(用法) : 수전복(水煎服) : 1/3씩 복용

○ 주치(主治) : 열극동풍증(熱極動風證)

고열불퇴(高熱不退), 수족추축(手足抽搐), 경궐(痙厥), 번민조요(煩悶躁擾), 설강(舌絳), 맥현삭(脈弦數)

○ 효능(效能)

양간식풍(涼肝熄風), 청열해경(淸熱解痙), 증액서근(增液舒筋)

○ 방제음양오행(方劑陰陽五行) : 평식내풍제(平熄內風劑)

285. 영감강미신하인탕(苓甘薑味辛夏仁湯)

○ 처방구성(處方構成)

복령(茯苓) 12g, 자감초(炙甘草), 건강(乾薑), 세신(細辛) 각 3g, 제반하(製半夏) 9g, 오미자(五味子), 행인(杏仁) 각 6g

○ 용법(用法) : 수전복(水煎服)

3으로 나누어 1일 3회 복용

○ 주치(主治) : 한담해천(寒痰咳喘), 다담(多痰)

○ 효능(效能)

온폐화담(溫肺化痰), 지해평천(止咳平喘), 이뇨(利尿), 이수(利水)

○ 방제음양오행(方劑陰陽五行) : 지해평천제(止咳平喘劑)

286. 영감오미강신탕(苓甘五味薑辛湯)

○ 처방구성(處方構成)

복령(茯苓) 12g, 자감초(炙甘草) 6g, 오미자(五味子) 6g, 건강(乾薑) 9g, 세신(細

辛) 6g

○ 용법(用法) : 수전복(水煎服), 1/6~1/3씩 1일 3회. 온복(溫服)

○ 주치(主治) : 양허음성(陽虛陰盛), 한음내정(寒飮內停)으로 인한 증상

　해수천역(咳嗽喘逆), 흉격불쾌(胸膈不快), 담다청희(痰多淸稀), 맥현활(脈弦滑),

　설태백활(舌苔白滑)

○ 효능(效能)

　온폐산한(溫肺散寒), 화음(化飮), 건비삼습(健脾滲濕)

○ 방제음양오행(方劑陰陽五行) : 온화한담제(溫化寒痰劑), 지해평천제(止咳平喘劑)

287. 영계출감탕(苓桂朮甘湯), 영계백출감초탕(苓桂白朮甘草湯), 복령계지백출감초탕(茯苓桂枝白朮甘草湯)

○ 처방구성(處方構成)

　복령(茯苓) 12g, 계지(桂枝) 9g, 백출(白朮) 6g, 자감초(炙甘草) 6g

○ 용법(用法) : 수전복(水煎服), 1/3씩 온복(溫服)(1일 3회)

○ 주치(主治) : 중양부족(中陽不足), 담음병(痰飮病)으로 인한 증상

　흉협지만(胸脇支滿), 설태백활(舌苔白滑), 목현(目眩), 심계(心悸), 맥현활(脈眩滑)

○ 효능(效能)

　온양이수(溫陽利水), 온화담음(溫化痰飮), 건비이습(健脾利濕)

○ 방제음양오행(方劑陰陽五行) : 온화수습제(溫化水濕劑), 이수소종제(利水消腫劑)

288. 오두탕(烏頭湯)

○ 처방구성(處方構成)

　제천오두(製川烏頭) 6g, 백작약(白芍藥), 마황(麻黃), 황기(黃芪) 각 9g, 자감초

(炙甘草) 6g, 봉밀(蜂蜜) 60g

○ 용법(用法) : 수전복(水煎服)

　3으로 나누어 1일 3회 복용

○ 주치(主治) : 풍한습비증(風寒濕痺證)

○ 효능(效能)

　거풍산한(祛風散寒), 지통(止痛), 거습(祛濕), 발한(發汗), 이수(利水), 보기혈(補氣血), 지경(止痙)

○ 방제음양오행(方劑陰陽五行) : 거풍습제(祛風濕劑)

289. 오령산(五苓散)

○ 처방구성(處方構成)

　저령(猪苓), 복령(茯苓) 각 9g, 백출(白朮) 9g, 택사(澤瀉) 15g, 계지(桂枝) 6g

○ 용법(用法) : 산(散)하여 3~6g씩 1일 3회 복용 또는 수전복(水煎服)

○ 주치(主治) : 표증(表證), 수습정체(水濕停滯)

　두통발열(頭痛發熱), 소변불리(小便不利), 번갈욕음(煩渴欲飲), 맥부(脈浮), 수종(水腫), 설사(泄瀉), 곽란토사(霍亂吐瀉), 담음(痰飲), 제하동계(臍下動悸), 두현(頭眩)

○ 효능(效能)

　이수삼습(利水滲濕), 온양화기(溫陽化氣), 건비제수(健脾制水)

○ 방제음양오행(方劑陰陽五行) : 이수삼습제(利水滲濕劑), 이수소종제(利水消腫劑)

290. 오림산(五淋散)

○ 처방구성(處方構成)

　적복령(赤茯苓) 18g, 생감초(生甘草), 당귀(當歸) 각 15g, 산치자(山梔子), 적작

약(赤芍藥) 각 60g

○ 용법(用法) : 분말(粉末)하여 6g씩 복용.〈식전공복(食前空腹)〉

○ 주치(主治) : 방광유습열(膀胱有濕熱)로 인한 증상

혈림삽통(血淋澁痛), 사석(砂石), 열림(熱淋)

○ 효능(效能)

청열양혈(淸熱凉血), 이수통림(利水通淋), 지통(止痛)

○ 방제음양오행(方劑陰陽五行) : 청열거습제(淸熱祛濕劑)

291. 오마음자(五磨飮子)

○ 처방구성(處方構成)

목향(木香), 침향(沈香) 각 6g, 지실(枳實), 빈랑자(檳榔子), 천태오약(天台烏藥)

각 9g

○ 용법(用法) : 수전복(水煎服)

백주(白酒)에 갈아 수전(水煎)하여 1/3씩 복용

○ 주치(主治) : 기체기역증(氣滯氣逆證)

대노폭궐(大怒暴厥), 기결(氣結), 칠정기역(七情氣逆), 울결(鬱結)

○ 효능(效能)

행기강역(行氣降逆), 파결(破結)

○ 방제음양오행(方劑陰陽五行) : 강기제(降氣劑)

292. 오매환(烏梅丸)

○ 처방구성(處方構成)

오매(烏梅) 480g, 황련(黃連) 480g, 건강(乾薑) 300g, 세신(細辛), 부자(附子),

계지(桂枝), 인삼(人蔘), 황벽(黃蘗)〈황백(黃柏)〉 각 180g, 당귀(當歸), 촉초(蜀椒 초향 炒香) 각 120g

○ 용법(用法) : 50% 식초(食醋)에 1일 담근 오매(烏梅 거핵 去核)를 위의 약(藥)과 섞어 햇볕이나 불로 건(乾)하고 밀환(蜜丸)하여 9g씩 복용(1일 3회)

○ 주치(主治) : 회궐증(蛔厥證)
심번구토(心煩嘔吐), 수족궐냉(手足厥冷), 식입토회(食入吐蛔), 복통(腹痛), 위열장한회궐(胃熱腸寒回厥), 구사구리(久瀉久痢)

○ 효능(效能)
온장안회(溫臟安蛔), 평조한열(平調寒熱)

○ 방제음양오행(方劑陰陽五行) : 구충제(驅虫劑)

293. 오미소독음(五味消毒飮)

○ 처방구성(處方構成)
금은화(金銀花) 20g, 포공영(蒲公英), 야국화(野菊花), 자배천규자(紫背天葵子), 자화지정(紫花地丁) 각 15g

○ 용법(用法) : 수전(水煎)하고 주(酒) 1~2 숟가락 넣어 복용.
찌꺼기는 찧어 환부(患部)에 바른다.

○ 주치(主治) :
화독결취(火毒結聚), 옹창절종(癰瘡癤腫), 정독(疔毒), 온증기열(蘊蒸肌熱), 기혈옹체(氣血壅滯), 내생적열(內生積熱), 홍종열통(紅腫熱痛), 오한발열(惡寒發熱), 설홍맥삭(舌紅脈數)

○ 효능(效能)
청열해독(淸熱解毒), 정창소산(疔瘡消散)

○ 방제음양오행(方劑陰陽五行) : 치외양제(治外瘍劑), 치양증옹양제(治陽證癰瘍劑)

294. 오미자산(五味子散)

- ○ 처방구성(處方構成)

    초오미자(炒五味子) 60g, 초오수유(炒吳茱萸) 15g

- ○ 용법(用法) : 분말(粉末)하여 6g씩 진미탕(陳米湯)으로 복용

- ○ 주치(主治) : 오경설사(五更泄瀉)

- ○ 효능(效能)

    온중지사(溫中止瀉)

- ○ 방제음양오행(方劑陰陽五行) : 삽장고탈제(澁腸固脫劑)

295. 오수유탕(吳茱萸湯)

- ○ 처방구성(處方構成)

    탕세오수유(湯洗吳茱萸) 3~5g, 인삼(人蔘) 6g, 생강(生薑) 15~18g, 대조(大棗) 4매

- ○ 용법(用法) : 수전복(水煎服)

    1/3씩 복용 1일 3회, 온복(溫服)

- ○ 주치(主治) : 위기허한(胃氣虛寒)으로 인한 증상

    흉격만민(胸膈滿悶), 식곡욕구(食穀欲嘔), 탄산조잡(吞酸嘈雜), 위완통(胃脘痛), 궐음두통(厥飮頭痛), 소음토리(少陰吐痢), 번조(煩躁), 수족역냉(手足逆冷)

- ○ 효능(效能)

    온중보허(溫中補虛), 강역지구(降逆止嘔)

- ○ 방제음양오행(方劑陰陽五行) : 온중거한제(溫中祛寒劑)

296. 오신탕(五神湯)

○ 처방구성(處方構成)

금은화(金銀花) 90g, 복령(茯苓), 자화지정(紫花地丁) 각 20g, 차전자(車前子) 15g, 우슬(牛膝) 9g

○ 용법(用法) : 수전복(水煎服)

○ 주치(主治) :

습독온결(濕毒蘊結), 퇴옹(腿癰), 다골옹(多骨癰), 하지단독(下肢丹毒)

○ 효능(效能)

청열해독(淸熱解毒), 습열분리(濕熱分利), 이습(利濕), 활혈(活血)

○ 방제음양오행(方劑陰陽五行) : 치외양제(治外瘍劑), 치양증옹양제(治陽證癰瘍劑)

297. 오인환(五仁丸)

○ 처방구성(處方構成)

행인(杏仁) 30g, 도인(桃仁) 15g, 백자인(栢子仁) 3.75~4g, 송자인(松子仁), 욱리인(郁李仁) 각 3g, 진피(陳皮) 120g

○ 용법(用法) : 밀환(蜜丸)하여 12g씩 공복에 복용

○ 주치(主治) : 진고장조(津枯腸燥)로 인한 증상(症狀)

대변간난(大便艱難), 년노(年老)・산후(産後) 혈허(血虛)로 인한 변비(便秘)

○ 효능(效能)

윤장통변(潤腸通便)

○ 방제음양오행(方劑陰陽五行) : 윤하제(潤下劑)

298. 오적산(五積散)

○ 처방구성(處方構成)

백지(白芷), 복령(茯苓), 천궁(川芎), 자감초(炙甘草), 당귀(當歸), 작약(芍藥), 육계(肉桂), 반하(半夏) 각 90g, 지각(枳殼), 진피(陳皮), 마황(麻黃) 각 180g, 건강(乾薑), 후박(厚朴) 각 120g, 창출(蒼朮) 720g, 길경(桔梗) 360g

○ 용법(用法) : 분말(粉末) 9g씩 +생강(生薑) 3편 수전복(水煎服)

○ 주치(主治) : 외감풍한(外感風寒), 내상생냉(內傷生冷)으로 인한 증상

두통신동(頭痛身疼), 신열무한(身熱無汗), 흉만오식(胸滿惡食), 항배구급(項背拘急), 구토복통(嘔吐腹痛), 내생한적(內生寒積), 습담체성적(濕痰滯成積), 기혈체성적(氣血滯成績), 심복동통(心腹疼痛), 완복냉통(脘腹冷痛), 월경부조(月經不調)

○ 효능(效能)

발표온리(發表溫裏), 활혈소적(活血消積), 순기화담(順氣化痰), 조습건비(燥濕健脾)

○ 방제음양오행(方劑陰陽五行) : 해표온리제(解表溫裏劑), 온리거한제(溫裏祛寒劑)

299. 오피산(五皮散)

○ 처방구성(處方構成)

상백피(桑白皮), 대복피(大腹皮), 생강피(生薑皮), 진귤피(陳橘皮), 복령(茯苓) 각 등분(等分)

○ 용법(用法) : 분말(粉末)하여 9g씩 수전복(水煎服), 온복(溫服)

○ 주치(主治) : 비허습성(脾虛濕盛)으로 인한 증상

전신실종(全身悉腫), 심복창만(心腹脹滿), 지체침중(肢体沈重), 소변불리(小便不利), 상기천급(上氣喘急), 임신수종(姙娠水腫), 맥침완(脈沈緩)

○ 효능(效能)

이습(利濕), 소종(消腫), 이기(理氣), 건비(健脾)

○ 방제음양오행(方劑陰陽五行) : 이수삼습제(利水滲濕劑), 이수소종제(利水消腫劑)

300. 옥녀전(玉女煎)

○ 처방구성(處方構成)

　석고(石膏) 15~30g, 지모(知母), 우슬(牛膝) 각 4.5g, 숙지황(熟地黃) 9~30g, 맥문동(麥門冬) 6g

○ 용법(用法) : 石膏는 선전(先煎)한다. 수전복(水煎服) : (1/3씩 1일 3회)

○ 주치(主治) : 위열(胃熱), 신음허(腎陰虛)로 인한 증상

　번열건갈(煩熱乾渴), 태황이건(苔黃而乾), 아통(牙痛), 치은출혈(齒齦出血), 두통(頭痛), 소곡선기(消穀善飢), 소갈(消渴), 설홍황태(舌紅黃苔)

○ 효능(效能)

　청위(淸胃), 자신음(滋腎陰), 청열양음(淸熱養陰)

○ 방제음양오행(方劑陰陽五行) : 청장부열제(淸臟腑熱劑), 청열양혈제(淸熱凉血劑)

301. 옥병풍산(玉屛風散)

○ 처방구성(處方構成)

　황기(黃芪), 방풍(防風) 각 30g, 백출(白朮) 60g

○ 용법(用法) : 분말(粉末)하여 6~9g씩〈＋건강(乾薑)3편〉 수전복(水煎服)(1일 2회)

○ 주치(主治) : 위기허약(衛氣虛弱)으로 인한 증상

　자한(自汗), 오풍(惡風), 설담태백(舌淡苔白), 면색황백(面色㿠白), 맥부허연(脈浮虛軟)

○ 효능(效能)

　익기(益氣), 고표(固表), 거사(祛邪), 지한(止汗)

○ 방제음양오행(方劑陰陽五行) : 고삽제(固澁劑), 고표지한제(固表止汗劑), 보기제(補氣劑)

302. 옥액탕(玉液湯)

○ 처방구성(處方構成)

생산약(生山藥) 30g, 생황기(生黃芪) 15g, 오미자(五味子), 천화분(天花紛) 각 9g, 지모(知母) 15g, 갈근(葛根) 4.5g, 생계내금(生鷄內金) 6g

○ 용법(用法) : 수전복(水煎服), 1/3씩 1일 3회 복용

○ 주치(主治) : 신허위조(腎虛胃燥), 소갈병(消渴病), 구갈인음(口渴引飮), 곤권기단(困倦氣短), 맥허세무력(脈虛細無力), 소변빈삭양다혼탁(小便頻數量多混濁)

○ 효능(效能)

익기생진(益氣生津), 보비회신(補脾回腎), 윤조지갈(潤燥止渴)

○ 방제음양오행(方劑陰陽五行) : 자음윤조제(滋陰潤燥劑)

303. 옥진산(玉眞散)

○ 처방구성(處方構成)

방풍(防風), 남성(南星), 천마(天麻), 백지(白芷), 강활(羌活), 백부자(白附子) 각 등분(等分)

○ 용법(用法) : 분말(粉末)하여 열주(熱酒)로 3~6g씩 복용〈환부(患部)에 바른다〉

○ 주치(主治) : 파상풍(破傷風)으로 인한 증상

아관긴급(牙關緊急), 신체강직(身體强直), 구촬순긴(口撮脣緊), 각궁반장(角弓反張), 사지추축(四肢抽搐), 맥현(脈弦)

○ 효능(效能)

거풍화담(袪風化痰), 해경지통(解痙止痛)

○ 방제음양오행(方劑陰陽五行) : 소산외풍제(疏散外風劑)

304. 온경탕(溫經湯)

○ 처방구성(處方構成)

당귀(當歸), 오수유(吳茱萸), 맥문동(麥門冬) 각 9g, 인삼(人蔘), 계지(桂枝), 작약(芍藥), 천궁(川芎), 아교(阿膠) 6~9g, 거심목단피(去心牧丹皮), 감초(甘草), 생강(生薑), 반하(半夏) 각 6g

○ 용법(用法) : 수전복(水煎服)

1/3씩 1일 3회

○ 주치(主治) : 충임맥허한(衝任脈虛寒), 어혈조체(瘀血阻滯)로 인한 증상

소복냉통(小腹冷痛), 월경부조(月經不調), 루하부지(漏下不止), 통경불잉(痛經不孕), 수심번열(手心煩熱), 오후발열(午後發熱), 구순건조(口脣乾燥), 복만(腹滿)

○ 효능(效能)

온경산한(溫經散寒), 양혈거어(養血祛瘀), 익기화위(益氣和胃)

○ 방제음양오행(方劑陰陽五行) : 활혈거어제(活血祛瘀劑), 온리거한제(溫裏祛寒劑)

305. 온담탕(溫膽湯)

○ 처방구성(處方構成)

제반하(製半夏), 초지실(炒枳實), 죽여(竹茹) 각 6g, 진피(陳皮) 9g, 복령(茯苓) 5g, 자감초(炙甘草) 3g, 〈수전시(水煎時 대조(大棗) 1개, 생강(生薑) 5편〉

○ 용법(用法) : 수전복(水煎服), 1/3씩 1일 3회

분말(粉末)하여 12g씩 수전복(水煎服)

○ 주치(主治) : 담위불화(膽胃不和), 담열내요(痰熱內擾)로 인한 증상

흉비담다(胸痞痰多), 구토오심(嘔吐惡心), 애역(呃逆), 허번불면(虛煩不眠), 현훈
(眩暈), 전간(癲癇), 경계불영(驚悸不寧), 해수(咳嗽), 흉민(胸悶)

○ 효능(效能)

이기화담(理氣化痰), 청열제번(淸熱除煩), 청담화위(淸膽和胃)

○ 방제음양오행(方劑陰陽五行) : 조습화담제(燥濕化痰劑), 화담이수제(化痰利水劑)

306. 온비탕(溫脾湯)

○ 처방구성(處方構成)

숙부자(熟附子) 6g, 대황(大黃) 9~12g, 인삼(人蔘), 건강(乾薑), 자감초(炙甘草)
각 6g

○ 용법(用法) : 수전복(水煎服), 3으로 나누어 복용(1일 3회)

○ 주치(主治) : 비양부족(脾陽不足), 양허한실(陽虛寒實), 냉적내정(冷積內停)으로
인한 증상

복통변비(腹痛便秘), 구리적백(久痢赤白), 수족불온(手足不溫), 음식부진(飮食不
振), 설태백활(舌苔白滑), 맥침현(脈沈弦)

○ 효능(效能)

비양온보(脾陽溫補), 사하냉적(瀉下冷積), 온양산한(溫陽散寒)

○ 방제음양오행(方劑陰陽五行) : 사하제(瀉下劑), 공보겸시제(攻補兼施劑)

307. 온청음(溫淸飮)

○ 처방구성(處方構成)

황금(黃芩), 황련(黃連), 황백(黃柏), 산치자(山梔子) 숙지황(熟地黃), 당귀(當
歸), 백작약(白芍藥), 천궁(川芎) 각 5g

○ 용법(用法) : 수전복(水煎服)

3으로 나누어 1일 3회 복용

○ 주치(主治) :

혈허, 혈열증(血虛, 血熱證)

○ 효능(效能)

청열사화(清熱瀉火), 보혈활혈(補血活血), 지혈(止血), 해독(解毒), 소염(消炎),
진정(鎮靜), 항균(抗菌), 이뇨(利尿), 자양강장(滋養強壯), 진경(鎮痙), 진통(鎮
痛), 보혈(補血)

○ 방제음양오행(方劑陰陽五行) : 청열해독제(清熱解毒劑)

308. 완대탕(完帶湯)

○ 처방구성(處方構成)

초산약(炒山藥), 초백출(炒白朮) 각 30g, 인삼(人蔘) 6g, 제창출(製蒼朮) 9g, 백
작약(白芍藥 주초 酒炒) 15g, 감초(甘草) 3g, 주초차전자(酒炒車前子) 9g, 흑개
수(黑芥穗), 진피(陳皮) 각 1.5g, 시호(柴胡) 1.8g

○ 용법(用法) : 수전복(水煎服)

1/3/씩 복용

○ 주치(主治) : 비허간울(脾虛肝鬱), 습탁하주(濕濁下注)로 인한 증상

흉협불서(胸脇不舒), 백색담황대하(白色淡黃帶下), 권태변당(倦怠便溏), 면색백
광(面色白光), 완맥(緩脈), 맥유약(脈濡弱), 담설백태(淡舌白苔)

○ 효능(效能)

보중건비(補中健脾), 화습지대(化濕止帶), 소간화습(疏肝化濕)

○ 방제음양오행(方劑陰陽五行) : 고붕지대제(固崩止帶劑)

309. 용담사간탕(龍膽瀉肝湯)

○ 처방구성(處方構成)

용담초(龍膽草 酒炒), 시호(柴胡), 생감초(生甘草) 각 6g, 초황금(炒黃芩), 주초치자(酒炒梔子), 목통(木通), 차전자(車前子), 주초생지황(酒炒生地黃) 각 9g, 택사(澤瀉) 12g, 주세당귀(酒洗當歸) 3g

○ 용법(用法) : 수전복(水煎服)

환(丸)으로 하여 6~9g씩 1일 2회 복용

○ 주치(主治) : 간담실화(肝膽實火), 온열옹성(溫熱壅盛)으로 인한 증상

두통목적(頭痛目赤), 이농(耳聾), 이종(耳腫), 협통구고(脇痛口苦), 습열하주(濕熱下注)로 인한 증상 : 근위음한(筋痿陰寒), 음양(陰痒), 음종(陰腫), 습열대하(濕熱帶下), 소변임탁(小便淋濁)

○ 효능(效能)

청하초습열(淸下焦濕熱), 사간담실화(瀉肝膽實火)

○ 방제음양오행(方劑陰陽五行) : 청장부열제(淸臟腑熱劑), 청열사화제(淸熱瀉火劑), 청열해독제(淸熱解毒劑)

310. 우귀음(右歸飮)

○ 처방구성(處方構成)

숙지황(熟地黃) 6~50g, 초산약(炒山藥), 구기자(枸杞子) 각 6g, 두중(杜仲) 6g, 산수유(山茱萸) 3g, 자감초(炙甘草) 5~6g, 육계(肉桂) 4~6g, 제부자(製附子) 3~7g

○ 용법(用法) : 수전복(水煎服)

3으로 나누어 1일 3회

○ 주치(主治) : 신양부족(腎陽不足)으로 인한 증상

복통요산(腹痛腰痠), 사지궐냉(四肢厥冷), 기겁신피(氣怯神疲), 음성격양(陰盛格陽), 지냉맥세(肢冷脈細), 진한가열(眞寒假熱), 설담태백(舌淡苔白), 요청(尿淸)

○ 효능(效能)

온신전정(溫腎塡精)

○ 방제음양오행(方劑陰陽五行) : 보양제(補陽劑)

311. 우귀환(右歸丸)

○ 처방구성(處方構成)

회숙지황(懷熟地黃) 240g, 구기자(枸杞子), 산약(山藥), 초녹각교(炒鹿角膠), 토사자(菟絲子), 초두충(炒杜沖) 각 120g, 산수유(山茱萸), 당귀(當歸) 각 90g, 제부자(製附子) 60~180g, 육계(肉桂) 60~120g

○ 용법(用法) : 밀환(蜜丸)하여 15g씩 아침, 저녁 복용

○ 주치(主治) : 신양부족(腎陽不足), 명문화쇠(命門火衰)로 인한 증상

외한지냉(畏寒肢冷), 기쇠신피(氣衰神疲), 양위유정(陽萎遺精), 대변부실(大便不實), 소변자유(小便自遺), 하지부종(下肢浮腫), 요슬연약(腰膝軟弱)

○ 효능(效能)

온보신양(溫補腎陽), 전정보혈(塡精補血), 보명문(補命門), 온보명문(溫補命門)

○ 방제음양오행(方劑陰陽五行) : 보양제(補陽劑)

312. 우방해기탕(牛蒡解肌湯)

○ 처방구성(處方構成)

우방자(牛蒡子) 10g, 형개(荊芥), 박하(薄荷) 각 6g, 산치(山梔), 연교(連翹), 목단피(牧丹皮), 현삼(玄蔘) 각 10g, 석곡(石斛), 하고초(夏枯草) 각 12g

○ 용법(用法) : 수전복(水煎服)

○ 주치(主治) : 풍열화독(風熱火毒), 담화독기내결(痰火毒氣內結), 경항담독(頸項痰毒), 두면풍열(頭面風熱), 풍열아통(風熱牙痛), 표열증(表熱證), 외옹(外癰), 국부흔홍종통(局部焮紅腫痛), 한경열중(寒輕熱重), 창옹(瘡癰), 발열(發熱), 구갈(口渴)

○ 효능(效能)
소풍청열(疏風淸熱), 양혈소종(凉血消腫), 청열해독(淸熱解毒), 산결소옹(散結消癰)

○ 방제음양오행(方劑陰陽五行) : 치외양제(治外瘍劑), 치양증옹양제(治陽證癰瘍劑)

313. 우슬산(牛膝散)

○ 처방구성(處方構成)
우슬(牛膝), 계지(桂枝), 도인(桃仁), 적작약(赤芍藥), 당귀(當歸), 목단피(牧丹皮), 연호색(延胡索) 각 3g, 목향(木香) 1g

○ 용법(用法) : 수전복(水煎服)
3으로 나누어 1일 3회 복용

○ 주치(主治) : 혈어증(血瘀證

○ 효능(效能)
활혈화어(活血化瘀), 진정(鎭靜), 진경(鎭痙), 이기지통(理氣止痛)

○ 방제음양오행(方劑陰陽五行) : 활혈화어제(活血化瘀劑)
우차신기환(牛車腎氣丸) : 제생신기환(濟生腎氣丸) 참고

314. 우황청심환(牛黃淸心丸)

○ 처방구성(處方構成)
우황(牛黃) 0.75g, 산치자(山梔子), 황금(黃芩) 각 9g, 황련(黃連) 15g, 주사(朱

砂) 4.5g, 울금(鬱金) 6g

○ 용법(用法) : 밀환(蜜丸)하여 3g씩 1일 2~3회 복용

○ 주치(主治) : 온사열독(溫邪熱毒)으로 인한 증상

신열(身熱), 신혼섬어(神昏譫語), 번조불안(煩躁不安), 중풍규폐(中風竅閉), 경궐
(驚厥), 경증(輕證)

○ 효능(效能)

청열해독(淸熱解毒), 개규안신(開竅安神)

○ 방제음양오행(方劑陰陽五行) : 양개제(凉開劑)

315. 월국환(越鞠丸)

○ 처방구성(處方構成)

향부자(香附子), 창출(蒼朮), 치자(梔子), 천궁(川芎), 신국(神麯) 각 등분(等分)

○ 용법(用法) : 수환(水丸)하여 6~9g씩 복용 또는 수전복(水煎服)

○ 주치(主治) : 기울증(氣鬱證)

흉격비민(胸膈痞悶), 애부탄산(噯腐吞酸), 완복창통(脘腹脹痛), 오심구토(惡心嘔
吐), 소화불량(消化不良), 조잡(嘈雜), 흉륵자통(胸肋刺痛)

○ 효능(效能)

행기해울(行氣解鬱)

○ 방제음양오행(方劑陰陽五行) : 행기제(行氣劑)

316. 월비탕(越婢湯)

○ 처방구성(處方構成)

마황(麻黃) 생강(生薑) 각 6~9g, 석고(石膏) 18g, 감초(甘草) 5~6g, 대조(大

棗) 5매

○ 용법(用法) : 마황(麻黃) 달이고 (거품제거) 제약(諸藥) 넣고 수전복(水煎服)
〈석고(石膏)는 선전(先煎)한다〉 1/3씩 1일 3회 복용

○ 주치(主治) : 풍수오풍(風水惡風), 속자한출(續自汗出), 전신실종(全身悉腫), 맥
부불갈(脈浮不渴), 무대열(無大熱)

○ 효능(效能)
발한이수(發汗利水), 선폐설열(宣肺泄熱), 이수소종(利水消腫)

○ 방제음양오행(方劑陰陽五行) : 신량해표제(辛凉解表劑), 이수소종제(利水消腫劑)

317. 월화환(月華丸)

○ 처방구성(處方構成)
생지황(生地黃), 숙지황(熟地黃), 산약(山藥), 천문동(天門冬), 맥문동(麥門冬),
사삼(沙蔘), 아교(阿膠), 백부(百部), 천패모(川貝母) 각 30g, 복령(茯苓), 삼칠
(三七), 달간(獺肝)(수달의 간) 각 15g, 상엽(桑葉), 백국화(白菊花) 각 60g

○ 용법(用法) : 밀환(蜜丸)하여 15g씩 복용 1일 3회

○ 주치(主治) : 폐신음허(肺腎陰虛)로 인한 증상
담중대혈(痰中帶血), 구해(久咳), 노채구수(癆瘵口嗽)

○ 효능(效能)
자음윤폐(滋陰潤肺), 진해(鎭咳), 지혈(止血)

○ 방제음양오행(方劑陰陽五行) : 보음제(補陰劑)

318. 위경탕(葦莖湯)

○ 처방구성(處方構成)
의이인(薏苡仁) 30g, 위경(葦莖)〈노근(蘆根)〉 30g~45g, 동과자(冬瓜子) 24g, 도

인(桃仁) 6~9g

○ 용법(用法) : 수전복(水煎服)

2분(二分)하여 복용

○ 주치(主治) : 풍열외습(風熱外襲), 담열어혈내결(痰熱瘀血內結), 폐옹해수(肺癰咳嗽), 흉중은통(胸中隱痛), 맥활삭(脈滑數), 설질홍(舌質紅), 신유미열(身有微熱), 해토농혈(咳吐膿血), 피부갑착(皮膚甲錯), 설태황니(舌苔黃膩)

○ 효능(效能)

청폐화담(淸肺化痰), 청열(淸熱), 축어배농(逐瘀排膿)

○ 방제음양오행(方劑陰陽五行) : 치내옹제(治內癰劑), 청열해독제(淸熱解毒劑)

319. 위령탕(胃苓湯)

○ 처방구성(處方構成)

평위산(平胃散) 3g, 오령산(五苓散) 3g

○ 용법(用法) : 대조전탕(大棗煎湯), 생강전탕(生薑煎湯)으로 복용

분말(粉末)하여 1회 6g씩 복용(水煎服)

○ 주치(主治) : 하추(夏秋)의 비위상냉(脾胃傷冷), 수습내조(水濕內阻), 복창(腹脹), 수곡불소(水穀不消), 설사(泄瀉), 소변불리(小便不利), 수종(水腫)

○ 효능(效能)

거습화위(祛濕和胃), 이기(理氣) 이수(利水), 지사(止瀉)

○ 방제음양오행(方劑陰陽五行) : 이수삼습제(利水滲濕劑), 이기제(理氣劑)

○ 처방, 용법 2

蒼朮 9g, 陳皮, 厚朴 각 6g, 炙甘草, 大棗, 生薑 각 3g

白朮 6g, 桂枝 3g, 茯苓, 猪苓, 澤瀉 각 9g을 수전(水煎)하여 1/6씩 1일 3회 복용

320. 위유탕(葳蕤湯)

○ 처방구성(處方構成)

위유(葳蕤 : 玉竹), 백미(白微), 마황(麻黃), 천궁(川芎), 독활(獨活), 행인(杏仁), 청목향(靑木香), 감초(甘草) 각 6g, 석고(石膏) 9g

○ 용법(用法) : 수전복(水煎服)

1/3씩 1일 3회

○ 주치(主治) : 풍온병(風溫病), 맥음양부맥(脈陰陽浮脈)〈한출체중천식(汗出体重喘息)〉, 발한섬어(發汗譫語)

○ 효능(效能)

청열양음(淸熱養陰), 소풍해표(疏風解表), 지해평천(止咳平喘)

○ 방제음양오행(方劑陰陽五行) : 부정해표제(扶正解表劑)

321. 육군자탕(六君子湯)

○ 처방구성(處方構成)

사군자탕(四君子湯)+반하(半夏) 9~12g, +진피(陳皮) 6~9g, 대조(大棗) 2g, + 생강(生薑) 6g

○ 용법(用法) : 수전복(水煎服), 1/3씩 1일 3회 복용

분말(粉末)하여 6g씩 수전복(水煎服)

○ 주치(主治) : 비위기허겸유담습(脾胃氣虛兼有痰濕)으로 인한 증상

음식불사(飮食不思), 흉완비민(胸脘痞悶), 오심구토(惡心嘔吐), 해수담다(咳嗽痰多), 대변부실(大便不實)

○ 효능(效能)

건비지구(健脾止嘔), 보기(補氣), 화위강역(和胃降逆), 이기화담(理氣化痰)

○ 방제음양오행(方劑陰陽五行) : 보기제(補氣劑), 이기제(理氣劑)

○ 처방, 용법 2

人蔘 6~10g, 白朮, 茯苓 각 9~12g, 炙甘草 6g, 半夏 9g, 陳皮 3~6g, 大棗 2~3g, 生薑 2g을 수전(水煎)하여 1/3씩 1일 3회 복용

322. 육미지황환(六味地黃丸), 지황환(地黃丸)

○ 처방구성(處方構成)

숙지황(熟地黃) 24g, 건산약(乾山藥) 12g, 산수유(山茱萸) 12g, 택사(澤瀉), 단피(丹皮), 복령(茯苓) 각 9g

○ 용법(用法) : 밀환(蜜丸)하여 3~9g씩 1일 3회 복용. 또는 수전복(水煎服)

○ 주치(主治) : 간신음허(肝腎陰虛), 허화상염(虛火上炎)으로 인한 증상

두통현훈(頭痛眩暈), 요슬산연(腰膝痠軟), 도한유정(盜汗遺精), 소변임역(小便淋瀝), 이명이농(耳鳴耳聾), 골증조열(骨蒸潮熱), 소갈(消渴), 수족심열(手足心熱), 설홍소태(舌紅少苔), 구조인건(口燥咽乾), 허화아통(虛火牙痛) 맥세삭(脈細數)

○ 효능(效能)

간신자보(肝腎滋補), 자음보신(滋陰補腎)

○ 방제음양오행(方劑陰陽五行) : 보음제(補陰劑)

323. 육울탕(六鬱湯)

○ 처방구성(處方構成)

창출(蒼朮), 향부자(香附子), 천궁(川芎), 산치자(山梔子) 각 3g, 귤홍(橘紅), 반하(半夏), 축사(縮砂), 복령(茯苓), 감초(甘草) 각 3g

○ 용법(用法) : 환(丸)하여 6~9g씩 복용 또는 수전복(水煎服)

○ 주치(主治) : 담습증(痰濕證)

기체(氣滯), 습열증(濕熱證)

○ 효능(效能)

이기해울(理氣解鬱), 청열(淸熱), 화위화습(和胃化濕), 제토(制吐), 건위(健胃),
지구(止嘔)

○ 방제음양오행(方劑陰陽五行) : 이기제(理氣劑)

324. 육일산(六一散), 익원산(益元散)

○ 처방구성(處方構成)

활석(滑石) 180g, 감초(甘草) 30g

○ 용법(用法) : 분말(粉末)하여 9~18g씩 1일 2~3회 복용

○ 주치(主治) : 서습사(暑濕邪)로 인한 증상

번갈(煩渴), 신열(身熱), 설사(泄瀉), 소변불리(小便不利), 사림(砂淋), 임통(淋
痛)

○ 효능(效能)

거서이습(祛暑利濕)

○ 방제음양오행(方劑陰陽五行) : 거서이습제(祛暑利濕劑)

325. 육화탕(六和湯)

○ 처방구성(處方構成)

곽향(藿香), 인삼(人蔘), 백출(白朮), 반하(半夏), 행인(杏仁), 백편두(白扁豆),
적복령(赤茯苓) 각 6g, 후박(厚朴) 3~4.5g, 모과(木瓜) 4.5g, 사인(砂仁)
3~4.5g, 감초(甘草) 2g

○ 용법(用法) : 수전복(水煎服)

1/3씩 1일 3회 복용

○ 주치(主治) : 음식부조(飮食不調), 비위습상(脾胃濕傷) 으로 인한 증상

　곽란토사(霍亂吐瀉), 설태백활(舌苔白滑), 흉격비민(胸膈痞悶)

○ 효능(效能)

　건비화습(健脾化濕), 행기소비(行氣消痞), 승청강탁(升淸降濁)

○ 방제음양오행(方劑陰陽五行) : 방향화습제(芳香化濕劑), 조습화위제(燥濕和胃劑)

326. 윤장환(潤腸丸)

○ 처방구성(處方構成)

　대황(大黃), 강활(羌活), 당귀초(當歸稍) 각 15g, 도인(桃仁) 30g, 마인(麻仁)

　37g

○ 용법(用法) : 밀환(蜜丸)하여 12g씩 공복(空腹) 복용

○ 주치(主治) : 음식노권(飮食勞倦)으로 인한 증상(症狀)

　대변비결(大便秘結), 건조비결(乾燥秘結), 식욕부진(食慾不振), 풍혈결(風血結)

○ 효능(效能)

　윤장통변(潤腸通便), 활혈거어(活血祛瘀), 거풍(祛風)

○ 방제음양오행(方劑陰陽五行) : 윤하제(潤下劑)

327. 윤조양영탕(潤燥養榮湯), 자조양영탕(滋燥養營湯)

○ 처방구성(處方構成)

　당귀(當歸), 생지황(生地黃) 각 6g, 백작약(白芍藥), 숙지황(熟地黃), 진교(秦艽),

　황금(黃芩) 각 3g, 생감초(生甘草), 방풍(防風) 각 2g

○ 용법(用法) : 수전복(水煎服)

3으로 나누어 1일 3회

○ 주치(主治) :

혈허생풍(血虛生風), 담증(痰證), 발적(發赤), 열감(熱感), 맥세삭(脈細數)

○ 효능(效能)

양혈(養血), 자양강장(滋養强壯), 윤조(潤燥), 소담(消痰), 청열(淸熱), 식풍(熄風)

○ 방제음양오행(方劑陰陽五行) : 보혈제(補血劑)

328. 은교산(銀翹散)

○ 처방구성(處方構成) : 금은화(金銀花), 연교(連翹) 각 30g, 우방자(牛蒡子) 18g, 길경(桔梗), 박하(薄荷) 각 18g, 생감초(生甘草) 15g, 형개수(荊芥穗) 12g, 죽엽(竹葉) 12g, 담두시(淡豆豉) 15g, 노근(蘆根)

○ 용법(用法) : 산(散)하여 9~18g씩 복용 또는 수전복(水煎服)

○ 주치(主治) : 온병초기(溫病初起)의 증상(症狀), 발열무한(發熱無汗), 두통구갈(頭痛口渴), 해수인통(咳嗽咽痛), 미오풍한(微惡風寒), 발열두통(發熱頭痛), 유한불창(有汗不暢), 설첨홍(舌尖紅), 맥부삭(脈浮數), 태박백(苔薄白), 태박황(苔薄黃)

○ 효능(效能) : 신량투표(辛凉透表), 경선표사(輕宣表邪), 청열해독(淸熱解毒)

○ 방제음양오행(方劑陰陽五行)

신량해표제(辛凉解表劑)

329. 은교탕(銀翹湯)

○ 처방구성(處方構成) : 금은화(金銀花) 15g, 연교(連翹) 9g, 맥문동(麥門冬), 세생지황(細生地黃) 각 12g, 죽엽(竹葉) 6g, 생감초(生甘草) 3g

○ 용법(用法) : 수전복(水煎服)(3으로 나누어 1일 3회)

○ 주치(主治) : 양명온병(陽明溫病)으로 인한 증상(症狀) : 무한맥부(無汗脈浮), 적예(積穢)

○ 효능(效能) : 자음투표(滋陰透表), 청열(淸熱)

○ 방제음양오행(方劑陰陽五行)

신량해표제(辛凉解表劑)

330. 은화해독탕(銀花解毒湯)

○ 처방구성(處方構成)

금은화(金銀花), 자화지정(紫花地丁) 각 15g, 목단피(牧丹皮), 연교(連翹), 하고초(夏枯草) 각 9g, 황련(黃連) 3g, 적복령(赤茯苓) 6g, 서각(犀角) 1g

○ 용법(用法)

수전복(水煎服)

○ 주치(主治)

습열풍화(濕熱風火), 옹저정독(癰疽疔毒), 저창(疽瘡)

○ 효능(效能)

청열해독(淸熱解毒), 사화양혈산결(瀉火凉血散結), 소종(消腫)

○ 방제음양오행(方劑陰陽五行)

치외양제(治外瘍劑), 치양증옹양제(治陽證癰瘍劑)

331. 의이부자패장산(薏苡附子敗醬散)

○ 처방구성(處方構成)

의이인(薏苡仁) 30g, 패장초(敗醬草) 15g, 부자(附子) 6g

○ 용법(用法)

수전돈복(水煎頓服)

○ 주치(主治)

장옹화농(腸癰化膿), 기부갑착(肌膚甲錯), 복피긴장(腹皮緊張), 신불발열(身不發熱), 맥삭무력(脈數無力)

○ 효능(效能)

배농소종(排膿消腫), 온양행체(溫陽行滯)

○ 방제음양오행(方劑陰陽五行)

치내옹제(治內癰劑)

332. 의이인탕(薏苡仁湯)

○ 처방구성(處方構成)

의이인(薏苡仁), 과루인(瓜蔞仁) 각 10g, 도인(桃仁), 목단피(牧丹皮) 각 6g

○ 용법(用法)

수전복(水煎服)

○ 주치(主治)

장옹초기(腸癰初起), 습체혈어(濕滯血瘀), 창만불식(脹滿不食), 복중동통(腹中疼痛), 소변불리(小便不利), 월경전후(月經前後), 산후(産後), 습체혈어(濕滯血瘀), 복통(腹痛)

○ 효능(效能)

이습(利濕), 윤장(潤腸), 활혈(活血), 지통(止痛)

○ 방제음양오행(方劑陰陽五行)

치내옹제(治內癰劑)

333. 이공산(異功散)

○ 처방구성(處方構成)

사군자탕(四君子湯)+진피(陳皮) 9g

○ 용법(用法)

분말(粉末)하여 6g씩 수전복(水煎服)

○ 주치(主治) : 비위허약(脾胃虛弱), 기허(氣虛)로 인한 증상

흉완비민(胸脘痞悶), 식욕부진(食慾不振), 구토설사(嘔吐泄瀉)

○ 효능(效能)

익기(益氣), 건비(健脾), 이기(理氣), 화위(和胃)

○ 방제음양오행(方劑陰陽五行)

보기제(補氣劑)

334. 이묘산(二妙散)

○ 처방구성(處方構成)

초황백(炒黃柏 15g, 미감침초(米泔浸炒) 한 창출(蒼朮) 15g

○ 용법(用法)

산(散)하여 3~5g씩 복용〈또는 수전복(水煎服)〉

○ 주치(主治)

습열증(濕熱證), 근골동통(筋骨疼痛), 족슬홍종열통(足膝紅腫熱痛), 양족위연무력(兩足痿軟無力), 소변단황(小便短黃), 대하(帶下), 설태황니(舌苔黃膩)

○ 효능(效能)

청열조습(淸熱燥濕)

○ 방제음양오행(方劑陰陽五行)

청열거습제(淸熱祛濕劑)

335. 이신환(二神丸)

○ 처방구성(處方構成)

육두구(肉豆蔲) 60g, 초보골지(炒補骨脂) 120g, 생강(生薑) 120g, 대조(大棗) 50개

○ 용법(用法) : 자(煮)하여 조육(棗肉)을 고(膏)로 만듦

환(丸)하여 〈오동자(梧桐子) 크기〉 30丸씩 복용(服用) : 〈소금탕(鹽湯)으로 복용〉

○ 주치(主治)

비신허약(脾腎虛弱)으로 인한 증상 : 식욕부진(食慾不振), 오경설사(五更泄瀉)

○ 효능(效能)

보비신(補脾腎), 삽장지사(澁腸止瀉)

○ 방제음양오행(方劑陰陽五行)

삽장고탈제(澁腸固脫劑)

336. 이중안회탕(理中安蛔湯)

○ 처방구성(處方構成)

천초(川椒), 오매(烏梅) 각 1g, 인삼(人蔘) 2g, 백출(白朮) 3g, 복령(茯苓) 3g,
초흑건강(炒黑乾薑) 1.5g

○ 용법(用法) : 수전복(水煎服)

밀환(蜜丸)하여 공복시 5g씩 1일 3회 복용(服用)

○ 주치(主治)

중양부진(中陽不振), 비위허한(脾胃虛寒), 회충출(蛔蟲出), 복통장명(腹痛腸鳴),
설태박백(舌苔薄白), 사지불온(四肢不溫), 변당뇨청(便溏尿淸), 맥허완(脈虛緩)

○ 효능(效能)

온중안회(溫中安蛔)

○ 방제음양오행(方劑陰陽五行)

구충제(驅虫劑)

337. 이중화담환(理中化痰丸)

○ 처방구성(處方構成)

인삼(人蔘), 초백출(炒白朮), 제반하(製半夏), 자감초(炙甘草), 건강(乾薑), 복령(茯苓) 각 등분(等分)

○ 용법(用法)

수(水)로 환(丸)하여 9g씩 복용

○ 주치(主治) : 비위허한(脾胃虛寒), 담연내정(痰涎內停)으로 인한 증상

구토식소(嘔吐食少), 해타담연(咳唾痰涎), 소화불량(消化不良), 대변부실(大便不實)

○ 효능(效能)

익기건비(益氣健脾), 온중화담(溫中化痰)

○ 방제음양오행(方劑陰陽五行)

온중거한제(溫中祛寒劑)

338. 이중환(理中丸)

○ 처방구성(處方構成)

인삼(人蔘), 자감초(炙甘草) 각 6~9g, 백출(白朮) 6~9g, 건강(乾薑) 5~9g

○ 용법(用法)

밀환(蜜丸)하여 9g씩 1일 2~3회 복용. 수전복(水煎服)가능, 온복(溫服)

○ 주치(主治) : 중초허한(中焦虛寒)으로 인한 증상

자리불탁(自痢不濁), 흉비(胸痺), 불욕음식(不慾飲食), 구토(嘔吐), 복통(腹痛),

곽란토리(霍亂吐利)

양허실혈(陽虛實血)로 인한 증상

변혈(便血), 비출혈(鼻出血), 붕루(崩漏), 소기(少氣), 안색창백(顔色蒼白), 맥세

허대무력(脈細虛大無力), 소아만경병후(小兒慢驚病後)의 증상

○ 효능(效能)

온중거한(溫中祛寒), 보기(補氣), 건비(健脾), 화위지구(和胃止嘔)

○ 방제음양오행(方劑陰陽五行)

온중거한제(溫中祛寒劑)

339. 이지환(二至丸)

○ 처방구성(處方構成)

동청자(동지월여정자〈冬靑子(冬至月女貞子)〉), 한련초(旱蓮草) 각 등분(等分)

○ 용법(用法)

한련초(旱蓮草)〈전즙농축고(煎汁濃縮膏)〉와 여정자(女貞子)〈증숙(蒸熟)한 분말

(粉末)〉로 밀환(蜜丸)하여 15g씩 아침, 저녁 복용

○ 주치(主治) : 간신음허(肝腎陰虛), 음허내열(陰虛內熱)로 인한 증상

두혼안화(頭昏眼花), 구고인건(口苦咽乾), 요슬산연(腰膝酸軟), 유정(遺精), 실면

다몽(失眠多夢), 하지위연(下肢痿軟), 조년발백(早年髮白), 맥세삭(脈細數)

○ 효능(效能)

보신양간(補腎養肝), 양음익정(養陰益精), 양혈(凉血)

○ 방제음양오행(方劑陰陽五行)

보음제(補陰劑)

340. 이진탕(二陳湯)

○ 처방구성(處方構成)

제반하(製半夏) 12~15g, 귤홍(橘紅) 9~15g, 자감초(炙甘草) 5g, 백복령(白茯苓) 9g

○ 용법(用法)

오매(烏梅) 1개, 생강(生薑) 3g을 넣고 수전복(水煎服)(1/3씩 복용 열복(熱服) 1일 3회

12g씩〈+오매1개+생강 3g〉 수전복(水煎服)

○ 주치(主治) 습담증(濕痰證)

해수담다(咳嗽痰多), 백색객담(白色咯痰), 두현심계(頭眩心悸), 오심구토(惡心嘔吐), 흉격비민(胸膈痞悶), 지체곤권(肢体困倦), 맥활(脈滑), 불사음식(不思飮食)

○ 효능(效能)

조습화담(燥濕化痰), 이기화중(理氣和中), 조습화위(燥濕和胃)

○ 방제음양오행(方劑陰陽五行)

조습화담제(燥濕化痰劑), 이기제(理氣劑)

341. 이출탕(二朮湯)

○ 처방구성(處方構成)

창출(蒼朮) 5g, 백출(白朮) 3g, 강활(羌活), 복령(茯苓), 위령선(威靈仙), 천남성(天南星), 황금(黃芩), 반하(半夏), 향부자(香附子), 진피(陳皮) 각 3g, 자감초(炙甘草), 생강(生薑) 각 2g

○ 용법(用法) : 수전복(水煎服)

3으로 나누어 1일 3회 복용

○ 주치(主治)

습비증(濕痹證)

○ 효능(效能)

거풍습(祛風濕), 이수(利水), 거담(祛痰), 이기(理氣), 화위(和胃), 청열조습(淸熱燥濕), 진통(鎭痛), 진경(鎭痙)

○ 방제음양오행(方劑陰陽五行)

거풍습제(祛風濕劑)

342. 이황탕(易黃湯)

○ 처방구성(處方構成)

초검실(炒芡實) 30g, 초산약(炒山藥) 30g, 황백(黃柏) 6g, 백과(白果) 10매(9g), 주초 차전자(酒炒 車前子) 3g

○ 용법(用法) 수전복(水煎服)

3으로 나누어 1일 3회

○ 주치(主治) 비허습열(脾虛濕熱)로 인한 증상

요산퇴연(腰痠腿軟), 황백대하(黃白帶下), 대하조점성취(帶下稠粘腥臭), 두현(頭眩), 맥유삭(脈濡數)

○ 효능(效能)

건비제습(健脾除濕), 청열지대(淸熱止帶)

○ 방제음양오행(方劑陰陽五行)

고붕지대제(固崩止帶劑)

343. 익원산(益元散)

○ 처방구성(處方構成)

육일산(六一散), 주사(朱砂)

○ 용법(用法)

등심탕(燈心湯)으로 복용. 9g씩 1일 2~3회

○ 주치(主治) : 서습증(暑濕證)

심계(心悸), 정충(怔忡), 실면(失眠), 다몽(多夢)

○ 효능(效能)

거서(祛署), 청심안신(淸心安神)

○ 방제음양오행(方劑陰陽五行)

거서이습제(祛署利濕劑)

○ 처방·용법 2

활석(滑石) 180g, 감초(甘草) 30g+주사(朱砂)

분말(粉末)하여 9g씩 1일 2~3회

344. 익위탕(益胃湯)

○ 처방구성(處方構成)

맥문동(麥門冬), 생지황(生地黃) 각 15g, 사삼(沙蔘)9g, 옥죽(玉竹) 5g, 빙사탕(氷砂糖) 3g

○ 용법(用法) : 수전복(水煎服)

3으로 나누어 1일 3회 복용

○ 주치(主治) : 위음허증(胃陰虛證)

구인건조(口咽乾燥), 구갈(口渴), 식욕부진(食慾不振), 맥세삭(脈細數)

○ 효능(效能)

생진(生津), 익위(益胃), 청허열(淸虛熱)

○ 방제음양오행(方劑陰陽五行)

보음제(補陰劑)

345. 인삼양영탕(人蔘養營湯)

- 처방구성(處方構成)

  십전대보탕(十全大補湯)-천궁(川芎)+오미자(五味子) 6g, 진피(陳皮) 6g, 원지(遠志) 5g

  인삼(人蔘) 30g, 황기(黃芪), 백출(白朮), 계심(桂心), 자감초(炙甘草), 진피(陳皮) 각 30g, 당귀(當歸) 30g, 제숙지황(製熟地黃), 복령(茯苓), 오미자(五味子) 각 20g, 초원지(炒遠志) 15g, 백작약(白芍藥) 90g

- 용법(用法) 산(散)하여 매번 12g씩 수전복(水煎服) 수전(水煎)시 대조(大棗) 2개, 생강(生薑) 3편 넣음

- 주치(主治) : 기혈구허증(氣血俱虛證)

  노적허손(勞積虛損), 심허경계(心虛驚悸), 호흡소기(呼吸少氣), 인건순조(咽乾脣燥)

- 효능(效能)

  익기(益氣), 보혈(補血), 양심(養心), 안신(安神), 기혈쌍보(氣血雙補)

- 방제음양오행(方劑陰陽五行)

  기혈쌍보제(氣血雙補劑)

346. 인삼패독산(人蔘敗毒散), 패독산(敗毒散)

- 처방구성(處方構成)

  인삼(人蔘), 세시호(洗柴胡), 전호(前胡), 지각(枳殼), 천궁(川芎), 강활(羌活), 독활(獨活), 복령(茯苓), 초길경(炒桔梗) 각 30g, 감초(甘草) 15g

- 용법(用法)

  산(散)하여 매번 6g씩 수전복(水煎服)〈水煎시 생강(生薑), 박하(薄荷) 넣음〉

- 주치(主治) : 체질허약(體質虛弱), 정기부족(正氣不足), 감모풍한습사(感冒風寒

濕邪)로 인한 증상(症狀)

증한장열(憎寒壯熱), 지체산통(肢体痠痛), 두항강통(頭項强痛), 무한(無汗), 흉격비만(胸膈痞滿), 해수유담(咳嗽有痰), 비색사성(鼻塞嗄聲), 맥부유(脈浮濡) 또는 맥부삭(脈浮數), 설태백니(舌苔白膩)

○ 효능(效能)

익기해표(益氣解表), 산풍거습(散風祛濕)

○ 방제음양오행(方劑陰陽五行)

부정해표제(扶正解表劑)

347. 인삼합개산(人蔘蛤蚧散)

○ 처방구성(處方構成)

인삼(人蔘) 60g, 합개(蛤蚧) 말린 것 1雙, 주세정(酒洗淨), 음건세말(陰乾細末), 초행인(炒杏仁), 자감초(炙甘草) 각 150g, 복령(茯苓), 패모(貝母), 지모(知母), 상백피(桑白皮) 각 60g

○ 용법(用法)

산(散)하여 아침·저녁 공복에 복용. 1회 6g씩

○ 주치(主治) : 구해폐허(久咳肺虛), 해구기천(咳久氣喘), 해토농혈(咳吐膿血), 담조색황(痰稠色黃), 흉중번열(胸中煩熱), 맥부허(脈浮虛), 면목부종(面目浮腫), 천촉흉만(喘促胸滿), 담중대혈(痰中帶血), 신체소수(身體消瘦)

○ 효능(效能)

익기청폐(益氣淸肺), 지해정천(止咳定喘), 보폐익비(補肺益脾)

○ 방제음양오행(方劑陰陽五行)

보기제(補氣劑), 보양제(補陽劑)

348. 인삼호도탕(人蔘胡桃湯)

○ 처방구성(處方構成)

인삼(人蔘) 6~8g, 호도(胡桃) 5개(15g), 생강(生薑) 5편(3g)

○ 용법(用法)

수전복(水煎服) : 3으로 나누어 공복 복용(空腹 服用)

○ 주치(主治)

폐신양허(肺腎陽虛), 해수기천(咳嗽氣喘)

○ 효능(效能)

보폐신(補肺腎), 정천(定喘)

○ 방제음양오행(方劑陰陽五行)

보기제(補氣劑), 보양제(補陽劑)

349. 인진사역탕(茵陳四逆湯)

○ 처방구성(處方構成)

인진호(茵陳蒿) 9~18g, 포건강(炮乾薑) 9g, 자감초(炙甘草) 3~6g, 숙부자(熟附子) 6~9g

○ 용법(用法)

수전복(水煎服): 1/3씩 1일 3회 복용

○ 주치(主治) : 한습내조(寒濕內阻), 음황증(陰黃證)

황색회암(黃色晦暗), 지체역냉(肢体逆冷), 신권식소(神倦食少), 맥세무력(脈細無力)

○ 효능(效能)

온리조양(溫裏助陽), 이습(利濕), 퇴황(退黃)

○ 방제음양오행(方劑陰陽五行)

청열거습제(淸熱祛濕劑)

350. 인진오령산(茵陳五苓散)

○ 처방구성(處方構成)

　　인진호말(茵陳蒿末) 10~12g, 오령산(五苓散) 5~6g

○ 용법(用法)

　　산(散)하여 6g씩 1일 3회 식전(食前)에 복용

○ 주치(主治)

　　습열황달(濕熱黃疸), 소변불리(小便不利), 습열(濕熱), 습중(濕重)

○ 효능(效能)

　　이습퇴황(利濕退黃)

○ 방제음양오행(方劑陰陽五行)

　　이수삼습제(利水滲濕劑)

351. 인진호탕(茵陳蒿湯)

○ 처방구성(處方構成)

　　인진(茵陳) 18~30g, 대황(大黃), 〈거피(去皮)〉 6~9g, 치자(梔子) 9~15g

○ 용법(用法)

　　수전복(水煎服)〈인진(茵陳)을 먼저 전(煎)한다〉

　　3분(分)하여 복용. 1일 3회 복용

○ 주치(主治) : 습열중초내울(濕熱中焦內鬱), 습열황달(濕熱黃疸)로 인한 증상

　　일신면목황색(一身面目黃色), 구중갈(口中渴), 소변불리(小便不利), 복부미창만

　　(腹部微脹滿), 맥침삭(脈沈數), 설태황니(舌苔黃膩)

○ 효능(效能)

　　청열이습(淸熱利濕), 퇴황(退黃), 통리(通利)

○ 방제음양오행(方劑陰陽五行)

　　청열거습제(淸熱祛濕劑)

352. 일관전(一貫煎)

○ 처방구성(處方構成)

생지황(生地黃) 30g, 구기자(枸杞子) 12~18g, 당귀신(當歸身), 북사삼(北沙蔘),

맥문동(麥門冬) 각 10g, 천련자(川楝子) 5g

○ 용법(用法) : 수전복(水煎服)

3으로 나누어 1일 3회 온복(溫服)

○ 주치(主治)

간신음허(肝腎陰虛), 혈조기울(血燥氣鬱)로 인한 증상, 맥현세(脈弦細), 탄산토고

(吞酸吐苦), 설홍소진(舌紅少津), 인건구조(咽乾口燥), 산기가취(疝氣瘕聚)

○ 효능(效能)

자양간신(滋養肝腎), 자음(滋陰), 소간이기(疏肝理氣)

○ 방제음양오행(方劑陰陽五行)

보음제(補陰劑)

353. 입효산(立效散)

○ 처방구성(處方構成)

방풍(防風), 세신(細辛), 승마(升麻) 각 2g, 용담초(龍膽草) 1g, 감초(甘草) 1.5g

○ 용법(用法) : 수전복(水煎服)

3으로 나누어 1일 3회 복용

○ 주치(主治)

두통(頭痛), 치통(齒痛), 염증성동통(炎症性疼痛)

○ 효능(效能)

지통(止痛), 청열(淸熱), 진통(鎭痛), 진경(鎭痙), 소염(消炎), 동통완해(疼痛緩

解)

○ 방제음양오행(方劑陰陽五行)

신온해표제(辛溫解表劑)

354. 자감초탕(炙甘草湯), 복맥탕(復脈湯)

○ 처방구성(處方構成)

자감초(炙甘草) 12g, 인삼(人蔘), 아교(阿膠) 각 6g, 생강(生薑), 계지(桂枝) 각 9g, 생지황(生地黃) 30g, 맥문동(麥門冬), 마인(麻仁) 각 10g, 대조(大棗) 10매

○ 용법(用法)

제약(諸藥) 달인 물에 청주(淸酒) 10ml넣고 아교(阿膠)를 따로 녹여 넣음

1/3씩 1일 3회 온복(溫服)

○ 주치(主治) : 기허혈약(氣虛血弱), 허로폐위(虛勞肺痿)로 인한 증상

결맥대맥(結脈代脈), 설광색담(舌光色淡), 심동심계(心動心悸), 소진(少津), 건해무담(乾咳無淡), 허번불면(虛煩不眠), 형수기단(形瘦氣短), 자한(自汗), 도한(盜汗), 허열(虛熱), 인건설조(咽乾舌燥), 맥허삭(脈虛數), 대변건결(大便乾結), 설홍소태(舌紅少苔)

○ 효능(效能)

익기자음(益氣滋陰), 익심기양(益心氣陽), 보혈복맥(補血復脈)

○ 방제음양오행(方劑陰陽五行)

기혈쌍보제(氣血雙補劑), 보혈제(補血劑), 기음쌍보제(氣陰雙補劑)

355. 자금정(紫金錠), 옥추단(玉樞丹)

○ 처방구성(處方構成)

산자고(山慈姑) 90g, 오배자(五倍子) 90g, 홍대극(紅大戟) 45g, 속수자상(續隨子

霜)(천금자상, 千金子霜), 웅황(雄黃), 주사(朱砂) 각 30g, 사향(麝香) 9g

○ 용법(用法)

찹쌀풀로 정제(錠劑)하여 0.6~1.5g씩 1일 2회 복용. 식초(食醋)에 갈아 외용(外用)

○ 주치(主治) : 예오담탁내온(穢惡痰濁內蘊)으로 인한 증상

완복창통(脘腹脹痛), 담궐(痰厥), 구토설사(嘔吐泄瀉), 저창절종(疽瘡癤腫)

○ 효능(效能)

개규화담(開竅化痰), 소종지통(消腫止痛), 벽예해독(辟穢解毒)

○ 방제음양오행(方劑陰陽五行)

개규제(開竅劑)

356. 자설단(紫雪丹)

○ 처방구성(處方構成)

석고(石膏), 자석(磁石), 한수석(寒水石), 활석(滑石) 1.5kg, 영양각(羚羊角), 서각(犀角), 침향(沈香), 청목향(靑木香) 각 150g, 승마(升麻), 현삼(玄蔘) 각 500g, 박초(朴硝) 5kg, 황금(黃芩) 3.1kg, 자감초(炙甘草) 240g, 초석(硝石) 96g, 정향(丁香) 30g, 주사(朱砂) 90g, 사향(麝香) 1.5.g

○ 용법(用法)

세말(細末)하고 성약(成藥)하여 1.5~3g씩 1일 2회 복용

○ 주치(主治) : 온열병(溫熱病), 열사치성(熱邪熾盛), 동풍상진(動風傷津)으로 인한 증상

고열번조(高熱煩躁), 경궐(痙厥), 신혼섬어(神昏譫語), 구갈순초(口渴脣焦), 요적변비(尿赤便秘)

○ 효능(效能)

청열개규(淸熱開竅), 진경안신(鎭痙安神), 청열해독(淸熱解毒), 식풍(熄風)

357. 자생탕(資生湯), 자생건비환(資生健脾丸)

○ 처방구성(處方構成)

인삼(人蔘), 백출(白朮) 각 12g, 맥아(麥芽), 신국(神麴), 진피(陳皮) 각 9g, 산약(山藥), 복령(茯苓), 연자(蓮子), 검실(芡實), 의이인(薏苡仁) 각 9g, 자감초(炙甘草) 6g, 길경(桔梗), 곽향(藿香), 백두구(白豆蔲), 백편두(白扁豆) 각 5g, 축사(縮砂), 택사(澤瀉), 산사자(山査子) 각 9g, 황련(黃連) 2g

○ 용법(用法)

세말(細末)하여 9g씩 수전(水煎)하여 복용(服用)

○ 주치(主治) : 비위기허약(脾胃氣虛弱), 습열(濕熱)로 인한 증상

소화불량(消化不良), 음식정체(飮食停滯), 복부팽만(腹部膨滿), 변당(便溏), 식욕부진(食慾不振), 오심구토(惡心嘔吐), 불소화하리(不消化下痢), 소수핍력(消瘦乏力)

○ 효능(效能)

보기건비(補氣健脾), 조화비위(調和脾胃), 익기안태(益氣安胎), 조리비위(調利脾胃), 이기화습(理氣化濕), 소도이기(消導理氣), 이수(利水), 지사지구(止瀉止嘔)

○ 방제음양오행(方劑陰陽五行)

보기제(補氣劑)

358. 자음강화탕(滋陰降火湯)

○ 처방구성(處方構成)

당귀(當歸) 4g, 천문동(天門冬), 맥문동(麥門冬), 생지황(生地黃), 숙지황(熟地

黃), 백출(白朮) 각 3g, 백작약(白芍藥) 7g, 지모(知母), 황백(黃柏), 진피(陳皮), 자감초(炙甘草), 대조(大棗), 생강(生薑) 각 2g

○ 용법(用法)

수전복(水煎服). 3으로 나누어 1일 3회

○ 주치(主治) : 폐신음허(肺腎陰虛), 음허화왕증(陰虛火旺證)

건해(乾咳), 점담(粘痰), 상기(上氣), 신열(身熱), 도한(盜汗), 요슬무력(腰膝無力), 맥세삭(脈細數)

○ 효능(效能)

보혈자음(補血滋陰), 자보폐신(滋補肺腎), 청열(淸熱)

○ 방제음양오행(方劑陰陽五行)

보음제(補陰劑)

359. 자음지보탕(滋陰至寶湯)

○ 처방구성(處方構成)

당귀(當歸), 백작약(白芍藥), 시호(柴胡), 백출(白朮), 맥문동(麥門冬), 복령(茯苓), 지모(知母), 지골피(地骨皮)각 6g, 향부자(香附子), 천패모(川貝母), 자감초(炙甘草), 진피(陳皮) 각 3g, 박하(薄荷) 2g

○ 용법(用法)

수전복(水煎服). 3으로 나누어 (3分) 1일 3회 복용

○ 주치(主治)

폐음허(肺陰虛), 간기울결(肝氣鬱結), 비허(脾虛), 혈허(血虛), 간기승비(肝氣乘脾)

○ 효능(效能)

소간해울(疏肝解鬱), 보혈(補血), 이기(理氣), 건비(健脾), 자음청열(滋陰淸熱), 보혈(補血), 조경(調經), 윤조화담(潤燥化痰)

○ 방제음양오행(方劑陰陽五行)

화해제(和解劑)

360. 자주환(磁朱丸)

○ 처방구성(處方構成)

자석(磁石) 60g, 주사(朱砂) 30g, 신국(神麯) 120g

○ 용법(用法)

밀환(蜜丸)하여 6g씩 복용(服用) 1일 2회

○ 주치(主治) : 신음부족(腎陰不足), 심양편항(心陽偏亢), 수화부제(水火不濟) 심신불교(心腎不交)로 인한 증상

심계실면(心悸失眠), 시물혼화(視物昏花), 이명이농(耳鳴耳聾), 전간(癲癎), 다몽이경(多夢易驚)

○ 효능(效能)

중진안신(重鎭安神), 잠양명목(潛陽明目), 익음잠양(益陰潛陽), 청심(淸心)

○ 방제음양오행(方劑陰陽五行)

중진안신제(重鎭安神劑)

361. 작약탕(芍藥湯)

○ 처방구성(處方構成)

작약(芍藥) 15~20g, 당귀(當歸), 황금(黃芩), 대황(大黃) 각 9g, 황련(黃連) 5~9g, 목향(木香), 빈랑(檳榔), 초감초(炒甘草) 각 6g, 관계(官桂 : 肉桂) 3~5g

○ 용법(用法) : 산(散)하여 15g씩 수전복(水煎服), 식후온복(食後溫服)

○ 주치(主治) : 습열옹체(복중)〈濕熱壅滯(腹中)〉로 인한 증상(症狀)

적백리하(赤白痢下), 복통변농혈(腹痛便膿血), 이급후중(裏急後重), 소변단적(小便短赤), 항문작열(肛門灼熱), 제복동통(臍腹疼痛), 설홍(舌紅), 설태황니(舌苔黄膩)

○ 효능(效能)

조기화혈(調氣和血), 청열조습(淸熱燥濕), 해독(解毒), 기혈조화(氣血調和)

○ 방제음양오행(方劑陰陽五行)

청장부열제(淸臟腑熱劑), 청열이습제(淸熱利濕劑)

362. 작약감초탕(芍藥甘草湯)

○ 처방구성(處方構成)

자감초(炙甘草) 9g, 백작약(白芍藥) 30g

○ 용법(用法) : 수전복(水煎服)

3으로 나누어 1일 3회 복용

○ 주치(主治)

경련성 동통(痙攣性 疼痛)

○ 효능(效能)

평간(平肝), 진통(鎭痛), 진경(鎭痙), 진정(鎭靜), 지통(止痛)

○ 방제음양오행(方劑陰陽五行)

화해제(和解劑)

363. 작약감초부자탕(芍藥甘草附子湯)

○ 처방구성(處方構成)

부자(附子) 5g, 자감초(炙甘草) 9g, 백작약(白芍藥) 30g

○ 용법(用法) : 수전복(水煎服)

3으로 나누어 (分하여) 1일 3회 복용

○ 주치(主治) : 한증(寒證)

경련성 동통(痙攣性 疼痛)

○ 효능(效能)

산한(散寒), 해경지통(解痙止痛), 순환개선(循環改善), 진경진통(鎭痙鎭痛)

○ 방제음양오행(方劑陰陽五行)

화해제(和解劑)

364. 잠시탕(蠶矢湯)

○ 처방구성(處方構成)

만잠사(晩蠶沙) 15g, 대두황권(大豆黃卷), 생의이인(生薏苡仁) 각 12g, 강즙초천련(薑汁炒川連), 진모과(陳木瓜) 각 9g, 초산치자(焦山梔子) 5g, 제반하(製半夏), 주초황금(酒炒黃芩), 통초(通草) 각 3g, 포담진오수유(泡淡陳吳茱萸) 1g

○ 용법(用法) : 수전복(水煎服)

1/3씩 복용

○ 주치(主治) : 습열내온(濕熱內蘊)으로 인한 증상

곽란토사(霍亂吐瀉), 구갈번조(口渴煩躁), 복통전근(腹痛轉筋), 설태황(舌苔黃), 맥유삭(脈濡數)

○ 효능(效能)

청열이습(淸熱利濕), 승청강탁(升淸降濁)

○ 방제음양오행(方劑陰陽五行)

청열거습제(淸熱祛濕劑)

365. 재조산(再造散)

○ 처방구성(處方構成)

인삼(人蔘) 3g, 황기(黃芪) 6g, 계지(桂枝), 숙부자(熟附子), 방풍(防風), 천궁 (川芎), 강활(羌活), 생강(生薑) 각 3g, 감초(甘草) 1.5g, 세신(細辛) 2g

○ 용법(用法) : 수전복(水煎服)

3으로 나누어 1일 3회

○ 주치(主治) : 양기허약(陽氣虛弱)으로 인한 증상(症狀)

감모풍한(感冒風寒), 열경한중(熱輕寒重), 두통신열(頭痛身熱), 오한(惡寒), 권태 기와(倦怠嗜臥), 무한(無汗), 지냉(肢冷), 면색창백(面色蒼白), 설담태백(舌淡苔 白), 언어저미(言語低微), 맥침무력(脈沈無力)

○ 효능(效能)

조양익기(助陽益氣), 신온발한해표(辛溫發汗解表)

○ 방제음양오행(方劑陰陽五行)

부정해표제(扶正解表劑)

○ 처방,용법 2

防風, 桂枝, 川芎, 羌活, 熟附子, 白芍藥, 生薑 각 6g, 人蔘 3g, 黃芪 6~9g, 細辛, 炙甘草, 大棗 각 3g을 수전(水煎)하여 1/3씩 1일 3회 복용

366. 저당탕(抵當湯), 저당환(抵當丸)

○ 처방구성(處方構成)

도인(桃仁) 5~9g, 수질(水蛭), 맹충(䖟蟲) 각 9g, 주세대황(酒洗大黃) 9g

○ 용법(用法)

밀환(蜜丸)하여 3g씩 1일 1회 복용. 수전복(水煎服)

○ 주치(主治) : 하초축혈(下焦蓄血)로 인한 증상

소복경만(小腹硬滿), 발광(發狂), 선망(善忘), 소변자리(小便自利), 맥침지(脈沈

遲), 혈어경폐(血瘀經閉), 어열호결(瘀血互結)

○ 효능(效能)

축혈공축(蓄血攻逐)

○ 방제음양오행(方劑陰陽五行)

활혈거어제(活血祛瘀劑)

367. 저령탕(猪苓湯)

○ 처방구성(處方構成)

저령(猪苓), 택사(澤瀉), 복령(茯苓), 활석(滑石), 아교(阿膠) 각 9g

○ 용법(用法) : 수전복(水煎服)

1/3씩 1일 3회 복용.(아교는 약 달인 물에 녹인다)

○ 주치(主治) : 수열호결(水熱互結)로 인한 증상

발열(發熱), 소변불리(小便不利), 구갈욕음(口渴欲飮), 해수(咳嗽), 심번불침(心煩不浸), 구오(嘔惡), 소변삽통(小便澁痛), 소복만통(小腹滿痛)

○ 효능(效能)

이수청열(利水淸熱), 양음(養陰)

○ 방제음양오행(方劑陰陽五行)

이수삼습제(利水滲濕劑), 이수소종제(利水消腫劑)

368. 적석지우여량탕(赤石脂禹餘糧湯)

○ 처방구성(處方構成)

적석지(赤石脂) 30g, 우여량(禹餘糧) 30g

○ 용법(用法) : 수전복(水煎服)

1/3씩 복용. 온복(溫服)

○ 주치(主治)

구사리(久瀉痢), 활설불금(滑泄不禁)

○ 효능(效能)

삽장지사(澁腸止瀉), 수렴(收斂), 고삽(固澁)

○ 방제음양오행(方劑陰陽五行)

삽장고탈제(澁腸固脫劑)

369. 정간환(定癎丸)

○ 처방구성(處方構成)

천마(天麻), 반하(半夏, 강즙초(薑汁炒)), 천패모(川貝母), 증복령(蒸茯苓), 증복신(蒸茯神) 각 30g, 담남성(膽南星), 전갈(全蝎, 거미 去尾), 석창포(石菖蒲), 초강잠(炒薑蠶), 감초(甘草), 등심초(燈芯草), 진호박(眞琥珀)〈부자(腐煮)〉각 15g, 원지(遠志), 진피(陳皮) 각 20g, 주증단삼(酒蒸丹蔘), 맥문동(麥門冬) 각 60g, 진사(辰砂) 9g

○ 용법(用法) 위 藥의 분말(粉末), 감초(甘草) 120g 달인 것(膏), 생강즙(生薑汁) 50ml, 죽력(竹瀝) 100ml를 합하고 환(丸)으로 하여 6g씩 복용(1일 2회) 조석온복(朝夕溫服)

○ 주치(主治) : 담열내요(痰熱內擾), 간풍협담상역(肝風挾痰上逆), 간증(癎證) 현화도지(眩臥倒地), 담연직류(痰涎直流), 목사구왜(目斜口歪), 전광(癲狂), 계종추철(瘈瘲抽掣)

○ 효능(效能)

척담식풍(滌痰熄風), 안신개규(安神開竅)

○ 방제음양오행(方劑陰陽五行)

치풍화담제(治風化痰劑)

370. 정력대조사폐탕(葶藶大棗瀉肺湯)

○ 처방구성(處方構成)

정력자(葶藶子) 9g, 대조(大棗) 12매(6g)

○ 용법(用法) : 수전복(水煎服)〈돈복(頓服)

○ 주치(主治)

담연옹성(痰涎壅盛), 폐기조색(肺氣阻塞), 해천(咳喘), 흉만(胸滿), 수음정적(水飮停積), 폐중담수(肺中痰水)

○ 효능(效能)

사폐행수(瀉肺行水), 하기평천(下氣平喘), 거담(祛痰), 이수(利水)

○ 방제음양오행(方劑陰陽五行)

청장부열제(淸臟腑熱劑), 이수소종제(利水消腫劑)

371. 정지환(定志丸)

○ 처방구성(處方構成)

복령(茯苓), 복신(茯神), 인삼(人蔘) 각 60(~90g), 원지(遠志), 창포(菖蒲) 각 60g, 주사(朱砂) 15g(~30g)

○ 용법(用法)

밀환(蜜丸)할 때 추가. 주사(朱砂) 15g으로 옷을 입힌다. 6g씩 취침시 복용

○ 주치(主治)

야와불안(夜臥不安), 심겁선노(心怯善怒)

○ 효능(效能)

보심익지(補心益智), 진겁(鎭怯), 안신(安神)

○ 방제음양오행(方劑陰陽五行)

자양안신제(滋養安神劑)

372. 정천탕(定喘湯)

○ 처방구성(處方構成)

마황(麻黃) 6~9g 백과(白果)〈은행(銀杏)〉 9~12g, 행인(杏仁), 관동화(款冬花), 상백피(桑白皮) 각 9g, 제반하(製半夏) 9g, 소자(蘇子) 6~9g, 황금(黃芩) 6g, 감초(甘草) 3g

○ 용법(用法) : 수전복(水煎服)

2로 나누어 서서히 복용

○ 주치(主治) : 풍한외속(風寒外束), 담열내온(痰熱內蘊)으로 인한 증상

담조색황(痰稠色黃), 담다기급(痰多氣急), 효천(哮喘), 해수(咳嗽), 오한발열(惡寒發熱), 맥활삭(脈滑數), 설태황(舌苔黃)

○ 효능(效能)

선폐강기(宣肺降氣), 거담평천(祛痰平喘), 청설폐열(淸泄肺熱)

○ 방제음양오행(方劑陰陽五行)

강기제(降氣劑), 지해평천제(止咳平喘劑)

373. 정향시체탕(丁香柿蒂湯)

○ 처방구성(處方構成)

정향(丁香) 6g, 시체(柿蒂) 6~9g, 생강(生薑) 6~9g, 인삼(人蔘) 3~9g

○ 용법(用法) : 수전복(水煎服) 1/3씩 1일 3회

○ 주치(主治)

위기허한(胃氣虛寒), 한기상역(寒氣上逆), 위실화강(胃實和降), 흉비(胸痞), 구토(嘔吐), 애역(呃逆), 흉민(胸悶), 맥침지(脈沈遲), 설태담백(舌苔淡白)

○ 효능(效能)

익기온중(益氣溫中), 강역(降逆), 지애(止呃), 산한(散寒)

○ 방제음양오행(方劑陰陽五行)

강기제(降氣劑), 온리거한제(溫裏祛寒劑)

374. 제생신기환(濟生腎氣丸), 가미신기환(加味腎氣丸), 우차팔미환(牛車八味丸), 우차신기환(牛車腎氣丸)

○ 처방구성(處方構成)

신기환(腎氣丸)-계지(桂枝)+육계(肉桂) 3g+차전자(車前子) 9g, 천우슬(川牛膝) 6g

숙지황(熟地黃), 관계(官桂), 천우슬(川牛膝) 각 15g, 초산약(炒山藥), 산수유(山茱萸), 복령(茯苓), 택사(澤瀉), 목단피(牧丹皮), 차전자(車前子) 각 30g, 포부자(炮附子) 2개

○ 용법(用法)

밀환(蜜丸)하여 복용. 9~15g씩 1일 2회 복용

○ 주치(主治) : 신양부족(腎陽不足)으로 인한증상

소변불리(小便不利), 요중각종(腰重脚腫), 수종(水腫)

○ 효능(效能)

신양온보(腎陽溫補),이수소종(利水消腫)

○ 방제음양오행(方劑陰陽五行)

보양제(補陽劑)

375. 제천전(濟川煎)

○ 처방구성(處方構成)

당귀(當歸) 9~15g, 육종용(肉蓯蓉)〈주세거함(酒洗去鹹)〉 6~9g, 우슬(牛膝) 6g,

택사(澤瀉) 4.5g, 승마(升麻) 1.5~3g, 지각(枳殼) 3g

○ 용법(用法) : 수전복(水煎服), 식전복용(食前服用)

나누어 복용

○ 주치(主治) : 신허기약(腎虛氣弱)으로 인한 증상(症狀)

소변청장(小便清長), 대변비결(大便秘結), 요배산냉(腰背痠冷), 두목현훈(頭目眩暈), 요슬산연(腰膝痠軟), 수족궐냉(手足厥冷)

○ 효능(效能)

윤장통변(潤腸通便), 온신익정(溫腎益精), 양혈(養血), 중초온보(中焦溫補)

○ 방제음양오행(方劑陰陽五行)

윤하제(潤下劑)

376. 조위승기탕(調胃承氣湯)

○ 처방구성(處方構成)

청주세대황(清酒洗大黃) 12g, 자감초(炙甘草) 6g, 망초(芒硝) 12g

○ 용법(用法) : 大黃, 甘草 달인 물로 망초(芒硝) 넣어 달여(거품제거) 복용. 돈복(頓服)

○ 주치(主治) : 양명병(陽明病), 위장조열(胃腸燥熱) 증상

대변불통(大便不通), 복중창만(腹中脹滿), 발열(發熱), 구갈(口渴), 심번(心煩), 황설태(黃舌苔), 섬어(譫語), 활삭맥(滑數脈), 구치인후종통(口齒咽喉腫痛), 발반토혈(發斑吐血)

○ 효능(效能)

열결완하(熱結緩下)

○ 방제음양오행(方劑陰陽五行)

한하제(寒下劑)

377. 조중익기탕(調中益氣湯)

○ 처방구성(處方構成)

황기(黃芪) 15g, 창출(蒼朮), 목향(木香), 진피(陳皮) 각 9g, 당삼(黨蔘) 12g, 승마(升麻) 6g, 시호(柴胡), 자감초(炙甘草) 각 3g

○ 용법(用法) : 수전복(水煎服)

3으로 나누어 1일 3회 복용

○ 주치(主治) : 중기하함(中氣下陷), 습증(濕證)

복부창만(腹部脹滿), 신체곤중(身体困重), 맥활연(脈滑軟), 설태백니(舌苔白膩)

○ 효능(效能)

보기(補氣), 승양거함(升陽擧陷), 건비(健脾), 화습(化濕)

○ 방제음양오행(方劑陰陽五行)

보기제(補氣劑)

378. 좌귀음(左歸飮)

○ 처방구성(處方構成)

숙지황(熟地黃) 8~9g(~15g), 구기자(枸杞子) 6~9g), 산약(山藥) 6~12g, 산수유(山茱萸) 5~9g, 자감초(炙甘草) 3g, 복령(茯苓) 4~6g(~9g)

○ 용법(用法)

수전복(水煎服)〈1/3씩 1일 3회 복용〉

○ 주치(主治) : 진음부족(眞陰不足), 허열내생(虛熱內生)으로 인한 증상

두훈(頭暈), 목현(目眩), 요산무력(腰酸無力), 도한(盜汗), 구갈욕음(口渴欲飮), 유정몽설(遺精夢泄), 구조인건(口燥咽乾), 설질광홍(舌質光紅), 맥세삭(脈細數)

○ 효능(效能)

자신(滋腎), 양간(養肝), 익비(益脾), 양음보신(養陰補腎)

○ 방제음양오행(方劑陰陽五行)

보음제(補陰劑)

379. 좌귀환(左歸丸)

○ 처방구성(處方構成)

숙지황(熟地黃) 240g, 산수유(山茱萸), 초산약(炒山藥), 구기자(枸杞子), 토사자(菟絲子), 귀판교(龜板膠), 초주녹교(炒珠鹿膠) 각 120g, 천우슬(川牛膝) 90g(주세증열(酒洗蒸熱)

○ 용법(用法)

밀환(蜜丸)하여 15g씩 조석(朝夕) 복용. 또는 6g씩 1일 2~3회 복용〈담염탕(淡鹽湯)으로 복용〉

○ 주치(主治) : 진음부족(眞陰不足)으로 인한증상

두목현훈(頭目眩暈), 유정(遺精), 활설(滑泄), 요산퇴연(腰痠腿軟), 구조인건(口燥咽乾), 자한도한(自汗盜汗), 설광소태(舌光少苔), 갈욕음수(渴欲飮水), 맥세삭(脈細數), 허손상음(虛損傷陰), 기허(氣虛)

○ 효능(效能)

자음보신(滋陰補腎), 간신진음전보(肝腎眞陰塡補)

○ 방제음양오행(方劑陰陽五行)

보음제(補陰劑)

380. 좌금환(左金丸)

○ 처방구성(處方構成)

황련(黃連) 180g, 오수유(吳茱萸) 15~30g 또는 〈황련 6~18g, 오수유 1~3g)

○ 용법(用法)

분말(粉末)하고 환(丸)하여 2~3g씩 복용 또는 〈황련 6~18g, 오수유 1~3g〉

수전복(水煎服)

○ 주치(主治) : 간화범위(肝火犯胃), 간경울화(肝經鬱火)로 인한 증상

협륵창통(脇肋脹痛), 완비애기(脘痞噯氣), 구토구고(嘔吐口苦), 조잡탄산(嘈雜吞

酸), 설홍태황(舌紅苔黃), 맥현삭(脈弦數)

○ 효능(效能)

청열간화(淸熱肝火), 강역지구(降逆止嘔)

○ 방제음양오행(方劑陰陽五行)

청장부열제(淸臟腑熱劑)

381. 주경환(駐景丸)

○ 처방구성(處方構成)

숙지황(熟地黃) 120g, 토사자(菟絲子) 150g, 차전자(車前子) 60g

○ 용법(用法) : 밀환(蜜丸)하여 6~12g씩 석창포(石菖蒲), 복령(茯苓) 달인 물로

식전(食前)에 복용

○ 주치(主治) : 간신음허(肝腎陰虛)로 인한 증상

목혼(目昏), 시력약화(視力弱化)

○ 효능(效能)

자보간신(滋補肝腎), 명목(明目)

○ 방제음양오행(方劑陰陽五行)

보음제(補陰劑)

382. 주사안신환(朱砂安神丸)

- ○ 처방구성(處方構成)

  주사(朱砂) 15g, 자감초(炙甘草) 16g, 황련(黃連) 18g, 당귀(當歸), 생지황(生地黃) 각 8g

- ○ 용법(用法)

  환(丸)하여 6~9g씩 복용(취침전 복용) 또는 1/3씩 수전복(水煎服)〈주사(朱砂) : 갈아서 수비(水飛)〉

- ○ 주치(主治) : 심화편항(心火偏亢), 음혈부족(陰血不足)으로 인한 증상

  경계(驚悸), 정충(怔忡), 심번(心煩), 실면다몽(失眠多夢), 심흉번열(心胸煩熱), 흉중오뇌(胸中懊憹), 맥세삭(脈細數), 설홍(舌紅)

- ○ 효능(效能)

  진심안신(鎭心安神), 사화양음(瀉火養陰), 청열양혈(淸熱涼血)

- ○ 방제음양오행(方劑陰陽五行)

  안신제(安神劑)

383. 주차환(舟車丸)

- ○ 처방구성(處方構成)

  견우자(牽牛子, 흑축(黑丑) 120g, 원화(芫花), 감수(甘遂 구은 것), 대극(大戟 기름이나 식초에 볶음) 각 30g, 대황(大黃) 60g, 진피(陳皮), 청피(靑皮), 빈랑(檳榔), 목향(木香) 각 15g, 경분(輕粉) 3g

- ○ 용법(用法)

  환(丸)하여 3~6g씩 1일 1회 아침 공복시 복용

- ○ 주치(主治)

  수열내옹(水熱內壅), 기기조체(氣機阻滯), 수종수창(水腫水脹), 대소변비(大小便

秘), 구갈(口渴), 기조복견(氣粗腹堅), 침삭유력맥(沈數有力脈)

○ 효능(效能)

행기축수(行氣逐水), 공축수음(攻逐水飮)

○ 방제음양오행(方劑陰陽五行)

축수제(逐水劑)

384. 죽엽석고탕(竹葉石膏湯)

○ 처방구성(處方構成)

담죽엽(淡竹葉) 15g, 갱미(粳米), 맥문동(麥門冬) 각 15g, 석고(石膏) 30g, 제반하(製半夏) 6~9g, 인삼(人蔘) 6g, 자감초(炙甘草) 3g

○ 용법(用法)

石膏는 선전(先煎)한다. 수전복(水煎服), 1/3씩 1일 3회

○ 주치(主治) : 온열(溫熱), 상한(傷寒), 서병(暑病) 후기〈여열(餘熱)〉, 기진양상(氣津兩傷)으로 인한 증상

신열다한(身熱多汗), 허번불침(虛煩不寢), 기역욕구(氣逆欲嘔), 심흉번민(心胸煩悶), 구건희음(口乾喜飮), 순조(脣燥), 설홍태소(舌紅苔少), 허삭맥(虛數脈), 번갈(煩渴), 허리소기(虛羸少氣)

○ 효능(效能)

청열(淸熱), 생진(生津), 익기화위(益氣和胃), 양음(養陰)

○ 방제음양오행(方劑陰陽五行)

청기분열제(淸氣分熱劑)

385. 죽엽유방탕(竹葉柳蒡湯)

○ 처방구성(處方構成)

담죽엽(淡竹葉) 6g, 서하유(西下柳) 15g, 형개수(荊芥穗) 3g, 건갈(乾葛) 4.5g, 초우방자(炒牛蒡子) 4.5g, 선태(蟬蛻), 박하(薄荷), 지모(知母), 감초(甘草) 각 3g, 현삼(玄蔘) 6g, 맥문동(麥門冬) 9g

○ 용법(用法) : 수전복(水煎服)〈1/3씩 1일 3회〉

○ 주치(主治)

사진(痧疹)의 투발불출(透發不出), 번민조란(煩悶躁亂), 해천수(咳喘嗽), 인후종통(咽喉腫痛), 고열무한(高熱無汗)

○ 효능(效能)

투진해표(透疹解表), 청열생진(清熱生津), 청설폐위(清泄肺胃)

○ 방제음양오행(方劑陰陽五行)

신량해표제(辛凉解表劑)

386. 중화탕(中和湯)

○ 처방구성(處方構成)

진피(陳皮), 인삼(人蔘) 각 6g, 황기(黃芪), 당귀(當歸), 백출(白朮), 백지(白芷) 각 4.5g, 천궁(川芎), 복령(茯苓), 초조각자(炒皂角刺), 몰약(沒藥), 유향(乳香), 금은화(金銀花), 감초(甘草) 각 3g

○ 용법(用法)

수(水)와 주(酒)를 반씩 넣고 수전복(水煎服)

○ 주치(主治)

옹양반음반양증(癰瘍半陰半陽證), 만종미통(漫腫微痛), 원기부족(元氣不足), 설홍불열(舌紅不熱)

○ 효능(效能)

보기양혈(補氣養血), 탁독투산(托毒透散)

○ 방제음양오행(方劑陰陽五行)

치외양제(治外瘍劑), 치음증옹양제(治陰證癰瘍劑)

387. 증액탕(增液湯)

○ 처방구성(處方構成)

현삼(玄蔘) 30g, 세생지황(細生地黃), 맥문동(麥門冬) 각 24g

○ 용법(用法) : 수전복(水煎服), 3으로 나누어 복용

○ 주치(主治) : 양명온병(陽明溫病), 음휴장조증(陰虧腸燥證), 진액부족증(津液不足症)

대변비결(大便秘結), 맥침무력(脈沈無力), 구갈(口渴), 설질홍(舌質紅)

○ 효능(效能)

증액청열(增液淸熱), 윤조통변(潤燥通便), 양음(養陰)

○ 방제음양오행(方劑陰陽五行)

자음윤조제(滋陰潤燥劑), 보음제(補陰劑)

388. 증액승기탕(增液承氣湯)

○ 처방구성(處方構成)

현삼(玄蔘) 30g, 세생지황(細生地黃), 맥문동(麥門冬) 각 24g, 대황(大黃) 9g, 망초(芒硝) 5g

○ 용법(用法)

수전(水煎)하여 복용(2 또는 3으로 나누어 복용)

○ 주치(主治) : 양명온병(陽明溫病), 열결음휴(熱結陰虧)로 인한 증상(症狀)

하지(下之, 下焦) 불통(不通), 조시불행(燥屎不行), 대변조결(大便燥結)

○ 효능(效能)

자음증액(滋陰增液), 사열(瀉熱), 윤장(潤腸), 통변(通便), 연견윤조(軟堅潤燥)

○ 방제음양오행(方劑陰陽五行)

사하제(瀉下劑), 공보겸시제(攻補兼施劑)

389. 지경산(止痙散)

○ 처방구성(處方構成)

오공(蜈蚣), 전갈(全蝎) 각 등분(等分)

○ 용법(用法)

분말(粉末)하여 1~1.5g씩 복용. 1일 2~3회

○ 주치(主治)

중풍경추(中風痙抽), 경궐(痙厥), 사지추축(四肢抽搐), 관절통(關節痛), 두통(頭痛)

○ 효능(效能)

거풍지경(祛風止痙), 지통(止痛)

○ 방제음양오행(方劑陰陽五行)

소산외풍제(疏散外風劑)

390. 지백지황환(知柏地黃丸), 지백팔미환(知柏八味丸)

○ 처방구성(處方構成)

육미지황환(六味地黃丸)＋지모(知母) 60g, 황백(黃柏) 60g

○ 용법(用法)

밀환(蜜丸)하여 9g씩 1일 2~3회 복용 또는 수전복(水煎服)

○ 주치(主治) : 음허화왕(陰虛火旺)으로 인한 증상

허번도한(虛煩盜汗), 골증노열(骨蒸勞熱), 유정(遺精), 요척산통(腰脊痠痛)

○ 효능(效能)

자음강화(滋陰降火)

○ 방제음양오행(方劑陰陽五行)

보음제(補陰劑)

391. 지보단(至寶丹)

○ 처방구성(處方構成)

주사(朱砂), 생오서설(生烏犀屑), 웅황(雄黃), 호박(琥珀), 생대모설(生玳瑁屑) 각 20~30g, 용뇌(龍腦), 사향(麝香) 각 7.5g, 우황(牛黃) 15g, 안식향(安息香) 45g, 금박(金箔)

○ 용법(用法)

밀환(蜜丸)하여 3g씩 1일 복용

○ 주치(主治) : 열사담탁(熱邪痰濁)으로 인한 증상

신열번조(身熱煩躁), 신혼섬어(神昏譫語), 담성기조(痰盛氣粗), 맥활삭(脈滑數), 설홍태황구니(舌紅苔黃垢膩)

○ 효능(效能)

청열개규(淸熱開竅), 화탁해독(化濁解毒), 활담해독(豁痰解毒)

○ 방제음양오행(方劑陰陽五行)

양개제(凉開劑)

392. 지수산(止嗽散)

○ 처방구성(處方構成)

초길경(炒桔梗), 증자원(蒸紫菀), 형개(荊芥), 증백부(蒸百部), 증백전(蒸白前) 각 1kg, 초감초(炒甘草) 375g, 진피(陳皮) 500g

○ 용법(用法)

분말(粉末)하여 6g씩 복용

○ 주치(主治) : 풍한범폐(風寒犯肺)로 인한 증상

미유오한발열(微有惡寒發熱), 해수인양(咳嗽咽痒), 설태백(舌苔白), 맥부(脈浮)

○ 효능(效能)

지해화담(止咳化痰), 소풍해표(疏風解表), 소표선폐(疏表宣肺)

○ 방제음양오행(方劑陰陽五行)

치풍화담제(治風化痰劑), 지해평천제(止咳平喘劑)

393. 지실도체환(枳實導滯丸)

○ 처방구성(處方構成)

지실(枳實, 麩炒) 15g, 대황(大黃) 30g, 초신국(炒神麴) 15g, 황금(黃芩), 복령(茯苓), 황련(黃連), 백출(白朮) 각 9g, 택사(澤瀉) 6g

○ 용법(用法)

수범소환(水氾小丸)하여 6∼9g씩 1일 2회 복용

○ 주치(主治) : 습열식적(濕熱食積), 내조장위(內阻腸胃)로 인한 증상

완복창통(脘腹脹痛), 대변비결(大便秘結), 하리설사(下痢泄瀉), 동통(疼痛), 소변단적(小便短赤), 맥침유력(脈沈有力)

○ 효능(效能)

소적도체(消積導滯), 공적사열(攻積瀉熱), 청열거습(淸熱祛濕), 보비(補脾)

○ 방제음양오행(方劑陰陽五行)

소식도체제(消食導滯劑), 이기제(理氣劑)

394. 지실소비환(枳實消痞丸)

○ 처방구성(處方構成)

지실(枳實) 15g, 황련(黃連) 15g, 건강(乾薑) 3g, 백출(白朮), 자감초(炙甘草), 맥아국(麥芽麴), 백복령(白茯苓) 각 6g, 인삼(人蔘), 반하국(半夏麴) 각 9g, 자후박(炙厚朴) 12g

○ 용법(用法)

호환(糊丸) 또는 〈수범소환(水汜小丸)〉하여 6~9g씩 복용(1일 2회) 또는 수전복(水煎服)

○ 주치(主治) : 비허기체(脾虛氣滯), 한열호결비증(寒熱互結痞證)

심하비만(心下痞滿), 권태핍력(倦怠乏力), 불욕음식(不欲飮食), 대변부조(大便不調)

○ 효능(效能)

소비제만(消痞除滿), 청열조습(淸熱燥濕), 건비화위(健脾和胃)

○ 방제음양오행(方劑陰陽五行)

소비화적제(消痞化積劑)

395. 지실작약산(枳實芍藥散)

○ 처방구성(處方構成)

지실(枳實), 작약(芍藥) 각 9g 등분(等分)

○ 용법(用法)

수전(水煎)하여 1/3씩 복용(1일 3회) 또는 산(散)하여 2g씩 1일 3회 복용

○ 주치(主治)

기체혈응(氣滯血凝), 복통(腹痛), 산후복통(產後腹痛), 번만(煩滿), 위흉복부팽만(胃胸腹部膨滿), 혈행비조(血行痺阻), 어통(瘀痛)

○ 효능(效能)

행기(行氣), 화혈(和血), 지통(止痛)

○ 방제음양오행(方劑陰陽五行)

간비조화제(肝脾調和劑)

396. 지실해백계지탕(枳實薤白桂枝湯)

○ 처방구성(處方構成)

지실(枳實) 12g, 해백(薤白) 9g, 계지(桂枝) 6g, 후박(厚朴) 12g, 과루(瓜蔞) 12g

○ 용법(用法)

후박, 지실을 달인 물에 다른 약을 넣고 수전복(水煎服). 3으로 나누어 1일 3회 복용

○ 주치(主治)

흉중양기부진(胸中陽氣不振), 흉비증(胸痺證), 흉만은통(胸滿隱痛), 심중비만(心中痞滿), 해타천식(咳唾喘息), 단기(短氣), 기종협하(氣從脇下), 맥긴침현(脈緊沈弦)

○ 효능(效能)

통양산결(通陽散結), 거담하기(祛痰下氣), 행기지통(行氣止痛)

○ 방제음양오행(方劑陰陽五行)

행기제(行氣劑)

397. 지출환(枳朮丸)

○ 처방구성(處方構成)

지실(枳實, 부초(麩炒) 15g/30g, 백출(白朮) 30g/60g

○ 용법(用法)

호환(糊丸)하여 6~9g씩 1일 2회 복용

○ 주치(主治) : 비허기체(脾虛氣滯), 식체내정(食滯內停), 음식정취(飮食停聚)로 인한 증상

흉완비만(胸脘痞滿), 음식불사(飮食不思), 식욕부진(食慾不振)

○ 효능(效能)

건비(健脾), 소비(消痞), 건운(健運), 거습(祛濕)

○ 방제음양오행(方劑陰陽五行)

소식도체제(消食導滯劑)

398. 지황음자(地黃飮子)

○ 처방구성(處方構成)

숙건지황(熟乾地黃), 산수유(山茱萸), 주침육종용(酒浸肉蓯蓉), 파극천(巴戟天), 석곡(石斛), 포부자(炮附子), 백복령(白茯苓), 관계(官桂), 오미자(五味子), 창포(菖蒲), 맥문동(麥門冬), 원지(遠志) 각 등분(等分)

○ 용법(用法)

분말(粉末)하여 9g씩 〈생강(生薑) 5편, 박하(薄荷) 7잎, 대조(大棗) 1개 넣음〉 수전복(水煎服)

○ 주치(主治)

음비증(瘖痱證), 설강불능어(舌强不能語), 근골위연(筋骨痿軟), 맥침세약(脈沈細弱), 족폐불용(足廢不用), 구건불욕음(口乾不欲飮)

○ 효능(效能)

　하원온보(下元溫補), 자신음(滋腎陰), 보신양(補腎陽), 개규화담(開竅化痰)

○ 방제음양오행(方劑陰陽五行)

　평식내풍제(平熄內風劑)

399. 진간식풍탕(鎭肝熄風湯)

○ 처방구성(處方構成)

　대자석(代赭石), 회우슬(懷牛膝) 각 30g, 생모려(生牡蠣), 생용골(生龍骨), 생귀판(生龜板), 생백작약(生白芍藥) 각 15g, 천문동(天門冬), 현삼(玄蔘) 각 15g, 천련자(川楝子) 6g, 인진(茵陳), 생맥아(生麥芽) 각 6g, 감초(甘草) 4.5g

○ 용법(用法)

　대자석(大赭石)은 선전(先煎). 수전복(水煎服), 1/3씩 복용

○ 주치(主治) : 간양상항(肝陽上亢), 간신음허(肝腎陰虛), 음허양항(陰虛陽亢), 간풍내동증(肝風內動證)

　두목현훈(頭目眩暈), 뇌부열통(腦部熱痛), 목창이명(目脹耳鳴), 심중번열(心中煩熱), 인사불성(人事不省), 구안와사(口眼喎斜), 지체불리(肢体不利), 애기(噯氣), 맥장현유력(脈長弦有力)

○ 효능(效能)

　진간식풍(鎭肝熄風), 자음잠양(滋陰潛陽), 양액(養液)

○ 방제음양오행(方劑陰陽五行)

　평식내풍제(平熄內風劑)

400. 진교별갑산(秦艽鱉甲散)

○ 처방구성(處方構成)

진교(秦艽), 지모(知母), 당귀(當歸) 각 15g, 별갑(鱉甲), 지골피(地骨皮), 시호(柴胡) 각 30g

○ 용법(用法)

조말(粗末)하여 15g씩 복용〈오매(烏梅) 1개, 청호(靑蒿) 5잎 넣어 수전복(水煎服)〉. 공복시 누울때(臥) 복용

○ 주치(主治)

풍로병(風勞病), 음혈모상(陰血耗傷), 골증도한(骨蒸盜汗), 오후조열(午後潮熱), 기육소수(肌肉消瘦), 해수곤권(咳嗽困倦), 순홍협적(脣紅頰赤), 맥미세(脈微細)

○ 효능(效能)

자음양혈(滋陰養血), 청퇴허열(淸退虛熱), 청열제증(淸熱除蒸)

○ 방제음양오행(方劑陰陽五行)

청허열제(淸虛熱劑)

401. 진무탕(眞武湯)

○ 처방구성(處方構成)

복령(茯苓), 작약(芍藥), 부자(附子)〈포거피(炮去皮)〉, 생강(生薑) 각 9g, 백출(白朮) 6g

○ 용법(用法)

수전복(水煎服), 1/3씩 1일 3회, 온복(溫服)

○ 주치(主治) : 비신양허(脾腎陽虛), 수기내정(水氣內停), 태양병(太陽病)으로 인한 증상

소변불리(小便不利), 복통하리(腹痛下痢), 사지침중동통(四肢沈重疼痛), 지체부

종(肢体浮腫), 맥침(脈沈), 태백(苔白), 발한(發汗), 발열(發熱), 두현(頭眩), 심하동계(心下動悸), 신순동(身瞤動)

○ 효능(效能)

온양이수(溫陽利水), 건비(健脾), 난신(暖腎), 소간(疏肝)

○ 방제음양오행(方劑陰陽五行)

온화수습제(溫和水濕劑), 이수소종제(利水消腫劑)

402. 진인양장탕(眞人養臟湯), 양장탕(養臟湯)

○ 처방구성(處方構成)

인삼(人蔘), 자감초(炙甘草) 각 6g, 당귀(當歸), 목향(木香) 각 9g, 배백출(焙白朮), 육두구(肉豆蔲), 가자(訶子) 각 12g, 육계(肉桂) 3g, 백작약(白芍藥) 15g, 밀자 앵속각(蜜炙 罌粟殼) 20g

○ 용법(用法)

분말(粉末)하여 6g씩 수전복(水煎服)〈식전온복(食前溫服)〉또는 수전복(水煎服)

○ 주치(主治) 비신허한(脾腎虛寒), 장실고섭(腸失固攝)으로 인한 증상

식소권태(食少倦怠), 설담태백(舌淡苔白), 복통희안(腹痛喜按), 맥침지(脈沈遲), 구사구리(久瀉久痢), 활탈불금(滑脫不禁)

○ 효능(效能)

익기보중(益氣補中), 삽장고탈(澁腸固脫), 온신호음(溫腎護陰), 지통(止痛), 비신온보(脾腎溫補)

○ 방제음양오행(方劑陰陽五行)

삽장고탈제(澁腸固脫劑), 보양제(補陽劑)

○ 처방, 용법 2

白朮, 黨蔘, 訶子 각 9g, 當歸 6~9g, 白芍藥, 肉豆蔲 각 6g, 罌粟殼 12g, 木香 5~9g, 肉桂 3g, 炙甘草 3~6g을 水煎하여 1/3씩 1일 3회 복용

403. 진주모환(珍珠母丸), 진주환(珍珠丸)

○ 처방구성(處方構成)

진주모(珍珠母) 22g, 숙지황(熟地黃), 당귀(當歸) 각 45g, 인삼(人蔘), 백자인(柏子仁), 산조인(酸棗仁) 각 30g, 복신(茯神), 침향(沈香), 용치(龍齒), 서각(犀角) 각 15g

○ 용법(用法)

오자대(梧子大)로 밀환(蜜丸)〈주사의(朱砂衣)〉하여 40∼50 환(丸)씩 정오와 밤에 복용.〈은화(銀花), 박하탕(薄荷湯)으로 복용〉

○ 주치(主治) : 음혈부족(陰血不足), 음허양항(陰虛陽亢), 간양편항(肝陽偏亢)으로 인한 증상

두목현훈(頭目眩暈), 신지불령(神志不寧), 소매다몽(少寐多夢), 경계(驚悸), 맥세현(脈細弦)

○ 효능(效能)

자음양혈(滋陰養血), 진심안신(鎭心安神), 평간(平肝)

○ 방제음양오행(方劑陰陽五行)

중진안신제(重鎭安神劑)

404. 창름산(倉廩散)

○ 처방구성(處方構成)

진창미(陳倉米), 인삼(人蔘), 복령(茯苓), 전호(前胡), 감초(甘草), 천궁(川芎), 길경(桔梗), 지각(枳殼), 강활(羌活), 독활(獨活) 각 등분(等分)

○ 용법(用法)

분말(粉末)하여 6g씩+생강(生薑), 박하(薄荷)하여 수전열복(水煎熱服)

○ 주치(主治) : 비위기허(脾胃氣虛), 구리(久痢), 습열내온(濕熱內蘊), 청양불승(淸

陽不升), 구금리(口噤痢)

독기충심(毒氣衝心), 유열(有熱), 구토(嘔吐)

○ 효능(效能)

익기해표(益氣解表),패독(敗毒), 지구(止嘔), 거습열(祛濕熱), 자양위기(滋養胃氣)

○ 방제음양오행(方劑陰陽五行)

부정해표제(扶正解表劑)

○ 처방, 용법 2

陳倉米, 人蔘, 洗柴胡, 前胡, 枳殼, 川芎, 獨活, 羌活, 炒桔梗, 茯苓 각 30g, 甘草 15g의 분말(粉末)+(生薑, 薄荷)하여 수전복(水煎服)(6g씩 복용)

405. 창이자산(蒼耳子散)

○ 처방구성(處方構成)

창이자(蒼耳子)〈초(炒)〉 7.5g, 향백지(香白芷) 30g, 박하엽(薄荷葉) 1.5g

○ 용법(用法)

분말(粉末)하여 6g씩 총다(葱茶)로 복용(1일 2회)〈식후조복(食後調服)〉

○ 주치(主治)

풍한(風寒), 비염(鼻炎), 비연비색(鼻淵鼻塞), 탁제유출(濁沸流出), 전액통증(前額痛證), 두통(頭痛)

○ 효능(效能)

거풍통규(祛風通竅)

○ 방제음양오행(方劑陰陽五行)

소산외풍제(疏散外風劑), 청열해독제(淸熱解毒劑)

406. 척담탕(滌痰湯)

○ 처방구성(處方構成)

제반하(製半夏), 우담남성(牛膽南星) 각 8~9g, 지실(枳實), 귤홍(橘紅), 복령(茯苓) 각 6g, 창포(菖蒲), 인삼(人蔘) 각 3g, 감초(甘草), 죽여(竹茹) 각 2~3g

○ 용법(用法)

대조(大棗), 생강(生薑)을 合하여 수전복(水煎服) 1/3씩 복용

○ 주치(主治)

중풍담미심규(中風痰迷心竅)

○ 효능(效能)

척담개규(滌痰開竅), 조습(燥濕), 식풍(熄風)

○ 방제음양오행(方劑陰陽五行)

조습화담제(燥濕化痰劑), 개규제(開竅劑)

407. 청궁탕(淸宮湯)

○ 처방구성(處方構成)

현삼(원삼)〈玄蔘(元蔘)〉, 연심맥문동(連心麥門冬) 각 9g, 죽엽권심(竹葉卷心), 연교심(連翹心) 각 6g, 연자심(連子心) 2g, 서각첨(犀角尖) 2~5g

○ 용법(用法)

수전복(水煎服), 1/3씩 복용

○ 주치(主治)

온병오한(溫病誤汗), 심액모상(心液耗傷), 심포수사(心胞受邪), 액상사함(液傷邪陷), 신혼섬어(神昏譫語), 발열(發熱)

○ 효능(效能)

청심해독(淸心解毒), 양음(養陰), 생진(生津)

○ 방제음양오행(方劑陰陽五行)

　　청영양혈제(淸營養血劑)

408. 천궁다조산(川芎茶調散)

　○ 처방구성(處方構成)

　　천궁(川芎), 형개(荊芥) 각 120g, 박하(薄荷) 240g, 강활(羌活), 백지(白芷), 감
　　초(甘草) 각 60g, 방풍(防風) 45g, 세신(細辛) 30g

　○ 용법(用法)

　　분말(粉末)하여 6g씩 청다(淸茶)로 복용(1일 2회) 또는 수전복(水煎服)〈식후복
　　용(食後服用)〉

　○ 주치(主治) : 풍사외감(風邪外感)으로 인한 증상

　　두통(頭痛), 전정작통(巓頂作痛), 오한발열(惡寒發熱), 설태박백(舌苔薄白), 목현
　　비색(目眩鼻塞), 감모두통(感冒頭痛), 편정두통(偏正頭痛), 맥부(脈浮)

　○ 효능(效能)

　　소풍지통(疏風止痛), 청리두목(淸利頭目)

　○ 방제음양오행(方劑陰陽五行)

　　소산외풍제(疏散外風劑), 신온해표제(辛溫解表劑)

409. 천사군자탕(喘四君子湯)

　○ 처방구성(處方構成)

　　인삼(人蔘), 백출(白朮) 각 4g, 자감초(炙甘草), 복령(茯苓), 진피(陳皮), 축사(縮
　　砂), 후박(厚朴), 소자(蘇子), 침향(沈香), 상백피(桑白皮), 생강(生薑), 대조(大
　　棗) 각 2g, 목향(木香) 1g

○ 용법(用法)

수전복(水煎服), 3으로 나누어 1일 3회 복용

○ 주치(主治)

기허(氣虛), 담음(痰飮), 해천(咳喘)

○ 효능(效能)

건비익기(健脾益氣), 강기평천(降氣平喘), 이기화담(理氣化痰)

○ 방제음양오행(方劑陰陽五行)

지해평천제(止咳平喘劑)

410. 천마구등음(天麻鉤藤飮)

○ 처방구성(處方構成)

천마(天麻) 9g, 구등(鉤藤) 12g, 천우슬(川牛膝) 12g, 석결명(石決明) 13g(~18g), 익모초(益母草), 두중(杜仲) 9~12g, 야교등(夜交藤), 상기생(桑寄生), 주복신(硃茯神) 각 9g, 산치자(山梔子), 황금(黃芩) 각 9g

○ 용법(用法)

石決明은 先煎한다. 수전복(水煎服) 〈1/3씩 복용〉

○ 주치(主治)

간양상항(肝陽上亢), 간풍내동(肝風內動), 두부창통(頭部脹痛), 현훈(眩暈), 실면(實眠), 다몽(多夢), 이명(耳鳴), 맥현삭(脈弦數)

○ 효능(效能)

평간식풍(平肝熄風), 청열활혈(淸熱活血), 청설간화(淸泄肝火), 보익간신(補益肝腎)

○ 방제음양오행(方劑陰陽五行)

평식내풍제(平熄內風劑)

411. 천태오약산(天台烏藥散)

○ 처방구성(處方構成)

천대오약(天台烏藥) 12g, 고량강(高良薑) 9g, 소회향(小茴香), 목향(木香), 청피(青皮) 각 6g, 천련자(川楝子) 12g(6g), 빈랑(檳榔) 9g(6g), 파두(巴豆) 15g

○ 용법(用法)

천련자(川楝子), 파두(巴豆)를 흑초(黑炒), 파두제거(巴豆除去) 후(後) 수전(水煎), 황주(黃酒)가(加)하여 복용. 또는 분말(粉末)하여 3g씩 복용〈주(酒)로 복용〉

○ 주치(主治) : 한침간맥(寒沈肝脈), 한응기체(寒凝氣滯)로 인한 증상

소장산기(小腸疝氣), 소복통인고환(小腹痛引睾丸), 설담태백(舌淡苔白), 맥침지현(脈沈遲弦)

○ 효능(效能)

행기소간(行氣疏肝), 산한지통(散寒止痛)

○ 방제음양오행(方劑陰陽五行)

행기제(行氣劑), 온리거한제(溫裏祛寒劑)

412. 천왕보심단(天王補心丹)

○ 처방구성(處方構成)

주세 생지황(酒洗 生地黃) 120g, 인삼(人蔘), 주초현삼(酒炒玄蔘), 단삼(丹蔘), 백복령(白茯苓), 초원지(炒遠志), 오미자(五味子), 길경(桔梗) 각 15g, 초백자인(炒柏子仁), 주세 당귀신(酒洗 當歸身), 산조인(酸棗仁) 각 60g

○ 용법(用法)

밀환(蜜丸)하여 주사(朱砂)를 입힌다. 6~9g씩 1일 3회 복용 또는 20% 양씩을 수전복(水煎服)

○ 주치(主治) 심신부족(心腎不足), 수휴화왕(水虧火旺), 음혈휴소(陰血虧少)로 인

한 증상

심계신피(心悸神疲), 허번소침(虛煩少寢), 몽유건망(夢遺健忘), 구설생창(口舌生瘡), 대변건결(大便乾結), 맥세삭(脈細數), 설홍소태(舌紅少苔)

○ 효능(效能)

자음양혈(滋陰養血), 보심안신(補心安神), 자신보음(滋腎補陰), 양음청화(養陰淸火)

○ 방제음양오행(方劑陰陽五行)

자양안신제(滋養安神劑)

413. 청기화담환(淸氣化痰丸)

○ 처방구성(處方構成)

과루인(瓜蔞仁)〈거유(去油)〉, 주초황금(酒炒黃芩), 진피(陳皮), 지실(枳實, 부초맥초(麩炒), 행인(杏仁), 복령(茯苓) 각 30g, 제반하(製半夏), 남성(南星) 각 45g

○ 용법(用法)

강즙(薑汁)으로 환(丸)하여 6g씩 복용〈온수복(溫水服)〉

○ 주치(主治) : 담열내결(痰熱內結)로 인한 증상

해수(咳嗽), 담황(痰黃), 흉격비만(胸膈痞滿), 설태황니(舌苔黃膩), 구오(嘔惡), 맥활삭(脈滑數), 소변단적(小便短赤)

○ 효능(效能)

청열화담(淸熱化痰), 청폐화화열담(淸肺火化熱膽), 이기지해(理氣止咳)

○ 방제음양오행(方劑陰陽五行)

청열화담제(淸熱化痰劑)

414. 청대탕(淸帶湯)

○ 처방구성(處方構成)
생산약(生山藥) 30g, 생모려(生牡蠣), 생용골(生龍骨) 각 18g, 해표초(海螵蛸) 12g, 천초(茜草) 9g

○ 용법(用法)
수전복(水煎服), 1/3씩 복용, 1일3회

○ 주치(主治)　비신부족(脾腎不足)으로 인한 증상
적백대하(赤白帶下), 요산체핍(腰痠体乏), 맥세완(脈細緩), 설담태백(舌淡苔白)

○ 효능(效能)
수렴지대(收斂止帶)

○ 방제음양오행(方劑陰陽五行)
고붕지대제(固崩止帶劑)

415. 청락음(淸絡飮)

○ 처방구성(處方構成)
선하엽변(鮮荷葉邊) 6g, 사과피(絲瓜皮) 6g, 서과취의(西瓜翠衣), 선죽엽심(鮮竹葉心), 선편두화(鮮扁豆花) 각 6g, 선금은화(鮮金銀花) 9g

○ 용법(用法)
수전복(水煎服) 2로 나누어 1일 2회

○ 주치(主治)　서열상폐(暑熱傷肺)로 인한 증상
신열구갈불심(身熱口渴不甚), 태박백(苔薄白), 설담홍(舌淡紅), 혼현미창(昏眩微脹), 두목불청(頭目不淸)

○ 효능(效能)
거서청열(祛署淸熱), 청폐투락(淸肺透絡)

○ 방제음양오행(方劑陰陽五行)

거서청열제(祛署淸熱劑)

416. 청비음(淸脾飮)

○ 처방구성(處方構成)

청피(靑皮), 백출(白朮), 후박(厚朴), 초과인(草果仁), 복령(茯苓), 반하(半夏), 시호(柴胡), 황금(黃芩), 자감초(炙甘草) 각 등분(等分)

○ 용법(用法)

12g씩 생강(生薑) 3편 넣고 수전온복(水煎溫服)

○ 주치(主治)

담습막원조결(痰濕膜原阻結), 비경담습(脾經痰濕), 학질(瘧疾)의 열다한소(熱多寒少), 소변적삽(小便赤澁), 구고익건(口苦嗌乾), 맥현삭(脈弦數)

○ 효능(效能)

조습화담(燥濕化痰), 청설열(淸泄熱), 청비(淸脾), 건비화습(健脾化濕)

○ 방제음양오행(方劑陰陽五行)

화해소양제(和解少陽劑)

417. 청상견통탕(淸上蠲痛湯)

○ 처방구성(處方構成)

강활(羌活), 방풍(防風), 독활(獨活), 백지(白芷), 천궁(川芎), 당귀(當歸), 창출(蒼朮) 각 3g

만형자(蔓荊子), 국화(菊花) 각 2g, 황금(黃芩), 맥문동(麥門冬) 각 5g, 세신(細辛), 자감초(炙甘草) 1g, 건강(乾薑) 0.5g

○ 용법(用法)

수전복(水煎服), 1/3씩 복용

○ 주치(主治)

돌발성 두통(突發性頭痛)

○ 효능(效能)

지두통(止頭痛), 진통(鎭痛), 진정(鎭靜), 발한(發汗), 해열(解熱)

○ 방제음양오행(方劑陰陽五行)

신온해표제(辛溫解表劑)

418. 청상방풍탕(淸上防風湯)

○ 처방구성(處方構成)

방풍(防風) 3g, 형개(荊芥), 산치자(山梔子), 황련(黃連), 박하(薄荷) 각 1.5g, 연교(連翹), 황금(黃芩), 천궁(川芎), 길경(桔梗), 백지(白芷) 각 2g, 지각(枳殼), 생감초(生甘草) 각 1g

○ 용법(用法)

수전복(水煎服) 3으로 나누어 1일 3회 복용

○ 주치(主治)

상초풍열피진(上焦風熱皮疹), 두통(頭痛), 오한발열(惡寒發熱)

○ 효능(效能)

거풍(祛風), 이인배농(利咽排膿), 청열해독(淸熱解毒), 지통(止痛), 소염(消炎), 항균(抗菌), 발한(發汗)

○ 방제음양오행(方劑陰陽五行)

청열해독제(淸熱解毒劑)

419. 청서익기탕(淸署益氣湯)

- ○ 처방구성(處方構成)

  서양삼(西洋蔘), 지모(知母) 각 5g, 석곡(石斛), 하경(荷梗), 갱미(粳米) 각 15g, 맥문동(麥門冬) 9g, 황련(黃連), 감초(甘草) 각 3g, 죽엽(竹葉) 6g, 서과취의(西瓜翠衣) 30g

- ○ 용법(用法)

  수전복(水煎服), 1/3씩 복용

- ○ 주치(主治) : 중서수열(中署受熱), 기진양상(氣津兩傷)으로 인한 증상

  신열(身熱), 심번(心煩), 소변단적(小便短赤), 다한구갈(多汗口渴), 체권소기(体倦少氣), 허삭맥(虛數脈)

- ○ 효능(效能)

  청서(淸署), 익기(益氣), 양음(養陰), 생진(生津)

- ○ 방제음양오행(方劑陰陽五行)

  청서익기제(淸署益氣劑)

420. 청서익기탕(淸署益氣湯) 2

- ○ 처방구성(處方構成)

  서양삼(西洋蔘) 6g, 맥문동(麥門冬) 12g. 석곡(石斛) 15g, 담죽엽(淡竹葉), 하경(荷梗), 지모(知母), 서과피(西瓜皮) 각 9g, 갱미(粳米), 자감초(炙甘草), 황련(黃連) 각 3g

- ○ 용법(用法)

  수전복(水煎服), 3으로 나누어 1일 3회 복용

- ○ 주치(主治)

  기진양상(氣津兩傷), 서열(暑熱)

○ 효능(效能)

자음생진(滋陰生津), 청열(淸熱), 해서(解署), 익기(益氣)

○ 방제음양오행(方劑陰陽五行)

기음쌍보제(氣陰雙補劑), 청서익기제(淸署益氣劑)

421. 청서익기탕(淸署益氣湯) 3

○ 처방구성(處方構成)

황기(黃芪), 인삼(人蔘), 백출(白朮), 맥문동(麥門冬) 각 15g, 당귀(當歸) 12g, 갈근(葛根), 신국(神麯), 택사(澤瀉), 진피(陳皮) 각 9g, 승마(升麻), 오미자(五味子), 창출(蒼朮), 청피(靑皮), 황백(黃柏) 각 6g, 자감초(炙甘草) 3g, 대조(大棗) 10g, 생강(生薑) 5g

○ 용법(用法)

수전복(水煎服), 3으로 나누어 1일 3회 복용

○ 주치(主治)

기진양상(氣津兩傷), 서습(暑濕)

○ 효능(效能)

익기생진(益氣生津), 보혈(補血), 이수(利水), 청열(淸熱), 이습(利濕), 해서(解署)

○ 방제음양오행(方劑陰陽五行)

기음쌍보제(氣陰雙補劑), 청서익기제(淸署益氣劑)

422. 청서익기탕(淸署益氣湯) 4

○ 처방구성(處方構成)

황기(黃芪) 6g, 백출(白朮), 창출(蒼朮), 신국(神麯), 승마(升麻), 각 3g, 맥문동(麥門冬), 주세황백(酒洗黃柏), 택사(澤瀉), 갈근(葛根),오미자(五味子) 각 3g,

인삼(人蔘) 1.5g, 귤피(橘皮)〈진피(陳皮)〉 1.5g, 자감초(炙甘草), 당귀신(當歸身), 청피(靑皮) 각 1g

○ 용법(用法)

수전복(水煎服), 1/3씩 복용

○ 주치(主治) 기허(氣虛)에 서습(暑濕)으로 인한 증상

신열두통(身熱頭痛), 흉만신중(胸滿身重), 구갈자한(口渴自汗), 대변당박(大便溏薄), 사지곤권(四肢困倦), 태니허맥(苔膩虛脈), 소변단적(小便短赤), 식욕부진(食慾不振)

○ 효능(效能)

청서익기(淸署益氣), 건비제습(健脾除濕)

○ 방제음양오행(方劑陰陽五行)

청서익기제(淸署益氣劑)

423. 청서익기탕(淸署益氣湯) 5

○ 처방구성(處方構成)

황기(黃芪), 백출(白朮), 맥문동(麥門冬) 각 15g, 인삼(人蔘) 5g, 당귀(當歸) 12g, 오미자(五味子), 황백(黃柏) 각 6g, 진피(陳皮) 9g, 자감초(炙甘草) 3g

○ 용법(用法)

수전복(水煎服), 1/3씩 1일 3회

○ 주치(主治)

기진양상(氣津兩傷), 습열증(濕熱證)

○ 효능(效能)

익기(益氣), 건비(健脾), 생진(生津), 보혈(補血), 청열(淸熱), 화습(化濕)

○ 방제음양오행(方劑陰陽五行)

기음쌍보제(氣陰雙補劑)

424. 청심연자음(淸心蓮子飮)

○ 처방구성(處方構成)

맥문동(麥門冬 去心), 황금(黃芩), 차전자(車前子), 지골피(地骨皮), 자감초(炙甘草) 각 15g, 황기(黃芪, 蜜炙), 인삼(人蔘), 석연육(石蓮肉 去心), 백복령(白茯苓) 각 22~25g

○ 용법(用法)

세말(細末)하여 9~10g씩 수전복(水煎服)

(1회 9~10g씩 복용)〈식전공복복용(食前空腹服用)〉

○ 주치(主治)

심화편왕(心火偏旺), 비신부족(脾腎不足), 습열하주(濕熱下注), 기음양허(氣陰兩虛), 혈붕대하(血崩帶下), 유정임탁(遺精淋濁), 신음부족(腎陰不足), 번조발열(煩燥發熱), 구설건조(口舌乾燥)

○ 효능(效能)

청심화(淸心火), 익기자음(益氣滋陰), 지임탁(止淋濁)

○ 방제음양오행(方劑陰陽五行)

청장부열제(淸臟腑熱劑), 기음쌍보제(氣陰雙補劑)

425. 청영탕(淸營湯)

○ 처방구성(處方構成)

현삼(玄蔘), 맥문동(麥門冬), 금은화(金銀花) 각 9g, 단삼(丹蔘), 연교(連翹) 각 6g, 서각(犀角) 2g, 생지황(生地黃) 15g, 죽엽심(竹葉心) 3g, 황련(黃連) 5g

○ 용법(用法)

수전복(水煎服) 1/3씩 1일 3회

○ 주치(主治) : 열입영분(熱入營分)으로 인한 증상

설강이건(舌降而乾), 신열야심(身熱夜甚), 시유섬어(時有譫語), 신번소침(神煩少寢), 반진은은(斑疹隱隱), 구갈(口渴), 불갈(不渴), 삭맥(數脈)

○ 효능(效能)

청영투열해독(淸營透熱解毒), 양음활혈(養陰活血), 활혈소어(活血消瘀)

○ 방제음양오행(方劑陰陽五行)

청영양혈제(淸營凉血劑)

426. 청온패독음(淸瘟敗毒飮)

○ 처방구성(處方構成) : ① 大劑, ② 中劑, ③ 小劑

생석고(生石膏) ① 180~240g, ② 60~120g, ③ 24~36g

황련(黃連)〈진천련(眞川連)〉 ① 12~18g, ② 6~12g, ③3~4.5g

생지황(生地黃) ① 18~30g, ② 9~15g, ③ 6~12g

오서각(烏犀角) ① 18~24g, ② 9~15g, ③ 6~12g

산치자(山梔子), 황금(黃芩), 목단피(牧丹皮), 선죽엽(鮮竹葉) 각 9g

길경(桔梗) 3g, 지모(知母), 적작약(赤芍藥) 각 12g, 연교(連翹) 15g, 현삼(玄蔘) 24g, 감초(甘草) 6g

○ 용법(用法)

石膏 10회 끓인물에 약을 넣고 달인다. 犀角은 마즙(磨汁)한다. 이들을 함께하여 적당량 복용한다. 34g을 1회최저용량으로 한다.

○ 주치(主治) : 온역열독(瘟疫熱毒), 기혈양번(氣血兩燔)으로 인한 증상

대열갈음(大熱渴飮), 건구광조(乾嘔狂燥), 두통여벽(頭痛如劈), 반진(斑疹), 섬어신혼(譫語神昏), 사지추축(四肢抽搐), 시물혼무(視物昏瞀), 궐역(厥逆), 토뉵혈(吐衄血), 설강순초(舌絳脣焦), 맥침세삭부대(脈沈細數浮大)

○ 효능(效能)

청열사화(淸熱瀉火), 해독(解毒), 청열양혈(淸熱凉血), 구음(救陰)

○ 방제음양오행(方劑陰陽五行)

기혈양청제(氣血兩淸劑), 청열양혈제(淸熱凉血劑)

427. 청골산(淸骨散)

○ 처방구성(處方構成)

초자별갑(醋炙鱉甲), 호황련(胡黃蓮), 진교(秦艽), 지골피(地骨皮), 청호(靑蒿),

지모(知母) 각 3g, 은시호(銀柴胡) 5g(9g), 감초(甘草) 2g

○ 용법(用法)

수전복(水煎服) 1/3씩 복용(食間服用)

○ 주치(主治) : 음허내열(陰虛內熱), 허노골증(虛勞骨蒸)으로 인한 증상

야간조열(夜間潮熱), 익건도한(嗌乾盜汗), 지증심번(肢蒸心煩), 설홍(舌紅), 소태

(少苔), 맥세삭(脈細數)

○ 효능(效能)

청허열(淸虛熱), 퇴골증(退骨蒸), 자신전음(滋腎塡陰)

○ 방제음양오행(方劑陰陽五行)

청허열제(淸虛熱劑)

○ 처방, 용법2

銀柴胡 5~9g, 鱉甲, 知母, 地骨皮 각 9g, 靑蒿, , 秦艽, 胡黃蓮 각 6g, 炙甘草

2~3g을 수전(水煎)하여 1/3씩 1일 3회 복용

428. 청위산(淸胃散)

○ 처방구성(處方構成)

생지황(生地黃) 12g, 당귀신(當歸身) 6g, 승마(升麻) (6g)9g, 목단피(牧丹皮)

9g, 황련(黃連) 3~5g(9g)

○ 용법(用法)

세말(細末)하여 수전복(水煎服)

○ 주치(主治) : 위유적열(胃有積熱)로 인한 증상

면협발열(面頰發熱), 아통급두(牙痛及頭), 구건설조(口乾舌燥), 구기열취(口氣熱臭), 치은홍종출혈(齒齦紅腫出血), 아은궤란(牙齦潰爛), 치아오열희냉(齒牙惡熱喜冷), 설홍태황(舌紅苔黃), 맥활대(脈滑大), 삭맥(數脈)

○ 효능(效能)

청위사화(淸胃瀉火), 양혈(凉血), 양음(養陰)

○ 방제음양오행(方劑陰陽五行)

청장부열제(淸臟腑熱劑), 청열양혈제(淸熱凉血劑)

429. 청조구폐탕(淸燥救肺湯)

○ 처방구성(處方構成)

동상엽(冬桑葉) 9g, 석고(石膏) 7.5g(~15g), 자감초(炙甘草) 3g, 초호마인(炒胡麻仁) 3g(~9g), 맥문동(麥門冬) 3.7g(~9g), 진아교(眞阿膠) 2.4g(~6g), 인삼(人蔘) 2g(~3g), 초행인(炒杏仁) 2g(~6g), 밀자비파엽(蜜炙枇杷葉) 3g(~9g)

○ 용법(用法)

수전복(水煎服) (1/3씩 복용). 열복(熱服)

○ 주치(主治) : 온조상폐(溫燥傷肺), 기음양상(氣陰兩傷)으로 인한 증상

신열(身熱), 두통(頭痛), 인후건조(咽喉乾燥), 심번구갈(心煩口渴), 건해무담(乾咳無淡), 흉만협통(胸滿脇痛), 비조(鼻燥), 기역이천(氣逆而喘), 설건(舌乾), 무태(無苔), 맥허대삭(脈虛大數)

○ 효능(效能)

청조윤폐(淸燥潤肺), 지해평천(止咳平喘)

○ 방제음양오행(方劑陰陽五行)

경선윤조제(輕宣潤燥劑), 지해평천제(止咳平喘劑)

430. 청폐탕(淸肺湯)

○ 처방구성(處方構成)

황금(黃芩) 5g, 길경(桔梗), 천패모(川貝母), 상백피(桑白皮) 각 3g, 행인(杏仁), 산치자(山梔子),천문동(天門冬), 맥문동(麥門冬) 각 2g, 오미자(五味子), 당귀(當歸), 복령(茯苓), 진피(陳皮) 각 3g, 자감초(炙甘草), 생강(生薑), 대조(大棗) 각 1g

○ 용법(用法)

수전복(水煎服), 1/3씩 복용

○ 주치(主治)

폐음허(肺陰虛), 폐열증(肺熱證)

○ 효능(效能)

청열(淸熱), 거담(祛痰), 지해(止咳), 청폐(淸肺), 자음(滋陰), 소염(消炎)

○ 방제음양오행(方劑陰陽五行)

지해평천제(止咳平喘劑)

431. 청호별갑탕(靑蒿鱉甲湯)

○ 처방구성(處方構成)

청호(靑蒿) 6g, 별갑(鱉甲) 15g, 지모(知母) 6g, 목단피(牧丹皮) 9g. 세생지황(細生地黃) 12g

○ 용법(用法)

수전복(水煎服) 1/2씩 1일 2회

○ 주치(主治) : 온병후기(溫病後期), 음액모상(陰液耗傷), 열복음분(熱伏陰分)으로 인한 증상(症狀)

야열조량(夜熱早凉), 열퇴무한(熱退無汗), 맥세삭(脈細數), 설홍소태(舌紅少苔)

○ 효능(效能)

양음투열(養陰透熱), 청퇴허열(淸退虛熱), 자음청열(滋陰淸熱)

○ 방제음양오행(方劑陰陽五行)

청허열제(淸虛熱劑)

432. 총백칠미음(葱白七味飮)

○ 처방구성(處方構成)

총백(葱白) 9g, 건갈근(乾葛根) 9g, 생맥문동(生麥門冬) 9g(~12g), 건지황(乾地黃) 9g, 담두시(淡豆豉) 6g(9g), 생강(生薑) 6g

○ 용법(用法)

수전온복(水煎溫服), 1/3씩 1일 3회〈금기(禁忌) : 무이(無荑)〉

○ 주치(主治) : 병(病), 실혈(失血) 후 음혈휴허(陰血虧虛), 풍한(風寒)으로 인한 증상(症狀)

감모(感冒), 두통신열(頭痛身熱), 오한무한(惡寒無汗), 설질담(舌質淡), 구건(口乾), 맥부세(脈浮細)

○ 효능(效能)

양혈해표(養血解表), 자음(滋陰)

○ 방제음양오행(方劑陰陽五行)

부정해표제(扶正解表劑)

○ 처방, 용법 2

葱白 9g(15g), 葛根 9g, 生麥門冬 9(~12)g, 生地黃 9g(~12g), 淡豆豉 6g(9g), 生薑 6g(3g)을 水煎하여 1/3씩 1일 3회 복용

433. 총시탕(葱豉湯)

○ 처방구성(處方構成)

총백(葱白 3~5매(15g), 두시(豆豉) 6~30g

○ 용법(用法)

수전복(水煎服), 돈복(頓服), 위약의 10g을 1회 용량으로 하여 1일 3회 복용

○ 주치(主治) : 외감초기(外感初期), 표한표실(表寒表實)의 증상(症狀)

오한발열(惡寒發熱), 두통비색(頭痛鼻塞), 무한(無汗)

○ 효능(效能)

통양발한(通陽發汗), 해표(解表)

○ 방제음양오행(方劑陰陽五行)

신량해표제(辛凉解表劑)

○ 용법(用法) 2

한불출(汗不出)시 : 승마(升麻), 갈근(葛根) 각 6g, 〈+마황(麻黃) 6g〉을 가(加)

하여 수전복(水煎服), 니누어 복용

434. 총시길경탕(葱豉桔梗湯)

○ 처방구성(處方構成)

선총백(鮮葱白) 3~5g, 담두시(淡豆豉) 9~15g, 고길경(苦桔梗) 3~5g, 초산치자

(炒山梔子) 6~9g, 청연교(青連翹) 5~6g, 소박하(蘇薄荷) 3~4.5g, 선담죽엽(鮮

淡竹葉) 3g, 생감초(生甘草) 2~2.5g

○ 용법(用法)

수전복(水煎服)

○ 주치(主治) : 풍온초기(風溫初期)의 증상(症狀)

미풍오한(微風惡寒), 두통신열(頭痛身熱), 해수(咳嗽), 인통(咽痛), 설첨홍(舌尖

紅), 구갈(口渴), 박백설태(薄白舌苔), 부삭맥(浮數脈)

○ 효능(效能)

소풍해표(疏風解表), 청폐설열(淸肺泄熱), 지해화담(止咳化痰), 청설이열(淸泄裏熱)

○ 방제음양오행(方劑陰陽五行)

신량해표제(辛凉解表劑)

435. 축천환(縮泉丸)

○ 처방구성(處方構成)

익지인(益智仁), 오약(烏藥) 각 등분(等分)

○ 용법(用法)

주전 산약말(酒煎 山藥末)로 호환(糊丸)하여 6g씩 1일 1~2회 복용〈미음(米飮)으로 복용〉

○ 주치(主治)

하원허냉(下元虛冷), 소아유뇨(小兒遺尿), 소변빈삭(小便頻數),

○ 효능(效能)

온신거한(溫腎祛寒), 축뇨지유(縮尿止遺)

○ 방제음양오행(方劑陰陽五行)

삽정지유제(澁精止遺劑)

436. 출부탕(朮附湯)

○ 처방구성(處方構成)

창출(蒼朮)〈백출(白朮)〉 15g, 부자(附子) 9g

○ 용법(用法)

수전복(水煎服). 부자(附子)는 선전(先煎), 나누어 복용

○ 주치(主治)

한습비증(寒濕痺證), 지체동통(肢体疼痛), 요중통(腰重痛), 사지동통(四肢疼痛), 부종(浮腫), 한습하리증(寒濕下痢證), 복통(腹痛), 사지냉(四肢冷)

○ 효능(效能)

조양(助陽), 산한거습(散寒祛濕), 건비이수(健脾利水), 진통소염(鎭痛消炎), 지사(止瀉)

○ 방제음양오행(方劑陰陽五行)

회양구역제(回陽救逆劑), 거풍습제(祛風濕劑)

437. 치자백피탕(梔子柏皮湯)

○ 처방구성(處方構成)

치자(梔子) 15g, 황백(黃柏) 6g, 자감초(炙甘草) 3g

○ 용법(用法)

수전복(水煎服) 1/3씩 1일 3회

○ 주치(主治) 상한(傷寒)으로 인한 증상

간담습열(肝膽濕熱), 신열(身熱), 발황(發黃), 두한(頭汗), 구갈(口渴), 염증(炎症), 설질홍(舌質紅), 맥삭(脈數)

○ 효능(效能)

청열(淸熱), 이습(利濕), 퇴황(退黃), 이담(利膽), 소염(消炎), 해독(解毒), 항균(抗菌)

○ 방제음양오행(方劑陰陽五行)

청열거습제(淸熱祛濕劑)

○ 처방, 용법 2

山梔子 9~15g, 黃柏 9g, 生甘草 3g을 수전(水煎)하여 1/3씩 1일 3회 복용

438. 치자시탕(梔子豉湯)

○ 처방구성(處方構成)

담두시(淡豆豉), 산치자(山梔子) 각 9g

○ 용법(用法)

수전복(水煎服), 3으로 나누어 1일 3회 복용

○ 주치(主治)

기분초열(氣分初熱), 울열(鬱熱), 감모(感冒), 열감(熱感), 초조(焦燥), 흉고(胸苦), 불면(不眠), 맥삭(脈數)

○ 효능(效能)

청열사화(淸熱瀉火), 투표제번(透表除煩), 소염(消炎), 진정(鎭靜)

○ 방제음양오행(方劑陰陽五行)

청열사화제(淸熱瀉火劑)

439. 칠리산(七厘散)

○ 처방구성(處方構成)

혈갈(血竭) 30g, 유향(乳香), 홍화(紅花), 몰약(沒藥) 각 5g, 주사(朱砂) 4g, 사향(麝香), 빙편(氷片) 각 0.4g, 아다(兒茶) 7.5g

○ 용법(用法)

세말(細末)하여 0.23~1.5g씩 복용(밀폐시켜 보관할 것)

온수복(溫水服), 주복(酒服), 황주(黃酒)에 섞어 외용(外用)

○ 주치(主治)

근단골절(筋斷骨折), 질타손상(跌打損傷), 어혈종통(瘀血腫痛), 무명종독(無名腫毒), 도상출혈(刀傷出血), 탕화상(湯火傷), 외상(外傷)

○ 효능(效能)

활혈산어(活血散瘀), 지통지혈(止痛止血), 소염(消炎)

○ 방제음양오행(方劑陰陽五行)

활혈거어제(活血祛瘀劑)

440. 칠미백출산(七味白朮散)

○ 처방구성(處方構成)

백출(白朮) 15g, 인삼(人蔘) 6~7g, 백복령(白茯苓) 15g, 곽향엽(藿香葉) 12~15g, 갈근(葛根) 15~30g, 자감초(炙甘草) 3g, 목향(木香) 6g

○ 용법(用法)

조말(粗末)하여 9g씩 수전복(水煎服)

○ 주치(主治) : 비위허약(脾胃虛弱)으로 인한 증상

발열(發熱), 식욕감퇴(食慾減退), 구토설사(嘔吐泄瀉), 구갈(口渴), 감모(感冒), 복통(腹痛)

○ 효능(效能)

건비화위(健脾和胃), 청열생진(淸熱生津), 보기(補氣), 해표화습(解表化濕), 지사(止瀉)

○ 방제음양오행(方劑陰陽五行)

보기제(補氣劑)

441. 칠보미염단(七寶美髥丹)

○ 처방구성(處方構成)

하수오(何首烏) 300g(흑두(黑豆)를 섞어 9번쪄서 9번 말린다), 주침구기자(酒浸枸杞子), 주침증토사자(酒浸蒸菟絲子), 주세 당귀(酒洗 當歸) 각 150g, 백복령(白茯苓 우유에 적셔 말림) 150g, 주침 회우슬(酒浸 懷牛膝) 150g, 보골지(補骨脂

흑지마와 함께 볶음) 120g

○ 용법(用法)

밀환(蜜丸)하여 10g씩 조석(朝夕) 복용.〈주복(酒服, 담염온수복(淡鹽溫水服)〉

○ 주치(主治) : 간신부족(肝腎不足)으로 인한 증상

치아동요(齒牙動搖), 수발조백(鬚髮早白), 요슬산연(腰膝酸軟), 몽유활정(夢遺滑精), 맥세약(脈細弱)

○ 효능(效能)

자신수(滋腎水), 보간신(補肝腎), 익간혈(益肝血), 익정혈(益精血)

○ 방제음양오행(方劑陰陽五行)

보음제(補陰劑)

442. 침중단(枕中丹)

○ 처방구성(處方構成)

용골(龍骨), 귀판(龜板), 원지(遠志), 석창포(石菖蒲) 각 등분(等分)

○ 용법(用法)

밀환(蜜丸)하여 9g씩 황주(黃酒)로 복용. 또는 분말(粉末)하여 2g씩 복용

○ 주치(主治)

심신불안(心身不安), 허번불매(虛煩不寐), 건망실면(健忘失眠)

○ 효능(效能)

영심익지(寧心益智), 잠진안신(潛鎭安神)

○ 방제음양오행(方劑陰陽五行)

자양안신제(滋養安神劑)

443. 침향강기탕(沈香降氣湯)

○ 처방구성(處方構成)

침향(沈香), 축사(縮砂), 자감초(炙甘草) 각 3g, 복령(茯苓), 소자(蘇子) 각 9g,
향부자(香附子) 6g

○ 용법(用法)

수전복(水煎服), 분(分)하여 복용

○ 주치(主治)

담음(痰飮), 해천(咳喘)

○ 효능(效能)

강기평천(降氣平喘), 이수(利水), 이기화담(理氣化痰)

○ 방제음양오행(方劑陰陽五行)

지해평천제(止咳平喘劑)

444. 태산반석산(泰山磐石散)

○ 처방구성(處方構成)

십전대보탕(十全大補湯)-복령(茯苓)-육계(肉桂)+황금(黃芩) 5g~6g, 천속단(川
續斷) 5~9g, 사인(砂仁) 3~4g, 라미(糯米 찹쌀) 3~5g

인삼(人蔘) 3~5g, 황기(黃芪) 12~15g, 당귀(當歸) 8g, 백출(白朮) 6~10g, 자
감초(炙甘草) 3~4g, 황금(黃芩) 5~6g, 천속단(川續斷) 5~9g, 사인(砂仁)
3~4g, 라미(糯米) 3~5g, 숙지황(熟地黃) 10~12g, 천궁(川芎) 3~4g, 백작약
(白芍藥) 6g

○ 용법(用法)

수전복(水煎服), 3으로 나누어 (3分하여) 복용

○ 주치(主治) : 부녀(婦女)의 기혈양허(氣血兩虛), 태동불안(胎動不安), 태타(胎

墮), 권태무력(倦怠無力), 면색담백(面色淡白), 소식(少食), 태박백(苔薄白), 설
질담(舌質淡), 맥침약(脈沈弱)

○ 효능(效能)

익기건비(益氣健脾), 보간신(補肝腎), 양혈안태(養血安胎)

○ 방제음양오행(方劑陰陽五行)

기혈쌍보제(氣血雙補劑)

445. 통관산(通關散)

○ 처방구성(處方構成)

세신(細辛), 저아조각(猪牙皂角) 각 등분(等分)

○ 용법(用法)

세말(細末)하여 사용. 소량(少量)

○ 주치(主治) : 폐증실증(閉證實證), 중오객오(中惡客忤), 담궐(痰厥)로 인한 증상
돌연구금(突然口禁), 아관긴폐(牙關緊閉), 담연옹성(痰涎壅盛), 인사불성(人事不
省), 협담상옹(挾痰上壅)

○ 효능(效能)

통관개규(通關開竅), 거담(祛痰)

○ 방제음양오행(方劑陰陽五行)

온개제(溫開劑)

446. 통규활혈탕(通竅活血湯)

○ 처방구성(處方構成)

홍화(紅花), 도인(桃仁), 생강(生薑) 각 9g, 적작약(赤芍藥), 천궁(川芎), 노총근

(老葱根)(3根) 각 3g, 대조(大棗) 7개(5g), 사향(麝香) 0.05g, 황주(黃酒)

○ 용법(用法)

수전복(水煎服), 취침전 복용

○ 주치(主治) : 두면어조(頭面瘀阻)로 인한 증상

두통(頭痛), 혼훈(昏暈), 이농(耳聾), 면색청자(面色靑紫), 두발탈락(頭髮脫落),
백전풍(白癜風), 부녀(婦女)의 건혈로(乾血勞), 소아의 기육소수(肌肉消瘦), 감적
(疳積), 조열(潮熱), 복대청근(腹大靑筋)

○ 효능(效能)

활혈통규(活血通竅)

○ 방제음양오행(方劑陰陽五行)

활혈거어제(活血祛瘀劑)

447. 통도산(通導散)

○ 처방구성(處方構成)

당귀(當歸), 홍화(紅花), 지실(枳實), 대황(大黃), 망초(芒硝) 각 3g, 목통(木通),
소목(蘇木), 진피(陳皮), 후박(厚朴), 감초(甘草) 각 2g

○ 용법(用法)

수전복(水煎服), 분(分)하여 복용

○ 주치(主治)

혈어(血瘀), 기체증(氣滯證), 타박동통(打撲疼痛)

○ 효능(效能)

활혈화어(活血化瘀), 이기(理氣), 사하(瀉下), 파혈(破血), 축어(逐瘀), 진정진통
(鎭靜鎭痛)

○ 방제음양오행(方劑陰陽五行)

활혈화어제(活血化瘀劑)

448. 통맥사역탕(通脈四逆湯)

○ 처방구성(處方構成)

사역탕(四逆湯)+부자(附子) 9g, 건강(乾薑) 9~12g : (附子 15g, 炙甘草 6g, 乾薑 9g)

○ 용법(用法)

수전복(水煎服). 나누어(2회) 복용

○ 주치(主治) : 소음병(少陰病)〈음한내성(陰寒內盛)〉 허한증(虛寒證)

하리청곡(下痢淸穀), 신반불오한(身反不惡寒), 사지궐역(四肢厥逆), 복통(腹痛), 안면홍조(顔面紅潮), 인통(咽痛), 건구(乾嘔), 이지맥불출(痢止脈不出), 맥미세욕절(脈微細欲絶), 이한외열(裏寒外熱), 기인면색적(其人面色赤)

○ 효능(效能)

회양통맥(回陽通脈)

○ 방제음양오행(方劑陰陽五行)

회양구역제(回陽救逆劑)

449. 투농산(透膿散)

○ 처방구성(處方構成)

생황기(生黃芪) 12g, 천궁(川芎) 9g, 당귀(當歸) 6g, 조각자(皂角刺) 5g, 초천산갑(炒穿山甲) 3g

○ 용법(用法)

수전(水煎)하고 주(酒)를 넣어 복용

○ 주치(主治)

기혈부족(氣血不足), 옹양종통(癰瘍腫痛), 만종무두(漫腫無頭), 종창열통(腫脹熱痛), 산통열창(酸痛熱脹)

○ 효능(效能)

보기익혈(補氣益血), 탁독투농(托毒透膿), 양혈활혈(凉血活血)

○ 방제음양오행(方劑陰陽五行)

치외양제(治外瘍劑), 치양증옹양제(治陽證癰瘍劑)

450. 팔정산(八正散)

○ 처방구성(處方構成)

차전자(車前子), 편축(扁蓄), 구맥(瞿麥 석죽화(石竹花), 산치자인(山梔子仁), 활석(滑石), 목통(木通), 자감초(炙甘草), 배대황(焙大黃) 각 500g

○ 용법(用法)

산(散)하여 6~9g씩 〈등심초(燈芯草)와〉 수전복(水煎服), 온복(溫服)

○ 주치(主治) : 습열하주(濕熱下注)로 인한 습열임증(濕熱淋證)

열림(熱淋), 혈림(血淋), 요빈삽통(尿頻澁痛), 소복창만(小腹脹滿), 소변혼적(小便渾赤), 구조인건(口燥咽乾), 설홍(舌紅), 임리불창(淋漓不暢), 설태황니(舌苔黃膩), 맥활삭(脈滑數)

○ 효능(效能)

청열사화(淸熱瀉火), 청리습열(淸利濕熱), 이수통림(利水通淋)

○ 방제음양오행(方劑陰陽五行)

청열거습제(淸熱祛濕劑)

451. 팔진탕(八珍湯)

○ 처방구성(處方構成)

당귀(當歸) 9~10g, 초백출(炒白朮) 10g, 천궁(川芎), 자감초(炙甘草) 각 5g, 백

작약(白芍藥), 복령(茯苓) 각 8g(~9g), 숙지황(熟地黃) 15g(12g), 인삼(人蔘) 3g, 생강(生薑) 2편, 대조(大棗) 2매

○ 용법(用法)

수전복(水煎服), 식전(食前) 1/3씩 복용. 1일 3회

○ 주치(主治) : 기혈양허증(氣血兩虛證)

면색창백(面色蒼白), 두훈안화(頭暈眼花), 위황(萎黃), 심계정충(心悸怔忡), 사지 권태(四肢倦怠), 식욕감퇴(食慾減退), 기단라언(氣短懶言), 태박백(苔薄白), 설질 담(舌質淡), 맥세허(脈細虛)

○ 효능(效能)

보기혈(補氣血)

○ 방제음양오행(方劑陰陽五行)

기혈쌍보제(氣血雙補劑)

452. 패모과루산(貝母瓜蔞散)

○ 처방구성(處方構成)

패모(貝母) 5g, 과루(瓜蔞) 3g, 복령(茯苓), 화분(花粉), 귤홍(橘紅), 길경(桔梗) 각 2.5g

○ 용법(用法)

수전복(水煎服) (1/3씩 1일 3회)

○ 주치(主治) : 음허폐조유담(陰虛肺燥有痰)으로 인한 증상

상기천촉(上氣喘促), 해수(咳嗽), 각담불상(咯痰不爽), 담조(痰稠), 인후건조(咽喉乾燥), 설홍소태(舌紅少苔), 맥세삭(脈細數)

○ 효능(效能)

윤폐청열(潤肺淸熱), 이기화담(理氣化痰), 화담지해(化痰止咳)

○ 방제음양오행(方劑陰陽五行)

윤조화담제(潤燥化痰劑), 지해평천제(止咳平喘劑)

○ 처방, 용법 2

浙貝母 10~12g, 瓜蔞仁 6~12g, 천화분(天花粉) 5~9g, 桔梗, 茯苓 각 5~6g, 橘紅 3g을 水煎服(1/3씩 1일 3회 복용)

453. 평위산(平胃散)

○ 처방구성(處方構成)

창출(蒼朮) 15g(9g), 초향후박(炒香厚朴) 3g(6g), 초감초(炒甘草) 4g(3g), 진피(陳皮) 9g(6g)〈生薑 3g〉〈大棗 3g〉

○ 용법(用法)

수전복(水煎服) 1/3씩 1일 3회 복용〉 분말(粉末)하여 3~6g씩 生薑, 大棗湯으로 복용

○ 주치(主治) : 비위습체(脾胃濕滯)로 인한 증상

완복창만(脘腹脹滿), 권태오식(倦怠惡食), 구담무미(口淡無味), 권태기와(倦怠嗜臥), 불사음식(不思飲食), 애기탄산(曖氣吞酸), 오심구토(惡心嘔吐), 지체침중(肢体沈重), 대변자리(大便自痢), 맥완(脈緩), 태백후니(苔白厚膩)

○ 효능(效能)

조습운비(燥濕運脾), 제습산만(除濕散滿), 행기화위(行氣和胃)

○ 방제음양오행(方劑陰陽五行)

방향화습제(芳香化濕劑), 조습화위제(燥濕化胃劑), 이기제(理氣劑)

454. 포대환(布袋丸)

○ 처방구성(處方構成)

야명사(夜明砂), 사군자(使君子), 초무이(炒蕪荑) 각 60g, 백출(白朮), 백복령(白

茯苓), 인삼(人蔘), 감초(甘草), 노회(蘆薈) 각 15g

○ 용법(用法)

산(散)하여 10g씩 저육탕(豬肉湯)으로 복용(아침 공복에 복용)

○ 주치(主治) : 충적내정(蟲積內停), 중기부족(中氣不足), 체허약(体虛弱), 소아충감(小兒虫疳), 충감증(蟲疳證), 체열면황(体熱面黃), 모발고초(毛髮枯焦), 지세복대(肢細腹大), 설담맥약(舌淡脈弱), 권태핍력(倦怠乏力)

○ 효능(效能)

구회소감(驅蛔消疳), 비위보양(脾胃補養), 보기건비(補氣健脾)

○ 방제음양오행(方劑陰陽五行)

구충제(驅虫劑)

455. 포룡환(抱龍丸)

○ 처방구성(處方構成)

천축황(天竺黃)〈천죽황(天竹黃)〉 30g, 주사(朱砂), 사향(麝香) 각 15g, 담남성(膽南星) 12g, 웅황(雄黃) 3g

○ 용법(用法)

분말(粉末), 환(丸)하여 1~5g씩 복용

○ 주치(主治) : 소아급경(小兒急驚)

○ 효능(效能)

개규(開竅), 안신(安神), 청열(淸熱), 화담(化痰)

○ 방제음양오행(方劑陰陽五行)

양개제(凉開劑)

456. 하어혈탕(下瘀血湯)

○ 처방구성(處方構成)

도인(桃仁) 9g(6g), 대황(大黃) 9g, 자충(蟅虫) 6~9g

○ 용법(用法)

수전복(水煎服), 밀환(蜜丸)하고 주전(酒煎)하여 1/4씩 돈복(頓服)

밀환(蜜丸)하여 3g씩 1일 1회 복용

○ 주치(主治)

산부복통(産婦腹痛), 건혈내결(乾血內結), 혈어(血瘀), 월경불리(月經不利), 제하

동통(臍下疼痛)

○ 효능(效能)

축혈공축(蓄血攻逐), 활혈거어(活血祛瘀), 파혈하어(破血下瘀)

○ 방제음양오행(方劑陰陽五行)

활혈거어제(活血祛瘀劑)

457. 하차대조환(河車大造丸)

○ 처방구성(處方構成)

자하거(紫河車) 1개, 숙지황(熟地黃) 75g, 귀판(龜板) 60g, 두중(杜仲), 황백(黃

柏) 각 45g, 맥문동(麥門冬), 천문동(天門冬), 우슬(牛膝) 각 36g, 인삼(人蔘) 30g

○ 용법(用法)

밀환(蜜丸)하여 1일 10~12g 복용 2회

○ 주치(主治)

폐신음허(肺腎陰虛), 기허증(氣虛證)

○ 효능(效能)

자음청열(滋陰淸熱), 자보폐신(滋補肺腎), 보기(補氣)

○ 방제음양오행(方劑陰陽五行)

　보음제(補陰劑)

458. 해조옥호탕(海藻玉壺湯)

○ 처방구성(處方構成)

　세해조(洗海藻), 곤포(昆布), 청피(靑皮), 진피(陳皮), 제반하(製半夏), 거심패모
(去心貝母), 거심연교(去心連翹), 천궁(川芎), 당귀(當歸), 독활(獨活), 감초(甘
草) 각 3g, 해대(海帶) 1.5g

○ 용법(用法)

　수전복(水煎服)

○ 주치(主治) : 간비부조(肝脾不調)

　기체담응(氣滯痰凝), 석영(石癭), 견경(堅硬), 기영(氣癭), 육영(肉癭), 결괴(結
塊), 피색불변(皮色不變)

○ 효능(效能)

　화담연견(化痰軟堅), 소산영류(消散癭瘤), 소종(消腫), 행기활혈(行氣活血)

○ 방제음양오행(方劑陰陽五行)

　치외양제(治外瘍劑), 치양증옹양제(治陽證癰瘍劑)

459. 해혈방(咳血方)

○ 처방구성(處方構成)

　청대〈靑黛 람실(藍實)〉, 가자(訶子) 각 6g, 초흑산치자(炒黑山梔子), 거유과루인
(去油瓜蔞仁), 해부석(海浮石) 각 9g

○ 용법(用法)

　수전복(水煎服) 또는 강즙밀(薑汁蜜)로 환(丸)하여 복용

○ 주치(主治)

간화범폐(肝火犯肺), 해수담조대혈(咳嗽痰稠帶血), 담농조난각(痰濃稠難咯), 객토불상(喀吐不爽), 흉협자통(胸脇刺痛), 설홍태황(舌紅苔黃), 심번이노(心煩易怒), 맥현삭(脈弦數), 변비(便秘), 협적(頰赤), 구고(口苦)

○ 효능(效能)

청열화담(淸熱化痰), 지혈(止血), 염폐지해(斂肺止咳), 청간사화양혈(淸肝瀉火凉血)

○ 방제음양오행(方劑陰陽五行)

지혈제(止血劑)

460. 행군산(行軍散)

○ 처방구성(處方構成)

사향(麝香), 서우황(西牛黃), 진주(珍珠), 붕사(硼砂), 빙편(氷片) 각 3g, 초석(硝石) 0.9g, 웅황(雄黃) 24g, 정제비금(精製飛金) 20장

○ 용법(用法)

분말(粉末)하여 0.3~0.9g씩 전복(煎服)(하루 2~3회 복용)

〈따로 수비(水飛) : 진주와 웅황/분쇄(分碎)분말(粉末) : 붕사, 초석세말(細末), 사향, 우황, 빙편〉

○ 주치(主治) : 하월(夏月)의 사창(痧脹)으로 인한 증상

토사복통(吐瀉腹痛), 두목혼훈(頭目昏暈), 번민욕절(煩悶欲絶), 인사불성(人事不省), 구창인통(口瘡咽痛), 풍열장예(風熱障翳)

○ 효능(效能)

개규벽예(開竅辟穢), 해독(解毒)

○ 방제음양오행(方劑陰陽五行)

양개제(凉開劑)

461. 행소산(杏蘇散)

○ 처방구성(處方構成)

자소엽(紫蘇葉), 행인(杏仁), 반하(半夏), 복령(茯苓), 고길경(苦桔梗), 감초(甘草), 전호(前胡), 지각(枳殼), 귤피(橘皮), 생강(生薑) 각 6g, 대조(大棗) 2매

○ 용법(用法)

수전복(水煎服), 1/3씩 복용

○ 주치(主治) : 외감양조증(外感凉燥證)

오한무한(惡寒無汗), 두통(頭痛), 비색(鼻塞), 인건(咽乾), 해수(咳嗽), 담희(痰稀), 맥현(脈弦)

○ 효능(效能)

경선양조(輕宣凉燥), 선폐화담(宣肺化痰), 지해(止咳)

○ 방제음양오행(方劑陰陽五行)

경선윤조제(輕宣潤燥劑), 신량해표제(辛凉解表劑)

462. 향련환(香連丸)

○ 처방구성(處方構成)

목향(木香) 15g, 황련(黃連) 60g,〈오수유(吳茱萸) 30g과 함께 볶는다. 오수유는 버리고 사용하지 않는다〉

○ 용법(用法)

환(丸)〈초호환(醋糊丸)〉하여 6~9g씩 복용

○ 주치(主治) : 습열이질(濕熱痢疾)로 인한 증상

흉격비민(胸膈痞悶), 복통이급(腹痛裏急), 적백리하(赤白痢下)

○ 효능(效能)

청열화습(淸熱化濕), 화담(化痰), 행기(行氣), 지리(止痢)

○ 방제음양오행(方劑陰陽五行)

청장부열제(淸臟腑熱劑)

463. 향사육군자탕(香砂六君子湯)

○ 처방구성(處方構成)

육군자탕(六君子湯)+향부자(香附子) 또는 목향(木香) 6g+사인(砂仁) 6g

○ 용법(用法)

수전복(水煎服), 粉末하여 6g씩 복용

○ 주치(主治) : 비위기허(脾胃氣虛), 한습중초정체(寒濕中焦停滯)로 인한 증상

식욕부진(食慾不振), 복통(腹痛), 완복창만(脘腹脹滿), 애기(噯氣), 동통(疼痛),

구토(嘔吐), 설사(泄瀉)

○ 효능(效能)

건비화위(健脾和胃), 이기지통(理氣止痛), 지사(止瀉)

○ 방제음양오행(方劑陰陽五行)

보기제(補氣劑)

○ 처방, 용법 2

人蔘 10g, 茯苓, 白朮 각 9g, 炙甘草 6g, 半夏 6~9g, 陳皮 6g, 生薑 3~6g, 大棗
2~3g, 木香(香附) 6~9g, 砂仁 3~6g을 水煎하여 1/3씩 1일 3회 복용 또는 분말
(粉末)하여 6g씩 복용.

464. 향사지출환(香砂枳朮丸)

○ 처방구성(處方構成)

목향(木香) 30g, 사인(砂仁) 30g, 초백출(炒白朮) 480g, 지실(枳實) 240g

〈지출환(枳朮丸)＋목향(木香), 사인(砂仁)〉

○ 용법(用法)

  호환(糊丸)하여 6～9g씩 복용(1일 2회)

○ 주치(主治)

  비허식소(脾虛食少), 숙식불소(宿食不消), 심흉비만(心胸痞滿)

○ 효능(效能)

  건비행기(健脾行氣)

○ 방제음양오행(方劑陰陽五行)

  소식도체제(消食導滯劑)

○ 처방(處方) 2

  부초지실(麩炒枳實) 30g, 백출(白朮) 60g, 사인(砂仁) 6g, 목향(木香) 6g

465. 향소산(香蘇散)

○ 처방구성(處方構成)

  자소엽(紫蘇葉), 초향부자(炒香附子) 각 120g, 진피(陳皮) 60g, 자감초(炙甘草) 30g

○ 용법(用法)

  분말(粉末) 9g씩 수전복(水煎服) 또는 1회 6g씩 1일 3회 복용

○ 주치(主治) : 외감풍한(外感風寒), 내유기체(內有氣滯)로 인한 증상(症狀)

  형한신열(形寒身熱), 두통(頭痛), 무한(無汗), 설태박백(舌苔薄白), 맥부(脈浮), 흉완비민(胸脘痞悶), 식욕부진(食慾不振), 불사음식(不思飮食)

○ 효능(效能)

  해표산한(解表散寒), 발산풍한(發散風寒), 이기화중(理氣和中), 화위(和胃)

○ 방제음양오행(方劑陰陽五行)

  신온해표제(辛溫解表劑), 이기제(理氣劑)

466. 향소총시탕(香蘇葱豉湯)

- 처방구성(處方構成)

  향소산(香蘇散)＋총시탕(葱豉湯)

  향부자(香附子) 5g, 자소(紫蘇) 5～9g, 진피(陳皮) 3g, 자감초(炙甘草) 2g, 담두시(淡豆豉) 10g, 총백(葱白) 2매

- 용법(用法)

  수전복(水煎服) 1/3씩 복용

- 주치(主治)

  온역상한(溫疫傷寒), 유행성감모(流行性感冒), 임부상한(妊婦傷寒), 오한발열(惡寒發熱), 무한(無汗)감모(感冒), 풍한(風寒)

- 효능(效能)

  발한해표(發汗解表), 행기화혈(行氣和血), 조기안태(調氣安胎)

- 방제음양오행(方劑陰陽五行)

  신온해표제(辛溫解表劑)

467. 향유산(香薷散), 향유음(香薷飮)

- 처방구성(處方構成)

  향유(香薷) 6～15g, 후박(厚朴) 6～12g, 백편두(白扁豆) 9～12g

- 용법(用法)

  수전복(水煎服). 분(分)하여 복용.

  분말(粉末)하여 9g씩 소량의 술(酒)을 넣고 수전복(水煎服)

- 주치(主治) : 하월냉음(夏月冷飮), 외감한(外感寒), 내상습(內傷濕), 감한협습(感寒挾濕)으로 인한 증상(症狀)

  무한두통(無汗頭痛), 오한발열(惡寒發熱), 흉민범오(胸悶汜惡), 두중신권(頭重身

倦), 설태백니(舌苔白膩), 복통토사(腹痛吐瀉), 맥부(脈浮)

○ 효능(效能)

해표거습(解表祛濕), 거서(祛署), 화습화중(化濕和中)

○ 방제음양오행(方劑陰陽五行)

거서해표제(祛署解表劑), 신량해표제(辛凉解表劑)

468. 혈부축어탕(血府逐瘀湯)

○ 처방구성(處方構成)

홍화(紅花) 9g, 도인(桃仁) 12g, 당귀(當歸), 생지황(生地黃), 우슬(牛膝) 각 9g, 천궁(川芎), 길경(桔梗) 각 5g, 적작약(赤芍藥), 지각(枳殼) 각 6g, 시호(柴胡), 감초(甘草) 각 3g

○ 용법(用法)

수전복(水煎服), 1/3씩 1일 3회

○ 주치(主治) : 흉중혈어(胸中血瘀), 어혈화열(瘀血化熱), 기기수조(氣機受阻), 혈행불창(血行不暢)으로 인한 증상
흉민흉통(胸悶胸痛), 급조선노(急躁善怒), 두통(頭痛), 애역(呃逆), 내열번민(內熱煩悶), 야매불안(夜寐不安), 심계실면(心悸實眠), 건구(乾嘔), 정충(怔忡), 설변어반(舌邊瘀斑), 설질암홍(舌質黯紅), 설면어점(舌面瘀點), 맥삽현긴(脈澁弦緊)

○ 효능(效能)

활혈거어(活血祛瘀), 행기(行氣), 지통(止痛), 청열(淸熱)

○ 방제음양오행(方劑陰陽五行)

활혈거어제(活血祛瘀劑)

469. 형방패독산(荊防敗毒散)

○ 처방구성(處方構成)

형개(荊芥), 방풍(防風), 강활(羌活), 독활(獨活), 지각(枳殼), 복령(茯苓), 시호(柴胡), 전호(前胡), 길경(桔梗), 천궁(川芎) 각 5g, 감초(甘草) 3g

○ 용법(用法)

수전복(水煎服) 〈+생강(生薑), 박하(薄荷) 각 3g〉

분말(粉末)하여 6g씩 복용〈생강, 박하넣고 수전복(水煎服)〉

○ 주치(主治) : 외감풍한습사(外感風寒濕邪)로 인한 증상(症狀)

창종(瘡腫)의 초기증상, 홍종동통(紅腫疼痛), 무한(無汗), 오한발열(惡寒發熱), 불갈(不渴), 맥부삭(脈浮數), 설태박백(舌苔薄白)

○ 효능(效能)

발한해표(發汗解表), 산풍거습(散風祛濕), 소창지통(消瘡止痛), 지해화담(止咳化痰)

○ 방제음양오행(方劑陰陽五行)

부정해표제(扶正解表劑), 신온해표제(辛溫解表劑)

○ 처방, 용법 2

荊芥, 防風, 柴胡, 茯苓 각 9g, 獨活, 羌活 각 5~6g, 川芎, 前胡, 枳殼 각 5~6g, 桔梗, 炙甘草, 生薑, 薄荷 각 3g을 수전(水煎)하여 1/3씩 1일 3회 복용

470. 호금청담탕(蒿芩淸膽湯)

○ 처방구성(處方構成)

청호(靑蒿), 황금(黃芩) 각 6g, 담죽여(淡竹茹), 적복령(赤茯苓) 각 9g, 벽옥산(碧玉散)〈활석(滑石), 청대(靑黛), 감초(甘草)〉 9g, 선반하(仙半夏), 생지각(生枳殼), 광진피(廣陳皮) 각 5g

○ 용법(用法)

수전복(水煎服) 1/3씩 1일 3회

○ 주치(主治) : 소양습열담탁(少陽濕熱痰濁), 소양한경열중(少陽寒輕熱重), 한열여학(寒熱如瘧), 오한경(惡寒輕), 발열중(發熱重), 구고흉민(口苦胸悶), 흉협창동(胸脇脹疼), 건구애역(乾嘔呃逆), 토산고수(吐酸苦水), 구황점연(嘔黃粘涎), 설홍(舌紅), 태백후(苔白厚), 태황니(苔黃膩)

○ 효능(效能)

화위화담(和胃化淡), 청담이습(淸痰利濕), 청열(淸熱)

○ 방제음양오행(方劑陰陽五行)

화해소양제(和解少陽劑)

○ 처방, 용법 2

靑蒿, 黃芩 각 6~10g, 赤茯苓 9~10g, 陳皮 5~10g, 竹茹 9~10g, 製半夏, 枳殼 각 6g, 碧玉散(滑石, 靑黛, 生甘草) 9~10g을 水煎하여 1/3씩 1일 3회 복용

471. 호잠환(虎潛丸)

○ 처방구성(處方構成)

주초황백(酒炒黃柏) 150g, 주자귀판(酒炙龜板) 120g, 쇄양(鎖陽) 45g, 자호골(炙虎骨) 30g, 숙지황(熟地黃), 주초지모(酒炒知母), 진피(陳皮), 백작약(白芍藥) 각 60g, 건강(乾薑) 15g

○ 용법(用法)

밀환(蜜丸)하여 10g씩 아침, 저녁 복용

○ 주치(主治) : 간신부족(肝腎不足), 음허내열(陰虛內熱)로 인한 증상
근골위약(筋骨痿弱), 요슬산연(腰膝痠軟), 퇴족소수(腿足消瘦), 설홍소태(舌紅少苔), 맥세약(脈細弱)

○ 효능(效能)

자음강화(滋陰降火), 근골강장(筋骨强壯)

○ 방제음양오행(方劑陰陽五行)

보음제(補陰劑)

472. 화개산(華蓋散)

○ 처방구성(處方構成)

마황(麻黃), 밀자상백피(蜜炙桑白皮), 초자소자(炒紫蘇子), 적복령(赤茯苓), 진피(陳皮), 행인(杏仁) 각 30g, 자감초(炙甘草) 15g

○ 용법(用法)

분말(粉末)하여 6~9g씩 수전복(水煎服)〈식후온복(食後溫服)〉

○ 주치(主治) : 외감풍한증(外感風寒證)

폐기불선(肺氣不宣), 해수상기(咳嗽上氣), 해천(咳喘), 담기불리(痰氣不利), 맥부삭(脈浮數)

○ 효능(效能)

선폐해표(宣肺解表), 거담지해(祛痰止咳)

○ 방제음양오행(方劑陰陽五行)

신온해표제(辛溫解表劑)

473. 화반탕(化斑湯)

○ 처방구성(處方構成)

지모(知母) 12g, 석고(石膏) 30g, 생감초(生甘草), 현삼(玄蔘), 백갱미(白粳米) 각 9g, 서각(犀角) 2~6g

○ 용법(用法)

수전복(水煎服) 1/3씩 1일 3회

○ 주치(主治) : 기혈균열(氣血均熱)로 발열(發熱), 신열(身熱), 발반(發斑), 구갈(口渴), 외투반진(外透斑疹), 불갈(不渴), 삭맥(數脈)

○ 효능(效能)

청기양혈(淸氣凉血), 화반(化斑)

○ 방제음양오행(方劑陰陽五行)

기혈양청제(氣血兩淸劑)

474. 화충환(化蟲丸)

○ 처방구성(處方構成)

학슬(鶴蝨), 초호분(炒胡粉), 빈랑(檳榔), 고련근(苦楝根) 각 1500g, 고백반(枯白礬) 370g

○ 용법(用法)

호환(糊丸)하여 6g씩 복용〈온미탕(溫米湯)으로 복용〉

○ 주치(主治)

제충재장중(諸虫在腸中), 복중동통(腹中疼痛), 청수구토(淸水嘔吐), 토회(吐蛔)

○ 효능(效能)

살장중제충(殺腸中諸蟲), 해독복충(解毒伏蟲)

○ 방제음양오행(方劑陰陽五行)

구충제(驅虫劑)

475. 활락효령단(活絡效靈丹)

○ 처방구성(處方構成)

생명유향(生明乳香), 생명몰약(生明沒藥), 당귀(當歸), 단삼(丹蔘) 각 15g

○ 용법(用法)

수전복(水煎服) 또는 산(散)하여 〈4분(4分)하여〉 복용

○ 주치(主治)

기혈응체(氣血凝滯), 심복동통(心腹疼痛), 징가적취(癥瘕積聚), 질타어종(跌打瘀腫), 퇴통비통(腿痛臂痛), 내외창양(內外瘡瘍), 맥삽(脈澀)

○ 효능(效能)

활혈거어(活血祛瘀), 통락지통(通絡止痛), 행기(行氣)

○ 방제음양오행(方劑陰陽五行)

활혈거어제(活血祛瘀劑)

476. 활인총시탕(活人葱豉湯)

○ 처방구성(處方構成)

총백(葱白) 3매, 두시(豆豉) 6g, 마황(麻黃) 3g, 건갈(乾葛) 6g

○ 용법(用法)

마황(麻黃)을 달이고(거품제거), 건갈(乾葛) 달이고(거품제거) 두시(豆豉) 넣고 수전복(水煎服) 1/2씩 온복(溫服)

○ 주치(主治) : 표한이실(表寒裏實), 상한(傷寒) 1~2일의 증상(症狀)

두통(頭痛), 요배통(腰背痛), 오한맥긴(惡寒脈緊), 무한(無汗)

○ 효능(效能)

발한해표(發汗解表), 청열(淸熱), 해기(解肌)

○ 방제음양오행(方劑陰陽五行)

신량해표제(辛凉解表劑)

477. 황금탕(黃芩湯)

○ 처방구성(處方構成)

황금(黃芩) 9g, 작약(芍藥) 6~9g, 자감초(炙甘草)3~6g, 대조(大棗) 3~4매

○ 용법(用法)

수전복(水煎服), 1/3씩 1일 3회 복용

○ 주치(主治) : 사열(邪熱)로 인한 증상

복통하리(腹痛下痢), 신열구고(身熱口苦), 설홍태황(舌紅苔黃), 열리복통(熱痢腹痛), 삭맥(數脈), 항문작열감(肛門灼熱感)

○ 효능(效能)

청열치리(淸熱治痢), 화중지통(和中止痛), 조습(燥濕)

○ 방제음양오행(方劑陰陽五行)

청장부열제(淸臟腑熱劑), 청열이습제(淸熱利濕劑)

478. 황금활석탕(黃芩滑石湯)

○ 처방구성(處方構成)

황금(黃芩), 활석(滑石), 복령피(茯苓皮) 각 9g, 저령(猪苓) 9g, 대복피(大腹皮) 6g, 통초(通草), 백두구인(白豆蔲仁) 각 3g

○ 용법(用法)

수전복(水煎服) : 1/3씩 1일 3회 복용

○ 주치(主治)

습온사기(濕溫邪氣)의 중초침입(中焦侵入)으로 인한 증상

발열신통(發熱身痛), 설태담황활(舌苔淡黃滑), 맥완(脈緩), 구갈(口渴)〈불다음(不多飮)〉, 불구갈(不口渴), 한출불해(汗出不解), 발열(發熱)

○ 효능(效能)

청열이습(淸熱利濕)

○ 방제음양오행(方劑陰陽五行)

청열거습제(淸熱祛濕劑)

479. 황기탕(黃芪湯)

○ 처방구성(處方構成)

황기(黃芪) 30g, 생지황(生地黃), 맥문동(麥門冬) 각 15g, 천화분(天花粉) 18g,

오미자(五味子) 5g, 복령(茯苓) 5~6g, 감초(甘草) 5g

○ 용법(用法)

수전복(水煎服) : 3으로 나누어 1일 3회 복용

○ 주치(主治)

기음허증(氣陰虛證), 소갈(消渴)

○ 효능(效能)

자음(滋陰), 청열(淸熱), 익기(益氣)

○ 방제음양오행(方劑陰陽五行)

기음쌍보제(氣陰雙補劑)

480. 황기건중탕(黃芪建中湯)

○ 처방구성(處方構成)

소건중탕(小建中湯)+황기(黃芪) 9g

○ 용법(用法)

수전복(水煎服) 1/3씩 복용. 1일 3회

〈약 달인물에 이당(飴糖) 넣고 온복(溫服)〉

○ 주치(主治)

허로이급(虛勞裏急), 중초허한(中焦虛寒), 제부족(諸不足), 기허혈허(氣虛血虛), 음양영위허(陰陽營衛虛), 자한(自汗), 시시발열(時時發熱)

○ 효능(效能)

온중익기(溫中益氣), 보기(補氣), 보혈(補血), 화리완급(和裏緩急), 건중(健中)

○ 방제음양오행(方劑陰陽五行)

온중거한제(溫中祛寒劑)

○ 처방, 용법 2

주초작약(酒炒芍藥) 18g, 黃芪 9~18g, 桂枝 9g, 炙甘草 6g(~9g), 生薑 9g, 大棗 4개(9g)를 水煎하고 飴糖 30g을 넣어 1/3씩 1일 3회 복용한다.

481. 황기계지오물탕(黃芪桂枝五物湯)

○ 처방구성(處方構成)

황기(黃芪), 계지(桂枝), 백작약(白芍藥) 각 9g, 생강(生薑) 12~15g, 대조(大棗) 4매

○ 용법(用法)

수전복(水煎服) 1/3씩 1일 3회 온복(溫服)

○ 주치(主治) : 영위기혈부족(營衛氣血不足), 풍사(風邪)로 인한 증상

혈비증(血痺證), 기부마목불인(肌膚麻木不仁), 맥미삽긴(脈微澁緊)

○ 효능(效能)

익기화영(益氣和營), 온경통비(溫經通痺), 화영양혈(和營養血)

○ 방제음양오행(方劑陰陽五行)

온경산한제(溫經散寒劑)

482. 황련탕(黃連湯)

○ 처방구성(處方構成)

반하사심탕(半夏瀉心湯)-황금(黃芩)+계지(桂枝)

황련(黃連) 5~6g, 건강(乾薑), 계지(桂枝) 각 5~6g, 자감초(炙甘草) 6~9g, 세반하(洗半夏) 9g, 인삼(人蔘) 3~9g, 대조(大棗) 4매

○ 용법(用法)

수전복(水煎服), 온복(溫服) 1/3씩 1일 3회 복용

○ 주치(主治) : 흉중유열(胸中有熱), 위중유한(胃中有寒)〈상열하한(上熱下寒)〉으로 인한 증상

비위불화(脾胃不和), 흉중번민(胸中煩悶), 복통토리(腹痛吐痢), 장명설사(腸鳴泄瀉), 복중통(腹中痛), 현맥(弦脈), 설태백활(舌苔白滑)

○ 효능(效能)

한열평조(寒熱平調), 화위강역(和胃降逆), 청상온하(淸上溫下)

○ 방제음양오행(方劑陰陽五行)

비위조화제(脾胃調和劑)

483. 황련아교탕(黃連阿膠湯)

○ 처방구성(處方構成)

황련(黃連) 3g, 아교(阿膠) 9g, 황금(黃芩), 백작약(白芍藥) 각 9g, 계자황(鷄子黃) 2개

○ 용법(用法)

수전복(水煎服), 3으로 나누어 1일 3회 복용

○ 주치(主治)

음허(陰虛), 심화왕증(心火旺證), 불안(不安), 불면(不眠), 흉비(胸痞), 두훈(頭

暈), 인건(咽乾), 맥세삭(脈細數)

○ 효능(效能)

청열사화(淸熱瀉火), 자음강화(滋陰降火), 보혈(補血), 안신제번(安神除煩)

○ 방제음양오행(方劑陰陽五行)

안신제(安神劑)

484. 황련해독탕(黃連解毒湯)

○ 처방구성(處方構成)

황련(黃連) 3~9g, 황백(黃柏), 황금(黃芩) 각 6g, 치자(梔子) 9g

○ 용법(用法)

수전복(水煎服), 2로 나누어 1일 2회 복용

○ 주치(主治) : 삼초(三焦)의 열성열독(熱盛熱毒), 실열화독(實熱火毒)으로 인한 증상

대열번조(大熱煩躁), 착어(錯語), 구조인건(口燥咽乾), 불면(不眠), 열병토뉵(熱病吐衄), 옹저정독(癰疽疔毒), 습열황달(濕熱黃疸), 설홍태황(舌紅苔黃), 소변황적(小便黃赤), 발반(發斑), 신열하리(身熱下痢), 삭유력맥(數有力脈)

○ 효능(效能)

사화해독(瀉火解毒), 청열(淸熱), 화습(化濕), 지혈(止血)

○ 방제음양오행(方劑陰陽五行)

청열해독제(淸熱解毒劑)

○ 처방, 용법 2

黃連, 黃柏, 黃芩, 山梔子 각 6~9g을 수전(水煎)하여 1/3씩 1일 3회 복용

485. 황룡탕(黃龍湯)

○ 처방구성(處方構成)

대황(大黃) 9~12g, 망초(芒硝) 9~12g, 인삼(人蔘) 3~6g, 당귀(當歸) 3~9g, 지실(枳實) 6~9g, 후박(厚朴) 3~12g, 감초(甘草) 3g

생강(生薑) 3편, 길경(桔梗) 3g, 대조(大棗) 2매

○ 용법(用法)

수전복(水煎服), 1/3씩 복용

○ 주치(主治) : 양명부실(陽明腑實), 이열실증(裏熱實證), 기혈양허(氣血兩虛)로 인한 증상

대변비결(大便秘結), 하리청수(下痢淸水), 완복창만(脘腹脹滿), 신열구갈(身熱口渴), 경통거안(硬痛拒按), 섬어(譫語), 구설건조(口舌乾燥), 신권소기(神倦少氣), 신혼지궐(神昏肢厥), 설태초황(舌苔焦黃), 허맥(虛脈)

○ 효능(效能)

열결공하(熱結攻下), 사열통변(瀉熱通便), 기혈보익(氣血補益)

○ 방제음양오행(方劑陰陽五行)

사하제(瀉下劑), 공보겸시제(攻補兼施劑)

486. 황토탕(黃土湯)

○ 처방구성(處方構成)

조심황토(복룡간) 竈心黃土)(伏龍肝) 30g, 건(생)지황 乾(生)地黃 9g, 자감초(炙甘草) 6~9g, 포부자(炮附子) 9g, 백출(白朮) 9g, 황금(黃芩) 6~9g, 아교(阿膠) 9g

○ 용법(用法)

조심황토(복룡간) 1차 수전(1次 水煎) 달인 물 이용. 기타약물 2차 수전(2次 水

煎)후 복용, 1/3~1/2씩 복용

○ 주치(主治)

비양부족(脾陽不足), 중초허한(中焦虛寒), 양허실혈증(陽虛實血症), 변혈(便血), 토뉵(吐衄), 붕루(崩漏), 사지불온(四肢不溫), 설담태백(舌淡苔白), 면색위황(面色委黃), 맥세무력(脈細無力)

○ 효능(效能)

온양건비(溫陽健脾), 양혈(養血), 지혈(止血)

○ 방제음양오행(方劑陰陽五行)

지혈제(止血劑)

487. 회양구급탕(回陽救急湯) 1

○ 처방구성(處方構成)

숙부자(熟附子), 초백출(炒白朮), 복령(茯苓), 제반하(製半夏) 각 9g, 건강(乾薑) 3편, 자감초(炙甘草) 5g, 육계(肉桂), 오미자(五味子) 각 3g, 인삼(人蔘), 진피(陳皮) 각 6g

○ 용법(用法)

수전(水煎)+사향(麝香) 0.1g 하여 복용. 조복(調服), 다복(多服) 삼가

○ 주치(主治) : 한사중삼음(寒邪中三陰), 양기미욕탈(陽氣微欲脫)로 인한 증상

사지궐냉(四肢厥冷), 오한권와(惡寒踡臥), 구불갈(口不渴), 토사복통(吐瀉腹痛), 토연말(吐涎沫), 설담태백(舌淡苔白), 신한전율(身寒戰慄), 신쇠욕매(神衰欲寐), 침미맥(沈微脈)

○ 효능(效能)

회양구급(回陽救急), 익기생맥(益氣生脈), 온양거한(溫陽祛寒)

○ 방제음양오행(方劑陰陽五行)

회양구역제(回陽救逆劑)

488. 회양구급탕(回陽救急湯) 2

○ 처방구성(處方構成)

회양구급탕1-복령(茯苓)+진사(辰砂) 9g, 맥문동(麥門冬) 9g

○ 용법(用法)

회양구급탕1 참고

○ 주치(主治) : 음한내성(陰寒內盛), 양기욕탈(陽氣欲脫), 소음병(少陰病)으로 인한 증상

하리미맥(下痢微脈), 음상욕갈(陰傷欲竭), 건구심번(乾嘔心煩), 지궐무맥(肢厥無脈)

○ 효능(效能)

회양생맥(回陽生脈), 회양익기(回陽益氣), 고탈(固脫), 자음화양(滋陰和陽), 양심제번(養心除煩)

○ 방제음양오행(方劑陰陽五行)

회양구역제(回陽救逆劑)

489. 후박온중탕(厚朴溫中湯)

○ 처방구성(處方構成)

강제후박(薑製厚朴) 30g, 초두구인(草豆蔻仁) 15g, 건강(乾薑) 2g, 진피(陳皮) 30g, 목향(木香), 복령(茯苓), 자감초(炙甘草) 각 15g

○ 용법(用法)

산(散)하여 15g씩 〈+생강(生薑) 3편〉 수전복(水煎服), 식전온복(食前溫服)

○ 주치(主治) : 비위한습(脾胃寒濕)으로 인한 증상

완복창만(脘腹脹滿), 시작동통(時作疼痛), 사지권태(四肢倦怠), 식욕부진(食慾不振), 설태백활(舌苔白滑)

○ 효능(效能)

온중행기(溫中行氣), 조습제만(燥濕除滿), 산한(散寒)

○ 방제음양오행(方劑陰陽五行)

행기제(行氣劑)

490. 후박칠물탕(厚朴七物湯)

○ 처방구성(處方構成)

후박(厚朴) 9~15g, 감초(甘草), 계지(桂枝) 각 6g, 대황(大黃), 지실(枳實) 각 6~9g, 생강(生薑) 9~12g, 대조(大棗) 4개

○ 용법(用法)

수전복(水煎服), 1/3씩 1일 3회 온복(溫服)

○ 주치(主治) : 외감증(外感證)

발열(發熱), 복만(腹滿), 대변불통(大便不通), 맥부삭(脈浮數)

○ 효능(效能)

해기발표(解肌發表), 행기통변(行氣通便)

○ 방제음양오행(方劑陰陽五行)

해표공리제(解表攻裏劑)

491. 흑귀비탕(黑歸脾湯)

○ 처방구성(處方構成)

숙지황(熟地黃) 15g, 당귀(當歸) 6g, 인삼(人蔘) 3g, 황기(黃芪) 9g, 백출(白朮), 용안육(龍眼肉), 산조인(酸棗仁) 각 9g, 복령(茯苓), 원지(遠志), 생강(生薑) 각 3g, 목향(木香) 1.5g, 자감초(炙甘草), 대조(大棗) 각 5g

○ 용법(用法)

수전복(水煎服), 3으로 나누어 1일 3회 복용

○ 주치(主治)

혈허(血虛), 심비양허증(心脾兩虛證), 권태무력감(倦怠無力感), 복창(腹脹), 두훈(頭暈), 현훈(眩暈), 건망(健忘), 동계(動悸), 맥세약(脈細弱)

○ 효능(效能)

보기(補氣), 보혈(補血), 건비(健脾), 양심(養心)

○ 방제음양오행(方劑陰陽五行)

기혈쌍보제(氣血雙補制)

492. 흑석단(黑錫丹)

○ 처방구성(處方構成)

흑석(黑錫 거재정칭(去滓淨稱), 유황(硫黃 : 透明한 焙砂子) 각 60g,〈화독제거(火毒除去)〉, 육계(肉桂) 15g, 금령자(金鈴子), 초호로파(炒葫蘆巴), 목향(木香), 포부자(炮附子), 육두구(肉豆蔻), 초파고지(炒破故紙), 침향(沈香), 초회향(炒回香), 양기석(陽起石) 각 30g

○ 용법(用法)

주호환(酒糊丸)하여 3~6g,(6~9g)씩 복용

○ 주치(主治) : 진양부족(眞陽不足), 음한내성(陰寒內盛), 하원허냉(下元虛冷)으로 인한 증상

신불납기(腎不納氣), 사지궐역(四肢厥逆), 담옹흉중(痰壅胸中), 상성하허(上盛下虛), 탁음상범(濁陰上泛), 냉한부지(冷寒不止), 상기천촉(上氣喘促), 침미맥(沈微脈), 설담태백(舌淡苔白), 분돈기(奔豚氣), 한산복통(寒疝腹痛), 흉협완복창통(胸脇脘腹脹痛), 양위정냉(陽萎精冷), 혈해허한(血海虛寒), 장명활설(腸鳴滑泄), 월경부조(月經不調), 대하(帶下)

○ 효능(效能)

온장하원(溫壯下元), 진납부양(鎮納浮陽), 강역평천(降逆平喘), 온양거한(溫陽祛寒), 강역난신(降逆暖腎)

○ 방제음양오행(方劑陰陽五行)

회양구역제(回陽救逆劑)

493. 흑소요산(黑逍遙散)

○ 처방구성(處方構成)

소요산(逍遙散)＋생(숙)지황〈生(熟)地黃〉 6~12g/당귀(當歸), 시호(柴胡), 복령(茯苓), 백출(白朮), 백작약(白芍藥) 각 30g, 자감초(炙甘草) 15g, 생(숙)지황〈生(熟)地黃〉 6~12g

〈수전시(水煎時) : 박하(薄荷)＋소생강(燒生薑) 加〉

○ 용법(用法)

산(散)하여 6~9g씩 복용(1일 2~3회 또는 수전복(水煎服), 혈허유열(血虛有熱 : 生地黃), 혈허무열(血虛無熱 : (熟地黃))

○ 주치(主治) : 간비혈허(肝脾血虛)로 인한 증상

월경불순(月經不順), 월경시복통(月經時腹痛), 맥현허(脈弦虛)

○ 효능(效能)

소간건비(疏肝健脾), 해울(解鬱), 양혈조경(養血調經), 양혈자음(凉血滋陰)(生地黃), 보혈자음(補血滋陰)(熟地黃)

○ 방제음양오행(方劑陰陽五行)

간비조화제(肝脾調和劑)

○ 처방, 용법 2

시호(柴胡) 6~9g, 복령(茯苓), 당귀(當歸), 백출(白朮), 백작약(白芍藥) 각 9g, 자감초(炙甘草) 3~4.5g, 생강(生薑) 3g, 박하(薄荷) 2g, 생(숙)지황〈生(熟)地黃〉 6~12g을 수전(水煎)하여 1/3씩 복용한다(1일 3회)

494. 구미청심원(九味淸心元)

○ 처방구성(處方構成)

포황(蒲黃) 100g(93.75g), 서각(犀角) 80g(75g), 우황(牛黃) 48g(45g), 황금(黃芩) 60g(56.25g), 사향(麝香), 영양각(羚羊角), 용뇌(龍腦) 각 40g(37.5g), 석웅황(石雄黃) 32g(30g), 금박(金箔) 1200장(400장은 환약의 겉에 옷을 입힘)

○ 용법(用法)

위의 약들을 분말(粉末)하여 꿀로 반죽한 후 40g(37.5g)으로 30丸하여 금박으로 입힌다. 매(每) 1丸씩 끓인 물로 복용한다.

○ 주치(主治)

심흉독열(心胸毒熱), 상초적열(上焦積熱)

○ 효능(效能)

청심사열(淸心瀉熱), 해독(解毒), 진심안신(鎭心安神), 개규성신(開竅醒神)

○ 방제음양오행(方劑陰陽五行)

청열해독제(淸熱解毒劑), 개규제(開竅劑)

495. 부양조위탕(扶陽助胃湯)

○ 처방구성(處方構成)

부자(附子)(포 炮) 8g(7.5g), 건강(乾薑)(포 炮) 6g(5.62g), 익지인(益智仁), 초두구(草豆蔲), 백작약(白芍藥)〈주초(酒炒)〉, 인삼(人蔘), 자감초(炙甘草), 관계(官桂) 각 4g(3.75g), 백출(白朮), 진피(陳皮), 오수유(吳茱萸) 각 2g(1.87g), 생강(生薑) 3쪽, 대조(大棗) 2개

○ 용법(用法)

위의 약들을 1첩으로 하여 수전복(水煎服)

○ 주치(主治)

위완냉통(胃脘冷痛), 객한범위(客寒犯胃), 장위한냉(腸胃寒冷), 냉심통(冷心痛), 허증(虛證), 맥침세(脈沈細), 음식불화(飮食不化), 위창만냉통(胃脹滿冷痛)

○ 효능(效能)

온보(溫補), 온중산한(溫中散寒), 온신부양(溫腎扶陽), 보비양기(補脾養氣), 산한지통(散寒止痛)

○ 방제음양오행(方劑陰陽五行)

온리제(溫裏劑)

496. 삼기탕(蔘芪湯)

○ 처방구성(處方構成)

인삼(人蔘), 황기(黃芪)(밀초 蜜炒), 백출(白朮), 당귀(當歸), 백복령(白茯苓), 숙지황(熟地黃), 진피(陳皮) 각 4g(3.75g), 익지인(益智仁) 3.2g(3g), 육계(肉桂), 승마(升麻) 각 2g(1.87g), 감초(甘草) 1.2g(1.12g), 생강(生薑) 3쪽, 대조(大棗) 2개

○ 용법(用法)

위 약들을 1첩으로 하여 수전온복(水煎溫服)한다.(공복에 복용)

○ 주치(主治)

비폐기허(脾肺氣虛), 신기부족(腎氣不足), 기허유뇨(氣虛遺溺), 비신양허(脾腎陽虛), 유뇨(遺尿), 소변불금(小便不禁)

○ 효능(效能)

승양보중(升陽補中), 건비익기(健脾益氣), 보기승양(補氣升陽), 자보강장(滋補强壯), 이수소종(利水消腫), 화중사화(和中瀉火), 조습강비(燥濕强脾), 화혈양음(和血養陰), 온신축뇨(溫腎縮尿), 익기고포(益氣固胯)

○ 방제음양오행(方劑陰陽五行)

보기제(補氣劑)

497. 우황포룡환(牛黃抱龍丸)

○ 처방구성(處方構成)

우황(牛黃) 2g(1.87g), 우담남성(牛膽南星) 40g(37.5g), 천축황(天竺黃) 20g(18.75g), 주사(朱砂)·석웅황(石雄黃) 각 10g(9.39g), 사향(麝香) 4g(3.75g), 진주(眞珠)·호박(琥珀) 각 4g(3.75g), 금박(金箔) 10편

○ 용법(用法)

위의 약들을 분말(粉末)하여 감초고(甘草膏)에 반죽하고 검실대(芡實大) 크기로 환(丸)하여 금박의(金箔衣)한다. 3才 미만은 1회 1알씩, 5才는 2알씩, 10才는 3~5알씩 박하탕에 풀어 복용한다.

○ 주치(主治)

급만경풍(急漫驚風), 담수조축(痰嗽潮搐)

○ 효능(效能)

진경안신(鎭驚安神), 활담개규(豁痰開竅)

○ 방제음양오행(方劑陰陽五行)

개규제(開竅劑)

498. 익위승양탕(益胃升陽湯)

○ 처방구성(處方構成)

백출(白朮) 6g(5.62g), 인삼(人蔘) 3g(2.81g), 황기(黃芪) 4g(3.75g), 신국(神麴)(초 炒) 3g(2.81g), 당귀신(當歸身)·자감초(炙甘草)·진피(陳皮) 각 2g(1.87g), 시호(柴胡)·승마(升麻) 각 1.2g(1.12g), 생황금(生黃芩) 0.8g(0.75g)

○ 용법(用法)

위 약을 1첩으로 하여 수전복(水煎服)

○ 주치(主治) : 내상제증(內傷諸證)

위허(胃虛), 혈탈(血脫), 원기하함(元氣下陷), 월경불순(月經不順), 맥약(脈弱),

식소(食少)

○ 효능(效能)

　보제위함(補提胃陷), 승양보기(升陽補氣), 보익기(補益氣), 양혈조경(養血調經),

　보위기(補胃氣)

○ 방제음양오행(方劑陰陽五行)

　보기제(補氣劑)

499. 적복령탕(赤茯苓湯)〈반하복령탕(半夏茯苓湯)〉

○ 처방구성(處方構成)

　적복령(赤茯苓)·반하(半夏)　각　8g(7.5g),　인삼(人蔘)·진피(陳皮)·천궁(川

　芎)·백출(白朮) 각 4g(3.75g), 생강(生薑) 5쪽

○ 용법(用法)

　위의 약을 1첩으로 하여 수전복(水煎服)

○ 주치(主治)

　수음심하(흉협간) 유체(水飮心下(胸脇間) 留滯)로 인한 수결흉(水結胸)

　〈심하비만(心下痞滿), 두한(頭汗)〉

○ 효능(效能)

　행수(行水), 지얼(止噦), 파결(破結), 거담진해(祛痰鎭咳), 이수(利水)

○ 방제음양오행(方劑陰陽五行)

　사하제(瀉下劑)

500. 조중이기탕(調中理氣湯)

○ 처방구성(處方構成)〕

　백출(白朮)·백작약(白芍藥)·지각(枳殼)·빈랑(檳榔)　각　4g(3.75g),　진피(陳

皮)·창출(蒼朮) 각 3.2g(3g), 후박(厚朴) 2.8g(2.62g), 목향(木香) 2g(1.87g)

○ 용법(用法)

위의 약들을 1첩으로 하여 수전온복(水煎溫服)

○ 주치(主治)

비위양허(脾胃陽虛)로 인한 음식불화(飮食不化), 허리(虛痢), 기약곤권(氣弱困倦), 기체기허(氣滯氣虛), 맥상침세(脈象沈細)

○ 효능(效能)

조리중초(비위)〈調理中焦(脾胃)〉, 건비후장(健脾厚腸), 화위이기(和胃理氣), 익기(益氣), 해울(解鬱), 제습지리(除濕止痢)

○ 방제음양오행(方劑陰陽五行)

행기제(行氣劑)

501. 지궁산(枳芎散)

○ 처방구성(處方構成)

지실(枳實)·천궁(川芎) 각 20g(18.75g), 감초(甘草) 10g(9.37g)

○ 용법(用法)

위의 약들을 분말(粉末)하여 8g(7.5g)씩 생강대추탕에 타서 먹는다.

○ 주치(主治)

좌협륵자통(左脇肋刺痛), 흉협담벽(胸脇痰癖), 심복견통근련(心腹堅痛筋攣)

○ 효능(效能)

파기행담(破氣行痰), 소창만(消脹滿), 파결실(破結實), 소식산혈(消食散血), 행혈순기(行血順氣), 파징결숙혈(破癥結宿血), 양신혈(養新血)

○ 방제음양오행(方劑陰陽五行)

화해제(和解劑)〈간비조화제(肝脾調和劑)〉, 행기제(行氣劑)

502. 평진탕(平陳湯)

○ 처방구성(處方構成)

　　창출(蒼朮)·반하(半夏) 각 8g(7.5g), 진피(陳皮)·후박(厚朴)·적복령(赤茯苓) 각 5g(4.68g), 감초(甘草) 2.8g(2.62g), 생강(生薑) 3쪽, 대조(大棗) 2개

○ 용법(用法)

　　위 약을 1첩으로 하여 수전복(水煎服)

○ 주치(主治)

　　음식정체(飮食停滯), 외사감수(外邪感受)로 인한 식학(食瘧)〈한열교대(寒熱交代), 위약납태(胃弱納呆), 복창완민(腹脹脘悶), 애기(噯氣)〉, 습곤비위(濕困脾胃), 상복팽만(上腹膨滿), 오심구토(惡心嘔吐), 식욕부진(食慾不振), 폐위담습(肺胃痰濕), 위내유음(胃內留飮)

○ 효능(效能)

　　이기화습(理氣化濕), 행기화위(行氣和胃), 조습화담(燥濕化痰), 이기화중(理氣和中), 절학(截瘧)

○ 방제음양오행(方劑陰陽五行)

　　조습화담제(燥濕化痰劑)

503. 향사양위탕(香砂養胃湯)

○ 처방구성(處方構成)

　　백출(白朮) 4g(3.75g), 축사(縮砂)·창출(蒼朮)·백복령(白茯苓)·후박(厚朴)· 진피(陳皮) 각 3.2g(3g), 백두구(白豆蔲) 2.8g(2.62g), 인삼(人蔘), 감초(甘草), 목향(木香) 각 1.2g(1.12g), 생강(生薑) 3쪽, 대조(大棗) 2개

○ 용법(用法)

　　위 약을 1첩으로 하여 수전온복(水煎溫服)

○ 주치(主治)

비위허냉(脾胃虛冷), 위한(胃寒), 소화불량(消化不良), 식욕부진(食慾不振), 흉민(胸悶), 비민불쾌(痞悶不快), 비위불화(脾胃不和), 원기허약(元氣虛弱), 맥무력(脈無力)

○ 효능(效能)

온중건비(溫中健脾), 행기지통(行氣止痛), 화위지구(和胃止嘔), 건위(健胃), 이기관흉(理氣寬胸), 익위(益胃), 개위(開胃)

○ 방제음양오행(方劑陰陽五行)

보기제(補氣劑)〈행기제(行氣劑)〉

사주명리 한방처방학 I
(四柱命理韓方處方學)

초판인쇄 | 2007년 2월 5일
초판발행 | 2007년 2월 15일

지은이 | 서승환
펴낸이 | 소광호

펴낸곳 | 관음출판사
등록 | 1993. 4. 8 제1-150호
130-170 서울시 동대문구 용두동 751-14 광성빌딩 3층
전화 | 921-8434·929-3470
팩스 | 929-3470

ⓒ 서승환 2007

값   50,000원

ISBN 978-891-7711-115-8
ISBN 978-89-7711-001-7(2세트)